REISEVORBEREITUNG

PRAKTISCHE TIPPS

LAOS UND SEINE BEWOHNER

VIENTIANE UND UMGEBUNG

LUANG PRABANG

DER NORDEN

ZENTRALLAOS

DER SÜDEN

ANHANG

Judi: +43 650 7804327

Heuri: +43 699 120 17684

Verena: +43 650 2987 472

Einzuge Nr: 5189683

Stefan Loose Travel Handbücher

Wir danken unseren Freunden, die dieses Buch möglich gemacht haben, allen voran Juliane Riewoldt, Frauke Harms und Simone Monreal, die mit uns unterwegs waren. Tatkräftig unterstützt haben uns Volker Häring, Bill Tuffin und Pawn, Eskil Sorensen und Naomi Yagi, Jérôme Letemplier und Noy, Joachim Kobold und Katja Janson, Irene Ploeg, Sarawan Murray, Michael Röhrig, Jan Burrows, David Unkovich, Volker und Isa Schöffl, Markus Neuer, Soulykone Themy, Oliver Bandmann, Steven Schipani, Paul Rogers, Paul Eshoo, Luzi Matzig, Markus Peschke, Sue Wilson, Vincent Fischer-Zernin, Matthias Plewa, Hans Engberding, Helmut und Hedi Monreal, Kirk Markus, Ejnar Jorgensen und Pok, Maren und Jörg Wetzig, Markus Richter, Dr. Christian Groffik, Martin H. Petrich, Anke Illing, Oliver Tappe, Michael Kramer, Anja Lippold, Susanne Schmitt, Thorsten Schwarz und Jan Engelstädter.

Und *Khopchaideu* an unsere laotischen Freunde und Kollegen Inthy, Thongphanh, Phitsamai, Khammouane, Oth, To, Sek, Hoi, Tu und Singsamouth.

Wir danken auch allen Lesern, die uns in Briefen und Mails mit Infos versorgt haben: Susanne Alex, Mark Gehring, Marcel Gräfenstein, Patricia Gruber und Andreas Pühringer, Stefanie Klebe, Thomas Sczepanek, Roman Schilhart, Regula Schmidhauser, Uwe Speck, Matthias Schuster, Maja Koller, Kirsten Ruppert und Thomas Edl, Julia Salle, Ilona Düerkop, Egon Held, David Hübner, Alexandra Pfitzner, David Seelhofer, Peter Fässler, Roland Stuckardt, Katja Wodiunig, Sira und Petra Durrer, Andrea Büchi, Michael Flacke, Anton Schwaighofer, Stephanie Meli, Annegret Kern und Frank Lorenz, Günter Dietze, Hanspeter Rohr, Kai Kröger, Tom Schneider, Nadja Jacob, Jörg Materna, Inga Stemmann, Simone Pfeiffer, Wolf Gotthilf, Ursula und Richard Zaugg, Gerhard Teubl, Kai König, Irene Heine, Werner Steinhauser, Genia Findeisen, Ralph Roth, Waltraud Vogel, Melanie Wendt und Ingo Bentz, Peter und Florian Manzke, Petra Holle, Nicole Hasler, Thomas Leonhardi, Kristina Ulbrich, Heidi Kuttler, Sandra Käppel, Petra und Jürgen Rurak, Devamani Loosli, Karin Hollfoth, Angelika Zizmann, Claudia Stein, Tanja Flören, Franziska Heck, Elke Schehler und Christian Möschel, Irene Heine, Oliver Fiedler, Margreth Frei, Wolfgang Zudrell und Dietmar Böhm.

Dank gilt den ausgewiesenen Landeskennern Klaus Schwettmann und Meike Mumm für ihre Kastentexte und ganz besonders Klaus Verstrepen, der das Religionskapitel geschrieben hat und uns in allen Belangen des Buddhismus zur Seite stand.

Schreiben Sie uns!
Wir freuen uns über Ergänzungen und Korrekturen, die uns helfen, dieses Buch zu verbessern und aktuell zu halten, am besten per E-Mail. Neue Adressen möglichst in einen Plan einzeichnen. Auch Anregungen, Lob und Kritik sind willkommen.
Besonders hilfreiche Leserbriefe belohnen wir mit einem Stefan Loose Travel Handbuch.

Zuschriften bitte an:
Stefan Loose Travel Handbücher
Zossener Str. 52/2, D-10961 Berlin
✉ info@loose-verlag.de

Stefan Loose Travel Handbuch

Laos

2., vollständig überarbeitete Auflage

Jan Düker und Annette Monreal

Aktuelle Reisetipps auf 416 Seiten!

Laos
Stefan Loose Travel Handbücher
2., vollständig überarbeitete Auflage 2007
© DuMont Reiseverlag, Ostfildern

Alle Rechte vorbehalten – insbesondere die der Vervielfältigung und Verbreitung in gedruckter Form sowie die zur elektronischen Speicherung in Datenbanken und zum Verfügbarmachen für die Öffentlichkeit zum individuellen Abruf, zur Wiedergabe auf dem Bildschirm und zum Ausdruck beim Nutzer (Online-Nutzung), auch vorab und auszugsweise.

Die in diesem Buch enthaltenen Angaben wurden von den Autoren nach bestem Wissen erstellt und vom Lektorat im Verlag mit großer Sorgfalt auf ihre Richtigkeit überprüft. Trotzdem sind, wie der Verlag nach dem Produkthaftungsrecht betonen muss, inhaltliche und sachliche Fehler nicht vollständig auszuschließen. Deshalb erfolgen alle Angaben ohne Garantie des Verlags oder der Autoren. Der Verlag und die Autoren übernehmen keinerlei Verantwortung und Haftung für inhaltliche und sachliche Fehler. Alle Karten und Pläne in diesem Buch sind von den Autoren erstellt worden und werden ständig überarbeitet.

Gesamtredaktion und -herstellung:
Bintang Buchservice GmbH
Zossener Str. 55/2, 10961 Berlin
🖳 www.bintang-berlin.de
Fotos: Bildnachweis s. S. 416
Karten: Klaus Schindler
Lektorat: Sabine Bösz
Layout und Herstellung: Anja Linda Dicke
Farbseitengestaltung: Anja Linda Dicke
Umschlaggestaltung: Anja Linda Dicke
Printed in China

ISBN 978-3-7701-6142-3
ISBN 3-7701-6142-4

Das unentdeckte Asien 8	**Die Umgebung von Vientiane** 153
	Brauerei, Kulturgarten und Buddha Park 153
	Ban Pako 154
REISEVORBEREITUNG 9	Ban Na 156
Einreiseformalitäten 10	Universität, Tha Ngon und Zoo 156
Botschaften und Konsulate 11	**Provinz Vientiane** 159
Informationen 12	Ban Lak Hasipsong (KM 52) 159
Klima und Reisezeit 14	Vang Xang 159
Reiseziele 16	Nam Ngum-Stausee 160
Anreise 18	Nam Lik Eco Resort 162
Gesundheit 23	Hin Heup 162
Versicherungen 29	Tha Heua 164
Gepäck 30	Vang Vieng und Umgebung 164
Geld 31	Von Vang Vieng nach Luang Prabang 179
Mit Kindern unterwegs 34	

PRAKTISCHE TIPPS 35
Übernachtung 36
Essen und Trinken 37
Verkehrsmittel 42
Aktivitäten 49
Feste und Feiertage 51
Fotografieren 52
Einkaufen 53
Post und Telekommunikation 54
Medien 56
Sicherheit 57
Verhaltenstipps 59
Sonstiges 61

LUANG PRABANG 181
Luang Prabang 182
Religiöse Stätten 186
Museen und Monumente 198
Märkte 204
Ban Xieng Lek und Ban Xang Kong 205
Santi Chedi und Henri Mouhots Grab 206
Die Umgebung von Luang Prabang 226
Pak Ou-Höhlen (Tham Ting) 226
Ban Xang Hai 227
Tad Se 228
Ban Chan (Töpferdorf) 228
Tad Kuang Xi 228
Tad Kacham und Tham Thia 230

LAOS UND SEINE BEWOHNER .63
Land und Geografie 64
Flora und Fauna 65
Bevölkerung 68
Geschichte 75
Regierung und Politik 91
Wirtschaft 94
Religion 96
Architektur und Kunst 103

DER NORDEN 231
Provinz Bokeo 234
Houay Xai 234
Provinz Oudomxai 240
Pakbeng 241
Von Pakbeng nach Oudomxai 243
Oudomxai (Muang Xai) 244
Provinz Luang Namtha 249
Von Luang Prabang nach Luang Namtha 249
Von Houay Xai nach Luang Namtha 250
Luang Namtha 251
Muang Sing 258
Von Muang Sing nach Xieng Kok 265
Xieng Kok 265
Provinz Phongsali 267
Muang Khoua 268
Phongsali 270

VIENTIANE UND UMGEBUNG .111
Vientiane 112
Religiöse Stätten 115
Museen und Monumente 120
Märkte 128
Weitere Sehenswürdigkeiten 129

Provinz Luang Prabang 272
Von Luang Prabang nach Nong Kiao 273
Nong Kiao 274
Muang Ngoi Kao 278
Von Nong Kiao nach Nam Neun 282
Nam Neun 283
Provinz Houaphan 283
Von Nam Neun nach Xam Neua 284
Xam Neua 285
Die Umgebung von Xam Neua 288
Vieng Xai 288
Provinz Xieng Khouang 293
Phonsavan 294
Muang Khoun (Xieng Khouang) 303
Von Phonsavan nach Muang Kham 304
Muang Kham 304
Provinz Xaignabouri 306
Hongsa 306
Xaignabouri 306
Paklai 309

ZENTRALLAOS 311
Provinz Borikhamxai 312
Von Vientiane nach Süden 312
Phou Khao Khouay NPA 314
Pakxan 316
Von Pakxan nach Ban Vieng Kham 317
Straße 8 nach Osten: Nahin 318
Nam Hinboun-Region 319
Lak Xao 320
Provinz Khammouan 322
Thakhek (Muang Khammouan) 324
Die Umgebung von Thakhek 331
Mahaxai 332
Die Straße 8B nach Norden 333
Provinz Savannakhet 334
Savannakhet (Chanthabouri) 334
Die Umgebung von Savannakhet 343
Straße 9 nach Xepon 343
Xepon (Tchepone) 344
Dan Savan 346

DER SÜDEN 347
Provinz Champasak 349
Pakxe 351
Die Umgebung von Pakxe 359
Ban Kiatngong und Xe Pian NPA 360
Das Bolaven-Plateau 362
Champasak und Umgebung 363
Vat Phou 366
Um Tomo (Oubmoung) 371
Si Phan Don 373
Don Khong 373
Don Det und Don Khon 378
Khon Phapheng-Wasserfall 385
Die Südostprovinzen 385
Tad Lo 386
Saravan (Salavan) 388
Die Umgebung von Saravan 389
Thateng 390
Xekong (Muang Lamam) 391
Die Umgebung von Xekong 392
Attapeu (Samakhixai) 392
Die Umgebung von Attapeu 395
Von Attapeu nach Pakxe: Tad Katamtok ...396

ANHANG 397
Bücherliste 398
Sprache 401
Glossar 406
Index 408
Die Autoren 415
Kartenverzeichnis 416
Bildnachweis 416

Wissenswertes im Kasten

Eisenbahn – Endstation Sehnsucht? 45
Community-based Ecotourism 50
Bevölkerung: Die offizielle Dreiteilung 69
Bewässerungs- oder Brandrodungsanbau? 74
Mandala 77
Der Phra Keo 80
Die „Geheime Armee" 84
Der Ho-Chi-Minh-Pfad 86
Umerziehungslager 89
Laotische Gaststudenten in der DDR 93
Boun, Kamma und Wiedergeburt 98
Die Baci 102
Mudra und Asana 108/109
Der Pali-Kanon 118
Ein neues Symbol – aber wofür? 127
TV-Romane made in Laos 156
Die Elefanten von Ban Na – einst Plage, bald Freunde? 158
Luang Prabang: Weltkulturerbe seit 1995 183
Magische Anziehungskräfte: die Legende des Phra Bang 194/195
Zu viel des Guten: Vessantara Jataka 197
Die vier Edlen Wahrheiten 205
Buddha in der Regenanrufungspose 227
Nam Ha NPA (National Protected Area) 253
Opium in Laos 266/267
Stromschnellen und Karstberge: Bootstour auf dem Nam Ou 276/277
Die Arbeit von UXO Lao 295
Das Rätsel der Steinkrüge 300
Der Atem des Naga-Königs 314
Die Schlacht um Thakhek 326
Giganten im Land der Elefanten 335
Lam Son 719 345
Irrawaddy-Delphine 382

Das unentdeckte Asien

Laos ist ein junges Reiseziel. Erst zwölf Jahre ist es her, dass die sozialistische Führung den Bambusvorhang ein Stückchen zur Seite gezogen hat und Touristen wieder einen Blick in eines der faszinierendsten Länder Südostasiens werfen können. Die Besucher erwartet ein Land, das gerade dabei ist, seine Position im südostasiatischen Staatengefüge neu zu bestimmen, ein Land zwischen Tradition und Moderne, in dem der Lebensrhythmus der Bewohner Erinnerungen an das alte Asien wachruft, während in den Städten Handys, Internet-Cafés und Satelliten-Schüsseln Einzug halten.

Die große Mehrheit der Laoten lebt noch immer so wie ihre Vorfahren. Vielerorts prägen hölzerne Stelzenbauten und saftig grüne Reisfelder das Bild. Zahlreiche Klöster und Tempel zeugen von der wichtigen Rolle des Buddhismus.

Historisch gesehen gehört Laos zu einer unruhigen Region. Im Herzen des kontinentalen Südostasiens gelegen, musste es sich jahrhundertelang gegen die Expansionsgelüste der großen Nachbarn China, Vietnam, Thailand, Birma und Kambodscha zur Wehr setzen, bevor es von den Franzosen im 19. Jahrhundert zum Anhängsel Französisch-Indochinas gemacht wurde.

Die USA überzogen das Land in den 60er und 70er Jahren mit einem Bombenkrieg, der 1975 mit der so genannten „sanften Revolution" endete. Zwar riegelten die Kommunisten Laos in der Folgezeit hermetisch vom Westen ab, doch blieben den Laoten blutige gesellschaftliche Umwälzungen wie etwa in Kambodscha erspart. Seit dem Zusammenbruch des Ostblocks verfolgt die laotische Führung einen Reformkurs, der die Wirtschaft langsam wieder in Schwung bringt, aber bislang nicht viel daran geändert hat, dass Laos zu den unterentwickeltsten Ländern Südostasiens zählt.

Wer sich heute in den kleinen Staat am Mekong aufmacht, erlebt ein Land, das sich trotz seiner wechselvollen Geschichte eine reiche Kultur und Natur bewahrt hat. Die meisten Besucher kommen, um Luang Prabang zu sehen, die älteste intakte Tempelstadt Südostasiens. Hier zeugen noch rund 30 Klöster von der einstigen Pracht des ersten laotischen Großreiches Lane Xang. Aber Laos hat noch viel mehr zu bieten: verwitterte Kolonialarchitektur, malerische Fluss- und Karstlandschaften und eine ethnische Vielfalt und gelassene Atmosphäre, die in Südostasien ihresgleichen suchen. In einigen der 22 Naturschutzgebiete wird seit kurzem ein sanfter Tourismus gefördert, der es Reisenden ermöglicht, bislang unberührte Natur zu erkunden.

Der fehlende Zugang zum Meer und eine schlechte Infrastruktur haben dafür gesorgt, dass Laos vom Massentourismus verschont geblieben ist. Mit seinen freundlichen Menschen, einer hervorragenden Küche und der abenteuerlichen Art des Reisens ist es ein Paradies für Traveller, in dem es noch vieles zu entdecken gibt.

Das Laos-Handbuch ist das Ergebnis eines Autorenteams. Annette Monreal war in den Nordprovinzen unterwegs, Jan Düker bereiste Zentrallaos und den Süden. Die Tourismuszentren Vientiane, Vang Vieng und Luang Prabang wurden gemeinsam recherchiert.

Reisevorbereitung

Einreiseformalitäten S. 10
Botschaften und Konsulate S. 11
Informationen S. 12
Klima und Reisezeit S. 14
Reiseziele S. 16
Anreise S. 18
Gesundheit S. 23
Versicherungen S. 29
Gepäck S. 30
Geld S. 31
Mit Kindern unterwegs S. 34

Einreiseformalitäten

Deutsche, Österreicher und Schweizer brauchen für die Einreise nach Laos einen Reisepass und ein **Visum**. Der Pass muss noch mindestens sechs Monate gültig sein und wenigstens eine freie Seite enthalten – am besten zwei, da allein das laotische Visum eine ganze Seite einnimmt.

Touristenvisum (Visa on Arrival)

Wer über einen der drei internationalen Flughäfen oder einen der folgenden Grenzübergänge einreist, erhält das **Visum direkt bei der Ankunft** (einfache Einreise, verlängerbar). Es kostet US$30 in bar, der Antrag wird an den Grenzübergängen ausgegeben (zwei Fotos).

Bislang berechtigte ein Visa on Arrival zu einem Aufenthalt von 15 Tagen. Seit Mitte 2006 werden an den Flughäfen und der Freundschaftsbrücke 30 Tage gewährt. Diese Regelung soll in Kürze auch auf alle anderen unten genannten Grenzübergänge ausgeweitet werden. Es kann sein, dass sich damit auch die Visakosten erhöhen:

Internationale Flughäfen
Vientiane
Luang Prabang
Pakxe

Thailand – Laos
Nong Khai – Vientiane (Freundschaftsbrücke)
Chiang Khong – Houay Xai
Bung Kan – Pakxan
Nakhon Phanom – Thakhek
Mukdahan – Savannakhet
Chong Mek – Vangtao

Vietnam – Laos
Nong Het – Ky Son
Cau Treo – Lak Xao
Lao Bao – Dan Savan

China – Laos
Mohan – Boten

Obwohl der Grenzübergang nach **Kambodscha** schon seit einigen Jahren für Touristen geöffnet ist, gab es hier zur Zeit der Recherche noch **kein Visa on Arrival** für Laos.

Besuchervisum

Wer ganz sicher gehen will, beantragt vor der Reise bei einer laotischen Vertretung ein Besuchervisum für 30 Tage (einfache Einreise, verlängerbar). Die Botschaft in **Berlin** braucht für die Bearbeitung etwa eine Woche plus Postweg. Den Antrag gibt es auch unter 🖳 www.visaexpress.de. Er ist per Einschreiben an die Botschaft zu schicken, zusammen mit einem Foto, dem Reisepass, einem Verrechnungsscheck (50 €) und einem als Einschreiben frankierten Rückumschlag. Ist das Visum ausgestellt, muss es innerhalb von zwei Monaten genutzt werden, da es sonst verfällt. Bei der Einreise sollte das in den Pass gestempelte Datum unbedingt noch am Schalter geprüft werden. Es ist schon vorgekommen, dass ein Besuchervisum bei der Einreise mit nur 15 Tagen versehen wurde.

Günstiger gibt es Besuchervisa in **Bangkok**. Viele Reisebüros und Gästehäuser bieten für etwa 40 € einen Visaservice an. Wer sich die Mühe machen möchte, kann zur abgelegenen laotischen Botschaft in Bangkok fahren, ◯ Mo–Fr 8–12, 13–16 Uhr. Die Visakosten richten sich nach der Nationalität des Antragstellers: Deutsche und Österreicher zahlen 1200 Baht (24 €), Schweizer 1400 Baht (28 €). Für 200 Baht mehr wird das Visum innerhalb einer Stunde ausgestellt (zwei Fotos).

Auch das laotische Konsulat in Khon Kaen stellt Visa aus, ebenso die laotischen Vertretungen in Hanoi und Ho-Chi-Minh-Stadt sowie die laotische Botschaft in Phnom Penh und das Generalkonsulat in Kunming.

Weitere Visa

Neben Touristen- und Besuchervisa erteilt die laotische Regierung eine Reihe weiterer Visa, die in Deutschland meist umständlich zu beantragen sind.

Reisende, die in Laos zwischenlanden, können ein **Transitvisum** beantragen. Es berechtigt zu einem Aufenthalt von fünf Tagen, wird aber seit Einführung des Visa on Arrivals kaum noch ausgestellt.

Geschäftsreisende erhalten auf Antrag ein **Geschäftsreisevisum**. Hierzu muss der laotische Geschäftspartner oder die laotische Firma das gemeinsame Anliegen beim zuständigen Ministerium in Vientiane vortragen. Bei Genehmigung faxt es eine *approval number* an die Botschaft in Berlin. Nach Zahlung von 50 € wird das 30-Tage-Visum in den Pass gestempelt. Es ist beliebig oft verlängerbar.

Ein **Multiple-Entry Visum** wird nur vom laotischen Außenministerium vergeben und ist vor allem für Entwicklungshelfer, NGO-Mitarbeiter etc. gedacht.

Visumsverlängerung
Visa verlängert nur die **Einreisebehörde** in Vientiane. Früher gewährte sie maximal fünf Tage, heute sind auch 15 Tage und mehr kein Problem. Kosten: US$2 pro verlängertem Tag plus ein paar tausend Kip für das Antragsformular (1 Foto). Wer den Pass schon morgens hinbringt, kann ihn nachmittags wieder abholen:

Immigration Office
Hathsadi Rd., Vientiane
021-213633, Mo–Fr 9–11.30, 13–16 Uhr

In einigen Tourismuszentren wie Luang Prabang, Vang Vieng und Pakxe organisieren **Reisebüros und Gästehäuser** die Verlängerung des Visums für US$3–5 pro Tag (bis zu 3 Arbeitstage, da die Mitarbeiter nach Vientiane reisen müssen). Wer die **Aufenthaltsdauer** seines Visums **überschreitet**, zahlt bei der Ausreise an der Grenze US$10 pro Tag. Das ist aber nur eine Kulanzregelung.

Zoll
Zollfrei nach Laos eingeführt werden können: 1 l Spirituosen und 2 l Wein; 200 Zigaretten oder 50 Zigarren oder 250 g Tabak; eine Kamera oder Videokamera und zehn Filme. Die Einfuhr ausländischer Währungen ist unbegrenzt erlaubt. Waffen, Munition, Pornos und „reaktionäre" Publikationen sind nicht gern gesehen.

Die Ausfuhr der Landeswährung ist verboten (obwohl das niemanden wirklich zu interessieren scheint). Auch Buddhastatuen und Antiquitäten dürfen nicht ausgeführt werden.

Botschaften und Konsulate
Laotische Vertretungen in Europa
Deutschland
Bismarckallee 2a, 14193 Berlin
030-89060647, 89060648
Mo–Fr 9–12 Uhr
Auch für Österreicher und Schweizer zuständig

> **Tipp**
> Alle wichtigen Reisedokumente zu Hause einscannen und an die eigene Web-Mail-Adresse schicken, eventuell auch Geheimzahlen, Telefon- und Reisescheknummern. So können sie im Notfall unterwegs abgerufen werden. Wer keinen Scanner hat, kann nach der Einreise auch Fotokopien von Pass, Visum und Einreisestempel machen. Damit gibt es schneller Ersatz, falls der Pass abhanden kommt (s. S. 57).

Laotische Vertretungen in Asien
China
11 Dong Sie Jie Sanlitun, Beijing
010-65321224, 65326748
Generalkonsulat:
Camelia Hotel
154 Dongfeng Dong Lu, Kunming
0871-3176623, 3178556
Kambodscha
15-17 Mao Tse Toung Blvd, Phnom Penh
023-982632, 720907
Myanmar
NA1 Diplomatic Quarters
Franser Rd., Yangon
01-222482, 227446
Thailand
520, 502/1–3 Soi Ramkhamheng
39 Bangkapi, Bangkok
02-5393642, 5393827
Mo–Fr 8–12 Uhr (Visabeantragung),
13–16 Uhr (Visaabholung)
Generalkonsulat:
19/1-3 Pothisarn Rd., Khon Kaen
043-223698, 223849
Vietnam
40 Quang Trung, Hanoi
04-8229084, 822 8414
Generalkonsulate:
93 Pasteur St., Ho-Chi-Minh-Stadt
08-8297667, 8299272

Ausländische Vertretungen in Laos
China
Vatnak Rd., Vientiane
021-315100, 315104

Deutschland
26 Sokpaluang Rd.
B.P. 314, Vientiane
☏ 021-312110 oder -11, 📠 351152
✉ info@vien.diplo.de

Kambodscha
Thadeua Rd., KM 2, Vientiane
☏ 021-314952, 📠 314951

Myanmar
Sokpaluang Rd., Vientiane
☏ 021-314910, 📠 314 913

Österreich
Zuständig ist die Österreichische Botschaft in Thailand
14 Soi Nandha, Bangkok
☏ 0066-2-3036057, 📠 2873925

Schweiz
Botschaft in Thailand:
35 North Wireless Rd., Bangkok
☏ 0066-2-2530156 oder 2530160, 📠 2554481
Konsulat in Laos:
Diethelm Travel, 1. Stock
Nam Phou, Ecke Setthathirat Rd.
☏ 021-264160, 📠 264161

Thailand
Phonekheng Rd., Vientiane
☏ 021-214581, 📠 214580
Konsulat:
Kouvaravong Rd., Savannakhet
☏ 041-212373

Vietnam
85 That Luang Rd., Vientiane
☏ 021-413409, 📠 413379
Konsulate:
418 Sisavangvong Rd., Savannakhet
☏ 041-212418, 📠 212182
Rd. 23, Pakxe
☏ 031-212058, 📠 212827

Informationen

Informationen zu Laos sind in Europa nicht gerade leicht zu finden. Wer keinen Pauschalurlaub gebucht und vom Touranbieter Material in die Hand gedrückt bekommen hat, wird die Telefonbücher vergeblich nach laotischen Tourismusverbänden durchstöbern. Es gibt sie nicht, ebenso wenig wie Kulturinstitute.

Offizielles Infobüro für Laos in Deutschland ist **Indochina Services**, ☏ 08151-770222. Die Mitarbeiter nehmen auch unter ✉ pr@is-intl.com Anfragen entgegen, allerdings sollten die E-Mails in Englisch geschrieben sein, da sie in Bangkok bearbeitet werden. Einige Informationen stehen auch auf der Internet-Seite 🖥 www.indochina-services.com.

In Laos selbst ist man auf das Netz des staatlichen Fremdenverkehrsamtes, kurz LNTA, angewiesen:

Lao National Tourism Authority
Lane Xang Ave, Vientiane
☏ 021-212251, 📠 212769
🖥 www.tourismlaos.gov.la
🖥 www.ecotourismlaos.com
🖥 www.trekkingcentrallaos.com

Die Zentrale in Vientiane stellt neuerdings alle Provinzen auf Schautafeln vor. Broschüren zu Tourismusprojekten und Karten verschiedener Provinzen sind gegen ein kleines Entgelt erhältlich. Im Ausstellungsraum ist auch die Website www.ecotourismlaos.com offline einsehbar. Ein Besuch der Zweigstellen in den Provinzen (Provincial Tourism Offices) lohnt sich ebenfalls.

Darüber hinaus gibt die Tourismusbehörde das ansprechende *Visiting Muong Lao* heraus, ein zweimonatlich erscheinendes Magazin mit Fotos und Berichten zu laotischer Geschichte, Küche und Kultur. Es ist in den Buchläden Vientianes erhältlich. Ein weiteres Blatt, das in den Buchläden vor Ort verkauft wird oder als Inflight Magazin auf Flügen mit Lao Airlines beiliegt, ist das quartalsweise erscheinende *Discover Laos*. Es enthält gelegentlich Fahrpläne und Karten.

Gute Infoquellen vor Ort sind **Reisebüros** (s. Regionalkapitel). Auch Gästehausbesitzer, Tuk Tuk-Fahrer und Gastwirte können Hinweise zu Ausflugszielen in der Region geben.

Internet

Wer das Wort „Laos" in eine der Suchmaschinen eingibt, wird mit Einträgen überschüttet. Einige der interessantesten Seiten werden von Exillaoten betrieben, die nach der kommunistischen Machtübernahme aus dem Land geflohen sind. Hier eine Auswahl an Sites:

Reiseinfos

Ecotourism Laos
🖳 www.ecotourismlaos.com
🖳 www.trekkingcentrallaos.com
Lust auf Natur? Diese tollen Websites der Tourismusbehörde nennen die besten Orte
Visit Laos
🖳 visit-laos.com
Früher staatliche Werbe-Website, nun privat mit Infos zu Hotels, Restaurants und den wichtigsten Sehenswürdigkeiten
Laos Hotels
🖳 www.laos-hotels.com
Buchungen online, allerdings nicht immer günstig
Globetrotter-Forum
🖳 www.stefan-loose.de/forum.htm
Hier halten sich Reisende gegenseitig auf dem Laufenden
Travel Fish
🖳 www.travelfish.org/country/laos
Guter Internet-Reiseführer mit vielen Karten

Nachrichten

Vientiane Times
🖳 www.vientianetimes.com
Nachrichten über Laos, betrieben von Exillaoten und nicht zu verwechseln mit der gleichnamigen Zeitung. Unter „Other Sites" Dutzende weitere Websites
Khaosan Pathet Lao (KPL)
🖳 www.kplnet.net
Tagesaktuelles von der laotischen Nachrichten-Agentur

Politik, Wirtschaft, Gesellschaft

CIA The World Factbook
🖳 www.cia.gov/cia/publications/factbook/geos/la.html
Grunddaten von Laos – ideal für Geografielehrer und Auswanderer.
Amnesty International (d)
🖳 www.amnesty.de/berichte/asa26/f_index.htm
Der jährliche Amnesty-Bericht zu Menschenrechtsfragen
United Nations Development Programme
🖳 www.undplao.org
Adressen von NGO in Laos, Fact Sheets und Jobangebote; dazu Informationen über laufende Entwicklungshilfe-Projekte

Weltbank
🖳 www.worldbank.org/lao
Aktuelle Berichte zur Wirtschaft
Mekong River Commission
🖳 ffw.mrcmekong.org/
Infos zur Hochwasserlage entlang dem Mekong – für Leute, die während der Regenzeit reisen

Regierungsseiten

Laotische Botschaft in Bangkok
🖳 www.bkklaoembassy.com
Visa-Infos
Zoll
🖳 laocustoms.laopdr.net
Richtlinien für Reisende und Formulare zum Runterladen

Landkarten und Stadtpläne

Die wenigen Laoskarten, die es in Europa zu kaufen gibt, basieren überwiegend auf alten Erhebungen.

Die Reliefkarte *Vietnam, Laos, Cambodia* des **Nelles-Verlags** im Maßstab 1:1 500 000 gibt einen ganz guten Überblick, ist aber nicht sehr detailliert.

Wesentlich mehr Einträge enthält die Karte *Laos and Cambodia* von **International Travel Maps** im Maßstab 1:1 200 000. Sie hat auch ein Ortsregister und kleine Pläne von Vientiane, Phnom Penh und Angkor.

Einen ordentlichen Eindruck macht die wasserfeste *Laos*-Karte von **Reise Know How** im Maßstab 1: 600 000 mit Höhenlinien, Ortsindex und Plänen von Vientiane, Luang Prabang und Vang Vieng.

Die beste Straßenkarte ist die *Laos Guide Map* im Maßstab 1:1 666 666 von David Unkovich (**Golden Triangle Rider**). Die Karte wird in Chiang Mai hergestellt und richtet sich an Motorradfahrer. Sie enthält genaue Kilometerangaben, die Infos zum Straßenzustand sind aktuell und es gibt 14 Stadtpläne mit Einträgen für Touristen. Die Laos Guide Map ist unter 🖳 www.GT-Rider.com zu bestellen oder in Reisebüros und Läden in Laos zu kaufen.

Passionierte Kartenleser werden die Regionalkarten des **Service Géographique d'Etat** in Vientiane zu schätzen wissen (Maßstab zwischen 1:10 000 und 1:1 000 000). Zwar wurden die Daten seit den 60er Jahren kaum aktualisiert, doch geben die Höhenkurven mit einer Äquidistanz von 100 m genaue Auskunft über die Topografie des Landes. Außerdem sind Bergnamen, Flüsse und unzählige Dörfer eingezeichnet. Da die Karten nicht oft aufgelegt werden, braucht es schon etwas Glück, um in Vientiane (s. S. 142) einen Teilausschnitt zu bekommen. Wer schon mal da ist, sollte auch nach den Stadtplänen fragen, die in den vergangenen Jahren entwickelt wurden. Es gibt Pläne von Vientiane, Luang Prabang, Savannakhet und Pakxe.

Eine weitere in Chiang Mai produzierte Karte ist der sehr detaillierte Stadtplan von Vientiane, erschienen bei **Hobo Map**. Noch ist diese ideale Fahrradkarte nicht überall zu kaufen, aber im Vientiane Book Center liegt sie vor, einfach nachfragen.

Klima und Reisezeit

Das Klima in Laos ist tropisch und wird von den Monsunwinden bestimmt. Generell bringt der Südwestmonsun von Mai/Juni bis Oktober heftige Regenfälle und Gewitter, während der Nordostmonsun ab November zunächst trockene und kühle Luft nach Laos führt. Ende Februar wird es deutlich schwüler. Im April und Mai erreichen die Temperaturen mit 35–37 °C ihren Höchststand. Es gibt drei Jahreszeiten:

In der **Regenzeit** von Mai bis Oktober fallen 75–90% des jährlichen Niederschlags. Die Menge hängt von der Höhenlage ab: In der Ebene von Vientiane gehen jährlich rund 1700 mm Regen nieder, in Savannakhet 1400 mm und in Luang Prabang und Xaignabouri 1000–1300 mm. In höheren Lagen im Norden und Südosten sind Niederschläge von mehr als 3000 mm pro Jahr die Regel. Das beste Beispiel dafür, wie unterschiedlich die Regenmenge sogar innerhalb einer Provinz sein kann, ist Champasak: Während auf der Insel Khong im Süden im Jahr rund 1600 mm Regen fallen, liegt das Jahresmittel in Pakxong auf dem Bolaven-Plateau zwischen 2500 und 3700 mm.

Dabei regnet es nicht jeden Monat gleich stark. Während Vientiane zwischen Mai und September relativ kontinuierlich Niederschläge erhält, sind in Luang Prabang Juni, Juli und August die nassesten Monate. Ab August/September schwellen der Mekong und sein Nebenflüsse deutlich an, so dass es entlang der Ufer zu Überschwemmungen kommt.

Die Temperaturen bewegen sich in der Regenzeit im Tiefland zwischen 23 °C und 33 °C. Mit zunehmender Höhe nehmen sie ab.

Die **kühle Jahreszeit** beginnt mit dem Einsetzen des Nordostmonsuns im November und beschert dem Land bis Ende Februar sonniges und trockenes Wetter. In dieser Zeit ist die Luftfeuchtigkeit am geringsten. Die Temperaturen sinken entlang dem Mekong in der Nacht und am Morgen auf bis zu 15 °C. Tagsüber steigen sie im Schnitt auf 25 °C. Im Norden kann es von Dezember bis Februar auch am Tag frisch sein. Eine Jacke und ein Sweatshirt gehören auf jeden Fall ins Gepäck. In den Höhenlagen Phongsalis und Xieng Khouangs sowie entlang der Annamitischen Kordillere ist es in dieser Zeit am kältesten: Die Temperaturen können auf 5 °C und darunter fallen – und das in einem Land ohne Heizungen.

Anfang März wird es wieder deutlich wärmer. Im April und Mai erreicht die **heiße Jahreszeit** ihre stärkste Ausprägung. Dann klettert das Quecksilber in die oberen 30er. Allerdings ist es auch in dieser Zeit in den Bergen spürbar kühler. Im Süden wird es dagegen schon unangenehm heiß mit Temperaturen bis 40 °C im Schatten und einer Luftfeuchtigkeit von 90%. Mit etwas Glück sorgen kurze Platzregen für Abkühlung. Insgesamt fallen in der trockenen Zeit aber nur 10–25% des jährlichen Niederschlags.

Reisezeit

Die **beste Zeit** für eine Laosreise ist von **Oktober bis Februar**. Dann sind die Tage warm und sonnig und die Nächte angenehm kühl. Es regnet wenig und die Luftfeuchtigkeit ist nicht so hoch. Im Norden des Landes kann es im Januar und Februar richtig kalt werden, wenn sich kühle Luft aus Zentralchina ihren Weg nach Laos bahnt. Außerdem sind die Pegel der Flüsse dann so niedrig, dass Boote auf einigen Strecken nur eingeschränkt fahren.

Wer nicht gerade zum Trekking in die Berge fährt oder leidenschaftlicher Saunagänger ist, sollte die **heiße Zeit von März bis Mai meiden**. Vor allem Zentral- und Südlaos sind dann nur schwer zu ertragen. Aber auch in Vientiane und Luang Prabang können die Temperaturen leicht auf 35 °C steigen. Ein weiterer Minuspunkt: Die Luft ist von der Brandrodung so verräuchert, dass keine Fern-

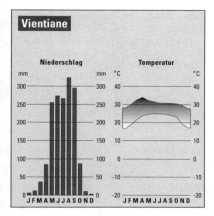
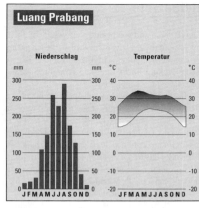
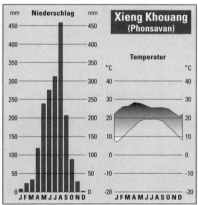
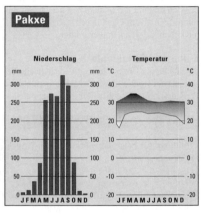

blicke in die Landschaft möglich sind. Der einzige Pluspunkt ist, dass in dieser Zeit nur etwa ein Fünftel der Touristen unterwegs sind wie im Oktober und November.

In der **Regenzeit** sollten sich Reisen auf die gut erschlossenen Regionen beschränken. Bei der Routenplanung ist zu bedenken, dass viele Straßen von Juni bis Oktober wegen Straßenschäden und Erdrutschen unpassierbar sein können. Nach den ersten Tropengüssen leuchten die Reisfelder in saftigem Grün, und auch die Temperaturen bewegen sich in erträglichem Rahmen (28–30 °C). Nur die Luftfeuchtigkeit kann einem zu schaffen machen. Sind die Gewitter zu Beginn der Regenzeit erst mal abgeklungen, wechseln sich Tropenregen und Sonnenschein ab.

Die meisten Touristen sind von November bis Februar unterwegs. Dann kann es in den Tourismuszentren wie Vang Vieng oder Luang Prabang richtig voll werden. Auch kurzfristige Flüge von Europa nach Bangkok sind zu dieser Zeit nur schwer zu bekommen.

Wer zu Zeiten wichtiger Feiertage reist (etwa dem Chinesischen Neujahr im Februar), muss damit rechnen, dass selbst das sonst so ruhige Vientiane überlaufen ist. Zum That Luang Fest kommen viele Laoten von außerhalb in die Stadt – frühzeitig um ein Zimmer kümmern.

Reiseziele

Laos ist ein Land von beeindruckender Schönheit, auch wenn die Zahl der Sehenswürdigkeiten gering erscheint. Hier gibt es kein Angkor Vat oder Bagan, keine Halong-Bucht oder blütenweiße Strände. Laos ist ein Gesamterlebnis:

Da sind die **Menschen**, die nicht zu unrecht zu den liebenswertesten Südostasiens gezählt werden; die abwechslungsreiche **Landschaft**, die sich perfekt auf Bootsfahrten oder Wanderungen erkunden lässt; etliche **Feste** wie *Boun That Luang, Boun Vat Phou* oder das Neujahrsfest *Boun Pi Mai,* auf denen sich die enorme Lebensfreude der Laoten zeigt; und nicht zuletzt die **Märkte**, die von den verschiedensten **Ethnien** besucht werden.

Am besten reist man gemächlich, in kleinen Etappen und mit viel Geduld. Wer sich zu viel vornimmt, wird vom eigentlichen Laos und seinen Menschen nur wenig mitbekommen.

Kultur und Geschichte

Eine Reihe von Orten spiegelt die wechselvolle Geschichte des Landes wider: als Kreuzungspunkt der großen südostasiatischen Kulturen, Sitz der laotischen Königreiche, französische Kolonie und Schlachtfeld im Zweiten Indochinakrieg.

Luang Prabang: die bedeutendste Sehenswürdigkeit von Laos. Als älteste intakte Tempelstadt Südostasiens wurde Luang Prabang, Sitz der ersten Könige Lane Xangs, 1995 zum Weltkulturerbe erklärt. Mit rund 30 Klöstern und unzähligen Mönchen wird die Stadt ihrer historischen Rolle als wichtigstes buddhistisches Zentrum des Landes heute wieder gerecht, s. S. 181.

Vientiane: Die Hauptstadt dient vielen Reisenden als Eingangstor. Verträumt und lebendig zugleich verdeutlicht sie wie kaum ein anderer Ort den beginnenden Wandel des Landes. Zwar hat Vientiane nicht so viel Charme wie Luang Prabang, doch es besitzt mit dem heiligen That Luang, dem historischen Vat Sisaket und dem Museum Ho Phra Keo drei Sehenswürdigkeiten, die man nicht verpassen sollte, s. S. 111.

Vat Phou: eines der schönsten Zeugnisse der Khmerarchitektur außerhalb Kambodschas und seit Februar 2001 offiziell Weltkulturerbe. Angeschmiegt an einen Berghang im Süden Champasaks, verzaubert die Tempelruine all jene, die sich Zeit für eine ausgiebige Besichtigung nehmen, s. S. 366.

Urlaub aktiv

Trekking: Am beliebtesten sind die mittlerweile in sechs Provinzen entwickelten „Community-based Ecotourism Treks", zu buchen bei den Tourismusbehörden und zunehmend auch bei privaten Agenturen. Ausgangspunkte sind: Luang Namtha (S. 256), Vieng Phoukha (S. 251), Muang Sing (S. 263), Oudomxai (S. 246), Luang Prabang (S. 221), Vientiane (S. 146), Ban Hatkhai (S. 315), Thakhek (S. 328), Savannakhet (S. 339) und Champasak (S. 357 und 366).

Radtouren: auf eigene Faust mit geliehenen Rädern ins Umland von Luang Namtha (S. 255) und Vang Vieng (S. 168).

Klettern: Kletterparadies Nummer Eins für Anfänger und Fortgeschrittene ist Vang Vieng (S. 177). Seit 2005 gibt es in Luang Prabang eine neue Wand am Mekong, Kletterkurse bei Green Discovery (S. 221).

Kayak fahren und Raften: Green Discovery, Tiger Trail und Lao Youth Travel veranstalten Touren auf Flüssen in der Umgebung von Luang Prabang (S. 221). Ab Vientiane und Vang Vieng gibt's Kayaktouren auf dem Nam Lik und Wildwasserfahrten auf dem Nam Ngum (S. 177 und 146). In Luang Namtha sind die Touren auf dem Nam Ha empfehlenswert (S. 257). Und ab Vientiane und Thakhek kann man in der Provinz Khammouan auf dem Nam Hinboun und anschließend durch die 6,3 km lange Höhle Tham Kong Lo (S. 319) paddeln. Im äußersten Süden ist die Insellandschaft Si Phan Don vom Wasser aus nett zu erkunden (S. 384).

Tubing: ideal auf dem Nam Xong in Vang Vieng (S. 176) und auf dem Nam Ou (S 282). Auch auf Don Det (S. 384) gibt es Tubes.

Bootstouren: Langjährige Favoriten sind der Nam Ou (S. 276) und der Mekong (S. 239), relativ neu auf dem Programm steht der Nam Tha (S. 240).

Ebene der Tonkrüge: Auf der Hochebene von Xieng Khouang zeugen Hunderte überdimensionale Steinkrüge von einer Megalithkultur, die bis heute nur wenig erforscht ist, s. S. 297.

Vieng Xai: im Zweiten Indochinakrieg lange Zeit Hauptquartier der kommunistischen Pathet Lao-Führer. Seit 1999 sind die Karsthöhlen, die von den Kadern als Bunker genutzt wurden, für Touristen geöffnet, s. S. 288.

Savannakhet: Mit ihrer entspannten Mekongatmosphäre und der französischen Kolonialarchitektur ist die zweitgrößte Stadt des Landes gut für einen Zwischenstopp auf dem Weg in den Norden oder Süden, s. S. 334. Wer malerische Landschaft bevorzugt, macht besser im 130 km nördlich gelegenen **Thakhek** Halt. Nur wenige Kilometer östlich der Stadt erstreckt sich das Phou Hin Boun NPA mit unzähligen Karstkegeln und Höhlen, s. S. 324.

Natur

Laos ist ein Paradies für Naturliebhaber. Mehr als drei Viertel des Landes bestehen aus Gebirgen, Dschungel und Flüssen. Zwar steckt der Naturtourismus noch in den Kinderschuhen, doch gibt es inzwischen eine Hand voll Orte, in denen sich Treks, Bootsfahrten und Abenteuertouren organisieren lassen (s. auch Kasten).

Mekong: Schon beim Klang des Namens überkommt viele Traveller die Reiselust: Der Mekong, zu deutsch „Mutter aller Wasser", ist der magischste Fluss Südostasiens und die Lebensader von Laos. Über fast 2000 km ziehen sich seine milchkaffeebraunen Fluten durch das Land. Leider hat der Bootsverkehr seit dem Ausbau der Straße 13 deutlich abgenommen. Schöne und beliebte Strecken wie Houay Xai – Luang Prabang werden aber nach wie vor bedient. Außerdem gehört der Sonnenuntergang am Mekongufer zu den schönsten Eindrücken der Reise, s. S. 239.

Vang Vieng: Ob Caving, Trekking, Klettern oder Kayaking – Vang Vieng ist mit seinen Karstbergen *das* Zentrum für Outdoor-Aktivitäten. Selbst wer sich nicht für Sport interessiert, findet in der kleinen Stadt am Nam Xong ganz bestimmt das passende Plätzchen, um bei einem Beerlao die weltentrückte Schönheit der Landschaft zu genießen, s. S. 164.

Si Phan Don: Im Südzipfel von Laos, an der Grenze zu Kambodscha, gibt der Mekong auf einer Strecke von 50 km die Inselwelt der Si Phan Don frei. Neben unzähliger kleiner Eilande kann man hier traditionelles Flussleben, die größten Wasserfälle Südostasiens und eine kleine Population von Irrawady-Delphinen sehen. Auf Don Det und Don Khon befinden sich außerdem die Reste einer Schmalspurbahn aus der Franzosenzeit – der einzigen, die je auf laotischem Boden fuhr, s. S. 373.

Muang Sing und Luang Namtha: Beide Städte grenzen an das Naturschutzgebiet Nam Ha NPA, das nicht nur einer einzigartigen Tier- und Pflanzenwelt Lebensraum bietet, sondern auch von vielen Bergvölkern bewohnt wird. Obendrein sind beide Städte Trekkingzentren des von der Unesco betreuten Nam Ha Ecotourism Project und idealer Startpunkt für Mountainbiketouren, s. S. 258 und S. 251.

Nong Kiao und Muang Ngoi Kao: zwei Dörfer am Ufer des Nam Ou in einer schönen Karstlandschaft. Eine Bootsstunde nördlich von Nong Kiao liegt das Fischerdorf Muang Ngoi Kao, dessen gemächliches Tempo man am besten in einer Hängematte genießt, s. S. 274 und S. 278.

Phou Hin Boun NPA: Das 1580 km² große Naturschutzgebiet in Zentrallaos steht landschaftlich nicht hinter Vang Vieng zurück. Reisebüros in Vientiane organisieren mehrtägige Touren, östlich von Thakhek lassen sich eine Reihe von Höhlen auf eigene Faust erkunden, und südlich der Straße 8 nahe Nahin kann man die spektakuläre, 6,3 km lange Höhle Tham Kong Lo mit dem Boot durchfahren, s. S. 331 und S. 319.

Bolaven-Plateau: Dicht bewaldet und fruchtbar erstreckt sich das Bolaven-Plateau über Teile der Südprovinzen Champasak, Saravan, Xekong und Attapeu. Die kühle Hochebene ist vor allem für ihre Kaffeeplantagen, tiefen Wasserfälle (Tad Fan,

---

Tiere erleben

Elefanten: vom Beobachtungsturm in Ban Na aus (S. 156), im Elefanten-Camp Hongsa (S. 306), auf einer Dschungeltour von Tiger Trail (S. 221) oder bei einem Ritt in Ban Kietngong (S. 360).

Gibbons: in den Baumwipfeln des Bokeo Nature Reserve (S. 236).

Irrawaddy-Delphine: in den Gewässern der Viertausend Inseln (S. 384).

Tad Lo, Tad Katamtok) und Mon-Khmer-Völker bekannt. Von Pakxe ist das Plateau leicht in einem Tagesausflug zu erreichen, s. S. 362.

Routenplanung
Zwei Wochen

Wer zwei Wochen zur Verfügung hat, sollte die Reise eventuell auf die Hauptstadt und einen Landesteil beschränken. Der Norden bietet die größeren Sehenswürdigkeiten und ist touristisch besser erschlossen.

Eine beliebte Reiseroute führt von Vientiane über Vang Vieng nach Luang Prabang. Von dort fahren viele Traveller entweder über Oudomxai nach Luang Namtha und Muang Sing oder schippern mit dem Boot den Mekong stromaufwärts nach Houay Xai. In entgegengesetzter Richtung ist die Bootsfahrt kürzer, aber zur Hauptsaison oft gnadenlos überfüllt. Wer beide Landesteile sehen möchte, sollte dennoch die letztere Variante wählen, da Flüge und Busse in den Süden in Vientiane

> **Entspannt auch ohne Strand**
>
> Okay, Laos hat keinen Strand. Aber das heißt nicht, dass es keine guten Orte zum Ausspannen gäbe.
> **Don Det und Don Khon**: keine Elektrizität, keine Autos, keine Probleme. Auf einer dieser Mekonginseln muss die Hängematte erfunden worden sein, s. S. 378.
> **Tad Lo**: Ein paar Tage nichts zu tun fällt an diesem Wasserfall nicht schwer. Wem trotzdem langweilig wird, der kann Bergvölker besuchen oder auf einem Elefanten reiten, s. S. 386.
> **Nam Song Island Cafés, Vang Vieng**: tagsüber Plantschen und Sonnenbaden, abends Party. Mehr Szene trifft sich in Laos nirgendwo, s. S. 176.
> **Muang Noi Kao**: Beim Anblick der Karstlandschaft am Nam Ou bleibt einem die Luft und man möchte nur noch länger verweilen, s. S. 278.
> **Nam Tha**: die gediegene Lodge The Boat Landing am Fluss – ganau das Richtige für Leute mit Sinn für Natur und Nachhaltigkeit, s. S. 255.

starten. Bester Ausgangspunkt für eine Tour durch Südlaos ist Pakxe. Von dort kann man auf das Bolaven-Plateau oder über Champasak und Vat Phou zu den Viertausend Inseln (Si Phan Don) fahren. Die Ausreise kann anschließend über Vangtao erfolgen.

Die Ebene der Tonkrüge lässt sich am besten mit dem Flugzeug von Luang Prabang oder Vientiane erreichen.

Ein Monat

Ein Monat ist genügend Zeit, um das Land von Nord nach Süd zu durchqueren. Überlegenswert ist, in Houay Xai oder Vangtao einzureisen, da man dann nur wenige Strecken doppelt fährt. Süd- und Zentrallaos können gut in zwei Wochen besichtigt werden, da die Straße 13 inzwischen durchgehend geteert ist. Eine Tour in die Südostprovinzen kostet mehr Zeit. Als Zwischenstopp auf der Fahrt in den Norden oder Süden bieten sich Savannakhet oder Thakhek an. Das Innere der Provinzen Khammouan und Borikhamxai ist landschaftlich äußerst reizvoll. Einen Eindruck davon vermittelt eine Fahrt auf der Straße 12 von Thakhek nach Mahaxai oder der Straße 8 nach Nahin und von dort weiter in die Nam Hinboun-Region.

Die Tour in den Norden kann bei zwei Wochen wie oben beschrieben verlaufen. Wer viel Zeit hat, kann entweder vor der Weiterreise nach Oudomxai oder auf dem Weg nach Xam Neua/Vieng Xai einen Abstecher nach Nong Kiao/Muang Ngoi Kao einplanen.

Anreise

Noch gibt es keine Direktflüge von Europa nach Laos. Die meisten Touristen reisen über Bangkok an. Vientiane, Luang Prabang und Pakxe werden als einzige Städte in Laos von ausländischen Airlines angesteuert – allerdings nur aus den Nachbarländern. Relativ einfach ist inzwischen die Einreise über Land.

Mit dem Flugzeug

Fast die Hälfte aller westlichen Besucher reist über Vientianes Wattay International Airport oder den internationalen Flughafen von Luang Prabang ein. Drei Fluggesellschaften bieten **Durchgangstarife** an. Die reine Flugzeit beträgt etwa 12–13 Stunden, die Kosten liegen in der Hochsaison bei 850–900 €:

Lufthansa, 🖥 www.lufthansa.de. Mehrmals täglich Flüge von Frankfurt oder München nach Bangkok und von dort weiter nach Vientiane,

Thai Airways, 🖥 www.thaiair.com. Ein bis zwei Maschinen starten täglich von Frankfurt und München über Bangkok nach Vientiane; außerdem geht es 3x wöchentlich von Frankfurt über Chiang Mai nach Luang Prabang.

Eva Airways, 🖥 www.evaair.com. Täglich Flüge von Wien, London oder Amsterdam nach Bangkok und von dort mit Lao Airlines oder Thai Airways weiter in die laotische Hauptstadt.

Preiswerter ist es, mit einem Billigticket nach **Bangkok** zu fliegen und von dort per Bus, Bahn oder Flieger zu einem der sechs thai-laotischen Grenzübergänge zu reisen. *Thai Airways, Air Asia*, 🖥 www.airasia.com, und *Nokair*, 🖥 www.nokair.com, fliegen mehrmals täglich von Bangkok nach Udon Thani nahe der Freundschaftsbrücke (1 Std.), Thai und Air Asia täglich auch nach Ubon Ratchathani nahe dem Grenzübergang Chong Mek/Vangtao (1 Std.). *P.B. Air*, 🖥 www.pbair.com, bringt jeden Tag Passagiere nach Nakhon Phanom nahe Thakhek.

Graumarkttickets einer zuverlässigen Gesellschaft nach Bangkok sind ab 650 € zu haben. Statistiken zur Flugsicherheit gibt es unter 🖥 www.aerosecure.de. Während der Hochsaison (Nov–März) liegen die Ticketpreise deutlich höher als zu anderen Zeiten. Am günstigsten fliegt man zwischen Ostern und dem Beginn der deutschen Sommerferien.

Die **Flughafensteuer** in Laos beträgt auf internationalen Flügen US$10, auf nationalen 5000 Kip.

Bei einigen Airlines müssen gebuchte Flüge spätestens drei Tage vor Abflug bestätigt werden. Das kann auch telefonisch geschehen.

Flüge aus den Nachbarländern

Wer sich schon in Südostasien aufhält, kann einen der meist täglichen Flüge aus einem Nachbarland nach Laos nehmen. Derzeit fliegen nach Laos: *Lao Airlines*, 🖥 www.laoairlines.com, *Thai Airways*, 🖥 www.thaiair.com, *Bangkok Airways*, 🖥 www.bangkokair.com, *Vietnam Airlines*, 🖥 www.vietnamairlines.com, *Siem Reap Airways*, 🖥 www.siemreapairways.com.

Flüge online buchen

Um Flüge online zu buchen, muss man kein Reiseexperte sein. Allerdings ist die Zahl der Anbieter kaum noch zu überschauen. Folgende sind etabliert:

Preisvergleich
Billiger-Reisen.De, 🖥 www.billiger-reisen.de
Travel Jungle, 🖥 www.traveljungle.de

Flugdatenbanken:
Billigfluege, 🖥 www.billigfluege.de
Flug.de, 🖥 www.flug.de
Flugbörse, 🖥 www.flugboerse.de
McFlight Flugvermittlung, 🖥 www.mcflight.de
Opodo, 🖥 www.opodo.de
Travel Overland, 🖥 www.travel-overland.de
Traveltopia, 🖥 www.traveltopia.de

Last-Minute-Anbieter
AVIGO, 🖥 www.avigo.de
Expedia, 🖥 www.expedia.de
L'TUR, 🖥 www.ltur.com

Die genannten Preise sind nur eine Orientierungshilfe. Sie ändern sich oft und unterliegen Währungsschwankungen. Flüge in Gegenrichtung sind zum Teil teurer.

Thailand: Der Flugverkehr zwischen Thailand und Laos wurde in den vergangenen Jahren ausgebaut. Mittlerweile startet 2x täglich ein Flieger von Bangkok nach Vientiane, morgens von Thai Airways für US$130, abends von Lao Airlines für US$86, Flugdauer 1 1/2 Std.

Nach Luang Prabang geht es 2x täglich mit Bangkok Airways von Bangkok (US$150, 2 Std.) und 3x wöchentlich mit Lao Airlines von Chiang Mai (US$80, 1 Std.).

Vietnam: Vietnam Airlines fliegt täglich von Ho-Chi-Minh-Stadt über Phnom Penh nach Vientiane (US$177, 3 Std.). Außerdem pendeln 2–3 Maschinen täglich zwischen Hanoi und Vientiane (US$115, 1 1/2 Std.).

Kambodscha: Vietnam Airlines fliegt täglich von Phnom Penh nach Vientiane (US$146, 1 1/2 Std.). Lao Airlines bietet 2–4x wöchentlich Flüge von Siem Reap über Pakxe nach Vientiane an.

Kosten bis Pakxe US$80 (1 Std.), bis Vientiane US$130 (3 Std.). Außerdem bedient Siem Reap Airways in der Hochsaison die Strecke Siem Reap – Luang Prabang.

China: 1–2x wöchentlich startet Lao Airlines von Kunming nach Vientiane für US$115. Die Flugzeit beträgt 3 1/4 Std.

Auf dem Landweg
Von Thailand

Die meisten Touristen, die auf dem Landweg nach Laos kommen, reisen aus Thailand ein. Die Fahrt zu einem der sechs Grenzübergänge dauert mit Bus oder Bahn von Bangkok mindestens einen Tag.

Wer Zeit und Übernachtungskosten sparen will, kann einen der Nachtzüge oder -busse nehmen, die täglich nach Nong Khai und Ubon Ratchathani fahren. Die **Nachtzüge** sind früh ausgebucht, aber besser. Tickets gibt es bis zu 60 Tage im Voraus im *Advance Booking Office* in Bangkoks Hauptbahnhof Hua Lompong, ✆ 02-2220175, ⊙ Mo–Fr 8.30–16 Uhr. Danach ist die Buchung an den Schaltern 2–11 möglich. Von Europa aus reserviert man am einfachsten per E-Mail: ✉ passenger-ser@railway.co.th. Mit der Bestätigung in der Tasche kann das Ticket nach der Ankunft am Hauptbahnhof abgeholt werden.

Von den nordthailändischen Städten Nong Khai (1/2 Std., 30 Baht) und Udon Thani (2 Std., 80 Baht) fahren 4x tgl. **Direktbusse** nach Vientiane. Seit 2006 gibt es außerdem 2x tgl. eine Busverbindung Ubon Ratchathani – Pakxe (um 7 und 14.30 Uhr, 2 Std., 200 Baht). Wer einen dieser Busse nehmen möchte, muss allerdings schon ein Visum haben.

An allen thai-laotischen Grenzübergängen werden Visa on Arrival ausgestellt. An Wochenenden und Feiertagen wird an den meisten eine geringe Überstundengebühr kassiert.

Nong Khai – Vientiane (Freundschaftsbrücke)

Die Freundschaftsbrücke ist für viele Traveller das Eingangstor nach Laos. Sie überspannt den Mekong im Nordosten Thailands bei Nong Khai, 616 km von Bangkok und 24 km von Vientiane entfernt. Der Grenzübergang liegt 3 km westlich von Nong Khai und ist täglich von 6–22 Uhr geöffnet (Tuk Tuk 50 Baht). Manche Tuk Tuk-Fahrer versuchen, Reisenden überteuerte Laosvisa anzudrehen, indem sie behaupten, an der Grenze würden keine mehr ausgestellt – einfach ignorieren. Die Einreise verläuft in der Regel problemlos. Auf laotischer Seite fahren Busse, Tuk Tuks und Taxis in 45 Min. nach Vientiane.

Nong Khai erreicht man von Bangkok per Bus und Bahn: Vom Northern Bus Terminal, 2 Thanon Kampaengphet, starten täglich mehr als 15 Busse mit diesem Ziel (9–10 Std). Angenehmer ist die 11-stündige Fahrt im Nachtzug mit Liegewagen. Flüge nach Udon Thani siehe „Mit dem Flugzeug".

Chiang Khong – Houay Xai

Chiang Khong liegt etwa 100 km nordöstlich von Chiang Rai am Ufer des Mekong im Norden Thailands. Auf der gegenüberliegenden Seite befindet sich Houay Xai, die Hauptstadt der Provinz Bokeo. Der Grenzübergang wird schon seit einigen Jahren stark frequentiert, da in Houay Xai die Mekongboote nach Luang Prabang starten.

Die meisten Touristen reisen mit dem Minibus von Chiang Mai an, zu buchen in jedem der vielen Gästehäuser oder in einer der Reiseagenturen. Von Chiang Mais Arcade Station, Thanon Kaeo Nawarat, ✆ 053-242664, fahren Busse morgens in 7 Std. nach Chiang Khong. In Chiang Rai starten Busse mit dem gleichen Ziel alle 45 Min. bis 18 Uhr (2–3 Std.).

Der Grenzübergang in Chiang Kong befindet sich am Nordende der Stadt. Die Grenze ist täglich von 8–18 Uhr geöffnet, in dieser Zeit pendeln auch die Fähren über den Mekong. Auf laotischer Seite kann man an einem Schalter neben der Immigration Geld wechseln.

Bung Kan – Pakxan

Der Grenzübergang Bung Kan – Pakxan, 136 km nordöstlich von Nong Khai und 143 km östlich von Vientiane, wird nicht häufig von Travellern genutzt. Offiziell soll es hier Visa on Arrival geben, aber die Beamten wussten zur Zeit der Recherche von nichts. Fähren über den Mekong pendeln während der Grenzöffnungszeiten, ⊙ tgl. 8–16.30 Uhr.

Nakhon Phanom – Thakhek

Thakhek, gegenüber von Nakhon Phanom, genießt nicht gerade den Ruf einer spannenden Metropole, und entsprechend wenige Traveller setzen hier über. Allerdings kursieren Gerüchte, dass an dieser Stelle eine dritte Brücke zwischen Thailand und Laos gebaut werden soll.

Der Grenzübergang, ⏱ tgl. 8–18 Uhr, und die Personenfähre in Nakhon Phanom befinden sich in der Sunthon Wichit Rd. Boote pendeln täglich während der Grenzöffnungszeiten (60 Baht). Auf laotischer Seite kann an einem Wechselschalter der Lao Development Bank Geld getauscht werden, ⏱ Mo–Fr 8–15 Uhr.

Mehr als ein Dutzend Busse verlassen Bangkoks Northern Bus Terminal, 2 Thanon Kampaengphet, jeden Tag für die 11-stündige Fahrt nach Nakhon Phanom. P.B. Air fliegt das kurze Stück ebenfalls täglich. Wer auf dem Landweg von Thailand nach Vietnam fahren möchte, hat in Thakhek Anschluss nach Hanoi und Hue/Danang.

Mukdahan – Savannakhet

Noch ist der Grenzverkehr zwischen Mukdahan und Savannakhet beschaulich, aber das könnte sich bald ändern: Ab Ende 2006 überspannt hier die zweite thai-laotische Freundschaftsbrücke den Mekong. Dann ist es nur eine Frage der Zeit, bis ein grenzüberschreitender Busverkehr eingerichtet wird.

Derzeit befindet sich der Grenzübergang noch am Pier, ⏱ Mo–Fr 8–16, Sa und So bis 15 Uhr. Fähren setzen während der Grenzöffnungszeiten für 50 Baht nach Laos über. Viele Traveller nutzen Savannakhet als Basis, um im dortigen Konsulat ein Visum für Vietnam zu beantragen und anschließend den Bus nach Hanoi, Hue oder Danang zu nehmen.

Mehr als ein Dutzend Busse starten tgl. von Bangkoks Northern Bus Terminal, 2 Thanon Kampaengphet, zu dem 11-stündigen Trip nach Mukdahan.

Chong Mek – Vangtao

Der südlichste der thai-laotischen Grenzübergänge liegt 44 km westlich von Pakse, dem Verwaltungszentrum der laotischen Provinz Champasak. Die Stadt ist ein guter Ausgangspunkt für Trips zu Vat Phou, auf das Bolaven-Plateau oder die Si Phan Don.

Das thailändische Grenzstädtchen Chong Mek befindet sich 90 km östlich von Ubon Ratchathani am Ende des Hwy 217. Der Übergang ist tgl. von 8–16 Uhr geöffnet.

Songtheos nach Pakxe fahren in Vangtao 500 m östlich der Immigration von einem Sandplatz linker Hand ab. Von der Busstation Talad Kao in Ubon/Warin starten alle 30 Min. bis 16 Uhr Pickups nach Phibun (1 Std.) und von dort weitere bis zur Grenze (1 Std.). Von Bangkok gibt es Nachtbusse nach Chong Mek (Buchungen bei Reisebüros in der Khaosan Rd.). Flüge nach Ubon siehe „Mit dem Flugzeug".

Von Vietnam

Ausländer nutzen bislang vier Grenzübergänge zwischen Laos und Vietnam: Nameo – Xam Neua, Nong Het – Ky Son, Cau Treo – Lak Xao, Lao Bao – Dan Savan. An den letzten dreien gibt es Visa on Arrival für Laos. Kurz vor Drucklegung wurde außerdem der Grenzübergang Bo Y nahe Attapeu eröffnet (S. 395). Weitere Öffnungen sind angekündigt, darunter Dien Bien Phu – Muang Khoua im Norden.

Nameo – Xam Neua

Am Grenzübergang bei Nameo, nordwestlich von Thanh Hoa auf der Nationalstraße 217, besteht die Möglichkeit, nach Laos einzureisen. Vom Busbahnhof in Thanh Hoa fahren Busse um 7, 10 und 14 Uhr nach Quan Son (3 Std., 30 000 Dong). Dort stehen Motorradtaxis für die restlichen 55 km bis zur Grenze bei Nameo bereit (150 000 Dong).

Auf laotischer Seite fährt ein Regionalbus nach Xam Neua (2 Std.). Reisende berichteten, dass auf beiden Seiten der Grenze das Gepäck kontrolliert wird und die Formalitäten sehr lange dauern. Der Grenzübergang liegt abgeschieden und in der näheren Umgebung gibt es nur vier Unterkünfte, also Dollar, Verpflegung und Zeit mitbringen. Und das Visum vorher besorgen.

Ky Son – Nong Het

Der Grenzübergang zwischen Ky Son (auch Nam Khan oder Nam Can genannt) und Nong Het in Nordlaos ist seit 2004 für westliche Touristen geöffnet. Einmal wöchentlich (Sa) startet in Vinh ein Direktbus nach Phonsavan (US$11), die Hauptstadt der Provinz Xieng Khouang in der Ebene der Tonkrüge. Da die Straße auf vietnamesischer Seite äußerst schlecht ist, kann die offiziell 10-stündige Fahrt bis zu 15 Std. dauern. Wer strandet: In Nong Het und in Muang Kham, 65 km weiter, gibt es einfache Gästehäuser.

Von Vinh verkehren auch Busse nur bis zum Grenzübergang, 240 km nordwestlich von Vinh auf der Nationalstraße 7. Abfahrt in Vinh 3x tgl. um 6, 7 und 8 Uhr, (6–7 Std.), 40 000 Dong). Weitere 4 Std. dauert die Fahrt im Bus oder Pick-up bis zur 130 km entfernten Stadt Phonsavan. Auch bei dieser Grenze sollte man am besten im Besitz eines laotischen Visums sein.

Cau Treo – Lak Xao

Mehr als 700 m hoch liegt der Keo Neua Pass, der die vietnamesische Provinz Ha Tinh mit der laotischen Provinz Borikhamxai verbindet. Cau Treo auf vietnamesischer Seite ist 3 km von der Grenze und etwa 100 km von Vinh entfernt. Das laotische Lak Xao liegt 35 km westlich der Grenze. Beide Orte sind über die geteerte Straße 8 miteinander verbunden.

Der Grenzposten ist von 8–17 Uhr geöffnet. Da dieser Übergang relativ wenig frequentiert wird, sollte man früh anreisen, um Anschluss nach Lak Xao zu haben. Morgens zwischen 5 und 9 Uhr fahren öffentliche Busse von Vinhs Busbahnhof Ben Xe Cho Vinh bis nach Trung Tam, dem letzten größeren Ort vor der Grenze. Von dort werden die 25 km nach Cau Treo entweder per Minibus oder Motorradtaxi zurückgelegt (25 000–30 000 Dong). Täglich am Abend startet ein Touristenbus von Hanoi nach Vientiane (20 Std., um US$18). Ein etwas schnellerer Bus fährt 2x wöchentlich frühmorgens (18 Std., US$24).

Lao Bao – Dan Savan

Der meistfrequentierte Grenzübergang zwischen Vietnam und Laos verbindet die Provinz Quang Tri mit der Provinz Savannakhet über den Lao Bao Pass. Er ist tgl. von 7.30–19 Uhr geöffnet. Auf laotischer Seite gibt es einen Wechselschalter der Lao Development Bank.

Zwischen Dong Ha und der Grenze pendeln regelmäßig Busse und Minibusse (2 Std., 30 000–45 000 Dong). Einige fahren nur bis ins Dorf Lao Bao, wo man für die letzten 3 km ein Motorradtaxi nehmen muss. Auf laotischer Seite starten bis mittags Busse nach Savannakhet. Eine schnellere und komfortablere Alternative ist der klimatisierte Touristenbus, der morgens direkt von Dong Ha nach Savannakhet fährt (8 Std.). Auch von Danang/Hué bestehen tgl. Direktverbindungen nach Savannakhet.

Von Kambodscha

Seit einigen Jahren dürfen Traveller offiziell in **Veun Kham** von Kambodscha nach Laos einreisen. Der Grenzübergang befindet sich 60 km nördlich der kambodschanischen Stadt Stung Treng auf einer Insel im Mekong, ⊕ 8–16 Uhr. Für den Übertritt nach Laos benötigt man ein Visum. Die Grenzbeamten beider Länder erheben Gebühren von US$1–2 für ihren jeweiligen Stempel im Pass.

Von Stung Treng fahren jeden Morgen Schnellboote und langsamere Holzboote zur Grenze (US$30 pro Boot oder US$5 p. P.). Buchungen werden von Hotels und Gästehäusern erledigt. Von Veun Kham besteht frühmorgens und vormittags Anschluss nach Pakxe. Motorradtaxis nach Nakasang gegenüber Don Det/Don Khon kosten US$5.

Seit die RN 7 nördlich von Stung Treng ausgebessert wurde, können Reisende auch wieder den Landübergang **Dong Krolor**, 11 km südöstlich von Veun Kham, nutzen, ⊕ Mo–Fr 8–16 Uhr. Zur Zeit der Recherche wurde die Strecke noch nicht von Bussen bedient. Gästehäuser in Stung Treng helfen, den Transport zu organisieren.

Von China

Der einzige für Ausländer offene Grenzübergang, ⊕ 8.30–16 Uhr, verbindet die chinesische Provinz Yunnan mit der laotischen Provinz Luang Namtha. Boten auf laotischer Seite ist knapp 60 km von der Provinzhauptstadt Luang Namtha entfernt. An der Grenze gibt es Visa on Arrival für Laos.

Von Kunming fahren Busse in 18 Std. nach Jinghong, 2x tgl. gibt es auch eine Flugverbindung. In Jinghong besteht alle 30 Min. Anschluss mit dem Kleinbus nach Mengla (5 Std.) und von dort zum Grenzort Mohan (1 Std.). Jeden Morgen fahren auch Direktbusse von Mengla nach Luang Namtha und nach Oudomxai. Nach der Einreise sind die Uhren eine Stunde zurückzustellen – Laos befindet sich in einer anderen Zeitzone als China.

Von Boten besteht regelmäßig Anschluss nach Luang Namtha oder Oudomxai. Außerdem passieren viele Busse und Pick-ups den 20 km entfernten Kreuzungspunkt Nateuil an der Straße 3.

Von Myanmar

Bislang dürfen nicht einmal Einheimische die Grenze zwischen Myanmar und Laos in der Nähe von **Xieng Kok** überqueren. Bis zur Öffnung für Touristen werden voraussichtlich noch einige Jahre vergehen.

Gesundheit

Die Liste der Krankheiten, die in Laos vorkommen, ist auf den ersten Blick erschreckend lang. Laos ist ein armes Land, eines der ärmsten in Südostasien. Entsprechend unzureichend sind die hygienischen Bedingungen, die medizinische Versorgung und die Ausstattung der Apotheken. Aber keine Sorge: Die meisten Risiken sind durch umsichtiges Verhalten minimierbar.

In Vientiane und den anderen großen Mekongstädten können leichtere Krankheiten gut behandelt werden. In einigen gibt es anständige Privatkliniken. Wer schwerer erkrankt, sollte sich in Thailand behandeln lassen. Im Notfall können *Lao Westcoast Helicopter*, ℡ 021-512023, *Executive Wings*, ℡ 0066-1-8078642, und die folgenden thailändischen Krankenhäuser den Nottransport organisieren:

Aek Udon International Hospital
555/5 Posri Rd., Udon Thani
℡ 0066-42-342555

Nong Khai Wattana Hospital
1159/4 Prajak Rd., Nong Khai
℡ 0066-42-465201

Impfungen

Für die Einreise nach Laos sind zwar keine Impfungen vorgeschrieben, aber es gibt Empfehlungen für alle Reisenden. Auf jeden Fall sollte überprüft werden, ob der Schutz gegen **Tetanus**, **Diphtherie** und **Kinderlähmung** (Polio) noch besteht. Viele Reisemediziner raten außerdem zu Impfungen gegen **Typhus** und **Hepatitis A**.

Ob noch weitere Impfungen nötig sind, etwa gegen Tollwut oder Hepatitis B, hängt von den besuchten Regionen, der Reiseart und -dauer und dem Gesundheitszustand des Reisenden ab. Auf jeden Fall sollte man sich sechs Wochen vor Reiseantritt von einem Reisemediziner beraten lassen. Sämtliche Impfungen sollten mit Ort, Datum und Unterschrift des Arztes in einen **Internationalen Impfpass** eingetragen werden.

Reisemedizin im Internet

Wer sich vor dem Besuch beim Reisemediziner schon mal über die Gesundheitsrisiken in Laos kundig machen möchte, findet auf den folgenden Websites Informationen:
Auswärtiges Amt
🖥 www.auswaertiges-amt.de
Robert-Koch-Institut
🖥 www.rki.de
Centrum für Reisemedizim
🖥 www.crm.de
Deutsche Gesellschaft für Tropenmedizin
🖥 www.dtg.org
Arbeitskreis Hamburger Tropenmediziner
🖥 www.tropenmedizin.net
Dt. Ges. für Reise und Touristik-Medizin
🖥 www.drtm.de
Die Reisemedizin
🖥 www.die-reisemedizin.de
Reisemedizinische Beratung Freiburg
🖥 www.tropenmedizin.de
Tropeninstitut Hamburg
🖥 www.gesundes-reisen.de
Fit for travel
🖥 www.fitfortravel.de

Allgemeines
Essen

Am besten hält man sich an die alte Regel: kochen, braten, schälen oder sein lassen. Denn ein Großteil der Infektionen wird durch unsauberes Essen übertragen. Wer kein ungeschältes Obst und keine rohen oder halbgaren Speisen isst, hat seiner Gesundheit schon einen großen Dienst erwiesen. Am sichersten ist gut durchgegartes Essen, allerdings nicht wenn es länger herumstand oder aufgewärmt wurde, wie es an Essensständen der Fall sein kann.

Wasser

Generell gilt: Vorsicht mit Wasser. Auf keinen Fall sollte das Leitungswasser getrunken werden. Das Trinkwasser, das in den meisten Touristenrestaurants zum Essen serviert wird, ist aber sicher. In kühlen Gegenden bringen Gästehausbesitzer gelegentlich eine Thermoskanne mit abgekochtem Wasser aufs Zimmer, in manchen Unterkünften gibt es kostenloses Trinkwasser in Spendern. Wer

Tropenmedizinische Institute

Deutschland
Berlin Spandauer Damm 130, Haus 10, 14050,
✆ 030-301166
Dresden Friedrichstr. 39, 01067,
✆ 0351-4803801
Düsseldorf Moorenstr. 5, 40225,
✆ 0211/8117031
Hamburg Bernhard-Nocht-Str. 74, 20359,
✆ 040/428180
Heidelberg Im Neuenheimer Feld 324, 69120,
✆ 06221/562905
Leipzig Philipp-Rosenthal-Str. 27, 04129
✆ 0341-9894505
München Leopoldstr. 5, 80802,
✆ 089-21803517
Rostock Ernst-Heydemann-Str. 6, 18057,
✆ 0381-4940
Tübingen Keplerstr. 15, 72074,
✆ 07071-2982365

Österreich
Wien Zimmermanngasse 1a, 1090
✆ 01-4038343

Schweiz
Basel Socinstr. 57, 4051
✆ 061-2848111. Telefonische Auskunft vom Band unter ✆ 0900-573010 (1,49 sFr./Min.)

ganz sicher gehen will, hält sich an das industriell abgefüllte Trinkwasser, das für 1000–2000 Kip überall zu haben ist (darauf achten, dass die Sicherheitsverschlüsse intakt sind).

Für Eiswürfel gilt dasselbe wie für Trinkwasser. Speiseeis sollte in Gebieten mit unregelmäßiger Stromversorgung gemieden werden, da bei angeschmolzenem Eis Salmonellengefahr besteht.

Klima

Sonne und Hitze machen Reisenden oft als erstes zu schaffen. Wer aus Europa ins tropische Laos reist, hat nicht selten eine Temperaturdifferenz von 25 °C und mehr zu verkraften. Wichtig ist, ausreichend zu trinken, denn der Körper schwitzt gerade in den ersten Tagen sehr. Als Faustregel gilt: **drei Liter Flüssigkeit** pro Tag (Alkohol, Kaffee, Tee zählen nicht).

Wie überall in den Tropen ist die Sonnenstrahlung eine Gefahr. Je nach Typ braucht die Haut bis zu fünf Tage, um den Eigenschutz aufzubauen. **Sonnencreme mit hohem Lichtschutzfaktor** (15 und höher) und ein Basecap bieten zusätzlich Schutz.

Gesundheitsrisiken
HIV/Aids

Die Übertragungswege von HIV *(Human Immunodeficiency Virus)* sind inzwischen jedem bekannt: ungeschützter Geschlechtsverkehr, verschmutzte Injektionsnadeln, Bluttransfusionen – kurz gesagt alle Wege, auf denen infiziertes Blut oder andere Körperflüssigkeiten in den eigenen Blutkreislauf gelangen können.

Wegen der langjährigen Isolation ist Laos noch nicht in den Strudel der Aids-Epidemien geraten, der in den vergangenen Jahren die Nachbarländer erfasst hat. Schätzungen von Unaids/WHO zufolge liegt die Infizierungsrate bei Männern und Frauen zwischen 15 und 49 Jahren derzeit bei 0,05% (zum Vergleich: Thailand 2,2%, Kambodscha 4% und Myanmar 2%). Experten schätzen, dass beide Geschlechter gleichermaßen betroffen sind. Mehr als 95% der Infizierten sind heterosexuell.

Da nicht davon ausgegangen werden kann, dass Blutkonserven in Laos nach europäischen Standards auf HIV/Aids überprüft werden, sollte man sich, sofern das möglich ist, für Transfusionen nach Thailand ausfliegen lassen. Einige Reisende nehmen zur Sicherheit Injektionsnadeln mit.

Bilharziose (Schistosomiasis)

Bilharziose ist eine Wurmerkrankung, die man sich im Uferbereich von stehendem oder langsam fließendem Süßwasser zuziehen kann, etwa im Mekong um Si Phan Don.

Der erste Wirt des Parasiten ist eine Wasserschnecke. In ihr entwickeln sich die Eier zu kleinen Larven, den so genannten Zerkarien, die anschließend ins Wasser abgegeben werden. Dort machen sie sich auf die Suche nach ihrem zweiten Wirt.

Zerkarien gelangen in den menschlichen Organismus, indem sie sich durch die Haut, bevorzugt an den Fußsohlen, bohren. Von dort bahnen sie sich den Weg in den Darm oder die Blase, wo sie heranwachsen und neue Eier produzieren.

Manchmal tritt um die Stelle, an der die Larven in den Körper eingedrungen sind, eine leichte Rötung auf. Deutlichere Symptome machen sich jedoch in der Regel erst nach sechs bis zehn Wochen bemerkbar. Dann kann es zu Fieber, Durchfall und einem allgemeinen Krankheitsgefühl kommen. Im schlimmsten Fall treten nach einigen Monaten Unterleibsschmerzen und Blut im Stuhl oder Urin auf.

Cholera

Die Cholera wird vom Bakterium *Vibrio cholerae* verursacht und durch direkten Kontakt mit infizierten Personen, deren Ausscheidungen oder durch verunreinigte Nahrungsmittel übertragen. Die Symptome – wässrige Durchfälle und Erbrechen – treten nach ein bis fünf Tagen auf und können schnell zur Dehydrierung führen. Wer erkrankt, muss sofort zum Arzt und die verlorene Flüssigkeit ersetzen.

Wer auf eine saubere Umgebung und hygienische Nahrungsmittel achtet und nicht geschwöcht ist, wird kaum gefährdet sein. Bei Aufenthalten über vier Wochen ist eine neuartige orale Impfung möglich (Dukoral) und sollte mit dem Reisearzt abgesprochen werden.

Dengue-Fieber

Diese Viruserkrankung wird durch die tagaktive *Aedes aegypti*-Mücke übertragen, die an ihren schwarz-weiß gebänderten Beinen zu erkennen ist. Nach der Inkubationszeit von bis zu einer Woche kommt es zu plötzlichen Fieberanfällen, Kopf- und Muskelschmerzen. Nach drei bis fünf Tagen kann ein Hautausschlag am ganzen Körper auftreten. Bei dieser Erstinfektion klingen die Krankheitssymptome in der Regel nach ein bis zwei Wochen ab. Gefährlich wird die Krankheit bei einer Zweitinfektion. Dann kann es zu inneren und äußeren Blutungen kommen.

Dengue-Saison ist in Laos von Juni bis September, aber auch zu anderen Zeiten ist eine Infektion möglich. Wie bei der Malaria ist der Schutz vor Mückenstichen die beste Vorsorge. Es gibt keine Impfung oder spezielle Behandlung. Schmerztabletten, fiebersenkende Mittel und kalte Wadenwickel lindern die Symptome. Keinesfalls sollten ASS, Aspirin oder andere acetylsalicylsäurehaltige Medikamente genommen werden, da diese einen lebensgefährlichen hämorrhagischen Verlauf nehmen können.

Durchfälle und Verstopfungen

Das Hauptübel, mit dem sich Laosreisende herumplagen, ist Durchfall (Diarrhöe). Verdorbene Lebensmittel, nicht kontinuierlich gekühlter Fisch, zu kurz gegartes Fleisch, ungeschältes, schon länger liegendes, aufgeschnittenes Obst (Wassermelonen), Salate, kalte Getränke oder schlecht gekühlte Eiscreme sind häufig die Verursacher.

Eine **Elektrolyt-Lösung** (Elotrans, für Kinder Oralpädon), die die verlorene Flüssigkeit und Salze ersetzt, reicht bei harmlosen Durchfällen völlig aus. Wer selbst eine Lösung herstellen möchte, nimmt 4 Teelöffel Zucker oder Honig, 1/2 Teelöffel Salz und 1 l Orangensaft oder abgekochtes Wasser. Zur Not, etwa vor langen Fahrten, kann auf Imodium zurückgegriffen werden. Außerdem hilft eine Bananen- oder Reis-und-Tee-Diät und Cola in Maßen. Bei längeren Erkrankungen einen Arzt aufsuchen – es könnte sich auch um eine **Ruhr** oder eine Cholera handeln.

Verstopfungen können durch eine große Portion geschälter Früchte, darunter Ananas oder Papaya (mit Kernen essen), verhindert werden.

Geschlechtskrankheiten

Gonorrhoe und die gefährlichere **Syphilis** sind in Asien weit verbreitete Infektionskrankheiten, vor allem bei Prostituierten. Bei den ersten Anzeichen einer Erkrankung (Ausfluss/Geschwüre) unbedingt ein Krankenhaus aufsuchen.

Hauterkrankungen

Bereits vom Schwitzen kann man sich unangenehm juckende Hautpilze holen. Für andere Erkrankungen sind häufig Kopf-, Kleider-, Filzläuse, Flöhe, Milben oder Wanzen verantwortlich. Nicht selten treten an Stellen, an denen die Kleidung eng aufliegt, Hitzepickel auf, die man mit Prickly Heat Powder behandeln kann. Gegen Kopfläuse hilft Organoderm, oder, zurück in Deutschland, Goldgeist forte.

Hepatitis

Hepatitis ist eine Infektion der Leber, die von verschiedenen Virus-Typen verursacht wird (inzwischen sind die Typen A–G bekannt). Für Reisende spielen nur die ersten beiden eine Rolle:

Hepatitis A, auch Reisegelbsucht genannt, wird oral durch infiziertes Wasser und Lebensmittel übertragen. Die Symptome ähneln am Anfang de-

Gesundheit 25

nen einer Grippe: Übelkeit, Erbrechen, gelegentliche Durchfälle und allgemeine Abgeschlagenheit. Später kommt es zu einer Gelbfärbung der Haut, der Stuhl wird heller und der Urin dunkler. Einen guten Schutz bietet die Impfstoffe Havrix und Vaqta. Reisemediziner raten in der Regel dazu, sich vor einer Laosreise gegen Hepatitis A oder kombiniert gegen Hepatitis A und Typhus (ViATIM oder Hepatyrix) impfen zu lassen.

Hepatitis B wird genau wie HIV vor allem durch Intimkontakte oder Blut übertragen (unsaubere Injektionsnadeln, Bluttransfusionen, Tätowierung, Piercing, Akupunktur, Erste-Hilfe-Leistung bei Verletzten). Die Symptome ähneln denen einer Hepatitis A, jedoch kann eine Hepatitis B chronisch werden. Im schlimmsten Fall führt sie nach einigen Jahren zu einer schweren Leberzirrhose und zum Tod. Eine vorbeugende Impfung, etwa mit Gen H-B-Vax, Engerix oder Twinrix (Kombi-Impfung gegen Hepatitis A und B), ist bei langen Aufenthalten zu erwägen.

Japanische Encephalitis

Diese Virusinfektion, die zu einer schweren Hirnentzündung führt, wird durch nachtaktive Moskitos übertragen und kann in ländlichen Regionen, vor allem während der Regenzeit, vorkommen. Die Symptome entwickeln sich nach vier bis zehn Tagen und umfassen Fieber, Kopfschmerzen, Nackensteife und Erbrechen. Die Vermeidung von Mückenstichen ist die beste Vorbeugung.

In Deutschland gibt es keinen zugelassenen Impfstoff gegen die Japanische Encephalitis. Der Impfstoff der japanischen Firma Biken kann jedoch über Impfzentren direkt aus Japan mit Kühlkette importiert werden. Eine Impfung ist aber höchstens für Reisende zu erwägen, die einen langen Aufenthalt in gefährdeten Regionen oder Endemie-Gebieten planen.

Malaria

In Laos besteht das ganze Jahr über ein hohes Malariarisiko, vor allem während und kurz nach der Regenzeit (Mai–Okt). Besonders hoch ist es entlang der Grenzen zu Kambodscha und China, wo es Resistenzen gegen verschiedene Anti-Malariawirkstoffe gibt. Nur Vientiane gilt als malariafrei.

Die häufigste Form der Malaria in Laos ist die *Malaria tropica,* die unbehandelt zum Tod führen kann. Die weibliche *Anopheles*-Mücke, die den Erreger *Plasmodium falciparum* überträgt, sticht zwischen Beginn der Dämmerung und Sonnenaufgang. Die Frage, welche vorbeugenden Maßnahmen die richtigen sind, sollte mit Hilfe eines Reisemediziners auf Reiseart, -dauer und gesundheitliche Verfassung abgestimmt werden.

Die beste Vorbeugung ist, nicht gestochen zu werden (**Expositionsprophylaxe**): Am Abend schützen helle Kleidung, lange Hosen, langärmlige Hemden, engmaschige lange Socken und ein Mücken abweisendes Mittel auf der Basis von DEET, das auf die Haut aufgetragen wird und die Geschmacksnerven stechender Insekten lähmt. Bewährt hat sich der Wirkstoff Permethrin, mit dem Kleidung und Moskitonetz eingesprüht werden. Er geht eine Verbindung mit dem Gewebe ein und bleibt wochenlang wirksam. Als gutes Mückenmittel auf dem deutschen Markt gilt das österreichische No Bite. Einige Apotheken und Bioläden bieten sanftere Mittel an, die auf Zitronella- und Nelkenöl basieren. Wer über Bangkok einreist, kann dort das ziemlich giftige Sketolene kaufen.

Viele Hotelzimmer in Laos haben Mückengitter an Fenstern und Türen oder ein Moskitonetz über dem Bett. Wer ganz sicher gehen will, bringt ein eigenes Netz mit. Löcher verschließt man am besten mit Klebeband. In klimatisierten Räumen sind Mücken weniger aktiv, aber keineswegs ungefährlich.

Über die beste **medikamentöse Prophylaxe** ist immer wieder heftig debattiert worden. Allen Mitteln gemein ist, dass sie unangenehme Nebenwirkungen hervorrufen können. Zu den am häufigsten verschriebenen Präparaten gehören Lariam (Wirkstoff Melfloquin) und Malarone (Wirkstoff Atovaquon/Proguanil).

Wer sich in einem Gebiet ohne ärztliche Versorgung infiziert hat, kann zur Überbrückung mit einer **Standby-Therapie** mit Lariam, Malarone oder Riamet beginnen (Wirkstoff Artemether/Lamefantrin). Wer aus Laos zurückkehrt und an einer nicht geklärten fieberhaften Erkrankung leidet, auch wenn es sich nur um ein leichtes Fieber und Kopfschmerzen handelt und erst Monate nach der Rückkehr auftritt, sollte dem Arzt unbedingt vom Tropenaufenthalt berichten. Die ersten Symptome einer Malaria können denen eines banalen grippalen Infektes ähnlich.

Tipps für eine Reiseapotheke

Von allen regelmäßig benötigten Medikamenten sollte man einen ausreichenden Vorrat mitnehmen. Nicht zu empfehlen sind Zäpfchen oder andere hitzeempfindliche Medikamente.

Basisausstattung
- → Verbandzeug
- → Fieberthermometer
- → Ohrstöpsel
- → Beipackzettel
- → Sonnenschutz mit UVA- und UVB-Filter

Malaria-Prophylaxe
- → Lariam* oder Malarone * (ggf. als Standby-Therapie)
- → Mückenschutz (für Kinder: Zanzarin)

Schmerzen und Fieber
- → Benuron, Dolormin (keine acetylsalicylsäurehaltigen Medikamente)
- → Buscopan (bei krampfartige Schmerzen
- → Antibiotika* gegen bakterielle Infektionen (in Absprache mit dem Arzt)

Magen- und Darmerkrankungen
- → Imodium akut oder in Thailand erhältlich: Lomotil (gegen Durchfall)
- → Elotrans (zur Rückführung von Mineralien; Kinder: Oralpädon Pulver)
- → Dulcolax Dragees, Laxoberal Tropfen (gegen Verstopfung)

Erkrankungen der Haut
- → Desinfektionsmittel (Betaisodona Lösung, Kodan Tinktur)
- → Nebacetin Salbe RP (bei infizierten oder infektionsgefährdeten Wunden)
- → Soventol Gel, Azaron Stift, Fenistil Tropfen, Teldane Tabletten (bei Juckreiz nach Insektenstichen oder allergischen Erkrankungen)
- → Soventol Hydrocortison Creme, Ebenol Creme (bei starkem Juckreiz oder stärkerer Entzündung)
- → Wund- & Heilsalbe (Bepanthen)
- → Fungizid ratio, Canesten (bei Pilzinfektionen)
- → Berberil, Yxin (Augentropfen bei Bindehautentzündungen)

Reisekrankheit
- → Superpep Kaugummis, Vomex

Bitte bei den Medikamenten Gegenanzeigen und Wechselwirkungen beachten und sich vom Arzt oder Apotheker beraten lassen.

(* rezeptpflichtig in Deutschland)

Pilzinfektionen

Frauen leiden im tropischen Klima häufiger unter Pilzinfektionen im Genitalbereich. Vor der Reise sollten sie sich entsprechende Medikamente verschreiben lassen. Eine Creme oder Kapseln sind besser als Zäpfchen, die bei der Hitze schmelzen. Unsaubere Saunen und Pools sind Brutstätten für Pilze aller Art.

Poliomyelitis (Kinderlähmung)

Der Name ist irreführend, denn auch Erwachsene können an Kinderlähmung erkranken. Die Ansteckung mit dem Virus geschieht oral über infiziertes Essen und Wasser. Die Krankheit kann bleibende Lähmungen verursachen. Die Grundimmunisierung gehört in Deutschland zu den Standard-Impfempfehlungen für Kinder und sollte – auch unabhängig von einer Laosreise – alle zehn Jahre aufgefrischt werden.

Schlangen- und Skorpionbisse

In Laos leben einige giftige Schlagen, darunter Bambusnatter und Kobra, aber die weit verbreitete Angst vor einem Biss steht in keinem Verhältnis zum Risiko. Gefährlich ist eventuell die Zeit nach Sonnenuntergang, vor allem bei Regen. Giftschlangen greifen nur an, wenn sie selbst attackiert werden. Da Schlangen im Gelände relativ leicht zu übersehen sind, sollten beim Wandern knöchelhohe Schuhe und lange Hosen getragen werden.

Oft ist nach einem Biss die schnelle Verabreichung des richtigen Gegenmittels wichtig. Das

Krankenhaus, in das der Betroffene schnellstens gelangen sollte, muss sofort vorab informiert werden, damit ein Arzt und das Gegenmittel beim Eintreffen bereit stehen. Ideal ist, die getötete Schlange mitzubringen, allerdings sollte man sich keiner Gefahr aussetzen.

Skorpionstiche sind in dieser Region generell nicht tödlich. Kräutertabletten und Ruhigstellen des Körperteils lindern den Schmerz, Wasserkontakt meiden. Normalerweise lassen die anfangs starken Schmerzen nach ein bis zwei Tagen nach.

Tetanus
Verletzungen sind nie auszuschließen, und Wundstarrkrampf-Erreger finden sich überall auf der Erde. Die Grundimmunisierung erfolgt über zwei Impfungen im Abstand von vier Wochen, die nach einem Jahr aufgefrischt werden müssen. Danach genügt eine Impfung alle zehn Jahre.

Gut ist die Impfung mit dem Tetanus-Diphterie(Td-)Impfstoff (für Personen ab fünf Jahre). So erhält man gleichzeitig einen Schutz vor Diphtherie.

Thrombose
Durch das stundenlange Sitzen auf Langstreckenflügen verringert sich der Blutfluss, vor allem in den Beinen. Dadurch kann es zur Bildung von Blutgerinnseln kommen, die, wenn sie sich von der Gefäßwand lösen und durch den Körper wandern, eine akute Gefahr darstellen (Lungenembolie). Zur Risikogruppe gehören Ältere, Schwangere, starke Raucher, Menschen mit Venenleiden und Frauen, die die Pille nehmen.

Die beste Vorbeugung ist, sich während des Fluges viel zu bewegen (mindestens einmal pro Stunde aufstehen) und viel zu trinken (Kaffee, Tee und Alkohol zählen nicht). Wer ganz sicher gehen will, kann zudem spezielle medizinische Stützstrümpfe tragen, Risikopatienten sollten ihren Arzt zu Rate ziehen.

Tollwut
Theoretisch können alle Säugetiere mit dem Tollwutvirus infiziert sein. In Laos geht die Gefahr in der Regel von streunenden Hunden und Katzen aus. Das Virus wird meist durch einen Biss mit dem Speichel übertragen, aber auch Kratzen kann ausreichen. Wer von einem Hund oder einer Katze gekratzt oder gebissen wurde, muss sich sofort immunisieren lassen, da eine Infektion mit Tollwut tödlich endet.

Eine vorbeugende Impfung ist nur bei längerem Aufenthalt in ländlichen Gegenden oder bei vorhersehbarem Umgang mit Tieren sinnvoll.

Typhus
Typhus ist nach Hepatitis A die häufigste Tropenkrankheit. Es wird vom Bakterium *Salmonella typhi* verursacht und oral übertragen. Typische Symptome sind ansteigendes Fieber einhergehend mit einem eher langsamen Puls und Benommenheit. Später folgen eventuell Hautausschlag, Verstopfung oder Durchfall und Bauchschmerzen. Empfehlenswert für Reisende ist die gut verträgliche Schluckimpfung mit Typhoral L. Drei Jahre lang schützt eine Injektion der neuen Typhus-Impfstoffe Typhim VI oder Typherix.

Wurmerkrankungen
Würmer können überall lauern: in rohem oder halbgarem Fleisch und Fisch, verunreinigtem Wasser oder auf Gemüse. Sie setzen sich an verschiedenen Organen fest und sind oft erst Wochen nach der Rückkehr festzustellen. Die meisten sind harmlos und durch eine einmalige Wurmkur zu vernichten.

Nach einer Reise in abgelegene Gebiete ist es sinnvoll, den Stuhl auf Würmer untersuchen zu lassen. Das wird auch dann notwendig, wenn man über einen längeren Zeitraum auch nur leichte Durchfälle hat.

Eine unangenehme Erscheinung in Laos sind **Lungen- und Leberegel**, die in rohem Süßwasserfisch, fermentierter Fischsoße (*pa daek*) und Schalentieren vorkommen können. Die Symptome hängen von der Schwere des Befalls ab. Bei Leberegeln kann es zu Fieber und Gelbsucht kommen, Lungenegel verursachen Husten (zum Teil mit rötlichem Auswurf), Fieber und Brustschmerzen. Die Diagnose erfolgt anhand einer Stuhlprobe. Die beste Prävention ist, keine rohen oder halbgaren Süßwassertiere und Fischsoße zu essen.

Wundinfektionen
Unter unhygienischen Bedingungen können sich schon aufgekratzte Moskitostiche zu beträchtlichen

Infektionen auswachsen. Wichtig ist, dass jede noch so kleine Wunde desinfiziert, sauber gehalten und eventuell mit einem Pflaster geschützt wird. Antibiotika-Salben, im feuchtwarmen Klima noch besser Antibiotika-Puder, unterstützen den Heilungsprozess.

Versicherungen

Es gibt eine verwirrende Vielzahl von Versicherungspaketen, die Reiserücktritt-, Unfall-, Gepäck- und Auslandskrankenversicherung einschließen können. Letztlich liegt es im Ermessen jedes Einzelnen, was versichert werden soll. Wirklich wichtig ist nur eine **Auslandskrankenversicherung**, die den Krankenrücktransport einschließt.

Reiserücktrittskostenversicherung

Bei einer Pauschalreise ist manchmal eine Reiserücktrittskostenversicherung im Preis inbegriffen (nachfragen). Wer individuell plant, muss sich selbst darum kümmern. Einige Reisebüros bieten Versicherungen an oder vermitteln den Abschluss.

Viele Reiserücktrittskostenversicherungen müssen kurz nach der Buchung abgeschlossen werden (in der Regel bis 14 Tage danach). Auch bei Krankheit oder Tod eines Familienmitglieds oder Reisepartners ersetzt die Versicherung die Stornokosten der Reise. Eine Reiseunfähigkeit wegen Krankheit muss ärztlich nachgewiesen werden.

Die Kosten der Versicherung richten sich nach dem Preis der Reise und der Höhe der Stornogebühren. Sie liegen in der Regel zwischen 15 und 90 € pro Person. Zum Teil gibt es eine Selbstbeteiligung.

Reisegepäckversicherung

Viele Versicherungen bieten die Absicherung des Verlustes von Gepäck an, oft als Teil eines Pakets. Allen Versicherungen ist gemein, dass die Bedingungen, unter denen das Gepäck abhanden kommen „darf", sehr eng gefasst sind.

Bei vielen Versicherungen ist etwa das Gepäck in unbewacht abgestellten Autos zu keinem Zeitpunkt versichert. Kameras oder Fotoapparate dürfen wegen möglicher Mopedräuber nicht über die Schulter gehängt werden, sondern müssen am Körper befestigt sein, sonst zahlt die Versicherung nicht (so Gerichtsurteile). Ohnehin sind diese Geräte oft nur bis zu einer bestimmten Höhe oder einem bestimmten Prozentsatz des Neuwertes versichert. Auch Schmuck unterliegt Einschränkungen, ebenso Bargeld. Wer eine wertvolle Fotoausrüstung mitnimmt, kann eine Zusatzversicherung abschließen.

Tritt ein Schadensfall ein, muss der Verlust sofort bei der Polizei gemeldet werden. Eine zuvor angefertigte **Checkliste**, auf der alle Gegenstände und ihr Wert eingetragen sind, ist dabei hilfreich. Generell sollte alles, was nicht ausreichend versichert ist, im Handgepäck transportiert werden.

Eine Reisegepäckversicherung mit einer Deckung von rund 2000 € kostet für 24 Tage ca. 30 €, als Jahresvertrag etwa 60–70 €.

Auslandskrankenversicherung

Eine Auslandskrankenversicherung mit Rücktransport gehört auf jeden Fall ins Gepäck. Die meisten Versicherer zahlen einen Rücktransport allerdings nur, wenn er „medizinisch notwendig" ist. Bei einigen genügt es, wenn der behandelnde Arzt den Transport in die Heimat für sinnvoll hält. Weitere Einschränkungen gibt es bei Zahnbehandlungen (nur Notfallbehandlung) und chronischen Krankheiten (Bedingungen durchlesen).

Die **Rechnung**, die später bei der Versicherung einzureichen ist, sollte folgende Angaben enthalten:

→ Name, Vorname, Geburtsdatum, Behandlungsort und -datum
→ Diagnose
→ erbrachte Leistungen in detaillierter Aufstellung (Beratung, Untersuchungen, Behandlungen, Medikamente, Injektionen, Laborkosten, Krankenhausaufenthalt)
→ Unterschrift des behandelnden Arztes
→ Stempel

Auslandskrankenversicherungen werden von fast allen großen Versicherern und einigen Kreditkartenorganisationen angeboten. Es gibt auch **Jahresverträge**, allerdings decken die meisten nur Reisen von jeweils bis zu 42 Tagen, manche acht Wochen, ab.

Gepäck-Checkliste

Die folgende Liste kann als Hilfe beim Packen dienen:

Kleidung
→ **Feste Schuhe**, für Wanderungen reichen Sportschuhe aus, evtl. Dschungelboots*
→ **Sandalen** oder **Trekkingsandalen***
→ **Gummischlappen***
→ **Hosen / Röcke**, aus Baumwolle und leichten Materialien
→ **Kurze Hosen**, bei Männern knielang, bei Frauen bis unters Knie
→ **Hemden*** oder **Blusen***
→ **T-Shirts***
→ **Allwetterjacke**, am besten mit Kapuze
→ **Pullover**
→ **Baumwolltuch** zum Schutz vor Straßenstaub, Zugluft und Sonne
→ **Sonnenschutz**: Hut*, Kappe*, Brille* in bruchsicherer Box, Sonnenmilch
→ **Strickmütze***, im Norden zur kalten Jahreszeit, gegen Fahrtwind etc.
→ **Socken**, für den Abend dichte, nicht allzu kurze Socken als Moskitoschutz
→ **Unterwäsche**, in der Regenzeit außer aus Baumwolle auch aus feinen, schnell trocknenden Materialien
→ **Badeanzug** für Frauen, dazu ein Wickelrock*

Hygiene und Körperpflege
→ **Zahnbürste***
→ **Zahnpasta***
→ **Shampoo***
→ **Nagelschere** und Nagelfeile
→ **Nassrasierer**
→ **Kosmetika**
→ **Papiertaschentücher**
→ **Feuchties**, zur Hygiene unterwegs und wenn kein Wasser in Reichweite ist
→ **Tampons**
→ **Toilettenpapier***, in einfachen Hotels und auf vielen Toiletten nicht vorhanden
→ **Nähzeug**

Für einfache Unterkünfte
→ **Seife*** im bruchsicheren Behälter
→ **Handtücher**, die schnell trocknen
→ **Waschmittel** in der Tube für alle, die Wäsche selbst waschen
→ **Plastikbürste*** zum Schrubben von Wäsche und Schuhen
→ **Kordel** als Wäscheleine oder zum Aufspannen des Moskitonetzes
→ **Klebeband***, um Löcher im Moskitonetz zu flicken
→ **kleine Nägel** oder Reißzwecken zum Befestigen des Moskitonetzes
→ **Moskitonetz***
→ **Vorhängeschloss*** und kleine **Schlösser*** fürs Gepäck
→ **Leinenschlafsack** oder Bettbezug, da die Laken in billigen Hotels nicht häufig gewechselt werden
→ **Schlafsack** in billigen Herbergen und in höheren Regionen

Sonstiges
→ **Reisewecker** oder Armbanduhr mit eingebautem Wecker
→ **Taschenlampe***
→ **Taschenmesser**
→ **Handy** und **Ladegerät**
→ **Reiseapotheke**, s. S. 27
→ **Notizbuch*** und **Stifte***
→ **Adressbuch** und E-Mail-Adressen
→ **Reisepass**
→ **Impfpass** oder eine Kopie für den Notfall
→ **Geld**
→ **Flugtickets**
→ **Reiseführer, Landkarten**
→ **Reiselektüre**

Diese Gegenstände sind in Thailand oder Laos billiger

Gepäck

Kleidung

Baumwollsachen sind bei Hitze am angenehmsten. Außerdem gehören Trekkinghosen, Wander- oder Sportschuhe und robuste Sandalen zur Ausstattung.

Gummischlappen sind nicht nur beim eiligen Gang über den Flur zur Toilette gut, sondern auch bei Zimmern mit Bad. Die Duschen haben selten eine Duschwanne, so dass die Bäder fast immer unter Wasser stehen: ein idealer Nährboden für Pilze.

Bei Fahrten in Songtheos und Pick-ups kann ein Tuch vor Sonne, Staub und Abgasen schützen. Gut sind auch Kapuzenjacken oder Sweatshirts mit Kapuze, die gleichzeitig den Nacken bedecken. In den Bergregionen im Norden sind neben Pullover und Jacke auch Schal und Mütze sinnvoll, besonders wenn man bei schlechtem Wetter oder in der Dämmerung unterwegs ist.

Bei Frauen wird weit ausgeschnittene oder eng anliegende Kleidung als anstößig empfunden. Aus Rücksicht auf laotische Konventionen sollten Schultern und Knie bedeckt bleiben. Für den Fall, dass man auf seiner Reise von Laoten eingeladen wird, gehören auch ein Hemd oder eine Bluse ins Gepäck. Oft handelt es sich dabei um Familienfeste oder Hochzeiten, aber auch bei geringeren Anlässen wird erwartet, dass sich Gäste anständig anziehen.

Ausrüstung

In der späten Trockenzeit und in den kühleren Regionen ist ein Schlafsack zu empfehlen, vor allem wenn man in billigen Unterkünften übernachten möchte. Die Kunstfaserdecken dort sind oft nicht warm genug und eignen sich eher zum Polstern der harten Matratzen. Daunenschlafsäcke sind ungeeignet, da sie bei hoher Luftfeuchtigkeit nicht trocknen. Für laue Tropennächte reicht ein Leinenschlafsack oder ein Bettbezug aus.

Für Trekkingtouren durch feuchte Wälder haben sich Dschungelboots aus Armeebeständen bewährt. Diese leichten Schnürstiefel aus Baumwoll-Canvas sind knöchelhoch und haben ein griffiges, wenn auch dünnes Gummiprofil. Viele Reisende ziehen es zwar vor, ihre bewährten schweren Bergwanderschuhe mitzubringen, doch eignen sich diese besser für steiniges Gelände als für nasse Lehmböden. Außerdem bieten sie keinen besseren Schutz vor Blutegeln, und nach dem Durchqueren von Bächen und Pfützen sind sie buchstäblich Klötze am Bein.

Wertsachen wie Geld, Pässe, Schecks und Tickets lassen sich am besten nah am Körper in einem breiten Bauchgurt aus Baumwolle aufbewahren. Alle Papiere sollten unbedingt zusätzlich durch eine Plastikhülle geschützt werden.

Kleine Vorhängeschlösser an den Reißverschlüssen des Rucksacks schützen vor Dieben und sorgen dafür, dass man nicht als Kurier missbraucht wird. Eine Rucksackhülle ist gut, wenn man während der Regenzeit reist, denn das Gepäck wird fast immer auf dem Dach der Busse transportiert.

Geld

Währung

Die offizielle Währung in Laos ist der **Kip**, unterteilt in 100 Aat. Es sind acht Banknoten mit den Beträgen 100, 500, 1000, 2000, 5000, 10 000, 20 000 und 50 000 in Umlauf. Münzen gibt es nur noch in den Souvenirgeschäften. Allerdings überlegt die Zentralbank, 2010 wieder Münzen einzuführen.

Auf allen laotischen Scheinen ist das Staatswappen abgebildet. Den 1000-Kip-Schein zieren Vertreterinnen der drei laotischen Volksgruppen Lao Loum, Lao Theung und Lao Soung. Auf den größeren Noten prangt das Konterfei Kaysone Phomvihanes, des langjährigen Staatschefs.

Die laotische Währung hat stärker als die der anderen Länder der Region unter der asiatischen Finanzkrise gelitten. 1994 gab es für U$1 etwa 700 Kip, sieben Jahre später waren es mehr als 9500 Kip. Größter Schein war damals die 500-Kip-Note, heute ist es der 50 000-Kip-Schein. 2005 sank die Inflationsrate erstmals wieder deutlich unter 10%.

Wechselkurse	
1 € = 13 300 Kip	10 000 Kip = 0,75 €
1 sFr = 8540 Kip	10 000 Kip = 1,17 sFr
1 US$ = 10 550 Kip	10 000 Kip = 0,95 US$
1 Baht = 275 Kip	10 000 Kip = 36 Baht

Aktuelle Wechselkurse unter 🖳 www.bcellaos.com/exchange_rate.php oder unter www.oanda.com

Obwohl der Präsident 1995 per Dekret verfügte, dass alle Leistungen und Produkte in Kip zu bezahlen seien, sind Thai-Baht und US-Dollar weit verbreitete Zahlungsmittel. Abgesehen von den Kursschwankungen des Kip spricht auch die einfachere Handhabung für diese beiden Währungen.

In der Regel werden Dienstleistungen, Restaurantrechnungen, einfache Zimmer und Busfahrten in Kip bezahlt. Größere Posten wie Mietwagen, organisierte Touren oder Hotelzimmer sind dagegen in US-Dollar ausgepreist (manchmal auch in Baht). Die staatliche Fluglinie Lao Airlines verlangt mitunter ausdrücklich US-Dollar für die Bezahlung der Flüge.

Als Faustregel gilt: am besten in der Währung bezahlen, die angegeben ist.

Banken

Das Bankennetz in Laos ist noch immer nicht besonders dicht, aber die Infrastruktur hat sich seit der Bankenreform in den 80er Jahren erheblich verbessert. Mittlerweile gibt es in allen großen Orten Filialen mindestens einer der großen Banken Banque pour le Commerce Extérieure Lao (BCEL) oder Lao Development Bank. Bankenhochburg ist Vientiane mit mehr als einem Dutzend Geldinstituten, darunter viele thailändische. Die Öffnungszeiten sind Mo–Fr von 8.30–15.30 Uhr.

Geldautomaten (ATM)

Seit 2005 gibt es in Vientiane eine Hand voll internationaler Geldautomaten (s. S. 148). Reisende mit Visa- oder Mastercard und PIN können dort Kip abheben. Der Höchstbetrag pro Abhebung liegt zwischen 700 000 Kip (BCEL) und einer Million Kip (Joint Developmentt Bank). Es sind mehrere Abhebungen pro Tag möglich. Es kann gut sein, dass die Maximalbeträge, jetzt da die 50 000-Kip-Note eingeführt wurde, erhöht werden. Die Kosten pro Vorgang betragen bis zu US$2 plus der Gebühr, die die Kreditkartenorganisation erhebt. Bankkarten mit Cirrus- oder Maestro-Symbol funktionieren nicht.
In Vang Vieng, Luang Prabang und Pakxe sollen ebenfalls ATM aufgestellt werden.

In den Märkten der größeren Städte gibt es **Wechselschalter**, die länger und oft auch an Wochenenden geöffnet haben. Wer an einem Sonntag ohne Kip dasteht, kann versuchen in einem größeren Geschäft oder Hotel Geld zu tauschen.

Einen **Schwarzmarkt** gibt es in Laos nicht mehr. Etwas bessere Kurse als die Banken bieten unlizenzierte Juwelier- oder Fotogeschäfte.

Reisekasse
Bargeld

Ein Teil der Reisekasse sollte aus Dollar oder Baht bestehen: Mit beiden Währungen lässt sich in Laos fast überall bezahlen und selbst Banken, die keine Travellers Cheques annehmen, tauschen Dollar und Baht anstandslos in Kip. Kleine Scheine (US$1–20) sind am nützlichsten, da auch größere Geschäfte selten auf US$50 oder 1000 Baht herausgeben können. Visa on Arrival und die Flughafensteuer auf internationalen Flügen müssen sogar in US-Dollar bezahlt werden.

Euro werden ebenfalls von fast allen Geldinstituten gewechselt. Reisende, die weit in die Provinzen vordringen, sollten genügend Kip-Bündel in der Tasche haben. In abgelegenen Gegenden gibt es noch immer keine Banken.

Wer Kip zurück in Baht oder Dollar tauschen möchte, tut dies am besten bei einer der großen Banken in Vientiane. Fast immer wird dafür der Beleg benötigt, dass zuvor bei dieser Bank Dollar oder Baht in Kip getauscht worden sind.

Reiseschecks

Mehr Sicherheit als Bargeld bieten Travellers Cheques. Sie sind gegen eine geringe Gebühr bei jeder Bank erhältlich. US$-Reiseschecks werden mittlerweile von den meisten Banken in Laos eingelöst. Auch Euro-Reiseschecks können in vielen Städten gewechselt werden, aber die Gebühr ist hoch (bis zu 3% oder 3,50 € pro Scheck).

Wer US$-Travellers Cheques in bare Dollar oder Baht tauschen möchte, wendet sich am besten an eine der großen Banken in Vientiane oder den anderen Mekongzentren (1–2% Gebühr, Minimum US$2,50–5).

Bei Verlust oder Diebstahl werden Travellers Cheques im nächsten Vertragsbüro ersetzt. Wichtig ist, dass die Kaufabrechnung an einer anderen Stelle aufbewahrt wird als die Schecks. Eine Aufstellung aller eingelösten Schecks beschleunigt die Angelegenheit. Die Vertretung von American Express in Laos ist *Diethelm Travel*, Setthathirat Rd., am Nam Phou in Vientiane, ✆ 021-213833 oder 215920.

Kreditkarten

Kreditkarten werden nur in den großen Tourismuszentren akzeptiert, hauptsächlich zur Bezahlung von Flugtickets, Mietwagen, Touren, Hotelzimmern und Restaurantrechnungen. Außerhalb sind sie praktisch wertlos.

Visa hat in Laos die Nase vorn, gefolgt von Mastercard und American Express. Auszahlungen auf Visa, seltener Mastercard, sind in den größeren Städten möglich (um 3% Gebühr für Kip). Einige Filialen von BCEL und Lao Development Bank geben auch US-Dollar auf Kreditkarte heraus (3–4%).

Der Verlust der Kreditkarte ist sofort zu melden, um gegen den Missbrauch abgesichert zu sein (maximale Haftung etwa 50 €). Vertretung für American Express in Laos ist Diethelm Travel, für Visa und Mastercard die BCEL.

Infos und Notfallnummern
Zentraler Sperrnotruf
✆ 0049-116116
Visa
✆ 001-410-581-9994 (als R-Gespräch anmelden)
🖥 www.visa.de
Mastercard
✆ 001-6367227111
🖥 www.mastercard.com/de
American Express
✆ 069-97971000
🖥 www.americanexpress.de

Überweisungen

Es gibt mehrere Wege, Geld nach Laos zu überweisen; am einfachsten geht es mit Western Union oder Money Gram.

Dem Money-Transfer-System von **Western Union**, 🖥 www.westernunion.com, sind landesweit viele Filialen der Lao Development Bank angeschlossen. Um Geld zu überweisen, muss eine Person zuhause Bargeld bei einem Western-Union-Vertragspartner einzahlen, etwa der Postbank oder der Reisebank, und den Namen des Begünstigten und die Adresse der laotischen Partnerbank ange-

Sicher bezahlen mit der Kreditkarte

Die Kreditkarte sollte beim Bezahlen nicht aus den Augen gelassen werden, damit kein zweiter Kaufbeleg erstellt werden kann, auf dem später die Unterschrift gefälscht wird. Sie sollte auch niemals in einem Safe verwahrt werden, der auch anderen zugänglich ist.

ben. Anschließend teilt die Person dem Begünstigten die Referenznummer für den Transfer mit *(Money Transfer Control Number)*. Gegen Vorlage von Pass und Nummer kann sich dieser dann den Betrag auszahlen lassen.

Money Gram, 🖥 www.moneygram.com, bietet einen ähnlichen Service an. Vertragspartner in Laos sind BCLE, Thai Military Bank und Lao-Viet Bank.

Die Gebühren richten sich nach der Summe. Der Überweisungsvorgang dauert selten länger als ein paar Stunden.

Reisekosten

Laos ist ein günstiges Reiseland. Zimmer in einfachen Gästehäusern kosten zwischen US$3 und US$6, Gerichte in kleinen Restaurants und Suppenküchen selten mehr als US$1–2. Gute Restaurants verlangen bis zu US$6 pro Hauptgang, jedoch sind sie außerhalb von Vientiane und Luang Prabang kaum zu finden.

Die Fahrpreise für Busse, Songtheos und Pickups richten sich nach der Entfernung und dem Straßenzustand. Der Trip auf der asphaltierten Straße 13 von Vientiane nach Pakxe kostet mit dem öffentlichen Bus gerade einmal US$8,50, nach Luang Prabang sogar nur US$7,50. Komfortablere Privatbusse sind etwas teurer.

Die Reisekosten steigen, sobald man sich ein wenig Komfort gönnt, einen Wagen mit Fahrer mietet, fliegt oder ein Boot chartert. Der Flug von Vientiane nach Luang Prabang kostet beispielsweise US$60. Luxuriös übernachten lässt sich nur in diesen beiden Städten. Außerhalb berechnen die teuersten Unterkünfte selten mehr als US$20–30 pro Doppelzimmer. Kostspielig sind importierte westliche Waren wie Toilettenartikel, Wein und Käse.

> **Was kostet wie viel?**
>
> **Trinkwasser** 1500 Kip (0,10 €)
> **Softdrink** 3000 Kip (0,25 €)
> **Flasche Beerlao** 8000 Kip (0,60 €)
> **Frühstück** 15 000 Kip (1,10 €)
> **Einfaches Gericht** 15 000 Kip (1,10 €)
> **Teures Gericht** 50 000 Kip (3,75 €)
> **1 l Benzin** 8000 Kip (0,60 €)
> **Tuk-Tuk-Fahrt** 5000–10 000 Kip (0,40–0,75 €)
> **Taxifahrt** ab 30 000 Kip (2,20 €)

Wer in kleinen Restaurants isst, in einfachen Gästehäusern übernachtet und ausschließlich öffentliche Verkehrsmittel nutzt, kommt mit einem **Tagesbudget** von US$15 aus. Ab US$30–40 pro Tag kann man in guten Hotelzimmern mit Klimaanlage, Bad und TV übernachten, in Touristenrestaurant speisen und sich öfter mal organisierte Tagesausflüge und Bootcharter leisten. Große Posten wie Flüge und Mietwagen sind noch hinzuzurechnen.

Mit Kindern unterwegs

Steht nur der Besuch von Luang Prabang, Vang Vieng und Vientiane auf dem Programm, spricht nichts gegen eine Laosreise mit Kindern. Abenteuertrips sind wegen den langen Fahrten auf schlechten Straßen und der unzureichenden medizinischen Versorgung besser nicht zu erwägen.

Essen und Trinken: Kinder werden in Laos vermutlich gern auf Omelett, Toast, Nudelsuppe, Baguette und Pommes frites zurückgreifen. Sollte ihnen der Klebreis *khao niau* schmecken, ist die Essensfrage zu jeder Tageszeit und überall schnell gelöst. Als Milchersatz dient vielleicht die leicht gesüßte Sojamilch im Tetra Pak oder in der Glasflasche.

Gesundheit und Hygiene: Die medizinische Versorgung im Land ist mangelhaft. Bei ernsthaften Erkrankungen empfiehlt sich eine Behandlung in Thailand. Vorab ist eine gründliche medizinische Untersuchung anzuraten und die rechtzeitige Impfung – einschließlich gegen Kinderkrankheiten – unerlässlich. Zur Auswahl der Malariaprophylaxe ist ein Besuch beim Reisemediziner wichtig.

Babynahrung und Wegwerfwindeln sind in Laos nur in den größten Städten erhältlich. Auf Reisen sind Plastikwindeln von Vorteil, bleibt man länger an einem Ort, sollte man auf Baumwollwindeln zurückgreifen.

Unterkünfte: Einmal in Laos angekommen, ist die Zimmersuche auch zu dritt oder viert kein Problem. Das in Gästehäusern und Hotels gängige Familienzimmer hat drei Betten, allerdings bringen laotische Familien hier locker zwei und mehr Kinder unter. 4-Bett-Zimmer zählen schon als Schlafsaal und sollten im Voraus reserviert werden.

Verkehrsmittel: Am ehesten unterschätzt werden die langen Fahrzeiten mit öffentlichen Verkehrsmitteln. Auch bei Direktverbindungen zwischen den wichtigsten Städten geht viel Zeit ins Land. Am bequemsten lässt es sich in einem Mietwagen mit Fahrer reisen.

Busse verkehren auf allen Hauptstrecken. Im Norden bieten diese wunderschöne Ausblicke, allerdings sind auch endlos viele Kurven zu verkraften. Pausen werden selbst für Erwachsene zu selten gemacht (anfragen!).

Beim Transport im offenen Laderaum eines Pick-ups oder Songtheos werden die Passagiere selbst auf guten Straßen ordentlich durchgeschüttelt. Mit etwas Glück und Geschick lässt sich zu einem Aufpreis ein Platz in der Fahrerkabine arrangieren. Die besten Chancen hat, wer früh an der Busstation erscheint.

Bootsfahrten bieten Kindern tolle Erlebnisse, doch gilt auch hier: Bei stundenlangen Fahrten wirken sich Motorenlärm und die eingeschränkte Bewegungsfreiheit auf die Laune des Kindes aus. Vorn sitzt man am weitesten vom Motor entfernt, und obendrein bieten Ohrstöpsel einen wichtigen Schutz.

Praktische Tipps

Übernachtung S. 36
Essen und Trinken S. 37
Verkehrsmittel S. 42
Aktivitäten S. 49
Feste und Feiertage S. 51
Fotografieren S. 52
Einkaufen S. 53
Post und Telekommunikation S. 54
Medien S. 56
Sicherheit S. 57
Verhaltenstipps S. 59
Sonstiges S. 61

Übernachtung

Unterkünfte sind in Laos überall zu finden. In allen Provinzhauptstädten gibt es Gästehäuser und preiswerte Hotels, die meisten aber nur einfach ausgestattet. In einigen Tourismuszentren besteht sogar ein Überangebot. In den abgelegensten Ecken muss man dagegen auf die kargen Herbergen für Lkw-Fahrer und Straßenbauer zurückgreifen. Eine Palette von Unterkünften, die die Ansprüche von Backpackern und Pauschaltouristen gleichermaßen erfüllt, hat sich bislang nur in Vientiane, Luang Prabang und Pakxe entwickelt.

Reservierungen sind in Billigunterkünften nicht üblich. In Vientiane und Luang Prabang ist es in der Hauptsaison und zu Festen schwierig, günstige Zimmer in guter Lage zu bekommen. Die besten Chancen hat, wer schon vormittags eincheckt.

Gäste müssen sich in allen Unterkünften registrieren. In den günstigen fällt die Rate für die erste Nacht sofort an. In der Nebensaison und bei Aufenthalten ab einer Woche lohnt es, nach Rabatten zu fragen. Im Schnitt liegen die Übernachtungspreise in Laos höher als in Thailand.

Gästehäuser

Gästehäuser sind häufig die billigste Übernachtungsoption. Ein einfaches Zimmer mit Ventilator (*fan*) kostet zwischen US$3 und US$6. Der Standard variiert aber erheblich: In Touristenmagneten wie Vang Vieng gibt es schon für wenig Geld ein sauberes Zimmer mit Bad und Warmwasser in einem modernen Haus. Größere Gästehäuser haben manchmal Aufenthaltsräume und eine Veranda oder kleine Gärten mit ein paar Stühlen.

Herbergen in ländlichen Gegenden bieten oft nur einen Bambusverschlag mit Bett und Moskitonetz. Eine Inspektion der Zimmer ist sinnvoll, denn die Preise sind zwar niedrig, aber für das Gebotene oft noch zu hoch: Es gibt nur selten Warmwasser, die Bettwäsche ist schmuddelig und die Räume sind sehr hellhörig.

Schlafsäle (*dormitories*) sind in Laos selten. Wer Übernachtungskosten teilen möchte, kann in einigen Gästehäusern auf 3- oder 4-Bett-Zimmer zurückgreifen.

Hotels

In Vientiane, Luang Prabang und Pakxe erfüllen einige Hotels mühelos internationale Standards. Mit Kolonialarchitektur und asiatischem Ambiente vermitteln sie einen Eindruck vom alten, französischen Indochina. Kleine Anfängerfehler beim Service sind auch in Luxusherbergen an der Tagesordnung. Angesichts der vergleichsweise günstigen Preise und kaum vorhandener Dienstleistungserfahrung geht das aber als Teil des laotischen Charmes durch.

Außerhalb der Tourismuszentren sind Hotels rar und nicht unbedingt besser als Gästehäuser. Ein älteres Hotel kann viel weniger Komfort bieten als das neue Gästehaus direkt nebenan. Vor allem in Orten wie Xekong, Attapeu oder Phongsali sind die Hotels häufig alt und entsprechen noch realsozialistischen Funktionalitäts- und Schönheitsidealen.

Hotelzimmer ab US$20 sind mit einer Klimaanlage ausgestattet, haben ein Bad, einen Fernseher, eine Minibar und teilweise Telefon. Statt Netzen halten Mückengitter vor den Fenstern die Quälgeister ab. Frühstück und Flughafentransfer sind oft im Preis enthalten. Die wichtigsten Kreditkarten werden akzeptiert.

Resorts

Ein Mix aus familiärer Atmosphäre und gehobenem Standard zeichnet viele Resorts in Laos aus. Die meisten liegen dazu auch noch schön: abgeschieden in der Natur, an Wasserfällen oder Flüssen. Die frei stehenden Bungalows sind häufig landesüblich aus Bambus und Holz gebaut. Hängematten und Korbmöbel auf der eigenen Terrasse bieten zusätzlich Komfort.

Preiskategorien

Die Unterkünfte in diesem Buch sind in Preiskategorien eingeteilt. Sie beziehen sich auf das günstigste Doppelzimmer. Stehen Schlafsäle zur Verfügung, wird der Preis für ein Bett in Kip oder Dollar genannt.

❶ bis US$5
❷ bis US$10
❸ bis US$15
❹ bis US$30
❺ bis US$60
❻ über US$60

In Laos gibt es nur sehr wenige Luxusresorts, jedoch entstehen mehr und mehr Bungalowanlagen in mittlerer Preislage (US$15–30). Ein Problem ist die schlechte Anbindung an das Verkehrsnetz und die bescheidene Verpflegung. Meist pendeln resorteigene Shuttlebusse zwischen der Unterkunft und dem nächstgrößeren Ort.

Essen und Trinken

Die laotische Küche zeichnet sich durch ihren pikant-würzigen Geschmack und ihre Vielfalt an frisch zubereitetem Gemüse, Suppen und Salaten aus. Diese werden zu Fisch oder Hühnchen und nicht selten so exotischen Zutaten wie Büffelhaut oder Kaulquappen serviert.

Wichtigstes Merkmal und in der laotischen Küche unverzichtbar ist der Klebreis, den es zu jedem Essen gibt. Gemeinsamkeiten mit der Thai-Küche lassen sich am ehesten an den üppig verwendeten Kräutern wie Horapa-Basilikum *(bualapa)*, Zitronengras, Minze und Koriander und an der Auswahl der beliebtesten Früchte, darunter Guave, Ananas, Schuppenannone und Melone, erkennen. Chinesische und vietnamesische Einflüsse offenbaren sich in den kross gebackenen Frühlingsrollen, den verschiedenen Nudelsorten – in Suppen oder gebraten – und dem lockeren weißen Reis. Und schließlich sind bis heute Spuren der französischen Küche sichtbar: in Form von knusprigen Baguettes, Patés und Crêpes – eine willkommene Alternative für Leute mit Heimweh oder empfindlichen Mägen.

Am billigsten isst man an den Essensständen auf den Märkten, an Bushaltestellen oder am Straßenrand, wo kleine Gerichte wie gegrillte Bananen oder Fisch mit Klebreis als Snacks oder eingepackt als Reiseproviant verkauft werden. In der Stadt kann man sich während der Mittagszeit zu den Angestellten gesellen, die in den Suppenküchen Nudelsuppe (Fö) essen und einen erfrischenden Eiskaffee oder -tee trinken. Cafés und Restaurants, die sich auf die Gaumen westlicher Touristen und besser verdienender Laoten spezialisiert haben, stellen das obere Ende der Restaurantskala dar. In den Städten bieten sie eine Palette verschiedener internationaler Küchen an. Das ein oder andere gute Fischrestaurant findet sich aber auch in ländlichen Gegenden am Ufer des Mekong. Zwischen einer einfachen kleinen Mahlzeit mit laotischem Tee für 10 000 Kip und einem feinen Essen mit Bier für US$8 ist für jeden Geldbeutel etwas dabei.

Laotische Küche

Besondere Merkmale der laotischen Küche sind die große Auswahl an frischem Gemüse wie Wasserspinat *(pak bung)*, Raps, Schlangenbohnen, Auberginen, Kohl, der häufig zubereitete frische **Süßwasserfisch**, beispielsweise Tilapia *(pa ning)* oder Wels *(pa duk)*, und die **frischen Kräuter** und Gewürze, darunter Koriander, Minze, Basilikum, Ingwer, Galgant und Knoblauch. Die laotische **Chilisoße**, *tjeo mak phet*, besteht aus gehackten Chilis, Schalotten und Knoblauch, dazu gemahlene Büffelhaut (Luang Prabang-Variante), abgeschmeckt mit fermentierten Bohnen, Limette und Koriander.

Fleisch ist fester Bestandteil jeder laotischen Mahlzeit. Büffel, Rind, Schwein, Geflügel und Wild werden gern gegessen, aber sparsam verwendet, denn Fleisch, wie auch Brot oder Weizenmehl, ist teuer.

Neben den vielen exotischen Höhepunkten wie gefüllter Frosch, Ameiseneier oder halb ausgebrütete Enteneier, bietet die laotische Küche eine Reihe von Gerichten, die uns gar nicht so fremd sind: Beispielsweise die frischen bunten **Salate**, *salat lao*, die mit Ei und gerösteten Erdnüssen bestreut und einem süß-sauren Dressing serviert werden (auf Mayonaise sollte man wegen der Salmonellengefahr verzichten). Oder die klaren **Suppen**, *keng*. Sie werden aus Rind, Huhn, Büffel oder Fisch zubereitet, aromatisiert mit Zitronengras, Galgant, Ingwer und Korianderwurzel. Beide Gerichte sind mild gewürzt. Allerdings kann *keng* sich auch auf ein scharfes thailändisches Curry auf Kokosmilchbasis beziehen.

Die Küche des Nordens ist dafür bekannt, dass sie weniger Chilis verwendet als im Süden üblich. Den charakteristischen Geschmack erhält das laotische Essen außer durch frische Kräuter durch die landestypische fermentierte **Fischsoße** *pa daek*, die wie Salz verwendet wird. Fast immer befindet sich das fabrikfertige thailändische Produkt, *nam pa*, mit dem salzig-säuerlichen Geschmack auf den Restauranttischen. Die originale *pa daek* wird dagegen in einem langwierigen Prozess von Hand hergestellt: Fisch und Reiskeime werden ein Jahr lang in Salz eingelegt und die Soße nach dem Fermentieren herausgefiltert.

Ein deutlicher Unterschied zur thailändischen Küche besteht darin, dass Gemüse nicht als Curry zubereitet wird, sondern häufig gedünstet und noch knackig als Beilage auf den Tisch kommt. Im Allgemeinen werden noch mehr frische Minze, Ingwer, Galgant und Knoblauch verwendet als in Thailand und ähnlich viel frischer Koriander und Basilikum.

Grundnahrungsmittel der Laoten ist der **Klebreis**, *khao niau*. Es heißt, dass diese glutenreiche Reissorte in keinem anderen Land der Welt eine so große Bedeutung zukommt. Der in Vietnam und Thailand bevorzugte lockere weiße Reis, *khao tjau*, wird zwar auch häufig gegessen, passt aber weniger gut zu den laotischen Gerichten, die meist nur mit wenig Soße serviert werden.

Klebreis wird zu jeder Tageszeit gegessen, als Zwischenmahlzeit oder zum Frühstück nicht selten pur. Der Reis wird in einem speziellen trichterförmigen Bambuskorb, *houat khao*, über kochendem Wasser gedämpft. Er wird in großen Mengen zubereitet und den Tag über warm gehalten.

Bei einem traditionellen laotischen Essen wird ein großer Klumpen Klebreis in einem dekorativen Korbgefäß aus Bambus, *tip khao*, mit einem Decke und einer Schnur versehen, serviert. Gekochten Reis zum Mitnehmen gibt es auf dem Markt oder an Straßenständen, entweder kalt in einem Bananenblatt oder Bambusrohr (darin gedünstet) oder als heißer Klumpen in einem Plastikbeutel.

Mit Fingern, Besteck oder Stäbchen?

In Laos wird traditionell mit den Fingern gegessen. Das bietet sich beim stark verdichteten Klebreis auch an: Man nimmt ein mundgerechtes Stück vom Reisklumpen ab, knetet es in der Hand – je länger desto besser – und formt dann mit Daumen und Fingerspitzen einen runden Happen. Dieser wird entweder wie Brot zusammen mit einem Stück Fleisch oder Fisch gegessen oder in Soße getunkt, bevor er mit dem Daumen in den Mund geschoben wird.
Gerichte mit lockerem Reis werden mit Löffel und Gabel – Löffel rechts, Gabel links – gegessen. Eine Ausnahme bilden die Nudelsuppen, die in vietnamesischer und chinesischer Tradition mit Stäbchen „gelöffelt" werden.

Typische Gerichte
Laap Gai, Laap Pa, Laap Ngua

Laap, ein Salat aus gehacktem Fleisch, ist das für Laos typischste Gericht. *Laap* wird mit Hühnchen *(gai)*, Fisch *(pa)* oder Rind *(ngua)* zubereitet. Zum gehackten, in Brühe gegarten Fleisch kommen Kräuter, Fischsoße, geröstetes Klebreismehl, Zitronengras, Limettensaft, Chilis, Schalotten, frischer Koriander und Minze. *Laap* wird meist auf Salatblättern serviert und mit Gurke, Möhre oder Auberginenscheiben garniert.

Tam Mak Hung

Der aus der jungen, noch grünen Papaya zubereitete Salat ist ein Standardgericht in Laos und Thailand. Er soll ursprünglich aus der laotischen Küche stammen. Der Salat – in Thailand *som tam*, in Laos *tam mak hung* genannt – schafft es, viele Besucher aus dem Westen beim ersten Probieren unangenehm zu überraschen: Unter „Papaya-Salat" stellen sich die meisten einen süßen Obstsalat aus der saftigen orangen Frucht vor. Stattdessen wird die unreife, rohe Papaya in schmale Streifen geschnitten und mit viel Chili, Knoblauch, Limette, Fischsoße und Shrimppaste zu einem säuerlich-bitteren und scharfen Salat verarbeitet.

Xin Savan

Das an Sonne und Luft getrocknete, süßliche Fleisch (vom Rind oder Büffel) ist nach seinem Herkunftsort Savannakhet benannt. Schon ein Bissen ist so gehaltvoll im Geschmack, dass meist nur ein kleiner Streifen mit Klebreis als Snack für zwischendurch oder als Frühstück ausreicht. Das Fleisch wird vor dem Trocknen in Öl mit Knoblauch, Zucker, Salz, Pfeffer, Sojasoße und Sesam mariniert und mit Klebreis serviert.

Khaipen

Khaipen ist eine Spezialität aus der Provinz Luang Prabang. Aus einer hauchdünnen Schicht getrockneter Flussalgen werden krosse, herzhaft würzige Chips hergestellt, die als Vorspeise oder als Snack zu Bier und anderen alkoholischen Getränken gereicht werden. Die Algen stammen überwiegend aus den Nebenflüssen des Mekong in der Umgebung der Stadt Luang Prabang. Bei niedrigem Wasserstand zur Trockenzeit sammeln Frauen und Kinder das sattgrüne Gewächs vom Grund der

Flüsse. Die langen Fasern werden gründlich gereinigt und anschließend auf einen Rahmen zum Trocknen aufgespannt, bestreut mit viel Sesam, Knoblauch- und Tomatenstückchen. Im getrockneten Zustand lässt sich *khaipen* wie geschöpftes Papier in Bahnen schneiden und locker aufrollen. Das aufwendig hergestellte Lebensmittel wird dekorativ in Zellophan verpackt und zwischen Dezember und März in großen Mengen auf den Märkten Luang Prabangs verkauft.

Gung Ten

Der nach „tanzenden Shrimps" benannte Salat ist bei Fischern der Provinz Vientiane beliebt. Wie der Name schon sagt, werden die im Mekong und Nam Ngum gefangenen kleinen Flusskrabben lebend in die säurehaltige Salatsoße gegeben, wo sie zwischen Chilis, Zitronengras und Koriander ihre letzten Sprünge tun.

Alkoholfreie Getränke
Kaffee

Als Wohltat empfinden Kaffeetrinker den kräftigen *café lao*. In den 20er Jahren führten die Franzosen die Kaffeebohne Robusta ein, die sie auf dem Bolaven-Plateau im äußersten Süden des Landes anbauten und in kleinen Mengen nach Frankreich exportierten. Derzeit wird wegen der besseren Qualität und der höheren Weltmarktpreise in zunehmendem Maß die Arabica-Bohne angepflanzt.

Das dunkle Gebräu, das in einem kleinen Glas serviert wird, ist nur entfernt mit einem *café au lait* verwandt. Der gemahlene Kaffee wird in einem „Strumpf" mit kochendem Wasser übergossen und etwas ziehen gelassen, bevor er durch das Textilsieb mehr oder weniger gut gefiltert in ein Glas gegossen wird. Eine großzügige Portion karamellisierte Kondensmilch, deren Kalorienzahl einer kleinen Mahlzeit entspricht, bildet den Bodensatz.

Wer kein Freund des süßen Kaffees mit Milch, *café nom*, ist, bestellt einen schwarzen Kaffee, *café dam*. Wahrscheinlich hatten die Franzosen damals nicht ein so dickflüssiges süßes Getränk vor Augen, jedoch eignet sich der *café lao* in diesen Breiten hervorragend als Energiespender zu Tagesbeginn und nach anstrengenden Märschen oder Fahrten.

Eine sehr erfrischende Variante des *café lao* ist der Eiskaffee *café olieng* oder mit Milch *café nom*

Nudelsorten und Nudelgerichte

Nudelsorten
Reisnudeln gibt es in der laotischen Küche in allen möglichen Formen:
Sen noi: dünne weiße Nudeln, abgeflachte Form
Sen njai: etwa 1 cm breite Bandnudeln
Sen lon: Glasnudeln
Mii: dünne Reisnudeln mit Ei, wie Vermicelli geformt
Mii wai: chinesische oder thailändische Schnellkochnudeln mit Ei (*wai* = schnell)
Mii banthan (wantan): Nudeltaschen, dreieckig oder Säckchenform (chinesisch/vietnamesisch)

Nudelgerichte
Zu den häufigsten Nudelgerichten zählen:
Fö: Nudelsuppe mit *sen noi*, Hühnchen- oder Rindfleischeinlage und geröstetem Knoblauch, dazu frische Salate und Kräuter
Fö khoua: Bandnudeln *(sen njai)* mit Wasserspinat angebraten und mit frischem Chili, Ingwer und Fischsoße gewürzt. Zum Nachschärfen gibt es ein Schälchen Fischsoße mit Chili und auf Wunsch auch Knoblauch
Khoua mii: gebratene Nudeln *(mii)* mit Sojasprossen angebraten, häufig mit Schweinefett, Rinderblut, Sojasoße und Zucker abgeschmeckt und mit Salat garniert
Mii kob: chinesische Eiernudeln *(mii wai)* knusprig gebraten; in abgelegenen Gegenden sind die Schnellkochnudeln die praktischste (und ungesündeste) Verpflegungsvariante
Khao soi: sehr breite flache Reisnudeln, serviert mit Hackfleisch, Tomaten und fermentierten Bohnen; eine Spezialität in Muang Sing, meist mit einer kräftigen Soße
Khao piak: dicke runde Reisnudeln in einer Suppe mit Fleischbällchen, Hühnchen oder Ente
Khao poun: Spaghetti-ähnlich geformte Reisnudeln, die in einer scharfen roten Suppe mit Fisch, Gemüse und Kokosnussmilch zu Hochzeiten und anderen Festen zubereitet werden.

yen. Der milchgesüßte und noch heiße Kaffee wird einfach in ein großes, randvoll mit Eiswürfeln gefülltes Glas gegossen und anschließend mit einem Strohhalm geschlürft.

Tee
Den uns geläufigen fermentierten Schwarztee aus Indien erhält man, indem man einen „Lipton" bestellt. Der britische Markenname wird in Laos schlicht mit dem Teebeutel gleichgesetzt. Zu dem in einer Teetasse servierten Getränk ist nur selten frische Milch erhältlich und man wird ihn ohnehin nur in Touristenzentren auf der Speisekarte entdecken.

Milch und Milchprodukte
Frische Milch steht wie in weiten Teilen Südostasiens in Laos nicht auf dem Speiseplan und ist daher nur selten zu bekommen (Ausnahmen bilden Vientiane und Luang Prabang). Ähnlich verhält es sich mit Joghurt, der vereinzelt in Restaurants oder Bäckereien selbst hergestellt wird: Den hausgemachten Joghurt zu Obst oder Müsli sollte man sich nicht entgehen lassen.

In der nordindischen Küche gehören Paneer (Frischkäse), Raita (würziger Joghurtdip) und Lassi (Joghurtgetränk gesüßt oder salzig) zu den wichtigsten Beilagen und Zutaten; Käse, Milch und Joghurt lassen sich in diesen Varianten in den indischen Restaurants der größeren Städte genießen.

Butter zählt ebenso zu den Luxusgütern. Man erhält sie, wenn überhaupt, nur sparsam portioniert oder für die Hotelgastronomie abgepackt.

Milo und Ovaltine
Diese beiden gesüßten Kakaogetränke auf Milchpulver-, Getreide- und Zuckerbasis finden zwar weniger Beachtung als die Produkte der großen Limonadehersteller, sind aber ebenfalls weltweite Exportschlager. Außer als heißes Getränk können Milo und Ovaltine eisgekühlt, *milo/ovaltine yen,* im großen Glas mit Strohhalm getrunken werden.

Sojamilch
An Straßenständen wird Sojamilch *(nam tauhu)* oft auch warm mit allerlei bonbonfarbenen Zutaten verkauft. Abgepackt gibt es sie entweder im Tetra Pak oder in Flaschen in kleinen Läden an Bushaltestellen oder in Straßencafés. Die leicht gesüßte und gesunde Sojamilch ist nicht nur für Kinder eine ideale Erfrischung. Da bisher von Touristen noch weitgehend unentdeckt, wird sie in Restaurants nicht angeboten.

Fruchtsäfte und Fruchtshakes
Fresh Fruitjuice ist frisch gepresster Saft von Früchten der Saison mit Eis. Im Allgemeinen besteht die Auswahl aus Ananas, Limette, Papaya und je nach Saison auch Mango. Teurer im Einkauf und daher weniger häufig sind Mandarinen und Äpfel.

Der an Straßenständen angebotene *Fruitshake* ist frisch gepresster Saft mit viel Eis im Mixer zu einem dickflüssigen Frappé-Getränk verquirlt. Nur in westlichen Restaurants wird den Shakes Milch beigemischt.

Limonaden
In Laos produziert und in Pfandflaschen verkauft werden Pepsi, Soda, 7up, Mirinda und Cosco. Coca-Cola, Sprite und Schweppes werden aus Thailand und Vietnam importiert und sind in Dosen oder 1,5 l-Flaschen erhältlich.

Alkoholische Getränke
Beerlao
Beerlao ist ohne Frage das beliebteste Getränk des Landes. Die Lao sagen gern „no beer – no idea", und einige Traveller halten es sogar für das beste Bier Südostasiens.

Beerlao hat einen Alkoholgehalt von 5% und ist in der Flasche (0,66 l oder 0,33 l), der Dose und seltener auch vom Fass *(bia sot)* erhältlich. Seit kurzem gibt es auch ein ziemlich leckeres Dunkelbier und *Beerlao light.* Preislich ist man mit 8000 Kip dabei. In besseren Bars und Restaurants sind auch andere asiatische Biere zu bekommen, darunter *Singha, Tiger, Chang* und das vietnamesische *333.* Ein gewöhnungsbedürftiges Gebräu aus Palmzucker ist das Biobier *Lao Bia.*

Lau lao und Lau hai
Dieses hochprozentige Feuerwasser wird in Laos in vielen Haushalten selbst gebrannt. Aus Klebreis, Mais, Zuckerrohr oder Maniok wird ein klarer Schnaps destilliert, den wahrscheinlich jeder auf seiner Reise mehr als einmal angeboten bekommen wird. Geschmack und Qualität variieren je nach Reinheit; schmeckt der *lau lao,* kann man ihn

bedenkenlos trinken – in welchem Maß, sollte man nicht den Gastgebern überlassen!

Seltener anzutreffen ist der Reiswein *lau hai*, der in einem Krug vergoren und aus diesem auch durch einen langen Bambushalm getrunken wird. *Lau hai* ist unter den Khmu in den Bergregionen des Nordens besonders verbreitet und wird rituell zu allen Gelegenheiten wie Begrüßung, Abschied, Hochzeit und Beerdigung getrunken.

In Laos essen gehen

Kulinarische Zentren sind Vientiane und Luang Prabang. Die Restaurants der beiden Städte bieten eine Vielfalt an internationalen Küchen, die manchen Neuankömmling ins Staunen versetzt. Neben Restaurants mit Allerweltsspeisekarten findet man Pizzerien, französische Restaurants, Cafés, Bäckereien und auch vereinzelt indische, japanische und auf **Sindat** (ursprünglich koreanisches Tisch-Barbeque) spezialisierte Restaurants.

Aber nicht nur in den touristischen Zentren nimmt die Zahl der an den westlichen Gaumen angepassten Lokale rapide zu. Auf Touristen spezialisierte Restaurants und Cafés warten auch in kleineren Orten mit leckerer, wenn auch etwas einfacherer Kost auf.

Zum Frühstück gibt es in größeren Orten belegtes Baguettes oder in den genannten Städten sogar Müsli mit Obst und Joghurt. In abgelegenen Regionen ist man auf die ortsüblichen Varianten von Reis, Omelette und Suppe beschränkt. Mittags und abends kann man sich außer in Restaurants an Straßenständen und auf den Märkten billig versorgen.

Darüber hinaus geben die frisch zubereiteten Mahlzeiten auf einem Nachtmarkt oder in einer Suppenküche einen authentischen Einblick in die Landesküche. Der **Preis** für eine einfache Mahlzeit liegt bei rund 10 000 Kip, der Hauptgang in einem guten Restaurant kostet um US$5.

Suppenküchen und Essensstände

Reisende, die in die entlegenen Winkel vordringen, kommen nicht darum herum, sich schnell an Nudelsuppen zu gewöhnen. Vielerorts sind sie das einzige, was an Essensständen und in einfachen Restaurants angeboten wird. In den Städten sind besonders mittags die **Suppenküchen** sehr beliebt, in denen Fö – ursprünglich vietnamesisch – serviert wird: eine große Schüssel voll Brühe mit einer Portion dünnen, abgeflachten Reisnudeln, die mit geröstetem Knoblauch bestreut wird. Im Normalfall enthält Fö eine Fleischeinlage am Knochen oder kleine Fleisch- oder Leberklöße, *luk xin*. **Vegetarier** verlangen am besten eine klare Brühe mit Nudeln ohne Einlage:

Ohne alles = *bo sai nyang*;
Nur Gemüse = *sai te phak*;
Ohne Fleisch = *bo sai xin* oder *bo sai luk xin*;
Ohne Knoblauch = *bo sai phak thiam*.

Am Tisch schmeckt man die Suppe mit Limette, Chili und Fischsoße ab und gibt nach Belieben Bandbohnen, frische Kräuter und Salatblätter hinein. Wichtig ist noch der Satz: Bitte kein Glutamat = *bo sai beng nua*. Der Geschmacksverstärker (Ajinomoto) ist sehr ungesund und wird von den Lao-Köchen löffelweise hinzugefügt.

Kleine Mahlzeiten für zwischendurch, wie in Teig gebackene Bananen, Waffeln, gesüßter Klebreis mit Kokosraspeln im Bananenblatt oder im Bambusrohr *(khao laam)* und gegrillte Fleischspieße, werden an **Essensständen** am Straßenrand oder auf größeren Märkten verkauft. Diese laotischen Snacks sind in der Regel frisch zubereitet und je nach Probierfreudigkeit des einzelnen – wie wär's mit gegrillten Hühnerfüßen? – ein Abenteuer.

Cafés und Bäckereien

Auch oder gerade in den einfacheren **Cafés** und Straßenrestaurants, die viel von Travellern mit kleinem Budget besucht werden, sind Relikte der französischen Küche spürbar. Dort gibt es knusprige Baguettes, die mit Leberpastete *(paté)*, Omelette oder Salat und Frühlingszwiebeln belegt sind. Pfannkuchen, die alle Ausmaße von hauchdünnen Crêpes bis zu schwergewichtigen Eierkuchen annehmen können, kommen mit Banane, Honig, künstlich-roter Marmelade oder Kondensmilch (auch mit Milo) auf den Teller. Der kräftige *café lao* schmeckt in den laotischen Cafés am besten, weil nicht der Versuch unternommen wird, dem westlichen Filterkaffee nachzueifern.

Regelrechte Gaumenfreuden werden in den **Bäckereien** und Konditoreien Vientianes und Luang Prabangs geboten. Die bekanntesten werden von Ausländern (Skandinaviern und Kanadiern) betrieben und sind ihren westlichen Vorbildern bis ins Detail nachempfunden. Kuchen und Brot, Kaffees und Tees, die in klimatisierten Räumen bei einer Zeitung genossen werden können, versetzen einen für kurze Zeit in die Heimat zurück.

Für Laoten sind Produkte aus Weizenmehl im Allgemeinen Luxuslebensmittel, denn die traditionelle Küche basiert auf einer Vielzahl eigener Reisprodukte. In abgelegenen Ecken gibt es oft kein Brot. Die Auswahl besteht zu allen Tageszeiten aus Fö oder aus Klebreis mit Gemüse, einer Tunke und mit Glück einem Fleischhappen. Zum Frühstück bleibt oft nur ein fettiges Omelette, das anstatt mit Brot mit Klebreis gegessen wird.

Restaurants

Die große Zahl der **Touristenrestaurants** in den Städten täuscht nicht lange darüber hinweg, dass sich die meisten im Angebot kaum unterscheiden. Nur eine Hand voll hebt sich durch Spezialitäten oder Besonderheiten von den anderen ab. Wie in den Touristenzentren anderer Länder findet man in Laos, wenn man nach westlicher Kost sucht, diverse Varianten von Spaghetti, Pfannkuchen und Weißbrot. Brot ist auf dem Land nicht immer durchgebacken, die knusprigen Baguettes in den Städten können sich hingegen an französischen Standards messen.

Die international ausgerichteten Restaurants führen fast alle Pizza, Nudelgerichte, Baguette-Sandwiches, Soufflés, Pommes frites und Steaks. Einige der besten Restaurants Luang Prabangs und Vientianes sind authentisch im mediterranen oder französischen Stil eingerichtet oder versetzen den Besucher ins alte Indochina. Ein Essen auf der begrünten Terrasse eines alten Gemäuers wird dann zu einem besonderen Erlebnis.

Traveller-Restaurants in abgelegenen Gebieten, die meist an Gästehäuser angeschlossen sind, verfügen zwar auch über eine ausführliche Speisekarte, jedoch sind meist nicht alle Zutaten vorhanden. Fleisch und Fisch sind teuer und traditionell bereiten Laoten alles frisch zu. Sie organisieren sich eine fehlende Zutat lieber kurzfristig bei den Nachbarn oder schlachten die bestellte Ente gleich hinter dem Haus, als das Fleisch länger als einen Tag lang aufzubewahren. Aus diesem Grund sind **Vorbestellungen** für den Abend sinnvoll. In sehr kleinen Restaurants bringt man die Angestellten am wenigsten in Verlegenheit, wenn man die Speisekarte von vornherein außer Acht lässt und sich zuerst nach dem erkundigt, was in der Küche vorrätig ist.

Auf laotische Küche spezialisierte Restaurants gibt es leider nur sehr wenige. Für gewöhnlich halten sich Laoten, wenn sie nicht zu Hause essen können, an kleine Mahlzeiten, die in Straßenlokalen verkauft werden. Dennoch haben sich in Vientiane zwei Arten von modernen **laotischen Restaurants** etabliert: Zum einen gibt es die unverkennbar nach thailändischem Vorbild konzipierten **Biergärten** mit lauter Musik (abends live) und Tanz, die zu reichlich Alkohol auch meist Gegrilltes und laotische Klassiker anbieten. Zum anderen sind durch die wachsende Nachfrage der Geschäftswelt und des anspruchsvolleren Tourismus' gehobene Restaurants entstanden. Getreu dem Prinzip des **Feinschmeckerrestaurants** bieten sie ausschließlich traditionelle laotische Küche zu teilweise sehr hohen Preisen an.

Verkehrsmittel

Reisen auf laotischen Straßen, Pisten und Flüssen ist ein Teil des Laos-Abenteuers. Eine verblüffende Bandbreite von Vehikeln transportiert Personen und Güter in fast jeden Winkel. Verzögerte Abfahrtszeiten, schlechte Straßen und anfällige Fahrzeuge gehören dabei zum Alltag.

Zum Glück sind die Hauptverkehrsadern inzwischen asphaltiert, darunter die Straßen 1, 6, 7, 8, 9 und 13. Auf diesen Strecken fahren passable Busse, die besten von Privatgesellschaften. Jenseits davon begibt man sich noch immer auf eine Zeitreise. Aber gerade darin liegt für Viele der Reiz.

Flüge

Lao Airlines, früher Lao Aviation, ist die einzige Fluggesellschaft, die Strecken innerhalb des Landes bedienen darf. Knotenpunkte sind der Wattay International Airport in Vientiane und – bei Zielen im Norden – auch der Flughafen von Luang Prabang.

Inlandflüge gibt es zu vielen Provinzhauptstädten, darunter Houay Xai, Luang Namtha, Oudomxai, Pakxe, Phonsavan, Phongsali und Xam Neua. Kleinere Städte werden nur ein paar Mal pro Woche angeflogen, Abflugzeiten und Frequenzen ändern sich häufig. Auch kommt es wegen schlechten Wetters öfter zu Verspätungen oder dem Ausfall von Flügen.

Flugtickets sind in Houay Xai, Luang Namtha, Oudomxai, Phonsavan, Xaignabouri und Xam Neua bisher nur am Flughafen erhältlich. In Vientiane, Luang Prabang und Pakxe können sie auch in Reisebüros gekauft werden. Touristen zahlen etwa doppelt so viel wie Laoten. Die Flüge sind in der Regel in US-Dollar zu bezahlen. Außerdem ist der Pass vorzuzeigen (eine Kopie reicht nicht). Die Bezahlung mit der Kreditkarte ist nur in Vientiane und Luang Prabang möglich. In der Hauptsaison sind internationale Routen und die Strecke Vientiane – Luang Prabang häufig Tage im Voraus ausgebucht – also rechtzeitig reservieren.

Laos hat drei internationale Flughäfen: Vientiane, Luang Prabang und Pakxe. **Internationale Verbindungen** bestehen in Kooperation mit Thai Airways, Bangkok Airways, Vietnam Airlines und Siem Reap Airways von/nach: Bangkok, Chiang Mai, Hanoi, Ho-Chi-Minh-Stadt, Kunming, Phnom Penh und Siem Reap (s. S. 19). Noch sind die Preise recht hoch. Doch das könnte sich ändern, wenn die malaysische Billigairline *Air Asia*, 🖳 www.airasia.com, grünes Licht für Flüge nach Laos erhält.

Flugsicherheit

Die Flotte von Lao Airlines besteht aus einer chinesischen Y12 (17 Sitze) und mehreren französischen ATR-Maschinen (70 Sitze). Einen geleasten Airbus gab das Unternehmen 2004 zurück, nachdem beim Anflug auf Hanoi ein Schwarm Gänse ins Triebwerk geraten war und es zum Streit über die Reparaturkosten kam.

Westliche Botschaften raten von Flügen mit der alten Y12 ab. Laut Aviation Safety Network, 🖳 www.aviation-safety.net, gab es seit Gründung von Lao Aviation 1990 fünf Abstürze, drei davon mit Y12. Unfallursache waren schlechtes Wetter oder Pilotenfehler. Wer nicht muss, sollte auf Flüge mit diesem Typ verzichten – vor allem bei schlechtem Wetter, da die Piloten noch auf Sicht fliegen. Y12-Flüge werden bei unsicherer Wetterlage ohnehin meist verschoben oder gestrichen. Orte wie Xam Neua und Phonsavan können zu jeder Jahreszeit in Nebel oder dichte Wolken gehüllt sein. Aber auch Ausfälle wegen nicht ausgelasteter Flüge sind an der Tagesordnung.

Flugpreise

Die Preise gelten für die einfache Strecke, manche Verbindungen werden in der Regenzeit reduziert oder ausgesetzt (s. Regionalkapitel).

Von/nach Vientiane

Houay Xai	US$84	3–5x wöchtl.
Luang Namtha	US$84	3x wöchtl.
Luang Prabang	US$60	2–4x tgl.
Oudomxai	US$75	3x wöchtl.
Pakxe	US$95	1x tgl.
Phonsavan	US$53	1x tgl.
Xaignabouri	US$53	2x wöchtl.
Xam Neua	US$75	2–4x tgl.

Von/nach Luang Prabang

Phonsavan	US$40	1x wöchtl.

Lao Airlines will den Einsatz der kleinen Y 12 in den kommenden Jahren reduzieren. Ein Anfang ist mit dem Ausbau der Rollbahn in Luang Namtha für ATR gemacht. Diese Maschinen gelten als sicher. Sie sind erst seit gut zehn Jahren im Einsatz und verkehren auf allen internationalen und einigen nationalen Routen. Lao Airlines teilt inzwischen mit, welcher Flugzeugtyp für welchen Flug eingesetzt wird.

Die Website von Lao Airlines, 🖳 www.laoairlines.com, enthält den aktuellen Flugplan und einige Kurzinformationen. Seit einigen Jahren wird die Fluggesellschaft von Experten der Air France und Vietnam Airlines unterstützt.

Boote

Die Flüsse gehören seit je her zu den wichtigsten Transportwegen in Laos. Noch heute stellen sie in vielen Gegenden die schnellste Verbindung zwischen den Dörfern dar. Insgesamt sind etwa 4600 km schiffbar. Auf der wichtigsten Route, dem Mekong, hat der Bootsverkehr jedoch in den vergangenen Jahren stark abgenommen. Mit dem Ausbau des Straßennetzes wurde ein Großteil des Transports auf die Straße verlagert. Damit schwinden auch für Reisende die Möglichkeiten, Laos auf dem Wasserweg zu erkunden. Einige Strecken sind allerdings so populär, dass sie inzwischen von Tou-

> **Bootspreise**
>
> Die Fahrpreise für Bootstouren liegen bei rund US$8 p. P. pro Tagesfahrt. Auf weniger frequentierten Routen kostet das Chartern einer Piroge, eines schmalen Fischerbootes ohne Dach, für 4–6 Pers. pro Stunde Fahrzeit US$10 und mehr.

ristenbooten bedient werden. In entlegenen Ecken lassen sich Pirogen oder Taxiboote chartern.

Als Wassertaxis dienen lange motorbetriebene Holzboote mit Dach (**Slow Boats**). Wegen der großen Nachfrage auf bestimmten Abschnitten des Mekong (Houay Xai – Luang Prabang) werden diese Boote auch für Touristen eingesetzt. Rucksäcke und Gepäck werden entweder im hinteren Bereich nahe dem Motor oder auf dem Dach transportiert. Es ist nicht erlaubt, auf dem Dach zu sitzen, die Konstruktionen sind oft auch nicht stabil genug. Man sollte sich auf stundenlanges Sitzen auf niedrigen Bänkchen gefasst machen, sich trotz schützendem Dach auf Sonne, Wind und Wetter einstellen und gegen den Motorenlärm gewappnet sein.

Ein vollkommen anderer Bootstyp ist die Kategorie der **Speedboats**. Die aus Thailand stammenden, offenen Fiberglas-Boote bewegen sich von starken Außenbordern angetrieben mit bis zu 80 km/h pfeilschnell am Rest der Welt vorbei. Der Lärm zieht alle und alles in Mitleidenschaft. Für die bis zu acht Passagiere besteht Anschnallpflicht, Schwimmwesten und Schutzhelme werden ausgegeben. Ohrstöpsel sollte man selbst mitbringen. Wegen des hohen Unfallrisikos rät das Auswärtige Amt zu Recht von Fahrten mit den Schnellbooten ab.

Mekong

Die beliebteste Strecke auf dem Mekong liegt im Norden zwischen Houay Xai und Luang Prabang. Auf dieser Route verkehren das ganze Jahr über Touristenboote. Es gibt zwei Kategorien von Booten: Slow Boats, Personenboote mit sehr unterschiedlichem Komfort, und Lastkähne, die jedoch nur in der Regenzeit fahren. Beide legen die Strecke in zwei Tagen zurück. Von Speedboats ist wegen der Unfallgefahr abzuraten. Da am Tag nur ein Boot fährt, lohnt es sich, früh im Navigation Office am Bootsanleger in Luang Prabang oder Houay Xai nachzufragen. Gästehäuser in beiden Orten geben ebenfalls Infos über die Abfahrtszeiten und verkaufen Bootstickets (s. Regionalkapitel).

Die beliebteste Route im Süden verbindet Pakxe mit Don Khong (8–10 Std., Jan–März z. T. länger). Öffentliche Boote fahren nur noch sehr selten, seit die Straße 13 bis zur kambodschanischen Grenze asphaltiert ist. Charter ist zwar möglich, lohnt sich aber nicht, da der Mekong auf diesem Abschnitt breit und die Landschaft unspektakulär ist.

Indocruise/Luang Xay Mekong Cruise bietet auf beiden Strecken mehrmals wöchentlich mehrtägige Touren in Luxusbooten an. Buchungen sind in Vientiane, Pakxe und Luang Prabang (s. Regionalkapitel) oder in Deutschland, etwa bei *Geoplan Touristik*, Amalienstr. 14, 12247 Berlin, ✆ 030-7954021, ✉ 030-7954080, 🖳 www.geoplan.net, möglich.

Die Strecke Luang Prabang – Vientiane ist für ihre zahlreichen Stromschnellen bekannt und wird nur ab Paklai von Booten bedient. Waghalsigen steht die Möglichkeit offen, ein Speedboat zu chartern (zwei Tage).

Nam Ou

Eine Bootstour auf dem Nam Ou gehört zu den Höhepunkten in Nordlaos. Der Fluss entspringt bei Bosao (Provinz Phongsali), dem nördlichsten Punkt in Laos unmittelbar an der chinesischen Grenze, und mündet bei Ban Pak Ou nahe Luang Prabang in den Mekong.

Der befahrbare Teil des Nam Ou kann in drei Abschnitte unterteilt werden, die in einem Slow Boat jeweils an einem Tag in 5–7 Std. zu bewältigen sind: ab Luang Prabang geht es in nördliche Richtung zur Mündung des Nam Ou, vorbei an den Tham Ting-Höhlen (Pak Ou) bis Nong Kiao. Dann über Muang Ngoi Kao bis Muang Khoua und von dort bis Hat Sa ganz in der Nähe der Stadt Phongsali. In Gegenrichtung, flussabwärts, spart man auf jeder Strecke eine halbe bis eine Stunde. Die Organisation der Fahrten kann außerhalb der Hauptsaison schwieriger sein (s. S. 276).

Nam Tha

Der Nam Tha zieht sich von der Nähe der chinesischen Grenze, 20 km westlich von Boten, in einem großen Bogen über Luang Namtha nach Westen bis zu seiner Mündung in den Mekong bei Pak Tha. Der Fluss lässt sich am besten nach der Regenzeit befahren, wenn das Wasserstand den Bootsführern keine Probleme bereitet. Ausgangspunkte für die Fahrten in offenen Pirogen sind Luang Namtha, Ban Nale und Houay Xai.

Nam Khan und Nam Ming

Der Nam Khan entspringt südlich des Nam Et NPA, rund 20 km vor der Grenze zur östlichen Provinz Houaphan, und mündet an der Spitze der Halbinsel des alten Luang Prabang in den Mekong. Sein Lauf bildet über eine Länge von mehr als 200 km die Grenze zwischen den Provinzen Luang Prabang und Xieng Khouang. Die bepflanzten und terrassierten Ufer an den östlichen Ausläufern der alten Königsstadt sind ein herrlicher Anblick. Für den Tourismus ist der Nam Khan nur auf seinem Unterlauf, im Rahmen einer organisierten Raftingtour mit Tiger Trail oder Green Discovery, erschlossen (s. Luang Prabang, Touranbieter). Dasselbe gilt für den südlich von Xieng Ngeun in den Nam Khan mündenden Nebenfluss Nam Ming.

Nam Suang und Nam Pa

Die Quelle des Nam Suang liegt westlich des Nam Et NPA. Er verläuft über seine gesamte Länge in der Provinz Luang Prabang. Tiger Trail und Green Discovery in Luang Prabang organisieren Kajak- und Raftingtouren auf dem Unterlauf des Nam Suang und auf dessen Nebenfluss Nam Pa.

Nam Hinboun

Der Nam Hinboun entspringt in den Bergen des Phou Hin Boun NPA (Provinz Khammouan) und mäandert durch eine Karstlandschaft wie aus dem Bilderbuch. Bootstouren können mit etwas Hartnäckigkeit in Naphouak nahe Nahin organisiert werden: entweder stromaufwärts durch die 6,3 km lange Höhle Tham Kong Lo oder stromabwärts bis zur Straße 13 bei Ban Song Hong.

Xe Kong

Eine schöne, aber teure Bootsfahrt auf dem Xe Kong verbindet die Provinzhauptstädte Xekong und Attapeu. Der Trip führt am Ostrand des Bolaven-Plateaus entlang. Seit die Straße 16 vollständig geteert ist, lassen sich nur noch selten Bootsleute zu der 4- bis 7-stündigen Fahrt überreden. In der späten Trockenzeit muss man das Boot wegen des niedrigen Wasserstandes häufiger verlassen.

Straßennetz

Das laotische Straßennetz ist grobmaschig und relativ unterentwickelt. Nicht mehr als eine Hand voll geteerter Nationalstraßen verbindet die Provinzzentren mit der Hauptstadt. Im Norden und Süden gibt es darüber hinaus einige Querverbindungen zwischen den Provinzen. In die entlegenen Winkel dringen häufig nur Pisten und Waldwege, die mit Schlaglöchern übersät sind und sich in der Regenzeit in Schlammstrecken verwandeln.

Eisenbahn – Endstation Sehnsucht?

Eisenbahnfans kommen in Laos nicht auf ihre Kosten. Es gibt kein Schienennetz, keine Züge. Im Süden des Landes fuhr mal eine Schmalspurbahn, aber das ist 100 Jahre her. Immerhin rosten dort noch zwei alte Dampfloks vor sich hin (S. 378).

Dabei hat es an großen Plänen nie gemangelt: Schon die Franzosen träumten vom Anschluss des Landes an das vietnamesische Eisenbahnnetz. Die Bahn sollte den Straßenbau flankieren, Arbeiter nach Laos holen und Rohstoffe zum Meer bringen. Die Weltwirtschaftskrise und der Zweite Weltkrieg machten den Planern jedoch einen Strich durch die Rechnung. Nur ein 17,5 km langes Teilstück vom vietnamesischen Tan Ap zum Mu Gia Pass wurde 1933 dem Verkehr übergeben. Die restlichen 160 km bis Thakhek blieben ein Traum.

Seit kurzem gibt es wieder Hoffnung. 2005 holte das Verkehrsministerium ein Projekt in die Köpfe zurück, das sich eigentlich mit der Asienkrise erledigt zu haben schien: die Bahnverbindung vom thailändischen Nong Khai nach Vientiane. Schon 2007 sollen die ersten Schienen von der Freundschaftsbrücke bis nach Ban Tha Naleng verlegt werden (12,5 km). Anschließend folgen die 9 km bis zur laotischen Hauptstadt. Vielleicht, so Beobachter, sei dieser 22 km lange Schienenstrang der Anfang eines Bahnverbindung nach China.

Die wichtigsten Verkehrsachsen

Straße 13	Pakmong – Luang Prabang – Vientiane – Thakhek – Pakxe – Veun Kham (geteert)
Straße 1	Luang Namtha – Nateuil/Boten – Oudomxai – Nong Kiao – Vieng Kham – Vieng Thong – Nam Neun (bis Vieng Kham geteert, weiter östlich schlecht)
Straße 2	Pakbeng – Oudomxai (überwiegend geteert)
Straße 3	Houay Xai – Luang Namtha – Boten (ab 2007 durchgängig sehr gut)
Straße 6	Muang Kham – Nam Neun – Xam Neua – Vieng Xai (geteert)
Straße 7	Phou Khoun – Phonsavan – Muang Kham – Nong Het (geteert)
Straße 8	Ban Vieng Kham – Lak Xao – Vinh (geteert)
Straße 9	Savannakhet – Xepon – Dan Savan (geteert)

Die ältesten Straßen wurden bereits in der französischen Kolonialzeit angelegt. Im Norden lieferten China und Vietnam wichtige Beiträge zum laotischen Wegenetz. Die neue Führung überließ die Straßen nach 1975 ihrem Schicksal, so dass viele Ende der 80er Jahre verfallen waren. Seit den 90er Jahren werden mit der Unterstützung internationaler Geldgeber, allen voran Australien, Schweden, Japan und die Asiatische Entwicklungsbank, die großen Nationalstraßen saniert. Die wichtigste, die **Straße 13**, ist seit 2002 vollständig asphaltiert. Gut in Schuss sind auch die Nationalstraßen 2, 6, 7, 8 und 9. Über weite Stecken geteert oder mit einer passablen Bitumenschicht versehen sind die Straßen 1, 16, 20, 23. Die **Straße 3** durch die Provinzen Luang Namtha und Bokeo wird derzeit zu einem transasiatischen Highway ausgebaut, der China mit Thailand verbinden soll. Sie wird voraussichtlich 2007 dem Verkehr übergeben.

Ein großes Problem stellt die Instandhaltung der Straßen dar. Jedes Jahr fordern Regenzeit und Schwertransporter ihren Tribut. Durch die starke Belastung wird der Belag stellenweise brüchig, heftiger Regen, Erdrutsche und Überschwemmungen tun ein Übriges. Da Laos in der Vergangenheit wenig dazu beigetragen hat, die Straßen zu erhalten, wird jede Hilfe in diesem Sektor seit 1997 an Mindestleistungen geknüpft.

Busse und Lastwagen

Fernbusse fahren in Laos nur auf den Hauptstraßen, darunter die Straßen 13, 3, 7, 8, 9 und 12. Die blau-weißen **staatlichen Busse** haben ganz passable Sitze, aber keine Klimaanlage. Meist sind es alte japanische und koreanische Modelle. Die geringe Beinfreiheit wird durch Kisten, Säcke und andere Ladung weiter eingeschränkt. Innerhalb der Provinz Vientiane kommen auch **Minibusse** zum Einsatz.

In Vientiane, Savannakhet und anderen großen Städten sind die Tickets vor der Fahrt an der Busstation zu kaufen. Wer zusteigt, zahlt im Bus. In vielen Terminals hängen Fahrpläne aus. Leider sind viele veraltet oder nur auf Laotisch. Am sichersten ist es, frühmorgens an der Busstation zu erscheinen, da die Langstreckenbusse in der Regel zwischen 7 und 9 Uhr starten. Die Busstationen befinden sich einige Kilometer außerhalb des Stadtzentrums.

Seit kurzem werden die Städte entlang der Straße 13 auch von **privaten Busgesellschaften** bedient. Die Tickets sind zwar etwas teurer, dafür bieten die Busse komfortable Sitze und Klimaanlage. Viele haben auch eine Toilette. Zu den größeren Gesellschaften zählen: Chitprasong, Sengchaleun, Sensabay und Tong Li. Am besten und teuersten sind die Busse der Gesellschaft Kraing Krai mit viel Beinfreiheit (nur 32 Sitze), Toilette, Dinner und zwei Fahrern. Derzeit bedient Kraing Krai nur die Strecke Vientiane – Pakxe.

Zwischen Vientiane, Vang Vieng und Luang Prabang pendeln auch einige Privatanbieter mit ihren AC-Minivans (in den Gästehäusern oder Reisebüros fragen).

Je weiter man sich von den Hauptverkehrsadern entfernt, desto abenteuerlicher werden die Straßen und Fahrzeuge. Die bescheidenste Variante bilden langsame, russische **Diesellaster**, denen bunt bemalte Holzgehäuse aufgebürdet wurden, die mit winzigen Sitzbänken und niedriger Deckenhöhe schon durchschnittlich großen Mitteleuropäern Probleme bereiten. Da die Laster kein Fensterglas haben, ist man schlechtem Wetter und Fahrtwind hautnah ausgesetzt.

Pick-ups und Songtheos

Sie ächzen Berge hoch und wieder runter, wühlen sich durch Schlammpisten und sind chronisch überladen: Pick-ups und Songtheos, die Arbeitstiere des laotischen Regionalverkehrs. Beide Fahrzeugtypen haben eine Ladefläche, auf der ein Gestänge mit Blechdach, Schutzplane und zwei längsseitigen Bänken befestigt ist *(song theo* = zwei Bänke). Auf dem Dach werden Waren und Gepäck aufgetürmt, im Inneren nehmen bis zum Anschlag Passagiere Platz.

Pick-ups sind meist von Toyota, mit Führerhaus und einem Laderaum, der offiziell für 16 Personen gebaut ist. Sie haben oft Vierradantrieb und werden auch auf den schlechtesten Straßen eingesetzt, etwa zwischen Nong Kiao und Nam Neun. Lärm und Abgaspegel sind geringer als beim Songtheo. Dafür wird man wegen der höheren Geschwindigkeit auf holprigen Pisten richtig durchgeschüttelt. Hinter der Hinterachse sind die Stöße am stärksten, immerhin ist dort die Aussicht am schönsten. Ein Tuch als Staubschutz sollte man unbedingt griffbereit haben.

Songtheos sind mittelgroße Lkw, die ebenfalls schwierige und weite Strecken bewältigen können. Sie fahren wesentlich langsamer als Pick-ups und nehmen offiziell 32 Personen auf. Praktisch wird aber gehalten, wann immer jemand zusteigen möchte. Viel Zeit kostet das Be- und Entladen von Gütern, die nicht selten noch den letzten Fußraum rauben.

Da sich die Bänke in Songtheos und Pick-ups gegenüber liegen, ist von der Landschaft nicht viel zu sehen. Große Menschen werden außerdem durch das niedrige Dach eingeschränkt.

In einigen Städten gibt es extra Stationen für Pick-ups und Songtheos. Sie sind den Märkten angegliedert. Meist wird erst dann losgefahren, wenn auch der letzte Platz belegt ist. Die Fahrpreise gleichen denen der Busse. Manchmal ist es möglich, Pick-ups zu chartern – eine Zeit sparende und günstige Alternative, wenn man sich mit mehreren zusammentut.

Autos

Viele Sehenswürdigkeiten in den Provinzen sind am besten mit dem eigenem Fahrzeug zu erreichen. Wer **mit dem eigenen Wagen** nach Laos einreisen möchte, muss den Führerschein, die Zulassung und gegebenenfalls eine Erlaubnis des Fahrzeughalters dabeihaben (bei thailändischen Mietwagen). Außerdem ist das Auto am Grenzübergang bei der Assurances Générales du Lao (AGF/Allianz) zu versichern. In der Durchgangsbewilligung (Laisser-Passez) wird die geplante Reiseroute mit Ausreisepunkt verzeichnet. Wichtig: Gültigkeitsdauer beachten und sicher stellen, dass die Papiere an der Grenze abgestempelt werden.

Wer sich den Papierkram sparen will, kann in Vientiane oder Luang Prabang ein **Auto mieten**. Zu den zuverlässigen Firmen gehört *Asia Vehicle Rental,* 🖳 www.avr.laopdr.com, in Vientiane. Die Flotte umfasst Kleinwagen, Minibusse und Pick-ups, darunter Honda Accord, Toyota Land Cruiser, Hyundai Galloper und Ford Ranger. Alle Wagen sind Vollkasko versichert mit US$500 Selbstbeteiligung für Selbstfahrer (auch Mieten mit Fahrer möglich). Kleinwagen kosten US$45–65/Tag inkl. 130 Freikilometer, Pick-ups und Minibusse mit Allradantrieb US$75–85/Tag. Langzeitmieten sind günstiger, grenzüberschreitende Fahrten nach Thailand, Kambodscha, Vietnam und China möglich. Selbstfahrer benötigen einen Internationalen Führerschein. Außerdem müssen in der Regel der Pass oder eine Kaution hinterlegt werden.

Wesentlich sicherer und zum Teil auch günstiger ist es, einen **Wagen mit Fahrer** zu mieten. So erspart man sich den Stress auf der Straße, hat jemanden, der auf das geparkte Auto aufpasst, und im Falle eines Englisch sprechenden Fahrers sogar einen Übersetzer und versierten Guide. Viele Reisebüros vermieten AC-Minivans oder Pick-ups für US$50–100/Tag.

Vor der Fahrt sollte man sich vom einwandfreien Zustand des Fahrzeugs überzeugen und

---

Buspreise

Die Fahrpreise für Busse, Songtheos und Pick-ups berechnen sich nach der Strecke und dem Straßenzustand. Tickets kosten zwischen US$2 und US$17. Private Busgesellschaften sind teurer, bieten dafür aber neue Fahrzeuge, Beinfreiheit und Klimaanlage.
Inflation und steigende Spritkosten lassen die Angaben in diesem Buch schnell veralten. Allein in den vergangenen drei Jahren hat sich der Preis für einen Liter Benzin verdoppelt.

einige Punkte abklären: Wer kommt für Kost und Logis des Fahrers auf, wer bezahlt Benzin und etwaige Reparaturen, und was passiert im Falle eines Unfalls.

Entlang der Nationalstraßen und in den Städten ist das **Tankstellennetz** relativ dicht. Der Liter Normalbenzin kostet etwa 0,60 €. In den entlegenen Ecken wird Benzin am Straßenrand aus Metallfässern oder Plastikflaschen verkauft.

Verkehrssicherheit

Laoten halten nicht viel von Verkehrsregeln, jedenfalls nicht in der Praxis: Wer kann, fährt auch ohne Führerschein, Belastungsgrenzen werden großzügig überschritten, und Alkohol am Steuer gilt als Kavaliersdelikt. Entsprechend hoch ist die Zahl der Unfälle.
Gefahren wird rechts, die **Höchstgeschwindigkeit** beträgt innerorts 40 km/h, außerhalb 80 km/h (Motorräder über 50ccm 60 km/h). Nur ganz wenige Straßen haben einen Mittelstreifen. Selbst auf Straßen mit Markierung machen Laoten gern eine dritte Spur in der Mitte auf.
Theoretisch gilt „rechts vor links", praktisch das Recht des Stärkeren. Daran sollten vor allem Moped- und Radfahrer denken. Vorsicht auch bei Abbiegern: Viele scheren zunächst ohne zu blinken in die entgegengesetzte Richtung aus.
In Laos besteht **Helmpflicht**. Seit kurzem kostet der Verstoß US$3.
Außerhalb der Städte treibt sich Vieh auf den Straßen herum. Das ist besonders in der Dämmerung und nachts ein Problem. Für ein überfahrenes Ferkel oder Huhn zu bezahlen gehört zum guten Ton.
Wer in einen **Unfall** verwickelt ist, sollte die Polizei informieren und ein Protokoll erstellen lassen. Unabhängig von der Schuldfrage wird von vermeintlich reichen Ausländern fast immer erwartet, für den Schaden aufzukommen. Bei Mietwagen darauf achten, dass eine Haftpflichtversicherung besteht.
Das Motto *Go with the flow* hat sich unter Expats bewährt: vorausschauend im Strom fahren und entspannt bleiben, egal was passiert.

Motorräder

Motorräder sind für Tagesausflüge ideal. In den Tourismuszentren am Mekong gibt es für US$6–10 pro Tag thailändische oder chinesische 110ccm-Mopeds zu **mieten**. Geländetaugliche 250ccm-Maschinen wie Honda XR 250 Baja bekommt man nur in Vientiane und Pakxe. Kostenpunkt: US$20–25 pro Tag, günstiger bei Langzeitmieten. Oft wird der Pass als Pfand verlangt. P.V.O. und Green Discovery in Vientiane haben die meisten Geländemaschinen. Wegen der vielen Filialen ist es bei Green Discovery möglich, das Motorrad an einen anderen Ort als dem Ausgangspunkt abzugeben.

Die meisten Motorräder sind nur haftpflichtversichert. Da die Versicherungssumme sehr gering ist, wird von Ausländern bei einem Unfall eine Zuzahlung erwartet. Wer ein Motorrad mietet, sollte eine Sonnenbrille, eine lange Hose und ein Sweatshirt tragen. Das schützt vor dem gleißenden Licht, aufwirbelnden Steinchen und Insekten. Abends unterwegs zu sein ist riskant, da im spärlichen Scheinwerferlicht Schlaglöcher und Tiere leicht zu übersehen sind. Zwar ist es bei den hohen Temperaturen verlockend, ohne Helm zu fahren, doch kann ein Helm lebensrettend sein. Die Polizei kassiert bei Verstößen US$3. Einige Vermieter stellen Helme zur Verfügung.

Für den Fall einer Polizeikontrolle ist es wichtig, Führerschein, Pass(kopie) und die Zulassung dabeizuhaben. Platte Reifen sind auf den steinigen Straßen fast unvermeidbar. In den meisten Orten gibt es kleine Werkstätten, die für ein paar tausend Kip flicken.

Eine gute Alternative zur Langzeitmiete ist ein Motorrad zu **kaufen**. In Vientiane hängen häufig Aushänge von Expats aus, die ihre Maschinen verkaufen wollen. Bei der Einfuhr des eigenen Motorrads aus Thailand stellen die Grenzformalitäten (mind. vier laotische Formulare) zwar eine Erschwernis dar, sie lassen sich jedoch mit Hilfe von Reisebüros bewältigen; Bearbeitungskosten rund US$30. Wer auf den Erfahrungsschatz anderer Biker zurückgreifen möchte, findet unter 🖥 www.GT-Rider.com ein interessantes Laos-Forum.

Fahrräder

Nicht nur in den Städten sind Fahrräder durch eine Flut von Mopeds ersetzt geworden. Auf dem Land strampeln sich meist nur noch Schulkinder auf zu großen wackligen Rädern ab. Außer in den Orten, in denen auch in Laos das Mountainbikefieber ausgebrochen ist, gilt der Drahtesel als Zeichen von Armut und Unterentwicklung.

In den Touristenorten Luang Prabang, Vang Vieng, Luang Namtha, Muang Sing und Houay Xai werden stabile Fahrräder der Marke LA (Taiwan) und robuste **Mountainbikes** an Touristen vermietet. Häufig stellen sich die **LA-Fahrräder** – in der Damenversion mit Korb – als zuverlässiger heraus als die Mountainbikes, für deren Gangschaltung und Bremsen oft die Ersatzteile fehlen. Eine Probefahrt ist unerlässlich. Das perfekte Rad wird zwar kaum verliehen, man sollte sich aber auch nicht mit zu vielen Mängeln abfinden. Als Pfand wird ein Dokument mit Foto hinterlegt, oft der Pass oder zumindest die Passnummer. Die Kosten richten sich nach dem Fahrradtyp, sie sind in den Städten niedriger als in abgelegenen Orten (ab US$1 pro Tag).

Nahverkehrsmittel

Laotische Städte sind so klein, dass sich ein ausgefeiltes Nahverkehrssystem erübrigt. Angesichts der drastisch steigenden Benzinpreise wurde in Vientiane vor wenigen Jahren über ein Tram- und Trolleybusnetz nachgedacht, doch seitdem nichts weiter passiert. In den meisten Orten beherrschen nach wie vor Tuk Tuks und die dreirädrigen Jumbos den Verkehr. Sie können überall durch ein Winken angehalten werden. Fahrradrikschas *(cyclo)* sind ganz aus dem Stadtbild verschwunden.

Stadtbusse gibt es nur in Vientiane. Sie pendeln zwischen der Busstation am Talat Sao und den Außenbezirken, etwa der Dong-Dok-Universität (vorbei am Kaysone-Museum), der Freundschaftsbrücke, Ban Sokpaluang oder dem Flughafen. Die Preise liegen zwischen 2000 und 4000 Kip, die Busse halten auf ein Winken. Seit März 2006 wird auf einigen Routen getestet, ob feste Bushaltestellen angenommen werden. Und das werden sie – zum Ärger der Organisatoren aber bislang nur als Parkplatz.

Tuk Tuks gleichen kleinen Pick-ups, **Jumbos** sind – oft kunterbunte – dreirädrige Motorroller. Auf den zwei gegenüberliegenden Sitzbänken haben sechs bis acht Personen Platz. Sie fahren keine langen Strecken, können aber für Tagesausflüge gechartert werden. Der Fahrpreis muss unbedingt vorher ausgehandelt werden. In den größeren Städten pendeln Sammel-Tuk-Tuks zwischen zwei Punkten. Der Fahrpreis, meist 5000–10 000 Kip p. P., richtet sich nach der Entfernung.

Tok Toks sind einachsige Traktoren, die normalerweise mit Anhänger in der Landwirtschaft eingesetzt werden. In Vang Vieng spannt man sie vor einen Karren mit Bänken und Verdeck und fährt Touristen und Einheimische bis zum Fuß der Höhle Tham Poukham.

Taxis fahren nur in Vientiane und Luang Prabang. Sie stehen am Flughafen, vor großen Hotels und an der Freundschaftsbrücke. Die alten Modelle haben weder Klimaanlage noch Taxameter. Ab Flughafen gilt ein Festpreis, ansonsten den Preis unbedingt vorher vereinbaren.

Motorradtaxis, die bis zu zwei Fahrgäste zu beliebigen Zielen mitnehmen, gibt es in Laos selten. Sie pendeln an der laotisch-vietnamesischen Grenze am Lao Bao Pass zwischen der Immigration und den nahe gelegenen Grenzdörfern. Der Fahrpreis ist gering (um 3000 Kip p. P.).

Aktivitäten

Laos besitzt ungeahnte Möglichkeiten für Natur- und Aktivtourismus. Das Potenzial ist vor einigen Jahren von privaten und staatlichen Touranbietern erkannt worden. Wenn auch vorerst in kleinem Rahmen, erschließen sie seitdem die schönsten wasserreichen und zerklüfteten Landschaften für Aktivitäten wie Trekking, Kajaken und Klettern.

Trekking

Das Angebot an **Tageswanderungen** ist in Luang Prabang und Vang Vieng am größten. Darüber hinaus gibt es im ganzen Land kleinere Trekkingzentren, die sich auf mehrtägige Wanderungen in entlegene **Bergdörfer** spezialisiert haben.

Im Norden zählen Luang Namtha, Vieng Phoukha und Muang Sing, alle am Nam Ha NPA, und neuerdings Oudomxai zu den beliebtesten Ausgangspunkten. Im Süden werden von Thakhek, Savannakhet und Champasak aus Eco-Treks mit *village homestays* angeboten. Die Trekking-Programme in diesen Orten entstanden mit Hilfe diverser Entwicklungsprojekte für nachhaltigen Tourismus. Ziel ist es, einen neuen Industriezweig zu schaffen, an dem möglichst viele Leute vor Ort beteiligt werden (s. Kasten „Community-based Ecotourism").

Treks, die in Luang Prabang, Muang Ngoi Kao und Vientiane (Phou Khao Khouay NPA) starten, werden von privaten Tourveranstaltern angeboten. Die Mitwirkung der Dorfbewohner ist hier nicht ganz so offensichtlich, doch profitieren sie über Eintritte, Steuern und Konsum vom Tourismus.

Die Touren führen fast alle in sehr abgeschiedene Gegenden.

Klettern und Höhlentouren

Die karstige Höhlenlandschaft um **Vang Vieng** war die erste Region in Laos, die für den Naturtourismus erschlossen wurde. Inzwischen hat sich das Backpackermekka in der Kletterszene als lohnende Destination herumgesprochen. An fünf Stellen jenseits des Nam Song wurden 50 Kletterrouten bis zum Schwierigkeitsgrad 8a+ (frz.) gebohrt; darunter auch eine 150 m lange *multi-pitch*-Route, die nur von Profis angegangen werden sollte.

Green Discovery bietet Kletterkurse in Vang Vieng an, und seit 2006 auch in **Luang Prabang** an einer neuen Wand am Mekong. Bislang verfügt nur dieses Unternehmen über eine Genehmigung und über international geschulte Lehrer. Einen Kletterführer mit Routenbeschreibungen gibt's zu kaufen. Alle Infos mit Topos unter: 💻 www.8cbloc.com/laos/laos_topos.pdf

Höhlentouren in Vang Vieng werden mit Trekking, Tubing oder Kajaktouren kombiniert. Die beeindruckenste Höhle liegt in der zentralen Provinz Khammouan: die 6,3 km lange Tham Kong Lo. Durch sie fließt der Nam Hinboun hindurch. Mutige (und Nachtsichtige) können die Höhle anstatt auf einer Bootstour auch mit dem Kajak erkunden.

Bei Höhlentrips sollte der Guide mindestens eine wasserdichte Tasche *(dry-bag)* für die Wertsa-

---

Community-based Ecotourism

Viele Rucksackreisende ziehen es vor, die Dörfer ethnischer Minderheiten auf eigene Faust zu besuchen anstatt sich einer organisierten Trekkingtour anzuschließen. Sie versprechen sich hiervon ein größeres Abenteuer und einen unverfälschteren Einblick in die Kultur der Gastgeber.

Dabei bedenken viele nicht, dass es auf Grund von Sprachbarrieren zu keinem wirklichen Austausch kommen kann und der Einblick in die Kultur nur oberflächlich bleibt. Die Gastgeber lernen oft gar nichts über die Besucher. Touristen reagieren bestürzt, wenn sie in Dörfer kommen, in denen die Menschen nach einem Foto die Hand aufhalten oder für kleine Dienste Geld verlangen (z. B. für eine Tasse Tee oder eine Massage). In der Regel ist dies Ausdruck dafür, dass die Menschen an der Entwicklung um sie herum nicht teilhaben. Die Dorfbewohner werden besucht, bestaunt, fotografiert und danach ist der Tourist wieder weg, ohne dass die Besuchten in irgendeiner Weise am Tourismus teilhaben konnten.

Im Rahmen einer organisierten Trekkingtour, die mit den Dorfbewohnern zusammen entwickelt wurde, erhält der Reisende nicht nur wesentlich mehr Informationen über die Gastgeber, sondern trägt mit seinem Besuch auch zu einem kleinen Einkommen bei, das die Lebensverhältnisse verbessern kann. In Laos gibt es mittlerweile zahlreiche Anbieter von so genannten Community-based Trekkingtouren. Touren also, an denen die Dorfbewohner aktiv teilhaben und durch die sie etwas verdienen können.

Während des Dorfbesuchs kann der Verkauf von (neuen) Handarbeiten eine zusätzliche Einkommensquelle bedeuten. Beim Essen ist darauf zu achten, dass es weitgehend in den Dörfern gekauft wird und nicht aus der Stadt (womöglich in Plastikbehältern) hergebracht wird. Nach der Tour ist jede positive und negative Rückmeldung bei den jeweiligen Veranstaltern gut aufgehoben.

Meike Mumm

Meike Mumm ist Geografin mit Schwerpunkt Entwicklungszusammenarbeit. Sie berät das Ökotourismus-Projekt „Akha Experience" im Auftrag der GTZ in Muang Sing.

chen der Gruppe dabei haben. Schnell trocknende Kleidung und Trekkingsandalen sind am besten geeignet, denn oft wird in voller Bekleidung geschwommen; die eigene Taschenlampe mitbringen.

Rafting und Kajaken

Ganz Laos ist von Flüssen durchzogen, die durch herrliche Landschaften führen und während und nach der Regenzeit eine kräftige Strömung entwickeln. Die kleineren Flüsse um **Luang Namtha** und **Luang Prabang** bieten Kajakern mit Beginn der Regenzeit auch etwas anspruchsvollere Strecken.

Zwei Raftingexpeditionen auf dem Nam Fa in der Provinz Luang Namtha haben ergeben, dass dieser Fluss das Potenzial für eine der aufregendsten Wildwassertouren des Landes hat. Doch die wird wohl noch so lange Zukunftsmusik bleiben, bis die sehr empfehlenswerte Raftingtour auf dem **Nam Ngum** eingestellt werden muss. Das Tal des Flusses, der den riesigen Nam Ngum-Stausee speist, wird derzeit in einer zweiten Stufe gestaut. Bis zur Flutung kann die Tour bei Green Discovery in Vang Vieng oder Vientiane gebucht werden.

Mehr um die Landschaft als um anspruchsvolles Paddeln geht es bei den Touren auf dem Nam Song in **Vang Vieng** und den Mekonginseln **Si Phan Don**. Der Nam Lik zwischen Vang Vieng und Vientiane hat zwar nur drei Stromschnellen, bei hohem Wasserstand sind sie aber nicht zu unterschätzen.

Tubing

Eine gemächlichere Flussfahrt ermöglicht das Tubing auf dem **Nam Xong** in Vang Vieng oder auch in Muang Ngoi Kao auf dem **Nam Ou**. In einem aufgeblasenen Schlauch eines Lkw-Reifens *(inner tube)* lässt man sich stundenlang auf dem Wasser durch die Karstlandschaft treiben. Kleidung und Sandalen werden zum Schutz vor Ästen, Kieseln und nicht zuletzt Sonnenbrand anbehalten. Schwimmwesten nicht vergessen.

Feste und Feiertage

Die Laoten sind ein feierfreudiges Volk. Es ist sehr wahrscheinlich, dass man auf seiner Reise ein religiöses Fest, eine Hochzeit oder eine Baci-Zeremonie miterlebt. Höhepunkte im Lauf eines Jahres bil-

Die richtige Ausrüstung

Die richtige Ausrüstung bieten nur solche Veranstalter, die ausreichend auf die Sicherheit ihrer Kunden bedacht sind. Man sollte sich die Ausrüstung zeigen lassen und sie auf Zustand und Qualität prüfen.
Beim **Wassersport** ist besondere Vorsicht geboten. In Vang Vieng liefern sich Kajakinganbieter einen Preiskampf und nicht wenige verlieren beim Blick auf das schnelle Geld die Risiken aus den Augen: Auf dem Nam Xong sind die Hartschalenkajaks *(sea-kayaks* oder *sit-on-tops)* nur in der Trockenzeit ausreichend. Während der Regenzeit und in den **Stromschnellen** des Nam Lik kentern sie zu oft. Viel sicherer sind die roten aufblasbaren Schlauchboote und Kajaks, wie sie von Green Discovery auf dem Nam Lik oder bei der Wildwasserfahrt auf dem Nam Ngum eingesetzt werden.

den die großen buddhistischen Feste, die überall begangen werden, aber in Vientiane und Luang Prabang am spektakulärsten ausfallen.

Zu jedem Vollmond und Neumond versammeln sich die buddhistischen Gläubigen zu einer feierlichen Zeremonie *(het boun)* im Tempel. Auch die größten buddhistischen Feste richten sich nach dem **Mondkalender**. Die genauen Daten ändern sich aber von Jahr zu Jahr. Außerdem variieren sie regional. Wer seine Reise nach einem bestimmten Fest plant, ist auf ein Quäntchen Glück angewiesen.

Eine Besonderheit der **religiösen Feiern** in Laos ist, dass ihnen heute zwar die Bedeutung hoher buddhistischer Feste zukommt, viele ihrer Elemente aber auf sehr alte Traditionen und Feiern zu Ehren bestimmter Geister, Nagas, Schutzheiliger und sogar des Königshauses (Luang Prabang) zurückgehen. So werden zeitgleich zum höchsten buddhistischen Fest, *Boun Visakha Bousa* (meist Mai), das dem Geburts-, Todes- und Erleuchtungstag des Buddha gewidmet ist, in einem krachenden Spektakel Bambusraketen abgefeuert *(Boun Bang Fai)*. Nach einem alten Brauch wird die Natur und ihre Erneuerung angerufen, indem die Raketen in den Himmel steigen, um den lang ersehnten Regen und eine reiche Ernte zu erbitten.

Nationale und nicht-buddhistische Feiertage	
Januar:	Neujahrstag (1.1.)
	Tag der Gründung Lane Xangs (5.1.)
	Tag des Militärs (20.1.)
Februar:	Chinesisches und vietnamesisches Neujahr (drei Tage Anfang Februar)
März:	Internationaler Tag der Frauen (8.3.). Die Frauen haben frei.
Mai:	Internationaler Tag der Arbeit (1.5.)
Oktober:	Nationaler Lehrertag (7.10.)
November:	Nationaler Unabhängigkeitstag (1.11.)
Dezember:	Nationalfeiertag (2.12.). Gründung der Demokratischen Volksrepublik Laos

Um viel Wasser geht es beim **Laotischen Neujahr**, das auf die Woche um den 16. April festgelegt wurde. Wasser ist ein Symbol für die Verdienste, die der Buddha im Laufe seines Lebens angehäuft hat. In den Klöstern finden rituelle Waschungen von Buddhafiguren statt und auf den Straßen ist niemand vor einer Dusche sicher.

Mit der Regenzeit beginnt in allen theravadabuddhistischen Ländern eine dreimonatige Zeit der Meditation und inneren Einkehr für die Mönche. Viele Laien gehen kurzzeitig ins Kloster, da die Feldarbeit wegen des Regens ruhen muss und es kaum etwas zu ernten gibt. Die so genannte „buddhistische Fastenzeit" dient der Meditation und dem Ansammeln von Verdiensten, gefastet wird in der Regel nicht. Der Aufenthalt in den Klöstern zur Regenzeit wird mit *Boun Khao Phansa* (meist Juli) eingeläutet.

Wie in anderen Ländern Südostasiens sind in Laos **Bootsrennen** besonders beliebt. Jeder größere Ort entlang dem Mekong veranstaltet Rennen, zu denen bis zu 40 Männer und Frauen in ein Langboot steigen. Die Bootsfeste, *Boun Soung Heua,* finden häufig zeitgleich mit *Boun Khao Salak* (August/September) zum Gedenken der Verstorbenen oder – wie in Vientiane und vielerorts in Nordlaos – einen Monat später zu *Boun Ok Phansa* statt.

Boun Ok Phansa markiert das **Ende der Regenzeiteinkehr** und wird auch von der Mönchs- und Novizengemeinde in tagelanger Arbeit vorbereitet. In Luang Prabang schmücken die Novizen ihr Kloster mit Lichterketten und einem „Lichtboot". Am Morgen nach Ende der Regenzeiteinkehr bevölkern hunderte Mönche und Gläubige beim *dag bat* (Almosengang) die Straßen. Abends findet eine Prozession mit farbenfroh verzierten und mit Öllämpchen versehenen Bambusbooten zu Vat Xieng Thong statt. Dort werden die Boote gesegnet und zusammen mit unzähligen Kerzen in Schalen aus Bananenblatt auf den Mekong gesetzt. Mit den treibenden Lichtern wird auch den 15 Schutznagas von Luang Prabang gedankt. Näheres zu den buddhistischen Festen in Luang Prabang und Vientiane s. S. 214 und 142.

Landesweit finden drei große **Tempelfeste** statt, zu denen sich alljährlich Tausende von Menschen über mehrere Tage versammeln. Während des *That Luang Fests* in Vientiane (Ende Oktober/Anfang November) verwandelt sich der Platz um das goldene Wahrzeichen und die Straße am Mekongufer eine Woche lang in einen Rummelplatz. Das *That Xieng Tung Fest* im äußersten Norden bei Muang Sing findet zur gleichen Zeit statt und ehrt den Stupa als eines der wichtigsten Heiligtümer der Lue in Nordlaos und Yunnan. Zum Vollmond des dritten Mondmonats (meist Februar) wird im Süden bei Champasak vier Tage lang das *Vat Phou Fest* gefeiert. Der Khmer-Tempel aus dem 6. Jh. war ursprünglich hinduistischen Göttern geweiht, doch seit dem 14. Jh. wird hier Buddha verehrt. Das *Vat Phou Fest* fällt zeitlich mit dem landesweit gefeierten buddhistischen Fest *Boun Makha Bousa* zusammen, das Buddhas erster Rede über die Mönchsregeln und der Ankündigung seines Todes gedenkt.

Fotografieren

In den großen Mekongstädten sind Filme und Batterien leicht zu bekommen. Fotoläden verkaufen Fuji-, Kodak- und Konica-Farbfilme für US$2–3 (36 Bilder/100, 200 und 400 ASA). Dia-Filme kosten US$6–7. Wer Lithium-Batterien benötigt, besorgt sie am besten in Vientiane oder Luang Prabang (um US$4). In beiden Städten gibt es mittlerweile auch die Möglichkeit, Digitalfotos auf CD brennen zu lassen (US$2–3).

Die günstigste Zeit zum Fotografieren ist bei Sonnenaufgang und am späten Nachmittag. Dann sind die Schatten länger, das Licht weicher und die Kontraste weniger stark. Tagsüber genügt ein niedrigempfindlicher Film (100 oder 200 ASA). Je dunkler es wird, desto lichtempfindlicher muss der verwendete Film sein (bei Dämmerung 400 oder 800 ASA). Ein Blitzlicht eignet sich zum Aufhellen von Schatten, etwa bei Aufnahmen im Gegenlicht. Folgende Filter erzielen besondere Effekte:

UV-Filter (Schwarzweiß- und Farbfilm): verringert Dunst, verbessert die Wiedergabe von Farben und Tonwerten, besonders im Gebirge wichtig

Skylightfilter (für Farbfilme): sehr schwach rosa getönt, um Farbfotos wärmer erscheinen zu lassen

Polfilter (Schwarzweiß- und Farbfilm): verdunkelt den Himmel ein wenig, so dass sich Wolken besser davon abheben, reduziert oder entfernt Reflexe und Spiegelungen, nützlich bei Aufnahmen mit viel Himmel oder Wasser

Gelbfilter (für Schwarzweißfilme): verbessert den Kontrast zwischen Himmel und Wolken

Orangefilter (für Schwarzweißfilme): macht den Himmel dunkel und dramatisch

Zum Schutz der Objektive kann ein UV- oder Skylightfilter verwendet werden. In staubigen und sandigen Gebieten oder bei Fahrten im offenen Pick-up schützt eine Plastiktüte den Fotoapparat.

Einkaufen

Die Auswahl an Souvenirs „Made in Laos" beschränkt sich bislang auf hochwertige **Kunsthandwerksprodukte** und auf laotischen **Kaffee**, den es als Mitbringsel dekorativ verpackt zu kaufen gibt. Regionale Besonderheiten sind die aus Vientiane stammenden edlen Möbel und Gebrauchsgegenstände aus Bambus (s. Phai Exclusive), handgeschnitzte Schalen und Kästchen aus Ebenholz (s. Caruso in Luang Prabang) und die in Luang Prabang allgegenwärtigen **Papierwaren** und Lampen aus der Rinde des *sa*, einer Maulbeerbaumart.

> **Sensible Motive**
>
> Es ist verboten, uniformierte Personen, militärische Einrichtungen und öffentliche Bauten wie Flughäfen oder Brücken zu fotografieren. Wer es trotzdem tut, muss damit rechnen, dass Film *und* Kamera beschlagnahmt werden.

In alter Tradition wird das leichte und sehr strapazierfähige Papier von Hand geschöpft. Ein dekorativer Effekt wird durch eingestreute Blüten oder Blätter erzielt. Einzelne Geschäfte in Luang Prabang sind auf Schnitzereien aus Teak und Rosenholz spezialisiert. Hier findet man die verzierten Leisten, mit denen Seidenschals zu Wandbehängen umfunktioniert werden können.

Textilien

Auf den Märkten und in den vielen Boutiquen Vientianes und Luang Prabangs sind Textilien in den unterschiedlichsten Qualitäten erhältlich. Handgewebte *sin* (laot. Rock) aus allen Landesteilen werden in großen Mengen im Talat Sao der Hauptstadt angeboten. Alte und ausgefallene Stücke sind in den teureren und auf Textilien spezialisierten Geschäften zu finden.

Eine Reihe von Boutiquen führen Heimtextilien und Kleidung aus Seide, die nach Maß angefertigt werden. Beim Kauf einer laotischen Webarbeit, z. B. eines *pha bieng*, den man als Wandbehang nutzen kann, sollte darauf geachtet werden, dass die Webkanten möglichst gerade verlaufen und die Rückseite keine zu lang durchgezogenen Fäden aufweist. Ein gemusterter Webstoff ist von höherer Qualität, wenn der Faden auch auf der Rückseite gut in das Textil eingewebt ist. Außerdem bleibt man so beim Tragen nicht an den Schlingen hängen.

Die kunstvollen Handarbeiten der Hmong und Bergvölker wie der Tai Dam oder Akha werden vorwiegend in Nordlaos auf bestimmten Märkten oder in Textilgeschäften verkauft. Näheres in den Regionalkapiteln unter „Einkaufen" und im dritten Kapitel unter „Textilien".

Silberarbeiten

Laotische Silberarbeiten fallen sehr unterschiedlich aus. Das meiste in Touristengeschäften angebotene

Silber, darunter mit Halbedelsteinen besetzter Schmuck, ist aus Thailand importiert und deshalb in Laos keineswegs preiswerter. Die Vitrinen der Silberhändler auf den Märkten enthalten jedoch neben den schweren Halsringen der Hmong und kleinen Silberbarren in Pirogenform – einem früheren Zahlungsmittel – fein ziselierte Silberschalen, so genannte *khan ngeun*. Die Herstellung dieser buddhistischen Opferschalen aus dünnem Silberblech hat in Luang Prabang eine lange Tradition. Vor 1975 arbeiteten die Schmiede im Auftrag des laotischen Königshauses, in jüngster Zeit erregte die Bestellung des thailändischen Hofes bei einem Silberschmied in Ban Vat That großes Aufsehen.

Antiquitäten

Antiquitäten und wertvolle Möbel sind in Laos eher selten zu finden. Außerdem ist der Transport um die halbe Welt über Speditionen kostspielig und mit unverhältnismäßig viel Bürokratie verbunden. Kleine Altertümchen wie Opiumgewichte, alte Silbermünzen und Objekte aus Bronze findet man beim Stöbern in den verstaubten Regalen einiger Geschäfte auf der Sisavangvong Road in Luang Prabang oder an den Ständen der Schmuckhändler.

Post und Telekommunikation

Post

Die laotische Post ist generell zuverlässig und preiswert. Die **Postämter** – landesweit an der senfgelben Farbe zu erkennen – haben Mo–Fr von 8–12 und 13–17 Uhr geöffnet, die Hauptpost in Vientiane auch Sa und So 8–12 Uhr.

Luftpost von/nach Europa braucht selten länger als 10–14 Tage. Postkarten kosten 6500 Kip, Briefe zwischen 10 g und 20 g 7500 Kip (in den Provinzen ein paar hundert Kip mehr). Wichtige Post sollte per Einschreiben oder Express Mail Service (EMS – Kurierdienst der Post) versandt werden.

Päckchen und Pakete können als Seefracht (3 Monate) oder per Luftpost (14 Tage) verschickt werden. Einige Hauptpostämter bieten für wenige tausend Kip einen Packservice an – eine gute Idee, da die Postbeamten ohnehin den Inhalt der Sendungen kontrollieren wollen (selbst gepackte Pakete offen lassen).

Wer wertvolle Güter nach Europa schicken möchte, kann sich an einen der teuren internationalen **Kurierdienste** wie DHL, FedEx oder Lao-American Individual Enterprise in Vientiane wenden (s. Regionalkapitel).

Postlagernde Sendungen (Poste restante) können in die Hauptpostämter von Vientiane, Vang Vieng, Luang Prabang, Savannakhet und Pakxe geschickt werden. Die Adresse sollte wie folgt geschrieben sein:

→ Vorname, <u>NAME</u> (am besten unterstrichen, ohne Anrede)
→ General Post Office
→ Poste restante
→ Stadt
→ Lao PDR

Bei der Abholung muss man sich in der Regel ausweisen. Manchmal wird eine kleine Gebühr verlangt. Es ist keine schlechte Idee, auch unter dem Vornamen suchen zu lassen.

Telefon

Das laotische Telefonnetz ist in den vergangenen Jahren erheblich ausgebaut worden. Reisende können mittlerweile von allen größeren Städten via Glasfaser und Satellit nach Übersee telefonieren – in der Regel direkt (IDD).

Internationale Telefonate können in Telefonämtern, Hotels und einigen Gästehäusern geführt werden. Die Telefonämter sind meist der Post angegliedert. R-Gespräche sind nicht möglich, Rückruf schon. Die Mindestgesprächsdauer beträgt drei Minuten, bei kürzeren Telefonaten wird kein Geld zurückerstattet. Der Minutenpreis für Gespräche nach Deutschland liegt bei 15 000 Kip, in die Schweiz 18 000 Kip und nach Österreich 26 000 Kip.

Am gängigsten sind die sehr preiswerten **Telefonate über das Internet.** Sie sind von fast jedem Internet-Café aus möglich und man ist schon mit 3000–4000 Kip pro Minute dabei.

Gut im Preis ist auch die **Int Card** von ETL, eine Prepaid-Karte für internationale Gespräche. Es gibt Karten für 40 000, 70 000 oder 100 000 Kip. Das Guthaben lässt sich von jedem x-beliebigen Apparat nach Eingabe der PIN und Rufnummer abtelefonieren. Der Minutenpreis für Gespräche nach Europa liegt bei knapp 4000 Kip.

Telefonzellen, in denen mit **Telefonkarte** *(bat tholasap)* der Lao Telecom telefoniert werden kann, stellen sich für internationale Gespräche meist als unbrauchbar heraus.

Orts- und Ferngespräche innerhalb von Laos sind spottbillig. Ortsgespräche kosten weniger als 100 Kip pro Minute, Gespräche innerhalb des Landes auch nur ein paar hundert Kip/Min. Gästehäuser verlangen bei nationalen Anrufen häufig 1000 Kip/Min., bei Ortsgesprächen 1000 Kip/Anruf.

Die meisten Postämter und Hotels der gehobenen Preisklasse bieten einen **Fax-Service** an.

Mobiltelefone

Auch in Laos ist der Kampf um den Handymarkt voll entbrannt. Mittlerweile gibt es vier Anbieter:

Lao Telecom (M-Phone), www.laotel.com
Enterprise of Telecommunications Lao (P-Phone), www.etllao.com
Millicom Lao (Tango), www.tangolao.com
Lao-Asia Telecom (Star-Phone), 021-900471

Wer unterwegs erreichbar sein will, kauft sich am besten eine **laotische SIM-Karte** mit Guthaben *(prepaid)* und setzt sie ins eigene Handy ein. Zwar erhält man dann eine neue Rufnummer, telefoniert aber wesentlich günstiger als beim Roaming (Infos dazu gibt es beim Anbieter zuhause).

Netzstandard in Laos ist GSM 900/1800. Die beste Netzabdeckung hat M-Phone, am billigsten ist Tango. Preise für eine Sim-Karte plus kleinem Guthaben starten bei US$5. Gespräche ins laotische Festnetz und in die anderen Mobilfunknetze kosten um 800 Kip/Min., Telefonate nach Europa um 14 000 Kip/Min. Ist die Summe abtelefoniert, kauft man sich einfach eine neue Guthaben-Karte, je nach Anbieter zu 20 000, 50 000, 100 000, 150 000 oder 200 000 Kip.

SIM- und Guthaben-Karten gibt es in den größeren Städten an jeder Ecke. Mit Billigvorwahl (www.teltarif.de) lässt sich von Deutschland aus schon für weniger als 7 Cent ins laotische Handynetz telefonieren.

Internet und E-Mail

Laos erlebt seit 2000 einen regelrechten Internet-Boom. In vielen Städten gibt es **Internet-Cafés**. Die Geschwindigkeit der Verbindungen ist gut, da viele

Vorwahlen

Internationale Vorwahlen
Laos **00856**
Thailand **0066**
Deutschland **0049**
Österreich **0043**
Schweiz **0041**

Provinzvorwahlen
Attapeu **036**
Bokeo **084**
Borikhamxai **054**
Champasak **031**
Houaphan **064**
Khammouan **051**
Luang Namtha **086**
Luang Prabang **071**
Oudomxai **081**
Phongsali **088**
Saravan **034**
Savannakhet **041**
Xaignabouri **074**
Vientiane **021**
Vientiane Provinz **023**
Xekong **038**
Xieng Khouang **061**

über Satellit aufgebaut werden. Die Preise rangieren zwischen 100 und 1000 Kip/Min. Die meisten Internet-Cafés bieten preiswertere Stundentarife an. Vermeintlich unmoralische und regierungskritische Seiten werden vom Staat über Filter beim Internet Service Provider gesperrt. **W-LAN** ist außer in Vientiane und einigen Spitzenhotels noch kein Thema.

Vor der Reise sollte sicher sein, dass die eigenen **E-Mails** auch über das Web abrufbar sind; am besten mal ausprobieren und sich die erforderlichen Angaben (Kennwort) notieren oder vom Provider anfordern. Alternativ kann man sich eine kostenlose Adresse bei einem der gängigen Webmail-Anbieter einrichten, darunter yahoo.de, web.de, gmx.de und hotmail.com. Bei der Wahl ist zu beachten, dass viele Grafiken und Werbebanner sich erheblich auf die Übertragungszeit auswirken. Auch muss man sein Account mit einem Code aktivieren, der bei einigen Anbietern nicht unmittelbar nach der Anmeldung versandt wird.

Medien

Zeitungen, Fernsehsender und Radiostationen werden in Laos allesamt von der Partei oder parteinahen Institutionen kontrolliert. Die Journalisten sind Angestellte des Ministeriums für Information und Kultur. Zwar garantiert Artikel 29 der Verfassung Meinungs- und Pressefreiheit, doch wird in der Regel nur veröffentlicht, was politisch erwünscht ist.

Erst im Juni 2001 erließ das Informationsministerium neue **Richtlinien**, in denen Journalisten dazu angehalten werden, „wohlwollender über die Regierung" zu berichten. Zwar wurden keine konkreten Sanktionen angedroht, doch lässt die Gesetzeslage bei Verstoß Freiheitsstrafen zwischen 5 und 15 Jahren zu.

Lange Zeit war der Import ausländischer Medien verboten. Noch heute ist es schwierig, außerhalb der Hauptstadt westliche Zeitungen zu bekommen. Gegen das Thai-Fernsehen, das in 90% aller laotischen TV-Haushalte flimmert, ist die Partei aber machtlos. 2004 erließ sie das Verbot, Thai-Kanäle an öffentlichen Orten zu zeigen. Im gleichen Jahr vergab das Informationsministerium erstmals eine TV-Lizenz an einen privaten laotischen Investor.

Zeitungen und Agenturen

Es gibt in Laos mehr als 30 Zeitungen, Zeitschriften und andere Periodika. Wichtigste **Tageszeitung** ist die laotischsprachige *Pasason* („Das Volk"). Das 1975 gegründete Parteiorgan erscheint landesweit in einer Auflage von 10 000 Exemplaren. Ursprünglich hieß die Zeitung *Siang Pasason* („Stimme des Volkes"), was Laoten witzeln lässt, dass das Volk durch Parteibeschluss seine Stimme verloren habe.

Die Hauptstadtzeitung *Vientiane Mai* („Neues Vientiane"), ebenfalls 1975 gegründet, deckt vor allem lokale Parteipolitik und Wirtschaft ab (Auflage 5000). Darüber hinaus erscheinen viele vierzehntägige und monatliche Blätter, die ebenfalls von staatlichen oder staatsnahen Stellen herausgegeben werden, wie das Theorieblatt der Partei *Aloun Mai* („Neue Morgenröte").

Einzige **englischsprachige Tageszeitung** ist die *Vientiane Times,* 🖳 www.vientianetimes.org.la, die wegen ihrer Ausrichtung auch ironisch „Vietnam Times" genannt wird. Sie wurde einen Tag vor der Eröffnung der Freundschaftsbrücke von den Australiern gegründet. Zielgruppe sind die in Laos lebenden Ausländer und Englisch sprechende Laoten. Auch die Vientiane Times schweigt sich weitgehend über innenpolitische Krisen aus, allerdings hat die Zahl der kritischen Berichte in den vergangenen Jahren deutlich zugenommen. Touristen bietet sie einen recht guten Einblick in die laotische Gesellschaft. Neben Parteiberichten gibt es klassische Lesegeschichten zu Alltagsthemen, Kultur, Lifestyle und Reise – nicht zu vergessen die Rubrik „What's on", die über das Unterhaltungsangebot in Vientiane informiert. In der Hauptstadt ist die Vientiane Times – ebenso wie ihr französischsprachiges Pendant *Le Renovateur,* 🖳 www.lerenovateur.org – für ein paar Tausend Kip erhältlich.

Ein Neuzugang an den Kiosken der Hauptstadt ist das monatliche **Lifestyle Magazin** *Sayo Laos,* 🖳 www.sayolaos.com. Mit einer Mischung aus Kultur, Mode und Lifestyle-Themen richtet sich das moderne, zweisprachige Blatt vor allem an die städtische Elite (Auflage 10 000).

Ausländische Zeitungen sind nur in Vientiane zu bekommen, darunter die *Bangkok Post* und *The Nation* aus Thailand. Beste Anlaufstellen für Nachrichtenhungrige sind die großen Hotels, Touristencafés und Buchläden, in denen es auch internationale Magazine wie *Economist, Time* oder *Newsweek* zu kaufen gibt (s. S. 144).

Die einzige laotische **Nachrichtenagentur** ist die staatliche *Khaosan Pathet Lao,* kurz KPL genannt, 🖳 www.kplnet.net. Sie gib einen täglichen Newsletter heraus und beliefert die Blätter des Landes mit lokalen und internationalen Nachrichten. Zum Teil greifen die Zeitungen auch auf die vietnamesische Nachrichtenagentur *VNA,* 🖳 www.vnanet.vn, und die chinesische *Xinhua,* 🖳 www.xinhuanet.com/english, zurück.

Fernsehen und Radio

Das staatliche **Lao National TV** (LNTV) unterhält zwei Programme, die inzwischen in den meisten Landesteilen zu empfangen sind. Mit ihrer Mischung aus laotischer Folklore und Politinfos können sie sich nicht gegen die bunten Sitcoms und Spielshows der Thai-Kanäle behaupten. Seit kurzem ist außerdem ein vietnamesischer Kanal auf Sendung sowie der französische „Canal 5". In einigen Hotels können über Kabel oder Satellit CNN,

BBC World, HBO, Star Movies und das Asia-Pazifik-Programm der australischen ABC empfangen werden.

Das staatliche **Lao National Radio**, 🖳 www.lnr.org.la, hat das Monopol auf Radiosendungen in Laos. Programme werden in Lao, Englisch, Französisch, Khmer, Thai, Hmong und Khmu ausgestrahlt. Die Frequenzen sind auf der unregelmäßig aktualisierten Website 🖳 www.asiawaves.net/lao-radio.htm zu erfahren. Infos zu westlichen Sendern, die ebenso wie eine Reihe asiatischer Kanäle über Kurzwelle zu empfangen sind, gibt es auf den Internetseiten 🖳 www.bbc.co.uk/worldservice/index.shtml (BBC World), 🖳 www.abc.net.au/ra/asiapac (Radio Australia) und 🖳 www.rfi.fr (Radio France International).

Deutsche Welle

Mit einem guten Weltempfänger ist auch die **Deutsche Welle** über Kurzwelle zu empfangen. Die aktuellen Frequenzen sind unter 🖳 www.dw-world.de/german zu erfahren.

Die Deutsche Welle strahlt außerdem ihr 24-stündiges Fernsehprogramm **DW-TV** in Deutsch, Englisch und Spanisch sowie verschiedene Hörfunkprogramme über den Satelliten AsiaSat 3S aus. Einige Hotels speisen das Programm in ihr Netz ein. Zu jeder vollen Stunde wird ein halbstündiges Nachrichtenjournal ausgestrahlt. Zur geraden Weltzeit-Stunde läuft es in englischer Sprache, zur ungeraden in Deutsch und um 21 und 2 Uhr ausnahmsweise in Spanisch. Anschließend folgen in der jeweiligen Sprache halbstündige Features mit deutschlandbezogenen Themen.

Sicherheit

Laos ist ein relativ sicheres Reiseland. Betrügereien, wie sie in Thailand oder Vietnam geschehen, sind selten, auch Straßenkriminalität gibt es kaum. Zwischen 2000 und 2004 kam es entlang der Straße 13 und in einigen Mekongstädten zu einer mysteriösen Anschlagsserie, seitdem ist es jedoch ruhig. In den östlichen Landesteilen stellen nichtdetonierte Sprengkörper aus dem Zweiten Indochinakrieg ein Problem dar. Aktuelle Sicherheitshinweise veröffentlicht das Auswärtige Amt unter 🖳 www.auswaertiges-amt.de.

Passverlust

Wer seinen Pass verliert, muss bei der deutschen Botschaft in Vientiane einen Ersatzpass beantragen. Dazu werden eine **Verlustanzeige** der Polizei, **zwei Fotos** und möglichst eine **Fotokopie des Passes** benötigt. Die Bilder müssen seit 2005 biometrietauglich sein, Adressen von Fotografen gibt es bei der Botschaft. Der Ersatzpass kostet 65 €. Die Bearbeitung dauert 2–3 Tage.

Kriminalität

Die meisten Laoten sind überaus ehrlich und freundlich. Das spiegelt sich auch in der niedrigen Kriminalitätsrate wider. Das zunehmende Sozialgefälle hat aber in Vientiane zu einem Anstieg der Raub- und Diebstahlsdelikte geführt. In seltenen Fällen wurden auch sexuelle Übergriffe gegen Touristinnen gemeldet.

Reisende sollten sich in der Hauptstadt besonders vor Taschendieben und Mopedräubern in Acht nehmen und spätabends einsame Gegenden meiden. Am besten trägt man alle wichtigen Dokumente wie Pass, Führerschein, Travellers Cheques und Flugtickets in einem Bauchgurt am Körper. Tagesrucksäcke sollten nicht am Frontkorb oder Lenker eines Fahr- oder Motorrades befestigt werden, da sie Motorradräuber anziehen können.

In vielen einfachen Unterkünften können Zimmertüren zusätzlich mit einem eigenen Vorhängeschloss gesichert werden (obwohl auch dann nichts Wertvolles im Zimmer bleiben sollte). Bessere Hotels haben einen Safe oder deponieren Wertsachen gegen Quittung. Wird dennoch etwas geklaut, sollte der Verlust sowohl bei der Polizei als auch bei der Botschaft gemeldet werden, um den Schaden zu Hause bei der Versicherung geltend machen zu können.

Polizei und Grenzbeamte

Generell kommen Touristen kaum mit der Polizei in Kontakt. Manche Ordnungshüter nutzen kleine Verstöße von Reisenden, um eine „Geldstrafe" zu kassieren. In der Regel ist der Betrag gering, und – wenn man freundlich bleibt – sogar verhandelbar. In jedem Fall sollte man immer seinen Pass oder eine Kopie dabei haben.

Problematisch wird es, wenn man versäumt hat, ordnungsgemäß einzureisen. Vor allem an den Grenzübergängen Houay Xai und Chong Mek kann man leicht an der laotischen Immigration vorbeilaufen, ohne einen Einreisestempel zu erhalten. Die offizielle Strafe beträgt US$100, sie kann aber auch höher ausfallen. Travellerberichten zufolge ist es schon vorgekommen, dass Grenzbeamte den Einreisestempel einfach „vergessen" haben (checken!). Schwierig wird es auch, wenn der Ablauf des Visums zu einem früheren Datum gestempelt wird als beantragt – die Gültigkeit am besten sofort prüfen.

Sexuelle Kontakte zwischen Ausländern und Laoten sind, sofern beide nicht miteinander verheiratet sind, verboten. Die Strafe kann bis zu US$5000 betragen.

Drogen

Drogentourismus ist in Laos schon länger eine traurige Tatsache. Daran erinnern nicht nur die unzähligen Plakate, auf denen Reisende gebeten werden, keine Rauschmittel zu konsumieren. In einigen Orten werden Touristen gezielt angesprochen, ob sie Opium oder Marihuana kaufen möchten. Stark zugenommen hat der Konsum der Designer-Droge *Yaa Baa* (Methamphetamin). Es soll 20-mal stärker wirken als Ecstasy und zu irreparablen Schäden führen können.

Seit 2001 geht die Regierung rigoros gegen Drogenanbau und -handel vor. Opiumfelder wurden zerstört, Opiumhöhlen geschlossen. Bei schweren Drogendelikten droht inzwischen die Todesstrafe. Hin und wieder kommt es zu Razzien. Selbst wer nur mit einem Joint erwischt wird, muss damit rechnen, eine hohe Geldstrafe zu zahlen und ausgewiesen zu werden.

Politische Unruhen

Mehrere Sprengstoffanschläge und Busüberfälle haben das sonst so ruhige Laos in den vergangenen Jahren wiederholt in die Schlagzeilen gebracht. Von 2000 bis 2004 kam es in Vientiane, Savannakhet, Thakhek und Pakxe sporadisch zu Anschlägen mit kleineren selbst gebastelten Sprengkörpern, bei denen mehrere Menschen verletzt wurden, darunter auch Ausländer. Die Anschläge ereigneten sich an öffentlichen Plätzen wie Märkten, Flughäfen oder Busstationen. Ein politischer Hintergrund ist – zumindest in einigen Fällen – wahrscheinlich.

Auf der **Straße 13** zwischen Vang Vieng und Luang Prabang wurden im Februar, April und Juli 2003 mehrere Busse überfallen und mindestens 24 Menschen getötet, unter ihnen auch zwei Touristen, die zufällig am Tatort vorbeifuhren. Der erste Überfall ereignete sich wenige Kilometer nördlich von Vang Vieng, der zweite nahe Phou Khoun und der dritte nördlich von Kasi. Der Streckenabschnitt war schon früher als *trouble spot* bekannt, galt jedoch seit Ende der 90er Jahre als sicher.

Die laotischen Behörden machen „Banditen" für die Angriffe verantwortlich. Vieles deutet aber auf **Hmong-Rebellen** hin. Im Zweiten Indochinakrieg stellten die Hmong den größten Teil der CIA-finanzierten „Geheimen Armee". Ihr Kerngebiet lag in der ehemaligen Sonderzone Xaisomboun, die sich nur wenige Kilometer östlich der Straße 13 befand. Kleine, verbliebene Rebellengruppen liefern sich dort noch immer vereinzelt Gefechte mit Regierungstruppen. Beobachtern zufolge handelt es sich dabei meist um Vergeltungsschläge für staatliche Aktionen gegen die Hmong-Bevölkerung.

Auch auf der **Straße 7** zwischen Phou Khoun und Phonsavan ist es in der Vergangenheit hin und wieder zu bewaffneten Überfällen gekommen. Das Gleiche gilt für die **Straße 6** zwischen Pakxan und Muang Khoun.

Zwar sind die Angriffe allem Anschein nach nicht gegen Ausländer gerichtet, doch sollten sich Reisende bei Fahrten auf der Straße 13 zwischen Vang Vieng und Luang Prabang sowie auf der Straße 7 zwischen Phou Khoun und Phonsavan des Risikos bewusst sein. In den meisten öffentlichen Bussen auf diesen Strecken fuhr zur Zeit der Recherche ein bewaffneter Soldat in zivil mit. Die Straße 13 wird zudem verstärkt von Militär bewacht. Derzeit wird geraten, Fahrten auf den genannten Abschnitten nicht mit öffentlichen, sondern mit Touristenbussen zurückzulegen.

Radler, Biker und Selbstfahrer, die auf der Straße 13 von bewaffneten Personen gestoppt werden, müssen nicht in Panik geraten: In den meisten Fällen handelt es sich dabei um Militär. Sie sollten aber unbedingt freundlich bleiben und, wenn griffbereit, Zigaretten anbieten.

Nicht-detonierte Sprengkörper (UXO)

Laos hält den tragischen Rekord, das meistbombardierte Land der Welt zu sein. Auch 30 Jahre nach

Ende des Zweiten Indochinakrieges, in dem mehr als zwei Millionen Tonnen Bomben, Granaten und Artilleriegeschosse auf Laos niedergingen, kosten nicht-detonierte Sprengkörper noch immer Menschen leben. Häufigster UXO-Typ sind so genannte *bombies*, tennisballgroße Antipersonen-Bomben, die in 3 m langen Clusterbomben abgeworfen wurden. Diese Mutterbehälter konnten bis zu 650 Bombies fassen. Anders als in Kambodscha gibt es in Laos nur wenige Minenfelder.

Besonders stark wurden der Nordosten und die Südregionen um den Ho-Chi-Minh-Pfad bombardiert. Laut UXO Lao sind Teile der Provinzen Champasak, Savannakhet, Khammouan, Xieng Khouang, Luang Prabang, Houaphan, Saravan, Xekong und Attapeu noch immer schwer kontaminiert.

Für Reisende ist das Risiko dennoch gering. Seit 1996 hat UXO Lao in Kooperation mit internationalen Partnern mehrere hunderttausend nicht-detonierte Sprengkörper geräumt. Touristisch interessante Orte und die Städte sind sicher. Die meisten Unfälle ereignen sich auf Reisfeldern, Weideland, in Dörfern und im Wald, wenn die Menschen ihrer täglichen Arbeit nachgehen.

Reisende sollten im Osten des Landes und in entlegenen Gegenden ein paar einfache Regeln befolgen:
→ Außerhalb der Städte auf den ausgetretenen Pfaden bleiben
→ Niemals metallene Gegenstände auf dem Boden berühren oder gar danach treten
→ Hände weg von vermeintlich sicherem Kriegsschrott, der einem zum Kauf oder Anschauen angeboten wird.

Wer sich auf die Spuren des Ho-Chi-Minh-Pfades begibt, sollte einen einheimischen Führer anheuern.

Verhaltenstipps

Wie in anderen Ländern Südostasiens ist das Verhalten der Menschen in Laos von Toleranz und Zurückhaltung geprägt. **Harmonie** ist das oberste Gebot, Konflikte werden so weit es geht vermieden. Wer Auseinandersetzungen in der Öffentlichkeit austrägt, gilt als rüde und verliert das **Gesicht**. Das trifft auch auf Touristen zu, die allzu leicht ihren Ärger zeigen oder ihre Gastgeber kritisieren. Direkte Ablehnung zu vermeiden ist eine Höflichkeitsgeste, die Europäer oft falsch deuten.

Wer Laoten zum Beispiel um etwas bittet, wird selten eine Absage bekommen. Statt „nein" sagt man aus **Höflichkeit** lieber „vielleicht" und zeigt durch zögerndes Verhalten seine Ablehnung. Auch die Frage nach dem Weg wird eher falsch als gar nicht beantwortet. Ein Lächeln hilft, manch problematische Situation zu überstehen, ebenso wie die häufig verwandte Phrase *bo pen njang* – was so viel heißt wie „das macht doch nichts".

Die **Familie** ist der Kern der Gesellschaft. Sie bietet Sicherheit und Geborgenheit. Jüngere Mitglieder werden dazu angehalten, die ältere Generation zu ehren und zu unterstützen. Wer gegen die traditionellen Regeln verstößt, schließt sich aus der Gemeinschaft aus und verliert damit jede soziale Absicherung. Das meist auch räumlich enge Zusammenleben lässt nur wenig Platz für eine **Privatsphäre**.

Körperkontakt ist normal und selbstverständlich. Es ist ein Zeichen enger Freundschaft, wenn zwei Männer oder Frauen Hand in Hand durch die Straßen bummeln. **Körperkontakte** zwischen Männern und Frauen sind dagegen in der Öffentlichkeit tabu. Strenge Verhaltensmuster regeln das Verhältnis der Geschlechter und es gilt als äußerst unschicklich, Gefühle zwischen Mann und Frau zu zeigen. Das gilt auch für homosexuelle Paare, die ansonsten keine Diskriminierung zu befürchten haben.

Natürlich kann ein Tourist nicht alle Verhaltensweisen und religiösen Sitten kennen, und das wird auch nicht erwartet. Aber schon das Bemühen, die Traditionen und Konventionen zu verstehen, wird honoriert.

Frauen allein unterwegs

Frauen können ohne Weiteres auf eigene Faust durch Laos reisen. Laotische Männer begegnen Touristinnen in der Regel mit verhaltener Neugier. Die Scheu schwindet mit zunehmenden Sprachkenntnissen, denn wer in Laos Englisch lernt, wird die Gelegenheit nutzen, um seine Kenntnisse in einem kurzen Gespräch zu üben. Gewalt gegen Touristinnen ist extrem selten.

Buddhismus und Tourismus

→ Tempel ordentlich und ausreichend bekleidet betreten und die Schuhe ausziehen.
→ Buddha ist immer eine heilige Person. Es gilt als äußerst unschicklich, eine Buddhastatue an einem ihr nicht angemessenen Ort zu platzieren.
→ keine Buddhastatuen berühren oder für Erinnerungsfotos davor oder darauf posieren.
→ Es ist üblich, dass Besucher eines Tempels eine Spende für den Erhalt der Anlage hinterlassen.
→ Mönche werden verehrt. Man grüßt sie mit einem besonders höflichen *nop*, lässt ihnen den Vortritt, bietet ihnen im voll besetzten Bus seinen Sitzplatz an und geht nicht neben, sondern einen Schritt hinter ihnen. Auch sollte man nie so stehen oder sitzen, dass der eigene Kopf den eines sitzenden Mönches überragt.
→ Frauen sollten Mönchen gegenüber zurückhaltend sein, ihnen nichts direkt überreichen, sie nicht berühren, sich nicht neben sie setzen oder mit ihnen fotografieren lassen.
→ Während die Mönche morgens durch die Straßen ziehen, um Gaben einzusammeln, sollte man sie nicht stören.
→ Gibt man einem Kloster oder einem Mönch eine Spende, sollte man sie mit beiden Händen geben. Einen Dank darf man nicht erwarten. Normalerweise danken die Gläubigen für die Annahme der Spende, da ihnen so eine gute Tat ermöglicht wurde (*het boun* = Gutes tun).

Begrüßung

Die traditionelle laotische Grußform, der *nop,* ist eine Geste der Höflichkeit und des Respekts. Dabei werden die Handflächen wie beim Beten vor der Brust zusammengelegt und von einem Kopfnicken begleitet. Je höher die gesellschaftliche Stellung des Gegenübers, desto höher werden die Hände erhoben (aber nicht über den Kopf):
→ Höher gestellte Personen: Hände vor dem Mund
→ Ältere: Hände vor der Nase
→ Mönche: gefaltete Hände vor der Stirn

Ausländer können sich mit einem Kopfnicken aus der Affäre ziehen oder darauf achten, dass sie keinen falschen *nop* benutzen. In den Städten ist unter Männern zunehmend ein Handschlag üblich.

Kleidung

Zu knappe, schmutzige oder schlampige Kleidung ruft in Laos Naserümpfen hervor. Beim Besuch religiöser Stätten und in ländlichen Gegenden wird sie als besonders anstößig empfunden. Männer und Frauen sollten Schultern und Knie bedeckt halten. Beim Baden sollten Frauen sich am Verhalten der Laotinnen orientieren, die sich von den Achseln bis zu den Knien in einen Wickelrock hüllen. Bei Männern reichen Bade- oder Boxershorts aus.

Vor dem Betreten eines Hauses – häufig auch in Gästehäusern – zieht man die Schuhe aus. Gleiches gilt für buddhistische Tempel (s. Kasten „Buddhismus und Tourismus").

Lärm

Laoten empfinden auch noch so großen Lärm nicht als unangenehm. Schon vor 6 Uhr sägen Hausbesitzer am neuen Anbau herum, treffen sich Nachbarn zum Schwatz auf der Straße und spätestens um 7 Uhr ertönen dann die Nachrichten über die Dorflautsprecher. Bei Festen wird das gesamte Dorf bis tief in die Nacht beschallt, ohne dass sich jemand darüber beschwert. Lärmempfindlichen Europäern helfen da nur Ohrstöpsel.

Kopf, Füße und Hände

Der Kopf gilt als heilig und sollte nie, auch nicht in europäisch-freundschaftlicher Geste, berührt werden. Wer zwischen hockenden oder sitzenden Menschen, etwa im Tempel oder bei Versammlungen, hindurchgehen muss, beugt den Oberkörper leicht nach vorn und hält den rechten Arm schräg nach unten gestreckt.

Der Fuß ist der unedelste Körperteil und darf deshalb nie einem anderen Menschen oder gar einer Buddhastatue entgegengestreckt werden.

Die linke Hand gilt als unrein. Deshalb benutzt man die rechte Hand, um zu essen, etwas zu geben oder in Empfang zu nehmen.

Wenn Laoten jemanden heranwinken, wird das von Europäern oft gegenteilig verstanden, denn das Winken mit der nach unten abgewinkelten Hand ähnelt stark unserer „Geh weg"-Geste.

Handeln

Auf den Märkten ist es üblich zu handeln. Auch vor einer Tuk Tuk- oder Bootsfahrt kann man versuchen, um den Preis zu feilschen. Anders als in Thailand und Vietnam werden aber nur selten Fantasiepreise verlangt. Reisende, die sich in diesen Ländern aggressive Handelsstrategien angewöhnt haben, stoßen Laoten damit vor den Kopf.

Betteln

In Laos gibt es wesentlich weniger Bettler als in Vietnam. Doch man begegnet ihnen zunehmend in der Hauptstadt, wo das Sozialgefälle am größten ist. Da es in Laos keine soziale Absicherung gibt, leisten vor allem ältere und behinderte Menschen ihren Familienbeitrag durch Betteln.

Auf keinen Fall sollte man Kindern Geld, Süßigkeiten oder Ähnliches geben. Sie gewöhnen sich sehr schnell an die Einnahmequelle und schwänzen deshalb vielleicht sogar die Schule. Wer den Kindern in Laos helfen möchte, kann sich an eine entsprechende Organisation, etwa das Kinderhilfswerk der Vereinten Nationen (UNICEF), 🖥 www.unicef.de, wenden. Schulutensilien, an denen es in Laos mangelt, können an einen Lehrer oder den Dorfchef gegeben werden. Verwandtes Thema s. S. 279 „Aprospos Mitbringsel".

Ein Besuch bei den Bergvölkern

Die Bergvölker pflegen andere Sitten und Gebräuche als die buddhistischen Lao. Anders als in Thailand haben viele von ihnen bisher nur wenige oder gar keine Touristen gesehen. Es ist sinnvoll, sich schon im Vorfeld über Konventionen und Tabus zu informieren. Am besten hat man einen einheimischen Führer dabei, der die Bewohner kennt und mit ihnen kommunizieren kann.

Folgende Tipps können helfen, den Aufenthalt für beide Seiten so angenehm wie möglich zu machen:
→ Moderat kleiden und zurückhaltend sein
→ Ein Haus oder Dorf nur betreten, wenn man dazu eingeladen wurde. Respekt vor dem Dorftor, dem Hausaltar und dem *taleo* (Verbotsschild aus Bambusgeflecht) zeigen.
→ Immer fragen, bevor man jemanden fotografiert
→ Berührungen vermeiden
→ Kindern keine Süßigkeiten geben.
→ Wer eine Spende hinterlassen möchte, bespricht sich am besten mit dem Guide oder dem Dorfchef
→ Das Handwerk im Dorf kann man mit dem Kauf einheimischer Produkte unterstützen. Man sollte aber keine Fantasiepreise bezahlen.
→ Mitbringsel s. S. 279

Sonstiges

Duschen

Die traditionelle laotische Dusche, das so genannte „Elefantenbad", besteht aus einer mit kaltem Wasser gefüllten Plastiktonne oder einem Steintrog. Darin schwimmt ein Schöpfgefäß, das zum Schöpfen und Übergießen gedacht ist. Das Wasser sollte nicht mit Seife, Zahnpasta oder Rasierschaum in Berührung kommt, da es anschließend noch von anderen genutzt wird.

In Hotels und Gästehäusern gibt es in der Regel Duschen, die mit Durchlauferhitzern ausgestattet sind. In Dörfern ohne Anschluss an das Stromnetz beschränkt sich das warme Wasser auf die Zeit, in der der Generator läuft (abends). In wenigen Orten wird das Wasser über eine Gastherme oder sogar mit Solarstrom erhitzt.

Elektrizität

In den großen Mekongstädten ist die Stromversorgung rund um die Uhr gewährleistet. Die Spannung beträgt 220V, 50Hz (mit Schwankungen). In den ländlichen Regionen kommt der Strom – wenn überhaupt – aus dem Generator (Sonnenuntergang bis 21 oder 22 Uhr).

Laotische Stecker haben zweipolige flachzinkige Steckkontakte. Die meisten Steckdosen sind sowohl auf diese als auch auf europäische Flachstecker ausgerichtet.

Maße und Gewichte

In Laos gilt das metrische System.

Öffnungszeiten

Die Öffnungszeiten der **Läden** variieren je nach Geschäftstüchtigkeit des Besitzers. Am Sonntag ist wie bei uns Ruhetag.

Behörden haben offiziell von 8–12 und 13–16.30 Uhr geöffnet, wobei man von den Angestellten bereits eine halbe Stunde vor Feierabend deutliche Signale erhält, dass sie Schluss machen wollen. Zur Mittagszeit werden die Öffnungs- und Schließzeiten nicht so genau genommen. Die Mittagspause wird gern gestreckt, um zum Essen nach Hause zu fahren oder sich in der nahe gelegenen Suppenküche mit Kollegen und Freunden zu treffen. In Behörden sollte man daher spätestens um 11.30 Uhr und frühestens ab 14 Uhr wieder auftauchen.

Banken haben Mo–Fr von 8.30–15.30 Uhr geöffnet, in Touristenzentren gelten diese Zeiten auch Sa und So. In vielen Märkten gibt es Wechselschalter, die auch am Wochenende Geld tauschen (meist Juweliere).

Märkte besucht man am besten am Morgen, wenn die Frischwaren an den Ständen noch ein farbenfrohes Bild bieten. Nachmittags und abends wechselt das Angebot von Frischem zu Gebratenem.

Toiletten

In laotischen Haushalten sind die hygienischen Hocktoiletten üblich. Hotels und Gästehäuser sind meist mit westlichen Sitztoiletten ausgestattet. Beide Varianten haben selten eine mechanische Spülung. Stattdessen befindet sich daneben ein Wasserbehälter mit Schöpfgefäß. Hocktoiletten werden mit ein paar Schwüngen komplett unter Wasser gesetzt, um auch noch die Schuhabdrücke wegzuspülen.

Toilettenpapier findet man in laotischen Toiletten fast immer. Dennoch sollte man für alle Fälle eine Rolle im Tagesgepäck haben (überall erhältlich). Nach dem Gebrauch ist das Papier nicht ins Klo, sondern in den bereitstehenden Mülleimer zu werfen, sonst verstopft's.

Bei Zimmern mit Bad kommt es gelegentlich vor, dass von der Toilette ein unangenehmer Geruch ausgeht. Dann ist der Wasserpegel zu stark abgesunken, und es helfen nur große Mengen Wasser und kräftiges Lüften.

Öffentliche Toiletten gibt es nur an Busbahnhöfen, auf Flughäfen und einigen Märkten (geringe Gebühr).

Trinkgeld

Trinkgeld wird in Laos nicht erwartet, aber sehr geschätzt. Für jemanden der nur US$30 im Monat verdient, sind 50 Cent schon eine Menge Geld. In Touristenrestaurants in Vientiane und Luang Prabang hat es sich eingebürgert, 5–10% des Rechnungsbetrages auf dem Tisch liegen zu lassen. Der Bedienung einen aufgerundeten Betrag zu nennen, auf den herausgegeben werden soll, sorgt dagegen für Verwirrung.

Eine weitere Ausnahme bilden Fahrer und Guides. Da sie in ihrem Beruf ausschließlich mit Touristen zu tun haben, wird ein Trinkgeld als Ausdruck der Zufriedenheit ihrer Kunden erwartet. Je nach Gruppengröße sind US$1–2 pro Person und Tag o. k.

Auch Hotelpersonal sollte für besondere Dienste, etwa wenn das Gepäck ins Zimmer getragen wird, belohnt werden.

Wäsche waschen

Die meisten Hotels und Gästehäuser bieten einen günstigen Wäscheservice an. In billigen Unterkünften wird die Schmutzwäsche zu einem Kilopreis im Haus gewaschen: von Hand, mit kaltem Wasser und nach stundenlangem Einweichen – eine Prozedur, die empfindlicher Wäsche nicht gut bekommt.

In teureren Gästehäusern und Hotels werden Stückpreise veranschlagt, die sich nach der Größe des Kleidungsstücks richten. Eine Jeans kostet bis 10 000 Kip, ein T-Shirt um 5000 Kip und Unterwäsche pro Stück 2000 Kip. Wäschereien berechnen 12 000–15 000 Kip pro Kilo, wobei man nicht davon ausgehen kann, dass die Wäsche gebügelt zurückgegeben wird.

Während der Trockenzeit reicht ein Tag zum Waschen und Trocknen aus. Wenn keine Waschmaschine vorhanden ist, sollte man seine Unterwäsche selbst waschen. Fremde Unterwäsche zu waschen wird von Laotinnen als zu intim empfunden.

Zeitunterschied

Der Zeitunterschied zur Mitteleuropäischen Zeit beträgt +6 Stunden, zur Sommerzeit +5 Stunden. Das buddhistische Kalenderjahr wird errechnet, indem man zum unsrigen 543 Jahre addiert, seit April 2006 haben wir das Jahr 2549 B.E. *(Buddhist Era)*.

Laos und seine Bewohner

Land und Geografie S. 64
Flora und Fauna S. 65
Bevölkerung S. 68
Geschichte S. 75
Regierung und Politik S. 91
Wirtschaft S. 94
Religion S. 96
Architektur und Kunst S. 103

Land und Geografie

Fläche: 236 800 km²
Nord-Süd-Ausdehnung: 1600 km
Ost-West-Ausdehnung: 140–400 km
Größte Städte: Vientiane (400 000 Einw.), Savannakhet (110 000 Einw.)
Längste Flüsse: Mekong (1898 km), Nam Ou (448 km)
Höchste Berge: Phou Bia (2819 m), Phou Xao (2690 m)

Größe und Lage

Laos hat die Form eines Schlüssels: Der sternförmige Norden ist der Ring, Zentrallaos und der Süden sind der Bart. Mit einer Fläche von rund 236 800 km² ist es etwas kleiner als die alte Bundesrepublik Deutschland, dafür aber deutlich länger: Die Nord-Süd-Ausdehnung entspricht in etwa der Strecke Hamburg – Rom. Am schmalsten ist Laos in der zentralen Provinz Borikhamxai (ca. 140 km), am breitesten im Norden (ca. 400 km).

Nicht nur Touristen bedauern, dass Laos keinen Zugang zum Meer hat. Das Land liegt eingebettet zwischen fünf Nachbarn: China im Norden (gemeinsame Grenze: 423 km), Myanmar im Nordwesten (235 km), Thailand im Westen (1754 km) und Kambodscha im Süden (541 km). Den längsten Grenzabschnitt teilt es sich mit Vietnam (2130 km). Der Mekong im Westen und die Annamitische Kordillere im Osten bilden natürliche Grenzen.

Die Landschaft wird von drei Merkmalen bestimmt: zerklüftete Berge und Plateaus, fruchtbare Ebenen und etliche Flüsse, von denen der Mekong die Lebensader ist.

Gebirge und Plateaus

Gebirgszüge und Plateaus prägen etwa drei Viertel des Landes. Schon deshalb ist Laos eins der am schwersten zugänglichen Länder Südostasiens.

Die höchsten Gipfel befinden sich im Norden. Im Nordosten, in der Provinz Xieng Khouang, liegt das semi-aride **Xieng Khouang-Plateau**. Die Region wurde im Zweiten Indochinakrieg massiv von den USA bombardiert, wovon noch immer tiefe Krater zeugen. In den Karsthöhlen von Vieng Xai (Houaphan) befand sich in den 60er Jahren das Hauptquartier der laotischen Kommunisten. Am südlichen Rand des Plateaus ragt der höchste Berg des Landes, **Phou Bia**, 2819 m in den Himmel. Die nächst niedrigeren Berge, Phou Xao (2690 m) und Phou Xamxum (2620 m), liegen nur wenige Kilometer weiter östlich.

Vom Xieng Khouang-Plateau bis nach Attapeu bildet die **Annamitische Kordillere** (laot. *say phou luang*, „große lange Berge") die östliche Grenze zwischen Laos und Vietnam. Die bis zu 2500 m hohe Bergkette verhindert, dass die Taifune, die sich vor allem am Ende der Regenzeit über dem Südchinesischen Meer und dem westlichen Pazifik zusammenbrauen, nach Laos ziehen. Die Gebirgszüge des nördlichen Teils verlaufen überwiegend in einer von Nordwesten nach Südosten gerichteten Linie. Der südliche Teil besteht aus breiten Massiven kristalliner Gesteine, über denen noch Teile von Sedimentgesteinen liegen.

In der zentrallaotischen Provinz Khammouan befindet sich das schwer zugängliche **Nakai-Plateau**. Ein Teil der Hochebene ist durch den Bau des Nam Theun II-Staudammes gefährdet, dessen Stausee rund 450 km² Fläche überfluten würde.

Das fruchtbare **Bolaven-Plateau** im Südosten besteht überwiegend aus Basalt und Sandstein. Die Franzosen pflanzten hier in den 20er Jahren Kaffee, Tee, Kartoffeln und Kardamom an. Heute werden neben Kaffee auch verschiedene Obst- und Gemüsesorten angebaut.

Ähnlich wie in Vietnam und Thailand gibt es in Laos viele **Karstlandschaften**. Eine der schönsten erstreckt sich von Thakhek (Khammouan) bis an die vietnamesische Grenze. Sie ähnelt in Alter und Erscheinungsbild der Karstlandschaft in Südchina und entstand durch Lösungsverwitterung ehemaliger Kalktafeln. Der überwiegende Teil der Region wird durch Karstmassive geprägt, deren bis zu 500 m hohe Steilwände meist spärlich bewachsen sind und über ausgeschwemmte Ebenen und Sandsteinbecken in den Himmel ragen. In viele dieser Karstkegel haben Flüsse tiefe Höhlen gegraben. Die Eingänge sind oft mit Stalaktiten versehen. Neben der Karstlandschaft in der Provinz Khammouan sind die Karstkegel um Vang Vieng (Provinz Vientinane) am leichtesten zugänglich.

Flüsse

Außer den Bergen spielen auch die Flüsse eine zentrale Rolle in der laotischen Geografie. Sie wässern die Felder, reichern die Böden mit fruchtbarem

Schwemmland an und sorgen für Fisch auf dem laotischen Speiseplan. Insgesamt bedecken sie eine Fläche von rund 6000 km^2. Zusammen mit den Ebenen und Tälern bilden sie hochkomplexe Ökosysteme, die in jüngster Zeit durch Überfischung, den Bau verschiedener Wasserkraftwerke und die Abholzung der Tropenwälder gefährdet sind.

Die meisten Flüsse entspringen auf der Westseite der Gebirge und bahnen sich ihren Weg in den **Mekong**, den mit 4200 km längsten Strom Südostasiens. Die Quelle des Mekong befindet sich im tibetischen Hochland. Er durchquert Laos auf einer Strecke von 1898 km – von der Provinz Luang Namtha im Nordwesten bis Champasak im Süden. Seine Bedeutung für die Laoten ist kaum zu überschätzen; das zeigt schon der Name *mae nam khong* – „Mutter aller Wasser". Einst, als Laos noch Lane Xang hieß und sich über das Korat-Plateau bis weit nach Thailand erstreckte, bildete er auch geografisch die Achse des Landes.

Stromschnellen und Wasserfälle unterteilen den Mekong in drei schiffbare Abschnitte: Houay Xai bis kurz vor Vientiane, Vientiane bis Savannakhet und Khemmarat bis Si Phan Don. Der Wasserstand ist an den Südwestmonsun und die damit einhergehenden Regenfälle gekoppelt. Der Pegel beginnt im Mai zu steigen, erreicht zwischen August und September seinen Höchststand und sinkt anschließend wieder.

An den Ufern des Mekong leben die meisten Lao. Am dichtesten sind die Ebenen von Vientiane, Savannakhet und Champasak besiedelt. Sie gehören zur Reiskammer des Landes.

40 km vor der kambodschanischen Grenze weitet sich der Mekong zu einem System von Kanälen, Stromschnellen und Wasserfällen und gibt die beeindruckenden **Si Phan Don**, wörtlich „Viertausend Inseln", frei. In diesen äußerst fischreichen Gewässern hat eine kleine Population von Irrawaddy-Delphinen überlebt.

Unmittelbar an der Grenze verhindert der größte Wasserfall Südostasiens, der **Khon Phapheng**-Wasserfall, die Schiffbarkeit des Mekong. Hier endete im ausgehenden 19. Jh. der Traum der Franzosen, China jemals auf dem Flussweg zu erreichen. Südlich von Don Sadam verlässt der Mekong Laos, um durch Kambodscha und ein riesiges Mündungsdelta in Vietnam ins Südchinesische Meer zu fließen.

Flora und Fauna

Pflanzenarten: 8286 (bis 2002 erfasst)
Waldfläche: 2006 etwa 30% der Landesfläche (1950 ~ 70%)
Naturschutzgebiete: 22 National Protected Areas, 43 450 km^2 (18,8% der Landesfläche)
Tierarten: 1140 (Wildlife Status Report 1999)
Bedrohte Arten: Elefant, Tiger, Siam-Krokodil, Weißwangengibbon, Manipur-Leierhirsch, Irrawaddy-Delphin

Flora

Dank seiner dünnen Besiedelung und eines Gebirgsanteils von knapp 80% besitzt Laos eine der ursprünglichsten Vegetationen Südostasiens. Einzigartig in der Region sind die großen zusammenhängenden Urwaldflächen, die mit 80 000 km^2 ein Drittel der Landesfläche ausmachen. Der Primärwald besteht in den höchsten Lagen aus immergrünen tropischen Bergwäldern. Auf kalkhaltigen Böden in der Ebene und in Südlaos wachsen überwiegend trockene *Dipterocarpus*-Wälder.

Den größten Anteil bilden **wechselfeuchte Monsunwälder** in Höhen von 500–700 m. Der Mischwald aus Laub abwerfenden und immergrünen Baumarten setzt sich je nach Niederschlagsmenge (Luv-/Leeseite; Wetterseite/Regenschatten) unterschiedlich zusammen: In den halbtrockenen Wäldern sind die begehrten Harthölzer Teak *(Tectona grandis)* sowie zahlreiche Rosenholz- *(Dalbergia, Pterocarpus)*, Ebenholz- *(Diospyros)* und Mahagoniarten *(Meliaceae)* beheimatet. Sie werfen während der trockenen Monate kurzzeitig ihr Laub ab, um möglichst wenig gespeicherte Feuchtigkeit zu verlieren. Das Dach des wechselfeuchten Waldes bilden verschiedene bis zu 40 m hohe *Dipterocarpaceae* (Flügelfruchtbäume). Ihre blattlosen Kronen heben sich während der Trockenzeit grau bis rotbraun von den immergrünen Gewächsen ab.

Mit einer Höhe von bis zu 50 m ist der majestätische *Tetrameles nudiflora* einer der auffälligsten Urwaldriesen. Der silbergraue Baum mit glattem Stamm wächst im Tiefland, bevorzugt in Flussnähe, und trägt von Dezember bis März keine Blätter. Ein Merkmal, das er mit Regenwaldbäumen teilt, sind die **Brettwurzeln**. Im stark ausgewaschenen und von Nässe verdichteten Hämatit-Boden der Tropen enthalten die oberen Erdschichten die meisten Nährstoffe. Sie können von den flachen, teils ebenerdig verlaufenden Wurzelsträngen gut aufgenommen werden. Brettwurzeln verteilen die auf den Baum wirkenden Zugkräfte auf ein weit verzweigtes Wurzelsystem an der Oberfläche und ersetzen so eine tiefe Verankerung.

Die Wälder in der Nähe von Siedlungen sind fast immer so genannter Sekundärwald. Der jüngste Zweitbewuchs setzt sich aus schnell wachsenden, anspruchslosen Bäumen, Stauden und Sträuchern zusammen – häufig dominiert von den sehr zahlreichen endemischen **Bambusarten**. Neben dem bis zu 35 m hohen Riesenbambus gedeihen wilde Bananenarten und die kletternde, mittlerweile selten gewordene Rattanpalme.

Im Nordosten wachsen in Regionen über 1200 m trockene **Kiefernwälder**. Insbesondere in der Ebene der Tonkrüge stehen niedrige Kiefern einzeln oder in lichten Wäldern zusammen *(Pinus keysia, Pinus merkusii)*.

Tropische Baumarten säumen auch die Hauptstraßen Vientianes, darunter der großblättrige Balsamapfel *(Clusia rosea)*, Leberwurstbäume und Eukalyptus. Der ausladende Regenbaum *(Albizia saman)* steht oft einzeln. Die verschiedenen Arten der *Albizia* tragen bohnenförmige Früchte, die bis zu 40 cm lang sein können. Im reifen Zustand springen sie auf und geben die Samen frei. Bei einigen Arten verholzen die Früchte und nehmen eine fast schwarze Farbe an. Der aus Indien stammende Bodhi-Baum *(Ficus religiosa)* ist auf jedem Klostergelände zu finden. Wie viele Feigen und tropische Nutzbäume ist er **stammblütig**: Blüten wie Früchte wachsen direkt aus dem Stamm oder aus den Ästen.

Das häufigste Ziergewächs und zugleich Tempelbaum und Nationalblume ist der opulent duftende **Frangipani** *(Plumeria rubra)*, laot. *dok champa*. Bis auf eine blattlose Phase während der trockenen Monate trägt er an seinem knorrigen Geäst langgestreckte Blätter und propellerförmige rosa oder weiß-gelbe Blüten.

Nicht nur im Dschungel sind besonders große und alte Bäume mit **Epiphyten** überzogen. In dicken Astgabeln sitzen der Kronen-Geweihfarn *(Platycerium coronarium)* oder der als Zimmerpflanze bekannte Nestfarn *(Asplenium nidus)*.

Fauna

Seinen menschenleeren, unwegsamen Gebieten verdankt Laos eine Fauna, deren Artenvielfalt in Südostasien hinter Kambodscha an zweiter Stelle rangiert. Mehr als 600 Vogelarten, 172 Säugetiere und 142 Reptilien wurden bislang gezählt. Davon ist der überwiegende Teil in den Waldgebieten der Annamitischen Kordillere beheimatet. Als sensationell gelten die **Entdeckungen** in den 90er Jahren, als Zoologen im laotisch-vietnamesischen Grenzgebiet auf drei bis dahin unbekannte Huftiere stießen: das Truong Son-Muntjak *(Muntiacus truongsonensis)*, Riesenmuntjak *(Megamuntiacus vuquangensis)* und das Saola *(Pseudoryx nghetinhensis)*.

Besonders viele seltene Tierarten kommen im **Nakai-Nam Theun NPA** vor, das jedoch in absehbarer Zeit dem Nam Theun II-Stausee zum Opfer fallen wird. Die Wildlife Conservation Society engagiert sich seit Jahren für den Schutz und die Umsiedlung der Wildtiere, betroffen ist auch eine große Elefantenpopulation. Das Gebiet grenzt an das Vu Quang-Naturschutzgebiet in Vietnam, in dem das Saola zum ersten Mal gesichtet wurde. Erst im Jahre 2002 sorgte die Entdeckung einer Population von 50 Manipur-Leierhirschen *(Cervus eldi)* in der Provinz Savannakhet für Aufsehen. Die Hirschart galt in Laos als ausgestorben, und ihr weltweiter Bestand könnte damit die geschätzten 3000 übersteigen. Der Fund lässt Wissenschaftler auf weitere Populationen dieser und anderer Spezies in Laos hoffen. Zuletzt entdeckten Forscher 2005 auf einem Markt den Vertreter einer Nagerfamilie, die schon lange als ausgestorben galt.

Von der reichen Tierwelt bekommen Besucher leider kaum etwas zu Gesicht. Häufig bleibt es bei Geckos, Wasserbüffeln und einer überwältigenden Zahl von Schmetterlingen unmittelbar nach der Regenzeit. Selbst Vögel sieht man selten. Ein Grund sind die **Jagdgewohnheiten** der Landbevölkerung, für die es zum Alltag gehört, auch kleinste Singvögel zu fangen oder zu schießen. Auf den Märkten werden besonders viele Kleinvögel zum Verzehr oder als Haustiere angeboten.

Die urwüchsigen Landschaften bieten zahlreichen **Schlangen** einen idealen Lebensraum. Daher ist die Chance, ihnen nicht nur auf dem Markt zu begegnen, hoch. Besonders in Acht nehmen muss man sich vor der hochgiftigen Bambusnatter *(Elaphe porphyracea)* – fingerdünn bis zu 1,50 m lang, grün mit gelbem Rückenstreifen – und der Kobra.

Bedrohte Tierarten

Eines der am intensivsten gejagten und teuer gehandelten Tiere ist ein Schuppentier, der Pangolin *(Manis javanica* und *pentadactyla)*. Er wird gegessen und das Horn seiner Krallen und Schuppen in der traditionellen Medizin verarbeitet. Heute ist der Bestand auf verschwindend geringe 1% der vor 30 Jahren gemessenen Population geschrumpft. Seltene Arten von Dachs, Schleichkatze und Lori sowie unter den Primaten Languren und Makaken gehören ebenfalls zu den Gejagten. Als gefährdet gelten der Weißwangengibbon und der Kleideraffe, der besonders prächtig in vier Farben gezeichnet ist.

Dennoch findet man in Laos noch eine Reihe von Tierarten, die einst auf der gesamten südostasiatischen Halbinsel verbreitet waren und heute vom Aussterben bedroht sind. Ganz oben auf der Liste der bedrohten großen Säuger stehen das Kouprey und das Java-Nashorn. Beide werden noch in Südlaos vermutet. Stark gefährdet sind außerdem der Tiger, Elefant, das Banteng-Rind *(Bos javanicus)* und der Wilde Wasserbüffel *(Bubalis bubalus)*. Zu den seltensten Vögeln gehören der Riesenibis *(Pseudibis gigantea)*, Große Marabu *(Leptoptilos dubius)* und Kaiserfasan *(Lophura imperialis)*. Weltweit rar, jedoch in Laos noch zahlreich anzutreffen, sind der Kurzschwanzsäbler *(Jabouilleia danjoui)*, die Laos-Buschtimalie *(Stachyris herberti)* und die Kelleytimalie *(Macronous kelleyi)*, die in Zentral- und Südlaos endemisch ist.

Sehr selten gewordene Flussbewohner sind das Siam-Krokodil, der Riesenwels *(Pangasianodon gigas)* und der **Irrawaddy-Delphin** (S. 382). Der Süßwasserdelphin im südlichen Mekong wird nicht gejagt, verfängt sich jedoch oft in Fischernetzen, wodurch sein Bestand weiter dezimiert wird.

Naturschutzgebiete (NPA)

Seit 1993 gibt es in Laos 22 National Protected Areas (NPA), in denen insgesamt 18,8 % der Landesfläche (43 450 km^2) unter Schutz stehen. 13 weitere Gebiete wurden vorgeschlagen, manche davon werden de facto als NPA behandelt.

Folgende Ziele wurden für die Gebiete, die der internationalen Schutzkategorie VI (Bewirtschaftete Ressourcenschutzgebiete) zugeordnet sind, formuliert: das natürliche Gleichgewicht bewahren; den Wald als Lebensgrundlage für die dort lebende Bevölkerung erhalten; Wassereinzugsgebiete schützen; Bodenerosion verhindern; und die biologische Vielfalt nachhaltig schützen. Angestrebt wird ein Umweltschutz, der mit der wirtschaftlichen und gesellschaftlichen Entwicklung des Landes in Einklang steht. Dieser Punkt bezieht sich auf die schonende Nutzung des Waldes durch seine Bewohner und auf die Entwicklung eines **ökologisch verträglichen Tourismus**, der zuerst im Nam Ha NPA erfolgreich etabliert wurde. Neben den Guides und Organisatoren profitieren auch die Bergvölker wirtschaftlich von den Besuchern.

NPAs sind nicht mit Naturreservaten, Wildnisgebieten oder Nationalparks zu vergleichen. Dennoch stellt ihre Einrichtung in einem Land mit so viel Natur und einer Artenvielfalt, wie sie Laos aufweist, einen sehr wichtigen und progressiven Schritt dar. Die Umsetzung der Naturschutzziele ist weitgehend von auswärtiger Finanzhilfe abhängig. Es mangelt an Personal, das die weiten Gebiete betreut und überwacht. **Verbote**, die in einem NPA gelten, betreffen Fischen mit Sprengstoff, die Jagd seltener Tiere und den Brandrodungsanbau. Das Sammeln von Walderzeugnissen (NTFP = *non-timber forest products*) ist den Bewohnern, die darauf angewiesen sind, ausdrücklich erlaubt. Bedauerlich ist, dass der kommerzielle Holzeinschlag noch vielerorts genehmigt wird.

Bislang gehört Laos nicht zu den Unterzeichnern des Washingtoner Artenschutzabkommens. Für ein Land, das seinen Speisezettel seit jeher mit Vögeln und Wild bereichert, steht das auch kaum auf der Tagesordnung. Hinzu kommt der florierende, auch nach laotischer Gesetzgebung illegale Handel mit exotischen Tieren, die nach China und Vietnam verkauft werden – ein Geschäft, dem nur mit einer effizienten Grenzpolizei beizukommen wäre. Die Zahl der seltenen Tiere, die auf laotischen Märkten zum Verkauf angeboten werden, ist erschreckend hoch und ein Bewusstsein für den **Tierschutz** so gut wie nicht vorhanden. Auch bei einem lebenden Tier, das auf dem Markt angeboten wird, raten Naturschützer dringend vom Kauf ab, da jeder Handel die bestehende Praxis unterstützt und das Tier kaum Überlebenschancen hat.

Bevölkerung

Einwohner: 5,6 Mill. (2005), 42% sind jünger als 15 Jahre
Bevölkerungswachstum: 2,4 %
Lebenserwartung: 56,7 J. bei Frauen, 52,7 J. bei Männern
Säuglingssterblichkeit: 87 pro Tausend
Alphabetisierungsrate: 65 %
Stadtbevölkerung: 23,5 %

Die Bevölkerung von Laos ist ein buntes Gemisch aus verschiedensten Ethnien, die nicht selten in Gemeinschaften von einigen 100 Menschen über weite Teile des Landes verstreut leben. Mit mehr als 60 Volksgruppen und bis zu 120 Untergruppen sind in Laos mehr Ethnien zu Hause als in jedem anderen Land Südostasiens.

Derzeit leben auf einer Fläche von der Größe der alten Bundesrepublik etwa 5,6 Millionen Menschen. Auf einen Quadratkilometer kommen damit im Schnitt nur 24 Bewohner. Nirgendwo sonst in der Region teilen sich so wenige Menschen so viel Land. Dem gegenüber steht eine hohe Wachstumsrate der Bevölkerung – in Südostasien ebenfalls unübertroffen. Experten sprechen deshalb trotz geringer Bevölkerungsdichte von einem stark zunehmenden Bevölkerungsdruck. Hintergrund ist die geringe landwirtschaftliche Nutzfläche (weniger als 10%), die sich auf die fruchtbaren Ebenen und Täler konzentriert und einer so rasch wachsenden Bevölkerung auf Dauer keine Lebensgrundlage bietet. Hinzu kommen Abwanderung und die Umsiedlung ganzer Dörfer aus den Gebirgsregionen. Die Regierung hat erstmalig 1999 eine Kampagne zur Geburtenkontrolle gestartet – bislang aber nur mit mäßigem Erfolg.

Laos ist eines der ärmsten Länder der Welt. Das spiegelt sich auch in vielen **sozialen Indikatoren** wider: So stirbt jedes elfte Kind unter fünf Jahren infolge von Unterernährung und schlechten hygienischen Bedingungen. Nur 43% der Bevölkerung hat Zugang zum öffentlichen Wassersystem. Jeder dritte Laote kann weder lesen noch schreiben. Die durchschnittliche Lebenserwartung liegt derzeit bei 55 Jahren. 42% der Laoten sind jünger als 15 Jahre (die Alterspyramide hat die Form einer Pickelhaube). Doch die Planer sind ehrgeizig: Bis zum Jahr 2020 soll das jährliche Pro-Kopf-Einkommen von derzeit US$491 auf US$1200–1500 verdreifacht, die Analphabetenrate auf 10% gesenkt und die durchschnittliche Lebenserwartung auf 70 Jahre erhöht werden. Ein langer Weg für ein Land, dessen Bevölkerung von politischer Mitbestimmung praktisch ausgeschlossen ist.

Den besten Überblick über die Völker in Laos vermittelt die ethno-linguistische Einteilung. So trifft man hier auf die **fünf großen Sprachfamilien** des südostasiatischen Subkontinents. Allen gemein ist das tonale Sprachsystem.

Der überwiegende Teil der Bevölkerung gehört der Sprachfamilie der **Tai** an (auch Tai-Kadai genannt). Insgesamt machen sie 65,5% der Bevölkerung aus, davon sind allein zwei Drittel Lao (oder Tai-Lao). Das andere Drittel der Tai-Sprachfamilie setzt sich aus rund 26 Ethnien zusammen, die bis auf wenige Ausnahmen in den Ebenen und Tälern des Nordens angesiedelt sind.

Knapp ein Viertel der Bevölkerung, nämlich 24%, sind Angehörige der **Mon-Khmer**-Sprachfamilie. Zu diesem Hauptableger der austro-asiatischen Sprachfamilie werden die ältesten in Laos ansässigen Bewohner gezählt. Sie kamen im 6.–8. Jh. aus dem Gebiet des heutigen Kambodscha nach Südlaos und rückten bis zum 10. Jh. nach Zentral- und Nordlaos vor. Heute ist ihre größte Gruppe, die Khmu, im Norden angesiedelt, während etwa 45 verschiedene Mon-Khmer-Gruppen in ganz Zentral- und Südlaos verstreut leben.

Die jüngsten Bewohner des Landes sind in den nördlichen Gebirgsregionen beheimatet. Die Angehörigen der **Miao-Yao**-Sprachfamilie wanderten im 19. Jh. aus Südchina ein. Sie umfassen 6–10% der Bevölkerung, wovon allein 80% Hmong sind. Die in Myanmar, Thailand, Vietnam und Südchina weitverbreitete sino-tibetische Sprachfamilie ist mit ihren beiden Hauptgruppen in Laos vertreten: Die **tibeto-birmanische** Gruppe macht 3–4% der Gesamtbevölkerung aus, und die **sinitische Gruppe** wird von den Ho als kleiner Ethnie repräsentiert. Die Ho umfassen weniger als 1% der Bevölkerung, wir weisen deshalb im Folgenden nur auf die tibeto-birmanische Sprachfamilie hin.

Alle Völker der Mon-Khmer, der Miao-Yao und der tibeto-birmanischen Sprachfamilie sind Animisten. Zwar haben einige Völker, darunter die Lue und die Pounoy, den Theravada-Buddhismus der

Tai-Lao angenommen, der Großteil ist jedoch nach wie vor animistischen Glaubens. Unter den Mon-Khmer im Süden gibt es ganz vereinzelt auch zum Christentum bekehrte Gruppen.

Die Tai
Lao
Die Lao bilden die größte Gruppe der Tai. Nach ihnen benannten die Franzosen im 19. Jh. das Land (nach *les Laos*, frz. Plural), und ihre Sprache, das Laotische, ist offizielle Landessprache.

Mit 2,5 Millionen Angehörigen stellen die Lao heute die wirtschaftlich und politisch dominierende Bevölkerungsgruppe. Ursprünglich aus der chinesischen Region Guangxi stammend, wanderten sie in einer ersten Welle vom 8.–10. Jh. über Yunnan und die Sipsong Chu Tai-Region im heutigen Vietnam nach Nordlaos ein. Weitere Migrations-

Die offizielle Dreiteilung

Touristen schätzen die ethnische Vielfalt in Laos als seltene Palette individueller Traditionen und Lebensweisen. Aus Sicht des Staates ist es genau diese heterogene Bevölkerungsstruktur, die die Verständigung erschwert und einer wirtschaftlichen und kulturellen Entwicklung im Weg steht. Um die Unterschiede zu glätten und die Landesbewohner besser definieren zu können, nahm die Staatsführung im Jahr 1975 eine anschauliche Dreiteilung vor: Unter dem Oberbegriff „Lao" – der so gedehnt wurde, dass er nicht mehr nur die Lao, sondern alle Volksgruppen umfasste – wurden die Ethnien je nach Höhenlage ihrer Siedlungsgebiete in verschiedene Kategorien eingeteilt.

Lao Loum
Als Lao Loum werden die **Bewohner des Tieflands**, der Täler und Ebenen in 200–400 m Höhe bezeichnet. Diese Gruppe wird häufig mit den Lao gleichgesetzt, der größten Bevölkerungsgruppe des Landes. Die Lao gehören der Tai-Sprachfamilie an. Alle weiteren in Laos lebenden Tai-Völker, etwa Lue, Phouan, Tai Deng, Tai Khao und Tai Dam, werden ebenfalls dieser Kategorie zugeordnet, leben aber im Nordosten des Landes oft in 800–1000 m Höhe.

Lao Theung
Lao Theung heißen die **Bewohner der mittleren Gebirgslagen** in 300–900 m Höhe. Diese Gruppe wird weitgehend mit den Bergvölkern der Mon-Khmer-Sprachfamilie assoziiert, die in Laos mit rund 45 Untergruppen die größte Anzahl an Völkern umfasst. Hierunter fallen die Khmu, Katu, Alak, Taliang, Laven, Nge, Ta-Oy, Bru und Mabri. Die Katu und Taliang siedeln allerdings in Südlaos in Gebirgsregionen über 800 m Höhe und passen demnach nicht in diese Kategorie.

Lao Soung
Als Lao Soung werden die **Bewohner der Bergspitzen und -kämme** in 800–1600 m Höhe bezeichnet. Diese Gruppe besteht aus einer kleinen Anzahl von Völkern der tibeto-birmanischen und der Miao-Yao-Sprachfamilie. Zur Letzteren gehören die Hmong, die die viertgrößte Ethnie in Laos darstellen. Ihre zahlenmäßige und wirtschaftliche Dominanz, besonders im Nordosten des Landes, hat dazu geführt, dass der Begriff Lao Soung häufig synonym für Hmong gebraucht wird.

Durch die zunehmende Vermischung der Bevölkerung auf dem Land und in den Städten spiegelt diese ethno-geomorphologische Kategorisierung immer weniger die tatsächlichen Verhältnisse wider. Schon im Jahr 1981 wurde die Dreiteilung im Rahmen einer Konferenz zum Thema Ethnien offiziell verworfen, woraufhin sie in der Verfassung von 1991 auch nicht mehr auftaucht. Die Provinzregierungen stützen sich jedoch noch heute weitgehend auf diese Einteilung, und selbst das Nationalmuseum in Vientiane veranschaulicht die Bevölkerungsstruktur des Landes weiterhin anhand der drei Kategorien. Im allgemeinen Sprachgebrauch sind die griffigen Schubladen fest verankert und auf lange Sicht nicht wegzudenken.

wellen folgten, deren bedeutendste im 13. Jh. durch den Einfall der Mongolen in Südwestchina ausgelöst wurde. Im Zuge der Indisierung nahmen die Lao den Theravada-Buddhismus an, wobei bis heute brahmanische und animistische Einflüsse spürbar sind. Die größte Fluchtwelle in neuerer Zeit fand 1975–79 statt, als nach der kommunistischen Machtübernahme rund 300 000 Lao nach Thailand und von dort in die USA, nach Frankreich, Kanada und Australien flüchteten. Die in Thailand verbliebenen Flüchtlinge stießen zu den rund 17 Millionen Lao, die sich bereits vor langer Zeit im Nordosten Thailands, dem so genannten Isan, angesiedelt hatten. Die Lao-Gemeinde in Thailand beträgt damit fast das Siebenfache der Lao-Bevölkerung in Laos.

Den Dörfern der Lao gehören bis zu 100 Familien an. Damit zählen sie zu den größten im Land. Viele der Häuser sind aus Holz gebaut, mit Bambus- oder Holzschindeln gedeckt und mit geometrischen Verzierungen an den Balustraden versehen. Die typische Kleidung der Frauen ist der handgewebte *pha sin*, ein knöchellanger Rock, der aus mehreren Stoffbahnen zusammengenäht wird. Die **Baci-Zeremonie** („Baasi" ausgesprochen) gehört zu den wichtigsten animistischen Relikten im Theravada-Buddhismus der Lao. Sie wird bei jeder wichtigen Gelegenheit im Leben eines Menschen zelebriert, Näheres s. S. 102.

Die anderen Gruppen innerhalb der Tai-Sprachfamilie werden häufig den Bergvölkern zugeordnet. Zu den größten gehören die Lue, Phouan, Tai Deng (Rote Tai), Tai Khao (Weiße Tai) und Tai Dam (Schwarze Tai). Die Tai-Bergvölker leben über ein sehr weiträumiges Gebiet verstreut, das vom südchinesischen Yunnan über Thailand und Laos bis nach Vietnam reicht. Zusammengenommen bilden sie die größte ethnische Gruppe Südostasiens ohne eigenen Staat. In Laos haben viele von ihnen den Buddhismus als erste Religion angenommen, daneben praktizieren sie weiterhin ihren ursprünglich animistischen Glauben.

Lue

Vergleichbar mit dem großen wirtschaftlichen und kulturellen Einfluss, den die Lao auf ihre Nachbarn im Tiefland ausüben, nehmen auch einzelne Tai-Völker unter den Bergvölkern eine Vorbildfunktion ein. Diese Rolle kommt den rund 120 000 **Lue** in ihrem Siedlungsgebiet zu: Es erstreckt sich von der Provinz Phongsali über den äußersten Nordwesten bis zur Provinz Xaignabouri. Ihr wirtschaftlicher Einfluss ist so groß, dass ihre Sprache zur allgemeinen Verkehrssprache im Nordwesten des Landes geworden ist. Benachbarte Bergvölker haben den hochentwickelten, terrassierten Bewässerungsanbau der Lue, die stabile Bauweise der hoch aufragenden Stelzenhäuser (mit Strahlenmuster im Giebel), das Religionsgemisch aus Theravada-Buddhismus und *phi*-Glaube und sogar die für sie typischen Webmuster aus Zickzack-Linien und Romben übernommen. Die Lue tragen ihre farbenprächtige traditionelle Kleidung nur noch zu religiösen Festen.

Tai Deng

Die Tai Deng leben in der Provinz Houaphan und dort überwiegend östlich von Xam Neua. Durch die Nähe zu Vietnam ist ihre Sprache stark vom Vietnamesischen beeinflusst. Die Tai Deng gelten als die besten **Seidenweber** des Landes. Ihren kunstvollen filigran-geometrischen Webmustern und auch den figürlichen Darstellungen in ihren Webarbeiten scheinen keine Grenzen gesetzt. Sie produzieren und färben Seide (Näheres s. S. 110, Textilien). Die Männer sind für das Flechten der Körbe zuständig.

Tai Dam

Das Volk der Tai Dam zählt rund 50 000 Angehörige. Ihr Verbreitungsgebiet zieht sich von der Provinz Luang Namtha über die Provinzen Houaphan und Xieng Khouang bis zur Provinz Vientiane. Den Standort für ihre Dörfer wählen sie bevorzugt am Ostufer eines von Norden nach Süden fließenden Flusses. Der Friedhof wird am Westufer angelegt. Auch die Tai Dam weben und produzieren Seide. Charakteristischer sind jedoch ihre schwarzen, mit leuchtend rot-gelber Stickerei verzierten Kopftücher. *Dam* bedeutet „schwarz", und die Tai Dam-Frauen kleiden sich dunkelblau bis schwarz und tragen einen dicken Haarknoten auf der Höhe des Scheitels oder ein locker umgeschlungenes Kopftuch, dessen verzierte Bordüren im Nacken breit herabfallen.

Die Mon-Khmer

Die ältesten Bewohner von Laos sind die Völker der Mon-Khmer-Sprachfamilie. Sie wanderten zwischen dem 6. und 10. Jh. nach Laos ein und siedelten in den fruchtbaren Niederungen des Mekong. Häufig wird behauptet, dass die später eingewanderten Tai-Völker die Mon-Khmer von den Tälern in höhere Gebirgslagen abgedrängt hätten. Da die Mon-Khmer-Völker jedoch traditionell Brandrodungsanbau betreiben und ihr animistischer Glaube sich sehr stark auf die Berge und Wälder bezieht, ist es auch denkbar, dass sie schon immer in den Wäldern der höher gelegenen Regionen gelebt haben. Sie sind im gesamten Süden verbreitet, besonders auf dem Bolaven-Plateau in der Provinz Champasak und dem Gebirge entlang der Grenze zu Vietnam. Ihre größte Gruppe, die **Khmu**, ist in den Nordprovinzen Luang Prabang, Luang Namtha, Houaphan und Oudomxai zu Hause.

Die Mon-Khmer-Völker wurden von den französischen Kolonialherren als scheues und unterwürfiges Volk beschrieben, das das laotische Königshaus wegen seiner Treue und Ergebenheit bevorzugt als Wächter und Diener einsetzte. Die von den Lao geprägte Bezeichnung *kha* für die Mon-Khmer bedeutet „Sklaven". Sie wurde 1975 von den Pathet Lao verboten. Bis heute nehmen die Mon-Khmer unter den Bergvölkern und innerhalb der laotischen Gesellschaft einen niedrigen Rang ein. Im Süden zählen ein Dutzend Mon-Khmer-Völker nur noch wenige 1000 Menschen, und ihr Lebensstandard ist oft merklich einfacher als der ihrer Nachbarn.

Khmu Ou

Der soziale Zusammenhalt der etwa 500 000 Khmu Ou sowie ihre Abgrenzung nach außen sind weniger stark ausgeprägt als bei vielen anderen Bergvölkern. Nicht zuletzt aus diesem Grund unterliegen sie in den Provinzen Oudomxai und Luang Namtha – insbesondere in der Muang Sing-Ebene – dem starken Einfluss der Lue. Ein historisches Zentrum der Khmu ist **Vieng Phoukha**, wo selbst ihre schwarzen mit buntem Kreuzstich versehenen Trachten noch häufig zu sehen sind. Ihre Lebensweise und Sprache in der Gegend um Xam Neua orientieren sich an den Tai Deng und in der Provinz Xieng Khouang werden sie, insbesondere wirtschaftlich, von den Hmong dominiert. Häufig müssen sich die Khmu als Saisonarbeiter verdingen. Äußerlich unterscheiden sie sich durch ihre kleine Statur, und unter den Ältesten sind manchmal noch traditionelle Tätowierungen im Gesicht oder an Armen und Beinen zu erkennen. Die Männer sind kunstvolle **Korbflechter**. Besonders beeindruckend sind die großen trichterförmigen Rückentragekörbe, die sich typischerweise zu einer viereckigen Basis verjüngen.

Nge

Die Nge zählen etwas mehr als 10 000 Angehörige und sind in den Südprovinzen Saravan, Xekong und Champasak beheimatet. In Regionen von 300–800 m Höhe bauen die Nge Kaffee, Erdnüsse, Soja und Tabak in Wechselfelderwirtschaft an. Sie weben die für die Mon-Khmer des Südens typischen rot-gelb-schwarz gestreiften Baumwollstoffe (siehe Lao Theung auf dem 1000 Kip-Schein). Den Stoff verkaufen sie z. B. an die **Ta-Oy**, mit denen sie in einigen Fällen auch in einem Dorf leben. Ein Langhaus wird von bis zu sechs Familien bewohnt. Ihr animistischer Glaube ist geister- und ahnenbezogen und enthält schamanistische Elemente. Sie pflegen noch eine Reihe ritueller Feste zu Ehren der Ahnengeister, darunter ein siebentägiges Fest im April, bei dem auch ein Büffelopfer dargebracht wird. Ihre traditionellen Tänze mit Schild und Speer geraten jedoch zunehmend in Vergessenheit.

Die Miao-Yao

Die zwischen 1820 und 1900 aus Südchina eingewanderten Völker der Miao-Yao-Sprachfamilie kamen von Osten über Vietnam und von Westen über Myanmar nach Laos. Sie stammen ursprünglich aus den Hochebenen Tibets und der Mongolei, was sie dazu veranlasste, sich in den höchsten Gebirgsregionen niederzulassen.

Die Miao-Yao-Sprachfamilie in Laos besteht aus vier Gruppen: **Hmong** Khao, Hmong Lay, Yao (oder Mien) und Lanten (oder Lao Houay). Diese Völker sind in allen Provinzen nördlich der Provinz Borikhamxai zu Hause. Im Gegensatz zu den Mon-Khmer, mit denen sie ihr Siedlungsgebiet teilen, kennzeichnet die Miao-Yao ein stark ausgeprägtes Identitätsgefühl. In ihrem animistischen Glaubenssystem gelten die Geister als nur schwer beeinflussbar und nahezu allmächtig. Daneben ist der Ahnenkult von sehr großer Bedeutung. Sowohl die Verstorbenen als auch die Geister üben einen erheblichen Einfluss auf den Alltag der Lebenden aus. Typische Merkmale für die Miao-Yao sind große, ebenerdig auf Lehmboden gebaute Häuser, der Anbau von normalem Reis anstatt Klebreis und der weit verbreitete Anbau von Schlafmohn zur Opiumherstellung.

Hmong

Die Hmong sind die bedeutendste und größte Gruppe der Miao-Yao. Ihre höchste Konzentration ist in den nordöstlichen Provinzen Xieng Khouang und Houaphan anzutreffen. Als Guerillakämpfer im „Geheimen Krieg", im Sold der USA, machten sich die Hmong in Laos einen unrühmlichen Namen, der ihnen noch heute anhängt. Dennoch zollen ihnen die Lao von allen Volksgruppen den meisten Respekt, was auf ihren Fleiß, ihr gut organisiertes Sozialgefüge, ihren wirtschaftlichen Erfolg und ihre Tapferkeit zurückzuführen ist. Ein gewisser Wohlstand kommt auch durch die finanzielle Unterstützung im Ausland lebender Hmong zustande, denn Zehntausende flüchteten nach der Revolution in die USA, nach Thailand oder Frankreich. Seit Ende der 80er Jahre hat die laotische Regierung wiederholt Repatriierungen von Hmong-Flüchtlingen aus Thailand zugelassen, allerdings handelte es sich nach so langer Zeit selten um mehr als 100 Menschen auf einmal.

Das Volk der **Weißen Hmong** zählt etwa 150 000 Angehörige. Bevor auf den Hmong-Märkten billiger Synthetikstoff aus den östlichen Nachbarländern erhältlich wurde, trugen die Frauen weite weiße Röcke aus Hanfgewebe; heute tragen die Frauen Weiß zum Neujahrsfest und zu Hochzeiten. Ihre mit Applikations- und **Miniaturstickerei** verzierten Schürzen, Taschen und breiten Gürtel sind zu Festtagen zusätzlich mit grellen Perlen und Pailletten versehen. Im Alltag tragen die Hmong Khao-Frauen über weiten schwarzen Hosen knielange Kimonos, manchmal mit blau-schwarz oder grün-schwarz geringelten Ärmeln, aus mehreren Stoffstreifen zusammengenäht. Die Männer tragen chinesisch anmutende, weit geschnittene indigoblaue Hosen und Jacken, teilweise mit blau abgesetzten Manschetten.

Zu den **Blauen Hmong** zählen etwa 140 000 Menschen. Ihren Namen verdankt die Volksgruppe ihren indigofarbenen, mit Batikmustern verzierten Baumwollstoffen. Der blau gemusterte Stoff wird in schrillen Gelb-, Grün- und Rottönen bestickt und häufig zu Taschen oder Shorts weiterverarbeitet und in Touristenzentren verkauft. Traditionell tragen die Frauen knielange Tellerröcke, die sich in dichten Falten um die Hüften aufbauschen. Besondere Merkmale sind die leuchtenden flächigen **Kreuzstichmuster** und die aufgenähten bunten Ringel.

Yao

Die rund 10 000 Yao gelten als eine sehr homogene Volksgruppe mit einer ganzen Reihe besonderer Fähigkeiten. Sie sind begabte Geschäftsleute und messen Geld eine große Bedeutung zu. Unter den Ethnien in Laos stellen sie die kunstvollsten Silberarbeiten her – oft fertigen sie hochwertigen Silberschmuck im Auftrag der Hmong oder anderer Völker an. Sie genießen den Ruf als gute Vermittler und werden selbst im Falle von Konflikten zwischen anderen Volksgruppen gern als Schlichter herangezogen. Die ganz in schwarz oder dunkelblau gekleideten Frauen der Yao tragen einen dunklen, teilweise bestickten Turban und eine auf der Vorderseite mit Stickereien verzierte, weite Hose. Am Kragen und an den Vorderkanten des Oberteils ist eine **flauschige Bordüre** aus leuchtend roter Baumwolle befestigt. Gemeinsam mit den Lanten besitzen die Yao eine Schrift mit chinesischen Zeichen, die heutzutage jedoch nur noch Priester und wenige Alte lesen können.

Lanten

Die nur 5000 Lanten oder Lao Houay leben in der Umgebung von Luang Namtha und in der Provinz Bokeo. Sie sind eng mit den Yao verwandt, aber viel ärmer und äußerlich deutlich zu unterscheiden. Die Frauen zupfen sich im Alter von 15 Jahren zum Zeichen der Heiratsfähigkeit die Augenbrauen vollständig aus. Unter einem schwarzen, seitlich geknöpften langen Kittelobertreil tragen sie eine kurze Hose. Die Waden schützen eng anliegende weiße Gamaschen. Charakteristisch ist eine violette Krawatte aus herabhängenden Fäden, an den Kragen angenäht. Ihr Kopfschmuck ist mit Silberstücken – Piastres Indochinoises aus der französischen Kolonialzeit oder Thai-Baht – oder ersatzweise mit Aluminiumstücken besetzt. Sie stellen **Papier aus Bambus** her, das sie zum Einwickeln von Opium verwenden.

Opium wird in erster Linie für den Eigengebrauch produziert. Unter den Miao-Yao-Völkern

Kinder in einem Hmong-Dorf

weisen die Lanten die meisten Opiumabhängigen auf, was unter anderem auf ihre offenere Mentalität und die weniger an Besitztümern orientierte Lebensweise zurückzuführen ist. Wegen ihrer großen Armut büßen sie zunehmend Teile ihrer traditionellen Lebensgrundlagen ein und geraten auch durch ihre geringe Zahl immer mehr in Bedrängnis.

Die Tibeto-Birmanen

Die etwa 130 000 Angehörigen der kleinsten Sprachfamilie in Laos leben im äußersten Norden des Landes in den Provinzen Bokeo, Luang Namtha und Phongsali. Sie kamen im 16. und 17. Jh. aus der tibetischen Hochebene nach Myanmar, Nordthailand und Laos. Zu den bekannteren der rund 30 sehr zurückgezogen lebenden Bergvölker gehören die Akha, **Lahu** (auch Kui Sung, Mosso oder Mousseur genannt) und die Pounoy.

Mit Ausnahme der in der Provinz Phongsali lebenden buddhistischen **Pounoy** sind die Völker der tibeto-birmanischen Sprachfamilie Animisten. Die großen Zeremonien der **Akha** beinhalten noch heute Tieropfer, wobei sie aus Armut nur noch sehr selten Büffel opfern können. Um eine schwere Krankheit zu heilen, kann es nötig sein, mindestens fünf Schweine, zwei Hunde und 20 Hühner zu opfern! Oft haben diese Zeremonien den positiven Nebeneffekt, dass für das ganze Dorf ein Festmahl angerichtet wird – oft in Zeiten der Not. Dennoch verarmt nicht selten die Familie des Kranken, da das Ritual bei einer langwierigen Krankheit mehrmals wiederholt werden muss. Für einen Bruchteil der Kosten lassen sich moderne Medikamente kaufen, die bei den Akha zunehmend auf Akzeptanz stoßen. Die uralten schamanistischen Bräuche sind entsprechend in ihrer Existenz gefährdet.

Akha

Es gibt etwa 66 000 Akha, wie sie sich selbst nennen. In Laos werden sie auch Kha Khor oder stark abwertend Ikor genannt. Die Dorfgemeinschaft stellt die größte gesellschaftliche Einheit dar, jedem

Bewässerungs- oder Brandrodungsanbau?

Die Bevölkerungsgruppen in Laos unterscheiden sich außer durch ihre Herkunft oder Stammesgeschichte auch durch die jeweils praktizierte landwirtschaftliche Anbaumethode.

Bewässerungsanbau

Die **Lao**, **Lue**, **Tai Dam**, **Tai Deng** und **Tai Khao** bauen Klebreis in ausgeklügelten Bewässerungssystemen an. Im 9.–13. Jh. brachten sie die in China über Jahrtausende entwickelte Anbaumethode nach Laos mit. Das bevorzugte Siedlungsgebiet der Tai-Völker lag im Tiefland des Mekong und in den Tälern der Nebenflüsse. Heute schwenken immer mehr Bauern auf Nassreisanbau um, da die Regierung versucht, durch Umsiedlungen und Landzuteilungen den Brandrodungsanbau zurückzudrängen. In dem technisch ausgeklügelten **Bewässerungssystem** wird das Wasser durch Kanäle, Dämme und Deiche je nach Bedarf zu- und abgeleitet. Die präzise geformten und terrassierten Parzellen werden mit Zugtieren bewirtschaftet. Reis wird in Monokultur ohne Zwischenbrache angebaut. Die Nährstoffzufuhr im überfluteten Boden vollzieht sich auf dreierlei Arten: über Sedimente, die der Fluss anschwemmt; durch Reisstroh, das sich unter Wasser zersetzt; oder durch den Dung der Weidetiere, die die Flächen während der Trockenzeit nutzen. Nur 15% der Nassreisflächen in Laos werden mit Hilfe von Pumpen oder durch Zuflüsse auch außerhalb der Regenzeit bewässert. Es können zwei Reisernten im Jahr erzielt werden. Mit durchschnittlich 3,5 t Nassreis pro Hektar fällt der Ertrag mehr als doppelt so hoch aus wie die beim Trockenreisanbau erzielten 1,5 t pro Hektar.

Brandrodungsanbau

Fast alle Bergvölker der **Mon-Khmer**, **Miao-Yao** und **tibeto-birmanischen** Sprachgruppen praktizieren den Brandrodungsanbau, auch Schwendwirtschaft genannt. Sie siedeln in den wasserärmeren Gebirgslagen und betreiben **Subsistenzwirtschaft**. Ihre Dörfer liegen in unmittelbarer Nähe zum Wald, wo sie Wild und Vögel schießen und Nagetiere fangen. Waldfrüchte wie Pilze, Harze, Honig, Bambussprossen und Gewürzknollen stellen wertvolle Nebeneinkünfte dar. Lebensnotwendige Walderzeugnisse sind Holz, Bambus, Rattan und Schilf. Außer **Trockenreis** bauen die meisten Bergvölker Feldfrüchte wie Maniok, Mais, Bananen, Kohl, Zuckerrohr, Bohnen, Auberginen, Papaya oder Ananas an. Sie dienen der Eigenversorgung, als Tauschgüter oder werden auf dem Markt verkauft.

Der landläufig in Verruf stehende Brandrodungsfeldbau blickt auf eine noch viel ältere Tradition zurück als der Bewässerungsanbau. Ein strenges Regelwerk hat sich über Jahrtausende im Einklang des Menschen mit der Natur entwickelt.

Ein Waldstück wird gerodet und abgebrannt, um Anbaufläche und zugleich einen mit Mineralien angereicherten Boden zu erhalten. Danach erfolgen Anbau und Rodung in festgelegten Zyklen auf mehreren Parzellen. Nach einer intensiven Bewirtschaftung von zwei bis drei Jahren ist eine Brache von 10–25 Jahren notwendig. In dieser Zeit bildet sich eine **Humusschicht**, und es wachsen Sträucher und schnell wachsende Hölzer nach. Nachdem die Vegetation gerodet und getrocknet wurde, reichert das Abbrennen den Boden mit Nährstoffen an. Die Regeln legen fest, dass das ökologische Gleichgewicht nur dann gewahrt bleibt, wenn auf einen Quadratkilometer bewirtschaftete Fläche nicht mehr als 20 Menschen kommen. Durch den zunehmenden Bevölkerungsdruck verkürzt sich die Brache heute häufig auf weniger als zehn Jahre, was sich in einer zunehmenden Bodenerosion und in schwindendem Waldbestand niederschlägt. Volksgruppen, die Brandrodungsanbau betreiben, verlegen ihre Dörfer alle 10–30 Jahre und werden deshalb als **Halbnomaden** bezeichnet. Die **Vorteile** der Brandrodung oder auch Wechselfelderwirtschaft liegen in der Qualität der Anbaufrüchte. Für das wohlschmeckende Gemüse und Obst bezahlen selbst Tieflandbewohner (Lao Loum) gern höhere Preise, und das Saatgut aus Gebirgsregionen gilt als besonders wertvoll.

Dorf steht ein Dorfoberhaupt vor, und die Familien eines Dorfes gehören bestimmten Clans an. Die Clanzugehörigkeit spielt vor allem bei der Heirat und Familiengründung eine wichtige Rolle, da zur Vermeidung von Inzucht strenge Heiratsvorschriften gelten.

Die Akha sind poligam, Männer können sich aber nur noch selten mehr als eine Frau „leisten". Sexuelle Erfahrungen vor der Ehe werden gefördert, indem eigens spezielle „Liebeshäuschen" für nächtliche Treffen errichtet werden. Unehelicher Nachwuchs wird als ein Fruchtbarkeitsbeweis geschätzt. Das frisch verheiratete Paar lebt zuerst bei den Eltern der Frau, wo die Ehe einer Probezeit von bis zu sechs Jahren unterliegt. Die Akha halten Hunde als Haus- und Wachtiere, Hunde zum Verzehr kaufen sie in anderen Dörfern. Das Tor zu einem Dorf ist von größter spiritueller Bedeutung und sollte niemals von Fremden berührt werden. Gleiches gilt für die **Schaukel** auf dem Dorfplatz, die alljährlich im September für die Werbungsrituale der jüngsten Heiratsfähigen aufgestellt wird.

Die Frauen der Akha tragen ihr gesamtes Vermögen in Form von Silberstücken an einem prächtigen **Kopfgeschmeide**. Angeblich legen sie dieses nicht einmal zum Schlafen ab. Ihre Schürzen sind ebenfalls mit echten und unechten Piastern aus der Kolonialzeit bestückt. Unter den Röcken der Frauen blitzen weiße Gamaschen zum Schutz der Waden hervor, und Männer wie Frauen tragen schwarz bis dunkelblau bestickte Oberteile.

Weitere Gruppen

Kleine Gemeinschaften von Handel treibenden Chinesen, Vietnamesen, Indern, Pakistani, Birmanen und Thais leben in den laotischen Städten. Sie lassen sich vielfach einem bestimmten Gewerbe zuordnen.

Viele **Chinesen** betreiben kleine Geschäfte, Restaurants, Wäschereien und Gästehäuser. Bis auf die oben erwähnten Ho kamen die meisten erst während der französischen Kolonialzeit nach Laos. Viele verließen das Land in den Wirren des Zweiten Indochinakrieges wieder, weitere flüchteten nach der Machtübernahme der Kommunisten. Mit der Verbesserung der laotisch-chinesischen Beziehungen Ende der 80er Jahre stieg die Zahl der chinesischen Einwanderer wieder an, so dass heute mehr als 50 000 Chinesen in Laos leben.

Inder kamen schon lange vor den Europäern als Händler nach Laos. Kleine indische Gemeinschaften entwickelten sich allerdings erst unter den Franzosen. Die knapp 3000 Inder, die heute in Laos leben, sind außer in der Gastronomie überwiegend im Textilgewerbe, der Verarbeitung von Edelsteinen und im Schmuckhandel tätig.

Kleine Gruppen von **Thais** leben entlang dem Mekong auf laotischer Seite, wo sie mit ihren Landsleuten vom gegenüberliegenden Ufer regen Handel treiben. Die wenigen **Birmanen** in Laos sind überwiegend im grenznahen Ort Muang Sing in der Provinz Luang Namtha beheimatet.

Die mehr als 50 000 **Vietnamesen**, die heute in Laos leben, haben sich zum größten Teil in den Provinzen Houaphan, Khammouan und Savannakhet sowie in Vientiane und Pakxe niedergelassen. In den 30er Jahren stellten sie zeitweise mehr als die Hälfte der Einwohner dieser Städte, da Frankreich ständig Angestellte für die Verwaltung und Arbeiter für den Ausbau des laotischen Verkehrswege benötigte und große Zahlen an Vietnamesen „importierte". Viele von ihnen flüchteten nach 1946 aus Laos, da sie in den 40er Jahren dem Vietminh im Befreiungskampf gegen die Franzosen geholfen hatten.

Geschichte

Nur weniges hat die Geschichte von Laos so beeinflusst wie seine Lage im Herzen des kontinentalen Südostasiens. Umgeben von starken Nachbarn musste das kleine Binnenland ständig um seine Integrität fürchten. Schon vor der Gründung des ersten laotischen Großreiches Lane Xang unterlagen die Fürstentümer am Mekong dem Einfluss der Khmer. Im Laufe der Jahrhunderte fielen Chinesen, Birmanen, Vietnamesen und Siamesen in Laos ein, bevor die Franzosen es im 19. Jh. zum Hinterland Französisch-Indochinas machten. In der Zeit des Vietnamkonfliktes war das Land de facto in eine amerikanische und eine nordvietnamesische Einflusssphäre gespalten, und auch nach der Gründung der Demokratischen Volksrepublik Laos behielt Vietnam seine ideologische Führungsrolle bei.

Heute, im Zeichen der wirtschaftlichen Öffnung, ist Laos darum bemüht, den Einfluss seiner starken Nachbarn im Gleichgewicht zu halten. Der Beitritt zum regionalen Staatenbund ASEAN im Jahr 1997 war ein wichtiger Schritt in diese Richtung.

Frühgeschichte

Über das prähistorische Laos ist nur sehr wenig bekannt. Die Tai-Völker, zu denen auch die Lao gehören, erreichten das Land in mehreren Migrationswellen zwischen dem 8. und 13. Jh. aus Südwestchina. Funde lassen aber darauf schließen, dass schon in der Mittelsteinzeit Gruppen von Jägern und Sammlern im heutigen Nordlaos lebten.

Eine **erste Welle austronesischer Völker** (Protomalaien) erreichte die Region zwischen dem 3. und 1. Jahrtausend v. Chr. Diese Gruppen brachten eine primitive Form des Ackerbaus mit und hielten Nutztiere. Ihre Siedlungen bestanden aus Pfahlbauten, und ihre religiösen Anschauungen waren von Schamanismus und Totenkulten geprägt.

Die ältesten Bronzegegenstände, die in Laos gefunden wurden, datieren um das 5. Jh. v. Chr. Sie fallen in die Zeit der **Dong-Son-Zivilisation**, einer frühen, Metall verwendenden Kultur, die sich bis nach Indonesien erstreckte. Der Name geht auf eine kleine Stadt in Vietnam zurück, in deren Umgebung in den 20er Jahren bedeutende Artefakte entdeckt worden waren. Kennzeichnend für diese Kultur waren neben metallenen Waffen und Kunstgegenständen vor allem Bronzetrommeln. Der Gebrauch von Eisen wurde vermutlich von einer zweiten Welle austronesischer Migranten (Deuteromalaien) eingeführt, die ab dem 3. Jh. v. Chr. nach Indochina gelangte.

Die **erste indigene Kultur** in Laos entwickelte sich noch vor Beginn unserer Zeitrechnung in der Region der heutigen Provinz Xieng Khouang. Bislang ist nur wenig über sie bekannt. Ihre Hinterlassenschaften sind jedoch ein viel bestauntes Touristenziel: riesige Steinkrüge, die in Gruppen von 40 bis 300 auf dem Xieng Khouang-Plateau verstreut liegen. Japanische Forscher haben inzwischen nachgewiesen, dass es sich dabei um Urnen handelt.

Indischer Einfluss und frühe Reiche

Der indische Einfluss, der die Kulturen Südostasiens und damit auch die laotische zutiefst geprägt hat, trat verstärkt seit der Zeitenwende auf. Erste Übermittler waren **indische Kaufleute**, die auf der Route nach China an der Küste Vietnams Station machten. Zu dieser Zeit begann sich der Handel zwischen Ostasien, Indien und dem fernen Europa zu intensivieren. Römische Münzen, die bei Oc Eo im Mekong-Delta gefunden wurden, verdeutlichen das Ausmaß der Beziehungen. Den Händlern folgten schon bald Mönche und **Brahmanen**, zuerst in eigener Mission, später vermutlich auch auf Einladung lokaler Regenten, die mit den indischen Konzepten von sozialer Ordnung und Königtum die eigene Herrschaft legitimierten.

In der Wissenschaft wird schon seit längerem darüber diskutiert, ob der Begriff „Indisierung" noch zutreffend ist oder ob nicht eher von einer „Indigenisierung indischer Kulturgüter" gesprochen werden muss. Die indische Ideenwelt wurde ja nicht blind übernommen, sondern verschmolz mit den Vorstellungen und Traditionen der sich entwickelnden südostasiatischen Kulturen. Auf Laos wirkte sich der indische Einfluss vor allem über andere Völker aus. In den ersten nachchristlichen Jahrhunderten entstanden auf der südostasiatischen Halbinsel eine Reihe indisierter Reiche (oder vielmehr: Verbunde von Machtzentren), die sich im Laufe ihrer Geschichte bis ins heutige Laos ausdehnten.

Das erste dieser Reiche war **Funan**, ein Verbund von Stadtstaaten, der sich im 1. Jh. in der Region des Mekong-Delta bildete. Aus chinesischen Berichten geht hervor, dass sich Funan im 3. Jh. bis nach Zentrallaos erstreckte. Die Bevölkerung gehörte mit großer Wahrscheinlichkeit der Mon-Khmer-Sprachgruppe an. Für die frühe Zeit ist die Verehrung von Shiva belegt. Spätere Funde weisen nach, dass auch Vishnukult und Buddhismus verbreitet waren.

Ein weiteres indisiertes Reich, dessen Gründung in diese Zeitspanne fällt, war **Champa**. Zwar lag das spirituelle Zentrum der Cham an der Küste Zentralvietnams (My Son), doch gehen manche Wissenschaftler davon aus, dass sich die Cham spätestens im 5. Jh. auch am mittleren Mekong niedergelassen hatten.

Nur wenig später löste sich das frühe Khmer-Reich **Zhenla** vom niedergehenden Funan und verdrängte die Cham aus der Mekong-Ebene. Zhenla war ebenfalls hinduistisch geprägt und unterhielt in Vat Phou ein religiöses Zentrum, das Shiva geweiht war. Im 7. Jh. verlegten die Könige Zhenlas ihre Hauptstadt nach Sambor Prei Kuk (Kambodscha), doch blieb Vat Phou in den folgenden 700 Jahren ein wichtiges Heiligtum der Khmer.

Noch bevor sich das Reich von Angkor über große Teile des südostasiatischen Festlands ausdehnte, entstand im zentralen Thailand (Lopburi, Nakhon Pathom) das Mon-Reich **Dvaravati**. Viel ist über dieses Reich nicht bekannt. Archäologische Funde belegen jedoch, dass es eine blühende buddhistische Kultur hervorbrachte. Wahrscheinlich kamen die ersten Tai, die zu dieser Zeit langsam aus Südwestchina nach Süden vordrangen, erstmals durch die Dvaravati-Kultur mit dem Theravada-Buddhismus in Berührung. Eine Buddhastatue und eine Stele im Dvaravati-Stil, die in der heutigen Provinz Vientiane gefunden wurden, unterstützen diese Annahme.

In den folgenden Jahrhunderten absorbierte das mächtige **Angkor** viele der Staatengebilde auf der südostasiatischen Halbinsel. Als Beginn der angkorianischen Epoche gilt gemeinhin die Machtergreifung Jayavarmans II. im 9. Jh. Bis zum 13. Jh. dehnte sich Angkor bis nach Südthailand und Bagan (Myanmar) aus. Funde aus Xai Fong nahe Vientiane belegen, dass es auch hier ein Machtzentrum unterhielt.

Angkors Niedergang begann mit der Expansion der Mongolen unter Dschingis Khan und Khublai Khan. Durch den Druck, den ihre Eroberungsfeldzüge auf das nördliche Südostasien ausübten, verschob sich das regionale Machtgefüge. Zugleich wurde die bis dato stärkste Migrationswelle der Tai-Völker aus China ausgelöst.

Die Tai-Völker wandern nach Süden

Der Ursprung der Tai-Völker lässt sich nicht genau lokalisieren. Vermutlich siedelten sie schon vor unserer Zeitrechnung in Gebieten südlich des Yangtze Kiang in Südwestchina. Dort lebten sie überwiegend in den Flusstälern, waren in kleinen soziopolitischen Einheiten, so genannten *muang*, organisiert und bauten Nassreis an.

Bis zum 7. Jh. drangen sie in die Provinz Yunnan vor, wo sie sich in einem Fürstentum namens **Nan Zhao** niederließen. Querelen mit den Han-Chinesen führten schon bald zu weiteren Wanderungen nach Süden, so dass sich im 8. Jh. wahrscheinlich erste kleinere *muang* auf dem südostasiatischen Festland, etwa im Gebiet um Chiang Saen und in Muang Theng (Dien Bien Phu), bildeten.

Mandala

Im Unterschied zu Europa wurde die politische Landkarte Südostasiens bis zum 19. Jh. nicht von klar begrenzten Staaten geprägt, sondern von so genannten *mandala* – Herrschaftsräumen, die sich um einen König, seinen Palast und das religiöse Zentrum konzentrierten, von dem er seine Legitimation erhielt.

Größe und Grenzen eines *mandala* (Sanskrit „Kreis") waren fließend und korrespondierten mit der religiösen, militärischen und ökonomischen Macht eines Herrschers. Nicht selten geschah es, dass sich *mandala* an der Peripherie überschnitten, d. h., dass die kleineren Vasallenstaaten an den Rändern mehreren Herrschern Tribut zollten. War ein *mandala* im Niedergang begriffen, konnten sich die äußeren Fürstentümer lösen und ihr eigenes Hegemonialsystem aufbauen. Oder sie gerieten in Abhängigkeit eines anderen *mandala*.

Erst mit dem Erscheinen der europäischen Kolonialmächte wurde die *mandala*-Idee vom Konzept der Nationalstaaten ersetzt.

Dem laotischen Gründungsmythos zufolge war es in Muang Theng, dass der Himmelsherrscher den Stammvater aller Tai-Dynastien, **Khoun Bourom**, zur Erde sandte, um über die Gesamtheit der Tai-Völker zu regieren. Khoun Bourom hatte sieben Söhne, die er seinerseits in verschiedene Himmelsrichtungen schickte, um dort Königreiche zu gründen. Dem ältesten Sohn Khoun Lo wies er Muang Sua (Luang Prabang) zu, der zweite Sohn erhielt Muang Phouan (Xieng Khouang). Die anderen bekamen Königreiche in Vietnam, Südchina, Birma und Thailand.

Es gibt zwar keinen Beweis dafür, dass die Tai-Völker schon zu dieser Zeit die Gebiete dominierten, die Bourom seinen Söhnen zugeteilt hatte. Die Legende deckt sich jedoch erstaunlich gut mit den Migrationsbewegungen der folgenden Jahrhunderte: Bis zum 11. Jh. wanderten immer mehr Tai-Gruppen die Flusstäler des Mekong, Chao Praya, Irrawaddy und Salween hinab und ließen sich dort in kleinen Gemeinschaften nieder. Dabei überlagerten sie zum Teil andere Völker wie die Mon und die Khmer und kamen mit deren buddhistischen und hinduistischen Traditionen in Kontakt. Teilweise verdrängten sie diese Völker auch in die höheren, weniger fruchtbaren Berglagen.

Im 13. Jh. füllten schließlich erste **Tai-Fürstentümer** das Machtvakuum, das von Angkor hinterlassen worden war. 1238 wurde Sukhothai gegründet und wenig später Lan Na (Nordthailand). Die kleineren *muang* in Nordlaos wechselten vorerst nur die Herren. Sie wurden Vasallen der neuen Tai-Reiche, aber es dauerte keine 100 Jahre, bis sie im ersten laotischen Großreich vereinigt wurden.

Lane Xang (1353–1707)

Die Gründung des Reiches Lane Xang ist untrennbar mit dem Namen **Fa Ngum** verbunden. Er wurde im Jahr 1316 als Spross des Fürstengeschlechts von Luang Prabang, damals Xieng Dong-Xieng Thong genannt, geboren. Noch im Säuglingsalter folgte er seinem Vater, der eine Konkubine des Herrschers verführt hatte, in die Verbannung. Die Familie fand Zuflucht am Hof von Angkor, wo Fa Ngum aufwuchs, eine buddhistische Erziehung erhielt und als junger Mann eine Tochter des Königs heiratete.

Unter dem Eindruck des erstarkenden Ayutthayas wurde er um 1350 mit einer schlagkräftigen Armee ausgesandt, um die abtrünnigen Vasallen im Norden zurückzugewinnen. Binnen weniger Jahre unterwarf Fa Ngum die Fürstentümer am mittleren Mekong und Muang Phouan. 1353 stand er vor den Toren Xieng Dong-Xieng Thongs, das er wenig später einnahm. Dort erklärte er sich zum König und gab seinem neuen Reich den Namen *Lane Xang Hom Khao*, „**Eine Million Elefanten und der weiße Schirm**" – möglicherweise eine Anspielung auf seine militärische Macht. Ob Fa Ngum dabei die Schwäche Angkors nutzte oder im Sinne des Khmer-Königs handelte, ist unklar. Sicher ist, dass die Gründung Lane Xangs durch den Niedergang Sukhothais begünstigt wurde, das zu dieser Zeit bereits ein Vasall Ayutthayas geworden war.

Nach dem Aufbau einer provisorischen Regierung unternahm Fa Ngum 1354 weitere Feldzüge und dehnte sein Reich von Sipsong Phan Na (Süd-Yunnan) und Sipsong Chu Tai (Nordost-Vietnam) über große Teile des Khorat-Plateaus bis nach Zentral- und Südlaos aus. Erst 1357 kehrte er in die Hauptstadt zurück, nachdem er sich zuvor noch mit Vietnam und Ayutthaya über die Grenzen geeinigt hatte.

Die folgenden Jahre gehörten der Konsolidierung des Reiches. Fa Ngum legte den Grundstein für eine Verwaltung, begann das Militär zu reformieren und erhob den Theravada-Buddhismus zur vorherrschenden Religion. Auf seine Bitte hin sandte der König von Angkor mehrere tausend Mönche nach Lane Xang – im Gepäck die goldene Buddhastatue Phra Bang, das spätere Nationalheiligtum und der Namenspatron von Luang Prabang.

Trotz aller Errungenschaften endete Fa Ngums Leben, wie es begonnen hatte: mit der Verbannung. Über den Grund sind sich die Experten uneinig. Einige vermuten, er habe sich Töchter und Frauen des Adels zu Konkubinen genommen. Andere meinen, seine Verbannung sei das Ergebnis eines Machtkampfes am Hof gewesen. Als Fa Ngum 1374 in Nan starb, hinterließ er seinem Sohn eines der größten Reiche auf dem südostasiatischen Festland.

Ounheuan bestieg den Thron noch im selben Jahr. Sein Augenmerk galt der Festigung Lane Xangs. Er setzte die Reformen seines Vaters fort, baute die Verwaltung aus und verhalf dem Buddhismus zu einer ersten Blüte. Nach einer Volkszählung, der zufolge 300 000 Freie im Lande lebten, benannte er sich in **Samsenthai**, „(Herr über) 300 000 Freie", um.

Sozial gliederte sich Lane Xang damals grob in drei Gruppen: Adelige, freies Volk und Sklaven. Die Mönche nahmen eine Sonderstellung ein, ebenso wie die Bergvölker, die allerdings am unteren Ende der sozialen Leiter standen und verächtlich *kha*, Sklaven, genannt wurden. Die Wirtschaft gründete auf Landwirtschaft, Handel, Tributeinnahmen und Steuern, wobei das Reich relativ locker organisiert war – ein Konglomerat aus Fürstentümern, die dem König Tribut zollten und zur Heeresfolge verpflichtet waren.

Die Jahrzehnte nach Samsenthais Tod waren von innenpolitischen Wirren geprägt. In nur 100 Jahren bestiegen 14 Könige den Thron. Außenpolitisch war es dagegen eine Zeit relativer Ruhe, abgesehen von einem Angriff der Vietnamesen im Jahr 1479.

Das änderte sich mit König **Phothisarat** (reg. 1520–1547). Auch er war ein überzeugter Buddhist, weshalb er den Geisterglauben verbot. Unter

Setthathirat-Denkmal in Vientiane

seiner Regierung kam es zu Auseinandersetzungen mit Ayutthaya, die Phothisarat jedoch für sich entschied. Zudem gelang es ihm, den Thron des Nachbarreiches Lan Na mit seinem ältesten Sohn Setthathirat zu besetzen und es für kurze Zeit an Lane Xang zu binden. Auf diese Weise kam auch der legendäre Smaragd-Buddha Phra Keo nach Laos (s. Kasten).

Setthathirat hielt es jedoch nicht lange in Lan Na. Nach dem Tod seines Vaters kehrte er nach Lane Xang zurück und bestieg 1548 den Thron. Setthathirats Regierungszeit war vor allem von der Bedrohung durch die Birmanen und dem Aufbau seiner Hauptstadt geprägt. Nach ersten Angriffen des westlichen Nachbarn hatte er seinen Regierungssitz im Jahr 1560 von Xieng Dong-Xieng Thong, das er nun in Luang Prabang umbenannte, nach Vientiane verlegt. Viele seiner Bauten sind noch heute zu sehen: der für den Smaragd-Buddha errichtete Ho Phra Keo, That Luang und Vat Xieng Thong in Luang Prabang.

Zum Schutz gegen die Expansionsgelüste Birmas schloss Setthathirat ein Bündnis mit Ayutthaya, das sich jedoch schon 1569 als nutzlos erwies. In diesem Jahr eroberten die Birmanen Ayutthaya und zogen gegen Vientiane. Nur einem cleveren Schachzug Setthathirats war es zu verdanken, dass sie die Stadt zwar einnahmen, aber wegen des Mangels an Lebensmitteln wieder räumen mussten. Das Schicksal holte Setthathirat fünf Jahre später ein, als er bei einem Feldzug gegen Aufständische in Südlaos unter mysteriösen Umständen verschwand. Streitigkeiten über die Erbfolge entbrannten, mehrere Vasallen Lane Xangs verweigerten die Gefolgschaft, und die Birmanen hatten leichtes Spiel. Für die nächsten zweieinhalb Jahrzehnte war Lane Xang ein Vasall des Nachbarreiches.

Insgesamt vergingen fast 70 Jahre, bis das Land unter **Sourigna Vongsa** (reg. 1637–1694) wieder eine Phase des inneren und äußeren Friedens erlebte. In seiner 57-jährigen Regierungszeit erblühten Kunst und Kultur, Wirtschaft und Handwerk, und Vientiane wurde zu einem bedeutenden Zentrum des Buddhismus. Aus dieser Zeit stammen auch die frühesten Berichte europäischer Besucher. In den 1740er Jahren erreichte der niederländische Kaufmann Gerrit van Wuysthoff Vientiane, und nur ein Jahr später traf der italienische Jesuit Giovanni-Maria Leria ein. Beide schwärmten in ihren Berichten vom Reichtum des Landes, den zahlreichen Mönchen und der Größe des Königspalastes.

Doch die Strenge, mit der Sourigna Vongsa regierte, hatte auch ihren Preis: Da er seinen einzigen Sohn wegen Ehebruchs hatte hinrichten lassen, verfiel das Land nach seinem Tod erneut in Erbfolgestreitigkeiten. Die Folge war die Zweiteilung Lane Xangs in die Königreiche Luang Prabang und Vientiane, denen sich im Jahr 1713 noch das Königreich Champasak hinzugesellte.

Der Phra Keo

Um den Smaragd-Buddha, oft auch Jadebuddha genannt, ranken sich viele Legenden. Es wird vermutet, dass er ursprünglich aus Indien stammt. 1434 kam er in Chiang Rai zum Vorschein (Königreich Lan Na), als ein Blitz in den Chedi eines Tempels einschlug und die unter einer Gipshülle verborgene Figur freilegte. Da Lan Na damals von Chiang Mai aus regiert wurde, sollte die hochverehrte Statue dorthin gebracht werden. Doch der Elefant, der die Figur trug, lief ins 100 km südöstlich gelegene Lampang. Als sich dies mehrfach wiederholte, beließ man den Smaragd-Buddha 32 Jahre lang dort. Erst 1468 wurde er nach Chiang Mai gebracht und in der östlichen Nische des Chedi Luang aufgestellt. 1551 nahm ihn Setthathirat mit nach Luang Prabang, und als die Hauptstadt unter dem Druck der angreifenden Birmanen nach Vientiane verlegt wurde, transportierte man die Buddhastatue dorthin. 1779 brachten die Siamesen den Smaragd-Buddha als Kriegsbeute nach Thonburi und sechs Jahre später schließlich an ihren heutigen Platz im Vat Phra Keo in Bangkok.

Renate Loose

Spielball der Mächte (1707–1893)

Mit dem Zerfall von Lane Xang endete die 350-jährige Geschichte des ersten laotischen Reiches. In der Folgezeit wurden die drei rivalisierenden Königreiche zum Spielball der großen Nachbarn.

Erster Aggressor war **Birma**, dessen Truppen in der Mitte des 18. Jhs. in die Tai-Welt einfielen. 1763 eroberten sie Chiang Mai, kurz darauf Luang Prabang und 1767 schließlich Ayutthaya, das sie dem Erdboden gleichmachten. Die Siamesen brauchten jedoch nicht lange, um sich zu erholen. Binnen eines Jahrzehnts schlugen sie die Birmanen zurück und unterwarfen 1778/79 die drei laotischen Königreiche gleich mit. Unter siamesischer Oberherrschaft wurde der Phra Keo nach Bangkok gebracht. Angehörige der laotischen Königshäuser folgten als Geiseln ebenso wie zahlreiche Laoten, die gezwungen wurden, beim Aufbau der neuen Hauptstadt zu helfen.

Wie stark sich **Siam** in der Folgezeit für seine laotischen Untertanen interessierte, ist umstritten. Einige Historiker sprechen von Großreich-Fantasien der neuen siamesischen Herrscher, andere von relativer Gleichgültigkeit. Fest steht, dass die laotischen Monarchen schon nach kurzer Zeit wieder selbst ihre Reiche regieren und Steuern erheben durften. Alle wichtigen Entscheidungen, darunter die Zustimmung zum jeweiligen Herrscher, wurden aber in Bangkok getroffen. Und natürlich waren die laotischen Königreiche tributpflichtig.

Dem stellte sich zu Beginn des 19. Jhs. der letzte König Vientianes, **Anouvong** (reg. 1804–1828), entgegen. Unter seiner Regierung erlebte die heutige Hauptstadt eine neue Blütezeit. Straßen, Paläste und Tempel wurden gebaut und das gesellschaftliche und religiöse Leben wieder erweckt.

Anouvongs langfristiges Ziel war es, die Unabhängigkeit von Siam zu erreichen und – wenn möglich – die laotischen Gebiete erneut zu vereinen. 1806 hatte er dazu die Bande mit Vietnam gestärkt. 1821 gelang es ihm, den Thron von Champasak mit seinem Sohn zu besetzen, und sechs Jahre später standen die Armeen für den Feldzug gegen Bangkok bereit. Aber der König hatte sich verkalkuliert. Die Briten, 1826 siegreich in Birma, griffen nicht wie erwartet Siam an. Vietnam hielt sich mit seiner Unterstützung zurück, und der siamesische König Rama III. reagierte mit äußerster

Entschlossenheit. Anouvongs Truppen wurden geschlagen, und der König – nach einem zweiten Angriff 1828 – gefangen genommen.

Vientiane wurde in mehreren Feldzügen zerstört. Die Siamesen siedelten zehntausende Laoten nach Siam und auf das Khorat-Plateau um und transportierten zahlreiche Kulturgüter nach Bangkok. Die Zerstörungen waren so erheblich, dass eine französische Expedition 1866 „die Ruinen dieser unglücklichen Stadt" von „dichtem Wald" überwuchert vorfand.

Im weiteren Verlauf des Jahrhunderts dehnte Siam seine Herrschaft auf die laotischen Territorien aus. Das Königreich von Vientiane war mit der Niederlage Anouvongs zu einer Provinz Siams geworden. In der Folgezeit wurden auch Zentrallaos und Champasak unter direktere siamesische Kontrolle gebracht und weite Teile östlich des Mekongs entvölkert. Dadurch sollte nicht zuletzt eine Expansion Vietnams verhindert werden, das schon die Finger nach Xieng Khouang ausgestreckt hatte. Luang Prabang blieb zwar nominell ein Königreich, doch zollte es gleich drei fremden Mächten – Siam, Vietnam und China – Tribut.

Mit dem Einfall der chinesischen **Ho**-Banden *(black flags)* Ende des 19. Jhs. begann sich das Blatt zugunsten einer neuen, europäischen Großmacht zu wenden. Den Raubzügen der „Schwarzflaggen", die seit der Niederschlagung des Taiping-Aufstandes in China mordend und plündernd durch die Lande zogen, hatten weder Luang Prabang noch Siam etwas entgegenzusetzen. Frankreich, das seit 1883 Annam „protegierte", bot sich nun auch Luang Prabang als Schutzmacht an. Als im Jahr 1887 die alte Königstadt der Lao gebrandschatzt wurde und der siamesische Oberbefehlshaber mitsamt zweier Garnisonen das Weite suchte, schien für König Ounkham (reg. 1871–1887) die Zeit dafür gekommen zu sein.

Die französische Kolonialzeit (1893–1954)

Frankreich hegte schon seit längerem ein Interesse an Laos. Im Wettlauf um den chinesischen Markt hatte es schon in den 60er Jahren des 19. Jhs. eine Expedition den Mekong hinaufgesandt, um den Wasserweg ins Reich der Mitte zu erkunden. Außerdem galt Laos in den Gouverneurskreisen Französisch-Indochinas als rohstoffreich. Politisch ließen sich die französischen Ansprüche spätestens seit der Errichtung des Protektorats über Annam rechtfertigen. In den Verträgen garantierte die Grande Nation nicht nur die Integrität Annams, sondern erhob implizit auch Anspruch auf alle ehemaligen Vasallen.

Zum Anwalt dieser Ansprüche machte sich **Auguste Pavie**, der seit 1887 als Vizekonsul am Hof von Luang Prabang tätig war. Im Rahmen zahlreicher Reisen lotete er die Möglichkeiten der französischen Expansion aus. Widerstand kam vor allem von den Briten und den Siamesen. In Anbetracht der gespannten Lage in Europa war England jedoch nicht an einem Konflikt in Übersee interessiert, so dass es sich lediglich für die Unabhängigkeit Siams als Pufferstaat zwischen den kolonialen Interessensphären einsetzte.

Diese Haltung nutzte Frankreich 1893. Nach mehreren franko-siamesischen Zwischenfällen sandte es Kanonenboote den Chao Phraya hinauf. Siam, das vergeblich auf die Unterstützung Großbritanniens gehofft hatte, blieb keine andere Wahl, als zu verhandeln. In mehreren Verträgen (1893, 1904, 1907) trat es die laotischen Gebiete östlich sowie kleine Teile westlich des Mekong an Frankreich ab. Der Fluss selbst wurde zur Grenze erklärt, und Laos erhielt seine heutige Gestalt.

Die Ironie der Geschichte ist, dass ausgerechnet die Kolonialmacht Frankreich Laos vermutlich vor der Integration in das siamesische Reich rettete. Die Tragik liegt darin, dass das Land ohne Rücksicht auf historische und ethnische Gegebenheiten geteilt wurde. Der ökonomisch bedeutendere Teil und weit mehr als drei Viertel aller Lao blieben unter siamesischer Herrschaft.

Frankreich erhielt alles andere als ein wirtschaftliches Schlaraffenland. Nachdem in Paris erkannt wurde, dass der Neuerwerb nur mit Mühe und hohen Kosten zu erschließen war, verkümmerte Laos zu einem Anhängsel Französisch-Indochinas.

Das Königreich von Luang Prabang existierte fortan als Protektorat weiter (ab 1904 unter Sisavangvong, der wie seine Vorgänger die meisten Privilegien behielt). Der Rest des Landes wurde in mehreren Schritten unter die direkte **Verwaltung** der französischen Residenten gestellt. Hauptstadt der zehn Provinzen und einer militärischen Sonderzone war ab 1900 Vientiane. Da niemals genug Franzosen im Land waren, um Laos auf allen

Ebenen zu regieren, griff Frankreich auf die römische Maxime „Teile und Herrsche" zurück: Franzosen besetzten die wichtigen Posten, eingewanderte Vietnamesen übernahmen mittlere Verwaltungstätigkeiten, und den Lao blieb die Dorfebene vorbehalten.

Als Teil der so genannten *mission civilisatrice* schaffte Frankreich den Sklavenhandel ab. Die Entwicklung des Bildungs- und Gesundheitswesens blieb aber in den Anfängen stecken. 1930 gab es in Laos gerade einmal 82 Schulen mit etwas mehr als 200 Lehrern.

Ökonomisch waren nur Zinn, Holz, Kaffee und Kardamom von bescheidener Bedeutung. Opium kam eine Sonderrolle zu, da sich Frankreich 1899 das Monopol auf Ankauf, Verarbeitung und Verkauf sicherte. Der Binnenhandel lag überwiegend in der Hand von Vietnamesen und Chinesen, die die Bedürfnisse einer kleinen franko-laotischen Elite befriedigten.

Steuern und Arbeitsdienste *(corvée)* gehörten zu den wichtigsten Instrumenten, um die öffentlichen Kassen zu füllen und Bauvorhaben zu realisieren. Die **Steuern** waren gestaffelt und gliederten sich in eine Vielzahl von Abgaben. Obwohl die Franzosen kontinuierlich an der Steuerschraube drehten, blieb Laos während der gesamten Kolonialzeit auf Zuschüsse der Indochinesischen Union angewiesen.

Unbeliebter als die Steuern war unter Laoten nur noch der **Arbeitdienst**. Wohlhabendere Lao konnten ihren Frondienst, meist 10–20 Tage im Jahr, durch Sonderzahlungen verkürzen. Den Bergvölkern wurde diese Möglichkeit verwehrt, da sie von den Franzosen für den Straßenbau in den dünn besiedelten Regionen benötigt wurden. Der Ärger über Steuern und Arbeitsdienste führte zwischen 1901 und 1936 wiederholt zu **Aufständen** – darunter in Savannakhet, dem Bolaven-Plateau und Muang Sing. Bezeichnend war, dass in der Regel die Bergvölker rebellierten, während sich die Lao mit der Fremdherrschaft arrangierten. Es waren andere Kräfte, die sich zum Katalysator des laotischen Nationalismus entwickelten.

II. Weltkrieg und nationale Bewegungen

Mit dem Beginn des Zweiten Weltkrieges geriet das Land erneut ins Spannungsfeld dreier Mächte: In Thailand waren 1932 die Militärs an die Regierung gelangt und skandierten nun ihre nationalistischen Parolen. 1940/41 nutzten sie die Schwäche des besetzten Frankreichs und griffen Laos an, dem sie in der Folge die Gebiete westlich des Mekong (Xaignabouri und Teile Champasaks) abtrotzten. Der Vorstoß war auch durch Japan ermöglicht worden, dessen Truppen bereits seit 1940 in Indochina standen. Im März 1945 übernahm Japan die gesamte Verwaltung Indochinas und zwang den frankophilen König Sisavangvong, die Unabhängigkeit von Frankreich zu erklären. Die Grande Nation, einst selbst ernannte Schutzmacht von Laos, verlor dadurch den letzten Rest an Glaubwürdigkeit.

Unter diesen Eindrücken begannen sich die ersten politischen Bewegungen in Laos zu entwickeln. Den Anfang machte die von den Franzosen unterstützte, vorwiegend kulturell ausgerichtete **Nationale Erneuerungsbewegung**. 1940 gegründet, setzte sie der thailändischen Großreich-Propaganda das Konzept einer laotischen Identität entgegen. 1944 entstand die **Lao Seri** („Freies Laos"), eine vornehmlich antijapanische Bewegung mit starken Verbindungen zu Thailand, aus der 1945 die **Lao Pen Lao** („Laos den Laoten") hervorging. Als Klammer aller antifranzösischen und antijapanischen Kräfte fungierte schließlich die **Lao Issara** („Freies Laos"), die vom Vizekönig Phetsarat geführt wurde und in der Folgezeit die wichtigste Rolle spielte. Allen Gruppen war gemein, dass sie ausschließlich von den Eliten des Landes getragen wurden. Eine politische Massenbewegung entwickelte sich nicht.

Nach der japanischen Kapitulation im August 1945 nutzte die Lao Issara das entstandene Machtvakuum. Sie erklärte das „Land Laos" (**Pathet Lao**) für vollständig unabhängig und stellte ein halbes Jahr lang die provisorische Regierung. Phetsarat wurde Premierminister, unterstützt von seinem Bruder Prinz Souvanna Phouma und Souphanouvong, einem jüngeren Halbbruder mit Verbindungen zur vietnamesischen Unabhängigkeitsbewegung *(Vietminh)*. König Sisavangvong, der weiterhin zu Frankreich hielt und die Lao Issara-Regierung nicht anerkannte, wurde im Oktober abgesetzt.

Die neue Regierung befand sich jedoch in einer denkbar schlechten Ausgangsposition: Nach der japanischen Kapitulation hatten sich die Streitkräfte der Kuomintang in Nordlaos festgesetzt, die Briten kontrollierten den Süden, die Verwaltung lag brach, und die Staatskasse war leer. Das Geld reichte nicht aus, um die Landesverteidigung zu organisieren. Als sich Frankreich Anfang 1946 mit China über den Abzug der Truppen und mit den Vietminh über einen Modus Vivendi in Vietnam geeinigt hatte, begann es mit der Rückeroberung des Landes.

Unabhängigkeitskampf und Genfer Abkommen

Nach blutigen Auseinandersetzungen übernahm Frankreich im April 1946 wieder die Macht in Laos. Teile der Lao Issara, darunter die Prinzen Phetsarat, Souvanna Phouma und Souphanouvong, flüchteten nach Thailand und bildeten dort eine Exilregierung. Andere Mitglieder der Bewegung gingen in den Dschungel, wo sie in der Folgezeit immer stärker unter den Einfluss der kommunistischen Vietminh gerieten.

Im August 1946 schuf Frankreich einen neuen Verwaltungsmodus für Laos. Im so genannten franko-laotischen Modus Vivendi erkannte es die Einheit des Landes unter der Krone von Luang Prabang an. Im November erlangte Laos zudem die Gebiete westlich des Mekong zurück, die es 1941 an Thailand verloren hatte. Im Mai 1947 wurde schließlich eine neue Verfassung verabschiedet.

Nicht zuletzt unter dem Eindruck der französischen Zugeständnisse begann sich die Lao Issara zu spalten. Ein Lager um Souvanna Phouma wollte die laotische Unabhängigkeit über Verhandlungen mit Frankreich erreichen. Ein anderes, geführt vom „Roten Prinzen" Souphanouvong, liebäugelte mit den Vietminh. Als Frankreich Laos 1949 schließlich als unabhängigen Staat im Gefüge der Union Française anerkannte, sahen die meisten Lao Issara-Mitglieder ihre Forderungen erfüllt und kehrten nach Laos zurück. Der verbleibende Teil ging in den Untergrund, wo er zu den bereits aktiven laotischen Guerillakämpfern stieß und in den Folgemonaten mit Hilfe der Vietnamesen eine neue Organisation aufbaute.

Im August 1950 fand unter der Führung der Kommunistischen Partei Indochinas in der Provinz Houaphan der „Kongress des laotischen Widerstands" statt. Ergebnis war die Gründung der **Neo Lao Issara** („Front Freies Laos"), die als Dachorganisation aller antifranzösischen Kräfte fungierte und sich als „Widerstandsregierung" des Pathet Lao verstand. Souphanouvong wurde zum Vorsitzenden gewählt, weitere Mitglieder waren Phoumi Vongvichit und **Kaysone Phomvihane**, der spätere Gründer der Laotischen Volkspartei. In einem Zwölf-Punkte-Programm beschlossen die Delegierten, ein vollständig unabhängiges Laos unter einer neuen Koalitionsregierung zu schaffen. Zugleich sollten die Minoritäten stärker in den Kampf einbezogen werden. Programm und Personalpolitik machten deutlich, wie stark die Bewegung bereits ideologisch, organisatorisch und logistisch an Nordvietnam gebunden war.

Bis 1953 brachten die Truppen der Neo Lao Issara mit Hilfe des Vietminh große Teile des Nordostens (Houaphan, Xieng Khouang) unter ihre Kontrolle. Zum Zentrum des Widerstandes wurde die Provinzhauptstadt Xam Neua. Aber auch in den anderen Gebieten der „befreiten Zone" machten sich Pathet Lao-Kader unverzüglich an den Aufbau neuer Zellen.

Frankreich geriet nun zunehmend unter Druck. Während in Europa der Protest gegen den „schmutzigen Krieg" wuchs, gewannen in Indochina die Befreiungsbewegungen die Oberhand. Angesichts dieser Situation entschloss sich Frankreich zu einer Änderung der Strategie: Zum einen zog es sich taktisch aus dem Konflikt zurück (was im Fall von Laos 1953 mit der Unterzeichnung des frankolaotischen Vertrags über Freundschaft und Zusammenarbeit geschah, in dem Laos als souveräner Staat anerkannt wurde), zum anderen bereitete es sich auf eine Entscheidungsschlacht gegen den Vietminh bei **Dien Bien Phu** vor. Doch die Taktik schlug fehl. Nach mehr als 50 Tagen blutiger Kämpfe mussten sich die Franzosen im Mai 1954 geschlagen geben. Die Indochina-Frage wurde auf die Tagesordnung der Genfer Konferenz gesetzt, die eigentlich zur Lösung des Korea-Problems anberaumt worden war.

Die **Genfer Konferenz** vom Juli 1954, an der neben Frankreich und den drei indochinesischen Staaten auch Großbritannien, China, die UdSSR und die USA teilnahmen, beendete die französische Kolonialzeit in Indochina. Im Genfer Abkommen wurde das **Königreich von Laos** als eigenständiger Staat anerkannt, gleichzeitig wurden ein Ende der Kämpfe und freie Wahlen beschlossen. Die Neo Lao Issara, deren Versuch fehlgeschlagen

Die „Geheime Armee"

Anfang 1959 begann die CIA damit, ethnische Minoritäten auf dem Xieng Khouang-Plateau für den Guerillakrieg in der Pathet Lao-Zone anzuwerben. **Hmong** schienen dafür besonders geeignet, weil sie nicht nur als tapfer, sondern wegen ihrer Beteiligung am Ersten Indochinakrieg auch als erfahren galten.

Schon nach wenigen Monaten waren mit Hilfe des 28-jährigen Hmong-Offiziers **Vang Pao** die ersten Spezialeinheiten gebildet. Als Hauptquartier wählte die **CIA** 1960 Long Tieng, 50 km südlich der Ebene der Tonkrüge. Bis 1970 rekrutierte der inzwischen zum General beförderte Vang Pao insgesamt 30 000 Mann, überwiegend Hmong, Khmu und Yao. Die Finanzierung der Armee, etwa 250 Millionen Dollar im Jahr, übernahm die CIA, teilweise mit Geldern aus dem Drogenhandel. Die militärische Schulung erfolgte vor Ort oder in Thailand.

Während des Krieges bestritten die Verbände Vang Paos einen großen Teil der Bodenkämpfe. Zwischen 1969 und 1972 eroberten sie mehrmals die Ebene der Tonkrüge, wurden jedoch immer wieder unter schweren Verlusten zurückgeschlagen. Bis 1972 konnten sie mit Hilfe der US-Luftwaffe und thailändischer Söldner ihre Basis in Long Tieng halten. Nach dem Waffenstillstand von 1973 wurde die „Geheime Armee" aufgelöst und letzte Verbände wenig später bei Phou Khoun geschlagen. Vang Pao und Tausende seiner Getreuen retteten sich 1975 ins Ausland. Insgesamt flohen nach Kriegsende fast 100 000 Hmong nach Thailand, Frankreich und in die USA.

Noch bis zum Ende der 90er Jahre koordinierte Vang Pao aus dem amerikanischen **Exil** den antikommunistischen Widerstand in Laos. Auch Thailand und China unterstützten anfangs verbliebene Hmong-Rebellen, um das Vientianer Regime zu schwächen. Nach dem Ende des Kalten Krieges und der Öffnung des Landes reduzierten sich die **Rebellenaktivitäten** schließlich auf gelegentliche Hinterhalte und Busüberfälle. Zwischen 1989 und 1999 konnten tausende Hmong repatriiert werden. 2003 wurde eines der letzten großen Flüchtlingslager in Thailand geschlossen, nachdem den dort lebenden 15 000 Hmong genehmigt worden war, in die USA überzusiedeln. Letzte Verbände ergaben sich 2004 und 2005 der laotischen Regierung oder flohen nach Thailand. Wie viele Hmong-Rebellen noch immer in den Bergen nordöstlich von Vientiane aktiv sind, ist unklar. Die Regierung versucht, jede Berichterstattung über das Thema zu verhindern.

---

war, eine eigene Delegation nach Genf zu entsenden, errang insofern einen Sieg, als sie als reale politische Kraft anerkannt wurde. Sie sollte in den Provinzen Houaphan und Phongsali konzentriert und im Rahmen einer zukünftigen „politischen Lösung" reintegriert werden.

Damit war das Land de facto gespalten: Im Nordosten, im Grenzbereich zu den kommunistischen Mächten Nordvietnam und China, sammelten sich die Pathet Lao-Kämpfer. Im Westen und Süden des Landes behielt die Königliche Regierung die Oberhand – weiterhin von Frankreich militärisch beraten und unter zunehmendem Einfluss der USA. Es war nur eine Frage der Zeit, bis die alten Konflikte wieder aufbrechen und das Land in den Sog des Kalten Krieges hineintreiben würde.

Wechselnde Koalitionen (1954–1963)

Wie gering die Chance für einen neutralen laotischen Staat war, zeigte sich schon während der Genfer Konferenz: Die **USA** – alles andere als glücklich über den erreichten Status – weigerten sich, das Abkommen zu unterzeichnen. Für sie war Laos ein wackeliger Stein in der kommunistischen Dominokette, die Südostasien zu überrollen drohte, sollten die „vietnamesischen Marionetten" der Pathet Lao hier siegen. In den Folgejahren bauten sie daher ihre finanzielle und militärische Unterstützung für die antikommunistischen Kräfte aus. Bereits seit 1953 war die CIA in Laos tätig, ab 1955 wurde die königlich-laotische Armee vollständig mit US-Mitteln finanziert, und bis 1963 flossen insgesamt fast 500 Millionen Dollar in das kleine südostasiatische Land.

Die Aussichten für die neutralistischen Kräfte, die sich nach den Verhandlungen von Genf redlich bemühten, die beschlossenen Punkte umzusetzen, waren damit alles andere als rosig. Kopf der Neutralisten war Prinz **Souvanna Phouma**, der davon überzeugt war, dass nur ein unabhängiger Staat eine politische Überlebenschance hätte. Doch nicht nur außen, auch in Laos sah er sich starren Fronten gegenüber: Auf der Rechten standen Teile des Militärs und einflussreiche pro-amerikanische Cliquen (Phoui Xananikone und Prinz Boun Oum na Champasak). Auf der Linken agierte die Neo Lao Issara, die im März 1955 die Laotische Volkspartei gegründet hatte und sich ein Jahr später zur **Neo Lao Haksat**, „Patriotische Front Laos", umorganisierte.

Trotz der schwierigen Situation kam es im August 1956 zu einer Verhandlungsserie zwischen Souvanna Phouma und dem Pathet Lao-Führer Souphanouvong. Beide einigten sich auf einen Waffenstillstand, die Übernahme der Provinzen Houaphan und Phongsali durch die königliche Regierung und die Integration eines Teils der Pathet Lao-Kämpfer in die königlich-laotische Armee. Außerdem wurde die Neo Lao Haksat sehr zum Ärger der USA als legale politische Kraft anerkannt.

Nach einigen Streitigkeiten über die Vorgehensweise bildete Souvanna Phouma im November 1957 die **erste Koalitionsregierung**. Wie vereinbart stellte auch die Neo Lao Haksat zwei Minister. War diese Tatsache für die laotische Rechte bereits ein Grund zur Sorge, versetzte ihr das Ergebnis der **Wahlen** im Mai 1958 einen regelrechten Schock: Von 20 Parlamentssitzen gewannen die linken Parteien Neo Lao Haksat und Santiphab mehr als die Hälfte (13). Als Reaktion sammelte sich die Rechte einen Monat später im pro-amerikanischen *Komitee zur Verteidigung der Nationalen Interessen* (KVNI), einem Bündnis aus Militärs und jungen Beamten, das die Regierung fortan auf das Schärfste attackierte. Als die USA dem Land Mitte 1958 auch noch den Geldhahn zudrehten, war die Krise perfekt: Souvanna Phouma musste zurücktreten, und Phoui Xananikone konnte eine neue Regierung bilden, diesmal auf die USA und die rechten Kräfte gestützt.

Damit war die Neutralitätspolitik vorerst zu Ende. Nach verschiedenen Übergriffen des Staates auf die NLH, der Verhaftung Souphanouvongs und 14 seiner Getreuen und dem Beginn der direkten US-Militärhilfe für die neue Regierung zogen sich die Pathet Lao-Kämpfer wieder in die Nordostprovinzen zurück – unterstützt von Nordvietnam, das zeitgleich seine militärischen Aktionen gegen Südvietnam zu intensivieren begann. Laos erlebte eine neue Welle der Gewalt.

Um dem Blutvergießen ein Ende zu setzen, putschte im August 1960 der erst 26-jährige Kommandeur eines Fallschirmjäger-Bataillons, **Kong Le**. Souvanna Phouma wurde erneut mit der Regierungsbildung beauftragt, an der auch die NLH teilnehmen sollte. Während Frankreich, Großbritannien und die UdSSR diese Entwicklung begrüßten, holte die Rechte um General Phoumi Nosavan und Prinz Boun Oum na Champasak zum Gegenschlag aus. Mit Hilfe der USA und Thailands marschierten Truppen im Dezember von Savannakhet nach Vientiane und vertrieben Kong Le und Souvanna Phouma aus der Stadt.

Mit Kong Les Flucht auf die Ebene der Tonkrüge geriet Laos endgültig zwischen die Fronten des Kalten Krieges: Russland richtete auf Bitten Souvanna Phoumas eine Luftbrücke auf das Xieng Khouang-Plateau ein. China belieferte die Pathet Lao mit Waffen. Nordvietnam begann, den Ho-Chi-Minh-Pfad auszubauen, und die USA rüsteten in Long Tieng eine „Geheime Armee" aus, die von der CIA finanziert und geschult wurde (s. Kasten).

Um die Krise zu entschärfen, fand 1961–62 noch einmal eine **Genfer Laos-Konferenz** statt, auf der die 14 Signatarmächte von 1954 erneut die Neutralität des Landes bekräftigten. In der ersten Jahreshälfte 1962 beschlossen die Prinzen Souvanna Phouma, Souphanouvong und Boun Oum die Bildung einer **zweiten Koalitionsregierung**. Doch auch sie hielt nur ein paar Monate.

Nach einer Reihe politischer Morde verließen die Pathet Lao-Minister 1963 Vientiane. Ein Jahr später begannen die USA mit der Bombardierung des Landes, und Laos wurde in den Strudel des eskalierenden Vietnamkonfliktes gezogen.

„Geheimer Krieg" und Machtwechsel (1964–1975)

Mehr als zwei Millionen Tonnen Sprengstoff, 200 000 Tote und ein schweres Trauma sind das Ergebnis eines Krieges, den die USA erst 1970 zugaben, überhaupt zu führen (im Falle Nordvietnams geschah dies erst nach Kriegsende). Zu dieser Zeit waren schätzungsweise bereits 12 000 Amerikaner und 40 000 Nordvietnamesen in Laos aktiv. Und das, obwohl das Genfer Abkommen ausdrücklich die Präsenz ausländischer Truppen auf laotischem Territorium verbot.

Am härtesten umkämpft waren die Provinzen **Xieng Khouang** und **Houaphan**, das Kernland der Pathet Lao, sowie der **Ho-Chi-Minh-Pfad**, über den Hanoi den Nachschub in den Süden transportierte. Beide Regionen wurden ab Mai 1964 intensiv von amerikanischen Flugzeugen bombardiert – zuerst selektiv und geheim, später flächendeckend und mit Billigung des US-Kongresses. Die Piloten starteten von Rollbahnen in Laos, Thailand und Vietnam, die großen B-52-Bomber auch in Guam, Okinawa und Taiwan.

Bis 1968 hatten die USA bereits eine Milliarde Dollar für den **Luftkrieg** ausgegeben. Einigen Historikern zufolge wurden ab 1966 auch zivile Ziele ins Visier genommen, um die Menschen aus den

Der Ho-Chi-Minh-Pfad

Kaum etwas hat das Bild vom vietnamesischen David gegen den amerikanischen Goliath so geprägt wie der Kampf um den Ho-Chi-Minh-Pfad, jene weitverzweigte **Nachschubroute**, die US-Verteidigungsminister Robert S. McNamara schon 1966 als eines der „ernstesten ungelösten Probleme" des Krieges bezeichnete. Keine Maßnahme konnte den Strom nordvietnamesischer Soldaten stoppen, der allmonatlich durch den Osten von Laos nach Südvietnam und Kambodscha floss.

Der **Ausbau** des Wegenetzes, das bereits von den Vietminh gegen die Franzosen genutzt worden war, begann in den 50er Jahren, um nordvietnamesische Guerilla-Aktivitäten in Südvietnam zu unterstützen. Mit der Ausweitung des Krieges nahm die logistische Bedeutung des Pfades zu, doch blieb er bis Mitte der 60er Jahre ein Geflecht aus Dschungelschneisen, das Soldaten Gewaltmärsche von bis zu sechs Monaten abverlangte. Erst die Entscheidung Hanois im Oktober 1964, den Krieg im Süden auszuweiten, führte zur fieberhaften Entwicklung der Nachschubroute. Im selben Jahr begannen die USA mit der Bombardierung.

Bis 1970 wurde der Ho-Chi-Minh-Pfad zu einem mehrere tausend Kilometer langen Wegesystem mit Allwetter-Straßen, Brücken, unterirdischen Baracken, Versorgungsstationen und Krankenhäusern ausgebaut. **Eintrittspunkte** waren unter anderem die Pässe Keo Neua, Mu Gia und Ban Karai. Von dort schlängelten sich Straßen und Pfade parallel zur Annamitischen Kordillere bis nach Saravan und Attapeu, wo mehrere Wege nach Südvietnam und Kambodscha führten. *Raven*-Autor Christopher Robbins schätzt, dass die Nordvietnamesen zwischen 1966 und 1971 etwa 630 000 Soldaten, 100 000 t Lebensmittel, 400 000 t Waffen und 50 000 t Munition über den Pfad nach Südvietnam schleusten.

Die USA unternahmen in dieser Zeit alles Mögliche, um den Menschen- und Materialfluss zu stoppen: Die Zahl der **Luftangriffe** wurde auf 700 pro Tag erhöht; elektronische Sensoren, zu Tausenden über dem Dschungel abgeworfen, sollten Feindbewegungen melden; Berghänge wurden bombardiert, um Erdrutsche auszulösen, Kumuluswolken mit Silberjodid versetzt, um die Regenzeit zu verlängern; nicht zuletzt wurden Tonnen des hochgiftigen Entlaubungsmittels *Agent Orange* über dem Pfad versprüht (mit Folgen, die bis heute spürbar sind) – alles ohne Erfolg. Zwar erreichten bald nur noch die Hälfte aller gestarteten Lkw und zwei von fünf Soldaten Südvietnam, doch waren die Nordvietnamesen bereit, diesen hohen Blutzoll zu zahlen.

Nach einem erfolglosen **Invasionsversuch** in Zentrallaos 1971 und der Luftoperation *Commander Hunt VII*, warfen die USA im Februar 1973 die letzte Bombe auf den Pfad. Damit hatten die Nordvietnamesen die Schlacht um die Nachschubroute gewonnen, ein letzter Etappensieg in einem Krieg, der nach Meinung vieler Historiker im Osten von Laos entschieden wurde.

Dörfern zu vertreiben und die kommunistischen Truppen so von Lebensmitteln und anderer Unterstützung abzuschneiden. Insgesamt verließen zwischen 1964 und 1973 etwa 20–30% der laotischen Bevölkerung ihre Heimatregionen.

Trotz der intensiven Luftangriffe gelang es den königlich-laotischen Truppen nicht, den entscheidenden Durchbruch zu erzielen. Die **Bodenkämpfe** konzentrierten sich zu Beginn vor allem auf die Ebene der Tonkrüge. In der Regenzeit gewannen die Vientianer Einheiten und die „Geheime Armee" Vang Paos die Oberhand. In der Trockenzeit schlugen Pathet Lao-Kämpfer und Nordvietnamesen zurück.

Anfang 1970, nach der US-Invasion in Kambodscha (und der Zerstörung des Sihanouk-Pfades), weitete sich der Krieg auf den Süden aus. Zu dieser Zeit marschierten monatlich etwa 8000 Mann mit 10 000 t Kriegsgerät auf dem Ho-Chi-Minh-Pfad nach Südvietnam. Parallel zu Flächenbombardements regten die USA im Februar 1971 den Einmarsch von 17 000 südvietnamesischen Soldaten nach Zentrallaos an, um die Nachschubroute der Nordvietnamesen bei Xepon zu unterbrechen. Die Operation *Lam Son 719* wurde jedoch verraten und schlug fehl (s. S. 345). Nur wenige Monate später kontrollierten die laotisch-vietnamesischen Verbände den gesamten Südosten einschließlich des Bolaven-Plateaus.

Öffentlicher Druck und die Einsicht, dass der Zweite Indochinakrieg nicht zu gewinnen sei, führten in den USA schließlich zum Umdenken. Im Januar 1973 beendeten die Konfliktparteien mit dem **Pariser Abkommen** die Kampfhandlungen in Vietnam.

Im Februar vereinbarten Phoumi Vongvichit für die Pathet Lao und der Innenminister der Vientianer Regierung, Pheng Phongsavan, die „Wiederherstellung des Friedens und die Schaffung der nationalen Eintracht in Laos". Wie schon 1957 und 1962 waren die Pathet Lao in der besseren Ausgangsposition. Inzwischen kontrollierten sie zwei Drittel des Landes.

Die dritte Koalitionsregierung

Nach zähen Verhandlungen bestätigte König Savang Vatthana im Mai 1974 die dritte Koalitionsregierung unter Souvanna Phouma. Wie vereinbart bestand das Kabinett zu gleichen Teilen aus linken und rechten Kräften. Prinz Souphanouvong erhielt zudem den Vorsitz des neu gegründeten Nationalen Politischen Konsultativrats, der das Recht zur Gesetzesinitative besaß.

Als Teil des Friedensabkommens waren zuvor bereits Vientiane und Luang Prabang neutralisiert worden. Fortan liefen hier Pathet Lao und königliche Ordnungshüter gemeinsam Streife. Damit war es den kommunistischen Kräften gelungen, friedlich in die „Vientiane-Zone" einzudringen, während sich die Gegenseite von Pathet Lao-Gebiet fernhielt.

Diese sichere Position nutzten die Pathet Lao in der Folgezeit, um mit einer Kombination aus militärischem Druck und Massendemonstrationen auch in den großen Mekongstädten Fuß zu fassen. Dabei profitierten sie davon, dass viele Politiker des alten Regimes als US-Kollaborateure geächtet waren.

Mitte 1974 kam es zu ersten Streiks. Im April 1975 besiegten Pathet Lao-Verbände bei Phou Khoun die Überreste der „Geheimen Armee", und im gleichen Monat löste Savang Vatthana auf Druck der Kommunisten die Nationalversammlung auf. Im Mai protestierten schließlich aufgebrachte Massen in Vientiane gegen rechte Regierungsvertreter, was eine erste Fluchtwelle nach Thailand zur Folge hatte. Unter dem Eindruck der kommunistischen Siege in Phnom Penh und Saigon übernahmen Pathet Lao-Truppen wenig später Pakxe, Savannakhet und Thakhek, bevor sie im August 1975 in die Hauptstadt einmarschierten.

Anfang Dezember 1975 wurde die Monarchie abgeschafft und die Demokratische Volksrepublik Laos proklamiert. Einzige regierende Partei war fortan die Laotische Revolutionäre Volkspartei (LRVP). Der populäre Souphanouvong erhielt das Amt des Präsidenten. Kaysone Phomvihane, der machtvolle, aber weitgehend unbekannte Parteigründer, wurde zum Premierminister ernannt.

Demokratische Volksrepublik Laos

Der Machtwechsel in Vientiane bedeutete für Laos in vielerlei Hinsicht eine **Zäsur**: Erstmals seit 30 Jahren befand sich das Land wieder im Frieden, und erstmals seit der Teilung Lane Xangs regierte wieder eine weitgehend homogene politische Gruppe. Aber statt wie angekündigt einen „laotischen Weg" einzuschlagen, brach das neue Regime mit fest verwurzelten Traditionen wie der Monarchie und enthob den Buddhismus aus dem Status der Staatsreligion. Die Berater aus dem Westen wurden durch Berater aus dem Osten ersetzt, und anstelle harter Dollar rollten nun weiche Rubel in die laotische Staatskasse.

Vorbild für den **Aufbau des Sozialismus** war Vietnam, dessen Einfluss im Juli 1977 mit dem *Vertrag über Freundschaft und Zusammenarbeit* zementiert wurde: 50 000 vietnamesische Soldaten blieben im Land, und „Laos", so Asienwissenschaftler Oskar Weggel, „wurde in aller Stille zu einem Vasallen".

Das gravierendste Problem der neuen Führung war die marode **Wirtschaft**: Mit einer kaum existenten Industrie, einer Landwirtschaft auf Subsistenzbasis, zerbombter Infrastruktur und einem defizitären Haushalt bestanden nicht gerade günstige Bedingungen für eine rasche Industrialisierung. Hinzu kam, dass seit dem Regimewechsel zehntausende Laoten nach Thailand geflohen waren, darunter vor allem Akademiker, Verwaltungsbeamte und die gesamte technische Intelligenz. Auch gab es auf dem Land keine „revolutionäre Situation". Zwar waren die Bauern arm, doch litten sie keineswegs unter ausbeuterischen Großgrundbesitzern.

Trotz dieser Widersprüche zur marxistischen Theorie verstaatlichte die neue Führung bis 1976 den größten Teil des Privatsektors. Ein Jahr später beschloss sie die rasche **Kollektivierung der Landwirtschaft**. Bis 1980 stieg die Zahl der Genossenschaften auf mehr als 2500. Nur: Die erhofften Produktionszuwächse blieben aus.

Die Gründe dafür waren vielfältig. Neben einer Serie von Überschwemmungen, Organisationsfehlern und der schlechten Grundausrüstung vieler Genossenschaften sträubten sich vor allem die Bauern gegen eine Kollektivierung, da sie anschließend nicht mehr frei über ihre Erträge verfügen konnten. Als die Proteste zunahmen und auch Bauern über den Mekong zu fliehen begannen, musste die laotische Führung einsehen, dass die Kampagne gescheitert war.

Auf der Grundlage der so genannten 7. Resolution des Zentralkomitees 1979 wurden die Genossenschaften in den Folgejahren teilweise aufgelöst und in Anlehnung an Lenins **Neue Ökonomische Politik** mehr Marktwirtschaft auf dem Weg zum Sozialismus zugelassen. Einschneidende Reformen folgten aber erst einige Jahre später, als Kaysone Phomvihane unter dem Eindruck von *perestroika* (russ. „Umgestaltung") und *doi moi* (viet. „Erneuerung") das „Neue Denken" *(chintanakan mai)* proklamierte.

Neues Denken, alte Köpfe

Mit dem „Neuen Denken", besser bekannt als **Neuer Ökomischer Mechanismus**, leitete der 4. Parteikongress der LRVP 1986 den schleichenden Übergang von der Plan- zur Marktwirtschaft ein. Die Kursänderung, die erst nach parteiinternen Kämpfen zustande gekommen war, resultierte aus mehreren Überlegungen: Zehn Jahre nach der Revolution war es noch immer nicht gelungen, das sozioökonomische Entwicklungsniveau des Landes zu heben. Zugleich machte die Krise der europäischen Bruderländer deutlich, dass die Hilfszahlungen nicht ewig fließen würden. Und nicht zuletzt setzte in Thailand und anderen südostasiatischen Staaten langsam, aber sicher der wirtschaftliche Aufschwung ein.

Ende der 80er Jahre begann die laotische Führung damit, weitreichende **Reformen** umzusetzen: 1988 wurde ein Gesetz zur Begünstigung ausländischer Direktinvestitionen erlassen. Es folgten die Neustrukturierung des Bankensystems, die Privatisierung staatlicher Unternehmen und die Deregulierung der Preise. Der Wechselkurs des Kip wurde freigegeben, und die Öffnung des Landes für den Tourismus schuf sogar einen völlig neuen Wirtschaftszweig.

In der ersten Hälfte der 90er Jahre zeigten sich die ersten **Erfolge**. Zwischen 1992 und 1997 lag das Wirtschaftswachstum im Schnitt bei 7%. Das extrem niedrige Pro-Kopf-Einkommen konnte mehr als verdoppelt und die Inflation bei 10% gehalten werden. Doch auch **Probleme** wurden deutlich: Holzeinschlag und Dammbauten belasteten die Ökosysteme, Überbürokratisierung begünstigte die Korruption, die landwirtschaftliche Produktion stagnierte, und das Entwicklungsgefälle zwischen Stadt und Land nahm dramatisch zu. Außerdem geriet Laos in wirtschaftliche Abhängigkeit von Thailand, das zwischen 1992 und 1996 drei Viertel aller Direktinvestitionen im Land tätigte und zum wichtigsten Handelspartner aufstieg.

Problematisch war auch, dass die ökonomischen Reformen nicht von politischen begleitet

Umerziehungslager

Zwar verlief die Revolution in Laos sanfter als in Vietnam, doch behandelten auch die Pathet Lao ihre politischen Gegner anschließend nicht zimperlich. Zwischen 1975 und dem Ende der 80er Jahre schickte die neue Führung 10 000–15 000 Offiziere, Polizisten und Repräsentanten des alten Regimes zur „Umerziehung" in Internierungslager (manche Schätzungen liegen bei 30 000–40 000). In dem Glauben, die Umerziehung dauere nur wenige Monate, gingen viele freiwillig. Je nach Rang und Funktion konnten aus den Monaten jedoch Jahre werden. Rund ein Drittel der Internierten kehrte überhaupt nicht mehr zurück.

Die größten Lager mit mehr als 1000 Gefangenen befanden sich in den **entlegenen Provinzen** des Landes (Phongsali, Xieng Khouang, Houaphan und Attapeu). Prostituierte, Drogenabhängige und Kleinkriminelle aus Vientiane wurden in zwei Lagern auf Inseln im Nam Ngum-Stausee interniert, eine für Männer und eine für Frauen, euphemistisch „Insel der Produktion" und „Insel der Unabhängigkeit" genannt.

Die **Lebensbedingungen** waren hart, vor allem in den Bergregionen, wo neben schlechter Ernährung und mangelnder medizinischer Versorgung auch noch Kälte hinzukam. Neben Selbstkritik in politischen „Seminaren" *(samana)* mussten die Häftlinge Zwangsarbeit leisten, zuerst auf dem Feld, später vermehrt im Straßenbau. Ab 1978 war es Angehörigen freigestellt, mit in die Lager zu ziehen, jedoch entschieden sich nur wenige für diese Option. 1980 wurden die ersten Langzeitinhaftierten freigelassen. Zu denjenigen, die nicht zurückkehrten, gehörten der abgesetzte **König Savang Vatthana**, seine Frau Khamphoui, Kronprinz Vong Savang und weitere Mitglieder der Königsfamilie. 1977 unter dem Vorwurf der Konterrevolution verhaftet, wurden sie in das Lager Nr. 5 in der Provinz Houaphan gebracht. Hier soll der König 1980 gestorben sein. Über den Verbleib der restlichen Familie hüllt sich die laotische Regierung bis heute in Schweigen.

Obwohl sämtliche Umerziehungslager laut offiziellen Angaben im Jahr 1986 geschlossen wurden, berichtete Amnesty International noch längere Zeit über ihren Fortbestand.

Seit Mitte der 90er Jahre gehört die politische Umerziehung endgültig der Vergangenheit an. Einige Lager werden jedoch weiterhin als **Gefängnisse** genutzt, so Lager Nr. 7 in der Provinz Houaphan, wo laut Menschenrechtsorganisationen inzwischen wieder politische Gefangene einsitzen sollen.

---

wurden. Die meisten Veränderungen resultierten aus Forderungen der neuen internationalen Geldgeber, die ein Minimum an Rechtsstaatlichkeit und politischer Legitimation erwarteten: 1989 fanden die ersten **Wahlen** zum Volkskongress statt, bei denen die LRVP 14 ihrer zuvor 79 Sitze an Nicht-Kommunisten abgab.

In der neuen **Verfassung** von 1991 wurde das Wort „Sozialismus" ausgespart und Hammer und Sichel zugunsten des That Luang aus dem Staatswappen verbannt. Die Partei dachte aber nicht im Traum daran, ihr Machtmonopol aufzugeben. Das hatte sich schon 1990 gezeigt, als drei Regierungsmitglieder wegen Kritik am Einparteiensystem festgenommen und zu langjährigen Haftstrafen verurteilt worden waren. Artikel 3 der neuen Verfassung unterstrich noch einmal ausdrücklich die Führungsrolle der LRVP, und Khamtay Siphandone, der nach dem Tod Kaysone Phomvihanes 1992 Premierminister wurde, ließ keinen Zweifel daran, dass sich das auch künftig nicht ändern würde.

Außenpolitisch nutzte Laos das Ende des Kalten Krieges, um zu allen Nachbarstaaten gute Beziehungen aufzubauen. Zwar blieb **Vietnam** der wichtigste Verbündete, doch verbesserte sich das Verhältnis zu **China** erheblich. Auch die problematischen Beziehungen zu **Thailand**, mit dem Laos noch 1984 und 1987/88 Grenzkriege geführt hatte, begann sich mit zunehmenden Wirtschaftskontakten positiv zu entwickeln. Das spiegelte sich nicht zuletzt im Besuch des thailändischen Königs zur

Eröffnung der Freundschaftsbrücke 1994 in Vientiane wider. Die historisch begründeten Ängste der Laoten vor einem allzu starken Einfluss Thailands blieben jedoch bestehen. Sogar mit den **USA** wurden 1992 wieder volle diplomatische Beziehungen aufgenommen, und der Beitritt zur **ASEAN** 1997 ebnete endgültig den Weg von der Isolation zur schrittweisen Integration.

Die asiatische Finanzkrise

Die Kehrseite der Integration bekam Laos nur wenige Monate später zu spüren, als es in den Strudel der asiatischen Finanzkrise gezogen wurde. Von Mitte 1997 bis 1999 fiel der Wert des Kip zum US-Dollar von 920 auf 9350 – ein stärkerer Rückgang, als ihn jede andere asiatische Währung zu verzeichnen hatte. Spargutenhaben und Kaufkraft wurden nahezu ausgelöscht. Wer Glück hatte, erhielt Unterstützung von Verwandten aus Übersee.

Nun zeigte sich auch die fatale **Abhängigkeit** der laotischen Wirtschaft von Thailand: Infolge der Krise zogen die meisten thailändischen Unternehmer ihr Kapital aus Laos zurück. Mehr als 230 Betriebe, überwiegend in thailändischem Besitz, schlossen zwischen 1997 und 2000 ihre Tore. Projekte wie das Nam Theun II-Staudamm, die Anbindung von Laos an das thailändische Eisenbahnnetz oder die zweite thai-laotische Freundschaftsbrücke in Savannakhet wurden auf Eis gelegt oder abgesagt. Besonders schmerzlich war neben einer weiteren Verschlechterung der Handelsbilanz auch der Rückgang des Stromexports in das Nachbarland.

Nach einer Reihe von **Hilfsmaßnahmen** begann sich Laos im Jahr 2000 langsam wieder zu erholen. Während das Wirtschaftswachstum und die ausländischen Direktinvestitionen noch unter Vorkrisenniveau blieben, entwickelte sich der Tourismus zu einem wichtigen Devisenbringer. Vor allem aber waren es die ausländischen Hilfszahlungen, die die Wirtschaft des Landes in Schwung hielten.

Sehr zum Ärger der internationalen Geldgeber kam der **Reformprozess** in den Folgejahren weitgehend zum Stillstand. Bereits 1999 waren der pro-thailändische Finanzminister Kamphoui Keoboualpha und der Chef der Zentralbank, Cheuang Sombounkham, von ihren Ämtern enthoben worden. Nun wandte sich die laotische Führung wieder verstärkt China und Vietnam zu. Entsprechend mager war das Ergebnis des 7. Parteikongresses im März 2001, das ein westlicher Beobachter lakonisch als „mehr von der gleichen, verstaubten, falschen Politik" kommentierte. Alle acht alten Politbüro-Mitglieder wurden bestätigt und die Sicherung des Status quo zur Chefsache erklärt. Da war es auch nicht mehr verwunderlich, dass sich in den Wahlen zur Nationalversammlung Anfang 2002 nur ein Parteiloser durchsetzen konnte.

Proteste und Anschläge

Dass die Kontrolle der Partei nicht absolut war, zeigte sich zwischen 1999 und 2004 in einer Reihe von Protesten und Anschlägen. Erstmals seit der Revolution kam es im Herbst 1999 in den Straßen Vientianes wieder zu einer **Demonstration** gegen die politische Führung, bei der mehr als 30 Studenten den Rücktritt der Regierung und freie Wahlen forderten. In der laotischen Presse wurde der Vorfall totgeschwiegen. Die thailändische Zeitung *The Nation* berichtete jedoch, dass etliche Personen festgenommen worden seien. Vier davon sollen noch immer im Samkhe-Gefängnis in Vientiane einsitzen. Ein Fünfter ist, wie erst vor kurzem bekannt wurde, 2001 in der Haft gestorben.

Anfang 2000 lieferten sich Hmong-Rebellen und laotische Armee in der Provinz Xieng Khouang und der damaligen Sonderzone Xaisomboun mehrere Gefechte, an denen auch vietnamesische Truppen beteiligt gewesen sein sollen. Im Juli überfielen 30 bewaffnete Kämpfer den Grenzposten Vangtao in Champasak. Eine mysteriöse **Bombenserie** in Vientiane und anderen Städten 2001–2004 konnte nicht vollständig aufgeklärt werden. Zu einigen Anschlägen bekannte sich eine ominöse Gruppe namens Free Democratic People's Government of Laos, nach eigenen Angaben enttäuschte Regierungssoldaten. Für drei Busüberfälle auf der Straße 13 in der ersten Jahreshälfte 2003 wurden Hmong verantwortlich gemacht.

Manche Medien interpretierten die Unruhen als breiten Dissens zwischen Führung und Bevölkerung. Andere sahen darin nur ein Indiz für die momentane Schwäche der Regierung. Eine ernste Bedrohung waren die Vorfälle zu keiner Zeit. Denn: Eine geschlossene Anti-Regierungs-Bewegung entwickelte sich nicht.

Neue Köpfe, altes Denken

In den kommenden Jahren werden die alten Revolutionäre die Macht an die nächste Generation übergeben. Den Anfang machte Präsident Khamtay Siphandone im März 2006. Auf dem 8. Parteikongress der LRVP trat er als Parteichef zurück und kündigte an, auch das Amt des Präsidenten niederzulegen. Bei den vorgezogenen Wahlen zur Nationalversammlung zwei Monate später fielen 60% der Sitze an neue Kandidaten.

Doch schon jetzt sind sich westliche Beobachter einig: Trotz neuer Gesichter bleibt politisch alles beim alten. Die neue Führung ist bestens darauf vorbereitet, in die Fußstapfen der alten zu treten. Khamtays Nachfolger Choummaly Sayasone entstammt dem alten Kader. Der neue Premierminister Bouasone Bouphavanh gilt als konservativer Technokrat, und auch die neue Nationalversammlung besteht fast ausschließlich aus Parteimitgliedern. Zwar werden die Wirtschaftsreformen aller Voraussicht nach fortgesetzt, am Anspruch der Partei auf Alleinherrschaft ändert sich aber nichts.

Regierung und Politik

Staatsform: Volksrepublik
Provinzen: 16, eine Präfektur
Hauptstadt: Vientiane
Staatspräsident: Choummaly Sayasone
Premierminister: Bouasone Bouphavanh

Die Demokratische Volksrepublik Laos *(Sathalanalat Paxathipatai Pasason Lao)* ist ein **autoritärer Einparteienstaat** unter der Führung der sozialistischen Laotischen Revolutionären Volkspartei *(Phak Pasason Pativat Lao)*. Die **Partei** wurde 1955 von Kaysone Phomvihane gegründet und hat fast 150 000 Miglieder. In der Verfassung von 1991 ist ihre Rolle als „führender Kern" des politischen Systems festgeschrieben. Sie durchdringt die meisten Bereiche des öffentlichen Lebens. Dazu dienen ihr auch die **Massenorganisationen** Laotische Aufbaufront, Laotischer Gewerkschaftsbund, Revolutionäre Volksjugend und Frauenunion.

Mächtigstes Gremium ist das elfköpfige **Politbüro**, das trotz einiger neuer Mitglieder noch immer fest in der Hand hochbetagter Revolutionäre ist. Immerhin sitzt darin seit 2006 erstmals auch eine Frau.

Alle fünf Jahre finden **Parteikongresse** statt, auf denen wichtige Veränderungen der Parteipolitik abgesegnet werden. Auf dem jüngsten Parteitag im März 2006 läutete die LRVP den lang erwarteten Generationenwechsel ein: Nach 14 Jahren an der Spitze trat der 82-jährige Khamtay Siphandone als Parteivorsitzender zurück. Sein Nachfolger wurde der auch nicht gerade junge, 70-jährige Choummaly Sayasone.

Seit Juni 2006 ist Choummaly auch neuer **Staatspräsident**. Dieser ernennt den Premierminister, dessen Stellvertreter, die Provinzgouverneure und – seit der Verfassungsnouvelle von 2003 – auch die Vizepräsidenten des Obersten Volksgerichtes und der Obersten Staatsanwaltschaft.

Die **Regierung** ist das höchste Exekutivorgan und personell eng mit dem Politbüro und der Armeeführung verflochten. Das Kabinett des neuen Premierministers Bouasone Bouphavanh besteht aus 13 Ministern, den Präsidenten von Staatsbank und Plankomitee sowie diversen Funktionären im Ministerrang.

Oberstes Legislativorgan mit mäßigem politischem Gewicht ist die **Nationalversammlung**. Die Abgeordneten werden alle fünf Jahre vom Volk gewählt. Laoten ab 18 Jahre haben das Recht und de facto auch die Pflicht zu wählen. Da die LRVP die einzige legale Partei ist, wird der Urnengang von vielen nicht sehr enthusiastisch vollzogen. Bei den Wahlen im April 2006 entfielen 113 der 115 Sitze auf Parteimitglieder, immerhin zogen 71 davon zum ersten Mal in die Nationalversammlung ein. Gut ein Viertel der Deputierten sind Frauen. Die Nationalversammlung tagt zweimal im Jahr. Außer Gesetzen segnet sie Haushalts- und Entwicklungspläne ab und wählt den Staatspräsidenten.

Verantwortlich für die **Rechtsprechung** sind das Oberste Volksgericht und die Gerichte auf Provinz-, Stadt-, Distrikt- und Kreisebene. In der Praxis gibt es aber kein unabhängiges Rechtswesen. Bis 2006 verabschiedete die Nationalversammlung gerade einmal 50 Gesetze. Selbst die Verfassung wurde erst 16 Jahre nach der Proklamation der Volksrepublik erlassen und zuletzt 2003 nachgebessert. Viele Laoten wissen nur wenig über das Rechtssystem. Bei der Schlichtung von Konflikten spielen die Dorfoberhäupter eine wesentlich bedeutendere Rolle.

Häufig kritisiert wird der **Strafvollzug**. Amnesty International beklagt schon seit langem unhaltbare Zustände in laotischen Gefängnissen, darunter Folter, medizinische Unterversorgung und lange Haftzeiten ohne Verfahren.

Verwaltung

Laos ist in 16 Provinzen *(khoueng)* und eine Präfektur unterteilt: Attapeu, Bokeo, Borikhamxai, Champasak, Houaphan, Khammouan, Luang Prabang, Luang Namtha, Oudomxai, Phongsali, Saravan, Savannakhet, Xaignabouri, Xekong, Vientiane, die Präfektur Vientiane und Xieng Khouang.

Die Provinzen setzen sich aus Distrikten *(khampheng nakhon)*, Kreisen *(muang)* und Dörfern *(ban)* zusammen. Nur die Dorfoberhäupter werden gewählt. Die Chefs der anderen Verwaltungsebenen sind Beamte und Parteimitglieder. Sie werden vom Staatspräsidenten ernannt. Bis vor kurzem unterstand das bergige Terrain nordöstlich von Vientiane als **Sonderzone Xaisomboun** dem Militär. Anfang 2006 ordnete der Premierminister an, dass die Sonderzone aufzulösen und in die Provinzen Vientiane und Xieng Khouang zu integrieren sei.

Innenpolitik

Unter Beobachtern gilt Laos als politisch stabil. Alle Macht liegt in den Händen der Partei, die ihre jüngsten Flügelkämpfe – Orientierung an China oder Vietnam – ohne Brüche überstanden hat. Durch die personelle Verflechtung von Staatsführung und Generalität genießt das **Militär** großen Einfluss. Anders als in Myanmar nutzt es seine Macht aber überwiegend zur Ausbeutung der natürlichen Ressourcen (Holz, Wasserkraft).

Ein großes politisches Problem ist die **Korruption**. Niedrige Beamtengehälter, fehlende Kontrollinstanzen, Clanwirtschaft und eine aufgeblähte Bürokratie haben dazu geführt, dass Amtsmissbrauch seit Beginn der Wirtschaftsreformen dramatisch zugenommen hat. Die Palette reicht vom Verkauf von Dienstleistungen, Lizenzen und Konzessionen bis zu Steuerhinterziehung und Urkundenfälschung. Selbst die Lao Telecom soll Telefonanschlüsse erst nach Zahlung hoher Schmiergelder eingerichtet haben. Ein Anti-Korruptions-Dekret des Premierministers hat bislang nicht gefruchtet.

Innenpolitisches Dauerthema ist die **Bekämpfung der Armut**. Etwa ein Drittel der Bevölkerung lebt unterhalb der Armutsgrenze. Im Entwicklungsbericht der Vereinten Nationen nimmt Laos regelmäßig einen der hintersten Plätze ein. Kindersterblichkeit (2005: 8,7%) und Analphabetentum (2005: 35%) sind hoch, die Lebenserwartung liegt gerade einmal bei 55 Jahren.

Die **Arbeitslosigkeit** beträgt offiziell 6%. Da beitslose Landarbeiter nicht gewertet werden, vermittelt die Zahl kein realistisches Bild. Staatliche Unterstützung für Erwerbslose gibt es nicht. Eine große Zahl von Laoten ist auf regelmäßige Überweisungen aus dem Ausland angewiesen. Viele suchen illegal in Thailand Beschäftigung, wo sie nicht selten zu Niedrigstlöhnen arbeiten oder in Bordellen landen. Andere ziehen in der Hoffnung auf ein besseres Leben in die Städte und bilden dort ein urbanes Proletariat.

Seit Ende der 90er Jahre versucht die Regierung, durch **Familienplanung** das hohe Bevölkerungswachstum von 2,4% zu senken. In einem Land ohne Sozialversicherungssysteme stellen Kinder aber noch immer die wichtigste Form der Altersvorsorge dar. Hinzu kommt, dass das Wissen über Verhütung gering ist.

Das **Schulwesen** wurde seit 1975 zwar deutlich ausgebaut, aber das Bildungsniveau ist noch immer sehr niedrig. Das staatliche Erziehungssystem ist in fünf Stufen gegliedert: Vorschule, Grundschule, Oberschule, Berufsschule und Hochschule. Mittlerweile besuchen mehr als 80% der Kinder zwischen sechs und zehn Jahren eine Grundschule (mit großen regionalen Schwankungen). Zu den Defiziten des Schulsystems gehören veraltete Lehrmaterialien, primitive Unterrichtsräume, schlechte Lehrerausbildung und die verspätete Bezahlung der Lehrergehälter.

Auch das **Gesundheitswesen** ist unterentwickelt. Zwar gibt es inzwischen in jeder Bezirksstadt ein staatliches Krankenhaus, doch entsprechen Ausstattung und Ausbildung des Personals bei weitem nicht internationalen Standards. Malaria, Durchfall- und Atemwegserkrankungen sind häufige Todesursachen. Die Infizierungsrate mit HIV/Aids ist im Vergleich zu den Nachbarländern noch gering. Beobachter befürchten aber, dass sich das bald ändern wird, sollte Laos nicht mehr Geld für Aufklärung zur Verfügung stellen.

Drogenmissbrauch und **Menschenhandel** sind zwei weitere gravierende Probleme. Seit einigen Jahren kämpft Laos – bis vor kurzem noch drittgrößter Opiumproduzent der Welt – erfolgreich gegen den Anbau von Schlafmohn. 2005 bestätigte die UN, dass die Zahl der Anbauflächen seit 2000 um 73% zurückgegangen sei. Dem gegenüber steht die Tatsache, dass immer mehr junge Leute zum synthetischen Rauschgift *Yaa Baa* greifen, einer Art Turbo-Ecstasy. In Drogentests, die Anfang 2005 bei mehr als 14 000 Schülern und Studenten landesweit durchgeführt wurden, konnte jedem Vierten Amphetamin-Missbrauch nachgewiesen werden.

Der Handel mit Kindern und jungen Frauen hat laut UN-Berichten in der gesamten Mekong-Region zugenommen. In Laos betrifft es vor allem Mädchen aus grenznahen Regionen. Sie werden von Schleppern mit dem Versprechen angelockt, im Ausland Arbeit zu finden. Meist ist Thailand das Ziel. Nachdem die thailändische Polizei bei Razzien in Fabriken und Bordellen immer häufiger auch junge Laotinnen befreite, kam Laos im Oktober 2004 mit den sechs Mekong-Anrainern überein, im Kampf gegen den Menschenhandel zusammenzuarbeiten. Konkrete Schritte vereinbarten die Regierungen bei einem Treffen Anfang 2005 in Hanoi.

Außenpolitik

Seit der wirtschaftlichen Öffnung und dem Ende des Kalten Krieges bemüht sich Laos um gute Beziehungen zu allen Anrainerstaaten. Das engste Verhältnis besteht traditionell zu **Vietnam**, dessen Einfluss aber nicht mehr so groß ist wie zu Revolutionszeiten. Die „Sonderbeziehungen", die Laos 1977 mit dem *Vertrag über Freundschaft und Zusammenarbeit* aufgezwungen wurden, verloren Ende der 80er Jahre an Bedeutung und erlebten erst während der Asienkrise eine Renaissance. In den vergangenen Jahren wurden zahlreiche bilaterale Abkommen geschlossen, die eine intensive Zusammenarbeit auf allen Ebenen zur Folge haben.

Die guten Beziehungen zu **China**, die sich in den 90er Jahren entwickelt haben, bilden nicht nur ein Gegengewicht zu Vietnam und Thailand, sondern sichern Laos auch einen großzügigen Geldgeber: Während der Asienkrise gewährte China umfangreiche Exporthilfen und zinsfreie Darlehen. Seit längerem baut es die Nationalstraßen im Norden des Landes aus, und zu besonderen Anlässen finanziert es Laos immer wieder Großprojekte wie die Kulturhalle in Vientiane oder das Lao-China Friendship Hospital in Luang Prabang. Beobachter vermuten, dass sich der Einfluss Chinas in den kommenden Jahren noch verstärken wird. Das Reich der Mitte hungert nach Rohstoffen. Zugleich überschwemmt es den laotischen Markt mit Billigwaren. Und: Es leistet Finanzhilfen, ohne von Laos politische Reformen zu verlangen.

Das Verhältnis zum kulturell und ethnisch eng verwandten **Thailand** bleibt dagegen gespalten. Zwar ist das wirtschaftliche Engagement des west-

Laotische Gaststudenten in der DDR

Viele Reisende staunen nicht schlecht, wenn sie mitten in Laos von einem Laoten in vorzüglichem Deutsch angesprochen werden. Dabei ist das gar nicht so unwahrscheinlich. Zwischen 1974 und 1996 erhielten rund 2500 Gaststudenten in Deutschland eine Ausbildung – viele davon an Fachhochschulen und Universitäten.

Der größte Teil der Gaststudenten wurde bis 1990 in der DDR ausgebildet. Für die Zulassung verlangte die laotische Regierung außer der schulischen Qualifikation eine Erklärung, in der sich die Anwärter verpflichteten, keine Liebesbeziehungen in Deutschland einzugehen und nach dem Abschluss nach Laos zurückzukehren. Zwar wurden diese Bestimmungen mit der Wende gelockert, doch kamen in den Folgejahren nur noch wenige Studenten nach Deutschland.

Gut die Hälfte der Laoten kehrte als Monteure, Installateure, Straßenbauer oder mit einem anderen technischen Abschluss in der Tasche zurück. Die Absolventen der höheren Bildungseinrichtungen wurden zu Ingenieuren, Betriebswirten, Germanisten oder Fachärzten ausgebildet. Bis zum Beginn der 90er Jahre erhielten Rückkehrer innerhalb eines Quartals einen Arbeitsplatz zugewiesen (mit der Folge, dass mehr als zwei Drittel im Staatsdienst unterkamen). Wer danach zurückkehrte, musste sich selbst um eine Stelle bemühen. Inzwischen haben eine Reihe von Laoten, die einst zwischen Elbe und Oder studierten, als Guides Arbeit gefunden.

lichen Nachbarn unvermindert groß, doch sieht die laotische Führung den wachsenden thailändischen Einfluss mit Sorge – nicht zuletzt wegen der „sozialen Übel", die via Freundschaftsbrücke und Fernsehen nach Laos getragen werden. Immerhin konnten beide Länder in den vergangenen Jahren schwelende Streitpunkte wie die Repatriierung von Hmong-Flüchtlingen und die Regelung offener Grenzfragen lösen. Der große Streit im Mai 2006 über einen thailändischen Spielfilm, in dem sich die sonst so glücklose laotische Fußballmannschaft unter einem Thai-Trainer für die Weltmeisterschaft qualifiziert, zeigt allerdings, wie schnell die Stimmung kippen kann.

Zu den **USA**, die seit 1992 wieder volle diplomatische Beziehungen mit Laos unterhalten, hat sich das Verhältnis im vergangenen Jahrzehnt erheblich verbessert. Die Amerikaner verfolgen in Laos drei primäre Ziele: die Suche nach der Überresten vermisster US-Soldaten (laut amerikanischen Angaben noch immer 372), die Drogenbekämpfung und seit kurzem die Kooperation im Kampf gegen den Terrorismus. Als Gegenleistung für die Zusammenarbeit gewährte die Bush-Regierung Laos trotz Widerstand vieler Exillaoten im Dezember 2004 Normal Trade Relations und stockte 2005 den Zuschuss für die UXO-Räumung auf.

Die Mitgliedschaft in der **ASEAN**, deren Gipfeltreffen Laos 2004 ausrichtete, und viele grenzübergreifende Verkehrs- und Entwicklungsprojekte binden das Land seit einem Jahrzehnt in die Region ein. Sie sorgen dafür, dass das Beziehungsgeflecht mit seinen ungleich stärkeren Nachbarn im Gleichgewicht bleibt.

Wirtschaft

BIP: 2,83 Mill. US$
Wachstum: 7,2 %
Inflation: 7,2 %
Agrarsektor: 45%
Industrie: 30%
Dienstleistungen: 25%

Laos gehört zu den ärmsten Ländern der Welt. Auf der UN-Liste der *Least Developed Countries* nimmt es Platz 133 von 177 ein. Nach Schätzungen der Weltbank liegt das jährliche **Pro-Kopf-Einkommen** bei US$491.

Rückgrat der laotischen Wirtschaft ist der **Agrarsektor**, der bislang aber kaum über das Stadium der Subsistenzwirtschaft hinausgekommen ist. Sein Anteil am Bruttosozialprodukt beträgt 45%. Vier Fünftel der arbeitenden Bevölkerung sind in Land- und Forstwirtschaft oder in der Binnenfischerei tätig. Nur 10% arbeiten im Dienstleistungsgewerbe (25% des BIP), noch einmal so viele in Industrie und Handwerk (30% des BIP). Zu den größten Devisenbringern zählen Textilien, Strom- und Holzexport sowie der Tourismus.

Seit dem Scheitern der Kollektivierungskampagne Anfang der 80er Jahre verfolgt die laotische Regierung einen **Reformkurs**, der das auf zentraler Planung beruhende Wirtschaftssystem in ein marktwirtschaftlich orientiertes umwandeln soll. Nach einigen Anfangserfolgen geriet Laos 1997 in den Sog der asiatischen Finanzkrise, von der es sich mittlerweile wieder erholt hat. Seit 2000 liegt das jährliche Wirtschaftswachstum durchschnittlich bei 5,7%, allerdings wird es überwiegend von ausländischen Hilfsinvestitionen gestützt. Für 2006 ist ein Wachstum von 7,3%, für 2007 von 6,5% prognostiziert.

Die **Inflationsrate**, die während der Asienkrise zeitweilig einen dreistelligen Wert erreichte, fiel 2005 erstmals deutlich unter 10%. 2006 und 2007 werden 9% erwartet. Zentrale **Strukturschwächen** der laotischen Wirtschaft sind die niedrige Produktivität des Agrarsektors, das wachsende Haushaltsdefizit, die anhaltende negative Handelsbilanz, eine hohe Auslandsverschuldung und die große Abhängigkeit von internationaler Entwicklungshilfe. Auch die schlechte Infrastruktur ist ein Handicap, da sie den Warenverkehr erschwert und sehr verteuert. Um die Staatseinnahmen zu erhöhen, will die Regierung 2007 eine Mehrwertsteuer einführen (VAT).

Allen Schwierigkeiten zum Trotz schätzen Experten die **mittelfristigen Perspektiven** des Landes nicht übermäßig düster ein. Mit dem Bau des Nam Theun II-Staudamms, dem daraus resultierenden Stromexport, den vielen Bergbau-Projekten und höheren Erträgen der Landwirtschaft könnte Laos bis 2010 weiteres Wirtschaftswachstum produzieren, heißt es in einer Analyse der Weltbank aus dem Frühjahr 2006. Voraussetzung dafür ist allerdings die Fortsetzung der Wirtschaftsreformen.

Landwirtschaft

Nur etwa 8% der Landesfläche eignen sich für intensive Landwirtschaft. In den fruchtbaren Ebenen und Tälern wird vor allem **Reis** angebaut, der in der Regel den nationalen Bedarf deckt. Die durchschnittlichen Hektarerträge von 1,5–3,5 t gehören aber zu den niedrigsten Südostasiens. Für viele Subsistenzbauern gibt es wegen der schlechten Marktpreise kaum Anreize, die Erträge zu steigern.

Andere wichtige **Feldfrüchte** sind Mais, Süßkartoffeln, Bohnen, Erdnüsse und Soja. Ein kleiner Teil der Anbaufläche entfällt auf **Kaffee**, von dem Laos in guten Jahren mehr als 20 000 t exportiert. Geringe Mengen Tabak, Baumwolle und Zuckerrohr werden ebenfalls angebaut. Auch die **Viehzucht**, vor allem Wasserbüffel, aber auch Rinder, Schweine und Geflügel, erfolgt weitgehend auf Subsistenzbasis.

Holz

Holzprodukte gehören zu den wichtigsten laotischen Exportgütern. In den dichten Wäldern finden sich Teak, Rosenholz, Ebenholz und Palisander. Die **Ausbeutung der Ressourcen** hat dazu geführt, dass schätzungsweise nur noch 30% der Landesfläche bewaldet sind (1950: 70%). Nach einem ersten Vorstoß Anfang der 90er Jahre erließ die laotische Regierung 2002 erneut ein **Exportverbot** für unbearbeitetes Holz. Damit soll nicht nur dem Kahlschlag entgegengewirkt, sondern auch die heimische Holz verarbeitende Industrie gestärkt werden. Bis 2020 will die Regierung mehrere Millionen Hektar aufforsten. Dabei handelt sich vor allem um Nutzwälder, insbesondere Teak- und Eukalyptusplantagen, die staatlich gefördert werden.

Wasserkraft

Laos setzt alles daran, die Batterie der Region zu werden. Mit dem Mekong und seinen Nebenflüssen besitzt es ein geschätztes **hydroelektrisches Potenzial** von 18 000 MW. Derzeit produzieren elf Kraftwerke am Nam Ngum, Xe Xet, Nam Theun/Nam Hinboun, Nam Mang, Nam Tha, Houay Ho und Nam Leuk insgesamt knapp 700 MW. Bis 2020 soll die Zahl der Kraftwerke auf 25 und die Energieproduktion auf 11 000 MW steigen. Bei aller Euphorie wird aber oft vergessen, dass die Kosten für Wartung und Reparaturen der Staudämme hoch sind.

Nach jahrelangem Tauziehen fiel 2005 der Startschuss für den Bau des umstrittenen **Nam Theun II-Staudamms** in der zentrallaotischen Provinz Khammouan. Die Kosten für das leistungsstärkste Wasserkraftwerk des Landes (1070 MW) belaufen sich auf 1,3 Milliarden Dollar. Strom soll ab 2009 fließen. Umweltschützer befürchten katastrophale Folgen für den Wald- und Tierbestand der Region. Außerdem wurden wegen des 450 km² großen Stausees tausende Dorfbewohner umgesiedelt.

Verarbeitende Industrie und Bodenschätze

Vor allem der Gold- und Kupferabbau haben den Industriesektor 2005 kräftig wachsen lassen (um 13%). Ansonsten ist die laotische Industrie kaum entwickelt. Die meisten Fabriken gibt es in Vientiane und Savannakhet. Wichtigste **Erzeugnisse** sind landwirtschaftliche Geräte, Holzprodukte, Textilien, Getränke, Tierfutter, Zigaretten, Nahrungsmittel und Kunststoffe.

Große Hoffnungen ruhen auf dem Bergbausektor. Laos ist reich an **Mineralien** wie Eisenerz, Kohle, Uran, Zinn, Magnesium, Kupfer, Gold, Blei und Erdöl. Gefördert wird davon bislang aber nur wenig. Der Wirtschaftsexperte Hans U. Luther zieht den treffenden Vergleich zwischen Laos und einem „armen Bauernjungen, der auf einer Schatzkiste sitzt, zu der ihm der Schlüssel fehlt".

Tourismus

Nicht erst seit Luang Prabang und Vat Phou zum Weltkulturerbe erklärt wurden, setzt Laos auf den Tourismus als wirtschaftliches Zugpferd. Das Potenzial, vor allem für Naturtourismus, ist groß. Zwischen 1997 und 2005 stieg die Zahl der Besucher pro Jahr von 463 000 auf 1,2 Millionen. 2005 lagen die Einnahmen bei 130 Millionen Dollar. Besseres Marketing und der *National Ecotourism Strategy and Action Plan* sollen noch mehr Besucher anlocken und die Einkünfte breiter streuen.

Außenhandel

Laos hat seit 1928 eine negative Handelsbilanz (2005: 350 Millionen Dollar). Seit der wirtschaftlichen Öffnung und dem Zusammenbruch des Ostblocks wird ein Großteil des Außenhandels mit ASEAN-Staaten, allen voran Thailand und Vietnam, abgewickelt. Die laotische **Ausfuhr** beschränkt sich auf wenige Produktgruppen wie Bekleidung, Elektrizität, Holz, Mineralien und Kaffee. Importiert werden vor allem Konsumgüter, Maschinen, Ersatzteile, Fahrzeuge und Benzin. 2008 tritt Laos der ASEAN-Freihandelszone (AFTA) bei, die Aufnahme in die Welthandelsorganisation (WTO) will es bis 2010 erreichen.

Religion

von Klaus Verstrepen

Buddhismus

Zu den stärksten Eindrücken einer Laosreise gehört der Anblick der vielen Klöster und Sakralbauten sowie die unübersehbare Zahl von Mönchen und Novizen in ihren safranfarbenen Gewändern. Dies alles ist Ausdruck des Buddhismus, der die Kultur zutiefst prägt und bis 1975 Staatsreligion war. Etwa 60% der Laoten bekennen sich zum Buddhismus.

Bei der in Laos praktizierten Schule handelt es sich um den Theravada-Buddhismus (von Pali *theravada* = Lehre der Älteren), der sich auch in Thailand, Myanmar, Kambodscha, Sri Lanka und kleineren Gebieten Indiens und Bangladeschs verbreitete. Die Anhänger des Theravada nehmen für sich in Anspruch, die älteste Schule des Buddhismus und damit auch die unverfälschte Lehre des Buddha zu vertreten. Charakteristisch für den Theravada gegenüber anderen Schulen ist, dass nur in der altindischen Sprache Pali abgefasste religiöse Schriften als verbindlich gelten. Wissenschaftler bestätigen heute, dass der Pali-Kanon die älteste vollständige Überlieferung des Buddhismus darstellt.

Biografisches zum Buddha

Der Buddhismus geht auf den Inder Siddhattha Gotama zurück, der vor etwa 2500 Jahren als Sohn eines Fürsten in Lumbini im heutigen Nepal geboren wurde. Siddhattha wuchs sehr behütet und mit allen Annehmlichkeiten der Zeit auf. Mit dieser Erziehung wollten seine Eltern verhindern, dass aus Siddhattha ein großer Asket würde, wie es ihnen von einem Asketen prophezeit worden war. Aber ihre Bemühungen waren umsonst, denn der junge Siddhattha stand unter dem starken Eindruck, dass er sein Leben nicht in Freiheit lebte, sondern Geburt, Alter, Krankheit und Tod unterworfen war.

Mit 29 Jahren, kurz nach der Geburt seines Sohnes, verließ er seine Familie, schnitt sich die Haare ab, legte ein einfaches Gewand an und zog nach damaligem Brauch der Wandermönche in die Obdachlosigkeit.

Zunächst übte Siddhattha Yoga unter zwei verschiedenen Lehrern, was ihn aber nicht befriedigte. Auch in der extremen Askese, die er anschließend praktizierte, fand er nicht das, was er suchte. Enttäuscht kam Siddhattha als 35-jähriger Mann nach Uruvela im heutigen indischen Bundesstaat Bihar. Hier erinnerte er sich, wie er einst als Kind völlig losgelöst und glücklich seinem Vater bei der Arbeit zugesehen hatte. Er versenkte sich erneut in diesen Zustand, und als er nach 49 Tagen wieder aufstand, war er nicht mehr derselbe: Er hatte den Zustand des Erwachtseins erlangt.

In der Folgezeit wanderte Buddha mehr als 40 Jahre lang durch Nordindien, um den Menschen den Weg zu der Erfahrung zu weisen, die er selbst gemacht hatte. Er starb mit 80 Jahren in der indischen Stadt Kusinara.

Geschichte des Buddhismus in Laos

Der Theravada wurde zunächst durch eine vom indischen König Ashoka unterstützte Mission, gut 300 Jahre nach dem Buddha, nach Sri Lanka gebracht. Zu dieser Zeit war Laos noch nicht von den Tai-Völkern besiedelt. Berichte, wonach König Ashoka in Vientiane eine Stele über einer Reliquie Buddhas errichtet haben soll, sind unwahrscheinlich.

Die Lao kamen vermutlich erstmals durch die Dvaravati-Kultur der Mon mit dem Theravada-Buddhismus in Kontakt. Der Gründer Lane Xangs, Fa Ngum, erhob ihn im 14. Jh. zur vorherrschenden Religion. Der Überlieferung zufolge hatte sich Fa Ngums Frau, eine kambodschanische Prinzessin, zuvor über die religiösen Sitten im Land empört, woraufhin der König das theravada-buddhistische Kambodscha kurzerhand um die Entsendung einer **Mission** gebeten hatte. Diese brachte die heiligen Schriften in Pali und eine angeblich aus Sri Lanka stammende goldene Buddhastatue nach Lane Xang. Diese goldene Buddhastatue, der Phra Bang, wurde zum Symbol der Religion des neuen souveränen Reiches und gab der Stadt Luang Prabang später ihren Namen.

Die Entwicklung des Theravada war in Laos von Anfang an eng mit dem Königreich verknüpft.

In den Dörfern vieler Bergvölker signalisiert der Taleo: bitte nicht betreten (S. 101)

In sicheren Zeiten blühte auch der Buddhismus auf, politische Krisen hatten einen Verfall der Religion zur Folge. Viele Könige, darunter Samsenthai und Setthathirat, förderten den Buddhismus durch die Errichtung prächtiger Sakralbauten. Um 1504 ließ König Vixoun den **Pali-Kanon** ins Laotische übersetzen. Sein Sohn Phothisarat, der den Geisterglauben seines Volkes energisch bekämpfte, war selbst einige Jahre lang Mönch.

Die Klöster waren in dieser Zeit die zentrale Bildungseinrichtung, auch für weltliche Laufbahnen. Traditionelles Wissen, Lesen und Schreiben, Sprachen und Handwerk wurden dort vermittelt. Das änderte sich erst im 20. Jh., als die **französische Kolonialmacht** ein eigenes staatliches Bildungssystem errichtete und das Monopol der Klöster aufbrach. Die Franzosen rekrutierten ihre Eliten fast ausschließlich aus den eigenen Bildungseinrichtungen, was von vielen Laoten als Abwertung und Geringschätzung der traditionellen Bildung und damit des Buddhismus empfunden wurde.

Neue Gesetze griffen in die Organisation des buddhistischen Ordens ein und nahmen ihm seine Eigenständigkeit. Nach der Unabhängigkeit wurde der Buddhismus zur Staatsreligion erhoben. Das Ergebnis war jedoch, dass das Ministerium für religiöse Belange dem buddhistischen Orden eine beachtliche Bürokratie überstülpte. Der Staat richtete Institute, Pali-Schulen und Meditationsschulen ein, und die Mönche verloren ihre zentrale Stellung in der Lehrvermittlung.

Da sich der Orden fast ausschließlich aus der einfacheren ländlichen Bevölkerung zusammensetzte, kam es zu Spannungen mit den reichen, zum großen Teil noch immer westlich beeinflussten Eliten. In dieser Krise suchten viele Mönche die Nähe zur Pathet Lao. Mit dem Machtwechsel schrieben die neuen Herrscher die Religionsfreiheit fest und räumten dabei ausdrücklich das Recht ein, gar keine Religion auszuüben. Die Verwaltung des Ordens war jedoch weiterhin Angelegenheit des Staates, und die Regierung versuchte sogar, den

Buddhismus im Sinne der neuen Doktrin umzuinterpretieren: Buddha galt nun als Sozialreformer, der die Klassengesellschaft abgelehnt hatte. Höchstes Verdienst lag nach kommunistischer Deutung nicht im Spirituellen, sondern in der tatkräftigen Hilfe für die Entwicklung der neuen Gesellschaft. Mönche, die ihr Heil traditionell in der Einsamkeit suchten, wurden gezwungen, die Robe abzulegen. Ein ganzer Orden, der ursprünglich aus Thailand stammende Thammayut Nikaya, wurde verboten, so dass nur noch der **Phra Song Lao** (der verehrte laotische Orden) existiert. Heute ist die Situation entspannter, da sich inzwischen auch wieder viele Regierungsmitglieder offen zur Religion bekennen. Buddhismus wird wieder praktiziert, um spirituelle Verdienste zu erlangen. Bekannte Mönche werden aufgesucht, um Segen zu erhalten, und das buddhistische Totenritual ist wieder allgegenwärtig. Mittlerweile haben auch die Anzahl der Klöster mit 2823 und die Zahl der Mönche mit 17 990 (außerhalb der Regenzeit) wieder nahezu vorrevolutionäres Niveau erreicht.

Boun, Kamma und Wiedergeburt

Unterhält man sich mit Laoten über ihre Religion, ist es erstaunlich, wie wenig sie meist über die Lehre des Buddha wissen. Das ausgedehnte Studium der Schriften und die intensive Praxis gelten als Sache der Mönche. Die Laien verehren dagegen den Buddha, seine Lehre und die Mönche in den Tempeln. Es gibt **fünf Regeln** *(pancasila)*, die Laien einhalten sollten:

1. nicht töten
2. nicht stehlen
3. kein sexuelles Fehlverhalten ausüben
4. nicht lügen
5. keine berauschenden Mittel konsumieren

Diese Regeln beruhen auf Aussagen des Buddha. Wer sie befolgt, so der allgemeine Glaube, verbessert damit sein zukünftiges Los. Obwohl er den religiösen Auffassungen seiner Zeit eher kritisch gegenüberstand, akzeptierte der Buddha den Gedanken der Wiedergeburt. Entsprechend ihrer Taten, dem *kamma*, würden Menschen unterschiedlich glücklich oder unglücklich wiedergeboren. Deshalb ist es für Buddhisten von größter Wichtigkeit, Gutes zu tun (Pali *punna*, laot. *boun*). Gute Taten sind **Verdienste**, die sich nach der Vorstellung vieler Gläubiger ansammeln lassen. Hat man viele Verdienste, oft über mehrere Leben, angesammelt, gilt eine gute Wiedergeburt als gesichert. Das kann bedeuten, im nächsten Leben einmal reich zu sein, als Gottheit ein langes und glückliches Leben zu führen oder als Mönch die Heiligkeit zu erlangen.

Aber auch glückliche Umstände im derzeitigen Leben wie ein erfolgreicher Geschäftsabschluss werden häufig auf das Wirken guter Taten zurückgeführt.

Die Möglichkeiten, Verdienste zu erwerben, sind äußerst vielfältig. In der Praxis kann jede Handlung, die in guter Absicht geschieht, verdienstvoll sein. Dabei werden Taten in Verbindung mit Freigiebigkeit, Selbstlosigkeit und Mitgefühl als besonders tugendhaft angesehen.

Da der Buddha die Gemeinschaft der Mönche als das beste Umfeld für den Erwerb von Verdiensten bezeichnet hat, beziehen sich die meisten dieser Handlungen auf den Orden. Häufig kann man den morgendlichen Almosengang *(dag bat)* der Mönche beobachten, die so ihre tägliche Essensration erbitten. Die Mönche schreiten in besonders würdevoller Haltung, ihren Ordinationsjahren entsprechend hintereinander, durch die Dörfer oder Straßen. Am Wegesrand warten Laien mit Speisen, um sie in die Schalen der Mönche zu legen. Die Mönche bedanken sich nicht für das Essen, denn nach buddhistischer Auffassung hätten eher die Gebenden zu danken, da ihnen die Möglichkeit zum Erwerb von Verdiensten gegeben wurde.

Als verdienstvoll gilt auch, die Klöster durch Geld oder tatkräftige Hilfe zu unterstützen. Der Brauch, dass junge Männer vor ihrer Ehe eine kurze Zeit als Mönch leben, dient ebenfalls dem Ansammeln von Verdiensten.

Die Lehre

Die Lehre des Buddha wird in Pali *dhammavinaya* oder einfach *dhamma* genannt, im Unterschied zum Begriff *sasana*, der den Buddhismus als Religion bezeichnet. Die Lehre baut auf Verstehen und Einsicht und ist für sich allein noch keine Religion.

Der **Grundgedanke** ist, dass das Leben für den Einzelnen unbefriedigend oder leidvoll (Pali *dukkha*) ist, denn nichts scheint in der Welt von Dauer zu sein. Der Mensch ist der Veränderung durch Geburt, Alter, Krankheit und Tod ausgeliefert. Ebenso leidet er, wenn er das, was er sich wünscht, nicht bekommt. Deshalb, so der Buddha, könne nichts im Menschen den Wunsch nach andauerndem Glück erfüllen.

Die Ursache dafür, dass sich dieser Wunsch nicht erfüllt, erkannte der Buddha im Begehren (Pali *thanha* = Durst). Begehren entsteht im Geist, weshalb der Buddhismus das Grundproblem in der geistigen Einstellung des Menschen sieht. Eine Haltung heiterer Gelassenheit gegenüber den Wechselfällen des Lebens, wie man sie tatsächlich bei Mönchen in Laos und anderswo beobachten kann, hilft gegen das Begehren.

Um diese Haltung zu erreichen, soll das Schöne und Angenehme in der Welt als veränderlich (*anicca*), unvollkommen (*dukkha*) und unpersönlich (*anatta*) angesehen werden.

Letztes **Ziel** ist es, in einen Zustand geistiger Freiheit zu gelangen (Pali *nibbana* = Auswehen), in dem Begehren, Hass und Unwissenheit überwunden sind.

Diese äußerst schwierige Aufgabe soll durch Ausüben des **Edlen Achtfachen Pfades** bewältigt werden. Im Einzelnen handelt es sich dabei um die folgenden acht Pfadglieder:

1. rechtes Verstehen (*samma-ditthi*)

Gemeint ist das Verstehen der vier Edlen Wahrheiten (Pali *ariya sacca*), nämlich:
a. Das Leben unterliegt Leiden
b. Das Leiden beruht auf Ursachen
c. Das Leiden ist beendbar
d. Der Edle Achtfache Pfad führt zur Aufhebung des Leidens

Diese Wahrheiten benennen das grundlegende menschliche Problem und weisen den Weg zur Lösung. Für Buddhisten sind sämtliche Lehren Buddhas in diesen vier Punkten enthalten (s. S. 205, Luang Prabang)

2. rechte Absicht (*samma-sankappa*)

Drei Arten von Absichten sollen im Geist gepflegt werden: die Absicht des Verzichts (*nekkhamma-sankappa*), die Absicht des Wohlwollens (*avyapada-sankappa*) und die Absicht der Friedfertigkeit (*avihimsa-sankappa*).

3. rechte Rede (*samma-vaca*)

Beim Sprechen sollte vermieden werden zu lügen, verletzend zu reden, harte Worte zu benutzen oder müßig zu plappern.

4. rechtes Handeln (*samma-kammanta*)

Nicht zu töten, nicht zu stehlen und sexuelles Missverhalten zu meiden gelten als rechtes Handeln.

5. rechter Lebenserwerb (*samma-ajiva*)

Händler sollen fünf „Waren" meiden: Waffen, Sklaven, Fleisch, berauschende Mittel und Gifte. Ansonsten ist ein Leben als Händler förderlich, da sich Händler eher als Bauern oder Fischer vom Töten fernhalten können.

6. rechtes Bemühen (*samma-vayama*)

Den Geist rein zu halten von Sinneslust, Ärger, Dumpfheit, Aufregung und Verwirrung und stattdessen eine positive Geisteshaltung zu kultivieren ist rechtes Bemühen.

7. rechte Achtsamkeit (*samma-sati*)

Es gibt vier Grundlagen, die achtsam wahrgenommen werden sollen: der Körper (*kayanupassana*), die Empfindungen (*vedananupassana*), die Geisteszustände (*cittanupassana*) und die Geistesinhalte (*dhammanupassana*). Dies wird vor allem in der Meditation geübt.

8. rechte Konzentration (*samma-samadhi*)

Den Geist auf ein einzelnes Objekt richten zu können (*cittassa ekaggata* = Einspitzigkeit des Geistes), ist rechte Konzentration. Die nötige Ruhe dafür entwickelt man ebenfalls bei der Meditation.

Die einzelnen Punkte des Pfades sind nicht nacheinander abzuarbeiten, sondern ergeben zusammengenommen eine Lebensweise, bei der drei Fähigkeiten ausgebildet werden: Durch die Punkte 1–2 wird **Weisheit** (*panna*) gefördert. Die Punkte 3–5 unterstützen die moralische **Integrität** (*sila*), und die Punkte 6–8 fördern die **geistige Sammlung** (*samadhi*), die im Westen als Meditation bekannt ist. Bei der Meditation wird zwischen zwei Methoden unterschieden: Eine fördert die geistige Ruhe (*samatha*), die andere führt zur Einsicht (vipassana) in die Veränderlichkeit, Unvollkommenheit und Unpersönlichkeit der zu beobachtenden menschlichen Phänomene.

Die buddhistischen Mönche: der Sangha

Buddhistische Mönche (Pali *bhikkhu*, laot. *khuba*) gibt es seit rund 2500 Jahren. Es war Buddha selbst, der im Laufe seiner 40-jährigen Lehrtätigkeit erstes Vorbild für diese einmalige Lebensweise war. Die deutsche Übersetzung „Mönch" ist nur ein Notbehelf und trifft den Sachverhalt nicht ganz.

Wie der Buddha sollten auch seine Anhänger die Bindungen an Haus und Familie aufgeben. Als Ausdruck dessen schnitten sie sich die Haare ab und kleideten sich in einfache Gewänder.

Mit der wachsenden Zahl der Mönche ergaben sich jedoch immer mehr Probleme, die einer Regelung bedurften. Am Ende seiner Lehrtätigkeit hatte der Buddha insgesamt **227 Regeln** zur Lebensführung der Mönche erlassen, die noch heute gelten und zu jedem Voll- und Neumondtag in den Klöstern rezitiert werden. Nur vier entscheidende Regeln führen bei Verstoß zum Ausschluss aus dem Orden: Geschlechtsverkehr, Diebstahl, Mord und Anstiftung zum Mord sowie das Anmaßen von übersinnlichen Fähigkeiten.

Für den Fortbestand des **Ordens** (Pali *sangha*) wurden die Regeln am wichtigsten, die es den Mönchen erlaubten, andere in die Gemeinde aufzunehmen. Diese Regeln machen den Orden zu einer Institution, die keiner Führung von außen bedarf. Schon ein Junge kann ihm beitreten, „wenn er alt genug ist, Krähen zu verscheuchen", wie die Texte sagen. Es gehört sicherlich zu den seltsamsten Beobachtungen, dass Kinder schon eine Robe tragen.

Erst im Alter von 20 Jahren kann die volle **Ordinierung** (Pali *upasampada*), die alle Mönchsregeln bindend werden lässt, erfolgen. Die Ordinierung ist keine lebenslange Verpflichtung. Jeder kann die Robe jederzeit ablegen und in den weltlichen Stand zurückkehren. So ist es Brauch in Laos, dass ein Mann einmal in seinem Leben, zumeist vor der Heirat und nur für kurze Zeit, Mönch wird. Zur Regenzeit, der bevorzugten Zeit für Ordinierungen, lässt sich deshalb ein bemerkenswerter Anstieg der Zahl der Mönche feststellen.

Im Allgemeinen ist die Anrede für einen Mönch *Ajahn*, was in etwa „Lehrer" bedeutet. Besonders ehrwürdige Mönche werden mit *Phra Ajahn* angeredet. Der Mönch ist der Bewahrer der Lehre, zugleich ist er jemand, der den direkten Weg zum *nibbana* praktiziert. Letzteres lässt ihn in den Augen von Laien oft als magiegewaltig erscheinen. Er begleitet das religiöse Leben der Laien durch eine Vielzahl von Ritualen, die von ihm ausgeführt werden. Zumeist haben Mönche einen hohen Bildungsgrad, und viele sind exzellente Kenner der buddhistischen Schriften.

Etwa 1500 Jahre lang existierte eine vom Buddha begründete Gemeinschaft für Frauen. Diese Tradition kam aus ungeklärten Gründen zum Erliegen. Heute gibt es verstärkte Bemühungen, den **Nonnenorden** wieder einzuführen. Bis dahin wird Frauen, die ein religiöses Leben führen, weniger Respekt gezollt als den männlichen Ordensmitgliedern. Auch diese *mae xi* genannten Frauen schneiden sich die Haare ab und tragen einfache, allerdings weiße Gewänder. Sie beachten dieselben zehn Regeln, die auch für die Novizen des Mönchsordens gelten.

Animismus

Animistische Vorstellungen sind unter allen laotischen Volksgruppen verbreitet. Ausprägung und Stellenwert variieren von Ethnie zu Ethnie und manchmal sogar von Dorf zu Dorf. Jedes Volk besitzt seinen eigenen Geisterpantheon und pflegt verschiedene spirituelle Rituale, teilweise noch mit Schamanen oder Priestern. Bei den buddhistischen Lao spielt der Geisterglaube eine geringere Rolle als bei den Bergvölkern, deren Leben stark von den Geboten und Tabus ihrer Geisterwelt bestimmt wird. Aber auch die Lao haben sich eine Reihe vorbuddhistischer Traditionen bewahrt. Wie in Thailand stehen in Laos vor Häusern und unter großen Bäumen **Geisterhäuschen**, in denen die Geister wohnen und durch Gaben gut gestimmt werden.

Nur selten gewinnt eine bestimmte Art der Geisterverehrung über eine einzelne Volksgruppe hinaus an Bedeutung. Eine Ausnahme bildet der in ganz Südostasien verbreitete **Naga-Kult**. Nagas sind mythische Schlangenwesen, die sowohl Gutes als auch Schlechtes bewirken können. Sie symbolisieren Fruchtbarkeit, schützen als siebenköpfiger Mucalinda den Buddha oder sind der Gegenspieler Garudas. In Luang Prabang werden allein 15 Schutznagas und ihre verschiedenen Heimstätten

Bei der Baci-Zeremonie werden die Seelen eines Menschen symbolisch an den Körper gebunden

verehrt. Die Bootsrennen findet auch zu Ehren der Nagas statt. In buddhistischen Tempeln schmücken sie die Treppengeländer.

Geister werden in Laos zumeist **Phi** genannt. Zu den wichtigsten gehören die Dorfgeister *(phi ban* oder *phi muang)*, Schutzgeister der Klöster *(phi khoun vat)*, Ahnengeister *(phi me)*, Geister unerwartet Verstorbener *(phi pheta* oder *phi pong)* und Himmelsgeister *(phi fa)*. Oft werden sie bestimmten Plätzen wie einem Fluss, einem Hain oder einem Baum zugeordnet oder sie streunen umher. Ein weiterer, sehr wichtiger Geist ist der Schmerz-Geist.

Im Gegensatz zu den Göttern, die im Himmel leben, leben *phi* mit den Menschen zusammen und erfordern deshalb viel Aufmerksamkeit. Zugleich übernehmen sie vielfältige Aufgaben. Ahnen- oder Dorfgeister können schon durch kleine Gaben zur Hilfe bei familiären Angelegenheiten bewegt werden. Sie wollen aber auch über Veränderungen in der Gemeinschaft informiert werden. Auf keinen Fall dürfen *phi* vernachlässigt werden, da sie – wenn erzürnt – schlechten Einfluss ausüben können. Die Geister unerwartet Verstorbener, die durch einen Unfall, Krankheit oder eine Gewalttat zu Tode kamen, werden häufig für anderes Unheil verantwortlich gemacht. Volksgruppen, die diese Vorstellung kennen, haben Schamanen oder Priester, die die Unruhestifter bannen können. Selbst Naturkatastrophen oder Epidemien können auf den schlechten Einfluss von Geistern zurückgeführt werden. Bei vielen Bergvölkern bildet das **Dorftor** eine Grenze, die ungebetenen Feld- und Waldgeistern und Fremden den Zutritt verwehrt. Traditionell sind unter fast allen animistischen Völkern **Tieropfer** als Gabe an die Geister verbreitet.

Das Leben mit den *phi* beschränkt sich aber nicht nur auf materielle Opfer. Auch gewisse Handlungen sind **tabu**. So dürfen nach bestimmten Ereignissen Häuser nicht betreten oder gewisse Bäume nicht gefällt werden. Bei vielen Bergvölkern dient der **Taleo**, ein rundes Bambusgeflecht am Haus oder

Dorfeingang, als Verbotsschild für den Zutritt Fremder und sollte unbedingt respektiert werden.

Der Animismus hat auch eine große **soziale Bedeutung** innerhalb einer Dorfgemeinschaft oder Ethnie. Feste und Zeremonien, die regelmäßig für Geister abgehalten werden, stehen oft in Verbindung mit bestimmten Lebens- und Arbeitszyklen. Es gibt verschiedene Zeremonien, die vor Beginn des Pflügens, der Saat oder der Ernte ausgeführt werden müssen. Auf diese Weise entsteht ein festgelegter gemeinsamer Arbeitsrhythmus. Ein **Ahnenkult** kann besonders in kleinen Gemeinschaf-

Die Baci

Die Baci (gesprochen „baasi") ist die populärste animistische Zeremonie in Laos. Sie hat einen spirituellen Hintergrund und wurzelt in Vorstellungen aus vorbuddhistischer Zeit. Zugleich ist sie ein gesellschaftliches Ereignis, bei dem das Miteinander gefestigt wird.

Das Ritual ist vor allem unter den Lao verbreitet und wird zu allen möglichen Anlässen begangen: kurz nach der Geburt, bei Krankheit, Abreise, Ankunft, Hochzeit, Neujahr und zu alljährlich wiederkehrenden Festen.

Bei einer Baci-Zeremonie werden die **Seelen** *(khouan)* eines Menschen an den Körper gebunden. Nach laotischem Glauben gliedert sich der Mensch in 32 Körperteile auf, von denen jedes eine schützende Seele besitzt. Diese Seelen halten den Menschen gesund, können den Körper aber auch verlassen. In Laos erzählt man sich dazu folgende Geschichte:

Zwei Reisende durchquerten einen Wald. Gegen Abend fühlte sich einer der beiden müde und legte sich schlafen. Bald darauf beobachtete der andere, wie eine Grille aus dem Kopf des Schlafenden krabbelte. Das Insekt kletterte auf den umstehenden Bäumen umher, begab sich zum Ufer eines nahe gelegenen Flusses und kehrte dann zu seinem Ausgangspunkt zurück. In diesem Moment erwachte der Schläfer und sprach: „Ah, was für ein Schlaf, was für ein Traum. Ich durchstreifte den Wald und badete im Fluss." Der Mitreisende erkannte sofort den Zusammenhang und dachte bei sich: Eine Seele, die den Körper verlässt, kann sich in Form eines Tieres auf unterschiedliche Art und Weise in der Welt amüsieren.

In der Vorstellung der Lao ist eine Person, die von einer Seele verlassen wurde, Krankheiten schutzlos ausgeliefert. Verlassen mehrere Seelen zur gleichen Zeit den Körper, kann es sogar lebensbedrohlich werden.

Mit der Baci wird der vagabundierenden Seele ein schöner **Gabentisch** bereitet, um ihr die Rückkehr schmackhaft zu machen. Ein besonderes Arrangement *(phakhuan)* aus Bananenblatt, Schalen und kleinen Tabletts wird hergerichtet. In der Mitte türmt sich ein kegelförmiges Gesteck aus Bananenblatt und Blumen auf, umgeben von winzigen Tagetes-Bouquets, die später an die Gesegneten verschenkt werden. Die Gäste bringen ähnliche *phakhuan* oder Tassen mit, die mit Blumen oder Reis gefüllt sind.

Ein älterer Mann, meist das Familienoberhaupt oder ein ehemaliger Mönch *(mo phon* oder *thit)*, führt die Zeremonie an einem geeigneten Tag und zu ausgewählter Stunde aus. Bei Kerzenlicht und Räucherstäbchenschwaden rezitiert er Strophen, die zunächst die wichtigsten Götter einladen, an den Gaben teilzuhaben. Anschließend wird die Seele angerufen. In ermutigenden Strophen wird sie aufgefordert, in den Körper zurückzukehren. Auch die anderen Seelen werden bei der Rezitation bedacht. Anschließend binden die Gäste, insbesondere die Ältesten, den Personen, denen die Baci gewidmet ist, weiße Baumwollfäden um die Handgelenke. Das Binden symbolisiert das zeitweilige Festhalten einer Seele und wird von guten Wünschen für die Zukunft begleitet.

Am Ende der Baci werden neben Seelen und Göttern auch die Menschen mit einem Festessen bedacht.

ten helfen, die Familienzugehörigkeiten zu klären. So gilt bei manchen, dass nur dann innerhalb des Clans geheiratet werden darf, wenn seit mehr als fünf Generationen keine Ehen zwischen den Familien geschlossen wurden.

Christentum

Bereits 1642 unternahm der Jesuit Giovanni-Maria Leria die ersten Missionsversuche in Laos. Ihm folgten noch andere Missionare, die aber allesamt nicht sehr erfolgreich waren. In der Kolonialzeit wurde Laos durch päpstliches Dekret zu einem eigenständigen Bistum erklärt. Konvertiten blieben aber weiterhin eine Seltenheit. Die Ausnahme bildeten einige Lao, Mieuy und Phouan in der Region Pakxan sowie vereinzelte ethnische Minderheiten. Als größte Gruppe bekannten sich die Vietnamesen in den Städten zum Katholizismus.

Nach der Unabhängigkeit gab es verstärkte Bemühungen von Protestanten, im Land zu missionieren. Als Erfolg kann der relativ hohe Anteil protestantischer Hmong angesehen werden. Außer diesen Gruppen sind die Sieben-Tage-Adventisten, die Lutheraner und die Anglikaner im Lande tätig. Insgesamt wird die Zahl der Christen nach einer Erhebung von 1995 mit 60 000 angegeben.

Unter den Pathet Lao wurden alle christlichen Kirchen geschlossen und erst in den 80er Jahren wieder zugelassen.

Islam

Erste Berichte über muslimische Händler in Laos gibt es schon aus dem frühen 17. Jh. Allerdings ist nicht geklärt, ob diese damals auch schon im Königreich siedelten.

Der Islam wird in Laos heute fast ausschließlich von Gruppen von Einwanderern repräsentiert, darunter Inder, Pakistani, Araber und Malaien. Nach der Revolution verließen viele das Land, so dass heute nur noch etwa 1100 Moslems in Laos leben.

Andere Religionen

Die eigentlich animistischen Ethnien der Yao und der Lanten kennen Rituale, die aus dem chinesischen **Taoismus** stammen. Vor der Einführung des Theravada-Buddhismus übte der Hinduismus einen starken Einfluss auf die Kultur der Laoten aus. In Vientiane gibt es heute eine kleine Gemeinde der **Bahai**.

Architektur und Kunst

Die laotische Architektur und Kunst standen wie das Land selbst über Jahrhunderte hinweg unter dem Einfluss der großen Nachbarn. Die ersten Sakralbauten Lane Xangs glichen weitgehend ihren Vorbildern in Lan Na und Ayutthaya. Während die meisten Klöster Holzkonstruktionen waren, wurden in Luang Prabang und Vientiane ab dem 16. Jh. die Tempel als einzige Gebäude aus Mauerwerk errichtet. Durch die bewegte Geschichte sind dennoch nur wenige im Original erhalten. Die oft modernen Rekonstruktionen beruhen zwar noch auf ursprünglichen Formen, sind jedoch einer permanenten Erneuerung unterworfen, bei der man sich erst seit kurzem wieder verstärkt an traditionellen Techniken orientiert.

Die Bronzetrommeln der Dong Son-Kultur aus dem Gebiet Vietnams (7.–1. Jh. v. Chr.) sind frühe Vorgänger einer laotischen Bronzekunst, die seit der Zeit des Lane Xang-Reiches ausschließlich der Darstellung des Buddha gewidmet ist. Zwischen dem 16. und 18. Jh. entwickelte die laotische Bildhauerkunst im Bronzeguss und in der Holzschnitzerei eine eigenständige buddhistisch-hinduistische Ikonografie, die sich besonders deutlich an alten Buddhastatuen, Tür- und Fensterflügeln und rituellen Gegenständen zeigt.

Die laotischen Seidentextilien stehen bis heute in einer Tradition, die – unbeirrt von der buddhistischen Kunst – Motive aus der Natur und der Mythenwelt aufgreift. Die Frauen jeder Volksgruppe stellen eigene kunstvoll verzierte Kleidungsstücke und Accessoires her, die nicht nur ihre individuelle Kunstfertigkeit, sondern auch die Identität ihres Volkes widerspiegeln.

Architektur
Der Vat

„Vat" ist die laotische Bezeichnung für ein theravada-buddhistisches Kloster. Die Anlage setzt sich aus verschiedenen Sakralbauten und Monumenten zusammen, die sich um die wichtigste Verehrungsstätte, den *sim*, gruppieren. Anders als in Thailand oder Sri Lanka wird das prunkvolle Gebäude in Laos auch als Ordinationshalle (Pali = *sima*) genutzt und nach dieser Funktion benannt. Auf dem Altar des *sim* befindet sich das Hauptbildnis, meist eine hohe sitzende Buddhastatue aus Ziegel, umgeben von Votivgaben und weiteren Skulpturen. Noch höhere Verehrung als das zentrale Bildnis genießt der Stupa, in Laos **That** genannt (von Pali und Sanskrit *dhatu* = Element, Reliquie). Das turmartige Monument gilt als das älteste Symbol des Buddhismus. Seine ursprünglich runde Form ist aus den Grabhügeln hervorgegangen, die Königen zu Lebzeiten des Buddha als Begräbnisstätte dienten. Nach dem Tod des Buddha wurden seine sterbliche Überreste an acht nordindische Fürsten übergeben und in acht befestigten Hügelgräbern beigesetzt. In der Folgezeit entstanden in allen buddhistischen Ländern Stupas zur Aufbewahrung von Buddha-Reliquien, zumeist kostbare geheiligte Objekte oder buddhistische Schriften. Das massive Reliquienmonument ist nicht nur das bedeutendste Bauwerk eines Vats, sondern oft auch das älteste. Der That wurde immer im Westen des Klosterhofes, unmittelbar hinter dem *sim*, errichtet. Neuere That stehen meist auf dem Gelände verstreut. Es sind so genannte *that kaduk*, **Grabmonumente**, die die Asche angesehener Persönlichkeiten enthalten. Nebengebäude eines Vat können ein zusätzlicher Tempel *(vihara)* und kleinere Schreinbauten sein, die von Gläubigen gespendet wurden.

Jeder noch so bescheidene Vat besitzt außer einem *sim* noch einen **Trommelturm** *(ho gong)* und eine Mönchsunterkunft *(kuti)*. Der Begriff **kuti** bezieht sich im eigentlichen Sinne auf eine einsam gelegene Holzhütte eines Waldklosters, in der ein Mönch allein lebt und meditiert. Die alten **Bibliotheksbauten** *(ho tai)*, in denen früher Palmblattmanuskripte, allen voran die Tipitaka, aufbewahrt wurden, sind nur sehr selten erhalten. Größere Klöster verfügen noch über eine luftig und offen gebaute Übernachtungs- und Versammlungshalle *(sala)* und einen Unterrichtsraum *(ho check)*.

Die drei Vat-Stile

Charakteristisch für die laotische Klosterbauweise ist die geschwungene Form eines mehrfach gestaffelten und weit überhängenden Dachs, das über verzierte Dachkonsolen mit dem Mauerwerk verbunden ist. Die Höhe der Bauwerke variiert je nach Stil und Alter.

Einen eher schmalen, langen Grundriss und hohe Seitenwände zeichnen den **Vientiane-Stil** aus. Das hochgezogene, drei- bis fünffach gestaffelte Dach umrahmt an der Stirnseite ein großes Giebelfeld, das mit Schnitzereien und Spiegelmosaiken verziert ist. Häufig ranken sich florale Ornamente

Lue-Stil

Luang Prabang-Stil

um eine Darstellung von Buddha oder einer Apsara. Die Vats im Zentrum Vientianes besitzen an ihrer Front ein Säulenportal mit vier hohen Säulen. Der Stil ist eng mit dem Bangkok-Stil verwandt, bei dem – wie bei den zwei Museumsklöstern Ho Phra Keo und Vat Sisaket –, auch ein umlaufender Säulengang vorkommt.

Der klassische **Luang Prabang-Stil** ist dem Lan Na-Stil sehr ähnlich (vgl. Vat Chiang Man in Chiang Mai). Vat Xieng Thong in Luang Prabang ist das einzige aus dem 16. Jh. original erhaltene Kloster dieses Stils. Im Vergleich zu den Klöstern Vientianes weist der *sim* von Vat Xieng Thong ein flacheres, breit angelegtes Dach auf, das nur wenige Meter über dem Boden endet und auf entsprechend niedrigen Seitenwänden aufliegt. Die mittleren Säulen am reich verzierten Säulenportal fallen fast doppelt so hoch aus wie die äußeren. Zwischen ihnen bilden filigran geschnitzte Holzblenden Doppelbögen, die in einen *dok heuang pheung* (Form eines Bienenstocks) münden. Durch die geringe Höhe des Baus entsteht an der Front ein vergleichsweise kleines Giebelfeld mit zwei seitlichen abgeschrägten Zierflächen.

Der **Lue-Stil** ist mit dem nahezu verschwundenen Xieng Khouang-Stil der Phouan verwandt. Die

Vientiane-Stil

zwei Tai-Völker buddhistischen Glaubens besaßen noch bis ins 20. Jh. hinein eigene Fürstentümer – die Lue in Muang Sing und die Phouan in Xieng Khouang. Während in der Ebene der Tonkrüge keines der Phouan-Klöster die Bombardements des Zweiten Indochinakrieges überdauerte, findet man in Muang Sing mindestens drei Beispiele für die Klöster der Lue. In der thailändischen Nan-Provinz ist der Stil noch vorherrschend, und in Luang Prabang sind Vat Vixoun, Vat Mai, Vat Pak Khan und Vat That Luang vom Lue-Stil beeinflusst. Innerhalb des robust gemauerten *sim* ohne Säulenportal befindet sich ein Säulengang, der vom untersten umlaufenden Dach bedeckt wird. Über dem Mittelschiff und dem freistehenden Altar mit Hauptheiligtum erheben sich ein oder mehrere Staffeldächer. Den Abschluss bildet ein Satteldach mit Giebelfeld, das typischerweise mit einem Strahlenmuster versehen oder in Kassetten unterteilt ist.

Die **Dachverzierungen** der laotischen Klöster fallen bescheidener aus als die der thailändischen, ihre Symbolik ist jedoch dieselbe. Der spitze Fortsatz an den Firstenden ist eine stilisierte Darstellung des mythologischen Vogels Garuda. Die zinnenartigen Verzierungen an den vorderen Dachkanten symbolisieren die Schuppen einer Naga, deren Kopf jeweils von der unteren Ecke eines Dachs emporragt. Die erbitterten Gegner und Herrscher über Luft und Wasser sind auch zentrale Motive auf zwei rituellen Gegenständen, die wegen ihrer besonders kunstvollen Schnitzereien bemerkenswert sind: der **hang lin**, die Holzrinne, die bei der Waschung von Buddhafiguren geheiligtes Wasser zum Waschungsschrein führt, und der in der laotischen Kunst einzigartige **rituelle Kerzenhalter**.

Der laotische That

Die verschiedenen Kunstrichtungen, die in die laotische Baukunst eingeflossen sind, manifestieren sich in einer außergewöhnlich großen Formenvielfalt der laotischen That. Der älteste That des Landes ist der von den Khmer erbaute That Ing Hang aus dem 6.–9. Jh. Seine treppenähnlich **abgestufte Form** geht auf das von der indischen Tempelarchitektur beeinflusste Turmheiligtum der Khmer (Prasat) zurück. Die Anlage des That Ing Hang verdeutlicht die zentrale Stellung, die ein Reliquienmonument einnehmen kann: Wie das laotische Nationalmonument That Luang bildet er das Hauptheiligtum, das nur von einem Wandelgang umgeben ist. Eines der Portale aus Rosenholz des That Ing Hang mit erotisch-religiösen Szenen im hinduistischen Stil ist im Ho Phra Keo ausgestellt. An der Westseite von Vat Simuang in Vientiane befinden sich weitere Ruinen eines That aus der Khmerzeit, die auf das 12.–13. Jh. datiert werden.

Nur noch selten ist die **hochgezogene Glockenform** in der Kunsttradition von Ayutthaya (ab 14. Jh.) in Laos zu finden. Ein Beispiel, wenn auch stark verfallen, ist der That Foun in Muang Khoun (Xieng Khouang). Der That Dam in Vientiane besitzt zwar die Umrisse einer Glockenform, jedoch mit polygonalem Grundriss; die Mehrzahl der laotischen That sind bis auf die Spitze vertikal abgestuft oder eingekerbt.

Der wichtigste Reliquienschrein des Landes, That Luang in Vientiane, entstand in seiner heutigen Gestalt im 16. Jh. Sein **quadratischer Grundriss** sowie die zahlreichen Abstufungen erinnern ansatzweise an ein Turmheiligtum der Khmer. Den oberen Bereich des That bildet eine balustrenförmige Spitze, die, in Laos als **Bananenblütenform** beschrieben, auf Reliquientürmen überall im Land zu finden ist. Die ältesten That dieses für Laos typischen Aufbaus beherbergen an den vier Seiten je eine kleine Buddhastatue in einer erhöhten Nische. Anschauliche Beispiele sind der Maha That und der kleine That vor Vat Nong in Luang Prabang (eines der ältesten Bauwerke der Stadt) sowie That Siphom in Muang Khoun, Provinz Xieng Khouang. Eine interessante Variante des quadratischen Typs ist der That Luang in Luang Prabang. In einiger Höhe wölbt er sich nach außen, bevor er in die Bananenblütenform übergeht. Eine Besonderheit ist auch der Kupferbeschlag, der früher bei größeren That üblich war.

That Mak Mo, der nach der Wassermelone benannte, hemisphärisch geformte Stupa ist zweifellos der ausgefallenste des Landes. Erst seit seiner Rekonstruktion im Jahre 1932 erhebt sich der Stupa nach singhalesischem Vorbild auch von quadratischen Grundmauern.

Bildhauerkunst

Die frühen Beispiele der laotischen Bildhauerkunst gehen direkt auf die benachbarten Mon- und Khmer-Kulturen zurück. Die ältesten in Laos gefundenen Skulpturen, eine Buddhastatue und eine

Stele mit Inschriften, werden der Dvaravati-Kunst (Mon, 8. Jh.) zugeordnet. Den Einfluss des Khmerkönigs Jayarvarman VII. bis nach Nordlaos bezeugen die unweit der Hauptstadt gefundenen hinduistischen Sandsteinskulpturen von Xai Fong aus dem 12. Jh.

Kunsthistoriker legen den frühesten Zeitpunkt in der Geschichte der laotischen Bildhauerkunst auf die Anfänge des Lane Xang-Reiches fest. Diese ohnehin junge Geschichte zu belegen und nachzuvollziehen wird zusätzlich dadurch erschwert, dass laotische Bildhauer kaum Stein verarbeitet haben. Im Norden (Luang Prabang) entstanden fast ausschließlich Holzskulpturen, die die Jahrhunderte nicht überdauerten, im Süden (Vientiane) wurden Bronzen hergestellt, von denen eine Reihe aus dem 15. Jh. erhalten geblieben sind. Der Buddha von Vat Manorom in Luang Prabang bildet in mehrfacher Hinsicht eine Ausnahme: Die Statue im Sukhothai-Stil entstand 1372 und ist die älteste Bronzeskulptur des Landes.

Die von der thailändischen Kunst beeinflussten Buddhabildnisse in der sitzenden *maravijaya*- bzw. *bhumisparsa*-Mudra (s. Kasten) sind in fast jedem *sim* zu finden.

Oft ist das Hauptbildnis von mehreren stehenden Darstellungen umgeben, darunter ist insbesondere die schlanke und doch breitschultrige Statue in der schreitenden Haltung beispielhaft für die Kunst Sukhothais. Im Gegensatz dazu erscheint der in Laos unzählige Male in der **Regenanrufungspose** repräsentierte Buddha geradezu steif. Die hoch stilisierte stehende Darstellung mit gesenkten Armen wurde in Laos perfektioniert und ist das herausragendste Merkmal laotischer Kunst (Näheres s. S. 227).

Laotische Bronzeskulpturen zeichnen sich ab dem 16. Jh. durch die Tendenz zu einer fast übertriebenen Stilisierung aus, die ihre stärkste Ausprägung in den Bronzen des 18. Jhs. fand.

Zu den typischen Merkmalen gehören z. B. die halbmondförmigen, mittig zusammenlaufenden Augenbrauen, eine sehr kantige, schnabelförmige Nase und spitz zulaufende Ohren mit langen, nach außen gebogenen Ohrläppchen.

Zwei von der Khmer-Kunst beeinflusste Darstellungen sind der meditierende Buddha unter dem Schutz des siebenköpfigen Naga-Königs Mucalinda und der stehende Buddha in der *abhaya*-Mudra (s. Kasten) nach dem Vorbild des Phra Bang. Es galt als besonders verdienstvoll, das Palladium Lane Xangs zu kopieren, und es existieren derzeit mehrere sehr wertvolle Ausführungen, denen höchste Verehrung zuteil wird und die der Öffentlichkeit nur zu besonderen Anlässen gezeigt werden.

Textilien

Die Frauen aller laotischen Volksgruppen stellen seit frühester Zeit ihre Textilien selbst her. Laos ist eines der wenigen Länder, in denen traditionelle Webtechniken und Kunststickerei bis heute kultiviert werden. Nicht selten werden Hanf, Baumwolle und Seide noch mit Naturfarben auf Erd- und Pflanzenbasis gefärbt.

Obwohl moderne Kleidungsstücke und billige Industriestoffe den Handarbeiten arge Konkurrenz machen, steigt die Wertschätzung der klassischen traditionellen Textilien besonders unter den wohlhabenderen Städterinnen. Hochwertige Webstoffe aus Seide werden als wichtiger Bestandteil der laotischen Kultur und Identität gesehen und heute vielfach in hochmodische Röcke und Kleider verarbeitet. Im Zuge der wirtschaftlichen Öffnung kam es zur Förderung der Baumwoll- und Seidenproduktion, und die herausragendsten Arbeiten werden inzwischen international vermarktet.

Seidentextilien und Landestracht

Kernstück der traditionellen laotischen Tracht ist der *pha sin* der Frauen: ein schmaler langer Rock, der mit filigranen, mehrfarbigen Webmustern verziert ist. Er besteht aus zwei bis drei Stoffbahnen und wird für die Trägerin jeweils passend genäht. Ursprünglich gehörte der *sin* zur Tracht der Tai-Völker. Er ersetzt jedoch zunehmend die traditionelle Kleidung anderer Volksgruppen, so auch den *sin lom*, das traditionelle, gestreifte Kittelkleid der Lao Theung-Frauen in Südlaos. Die Qualität der *sin*-Stoffe variiert von fertigem Industriestoff für Schuluniformen und Alltagskleidung bis zu schweren Seiden-*sin* mit flächendeckend gewirkten Mustern, die in wochen- oder sogar monatelanger Handarbeit entstehen.

Über dem zum *sin* passenden figurbetonten Oberteil tragen Laotinnen zu festlichen Anlässen einen *pha bieng*, einen Seidenschal, der über die linke Schulter gelegt und schräg über dem Oberkörper getragen wird.

Mudra und Asana

In der buddhistischen Ikonografie sind die Handhaltung *(mudra)* und Körperhaltung *(asana)* eines Buddhabildnisses von besonderer Bedeutung. Sie symbolisieren bestimmte Ereignisse im Leben des Buddha.

bhumisparsa-Mudra oder **maravijaya-Mudra** (Sieg über Mara): „Buddha ruft die Erde als Zeugin an ..., denn die Erdgöttin kann beweisen, dass er der Erleuchtete ist". Als sich der historische Buddha auf seinem Weg zur Erleuchtung befand, warnte ihn die Erdgöttin vor den dämonischen Mächten, die im Begriff waren, ihn mit einer großen Armee anzugreifen, weil er sich ihrem Einfluss immer mehr entzog. Vor den heranrückenden bösen Mächten flohen alle Anhänger Buddhas. Alleingelassen, half ihm Mutter Erde (laot. *nang torani*), die Feinde zu bezwingen, indem sie deren Pfeile und Speere in Blumen verwandelte. Als die Erdgöttin ihr Haar auszuwringen begann, strömte daraus eine gewaltige Wassermenge hervor, in der die Dämonen ertranken oder bis ans Ende der Welt geschwemmt wurden.
Die Überwindung der Macht des Bösen wird mit der Haltung symbolisiert, bei der der sitzende Buddha mit der rechten Hand, die Handfläche zum Körper gerichtet, auf die Erde deutet.

abhaya-Mudra:
„Buddhas Geschenk der Furchtlosigkeit. Unter seinem Schutz sind selbst die gefährlichsten Gegner machtlos." Die Legende besagt, dass ein verfeindeter Verwandter Buddha töten wollte, indem er einen wild gewordenen Elefanten auf den Lehrer hetzte. Doch Buddha erhob seine Hand, und aus den Fingern entsprangen fünf Löwen, die den Elefanten angriffen und in die Flucht schlugen. In der Handhaltung der Furchtlosigkeit streckt der Buddha seine Unterarme mit aufgestellten Handflächen nach vorne aus. In Laos wird immer die stehende Körperhaltung dargestellt.

bhumisparsa-Mudra

abhaya-Mudra

dhammachakka-Mudra und **vitarka-Mudra**: "Andrehen und Auslegung des Rads der Lehre". Das „Rad der Lehre" steht für den endlosen Zyklus von Geburt und Wiedergeburt, aber auch für das kosmische Rad der andauernden Wiederkehr von Schöpfung und Zerstörung sowie den Lauf der Sonne. Die Handhaltung des drehenden Rades symbolisiert die Unterrichtung und Erläuterung der Lehre, die Buddha bei seiner ersten öffentlichen Rede im Hirschpark in der nordindischen Stadt Sarnath „andrehte". Daumen und Zeigefinger einer Hand *(vitarka)* oder beider Hände *(dhammachakka)* berühren sich und bilden einen Kreis.

parinibbana-Asana:
Dieser liegenden Haltung begegnet man in Laos (bis auf ganz wenige Ausnahmen) nur bei modernen Buddhaskulpturen. Der ruhende Buddha mit aufgestütztem Kopf und auf der Seite liegend, die Füße parallel angeordnet, tritt aus dem Kreislauf der Wiedergeburten aus und geht endgültig ins nibbana ein.

sasana- oder **dhyana-Mudra**: "Buddha in Meditation versunken". Beide Hände liegen übereinander im Schoß, die rechte Hand über der linken, mit den Handflächen nach oben. Diese sitzende Haltung symbolisiert die innere Einkehr und Konzentration.

Regenanrufungsgeste:
Die Regenanrufungsgeste ist neben der *bhumisparsa*-Mudra die häufigste und für Laos charakteristischste Darstellung. Die stark stilisierten Buddhafiguren dieser stehenden Haltung fallen durch ihre sehr schlanke Statur und die betont langen, seitlich herabfallenden Arme auf. Die Finger, oft gleich lang und nach außen geschwungen, bilden mit dem gewölbten Gewand nahezu eine Einheit. Die hochgewachsene Form begründet sich vermutlich in der Schnitzkunst. Näheres s. S. 227.

Regenanrufungsgeste

parinibbana-Asana

Die ältesten und typischsten laotischen Textilien weisen vor allem die folgenden drei **Webtechniken** auf:

Brokat (laot. *kit,* engl. *supplementary weft):* Das Muster wird mit zusätzlichen Schussfäden eingewebt. Es wird zwischen durchgängigem und unterbrochenem Schuss unterschieden, je nachdem, ob der Faden von einer Webkante zur anderen oder innerhalb des Musters mitgeführt wird.

Tapisserie oder Gobelin (engl. *tapestry weave):* Verschiedenfarbige Schussfäden wechseln sich ab und bilden mit zumeist einfarbigen Kettfäden ein flächiges, geometrisches Webmuster.

Ikat oder *mat mi:* Anhand einer Abbindetechnik wird das Muster vor dem Webvorgang in den Faden eingefärbt. Dazu wird der Faden sehr genau auf einen der Breite des Textils bemessenen Rahmen gewickelt, je nach gewünschtem Muster in feine Stränge abgeteilt und nach hellen Partien, ähnlich zur Batik, abgebunden. Das Weben mit dem mehrfarbigen Garn muss in einer gleichbleibenden Festigkeit erfolgen, um am Ende das beabsichtigte Muster zu erhalten. Besonderes Merkmal von Ikat ist die undeutliche, etwas verschwommene Optik.

Als die besten Brokat-Weberinnen gelten die **Tai Deng** der Provinz Houaphan. Die in der Region von Xam Neua hergestellten breiten Seidenschals *(pha bieng)* zeichnet eine besondere Dichte von komplexen, geometrischen Mustern aus. Beim näheren Hinsehen lassen sich große Tiermotive erkennen, darunter Schwäne und Hirsche sowie mythische Wesen wie der Löwen-Elefant *(siho)* oder Frosch-Mensch. Die Grundfarbe ist zumeist rot *(deng).*

Die **Lue** der Provinzen Luang Namtha und Oudomxai beherrschen alle drei Webtechniken meisterhaft und kombinieren sie manchmal in einem Stück. In ihren *sin* dominieren Zickzack-, Romben- und Streifenmuster, die mit kleinen floralen Ornamenten und Nagas in Form von Haken und Spiralen ausgeschmückt sind. Die häufigste Grundfarbe ist schwarz.

Ikat-Spezialisten sind vor allem die **Phouan** und die **Khmu**. Ihre kunstvollsten Stücke weisen bis zu vier Farben auf und enthalten manchmal neben dem gemusterten Schuss auch eine Ikat-Kette.

Im **Lao Textile Museum** in Vientiane, Ban Nong Tha Tai, ist eine umfassende Sammlung antiker Seidentextilien aus allen Landesteilen ausgestellt. Moderne Ausführungen sind in den zahlreichen Boutiquen Vientianes und Luang Prabangs zu sehen. Worauf beim Kauf zu achten ist, s. S. 53, Einkaufen. Näheres außerdem in den Regionalteilen unter „Textilien".

Handarbeiten der Bergvölker

In den ländlichen Regionen, insbesondere unter den Bergvölkern, werden Mädchen im heiratsfähigen Alter wie vor Jahrhunderten nach ihren Handarbeitsfähigkeiten beurteilt. Im ganzen Land werden Baumwolle und Hanf für Webstoffe angepflanzt und in einigen Nordostprovinzen hat sich der Maulbeerbaum, von dessen Blättern sich die Seidenraupe ernährt, als Alternative zum Anbau von Schlafmohn bewährt.

Bis heute stellen die Akha und Lanten ihre Trachten vollständig selbst her. Die Hmong kleiden sich zwar im Alltag bis heute teilweise traditionell, sie verarbeiten jedoch besonders gern moderne unifarbene oder grell bedruckte Stoffe. Charakteristisch für die Textilien der Hmong sind ihre **Miniaturstickereien** und aufwendigen **Applikationsarbeiten** auf Baumwolle. Die Blauen Hmong sind Spezialisten für indigogefärbten Hanfstoff, der mit gebatikten Mustern versehen ist. Ihre traditionellen Accessoires, darunter verzierte Schürzen, Taillengurte und Babytragetaschen, tragen die Hmong nur noch in abgelegenen Gegenden der Provinzen Luang Prabang, Oudomxai, Houaphan und Xieng Khouang. Andernorts produzieren sie Textilien für den Verkauf an Touristen oder an Hmong in Übersee. Viele im Exil lebende Hmong und Yao halten an den rituellen Kleidungsstücken ihres Volkes, z. B. für Hochzeitszeremonien, fest und unterstützen somit das Handwerk in seiner ursprünglichsten Form.

Die Textilien der Souvenirstände auf dem Kunsthandwerksmarkt in Luang Prabang erfüllen hingegen moderne Funktionen (Bettüberwurf, Tischdecke, Schürze), und oft tauchen neue Motive auf. Mit ihrem Verkauf können auch die ältesten Frauen noch etwas zum Familieneinkommen beisteuern. Näheres im Regionalteil Luang Prabang unter „Textilien".

Vientiane und Umgebung

That Luang Nationalsymbol und wichtigstes Heiligtum von Laos **S. 115**
Ho Phra Keo buddhistische Kunst aus fünf Jahrhunderten **S. 121**
Vat Sisaket das älteste erhaltene Kloster der Stadt **S. 117**
Xieng Khouan bombastische Skulpturen aus Religion und Folklore **S. 154**
Ban Na trekken und Elefanten beobachten vor den Toren der Hauptstadt **S. 156**
Nam Ngum-Stausee der größte See des Landes **S. 160**
Vang Vieng Backpackerparadies in traumhafter Karstlandschaft **S. 164**

Vientiane

Karte siehe Farbblock zwischen S. 128 und 129

Als Graham Greene 1954 Vientiane besuchte, stellte er nüchtern fest: „zwei Straßen, ein europäisches Restaurant, ein Club und der übliche schmuddelige Markt". Das sei alles, was die laotische Hauptstadt zu bieten habe – ein langweiliger Ort, „ein Jahrhundert von Saigon entfernt".

Auch heute ist „brodelnd" nicht gerade das erste Wort, das einem zu Vientiane einfällt. Klein und entspannt schmiegt es sich an eine 12 km lange Biegung des Mekong, ein Gegenentwurf zur Thai-Metropole Bangkok und den schicken Glas-und-Stahl-Palästen Hongkongs. Etwa 400 000 Menschen leben hier, in der größten Stadt des Landes, deren Gemächlichkeit den Charakter von Laos widerspiegelt. Nach 23 Uhr sind die Straßen leergefegt, und die Lokalpresse berichtet schon mal tagelang über neue Ampeln.

Doch Vientiane wächst: Seit dem Ende der Asienkrise legt die Wirtschaft jedes Jahr um 8% zu. 2005 setzten malaysische Investoren mit dem 14-stöckigen Don Chan Palace Hotel das erste Hochhaus in die Landschaft, und in den kommenden Jahren entstehen gleich zwei moderne Einkaufszentren.

Anders als in Luang Prabang ist das Stadtbild von der jüngeren Geschichte geprägt. Sozialistische Bauten reihen sich an chinesische Ladenhäuser, und nur vereinzelt erinnern französische Villen daran, dass bis vor wenigen Jahrzehnten noch eine andere Nation im Land der eine Million Elefanten das Sagen hatte. Die Vats, alle bis auf einen 1828 von den Siamesen zerstört, wurden liebevoll wieder aufgebaut.

Zwei Tage reichen aus, um Vientiane zu besichtigen. Einen Besuch lohnen der alte **Vat Sisaket**, das Museum für buddhistische Kunst, **Ho Phra Keo**, und natürlich der **That Luang**, Nationalsymbol und wichtigstes religiöses Monument von Laos. Bei Regen bietet sich ein Gang durchs **Nationalmuseum** an. Schön schräg ist der **Buddha Park**, ein bombastischer Skulpturengarten 24 km östlich der Stadt (S. 154). Und wer zur Aussichtsplattform des **Anousavari** hochklettert, hat einen weiten Blick über die Stadt.

Geschichte

Vientiane (ausgesprochen „Wi-en Tjan") ist eine alte Stadt. Vermutlich war der Ort schon vor mehr als 2000 Jahren besiedelt, bevor die **Mon** und später die **Khmer** ihre Machtbereiche auf Nordlaos ausdehnten. Die Lao wanderten erst ab 1000 n. Chr. in die Region ein, und es dauerte weitere 350 Jahre, bis die Stadt 1353 unter König Fa Ngum im ersten laotischen Großreich **Lane Xang** aufging. Vientiane war damals schon befestigt und eine Legende erzählt, dass Fa Ngum auf seinem Eroberungsfeldzug goldene und silberne Pfeile in das sie umgebende Dickicht schießen ließ, um die Bewohner aus der Festung zu locken.

Für den Namen *Vientiane* gibt es mehrere Übersetzungen, darunter „Stadt des Sandelholzes", eine Anspielung auf die Befestigung, und „Stadt des Mondes".

Viele der Sakralbauten, die heute zu sehen sind, wurden nach 1560 errichtet, als König **Setthathirat** (reg. 1548–1571) unter dem Eindruck der erstarkenden Birmanen seine Hauptstadt von Luang Prabang nach Vientiane verlegte. Aus dieser Zeit stammen der Ho Phra Keo, damals Heimat des Smaragd-Buddhas *(phra keo)*, und der That Luang.

Die zeitweilige Schwäche der laotischen Herrscher führte immer wieder dazu, dass die Stadt zum Opfer der Machtgelüste ihrer Nachbarn wurde. Birmanen, Siamesen, Vietnamesen und Chinesen streckten alle über die Jahrhunderte hinweg ihre Finger nach Laos aus, und von 1575–1603 war Lane Xang sogar birmanischer Vasall.

Erst die Thronbesteigung König **Sourigna Vongsas** (reg. 1637–1694) läutete für Vientiane wieder ein „Goldenes Zeitalter" ein. Unter seiner Herrschaft blühten Musik, Literatur und Tanz, Buddhismus und Kunsthandwerk auf, und die Bewohner lebten mehr als 50 Jahre lang in Frieden. In seiner 57-jährigen Regierungszeit kamen auch die ersten Europäer nach Vientiane, darunter der holländische Händler Gerrit van Wuysthoff, der die Stadt in schillernden Farben beschrieb.

Das alles änderte sich mit dem Tod des „Sonnenkönigs". Das Land stürzte in Erbfolgestreitigkeiten, deren Ergebnis 1707/13 die Teilung Lane Xangs in **drei Königreiche** war. Vientiane wurde Hauptstadt des gleichnamigen Reiches und konnte sich über 71 Jahre hinweg mehr oder minder die Unabhängigkeit bewahren, bevor es 1778/79 von den Siamesen eingenommen wurde.

Der letzte König Vientianes, **Anouvong** (reg. 1804–1828), unter dessen Ägide auch Vat Sisaket

gebaut wurde, versuchte zu Beginn des 19. Jhs., die siamesische Fremdherrschaft abzuschütteln. Sein Vorhaben schlug jedoch fehl, und Rama III. nahm blutige Rache: Vientiane wurde 1828 dem Erdboden gleichgemacht, ein Großteil der Bevölkerung verschleppt und der König in einem Käfig in Bangkok ausgestellt, wo er wenig später starb. Auch die meisten laotischen Kulturgüter fanden in dieser Zeit ihren Weg ins heutige Thailand. Marodierende Ho-Banden aus China gaben der Stadt 1874 schließlich den Rest.

Als die ersten Franzosen Ende des 19. Jh. in Laos eintrafen, war Vientiane nur noch ein Schatten seiner selbst – überwuchert, verfallen, seiner Grandeur beraubt. Frankreich, dessen Trikolore ab 1893 über dem Land wehte, machte die Stadt 1900 zum **Verwaltungssitz der neuen Kolonie**, baute Straßen, Villen und Regierungsgebäude und gab Vientiane das französische Gesicht, das einige Straßenzüge noch heute besitzen. Auch eine Reihe religiöser Stätten wurde saniert, darunter der Ho Phra Keo, Vat Sisaket und der That Luang.

Nach dem Zweiten Weltkrieg wurde Laos infolge des franko-laotischen Modus Vivendi zur konstitutionellen Monarchie und Vientiane zur administrativen **Hauptstadt des Königreiches** von Laos. Der Hof blieb weiter in Luang Prabang.

Die Niederlage der Franzosen in Dien Bien Phu 1954 markierte das Ende der französischen Kolonialzeit. Die Stadt sah die alten Herren ziehen, nur um wenig später mit einer neuen Macht konfrontiert zu werden: den **USA**. Im Kampf gegen den Kommunismus flossen allein von 1955–63 mehr als 480 Millionen US-Dollar nach Laos. Vientiane wurde zum Tummelplatz von Geheimdienstlern, Journalisten und „Geheimen Kriegern", die sich nachts in den verschiedensten Etablissements vergnügten.

Politisch erlebte die Stadt eine Zeit großer Unruhe. Neutralisten, Rechte und Kommunisten verloren sich in Ränkespielen, dominiert von ihren jeweiligen Protektoren USA, UdSSR und Nordvietnam. 1960 putschte der neutralistische Kommandeur **Kong Le**, nur um seinerseits ein paar Monate später wieder in der **Schlacht um Vientiane** von rechten Kräften vertrieben zu werden. Zwischen 1957–74 kamen und gingen drei Koalitionsregierungen, bis im Frühjahr 1975, nach dem Fall von Saigon und Phnom Penh, die Pathet Lao-Führer die Macht übernahmen.

Damit war die Zeit der USA in Laos zu Ende und an ihre Stelle traten die Berater aus Vietnam und der Sowjetunion. Vientiane wurde **Hauptstadt der Volksrepublik Laos**. Zehntausende Regimegegner flohen ins Ausland oder wurden in Umerziehungslager gesteckt, und die kommunistische Führung begann mit dem Umbau des Landes nach sozialistischem Maßstab. Die **Kollektivierung der Wirtschaft** stellte sich jedoch schon bald als Fehler heraus. Produktionssteigerungen blieben aus und der Versuch, den Einzelhandel zu verstaatlichen, führte bereits nach kurzer Zeit zu Versorgungsengpässen. Ende der 80er Jahre wurde notgedrungen mit der **Liberalisierung des Marktes** begonnen.

Infolge der Reformen erlebte Vientiane ein deutliches **Wirtschaftswachstum**, unterbrochen nur durch die asiatische Finanzkrise 1997/98. Ausländische Firmen und NGOs ließen sich in der Stadt nieder, die Infrastruktur wurde ausgebaut, und ein Strom von Expats und Touristen schuf neue Einkommensmöglichkeiten für die Bewohner.

2004 richtete Vientiane erstmals den **ASEAN-Gipfel** aus. Das politische Großereignis brachte der Stadt einige groteske Aufräum-Aktionen, das Messezentrum ITECC und eine Hand voll neuer Parks. In den kommenden Jahren wollen die Planer nun den Schritt hin zu einer modernen Großstadt vollziehen: mit einer 30 km² großen Industriezone, neuen Straßen und Anschluss ans thailändische Eisenbahnnetz. Im südostasiatischen Vergleich mag Vientiane noch immer ein Provinznest sein, in Laos es ist die schnellste Stadt des Landes.

Orientierung

Selbst mit schlechtem Orientierungssinn ist es kein Problem, sich in Vientiane zurechtzufinden. Das kleine **Zentrum** wird von den Straßen Khoun Bourom/Khou Vieng Road, Lane Xang Avenue und Fa Ngum Road markiert. Hier befinden sich die meisten Gästehäuser, Restaurants und Veranstaltungsorte.

Wichtigste Vekehrsadern sind die parallel zum Fluss verlaufende **Setthathirat Road**, an der die meisten Tempel liegen, und die Einkaufsstraße **Samsenthai Road**. Die mehrspurige **Lane Xang**

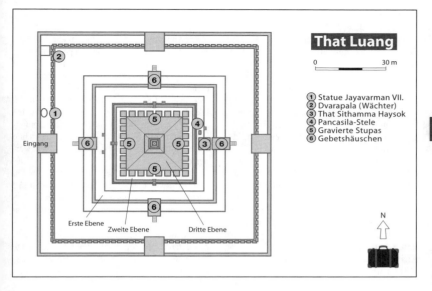

That Luang

0 — 30 m

① Statue Jayavarman VII.
② Dvarapala (Wächter)
③ That Sithamma Haysok
④ Pancasila-Stele
⑤ Gravierte Stupas
⑥ Gebetshäuschen

Eingang

Erste Ebene   Zweite Ebene   Dritte Ebene

N

Avenue ist die zentrale Nord-Süd-Achse. Sie führt vom Präsidentenpalast über den Morgenmarkt zum Anousavari. Die **Fa Ngum Road**, die am Mekong verläuft und deshalb oft *khemkhong* – „Mekongufer" – genannt wird, hat sich in den vergangenen Jahren zu einer geschäftigen Promenade entwickelt. In den kleinen Lokalen finden sich jeden Abend Laoten und Traveller zum Sonnenuntergang ein. In der Mitte des Zentrums liegt der **Nam Phou**, ein eingezäunter Platz mit Springbrunnen und Bänken, um den sich viele teure Restaurants gruppieren.

Verwaltungstechnisch ist Vientiane in mehrere *muang* (**Bezirke**) unterteilt, die sich ihrerseits wieder aus verschiedenen *ban* (Dörfer) zusammensetzen. Die Innenstadt gehört zu Muang Chanthabouri. Im Westen grenzt Muang Sikhottabong, im Südosten Muang Sisattanak und im Nordosten Muang Xaysettha an.

Wo Schilder stehen, sind die Namen der **Straßen** *(thanon)* in Laotisch und Englisch angegeben. Die Einheimischen orientieren sich allerdings eher an Stadtteilen *(ban)*, Vats oder Hotels, so dass man Tuk Tuk-Fahrern am besten markante Punkte nahe dem Zielort nennt.

Religiöse Stätten
That Luang

Golden und majestätisch erhebt sich der „Ehrwürdige Stupa" *(that luang)* auf einer Anhöhe im Osten der Stadt, 1,5 km nordöstlich des Anousavari. Er ist das Nationalsymbol und bedeutendste religiöse Monument von Laos. Jedes Jahr im November pilgern Zehntausende zum That Luang und feiern eines der größten Feste des Landes (s. Feste und Feiertage).

Um die **Geschichte** des That ranken sich viele Legenden. Buddha selbst soll den Ort besucht und den Bau eines Reliquienschreins vorausgesagt haben. Im 3. Jh. v. Chr. errichtete der indische König Ashoka nach lokalem Glauben an dieser Stelle eine Stele über einem Haar oder Knochen des Buddha. Erwiesen ist, dass sich hier zur Zeit des Angkor-Reiches ein Steintempel und ein Teich befunden haben.

Die heutige Form des That geht auf König Setthathirat (reg. 1548–1571) zurück, dessen Statue auf dem Vorplatz steht. Mit der Verlegung seines Hofes von Luang Prabang nach Vientiane im Jahr 1560 initiierte er ein umfangreiches Bauprogramm, in dessen Rahmen 1566 auch der That

Luang errichtet wurde – Gerüchten zufolge mit 1000 Pfund Blattgold beschichtet. Entsprechend beeindruckt war der holländische Handelsreisende Gerrit van Wuysthoff, als er den Stupa 1641 als erster Europäer zu Gesicht bekam. In seinem Bericht schwärmte er von der „hohen Pyramide", die „vollständig mit Gold bedeckt" war. Der Wandelgang wurde vermutlich Anfang des 19. Jhs. von König Anouvong (reg. 1804–1828) hinzugefügt.

Erstaunlicherweise überstand der That die Angriffe der Siamesen 1827/28 weitgehend unbeschadet. Chinesische Ho-Banden rissen das Heiligtum jedoch keine 50 Jahre später auf, um an die wertvollen Votivgaben im Inneren zu gelangen. Ein Blitz zerstörte 1896 weitere Teile des Monuments.

Erste Restaurierungen wurden um die Jahrhundertwende unter dem französischen Provinzverwalter Pierre Morin unternommen. Er veränderte den Stupa jedoch so stark, dass das Ergebnis von seinen Zeitgenossen bestenfalls als „hässlich" bezeichnet wurde. In den Jahren 1931–35 erhielt der That Luang dank der Ecole Française d'Extrême Orient seine ursprüngliche Form zurück. Dabei stützten sich die Experten maßgeblich auf die Zeichnungen von Louis Delporte, die der französische Entdecker knapp 35 Jahre zuvor angefertigt hatte. Seitdem wurde der That wiederholt restauriert. 2005 ließ die Stadtverwaltung den Vorplatz asphaltieren und mit Frangipani und Palmen begrünen.

Besucher betreten den That Luang heute durch das Westtor. Die **Anlage** besteht aus drei Ebenen und einem Wandelgang. Gleich links des Eingangs befindet sich die Statue von Jayavarman VII., einem der großen Könige Angkors. Sie wurde 1951 nahe dem heutigen Stupa gefunden. Die meisten anderen Figuren und Stelen sind stark beschädigt. Interessant ist die goldene Statue in der Nordwestecke, die von manchen Experten als *dvarapala* identifiziert wird (Khmer-Wächter). Mit den Händen umklammert sie einen Griff, der Teil eines Stocks oder Stabes gewesen sein könnte – typisch für die *dvarapala*-Darstellungen der Khmer. Über der Statue thront ein stuckverzierter Giebel, in dessen Mitte zwei Garudas dargestellt sind. Kleeblattförmige Öffnungen schmücken die Wände des Wandelgangs.

Auf der Ostseite des That, auf der **ersten Ebene**, steht im Schatten eines Pavillons der kleine That Sithamma Haysok. Er ist mit religiösen und floralen Motiven verziert. Seine Form geht auf König Anouvong zurück. Rechts daneben steht etwas erhöht die Pancasila-Stele, so genannt wegen der eingearbeiteten fünf Lotusblüten, die die fünf buddhistischen Laienregeln symbolisieren *(pancasila)*. Legenden zufolge handelt es sich dabei um jene Stele, die König Ashoka einst hier errichtete. Die Mauer, die die erste Ebene umgibt, ist mit 323 stilisierten Lotus-Blütenblättern verziert und an jeder Seite mittig mit einem Gebetshäuschen versehen, das über eine Naga-Treppe erreicht werden kann.

Die Mauer der **zweiten Ebene** wird von 120 Lotus-Blütenblättern eingefasst und schließt mit einem Zinnenkranz ab. Im Zentrum jeder der 228 lotusförmigen Zinnen befindet sich ein Hohlraum mit einer Buddhafigur.

Die **dritte Ebene** besteht aus dem großen, gewölbten Hauptkörper *(anda)*, auf dem die Spitze thront. Sie wird von 30 Stupas umringt, die für die zehn buddhistischen Vollkommenheiten in ihren drei Graden stehen. Die jeweilige Vollkommenheit *(parami)* ist auf den Sockeln der Stupas eingraviert. Die Form der zentralen Spitze, die an eine geschlossene Bananenblüte erinnert, ist typisch für Laos und findet sich in zahlreichen Stupas des Landes wider. Vom Boden bis zur Spitze misst der That Luang 45 m.

Wer mehr über die kunsthistorischen Zusammenhänge erfahren möchte, findet mit etwas Glück in den Buchläden Vientianes das Heftchen *Symbol of the Lao Nation: The That Luang of Vientiane*. Den schönsten Anblick bietet der That Luang zum Sonnenuntergang, wenn die goldene Oberfläche in sanftes Licht getaucht wird. ⓘ Di–So 8–12, 13–16 Uhr, Eintritt 5000 Kip.

Weitere Gebäude um den That

Einst umgaben den That Luang vier Vats. Heute sind davon nur noch zwei zu sehen: Vat That Luang Neua im Norden und Vat That Luang Tai im Süden.

Vat That Luang Neua ist der eindrucksvollere der beiden. Schon von weitem sticht das prächtige rötlich-goldene Giebelfeld ins Auge. Bunte Garudas tragen die Ecken des Gebäudes, die Wände im Innern sind mit Jatakas geschmückt. Auf dem Tempelgelände rechts des *sim* steht ein besonders gro-

Tausende Buddhastatuen und -figuren säumen den Wandelgang von Vat Sisaket

ßer Bodhibaum. Der erste That auf der linken Seite der Anlage enthält die sterblichen Überreste des „Roten Prinzen" Souphanouvong.

Vat That Luang Tai ist nicht ganz so imposant wie sein Gegenüber, jedoch bietet sich der liebevoll angelegte Garten für eine Pause an.

Auf dem Vorplatz, neben Vat That Luang Neua, entsteht gerade der mächtige **Ho Thammasapha**, eine buddhistische Versammlungshalle, die die 1970 zerstörte Sala Phanhong ersetzen soll. Seine Ausmaße (Breite 54 m, Länge 74 m, Höhe 37 m) lassen den großen Stupa schon heute zwergenhaft erscheinen. Der Bau soll die verschiedenen laotischen Architekturstile vereinen und als spirituelles und künstlerisches Zentrum dienen.

That Dam

That Dam, der „Schwarze Stupa", bildet auf Höhe der amerikanischen Botschaft eine Verkehrsinsel in der Chantakoummane Road. Er steht auf einem abgestuften Sockel und wurde vermutlich in der Lane-Xang-Zeit gebaut. Einer Legende zufolge lebt im Erdreich darunter eine siebenköpfige Naga, die 1828 dabei half, die Stadt vor der siamesischen Invasion zu bewahren.

Vat Sisaket

Das älteste erhaltene Kloster Vientianes, Lane Xang Ave, Ecke Setthathirat Road, wurde 1818 von König Anouvong erbaut. Die Siamesen verschonten den Tempel 1828, um ihn als Lager für ihre Truppen zu nutzen.

Im Gegensatz zum Ho Phra Keo dient Vat Sisaket noch heute als Kloster. Dank früher Rekonstruktionen stehen auf dem Gelände noch einige alte Schreinbauten. Der *sim* ist an den Bangkok-Stil des späten 18. Jhs. angelehnt und von einem Wandelgang umgeben. Ähnliche Gänge besitzen heute nur noch die wichtigsten Vats Bangkoks.

Insgesamt werden im Vat Sisaket mehr als 10 000 Buddhastatuen und -figuren aufbewahrt, die meisten davon im Wandelgang. Viele stammen aus Tempeln, die im Krieg zerstört wurden. Besonders schöne Beispiele für die laotische Bronzekunst des 16. und 17. Jhs. befinden sich an der Südwestseite des Wandelgangs. Fast alle stellen den Erleuchteten in der Pose der „Erdberührung" dar (*bhumisparsa*-Mudra). Im Unterschied zu den jüngeren Bronzen im Säulengang des Ho Phra Keo sind die Gesichtszüge und Körperteile runder geformt, inbesondere Nase, Hände und Finger. Viele Statuen haben noch den originalen Strahl der Weisheit *(ketu-mala)*, der sich vom Scheitelpunkt des Kopfes erhebt *(usnisa)*. In den tausenden Nischen dahinter stehen je zwei winzige Figuren aus Holz, Metall, Keramik oder Stein.

An der Westseite liegen hinter einem Gitterzaun die Trümmer hunderter Skulpturen, die den verschiedenen Kriegen zum Opfer fielen. In der Nordwestecke steht eine rote Sandsteinskulptur im Khmer-Stil. Die Darstellung des meditierenden Buddhas, der von der Naga *Maculinda* beschützt wird, ist für die Khmer-Kunst besonders charakteristisch. Unter den wenigen stehenden Bildnissen finden sich nur vereinzelt Holz- oder Bronzestatuen in der für Laos typischen „Regenanrufungspose" (s. S. 227). Im Wandelgang an der Ostseite wird ein imposanter vierfarbiger *hang lin* aufbewahrt, der sich aus mehreren ineinander gewundenen Nagas zusammensetzt. Die lange, kunstvoll geschnitzte Wasserrinne dient der rituellen Waschung von Buddhafiguren an hohen Feiertagen wie *Boun Pi Mai* (Neujahrsfest).

Die Wände im Innern des *sim* sind mit Jataka-Szenen verziert. Oberhalb der Nischen mit weiteren Buddhaminiaturen schließt sich eine schöne

---

Der Pali-Kanon

Die älteste vollständig überlieferte Schriftensammlung der Lehren Buddhas ist der Pali-Kanon. Für Theravada-Buddhisten, zu denen auch die Laoten gehören, ist nur dieser Kanon verbindlich. Sein Name rührt von der Sprache her, in der er verfasst ist: dem Pali. Theravadins glauben, dass Buddha seine Lehre in Pali verkündete. Wissenschaftler bezeichnen die alte indische Sprache hingegen oft als Literatursprache.

Nach der letzten Konzilausgabe, Yangon 1956, umfasst der Pali-Kanon mit Kommentaren und Subkommentaren 117 Bände. Er wird *tipitaka* genannt, zu deutsch **„Dreikorb"**. Der Name leitet sich von den drei Körben ab, in denen die auf Palmblättern geschriebenen Schriften aufbewahrt wurden:

Vinaya pitaka: Der erste Korb enthält die Ordensregeln, nach denen die Nonnen und Mönche leben sollen.
Sutta pitaka: Im zweiten Korb finden sich die Lehrreden Buddhas *(suttas).*
Abhidhamma pitaka: Der dritte Korb beinhaltet die „höhere Lehre" *(abhidhamma),* eine schematische Zusammenfassung und philosophische Erweiterung der Lehrreden.

Lange Zeit mündlich weitergegeben, wurde der Tipitaka erstmals im 1. Jh. v. Chr. in Sri Lanka niedergeschrieben. Dazu benutzten die Gelehrten das gleiche Verfahren, das noch heute in Laos zur Herstellung von Handschriften verwendet wird: In zuvor behandelte Blätter der Talipot-Palme wird der Text mit einer Stahlspitze eingeritzt. Da das Pali keine eigenen Schriftzeichen kennt, wird die jeweils landesübliche Schrift verwendet. Durch das Auftragen zerriebener Holzkohle wird die Schrift dann sichtbar gemacht. Palmblatt-Aufzeichnungen sind unter den klimatischen Bedingungen Süd- und Südostasiens haltbarer als beispielsweise Papier, das aufwendig herzustellen und zu bedrucken ist.

Die älteste bekannte Sammlung von Palmblatt-Handschriften datiert aus dem Jahr 1412. In Laos reicht die auf Palmblättern niedergeschriebene Literatur in das 15./16. Jh. zurück. Seit Beginn des 16. Jhs. liegt auch der Pali-Kanon in laotischer Schrift vor. Interessant ist, dass es in Laos eine eigene Tradition buddhistischer Jataka-Erzählungen gibt.

Seit 1992 finanziert Deutschland ein Projekt zur Erhaltung der Palmblattmanuskripte in Laos.

Klaus Verstrepen

Holzdecke mit hängenden, geschnitzten Lotuskränzen an. Die stehenden Buddhastatuen um das zentrale Bildnis sind neueren Datums. Sie nehmen unterschiedliche Haltungen ein, darunter die der „Furchtlosigkeit" (*abhaya*-Mudra): beide Arme sind nach vorn ausgestreckt, die Handflächen aufgestellt. Spektakulärer ist der vergoldete rituelle Kerzenständer, der vor dem Altar steht. Die Enden schließen jeweils mit einem verzierten Nagakopf ab. Die dünnen orangen Kerzen werden an der davor gesetzten Eisenschiene befestigt. Der Kerzenhalter stammt aus dem frühen 19 Jh. und gilt als das besterhaltene Exemplar mit buddhistischer Kosmologie-Darstellung in ganz Laos. Im Ho Phra Keo ist eine Kopie zu sehen. Ein weiteres Überbleibsel aus dieser Zeit ist das Portal auf der Nordseite. Es zeigt zwei Apsaras, die von Yaks getragen werden.

Bei einer Umrundung der Anlage lohnt es sich noch, folgende Bauten anzusehen: Auf der Westseite, in die Mauer zur Lane Xang Ave integriert, steht eine der seltenen Tipitaka-Bibliotheken *(ho tai)*. Darin wurden früher die Palmblattmanuskripte aufbewahrt (s. Kasten). Die Bibliothek ist im birmanischen Stil des 19. Jh. erbaut und soll später entstanden sein als der *sim* (vgl. den etwas älteren *ho tai* des Vat Inpeng). Eine Kopie wurde 2005 auf der Weltausstellung in Japan gezeigt.

An der nordöstlichen Ecke gibt es einen alten Ziehbrunnen, der noch in Gebrauch ist. Die 1920 rekonstruierte Mönchsunterkunft *(kuti)* an der südöstlichen Ecke, ein Stelzenbau im Fachwerklook mit zwei parallelen Satteldächern, ist im nordlaotischen Stil gebaut. ⏱ tgl. 8–12, 13–16 Uhr, Eintritt 5000 Kip.

Vat Simuang

Vat Simuang am Ostende von Samsenthai und Setthathirat Road ist das meistbesuchte Kloster der Stadt. Als König Setthathirat Vientiane 1560 zur Hauptstadt erklärte, ließ er hier die Stadtsäule *(lak muang)* aufstellen. Eine Legende erzählt, dass sich zuvor eine schwangere Frau namens Si in die Baugrube gestürzt hatte, um sich der Stadt zu opfern. Man opferte daraufhin auch einen Schimmel. Seither wurde die Schutzpatronin Yamae Simuang oft bei Vollmond auf Ausritten gesehen.

Der Vat ist heute Anziehungspunkt für schwangere Frauen, die um eine leichte Niederkunft bitten.

Geht ihr Wunsch in Erfüllung, bringen sie zum Dank Tagetes, Räucherstäbchen, Kokosnüsse und Bananen.

Auch dieses Kloster wurde 1828 zerstört, später wieder aufgebaut und zuletzt 1960 erweitert. Die Anlage genießt so viel Aufmerksamkeit, dass die vielen farbigen Zementskulpturen noch nicht verblasst sind, bevor sie aufs Neue lackiert werden. Einen starken Kontrast dazu bilden die Ruinen eines That an der Westseite. Es wird angenommen, dass er im 12. oder 13. Jh. unter den Khmer entstanden ist.

Wer den *sim* betritt, erreicht zunächst eine große Vorhalle, in der ein Mönch Segnungen erteilt. Erst der zweite Raum enthält das vergoldete Stadtheiligtum. Ungewöhnlich ist, dass die vierkantige, oben abgerundete **Stele** den Platz auf dem Hauptaltar einnimmt. Fachleute sprechen von einem Lingam, dem hinduistischen Phallussymbol. Womöglich war er Teil einer alten Shiva-Stätte, die ebenfalls Fruchtbarkeitsritualen diente. Ende der 60er Jahre wurde hier auch ein Vishnukopf aus dem 12. Jh. gefunden – ein weiteres Indiz für das hohe Alter der Stätte. Der Kopf ist heute im Nationalmuseum zu sehen.

In dem kleinen Park vor dem Haupteingang steht die **Statue Sisavangvongs**, des ersten laotischen Königs nach der Unabhängigkeit. Geboren am 14. Juli 1885, studierte er an der Ecole Coloniale in Paris, bevor er im April 1904 den Thron von Luang Prabang bestieg. Während seiner Regierungszeit kooperierte Sisavangvong eng mit den Franzosen. Nur unter dem Druck der Japaner erklärte er die Protektoratsverträge mit Frankreich im März 1945 für null und nichtig. Die neue Lao Issara-Regierung, die das Machtvakuum zu füllen versuchte, das die Japaner nach ihrer Kapitulation im August 1945 hinterlassen hatten, erkannte er nicht an. Nach der Rückeroberung des Landes 1946 wurde Sisavangvong erster König von Gesamtlaos. Er starb im Oktober 1959 nach einer Regierungszeit von 55 Jahren, 6 Monaten und 14 Tagen, der längsten seit König Sourigna Vongsa im 17. Jh.

Die Tatsache, dass die kommunistischen Bilderstürmer gerade seine Statue stehen ließen, ist eine der feineren Ironien der laotischen Geschichte: Sie war eine Stiftung der Sowjetunion nach einem Besuch des Thronfolgers Savang Vatthana in der

UdSSR. Bereits ein Jahr nach Errichtung der Statue wurde die königliche Regierung gestürzt. Der bronzene Monarch überlebte, da man ein Geschenk des Bruderlandes unmöglich vom Sockel stoßen konnte. Erstaunlich war allerdings, dass 1977 ein Duplikat der Statue vor dem Königspalast von Luang Prabang aufgestellt wurde.

Die Dokumente in der Hand Sisavangvongs stellen die Verfassung des Königreiches dar, die traditionell auf Palmblättern niedergeschrieben wurde.

Vat Sokpaluang

Vat Sokpaluang, auch Vat Pa (Waldkloster) genannt, liegt rund 3 km südlich des Talat Sao in Muang Sisattanak, einem der wohlhabenderen Wohnviertel Vientianes. Obwohl längst Teil der Stadt, lässt der dichte Baumbestand der Klosteranlage die Zeit erahnen, als sie fernab in freier Natur lag. Bekannt ist das Kloster heute für seine Kräutersauna und die dort praktizierte Vipassana-Meditation (s. S. 148).

Weitere Vats im Zentrum

Bei einem Spaziergang durch die Nebenstraßen zwischen Setthathirat und Fa Ngum Road durchqueren Besucher unweigerlich die Anlagen vieler bedeutender Vats. Seit einigen Jahren werden die Klöster ständig erneuert und erweitert, was davon zeugt, dass der Betrieb inzwischen wieder sehr rege ist. Frühmorgens zum *dag bat* (Almosengang) sind die Eindrücke am schönsten, aber auch bei einem Kurzbesuch zwischendurch lässt sich einiges vom Geschehen in und um einen Vat mitbekommen.

Nicht nur den geografischen Mittelpunkt bildet **Vat Ongteu**. Neben der größten Novizenschule beherbergt er auch die meisten Mönche. Der Tempel stammt ursprünglich aus dem 16. Jh., wurde im 19. Jh. zerstört und anschließend wieder aufgebaut. In Laos ist Vat Ongteu wegen seines großen Bronzebuddhas Phra Ongteu berühmt *(ongteu* bedeutet „tonnenschwer").

Vat Inpeng im Westen steht beispielhaft für die Vat-Architektur Vientianes. An der Nordseite steht die älteste der aus dem 19. Jh. erhaltenen Bibliotheken Vientianes *(ho tai).* Eine der größten aktiven Klosterbibliotheken befindet sich im **Vat Mixai**. Etwas zurückversetzt und nördlich der Setthathirat Rd. türmt sich das außergewöhnlich hohe Staffeldach von **Vat Haisok** auf. Bemerkenswert sind hier auch der Trommelturm und die lieblichen Pastellfarben des *sim.*

Museen und Monumente
Anousavari (Patuxai)

Das *Anousavari* („Denkmal"), offiziell *Patuxai* („Siegestor") genannt, steht wie eine asiatische Version des Pariser Triumphbogens mitten im Kreisverkehr am nordöstlichen Ende der Lane Xang Avenue.

Der Bau des Monuments, das laotische, indische und europäische Elemente vereint, wurde Ende der 50er Jahre begonnen. Es sollte an die vielen Soldaten erinnern, die in den Kriegen vor 1975 auf königlicher Seite gefallen waren. Gerüchten zufolge wurde das „Betonmonstrum", wie es auf der Tafel am Südeingang genannt wird, mit Zement errichtet, den die USA Laos für den Ausbau des Flughafens zur Verfügung gestellt hatten (Spaßvögel nennen es daher auch die „vertikale Rollbahn").

Um die Erinnerung an die alte Regierung zu tilgen, wurde das Monument 1995 in „Siegestor" umbenannt und die Fassade ein Jahr später von den alten Symbolen befreit. 2004 finanzierte China die Sanierung des Parks und des Kreisverkehrs. Seitdem zieht das Grün um den Koloss schon am Morgen Jogger und andere Frühsportler an. Auch gegen Abend ist hier eine Menge los.

Im Inneren führen Treppen über mehrere Etagen zur oberen Plattform hinauf. Götter aus der Hindu-Mythologie schmücken die Decke des Torbogens. Die Fresken darunter stellen Szenen des *Phra Lak Phra Lam* dar. In den oberen Stockwerken bieten Souvenirstände Postkarten, hölzerne That Luangs und T-Shirts mit *Beerlao*-Logo an. Von ganz oben eröffnet sich ein toller Blick über die Stadt, etwa auf That Foun im Südosten und That Luang im Nordosten. ⏲ tgl. 8–12, 13–16.30 Uhr, Eintritt 3000 Kip.

Ho Phra Keo
(Museum für buddhistische Kunst)

Im früheren Kloster Ho Phra Keo sind einige der kostbarsten Stücke laotischer Kunst zu sehen. Fast alle stammen aus zerstörten Vats, Opfer der verschiedenen Invasionen, die die Stadt in ihrer Geschichte erlebte. Das Gebäude selbst wurde 1828 von den Siamesen zerstört und erst zwischen 1936 und 1942 mit viel Beton wieder aufgebaut.

Ursprünglich hieß das Kloster Vat Phra Keo und diente König Setthatirath als Stätte für den Smaragd-Buddha *(phra keo)*. Das Heiligtum, aus einer Art Jade, war jahrhundertelang in siamesischem Besitz, bevor es 1551 auf friedlichem Weg nach Laos kam (s. S. 80). 1779 erbeuteten die Siamesen die Statue zurück. Heute wird sie im Vat Phra Keo in Bangkok verehrt.

Auf dem Gelände stehen auch zwei weltliche Objekte: ein Steingefäß von der Ebene der Tonkrüge (Xieng Khouang); und die Skulpturen zweier Laoten, die früher einmal mit der Statue Auguste Pavies ein Ensemble bildeten, bevor diese in den 40er Jahren zum Pavie Platz umgesetzt wurde und 1961 schließlich hinter den Mauern der französischen Botschaft verschwand.

Das Museum liegt neben dem Präsidentenpalast an der Setthathirat Rd., schräg gegenüber Vat Sisaket. ⊙ tgl. 8–12, 13–16 Uhr, Eintritt 5000 Kip.

Rundgang

Der Rundgang beginnt hinter dem Eingang links und führt zuerst zu den Exponaten in der Mitte des Raums. Anschließend geht es im Uhrzeigersinn an den äußeren Vitrinen und Ausstellungstücken vorbei zu den frei stehenden Vitrinen (A, B, C). Die Nummern entsprechen den alten Inventarnummern des Museums. Obwohl an den Objekten nicht immer klar zu erkennen, sind sie bei der Identifizierung hilfreicher als die hin und wieder auftauchenden neuen Nummern.

294 Buddhastatue aus vergoldeter Bronze, 18. Jh., gehend und predigend, geschmeidig geschwungene Formen mit schlanken Gliedmaßen und breiten Schultern; vgl. die sehr viel ältere schreitende Darstellung Nr. 295.

299 Naga-Thron aus Bronze, Vat Si Phom, Xieng Khouang, Alter ungewiss. Der sich ungewöhnlich hoch auftürmende Sitz gilt als einzigartig in ganz Südostasien. Beachtenswert sind die filigran geschmückten Naga-Köpfe mit ihren breiten Mäulern, kleinen Rüsseln und Kinnbärten. Die dazugehörige meditierende Buddhafigur ist leider verschwunden.

373 Kerzenständer, 1930, Teak und Blattgold, Replik desjenigen in Vat Sisaket von 1820. Das Stück wurde im Rahmen der Kolonialausstellung von 1931 in Paris und danach bis 1936 im Louvre ausgestellt.

353 Mitten im Raum steht eine originalgetreue Kopie des Phra Bang, eine der höchst verehrten Buddhastatuen des Landes. Die Figur mit dazugehörigem Schrein wurde 1930 aus Holz mit Blattgold gefertigt. Das originale Heiligtum befindet sich im Königspalast in Luang Prabang und soll irgendwann in den eigens für die Statue errichteten Ho Phra Bang umziehen.

378 Eine Art Laternenschrein aus Holz, auf jeder der vier Seiten befindet sich eine Nische mit einer kleinen Buddhafigur, 18. Jh.

352 Buddhastatue aus Sandelholz, schwarz gelackt, 17./18. Jh. Es fehlen die Unterarme, doch früher vermutlich in der *abhaya*-Mudra. Henri Parmentier hat die ausgesprochen schöne Skulptur 1911 aus dem Schutt des Vat Phra Keo geborgen. Da sie von hier stammt, wird sie von den Besuchern besonders verehrt.

4 Diese Statue in der Regenanrufungspose wird als schönstes Beispiel für die Blütezeit der laotischen Bronzeskulptur des 18. Jh. gehandelt. Die sehr eleganten,

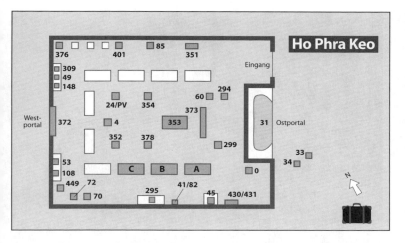

hochstilisierten Formen, insbesondere die nach außen geschwungene Robe und die gleichlangen, geschweiften Finger, gehören zu den typischen Merkmalen des laotischen Buddhabildnisses. Näheres s. S. 227.

24/PV Buddhastatue aus Bronze, 1640, Vat Phiavat, Vientiane. In der *maravijaya*-Mudra, sehr gut erhalten und mit originalem *ketu-mala* (Strahl der Weisheit).

354 Geschmückte Buddhastatue, meditierend, vermutlich aus Muang Sing, 18. Jh., Holz mit Blattgold, Perlmutt- und Lack-Einlegearbeiten. Außergewöhnlich schöne Darstellung des Buddha im königlichen Gewand. Eine ähnliche Skulptur aus Bronze, 16./17. Jh., soll es in Vat Chan geben.

60 Buddhastatue aus Bronze, 17. Jh., in der selten dargestellten europäischen Sitzhaltung. Laut laotischen Angaben nimmt Buddha in dieser Pose Opfergaben von einem Affen und Elefanten an.

31 Die zentrale große Buddhastatue in der *maravijaya*-Mudra wurde bei der Erbauung des jetzigen Ho Phra Keo aus Ziegel errichtet. Ihre Ausrichtung nach Westen ist unüblich, wurde aber wegen der Umorientierung des neuen Gebäudes in Richtung Pavie Platz, der sich auf dem Gelände der heutigen Palastgärten befand, so gewählt.

0 Geschenk aus Myanmar, 1957, stehende Buddhastatue aus Marmor.

430/431 Stuckfragmente zweier Apsara-Darstellungen, 18. Jh., Vat Yot Keo.

45 Buddhafigur aus Holz, 17./18. Jh., mit reichlich Schmuck versehene Darstellung in stehender Kontemplationshaltung.

41/82 That-Spitze aus Eisen, 17. Jh.

295 Buddhastatue aus vergoldeter Bronze, 15./16. Jh. Diese schreitende Darstellung weist die im Majjhima-Nikaya genannten äußeren Merkmale des Erleuchteten in übertriebenem Maße auf: „Beine einer Antilope" und „bis zu den Knien hinabreichende Arme, weich wie ein Elefantenrüssel". Leider wurde die Skulptur bislang nur dürftig restauriert.

70 Buddhastatue, Khmer, meditierend; Hände und Füße sind gut erhalten ebenso die sieben Nagaköpfe; Spuren von Lack und Blattgold sind deutlich erkennbar.

72 sehr ähnlich zu obiger Skulptur, es ist jedoch nur noch ein kleiner Teil der Nagas erhalten.

449 Stele von Xai Fong, 1186. Die Sanskrit-Inschrift erinnert an die Gründung eines Hospitals durch Jayavarman VII., König von Angkor. Auf den vier Seiten finden sich Beschreibungen zur damals gebräuchlichen Medizin und genaue Auflistungen des Personals. 100 Leute sollen hier gearbeitet haben, darunter zwei Ärzte, zwei Apotheker, acht Schwestern, zwei Köche und zwei Reisbauern. Die Gedenkstele ist ein überzeugender Beweis dafür, dass der Einfluss des Angkor-Reiches zur Zeit Jayavarmans VII. (reg. 1181–1218) bis in die heutige Provinz Vientiane reichte.

108 Strahl der Weisheit *(ketu-mala)*, der sich bei großen Buddhadarstellungen von der *usnisa,* der Wölbung am Scheitelpunkt des Kopfes, erhebt. Farbreste legen die Vermutung nahe, dass es einmal mehrfarbige Bronzen in Laos gegeben hat.

53 Stehende Buddhafigur, 18. Jh., in der Haltung „Begründen der Glaubensgemeinschaft".

372 Portal aus Rosenholz, 16. Jh., That In Hang, Savannakhet. Die erotisch-religiösen Szenen auf den beiden äußeren Rändern sind in Südostasien sehr selten und gehen eindeutig auf indische Einflüsse zurück.

148 Geschmückte Buddhadarstellung aus Bronze, 17./18. Jh., in der *abhaya*-Mudra; sehr gut erhalten, mit realistisch dargestellten Fingern, Faltenringen am Hals und einer reich verzierten Krone.

49 Liegende Buddhastatue, vermutlich 15./16. Jh., leider in schlechtem Zustand.

309 Der Sockel dieser sitzenden Buddhafigur enthält eine Inschrift in Tham (geht auf die Lan Na- und Mon-Schrift zurück).

376 Relikt einer geschnitzten Holzsäule mit zwei nicht leicht auszumachenden Gottheiten, 18. Jh., Vat Chan, Vientiane.

401 Stehende Buddhastatue aus Holz, 18. Jh., Vat Inpeng, Vientiane. Trotz großer Schäden und fehlender Unterarme ist die große vorgehaltene Almosenschale noch an einer Einbuchtung auf Bauchhöhe zu erkennen. Außerdem sind Spuren von schwarzem Lack und Blattgoldreste auszumachen.

85 Dong Son-Trommel aus dem Nordwesten von Laos, Bronze, 19. Jh. In der Tradition der Khmu wird sie zum Erntedank, bei Tieropferungen und zur Anrufung der Glücksgeister gespielt.

351 Stele mit Inschriften, die den Grenzvertrag von 1560 zwischen den Königreichen Ayutthaya und Lane Xang in Khmer- und laotischer Sprache festhalten. Die Seite mit der laotischen Inschrift ist der Wand zugekehrt.

A Geschenke aus Indien und Japan (eine verbrannte Kachel aus Hiroshima).

B Geschenke aus Sri Lanka (1957, vier sitzende Buddhastatuen) und Vietnam (filigraner, aus Elfenbein geschnitzter Turm).

C In der untersten Reihe befinden sich vier Kopien des Phra Keo (Smaragd-Buddha), drei davon aus grünem Glas. Das Original ist 66 cm hoch.

Exponate im Säulengang

Eine beeindruckend große Zahl **laotischer Bronzeskulpturen** ist im Säulengang rund um die Halle aufgereiht. Sie datieren aus dem 16.–18. Jh. Alle sitzenden Buddhastatuen nehmen die Haltung der „Erdberührung" ein (*bhumisparsa*-Mudra), auch „Sieg über Mara" (*maravijaya*-Mudra) genannt. Die stehenden Bronzen an der Ost- und Westseite stellen den Erleuchteten überwiegend in der Haltung der „Furchtlosigkeit" dar (*abhaya*-Mudra). Näheres zu Mudras s. S. 108.

Auffallend ist, dass von den Köpfen der sitzenden Skulpturen nur noch in Ausnahmefällen der Strahl der Weisheit (*ketu-mala*) emporragt. Er symbolisiert Buddhas erleuchteten Zustand. Die Originale dieser Flamme kamen im Laufe der Jahrhunderte abhanden. In neuester Zeit wurde die Struktur mit farbig bemaltem Zement ersetzt, um dann 1969 der Authentizität zuliebe wieder entfernt zu werden (weitere Merkmale laotischer Buddhaskulpturen s. S. 106).

Zwei seltene Beispiele für **Mon-Kunst** in Laos sind auf der Ostseite im Säulengang untergebracht: eine stehende Buddhastatue (**34**) und eine Steinstele mit Mon-Inschrift (**33**), beide 8. Jh. Die vermutlich aus dem alten Birma stammenden Dvaravati-Stücke sind die einzigen ihrer Art in Laos und werfen Fragen zur frühen Bevölkerungsstruktur und den Anfängen des Buddhismus in Nordlaos auf. Im Jahr 1968 galt der Fund der zwei Sandsteinskulpturen in Thalat nahe dem Nam Ngum-See als sensationell.

Ihr heutiger exponierter Standort war zur Zeit der Aufstellung als Provisorium gedacht, ursprünglich sollten sie gut geschützt in der südöstlichen Ecke der Halle untergebracht werden.

Ostportal

Das Portal an der Ostseite, der einstige Haupteingang, ist das einzige Überbleibsel des alten *sim* aus dem Jahr 1565. Es ist seit 1942 verschlossen, als das neu errichtete Gebäude zum Französischem Club im Westen ausgerichtet wurde. Damals diente vorübergehend das Westportal als Haupteingang, bevor man sich schließlich für die heutige seitliche Tür entschied. Die äußerst kunstvoll geschnitzten und mit Blattgold beschichteten Türflügel stellen einen gewundenen Stamm mit viel Laub dar. Besonders hübsch sind die in den Ästen sitzenden Vögel, ihre Köpfe sind jedoch fast alle zerstört. Die Türflügel wurden 1931 auf der Internationalen Kolonialausstellung in Paris gezeigt und waren anschließend bis 1936 im Louvre ausgestellt.

Westportal

Diese Tür ist neueren Datums und gleicht der nördlichen Tür von Vat Sisaket (um 1820). Abgebildet sind zwei Apsaras, die von Yaks getragen werden.

Laotisches Nationalmuseum

Das Laotische Nationalmusem befindet sich in einem Kolonialbau an der Samsenthai Road vis-à-vis der Kulturhalle. Das Gebäude diente einst Souvanna Phouma als Büro, bevor es 1980 als Revolutionsmuseum zahlreiche Memorabilien aus dem „30-jährigen Krieg" versammelte. Vor allem Funktionäre und Schulkinder standen damals vor den Exponaten Schlange.

Mit der Öffnung des Landes wandelte sich auch der Schwerpunkt der Ausstellung. 1990 wurde der „Lenin-Raum" geschlossen, Mitte der 90er Jahre die Angriffe gegen Thailand aufgegeben und 1997 schließlich der Name geändert. Im Oktober 1999 schloss das Museum dann, um ein halbes Jahr später mit neuem Konzept und einigen neuen Exponaten wieder zu eröffnen. Seitdem stehen laotische Geschichte und Kultur im Mittelpunkt.

Höhepunkte im Erdgeschoss sind die alten Bronzetrommeln, das Steingefäß von der Ebene der Tonkrüge (Xieng Khouang) und die Kunstwerke aus der Khmer-Zeit, ursprünglich Teil der Sammlung des Ho Phra Keo. Die **Sandstein-Skulptur von Ganesh**, dem elefantenköpfigen Hindugott, datiert aus dem 7. Jh. Sie soll von Don Khong im äußersten Süden des Landes stammen. Gefunden wurde sie allerdings wie viele andere Objekte in Xai Fong, rund 10 km südöstlich von Vientiane. Der **Vishnukopf** aus grauem Sandstein stammt aus dem 12. Jh. und wurde Ende der 60er Jahre im Vat Simuang entdeckt. Angeblich stellte er früher einen Amitabha-Lokesvara dar, dessen Locken dann zu dem für Vishnu typischen Kopfschmuck umgearbeitet wurden.

Das Obergeschoss beginnt mit einer kleinen, dürftig beschrifteten Ausstellung zur Lane-Xang-Ära, der siamesischen Vorherrschaft und der französischen Kolonialzeit. Interessanter wird es wieder ab Saal 6, wo Schriften gegen die französische Kolonialmacht den Übergang zum **bewaffneten Widerstand** (Saal 8) einleiten. Anhand von Fotos mit knappen, propagandistischen Bildunterschriften (und anderen Exponaten aus Zeiten des Revolutionsmuseums) werden die Kämpfe in den Provinzen Phongsali und Houaphan sowie die Gründung der Laotischen Volkspartei 1955 unter Vorsitz von Kaysone Phomvihane illustriert. In Saal 9 stehen die **US-Bombardements** ab 1964 im Mittelpunkt. Ein altes Modell zeigt die unzähligen Höhlen in der Region Vieng Xai, in denen sich viele der heutigen Parteiältesten zwischen 1964 und 1973 versteckten, darunter der ehemalige Präsident Khamtay Siphandone.

Wieder im Untergeschoss angelangt, kann die neueste gesellschaftliche Entwicklung anhand alter, ziemlich langweiliger Fotos nachvollzogen werden. Interessant ist der Abschnitt über die Arbeit von **UXO Lao**, der Organisation, die im ganzen Land nicht-detonierte Sprengkörper beseitigt. Abschließend lohnt ein Blick in das **Gästebuch**, das sowohl großes Lob als auch harsche Kritik enthält.

Im Erdgeschoss gibt es einen Souvenirshop und einen Kühlschrank mit Getränken. ⏱ tgl. 8–12, 13–16 Uhr, feiertags geschlossen, Eintritt 5000 Kip.

Kaysone-Phomvihane-Museum

Der jüngste Beitrag zum Persönlichkeitskult um den 1992 verstorbenen Parteichef Kaysone Phomvihane steht 6 km nördlich des Stadtzentrums an der Straße 13. Der gewaltige Museumsbau, ein Mix aus kommunistischer Architektur und buddhistischen Elementen, wurde im Jahr 2000 zum 80-jährigen Geburtstag von Kaysone eröffnet. Die große Statue auf dem Vorplatz stammt aus China.

Das Areal um KM 6 war im Zweiten Indochinakrieg Hauptquartier von USAID, einer Organisation, die den Fluss amerikanischer Gelder nach Laos koordinierte und eng mit der CIA zusammenarbeitete. Die Gegend soll eine Oase inmitten des Bürgerkrieges gewesen sein mit geteerten Straßen, Bars, Restaurants und einem Laden, in dem es neben Alkohol auch Pornos gab. 1975 wurde das Gelände von Pathet Lao-Soldaten belagert, bis die Amerikaner einlenkten und das Personal aus Laos abzogen.

Zu den interessanteren Exponaten gehören die Rekonstruktion eines Zimmers in Kaysones **Elternhaus** in Ban Naseng (Savannakhet) und der Nachbau des Eingangs des **Collège de Protectoral** in Hanoi, wo Kaysone ab 1936 Jura studierte. Fotos dokumentieren die Kolonialzeit, die Geschichte der Neo Lao Hakxat, die drei Koalitionsregierungen und die Befreiung Indochinas. Unter den Bildern von Staatsbesuchen sind auch welche mit **Erich Honecker** zu finden. Höhepunkt der Ausstellung ist die Nachbildung zweier **Höhlen in Vieng Xai**, in denen die Pathet-Lao-Führer während des Krieges Zuflucht fanden – die linke ist der Konferenzraum, die rechte Kaysones Privatzimmer.

Ein neues Symbol – aber wofür?

Das Rauschen im Blätterwald war beachtlich, als am 5. Januar 2003 nach 5-tägigen Feiern das verhüllende Tuch vom Haupt König Fa Ngums gezogen wurde. 650 Jahre nach der Gründung des ersten laotischen Reiches ehrte die sozialistische Führung einen der größten Monarchen des Landes, nachdem sie sich über Jahre hinweg bemüht hatte, alle Erinnerungen an die Königszeit zu tilgen.

Viele Zeitungen, darunter die *Bangkok Post*, *The Nation*, die *South China Morning Post* und sogar die *New York Times*, ließen das Ereignis von ihren Korrespondenten kommentieren. Der Tenor war übereinstimmend: Nach dem weltweiten Niedergang der kommunistischen Systeme versuche die laotische Führung nun, mit royalistischen Symbolen eine neue Legitimation und nationale Identität zu schaffen.

Schärfster Kritiker war die thailändische *Nation*, die das neue Wahrzeichen als Re-Traditionalisierung einer politischen Klasse auffasste, die um ihre Macht fürchte. Der Zusammenbruch der Sowjetunion und die Liberalisierung Kambodschas hätten die Regierenden in Laos schwer getroffen. Der Kommunismus, so die Zeitung, habe als idenitätsstiftende Ideologie versagt.

Etwas milder urteilte die *South China Morning Post*. Sie gab zu bedenken, dass mit der Aufstellung der Statue auch die Sehnsüchte der laotischen Bevölkerung befriedigt worden seien, die nach wie vor eine große Sympathie für die Monarchie hätte. Damit sie nicht weiter auf den thailändischen König schiele, habe ihr die Führung nun Fa Ngum vor die Nase gesetzt.

Einer, der sich schon lange mit dem Phänomen der Symbolik in Laos beschäftigt, ist der Anthropologe Grant Evans. Bereits in seinem 1998 erschienenen Buch *The Politics of Ritual and Remembrance* schrieb er, dass die politische Entfremdung der Jugend der Regierung klargemacht habe, dass sie dringend neuer Symbole für ihre Legitimation bedürfe. „Die Fa Ngum-Geschichte", so Evans in einem Zeitungsartikel, „treibt das Ganze sicher auf die Spitze. Aber es hat sich schon eine Weile lang angekündigt".

Die laotische Führung will indes von derartigen Deutungen nichts wissen. In einer Replik in der *Vientiane Times* äußerte sich der Direktor des Nationalmuseums über die „irreführenden Presseberichte": Die Statue sei keine Werbung für die Monarchie, sondern lediglich eine Erinnerung an den Patriotismus und den Mut, den die Laoten schon früher ihren verschiedenen Feinden entgegengesetzt hätten.

Doch so ganz lassen sich die Interpretationen nicht von der Hand weisen. In Kürze sollen im Rahmen des Programms *Creating Spiritual Civilisation* 11 weitere historische Größen gegossen werden, darunter die Könige Sourigna Vongsa (1608?–1695) und Anouvong (1767–1829), beides Herrscher, die für ihren nationalen Kampfgeist bekannt sind. Immerhin stehen mit Kaysone Phomvihane (1920–1992) und Souphanouvong (1909–1995) auch zwei kommunistische Führer auf dem Plan.

Busse vom Talat Sao Terminal nach Tha Ngon stoppen auf Wunsch am Museum (alle 20 Min.). Ein gechartertes Tuk Tuk kostet US$2–3. ⓘ Di-So 8–12, 13–16 Uhr, Eintritt 5000 Kip, Kamera 4000 Kip, Video 10 000 Kip, Stellplatz Fahrrad 500 Kip, Motorrad 1000 Kip.

Statue von Fa Ngum

2 km westlich des Zentrums an der Luang Prabang Road, Ecke Samsenthai Road, steht die Statue von König Fa Ngum, dem Gründer des ersten laotischen Reiches Lane Xang (1353–1707). Der 4,30 m hohe Bronzeguss zeigt den Feldherrn in der traditionellen Kleidung des Hofes. Die Haare sind zu einem Knoten zusammengebunden. Seine linke Hand trägt das Schwert, während der Zeigefinger der rechten nach oben weist, ein Sinnbild für die Vereinigung des Königreiches. Die rund 1 ha große Anlage soll dem König vor 650 Jahren zur Ausrichtung der Siegesfeiern gedient haben.

Fa Ngum (1316–1374) gilt nach wie vor als einer der größten Feldherren des Landes. 1316 in

Luang Prabang geboren, verbrachte er seine Jugend im kambodschanischen Exil, wo er als junger Mann eine Khmer-Prinzessin heiratete. 1350 oder 1351 kehrte er mit einer riesigen Armee nach Laos zurück. Binnen weniger Jahre unterwarf er die meisten laotischen Fürstentümer und gründete 1353 das „**Reich der eine Million Elefanten**" *(lane xang)*, dessen Grenzen sich weit über die des heutigen Laos erstreckten. Darüber hinaus wird ihm zugeschrieben, den Theravada-Buddhismus eingeführt und den Phra Bang, das nationale Heiligtum, in das Königreich geholt zu haben (mehr zur Geschichte s. S. 78).

Über das Motiv der laotischen Regierung, ein Vierteljahrundert nach dem Sturz der Monarchie gerade ihm ein Denkmal zu setzen, gab es in der asiatischen Presse viele Spekulationen (s. Kasten).

Märkte
Talat Sao
Noch hat der riesige Morgenmarkt *(talat sao)* an der Lane Xang Ave den Charme eines Basars: voll, ungeordnet, gut zum Stöbern. Bis 2009 will die singapurische Excalibur Gruppe daraus die moderne Talat Sao Shopping Mall machen. Die erste Bauphase des 27-Millionen-Dollar-Projektes ist bereits abgeschlossen. Auf dem Platz gegenüber der Post steht seit Mitte 2006 ein großes Parkhaus mit Ladeneinheiten. Phase zwei und drei sehen den Bau eines 5-stöckigen Einkaufszentrums und die Renovierung des alten Marktes vor. Bis es so weit ist, sollten Reisende unbedingt noch alte Talat Sao-Luft schnuppern.

In der nördlichen der drei Hallen werden handgewebte Stoffe und Kleidungsstücke aus Laos angeboten, darunter eine große Auswahl traditioneller *sin*. Im östlichen Teil des Marktes bilden Elektronik aller Art und Haushaltsgeräte den perfekten Kontrast. Die mittlere Halle entspricht schon heute am ehesten einem westlichen Kaufhaus. Hier gibt es neben Schmuck, Uhren und Parfum auch einige Bücher- und Zeitschriftenstände. Im Obergeschoss der südlichen Halle wird traditioneller und moderner Silberschmuck angeboten. Auf dieser Etage ist auch die Abteilung für moderne Kleidung, wie Jeans und T-Shirts, und ein großes Schuhsortiment nebst Taschen zu finden. Samstags ist für Laoten Familieneinkaufstag, da herrscht vor allem hier schon mal Gedränge. Im Erdgeschoss dieser Halle kann man zwischen Haushaltswaren, Kuriositäten und Antiquitäten stöbern oder sich mit thailändischen und laotischen Musik-DVDs eindecken. ⏰ ganztägig.

Talat Khouadin
Hinter der ersten Häuserzeile auf der Ostseite der Mahosot Road beginnt der weitläufige vietnamesische Talat Khouadin. Dem Markt fehlt ein Hauptzugang, und so zwängen sich Händler und Käufer jeden Tag durch die Busstation und schmale Häuserlücken zu ihrem Ziel: einer der wenigen Orte Vientianes, wo wirkliches Gedränge und Verkehrschaos aufkommt. Einmal unter dem Wellblechdach, breitet sich ein großes Angebot an Kurzwaren, Textilien, billigen Turnschuhen und Miederwaren aus. Die Decke wird noch niedriger, sobald der Frischwarenmarkt erreicht ist. Hier muss sich bücken, wer groß ist, denn die Marktfrauen verkaufen ihr auf dem Boden ausgebreitetes Obst und Gemüse im Sitzen. ⏰ ganztägig.

Talat Thongkhankham
Wesentlich geordneter geht es auf dem Talat Thongkhankham zu. Hinter modernen Klamotten- und Schuhständen bietet der Markt ein unerschöpfliches Sortiment an frischen und abgepackten Lebensmitteln sowie einige exotische Essensstände. Die schützenden Planen und Schirme erinnern an Mittelmeermärkte. Das Angebot an getrockneten Gewürzen, gekochter Rinds- und Schafzunge und geräucherten Würsten ist diesen auch gar nicht so unähnlich. ⏰ ganztägig.

Talat That Luang
Dieser große Markt liegt weiter außerhalb, knapp 1 km östlich des That Luang, und ist ähnlich dem Talat Thongkhankham. Jenseits des Monuments tauchen plötzlich traditionelle laotische Holzhäuser auf, bevor eine Möbelverkaufsmeile beginnt und sich der Talat That Luang auf der rechten Seite mit geparkten Motorrädern ankündigt. Sehr beeindruckend sind hier ebenfalls die Fisch- und Fleischabteilungen. ⏰ ganztägig.

Talat Leng
Mittelpunkt des Chinesenviertels ist der Talat Leng, an der Umgehungsstraße nordwestlich des Zent-

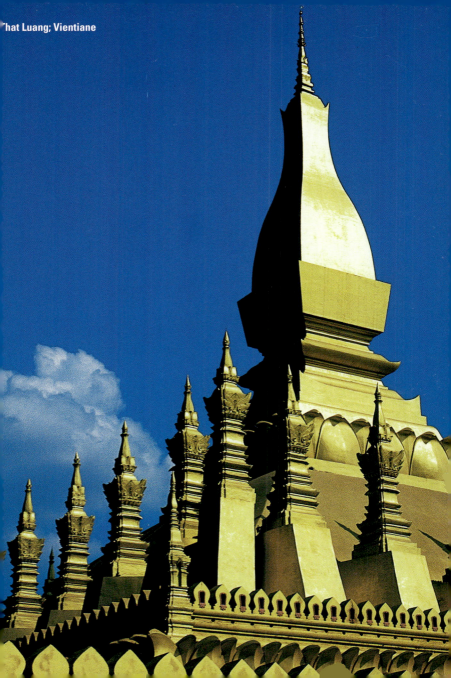

That Luang; Vientiane

Läden, Restaurants etc.:
1. Phai Exclusive
2. Nikone Textiles
3. 7Plus R.
4. Thailändische Botschaft
5. Indonesische Botschaft
6. Service Géographique d'Etat
7. Le Nadao
8. Malaysische Botschaft
9. Indische Botschaft
10. Vietnamesische Botschaft
11. Tamnak Lao Restaurant
12. DHL
13. Marina Club
14. Paradise Club
15. Lao Cotton
16. On the Rock Pub
17. Lao-American Individual Enterprise
18. Future Nightclub
19. Ton Hom Thai Food
20. Papaya Spa
21. Sala Sunset Khounta
22. Oudom Development Store
23. Linda Sathaporn R.
24. Sengdara
25. Bounmala R.
26. Lao Freight Forwarder
27. Deutsche Botschaft
28. Kambodschanische Botschaft
29. Koreanische Botschaft
30. Botschaft Myanmar
31. Australian Embassy Recreation Club
32. Unicef
33. Chinesische Botschaft
34. Vientiane Bowling Center

Übernachtung:
① Villa That Luang
② Villa Daraxay
③ Parasol Blanc H.& R.
④ Thongbay Gh.
⑤ Novotel Vientiane
⑥ Mekong Hotel
⑦ Mongkol Hotel
⑧ Nalinthone Gh.
⑨ Art Hotel Beau Rivage Mekong
⑩ Green Park Boutique Hotel
⑪ Vansana Hotel
⑫ Villa Manoly
⑬ Don Chan Palace

Transport:
① Südliche Busstation
② Pick-ups →Vang Vieng
③ Nördliche Busstation
④ Lao Air Service
⑤ Bootsanleger
⑥ Thai Airways, China Yunnan Airlines
⑦ Inter-Lao Tourisme

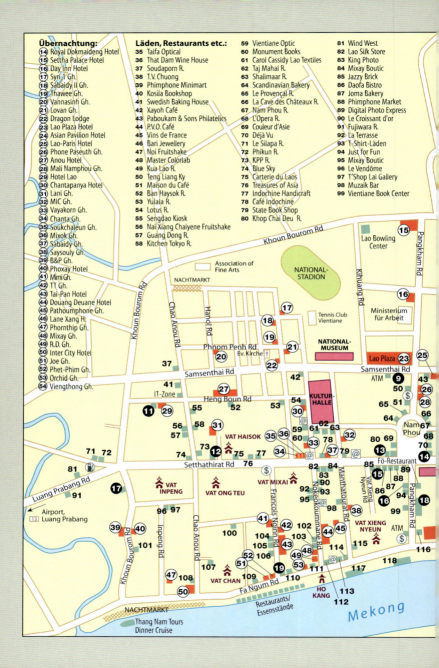

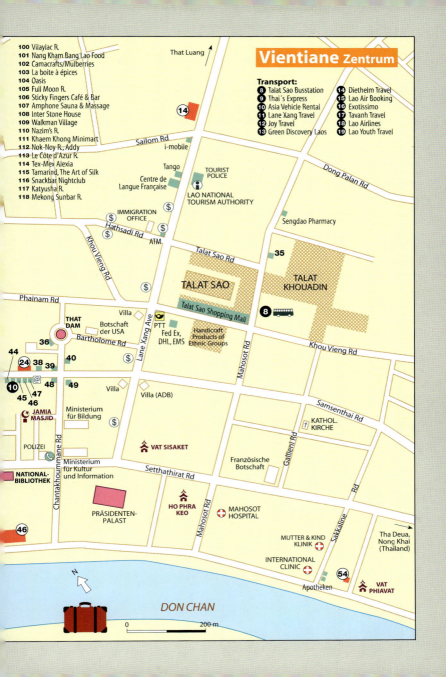

Vat Sisaket

Talat Khouadin

Anousavari (Patuxai)

Vang Vieng

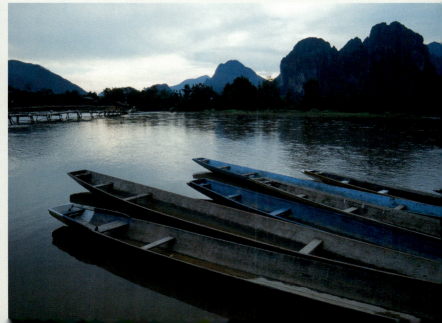

Fischerin am Mekong

rums. In einem markanten sozialistischen Bau – strahlend weiß, gefliest, kreisrunder Grundriss – befindet sich ein langweiliges Kaufhaus mit ausschließlich chinesischer Importware: Hifi und Elektronik, billige Taschen und Klamotten. Interessanter sind die vielen chinesischen Elekronik- und Eisenwarenläden in der Umgebung. Der so genannte Abendmarkt *(talat leng)* ist ganztägig geöffnet.

Weitere Sehenswürdigkeiten
Kulturhalle

Imposant und farbenfroh oder kolossal und protzig: Die Meinungen über die Kulturhalle an der Samsenthai, Ecke Nokeokoummane Road, gehen auseinander. Das alles überragende Gebäude wurde 1999 von der Volksrepublik China gespendet und in 21 Monaten unter der Regie der Provinz Yunnan hochgezogen. Seit der Eröffnung im Jahr 2000 finden neben Konzerten und Tanzveranstaltungen auch Ausstellungen und politische Empfänge statt. Aktuelle Termine werden in der Rubrik „What's on" der *Vientiane Times* angekündigt.

Nationalbibliothek

Eines der schöneren Gebäude im französischen Stil ist die zweistöckige Nationalbibliothek, Setthathirat Road, gegenüber dem Nam Phou. Das 80 Jahre alte Haus war früher Sitz der Gendarmerie. Heute werden hier rund 30 000 Bücher verwahrt. Musikliebhaber können auf die Sammlung des Archives of Traditional Music in Laos (ATM) im ersten Stock zurückgreifen. Dessen Experten haben in den vergangenen Jahren fast 2000 Musikstücke verschiedener Ethnien zusammengetragen. Für US$2 kann man hier unter mehreren CDs mit traditioneller Musik wählen. ◐ Mo–Fr 8–12, 13–16 Uhr, am 29. jedes Monats geschlossen.

Übernachtung

In Vientiane gibt es mehr als 130 Unterkünfte. Wer mit kleinem Budget reist, findet schon für US$5 ein **einfaches DZ** mit Ventilator und Gemeinschaftsbad. Ein eigenes Bad mit warmem Wasser ist ab US$8 zu haben, und für US$10 gibt es noch AC dazu. **Dormitorys** sind wie überall in Laos Mangelware. Die wenigen Herbergen, die sie anbieten, liegen aber relativ zentral.

Auf den Spuren der Franzosen

Auffälligste Hinterlassenschaft der französischen Kolonialmacht sind die Villen im Zentrum. Die meisten wurden nach 1900 gebaut, als Vientiane zum Verwaltungszentrum der Kolonie wurde. Heute sind sie in Staatsbesitz, dienen als Beamtenwohnungen und verfallen. Es gibt aber erfreuliche Ausnahmen wie das **Kua Lao Restaurant**, Samsenthai Rd., das **Settha Palace Hotel**, Pangkham Rd., und die **Villen entlang der Lane Xang Ave**, seit kurzem Sitz der Asiatischen Enwicklungsbank und einiger NGOs.

Neben den zweistöckigen Wohnhäusern, in denen schon früher die Staatsdiener lebten, sind auch ein paar Beispiele aufwändigerer Kolonialarchitektur erhalten: Südlich dem Talat Khouadin in der Gallieni Rd. steht die 1928 gebaute **Eglise Catholique Sacré-Coeur**. Ein Stück weiter südlich befindet sich hinter hohen Mauern die **Französische Botschaft**, ein ganzer Villenkomplex auf liebevoll begrüntem Gelände. Der **Präsidentenpalast** in der Setthathirat Rd. wurde im Beaux-Art-Stil gebaut und war Amtssitz des Gouverneurs. In seiner Residenz in der Samsenthai Rd. befindet sich heute das **Nationalmuseum**. Die alte **Schatzmeisterei** an der Fa Ngum Rd. wurde leider Anfang 2002 abgerissen.

Erstaunlich viel fürs Geld bieten viele **Mittelklasse-Hotels**. Für US$15–30 gehören außer Rattan- und Holzinterieur auch Kabel-TV, Minibar und manchmal Telefon zur Ausstattung.
Die Zahl der **Spitzenhotels** ist begrenzt. Mit dem Don Chan Palace und dem schönen Green Park Boutique Hotel haben aber 2005 gleich zwei neue Nobelherbergen eröffnet. Klassiker ist das Settha Palace, dessen Executive Suite US$350 pro Nacht kostet. Auch Tai Pan, Lao Plaza und Novotel erfüllen hohe Ansprüche.
In der Nebensaison (März–Okt) und bei Aufenthalten ab einer Woche lohnt es sich, nach Ermäßigungen zu fragen.

ZENTRUM (s. Karte „Vientiane Zentrum") – Die Straßen Khoun Bourom/Khou Vieng Rd., Lane

Xang Ave und Fa Ngum Rd. markieren das Zentrum Vientianes. Viele preiswerte Unterkünfte liegen an der lauten **Setthathirat Rd.** Am **Mekong** gibt es erstaunlich wenige Herbergen. Einen Blick lohnen die ruhigen Seitenstraßen zwischen Setthathirat Rd. und Fa Ngum Rd. Dort sind in der Umgebung der Vats viele Unterkünfte entstanden. Wer es lebhaft-asiatisch mag, ist in der **Chinatown** um die Heng Boun Rd. gut aufgehoben. In den kleinen Ladenlokalen wird abends günstiges Essen serviert. Am ruhigsten ist es im Wohnviertel **Ban Anou** zwischen Stadion und Samsenthai Rd.

Wenn nur der Preis zählt

Wer sehr aufs Geld achten muss, kann folgende Gästehäuser ausprobieren (❶). Die Zimmer sind ziemlich heruntergekommen, dafür gehören sie zu den billigsten der Stadt. Bis auf das Sabaidy II liegen alle Unterkünfte zentral.

Sabaidy Gh. ㊲, 203 Setthathirat Rd., ✆ 021-213929, ✉ sabaidy_gh@hotmail.com. Dormbetten für US$1,50, 3-Bett-Zimmer für US$5, DZ um US$4; Zentral, schmuddelig und laut. Bustickets, Visaservice.

Sabaidy II Gh. ⑱, 63 Saigon Rd., nahe dem Stadion, ✆ 021-242894. In ruhiger Wohngegend, 4-Bett-Zimmer für US$1,80 p. P., DZ US$4, EZ US$3; Gemeinschaftsbad mit warmer Dusche, hellhörig.

Mixok Gh. ㊱, Setthathirat Rd., neben ITIC Computer, ✆ 021-251606. 3-Bett-Zimmer für US$5, DZ für US$4; zentral, dünne Wände.

MIC ㉜, 67 Mathatourat Rd., ✆ 021-212362. Gästehaus des Ministry of Information and Culture (= MIC). Klassiker unter den Cheapies, schäbige 3-Bett-Zimmer für US$5, einige mit Balkon.

Mixay Gh. ㊽, 39 Nokeokoummane Rd., südlich Vat Mixai nahe dem Mekong, ✆ 021-262210. DZ mit Bad für US$5, Twin ohne für US$4, EZ ohne für US$3. Die Räume unterm Dach sind nur was für Saunagänger, die Zimmer im Erdgeschoss muffig.

R.D. Gh. ㊾, 37/1 Nokeokoummane Rd, daneben, ✆ 021-262112, ✉ songkwangsuk@hotmail.com. Koreanische Backpacker-Option nahe dem Mekong mit einem 16-Bettendorm (US$2); harte Matratzen, Dachterrasse, Waschmaschinennutzung.

Untere Preisklasse: Die folgenden Gästehäuser liegen alle zwischen Fa Ngum Rd. und Setthathirat Rd. Die billigsten Unterkünfte sind nur was für Mutige (siehe Kasten).

Joe Gh. (51), 112 Fa Ngum, ✆ 021-241936, ✉ joe_guesthouse@yahoo.com. Gut gelegenes Gästehaus gegenüber der Mekong-Promenade. Saubere geflieste Zimmer, wahlweise mit AC und/oder Bad, die günstigsten mit Fenster zum Gang; die Räume nach vorn sind laut; anständige Gemeinschaftsanlagen. Travelinfos, Wäscheservice, Restaurant. Gut für den Preis, daher schnell voll. ❶–❸.

Phet-Phim Gh. (52), neben Joe Gh., Fa Ngum Rd., Ecke François Nginn, ✆ 021-252757. Einfache Zimmer mit Ventilator, Gemeinschaftsbad und warmer Dusche, EZ US$3. Internet-Café im Erdgeschoss. ❷

Saysouly Gh. ㊳, 23 Manthatourat Rd., ✆ 021-218383, ✉ saysouly@hotmail.com, 💻 www.saysouly.com. 3-stöckige Traveller-Herberge mit vielen Reiseinfos. Die Zimmer haben Ventilator und/oder AC, wahlweise auch Bad und TV. 3-Bett-Zimmer mit AC US$15, ohne US$9, EZ US$5. Viele Sessel und Balkone. Nicht schlecht, aber Zimmer vorher zeigen lassen. ❷–❸

Pathoumphone Gh. ㊺, Manthatourat Rd., ✆ 020-7702020. Etwas versetztes Gästehaus mit einfachen Zimmern. Die Räume mit Bad im Erdgeschoss sind kühler, die ohne Bad oben heller; alle Zimmer mit Ventilator; dünne Wände. Veranda. ❶–❷

TT Gh. ㊷, François Nginn Rd., 021-241937. Schmuddelige Zimmer mit/ohne AC, alle Bad und Warmwasser, viele mit Fenstern nach innen und PVC-Böden. Die AC-Zimmer lohnen den Aufpreis nicht. ❷

Mimi Gh. ㊶, François Nginn Rd., schräg gegenüber dem TT Gh., 021-250773. Laotisches Holzhaus mit einigen günstigen Zimmern ohne und einer Hand voll mit AC; PVC-Böden. Duschen und Klos sind o. k.; Visaservice, Fahrrad- und Motorradverleih. ❶–❷

Phornthip Gh. ㊼, 72 Inpeng Rd., 20 m von der Fa Ngum Rd. nach Norden, ℡ 021-217239. Größeres Gästehaus in ruhiger Seitenstraße nahe dem Mekong. 8 DZ mit Ventilator oder AC, Letztere mit Bad, TV und Frühstück; stilvolle Zimmer, manche mit Rattanmobiliar, Nr. 110 und 211 haben schöne Holzböden. ❷–❸

Die folgenden Gästehäuser befinden sich im **Wohnviertel Ban Anou** nahe dem Stadion. Zum Mekong sind es ein paar Minuten zu laufen, dafür ist die Ecke ruhig:

Thawee Gh. ⑲, 64 Phnom Penh Rd., nördlich der Samsenthai Rd., ℡ 021-217903, ℻ 251609. Freundliches 2-stöckiges Gästehaus mit Holzböden und 2 Veranden zum Ausspannen. Die AC-Zimmer haben Bad und Kühlschrank, die Räume mit Ventilator saubere Gemeinschaftsanlagen; alle Zimmer mit TV; die mit ungeraden Nummern haben keine Fenster – besser nach den anderen fragen. ❷–❸

Lovan Gh. ㉑, Phnom Penh Rd., ℡ 021-213307. 22 Zimmer, gefliest und sauber, alle mit AC, Bad und Warmwasser; Stockwerke mit umlaufenden Balkonen. Zimmer 405 hat einen Blick auf die Kulturhalle. Dachterrasse (ohne Stühle), Frühstücksmöglichkeit. ❷

Vannasinh Gh. ⑳, 51 Phnom Penh Rd., ℡ 021-222020, ℻ 218707, ✉ vannasinh_gh@hotmail.com. Alteingesessene Unterkunft; 24 Zimmer auf verwinkelten Fluren mit Ventilator oder AC und Bad, einige ohne Fenster, ansonsten völlig o. k. 3-Bett-Zimmer US$10. ❷–❸

Syri 1 Gh. ⑰, Saigon Rd., Nähe Stadion, ℡ 020-212682. 15 Zimmer in 2 Gebäuden mit Ventilator oder AC, viele mit Holzboden, die günstigsten mit Gemeinschaftsbad. Die Räume im hinteren Haus sind für Langzeitgäste. 3-Bett-Zimmer US$15, große Veranda. Cooler alter Benz in der Garage. ❶–❷

Mittlere Preisklasse: Die Liste beginnt mit der Umgebung nördlich des Nam Phou. Danach folgen von West nach Ost die Unterkünfte mit Setthathirat und Fa Ngum Rd., zuletzt die Hotels im Nordwesten.

Mali Namphou Gh. ㉘, 114 Pangkham Rd., ℡ 021-215093, ✉ malinamphu@comcast.net, 🖥 www.malinamphu.com. Freundliches, zentrales Gästehaus mit 40 sauberen gefliesten Zimmern um einen hübschen Innenhof; alle mit AC, Bad und Kabel-TV (Deutsche Welle, Star Movies); die Zimmer oben sind die besseren; übersichtliches Frühstück. ❹

Phone Paseuth Gh. ㉖, 97 Pangkham Rd., daneben, ℡ 021-212263, ✉ phonepaseuth_gh@yahoo.com. Ehemals Pangkham Gh.; 30 Zimmer mit Ventilator oder AC, Bad, TV und Telefon. Nur wenige mit Fenster zur Front. Flughafentranfer US$6. Restaurant im Erdgeschoss. ❹

Day Inn Hotel ⑯, 59/3 Pangkham Rd., nördlich der Samsenthai Rd., ℡ 021-222985, ✉ dayinn@laotel.com. Über die türkisen Wände lässt sich streiten, ansonsten hat das Day Inn anständige gefliese Zimmer mit AC, Kabel-TV, Minibar und Telefon. Internetmöglichkeit. ❹

Lao-Paris Hotel ㉕, 100 Samsenthai Rd., ℡ 021-222229, ✉ laoparishotel@hotmail.com. Große und kleine Zimmer, alle mit Bad, TV, AC und Kühlschrank, viele mit Fenster nach Innen. Das Hotelrestaurant serviert laotische, vietnamesische und Thai-Küche. Für das Geld gibt's besseres. ❹

Asian Pavilion Hotel ㉔, 379 Samsenthai Rd., ℡ 021-213430, ✉ asianlao@loxinfo.co.th. Großes Hotel mitten im Zentrum, das wegen seiner Geschichte erwähnenswert ist: Als Hotel Constellation war es im Zweiten Indochinakrieg *der* Treffpunkt ausländischer Journalisten und Agenten. Seit der Renovierung zeugt kaum noch etwas von dieser Vergangenheit. ❹

B & P Gh. ㊴, Khoun Bourom Rd., ℡ 021-241694, ✉ bnphotel@hotmail.com. Schöne Mittelklasse-Unterkunft mit Holzdekor und weißen Wänden. Die sauberen Zimmer haben AC, Kühlschrank und TV; einige Räume im 3. Stock mit Balkon. Dachterrasse. Preis inkl. Frühstück. ❹

Phoxay Hotel ㊵, Khoun Bourom Rd., gegenüber dem B & P Gh., ℡ 021-242780. Zur Zeit der Recherche im Bau, inzwischen eröffnet: mehr als 20 gefliese Zimmer mit AC, Bad und TV. Lohnt einen Blick. ❹

Orchid Gh. ㊳, 33 Fa Ngum Rd., ℡ 021-252825, ℻ 216588. Gästehaus gegenüber der Promenade. Recht saubere kleine Zimmer, wahlweise mit Ventilator und Gemeinschaftsbad oder AC, eigenem Bad, TV und Kühlschrank. Räume mit den Endziffern 01 und 02 haben Flussblick (durch Fenstergitter getrübt). Erhält gemischte Kritiken. Wäscheservice. ❷–❹

Douang Deuane Hotel ㊹, Nokeokoummane Rd., ℡ 021-222301, ✉ DD_Hotel@hotmail.com. 4-stöckiges Mittelklasse-Hotel mit 30 Zimmern, alle mit AC, TV, Bad und Kühlschrank. Die Zimmer zur Front haben Balkone. Günstiger Fahrrad- und Motorradverleih. Visa und Mastercard werden akzeptiert. Preis inkl. Frühstück und Flughafentransfer. ❹

Soukchaleun Gh. ㉟, 121 Setthathirat Rd., gegenüber Vat Mixai, ℡ 021-218723, ✉ soukchaleun_gh@yahoo.com. Neues, viel gelobtes Gästehaus an der lauten Setthathirat Rd. Alle Zimmer haben Ventilator und AC, ein schönes Bad und TV. Wer nur den Ventilator nutzt, zahlt US$10, sonst ein paar Dollar mehr. ❷

Chanta Gh. ㉞, Setthathirat Rd., neben dem Soukchaleun, ℡ 021-243204. Älteres traditionelles Haus mit Holzböden, Zimmer mit/ohne Bad; einige Räume mit Dachschräge oder kleinen Fenstern. Ein Fernseher (HBO) schlägt sich unverhältnismäßig im Preis nieder. ❷–❸

Vayakorn Gh. ㉝, 091 Nokeokoummane Rd., nördlich der Setthathirat Rd., ℡ 021-241911, ℻ 241910, ✉ vayakone@laotel.com. Freundlich, sauber, gut: Die Zimmer des Vayakorn verteilen sich auf 3 Etagen, alle haben Stabparkett, AC, TV und schicke Bäder. Frühstück gibt's auf Wunsch im Erdgeschoss; nette Terrasse, Wäscheservice, viele Tourgruppen, daher oft voll. Klasse für den Preis. ❸–❹

Chantapanya Hotel ㉚, 138 Nokeokoummane Rd., gegenüber der Kulturhalle. ℡ 021-244284, ℻ 244283, ✉ cphotel@laotel.com. Neues Mittelklasse-Hotel mit mehr als 30 komfortablen Zimmern auf 4 Etagen. Zur Ausstattung gehören Parkettböden, AC, TV und jeweils 2 Betten (kein Doppelbett). Ein Blick bietet sich nur von den oberen Etagen; Fahrstuhl. Preis inkl. Frühstück. Empfehlenswert. ❹

Lane Xang Hotel ㊻, Fa Ngum Rd., ℡ 021-214100, ✉ hotellanexang@yahoo.com. Alteingesessenes Hotel im Herzen Vientianes, das inzwischen internationalem Standard entspricht; 72 Zimmer mit AC, TV, Kühlschrank und Internet-Anschluss für den Laptop; die Executive Suite ist etwas plüschig, die Doppelzimmer mit Holzböden aber nicht schlecht. Pool, Sauna und Fitnesszentrum; Fahrstuhl. Im Restaurant gibt es tgl. von 19–22 Uhr traditionelle Musik und Tanz zu wechselnden Menüs; wer danach noch kann, zieht in die Disco Snackbar weiter. Preis inkl. Frühstück und Flughafentransfer. ❺

Viengthong Gh. ㊱, gegenüber Vat Phiavat, ℡/℻ 021-212095, 020-5512931. Älteres Gästehaus mit Garten in einer ruhigen Seitenstraße der Fa Ngum Rd.; Zimmer mit AC, Kühlschrank und Bad. ❸

Lani Gh. ㉛, 281 Setthathirat Rd., ℡ 021-216 103, ✉ lanico@laotel.com. Stimmungsvolles Gästehaus unter Palmen in einer kleinen Gasse westlich von Vat Haisok. Die 12 sauberen AC-Zimmer sind mit Holzmöbeln eingerichtet; Telefon und Kühlschrank vorhanden, 3-Bett-Zimmer US$40. Auf der Terrasse lässt sich die Mittagshitze in bequemen Rattanstühlen überstehen. Sehr beliebt und daher etwas überteuert. Preis inkl. Frühstück. Reservierung empfohlen. ❺

Dragon Lodge ㉒, 311–313 Samsenthai Rd., ℡ 021-250112, ✉ dragonlodge2002@yahoo.com. Außen rosa, innen bunt: Die singapurisch geführte Dragon Lodge hat 20 nette Zimmer mit Holzmöbeln, Ventilator oder AC, Bad und TV (BBC, HBO); Umgänge schützen vor dem Lärm der Samsenthai Rd. Auch 3- und 4-Bett-Zimmer (US$20/24); Restaurant. ❸–❹

Anou Hotel ㉗, 3 Heng Boun Rd., ℡ 021-213 630, 🖳 anouhotel@laotel.com. Hotel aus den 60ern mitten in der Chinatown, bei Asiaten beliebt; 40 Zimmer auf 4 Stockwerken mit AC, TV, Telefon und Bad; die Räume im 2. und 3. Stock haben schönes Stabparkett; Fahrstuhl. ❹

Hotel Lao ㉙, 53/9 Heng Boun Rd., ℡ 021-219 280, ✉ hotellao@laotel.com. Schlichte, aber nette Zimmer mit AC, Bad, Kabel-TV und IDD-Telefon, einige auch mit Balkon. 3-Bett-Zimmer US$40; die Räume im Haupthaus sind mit Teppich ausgelegt, die im Seitenflügel haben Holzböden. Fischteich im Innenhof. Restaurant. Preis inkl. Frühstück und Flughafentransfer. Im gleichen Gebäude befindet sich auch das gute Restaurant Taste of India. ❹

Obere Preisklasse: ***Tai-Pan Hotel*** ㊸, 2-12 François Nginn Rd., ℡ 021-216906, ✉ taipan@loxinfo.co.th, 🖳 www.travelao.com. 4-stöckiges Business-Hotel in zentraler Lage. 44 Zimmer mit Holzböden und allen Annehmlichkeiten wie AC,

TV, IDD-Telefon und Minibar. Internet-Zugang für Gäste; Pool, Sauna, Fitnessraum und Whirlpool. Preis inkl. Frühstück und Flughafentransfer. Gute Wahl. ❻

Inter City Hotel ㊾, 24-25 Fa Ngum Rd., Ecke Chao Anou, ☎ 021-263788, ✉ interhotel@laopdr.com. Früher war das „Inter Hotel" richtig fies, seit der Renovierung ist es eine Perle: 47 Zimmer, schick eingerichtet, überwiegend mit Dielen und Bambusmöbeln, einige zusätzlich mit asiatischen Accessoires; zwei im japanischen Stil. Die Deluxe-Räume haben Mekongblick (z. B. Nr. 416, 417 oder 418, um US$50); die gefliesten Standard-Zimmer im alten Gebäude fallen dagegen ab; Fahrstuhl. Zum Hotel gehört das gute Steakrestaurant Inter Stone House. Preis inkl. Frühstück. ❺–❻

Lao Plaza Hotel ㉓, 63 Samsenthai Rd., ☎ 021-218800, 🖳 www.laoplazahotel.com. Im Herzen der Stadt bietet das taiwanesisch-laotische Luxushotel 142 Zimmer von „Superior" bis „Presidential". AC, Telefon, TV und Minibar sind immer dabei, Fax und Internet-Zugang auf Wunsch; der 4. Stock ist die Nichtraucher-Etage. Viele Expats nutzen nur den Pool und das Fitnesszentrum (US$5 pro Tag für Nicht-Gäste). Zum Hotel gehören 2 Restaurants mit chinesischer und internationaler Küche sowie eine Karaoke-Bar (⏱ 18–23.30 Uhr). ❻

Settha Palace Hotel ㉕, 6 Pangkham Rd., Ecke Khoun Bourom, im Norden des Zentrums, ☎ 021-217581, 🖳 www.setthapalace.com. Eines der geschichtsträchtigsten und schönsten Hotels der Stadt. In den 30er Jahren von den Franzosen gebaut, war das Settha Palace von 1954 an in Privatbesitz. Nach 1975 brachten die Pathet Lao hier Kriegsveteranen unter. Nun ist es wieder ein Hotel, mit Palmen beschatteter Auffahrt und Mamordekor in der Lobby. Die stilvollen Zimmer mit TV, IDD-Telefon und Minibar haben trotz moderner Ausstattung kolonialen Charme. 2 Bars, ein Café und das Belle Epoque Restaurant befinden sich ebenso auf dem Gelände wie ein geschwungener Pool unter Palmen. Den können auch Nicht-Gäste nutzen, etwa beim Buffet-Lunch am Sonntag (10–14 Uhr, US$13). Alle gängigen Kreditkarten werden akzeptiert. ❻

NÖRDLICH DES ZENTRUMS (s. Karte „Vientiane") – Diese Unterkünfte liegen nah am That Luang oder Anousavari. Für die Fahrt zum Mekong ist ein Tuk Tuk nötig.

Le Parasol Blanc ③, 263 Sibounheuang Rd., ☎ 021-215090, 🖳 www.hotelinlaos-vicogroup.com. Ruhiger Platz im Resortstil nahe dem Anousavari; mehr als 40 Zimmer mit AC, Telefon, TV, Kühlschrank und Bad. Pool; Restaurant. Preis inkl. Frühstück. ❹

Villa That Luang ①, 124 That Luang Rd., ☎ 021-413370, ℻ 412953, ✉ tatluang@laotel.com. 🖳 www.visit-laos.com/hotels/villathatluang/. Schöne Zimmer mit Bambusmöbeln, blanken Holzböden, AC, Bad, Telefon, Kühlschrank und TV; teilweise mit einfacherer Ausstattung; nette Besitzerin. Rabatte bei längeren Aufenthalten. ❸–❹

Villa Daraxay ②, 113 Sisangvong Rd., nahe That Luang, ☎/℻ 021-414640. Weiße Villa mit englischem Rasen in einem Wohnviertel nahe That Luang. Die eher kleinen Zimmer haben AC, TV, Kühlschrank und Badewanne. ❸

Royal Dokmaideng Hotel ⑭, Lane Xang Ave, nahe dem Anousavari, ☎ 021-214455, 🖳 www.laoroyal-hotel.com. Etwas lebloses Hotel mit 88 Zimmern, mahagonifarben und hellrosa eingerichtet. Pool in sehr kleinem Innenhof, Fitnesszentrum und Sauna. Preis inkl. Frühstück. Visa, Mastercard und Amex werden akzeptiert (s. Karte „Vientiane Zentrum"). ❺

ÖSTLICH DES ZENTRUMS (s. Karte „Vientiane") – Östlich des Zentrums gibt es zwei neue Spitzenhotels. Für Langzeitgäste lohnt die Villa Manoly.

Villa Manoly ⑫, ruhige Seitenstraße zwischen Setthathirat und Fa Ngum Rd., nahe Vat Simuang, ☎/℻ 021-218907, ✉ manoly20@hotmail.com. Altes Haus mit Anbau (bessere Zimmer) in einem kleinen Garten. Die 20 geräumigen Zimmer haben alle AC und Bad, im Haupthaus Stabparkett; stilvolle Lobby mit Sesseln aus den 20ern und Terrazzo-Böden; einladender Balkon im 1. Stock; Pool. Rabatt für Langzeitgäste. Gute Wahl. ❹

Vansana Hotel ⑪, Phonthan Rd., ☎ 021-413894, ✉ vansana@laotel.com, 🖳 www.vansanahotelgroup.com. Das erste einer laotischen Gruppe von mittlerweile 5 guten Mittelklassehotels.

Gepflegte Anlage mit Pool in einer ruhigen Wohngegend. Gut geschnittene Zimmer, jedes mit Schreibtisch, Minibar, Kabel-TV, Telefon, AC, Balkon und Blick ins Grüne; viele Tourgruppen. Für die Fahrt ins Zentrum ist ein eigenes Transportmittel von Vorteil. Preis inkl. Frühstück. ❹
Green Park Boutique Hotel ⑩, 248 Khou Vieng Rd., nahe dem Morgenmarkt, ✆ 021-263063, 🖥 www.greenparkvientiane.com. Die 5 traditionellen Häuser dieses neuen Boutique Hotels liegen um einen tropischen Garten mit Pond und Pool. Jedes der 34 Zimmer ist elegant gestaltet, mit Parkett, Rosenholzmöbeln und laotischen Accessoires; die modernen Bäder haben Granitfliesen; in den Zimmern gibt es Internet-Zugang über W-LAN und Kabel. Weitere Highlights sind der Pool mit Jacuzzi, das Spa (🕐 tgl. 10–19 Uhr) und das Sala Nong Chanh Restaurant im 1. Stock mit Blick über die Anlage; Business Center, Flughafentransfer und Shuttle-Bus. Alle gängigen Kreditkarten. ❻
Don Chan Palace ⑬, nahe Vat Phiavat auf einem Landstreifen, der dem Mekong abgetrotzt wurde. ✆ 021-244288, ✆ 2441112, 🖥 www.donchanpalacelaopdr.com. Größer könnte der Kontrast zum Green Park nicht sein: 240 Zimmer auf 14 Etagen – leider wirkt das Hochhaus wie ein Fremdkörper in der Stadt. Die Ausstattung lässt aber kaum Wünsche offen: Neben Fitnessraum, Pool und gutem Spa gibt es ein chinesisches Restaurant (1. Stock), eine Karaoke-Bar (2. Stock, 🕐 bis 24 Uhr) und von der Sky Lounge im 14. Stock ein Panorama über Vientiane. Flughafentransfer, Shuttle-Bus; alle gängigen Kreditkarten. ❻

WESTLICH DES ZENTRUMS (s. Karte „Vientiane") – Am Mekong, noch in Laufweite zum Zentrum, liegen ein paar schöne Mittelklasse-Hotels. Das Mekong Hotel und das Novotel befinden sich an der lauten Ausfallstraße zum Flughafen.
Art Hotel Beau Rivage Mekong ⑨, Fa Ngum Rd., ✆ 021-243350, 🖥 www.hbrm.com. Die Fassade ist ein wenig schrill, innen bietet das neue Hotel jedoch wirklich etwas anderes: moderne und funktionale Zimmer, mit gläsernen Duschkabinen im Raum und großen Fensterfronten. Alle haben AC, Kabel-TV, Minibar, IDD-Telefon und W-LAN. In den Superior Räumen fällt der Blick vom Bett auf den Mekong. Wäscheservice. Preis inkl. Frühstück. ❺
Nalinthone Gh. ⑧, Fa Ngum Rd., westlich des Beau Rivage Mekong, ✆ 021-243659, ✉ namrinnvte@yahoo.com. Wie eine zu Stein gewordene Torte steht das freundliche Nalinthone Gh. am Mekong im Westen der Stadt – weiß-rosa, mit Säulen und verzierten Kapitellen. Die 12 kleinen AC-Zimmer sind aber makellos sauber, haben anständige Bäder und Kabel-TV; 4 DZ mit Mekongblick, Twin-Räume kosten ein paar Dollar mehr. Nicht schlecht fürs Geld. ❸
Mongkol Hotel ⑦, 025 Fa Ngum Rd., auf der Höhe des Novotels, ✆ 021-216232, ✆ 214521. Neue Betreiber und die Renovierung haben dem ehemaligen River View Hotel gut getan. Die mehr als 30 Zimmer sind sauber, haben Holzböden und Bambusmöbel. Leider haben nur die beiden größten Flussblick. Das Restaurant ist noch immer muffig; die Karaoke-Lounge bedient den Geschmack der vielen Thai-Gäste. ❹
Thongbay Gh. ④, Ban Nong Douang, vom Zentrum kommend vor dem Novotel rechts ab, dann links ausgeschildert, ✆/✆ 021-242292, 020-663809, ✉ thongbay@laotel.com, 🖥 www.thongbay.laopdr.com. Wer schon in der Hauptstadt erleben will, wie es ist, auf dem Land zu wohnen, ist in diesem liebevoll unterhaltenen laotischen Haus mit Garten bestens aufgehoben. 10 Zimmer mit Holzböden und viel traditionellem Ambiente. Geschwister zum Thongbay Luang Prabang. Mit Restaurant und Gartenbar. ❸
Mekong Hotel ⑥, Luang Prabang Rd., ✆ 021-212938, ✉ mekonght@laotel.com. Fast 100 AC-Zimmer mit TV und Kühlschrank in einem 4- und einem 5-stöckigen Gebäude. Mit Business Center, Restaurant, Karaoke-Lounges und Disco. Auch möblierte und unmöblierte Apartments für Langzeitgäste. ❺
Novotel Vientiane ⑤, Samsenthai Rd., ✆ 021-213570, 🖥 www.accorhotels.com/novotel_vientiane.htm. Hotel der internationalen Luxuskette. Zimmer in warmen Tönen mit allen Annehmlichkeiten, auch W-LAN. Mit Pool, Tennisplatz, Fitnesszentrum, Sauna, Frisör, 1 Restaurant und 2 Bars. In der Disco D'Tech sind auch Besucher, die nicht hier wohnen, willkommen. ❻

Essen

Dank der vielen Expats und Touristen ist Vientiane auch in kulinarischer Hinsicht Hauptstadt. Neben südostasiatischer und westlicher Küche gibt es hervorragendes *sindat* (koreanisches Fondue) und ausgezeichnete Backwaren.
Gute und teurere italienische und französische Restaurants gruppieren sich um den zentralen Platz **Nam Phou** (Springbrunnen).
Günstiger sind die Suppenküchen und die Nachtmärkte im **Ban Anou** und am **Mekong**. Am westlichen Abschnitt der Promenade reihen sich viele nette Lokale aneinander.
Preiswerte vietnamesische und chinesische Gerichte gibt es in den oft namenlosen Restaurants zwischen **Samsenthai Rd.**, **Heng Boun Rd.** und **Chao Anou Rd.**
Am Morgen wimmelt es im Zentrum und den Busstationen vor *khau-ji*-Verkäufern, die Baguettes mit Paté verkaufen.

CAFÉS UND FRÜHSTÜCKSLOKALE –

Joma Bakery, 14/4 Setthathirat Rd., gegenüber dem Khop Chai Deu. Das beste Frühstück der Stadt: Waffeln, Bagels oder Obst mit hausgemachtem Joghurt kosten etwas mehr als US$2; dazu einen Becher Kaffee oder Cappuccino und der Tag kann beginnen. Mittags sind Lasagne oder Salat zu empfehlen. ⓉⒼⓁ. 7–24 Uhr.
Scandinavian Bakery, 74/1 Pangkham Rd., am Nam Phou. Leckere Baguettes und belegte Sandwiches, außerdem Kuchen und Gebäck. Der beste Ort, um der Mittagshitze zu entfliehen; einige Tische draußen; im Obergeschoss läuft oft CNN. Ⓣgl. 7–21 Uhr
Maison du Café (Life, Coffee, Break), 070 Pangkham Rd., Nahe Nam Phou. Kaffee bis zum Koffeinschock: aus Laos, Brasilien, Kenya, Kolumbien, mit Milch, Sirup, Eis, stark, schwach, heiß, kalt, gequirlt, gerührt, geschüttelt oder einfach nur gebrüht. Und was ist mit Tee? Den gibt's auch. Ⓣ ganztägig.
Le Croissant d'or, 78/6 Nokeokoummane Rd., gegenüber Vat Mixay. Croissants, Sandwiches und Salate auf kleiner Terrasse oder im temperierten Innenraum; große Auswahl an Desserts. Nett, da nicht so hektisch wie die Läden am Nam Phou. Der Kaffee ist allerdings dünn. Ⓣ bis abends.

Frische Früchtchen

Zum Frühstück oder als Vitaminkick zwischendurch: Bei 30 °C im Schatten schmecken Fruchtshakes eigentlich immer. Gängige Sorten sind Papaya, Limette, Ananas und Mango. Der Saft kommt in den Mixer, dazu viel Eis, quirlen, fertig.
Noi Fruitshake, Samsenthai Rd., gegenüber dem Asian Pavillon Hotel, der linke von zwei Läden. Alle Sorten, immer voll – nach Meinung vieler der beste Saftladen.
Nai Xiang Chaiyene Fruitshake, 126 Chao Anou Rd., gegenüber Kitchen Tokyo. Nicht so beliebt, aber ebenfalls gut für eine Pause.

Nok-Noy Restaurant, Fa Ngum Rd., Ecke Nokeokoummane. Im „kleinen Vogel" *(nok noy)* sind die Fö, Fruchtshakes und die diversen Varianten gebratener Nudeln zu empfehlen. Außerdem gibt es die üblichen Traveller-Gerichte und Baguettes. Gut, um bei einem der stärksten *café lao* Leute zu beobachten. Ⓣ ganztägig
Addy, direkt daneben. Ähnlich freundlich und günstig. Ⓣ ganztägig
KPP Restaurant, Chao Anou Rd. Gemütliches Lokal mit Reis- und Nudelgerichten, vielen Pfannkuchen und zwei Frühstücksvarianten. Außerdem: Pork German Style (Jägerschnitzel). Ⓣ tgl. bis abends.
Swedish Baking House, Chao Anou Rd., Ecke Samsenthai Rd. Jüngster Beitrag der Schweden zur Bäckerei-Szene – geführt vom Sohn des Scandinavian-Bakery-Besitzers. Torten, Gebäck und bejubelte Pizzen. Ⓣ tgl. 7–21 Uhr.

SUPPENKÜCHEN UND ESSENSSTÄNDE –

Vor allem laotische Angestellte kehren mittags in die **Suppenküchen** entlang der Lane Xang Ave, nördlich des Talat Sao, und im Bankenviertel zwischen der Hathsadi und Khou Vieng Rd. ein. Ein gutes **Fö-Restaurant** im Zentrum liegt in der Pangkham Rd., nahe Lao Airlines.
Abends reihen sich am Mekongufer etliche **Essensstände** und Bars aneinander. Bei Grillfisch (Tilapia), einfachen laotischen Gerichten, Bier und Fruchtshakes ist hier meist bis 23 oder 24 Uhr etwas los.

Haan Ahaan Ahoi!

Wer die Stadt einmal vom Wasser aus sehen möchte, kann eines der **Restaurantboote** *(haan ahaan)* von Thang Nam Tours nehmen, die täglich gegen 19 Uhr vor Vientiane kreuzen. Der Anleger befindet sich an der Mekongpromenade, Einmündung Khoun Bourom in die Fa Ngum Rd. Die Fahrt selbst ist kostenlos, das obligatorische Dinner an Bord nicht (Hauptgang US$2–4,50).

Ein kleiner **Nachtmarkt** mit Snacks, Currys und Grillhappen befindet sich im Norden des Zentrums, nahe der Kreuzung Chao Anou/Khoun Bourom Rd. – sehr laotisch.

CHINESISCH – In Vientianes Chinatown rund um Heng Boun und Chao Anou Rd. ist die Stimmung abends fast übermütig: Frauen preisen vor den Restaurants ihr Essen an, und das grelle Licht in den Läden erzeugt eine urbane Atmosphäre. Viele der einfachen Restaurants haben weder Namen noch Karte. Dennoch sind es gute Orte, um im halboffenen Ladenlokal am Leben teilzuhaben. Natürlich gibt es auch eine Reihe teurer Restaurants:
Ban Haysok, 34–36 Heng Boun Rd., ✆ 021-215 417. Authentische chinesische Küche, die von manchen zur besten der Stadt gekürt wird. Für das ganz große Menü stehen Rundtische bereit. Die Lichterketten garantieren, dass man das Lokal auch abends findet. ⓣ Mo–Sa 10.30–22.30 Uhr.
Guang Dong, 91–93 Chao Anou Rd., ✆ 021-217364. Lampion-geschmückter Chinese mit Neonbeleuchtung und guter kantonesischer Küche. ⓣ Mo–Sa 10–14, 17.30–21 Uhr, So 8–14 Uhr.

INTERNATIONAL – ***Khop Chai Deu***, 54 Setthathirat Rd., Ecke Nam Phou, ✆ 021-223022, 🖥 www.khopchaideu.com. Klassiker in einer Kolonialvilla mit Balkonen und gemütlicher Garten-Terrasse um eine Bar. Gute laotische und europäische Küche, Beerlao vom Fass, Sukiyaki und BBQ. Werktags großes Mittagsbuffet (12–14 Uhr); beliebt bei Einheimischen, Touristen und Expats; abends Live-Musik. ⓣ tgl. bis 23.30 Uhr.

Le Provençal, am Nam Phou, neben der Scandinavian Bakery, ✆ 021-219685. Französische und italienische Küche in rustikalem Ambiente; gute und große Pizzen – der Koch war früher Chef der Bäckerei des Novotels; Terrasse. ⓣ tgl. 11.30–14, 17.30–22.30 Uhr.
La Cave des Châteaux, am Nam Phou, ✆ 021-212192. Teurer Franzose im Landhausstil mit großer Käse- und Weinauswahl, leckeren Grillgerichten und romantischer Terrasse in bester Lage – so französisch, dass man auch in Euro bezahlen kann. ⓣ tgl. 12–14, 17–22 Uhr.
Nam Phou, am Nam Phou, ✆ 021-216248. Einziges Lokal am Nam Phou mit einem Balkon im 1. Stock. Französische Gerichte mit provençalischer Note und gehobenen Preisen, einige Tische im Freien.
L'Opera, am Nam Phou, ✆ 021-215099. Stammlokal der italienischen Botschaftsmitarbeiter. Die Karte enthält sämtliche Klassiker der italienischen Küche. Kühles Ambiente, hohe Preise. ⓣ tgl. 11.30–14, 18–22 Uhr.
Daofa Bistro, 43/4 Setthathirat Rd., schräg gegenüber dem Kop Chai Deu, ✆ 021-215651. Pop-Art an der Wand und Pasta auf der Karte. Außerdem gibt es Pizzen, Salate, Crêpes und hausgemachtes Eis; abends Cocktails. ⓣ Mo–Sa 11–22.30, So 11–22.30 Uhr.
That Dam Wine House, gegenüber That Dam, ✆ 021-222647. Gutes Restaurant mit gemütlicher Terrasse, großer Weinkarte und Blick auf den Schwarzen Stupa. Kulinarisch schlägt es die Brücke von Sashimi zu Straußensteak; große Auswahl an Suppen, kleine Portionen.
Le Nadao, Sibounheuang Rd., nahe dem Anousavari, ✆ 021-213174. Das Le Nadao steht bei Feinschmeckern hoch im Kurs. Der Koch hat in Frankreich gelernt. Warmes Ambiente, wenige Tische. Reservierung empfohlen. Teuer.
Le Silapa, 17/1 Sihom Rd., neben dem Phikun, ✆ 021-219689. Edelfranzose mit großer Weinkarte. Die teuren Spezialitäten wie Rinderfilet mit Sahnekäse und Calvados-Soße oder Lachs mit Auberginen können mit Crème Brûlée oder belgischer Schokoladenmousse abgerundet werden. Für besondere Anlässe. ⓣ tgl. 11–14, 18–22 Uhr.
Le Côte D'Azur, 62–63 Fa Ngum Rd., ✆ 021-217252. Das beste der rustikalen französischen Restaurants. Klasse sind vor allem die Steaks,

die leckeren Salate und die Steinofenpizza. Relativ günstig.
La Terrasse, 55/4 Nokeokoummane Rd., ✆ 021-218550. Manche sagen, das beste französische Restaurant der Stadt: hervorragendes Essen in unprätentiöser Atmosphäre. Sehr gutes Preis-Leistungs-Verhältnis, kleine Terrasse. ◷ Mo–Sa 11–14, 18–22.30 Uhr.
La boite à épices, 43 Nokeokoummane Rd., ehemals Le Safran, ✆ 021-215626. Ob klassisch (Fisch in Weißwein) oder originell (Gulasch in Beerlao) – der Koch der „Kräuterbox" versteht sein Handwerk. Die französischen Gerichte wechseln, die liebevoll gedeckten Tische auf der Terrasse sind Standard. Moderat bis teuer. ◷ Di–So 11.30–14, 18–22.30 Uhr.
Le Vendôme, Inpeng Rd., ✆ 021-216402. Französisch geführtes Restaurant in einer ruhigen Seitenstraße hinter Vat Inpeng. Die guten Gerichte werden auf einer luftigen Veranda bei Kerzenschein serviert.
Full Moon Café, François Nginn Rd., ✆ 021-243373. Pastelltöne, Parkettboden und Bänke mit großen Kissen: Im Full Moon Café geht es entspannt zu. Die Küche reicht von süd(ost)asiatisch bis Tapas (Sesamfisch, Frühlingsrollen, Thai-Curry mit Basilikum); abends gut für einen Cocktail. ◷ Mo–Sa 9–23 Uhr.
Sticky Fingers Café & Bar, François Nginn Rd., gegenüber dem Tai-Pan Hotel, ✆ 021-215972. Unten Restaurant, oben Lounge. Die Karte bietet genug Fingerfood, um sich klebrige Hände zu holen, darunter Nachos, Satay und Burger. Fr und Mi abend Happy Hour, dann gerammelt voll; wer sich übernimmt, bestellt am nächsten Morgen das „Hangover Special" mit Paracetamol; regelmäßig Live-Musik. ◷ Di–So 10–23 Uhr.
Xayoh Café, Nokeokoummane Rd., gegenüber der Kulturhalle, ✆ 021-262111. Populäres Traveller-Café mit Holzbänken auf der Terrasse. Ideal für eine Pause mit Snack oder zum Frühstücken bei einem Blick in die *Bangkok Post*. Hier werden auch *Time*, *Economist* und *Newsweek* verkauft.
Tex-Mex Alexia, 07 Fa Ngum Rd., ✆ 021-214349. Der Name ist Programm: Chili con Carne, Enchiladas, Burritos und Pizza in einem Lokal mit Bonanza-Charme; regelmäßig Live-Musik, oben Balkon und Billardtisch; auch Cocktails.

INDISCH – *Nazim's*, 335 Fa Ngum Rd. Günstige Preise, jedoch überzeugt das Gebotene nicht sehr. Die Nazim-Ableger in Luang Prabang und besonders in Vang Vieng sind besser.
Taj Mahal, gegenüber der Kulturhalle. Dreimal umgezogen und trotzdem bleiben die Gäste treu. Vegetarische Gerichte, Currys, Naan und Tandoori mit Blick auf die Kulturhalle; günstig und gut; ◷ tgl. 10–22.30 Uhr.
Shalimaar, um die Ecke, Manthatourat Rd., ähnlich. ◷ tgl. 8.30–22.30 Uhr.

JAPANISCH UND KOREANISCH –
7Plus Restaurant, im Norden der Stadt. Von der Phonkheng Rd. weist ein Schild in eine enge, holprige Sandstraße, nach 100 m ist das mit Lichterketten geschmückte, große Gartenlokal erreicht. Hier erwartet einen hervorragendes *sindat* (koreanisches Fondue). Mit Aquarien, Kinderschaukeln und ausgelassener Stimmung bei lauter Musik wird das Essen garantiert zum Erlebnis; auch kleine, etwas leisere Separees; bei Laoten beliebt. ◷ tgl. 9–24 Uhr.
Yulala Restaurant, Heng Boun Rd. Der junge japanische Koch dieses gemütlichen Café-Restaurants zaubert aus frischen Zutaten japanisch-laotische Fusion-Küche. Günstige Menüs ab US$2,50. ◷ Di–So 11.30–14.30, 18–21.30 Uhr.
Kitchen Tokyo, 127/3 Chao Anou Rd. Die kleinen ungemütlichen Hocker und die laotische Musik tragen nicht gerade zu einem japanischen Ambiente bei. Für das Restaurant sprechen jedoch seine authentische Küche und die relativ günstigen Preise. ◷ tgl. 11–14, 17–22 Uhr.
Fujiwara Restaurant, 2/2 Luang Prabang Rd., ✆ 021-222210. Aufwändig gestaltetes japanisches Restaurant mit viel Holz und Plätscherbrunnen, ideal für Geschäftsessen. Der Besitzer hat in der gleichnamigen Pariser Institution gearbeitet. Auf der bebilderten Karte scheint nichts zu fehlen. Sollte das Gewählte gerade nicht vorrätig sein, spricht das nur für die Frische der (meist rohen) Zutaten. Visa und Mastercard werden akzeptiert.

LAOTISCH – *Nang Kham Bang Lao Food*, 97/2 Khoun Bourom Rd. Das Restaurant ist zwar nicht unbedingt gemütlich, aber das Essen authentisch und gut. *Laap, tam mak hung,* Fisch, Frosch oder Rinderzunge – bei der Auswahl hilft die bebilderte Karte. Günstig bis moderat. ⏱ tgl. 19–21 Uhr.

Lotus Restaurant, Nokeokoummane Rd., gegenüber der Kulturhalle, 🖳 www.somsavath.com. Haus im Kolonialstil mit einigen westlichen und guten laotischen Gerichten, etwa Fisch mit Tamarinde, Zitronengras und Cashewnüssen oder gebackene Meeresfrüchte mit laotischen Kräutern. Außer auf der Terrasse sitzt es sich noch schön im 1. Stock, den die junge Besitzerin mit Pastellfarben, Sitzkissen und laotischen Accessoires gestaltet hat. Günstig. ⏱ tgl. 8–23 Uhr.

Just for Fun, 51/2 Pangkham Rd. Kreuzung zwischen Bioladen und Teestube mit laotischer Küche in einfallsreicher vegetarischer Ausführung. Alle Currys auch mit Tofu, das Pad Thai (gebratene Glasnudeln) ist sehr zu empfehlen; viele Kräutertees. Eher teuer. ⏱ Mo–Sa 9–21 Uhr.

Bounmala Restaurant, Khou Vieng Rd., im Osten der Stadt. Einfaches Lokal mit Holzplanken, Plastikstühlen und bunten Lämpchen; *der* Insidertipp für Grillhähnchen, ganz oder halb, dazu Bambussuppe und Pommes; vor allem abends voll. ⏱ tgl. 11–23 Uhr.

Vilaylac, in einer kleinen Seitenstraße hinter Vat Ongteu. Etwas versteckt; familiäre Atmosphäre und freundlicher Service. *Laap gai, tam mak hung* oder Tom Yam mit Blick auf viel Grün, ein Aquarium und Fischreusen.

Mekong Sunbar Restaurant, 1/13 Fa Ngum Rd., gegenüber der BCEL. Laotische Klassiker unter einem Reetdach. Größter Pluspunkt ist die Lage am Mekong. ⏱ tgl. 9–22 Uhr.

Tamnak Lao Restaurant, That Luang Rd., ✆ 021-413562. Großes Restaurant nahe dem Anousavari, in dem alle laotischen Spezialitäten in mild gewürzter Ausführung auf den Tisch kommen. Gerichte um US$3. Kleine Wein- und Bierauswahl. Zum Essen gibt es ein Live-Programm: Mo–Fr ab 19 Uhr klassische laotische Musik und zudem ab 19.30 Uhr laotischen Tanz. ⏱ Mo–Sa 9–14 und 17–22 Uhr.

Kua Lao Restaurant, 141 Samsenthai Rd., ✆ 021-215777. Ähnlich wie das Tamnak Lao, nur wesentlich hübscher und zentraler in einer alten Kolonialvilla untergebracht. Traditionelle laotische Küche mit Rücksicht auf westliche Geschmacksnerven. Jeden Abend ab 19 Uhr laotischer Tanz und Gesang. Reservierung empfohlen. ⏱ tgl. 11–14, 17–22.30 Uhr.

RUSSISCH – *Katyusha Restaurant*, Fa Ngum Rd., Höhe Manthatourat Rd. Eines von zwei großen Restaurants am Mekong. Die Köchin hat 5 Jahre in Russland studiert und eine Reihe von Rezepten mitgebracht, darunter für Borscht und Blinis. Da die Zutaten häufig aus sind, gibt es auch viele laotische Klassiker... und Wodka. ⏱ tgl. 11–23 Uhr.

THAILÄNDISCH – *Linda Sathaphorn Restaurant*, 306/18 Saphanthong Rd., östlich des Zentrums. Eins der besten Thai-Restaurants in Vientiane; mit bebilderter Karte, auf der Bekanntes (Tom Yam, Currys) und Exotisches (gebratener Fischkuchen) zu finden ist; auch Plätze draußen. ⏱ tgl. 10–22 Uhr.

Phikun, Sihom Rd., nahe Ecke Khoun Bourom, ✆ 021-222340. Gute Thai-Gerichte direkt aus der Vitrine, ob Ingwer-Huhn oder scharfer Catfish. Nach Schild mit der Aufschrift „Thai Food" Ausschau halten. Günstig.

Soudaporn, Chao Anou Rd., nördlich der Samsenthai. Günstige Thai-Gerichte, ebenfalls aus der Vitrine zu bestellen. Nur laotisches Schild „Thai Food". Günstig.

Ton Hom Thai Food, Samsenthai Rd., Richtung Novotel in der langen Kurve rechts, ✆ 021-223113. Solide Teakmöbel und glänzend polierte Fliesen. Authentische, auch scharfe, Thai-Gerichte in großen oder kleinen Portionen; häufig reserviert für Gesellschaften. ⏱ tgl. 18–23 Uhr.

VIETNAMESISCH – *Lucky's*, Samsenthai Rd., Ecke Pangkham Rd. Eigentlich betreibt die Familie einen Handel für Silberschmiedutensilien, dieser hat sich jedoch in den letzten Jahren zum beliebtesten Laden für knackige Sandwiches mit Paté und Salat gewandelt.

P.V.O. Café, 344 Samsenthai Rd. Der beste Ort im Zentrum für schnelle vietnamesische Küche, hilfreich ist die bebilderte Karte. Zur Mittagszeit herrscht großer Andrang.

Vietnamesisches Restaurant, Heng Boun Rd., das erste Restaurant rechts neben dem Hotel Lao. Hier gibt es frische Frühlingsrollen *(nem*

neuang) zum Selbermachen: Dazu wickelt man ein Schweinefleischbällchen, Reisnudeln, Kräuter und Salat in Reispapier und tunkt das Ganze in eine würzige Sauce; empfehlenswert.
Café Indochine, 199 Setthathirat Rd. Klangvoller Name, nette Einrichtung, interessante Fotos an den Wänden. Auch die vietnamesische Küche ist nicht schlecht, aber anderswo günstiger. ⏱ tgl. 10.30–22.30 Uhr.

Nachtleben

Die Zeiten, als Vientiane für sein Nachtleben berüchtigt war, sind lange vorbei. Auf der Höhe des „Geheimen Krieges" war hier laut *Air America*-Autor Christopher Robbins „jede Form von Zerstreuung und Perversion" zu haben. Mit den US-Dollar schwand auch die Partylaune, und die meisten Gastronomen, Prostituierten und Drogendealer fanden sich nach der Machtübernahme der Pathet Lao in Umerziehungslagern wieder. Nach der Öffnung der Freundschaftsbrücke kehrte das Unterhaltungsangebot langsam wieder zurück, jedoch deutlich zahmer als 25 Jahre zuvor.

Heute sind es vor allem asiatische Geschäftsleute, Expats und eine wachsende Mittelschicht, die sich in den wenigen Bars und Clubs amüsieren. Offizielle Sperrstunde ist um 23.30 Uhr. Regelmäßige Razzien und Schließungen erinnern daran, dass die Stadt die Einhaltung nervös überwacht.

BARS – Vientianes Kneipenszene haut einen nicht gerade um. Nur eine Hand voll Läden bieten Bier und Cocktails bis Mitternacht. Wer danach noch etwas zu trinken sucht, ist auf die Hotelbars angewiesen.

Khop Chai Deu, 54 Setthathirat Rd., Ecke Nam Phou. Einer der schönsten Plätze für ein Spätbier, das an lauen Abenden auf der proppevollen Terrasse getrunken werden kann; Live-Musik. ⏱ bis 23.30 Uhr

Jazzy Brick, Setthathirat Rd., schräg gegenüber dem Khop Chai Deu. Gedimmtes Licht, lange Holztheke, oben Sitzecken, dazu leiser Jazz: Das Jazzy Brick ist einer der besten Läden der Stadt; viele Cocktails, guter Wein, kleiner Balkon. ⏱ bis nach Mitternacht.

Sundowner am Mekong

Viel los ist abends in den Uferlokalen am Westende der Fa Ngum Rd. Die meisten dieser „Beer Shops" mussten im Jahr 2002 schließen, da sich hier schon nachmittags Schüler und Studenten die Kante gaben. Seit kurzem sprießen die Läden wieder aus dem Boden – für den Sonnenuntergang gibt's nichts Besseres. Viele bieten auch Essen an. Das Ende der Kette bildet das legendäre ***Sala Sunset Khounta*** (s. Karte „Vientiane"). In der Robinson-Crusoe-Konstruktion trifft sich ein gemischtes Publikum aus Laoten, After-Work-Expats und Travellern. Tipp zum Bier: die Frühlingsrollen.

Déjà Vu, am Nam Phou, neben dem L'Opéra. Cocktails in coolem Ambiente für US$2–3, nur sehr unregelmäßig geöffnet.

Muzaik Bar, Manthatourat Rd., gegenüber dem Saysouly Gh. Bier und Snacks, geführt vom Besitzer des geschlossenen Chess Clubs.

Samlor Pub, 101 Setthathirat Rd., gegenüber Vat Ongteu. Football-Bar, die als Abschleppladen dient.

Gute Orte für einen Cocktail sind auch die Restaurants ***Sticky Fingers***, ***Full Moon*** und ***Daofa*** (Adressen s. Restaurants). Vor allem das Sticky Fingers lohnt zur Happy Hour (Fr und Mi ab 18 Uhr).

DISCOS UND LIVE-MUSIK – Vientianes Stadtverwaltung hat in den vergangenen Jahren fast alle guten Läden in der Innenstadt geschlossen. 2005 ordnete sie an, dass in der Nähe von Regierungsbüros, Schulen, Krankenhäusern und Tempeln keine neuen Clubs eröffnen dürfen.

Übrig geblieben sind die Discos entlang der **Luang Prabang Rd.**, einer Art Industriemeile Richtung Flughafen (s. Karte „Vientiane"). Hier trifft sich eine urbane Szene, die sich westlich kleidet und zu lautem Techno oder Thai-Pop feiert. Einige Läden haben gute Hausbands. Wie fast überall sind Freitag und Samstag die besten Ausgehtage:

On the Rock Pub, Luang Prabang Rd. Früher lag der Laden direkt an der Fa Ngum Rd. Jetzt ist er dreimal so groß, ab vom Schuss und nicht mehr

so hip. Dennoch: Die Band lohnt die Anfahrt; gegen 22 Uhr wird's voll. ⏰ bis Mitternacht.
Future und ***Paradise Club***, Luang Prabang Rd. Zwei der populärsten Clubs entlang der Straße; junges, laotisches Publikum; Techno, manchmal auch Rock und Pop. Beide Discos sind nicht zu überhören und – wegen Unmengen geparkter Motorräder – nicht zu übersehen.
Marina Club, Luang Prabang Rd., 3 km westlich des Zentrums, beim großen „Lao Metro"-Schild rechts in einen Hof einbiegen. Der letzte Club entlang der Luang Prabang Rd. Hangout der reichen Stadtkinder, hell und modern, gemischte Musik.
Wind West, Luang Prabang Rd., s. Karte „Vientiane Zentrum", schräg gegenüber des Fujiwara Restaurant. Bar-Restaurant im Western-Look mit düsterem Licht und einer Hausband, die meist ab 22.30 Uhr eine Mischung aus Folk und Alternative spielt. ⏰ bis nach Mitternacht.
Hoteldiscos: Viele bessere Hotels haben eigene Nachtclubs oder Karaoke-Bars, in denen sich überwiegend Geschäftsleute und ein älteres Publikum amüsieren, darunter
D'Tech, im Novotel. Techno.
Snackbar, im Lane Xang Hotel, Fa Ngum Rd. Viele ältere Leute, auch Expats.

Unterhaltung und Kultur

Vientianes Kulturleben blüht zu religiösen und staatlichen Feiertagen auf, wenn sich die laotischen Künste bei Paraden und Aufführungen

Katho

Auf vielen Plätzen in Vientiane wird am Abend Katho gespielt, der inoffizielle Nationalsport der Laoten. Das Spiel ähnelt dem Volleyball. Zwei Teams versuchen, einen Rattanball unerreichbar für den Gegner über ein Netz zu spielen. Nur: Die Kugel darf nicht mit den Armen oder Händen berührt werden. Das Ergebnis sind zirkusreife Luftsprünge und Verrenkungen.
Ein beliebter Katho-Platz befinden sich am westlichen Ende der Fa Ngum Rd., jenseits der Einmündung der Khoun Bourom Rd.

zeigen. Ansonsten bleiben nur die **Kulturshows** in einigen Hotels und Restaurants.
Das Veranstaltungsangebot für die Laoten beschränkt sich auf das Programm der **Kulturhalle** und die Artisten, die sporadisch im **Zirkuszelt** gastieren. Über Termine informiert der Veranstaltungskalender „What's on" der *Vientiane Times*.

GALERIEN – ***Treasures of Asia***, 105 Setthatirat Rd., ☎ 021-222236, 🖥 www.treasia.com. Einzige Gemäldegalerie in Vientiane: Auf 2 Etagen werden Ölbilder, Aquarelle, Zeichnungen und Holzschnitte laotischer Kunstprofessoren und -studenten verkauft; lohnt einen Blick.
⏰ Mo–Sa 11–19 Uhr.

KINOS – ***Blue Sky***, Setthathirat Rd., Ecke Chau Anou. Das Restaurant zeigt im 2. Stock abends DVDs. Wer nichts bestellt, muss eine geringe TV-Gebühr zahlen. Durchschnittliches Essen; gut ist die Dachterrasse. ⏰ bis 22.15 Uhr.
Deutsche Botschaft, 26 Sokpaluang Rd., ☎ 021-312110 oder -11, ✉ 314322. Jeden Montag um 20 Uhr deutsche Filme oder synchronisierte Hollywoodstreifen, davor Nachrichten der Deutschen Welle. Eintritt frei. Aktuelles Programm im Schaukasten der Botschaft oder am Phimpone Market.
Centre de Langue Française, Lane Xang Ave, schräg gegenüber der Touristeninfo, ☎ 021-215764, 🖥 www.ambafrance-laos.org/centre. Regelmäßig französische Filme, einige mit englischen Untertiteln; geringer Eintritt. Programmheft im Centre. ⏰ Mo–Fr 9.30–18.30, Sa 9.30–12.30, 13.30–16.30 Uhr.
ITECC Cinema, im Osten der Stadt. Neues Kino mit zwei Sälen; Martial-Arts-Filme aus Thailand – in Originalsprache ohne Untertitel.

KLASSISCHE TÄNZE UND MUSIK – Im Restaurant des ***Lane Xang Hotels*** wird tgl. von 19–22 Uhr zu wechselnden Menüs laotische Folklore geboten (Gesang, Musik, Tanz), Eintritt frei. Auch in den Restaurants ***Tamnak Lao***, That Luang Rd., und ***Kua Lao***, 111 Samsenthai Rd., ist ab 19 Uhr laotische Musik zu hören: im Kua Lao tgl., im Tamnak Lao Mo–Fr, außerdem dort ab 19.30 Uhr Tanzvorführungen.

In der **Kulturhalle**, Samsenthai Rd., treten regelmäßig wechselnde Künstler auf, Eintritt meist frei; Termine in der *Vientiane Times*.

ZIRKUS – Eigens für die chinesischen und russischen Artisten, die ein paar Mal im Jahr in Vientiane gastieren, wurde an der Thongkhankham Rd., etwa 2 km nördlich des Zentrums, ein Zirkuszelt aus Beton errichtet. Die Vorstellungen sollen durchaus sehenswert sein. Programm und Details in der *Vientiane Times*.

Einkaufen

Noch gibt es in Vientiane keine Einkaufszentren à la Bangkok, doch das soll sich ändern: Bis 2009 wandeln singapurische Investoren den großen Talat Sao in einen Shopping-Komplex mit 1600 Ladeneinheiten um. Konkurrenz bekommt der Markt vom Einkaufszentrum Xang Square, das gerade neben dem Don Chan Palace am Mekong entsteht.

Wer auf der Suche nach laotischen Textilien und Kunsthandwerk ist, findet die meisten Läden bislang noch in den Straßen Setthathirat Rd. und Nokeokoummane Rd. Zwei der besten Geschäfte liegen etwas außerhalb, nördlich des Talat Thongkhankham: Phai Exclusive und Nikone (s. Karte „Vientiane"). Im Zentrum lohnt ein Besuch bei Carol Cassidy, um einen Einblick in die laotische Textilwelt zu erhalten. Im Westen bietet T'Shop Lai ein Sammelsurium handwerklicher Kuriositäten an. Auch die Märkte sind gut, um nach Mitbringseln zu suchen.

ANTIQUITÄTEN UND KUNSTHANDWERK –
T'Shop Lai Gallery, hinter Vat Inpeng. 2 Etagen voller Artefakte aus recyceltem Alteisen, Federzeichnungen, Gemälde, fein gearbeitete Gebrauchsgegenstände und Möbel. Die teuersten Stücke werden im Obergeschoss ausgestellt – nicht verpassen. ◷ Mo–Fr 8–18, Sa 8–15 Uhr.
Indochine Handicraft, 087/2 Setthathirat Rd. Buddhastatuen aus Nordlaos, alte Uhren, Schachspiele, Silberarbeiten und Opiumgewichte. Auch Gemälde laotischer und vietnamesischer Künstler. Interessant zum Stöbern. Visa und Mastercard. ◷ tgl. 10–20 Uhr.

Daran denken

Die Ausfuhr von Antiquitäten, die älter als 40 Jahre sind, und Buddhabildnissen ist verboten. Infos gibt es auf der Website 💻 laocustoms.laopdr.net

Camacrafts, Nokeokoummane Rd., Hmong- und laotisches Kunsthandwerk.
Phai Exclusive, 3 Thongtoum Rd., nördlich des Zentrums. Hier ist alles aus Bambus oder seinen verschiedenen Bestandteilen: Außer dekorativen Gebrauchsgegenständen werden in der Werkstatt hochwertige Möbel und Parkett auf Bestellung angefertigt und auch nach Übersee verschifft. Ein Muss für jeden, der sich für dieses äußerst vielseitige Material interessiert. Nur 5 Min. entfern liegt *Nikone*, siehe „Textilien".

BÜCHER UND LANDKARTEN – Wer nichts mehr zu lesen hat, sollte sich in Vientiane mit Büchern eindecken. Außerhalb der Hauptstadt gibt es nur noch wenige Buchläden, die den Namen verdienen.
Monument Books, 124/1 Nokeokoummane Rd., neben dem Vayakorn Gh. Endlich: Vientianes erster internationaler Buchladen. Hier gibt's Romane, Bücher über Südostasien, gute Karten (Periplus, Unkovich), Bildbände, Kochbücher, Sprach- und Reiseführer. Alles in Englisch. ◷ tgl. 9–19 Uhr
Kosila Bookshop, Chanthakoummane Rd. Deutsche und englische Bücher aus zweiter Hand, große Auswahl an Laos-Titeln. Auch Ankauf gebrauchter Titel. ◷ Mo–Fr 8.30–18 Uhr; am Wochenende spätere Öffnungszeiten.
Vientiane Book Center, 54/1 Pangkham Rd. gegenüber Lao Airlines. Partner von Asia Books in Bangkok, außerdem gebrauchte englische Bücher, Reiseführer, Zeitschriften und Fachliteratur zu Laos. Kleine Karten-Auswahl, darunter *Laos* von David Unkovich und die sehr detaillierte *Map of Vientiane*. ◷ Mo–Fr 8.30–17.30, Sa bis 16.30 Uhr.
State Book Shop, Setthathirat Rd., Ecke Manthatourat. Bücher und Lehrmaterialien in laotischer Sprache. Die Landkarten und farbigen Landschaftsposter sind schöne Souvenirs, daneben gibt es günstige Laotisch-Englisch Wörterbücher

Feste und Feiertage

Buddhistische Feste werden nach dem Mondkalender gefeiert, in der Regel während des Vollmondes. Die Daten ändern sich von Jahr zu Jahr. Da meist mehrere Tage lang gefeiert wird, kommt es leicht zu weiteren Abweichungen. Nationale und internationale Feiertage richten sich nach dem westlichen Kalender.

Januar: Neujahrstag (1.1.)
Tag der Gründung Lane Xangs (5.1.)
Tag des Militärs (20.1.)

Februar: Chinesisches und vietnamesisches Neujahr *(tet)*, Anfang des Monats. Auf der Bühne des Ho Kang (chinesischer Tempel am Mekong) und in der Chinatown um die Heng Boun Rd. wird ausgelassen gefeiert. Chinesische und vietnamesische Geschäfte bleiben mindestens 3 Tage lang geschlossen. Viele Chinesen und Vietnamesen nutzen diese Zeit auch, um nach Hause zu fahren.
Boun Makha Bousa; Tempelfest zum Gedenken an Buddhas Rede über die ersten Mönchsregeln und die Ankündigung seines Todes.

März: Internationaler Tag der Frauen (8.3.); die Frauen haben frei!
Boun Khoun Khao; Erntefest. Wird nach der Reisernte in den Vats und auf den Feldern gefeiert.

April: *Boun Pi Mai;* Laotisches Neujahr (13.–16.4.) der erste Tag des neuen Jahres ist immer der 16.4., das Fest wird vor allem auf den Straßen Vientianes und Luang Prabangs mit viel Wasserschütten gefeiert. In den Vats finden Waschungen von Buddhabildnissen statt.

Mai: *Boun Visakha Bousa; Boun Bang Fai* (Raketenfest); der Geburts-, Todes- und Erleuchtungstag Buddhas wird zeitgleich mit Bambusraketen und Umzügen zur Regenanrufung begangen.

Juli: *Boun Khao Phansa;* Beginn der 3-monatigen Fastenzeit zum Anfang der Regenzeit, viele Mönchsordinationen.

August / September: *Boun Khao Salak;* mit Opfergaben wird in den Tempeln der Verstorbenen gedacht.

September / Oktober: *Boun Ok Phansa;* am Vorabend werden reich geschmückte, mit Lämpchen bestückte Bambusboote und unzählige kleine Bananenblattschalen mit Kerzen auf den Mekong gesetzt. Mit den treibenden Lichtern wird den Flussgeistern gedankt.
Boun Suang Heua/Boun Nam; Bootsrennen und Wasserfest, einen Tag nach *Boun Ok Phansa*. Großes Spektakel zum Ende der Fastenzeit entlang dem Mekong. In langen Ruderbooten paddeln Teams von 30–50 Frauen und Männern um die Wette.

Oktober / November: *Boun That Luang;* eine Woche lang ist Volksfeststimmung um das nationale Wahrzeichen in Vientiane. Am Sonntag Lichterprozession und Feuerwerk.

November: Nationaler Unabhängigkeitstag (1.11.)

Dezember: Nationalfeiertag (2.12.)

---

sowie einige wenige Publikationen auf Englisch zum Land. Bilder der laotischen Führungsriege. ⊙ Mo–Sa 8–16 Uhr.

Service Géographique d'Etat, Seitenstraße westlich des Anousavari. Sehr preiswerte Regionalkarten in Maßstäben zwischen 1:10 000 und 1:1 000 000, auf Wunsch laminiert. Außerdem Stadtpläne von Vientiane, Luang Prabang, Thakhek und Pakxe (häufig vergriffen). ⊙ Mo–Fr 9–11.30, 14–16 Uhr.

La Carterie du Laos, 118/2 Setthathirat Rd., nahe Vat Haisok, ✆ 021-241401. Kleiner Buchladen mit schönen, selbst gemachten Postkarten, Secondhand-Büchern (viele auf Frz.), Reiseführern und Bildbänden. ⊙ tgl. 8–20 Uhr.

LEBENSMITTEL UND WEINE – ***Phimphone Market***, Setthathirat Rd., gegenüber dem Khop Chai Deu. Respektable Auswahl an Käse und westlichen Lebensmitteln (darunter Dr. Oetker Backmischungen zu abwitzigen Preisen) und Toilettenartikeln; auch Wörterbücher, Zeitschriften und Landkarten; am Nachmittag ist die *Bangkok Post* erhältlich.

Phimphone Minimart, Samsenthai Rd., Ecke Chantakoummane Rd. Typisches Kioskangebot mit Knabber- und Süßkram, Drogeriewaren und einer umfangreichen Weinabteilung.
Khaem Khong Minimart, Fa Ngum Rd. Proppevoll mit Süßigkeiten, Alkoholika und Toilettenartikeln. Wie bei Phimphone gibt es auch Prepaid-Handykarten.
Sengdao, Heng Boun Rd., neben dem alten Kino. Kleiner Laden, der Johnny Walker, Martini, Pastis, Gordon's Gin und einiges mehr führt.
Oudom Development Store, Dong Palan Rd., nahe Vat Dong Palan. Großer Lebensmittelladen, in dem viele Expats einkaufen. Das Angebot reicht von Wasa-Knäcke über Camembert, Weine, Philadelphia bis Ferrero Rocher; die Preise sind vergleichsweise günstig.
Vins de France, Samsenthai Rd. Das Riesenholzfass auf dem Dach des Geschäfts und der Werbespruch „Größte Auswahl an französischen Weinen in ganz Asien" sprechen für sich.
SK Duty Free Shop, an der Freundschaftbrücke, Ban Dongphosy. Weitere gute Adresse für französische Importweine.

MOBILTELEFONE – Wenn das Handy in den Mekong fällt, gibt es hier Ersatz:
i-mobile, Lane Xang Ave, Ecke Sailom Rd. Erster Laden der thailändischen Kette in Laos; relativ große Auswahl, Preise wie in Thailand (und wie dort in Baht angegeben). ⏲ tgl. 9–19 Uhr.
IT-Zone, Heng Boun Rd., Ecke Chao Anou Rd. Ebenfalls Handys.
Tango, Lane Xang Ave. Service und Prepaid-Karten für Tango-Kunden. ⏲ Mo–Fr 8.30–17 Uhr.

MÜNZEN UND BRIEFMARKEN – ***Paboukam & Sons Philatelics***, 328 Samsenthai Rd. Spezialisiert auf Briefmarken, Münzen und Banknoten aus der Kolonialära, der Zeit des Königreiches und der Lao P.D.R. Außerdem schöne Postkarten.
Die ***Carterie du Laos*** (siehe „Bücher") führt ebenfalls einige Briefmarken aus der Königszeit. Schöne Sammelbriefmarken gibt es im Souvenirgeschäft der ***Post***.

MUSIK – ***Talat Sao***, größte Auswahl an Lao- und Thai-Pop-CDs und -DVDs.

Textil mit Tigerkopf

In Peru sind es Alpakamützen, in Holland Pantinen. Und in Laos? *Beerlao*-Shirts. Nur wenige Souvenirs sind so gefragt wie das Textil mit dem Tigerkopf. Auf vielen T-Shirts prangt noch das alte Logo. Seit 2005 schimmert das Raubtier auf Buddeln und Büchsen nämlich golden statt schwarz. Ein Symbol für die „goldene Zukunft", wie die Brauerei sagt.
Gute Orte, um *Beerlao*-Shirts zu kaufen, sind der Talat Sao und die beiden Läden in der Nokeokoummane Rd. (⏲ tgl. 7–22 Uhr). Hier gibt es außer dem Brauerei-Logo noch eine Reihe anderer Laos-Motive auf Baumwolle. Die T-Shirts sollten nicht mehr als US$2,50–3 kosten. Und dran denken: „L" ist in Asien nicht wirklich „Large".

Archives of Traditional Music in Laos (ATML), Nationalbibliothek, Setthathirat, Ecke Phangkham Rd. Für US$2 CDs mit traditioneller Musik, darunter Khène-Stücke und Lieder der Khmu.

SCHMUCK – ***Bari Jewellery, SM Gems & Jewellery*** und ***Saigon Bijou*** liegen alle am geschäftigsten Abschnitt der Samsenthai Rd., östlich des Lao Plaza Hotels. Bari und SM Gems führen eine große Auswahl an Silberschmuck mit Halbedelsteinen aus dem Nordwesten von Laos. Die meisten hochwertigen Stücke sind jedoch in Thailand hergestellt und dort auch billiger.
Im großen Schmuckmarkt des ***Talat Sao***, südliches Gebäude im Obergeschoss, wird überwiegend laotischer Silber- und Goldschmuck verkauft. Gute Schnäppchen-Chance; die überall angebotenen, unechten Jade-Armreifen ignorieren.

SCHNEIDER – ***T.V. Chuong***, 395 Samsenthai Rd., ☎ 021-216097. Maßanfertigung von Damen- und Herrenkleidung innerhalb weniger Tage. Anzüge inkl. Material (Seide, Baumwolle) kosten US$100–200, Hemden US$15–20. Wer keine Vorlage mitgebracht hat, kann sich eine aus französischen Modezeitschriften aussuchen. Frauen, die einen laotischen *sin* mit nach Hause nehmen möchten, kaufen die Stoffteile am besten auf dem Talat Sao

und lassen das gute Stück dann hier anfertigen. Mr. Chuong spricht sehr gut Englisch und Französisch. ⓘ Mo–Sa 8–12, 14–19.30 Uhr.
Weitere Schneider befinden sich entlang der Pangkham Rd. zwischen Samsenthai und Nam Phou.

SCHUHE – *Talat Sao*, im Obergeschoss. Viele Schuhstände mit billigen Gummischlappen, Sandalen, Lauf- und Sportschuhen.
Teng Liang Ky, Pangham Rd. Große Auswahl an eleganten Herrenschuhen, fast alle schwarz, klassisch bis stabil.

TEXTILIEN UND HOME ACCESSOIRES – *Carol Cassidy Lao Textiles*, 082/5 Nokeokoummane Rd., ✆ 021-212123, ✉ ccassidy@laotextiles.com, 🖥 www.laotextiles.com. Die amerikanische Designerin Carol Cassidy stellt in einem hübschen Kolonialbau hochwertige Seidentextilien her. Dazu greift sie traditionelle Muster und alte laotische Techniken auf und lässt sie in neue Stücke einfließen. Wer sich für Textilien interessiert, sollte die Färberei und Weberei unbedingt besuchen. ⓘ Mo–Fr 8–12, 14–17 Uhr, Sa 8–12 Uhr.
Couleur d'Asie, am Nam Phou, nahe dem Khop Chai Deu, ✉ viviane@couleurdasie.com, 🖥 www.couleurdasie.com. Designladen für Tropenchic aus Seide und Baumwolle – nicht ganz billig, aber schön; außerdem Heimdeko, Ketten und Taschen; Visa, Mastercard und Amex. ⓘ Mo–Sa 8–20, So 10–19 Uhr.

Zeitungen und Zeitschriften

Vientiane hat die beste Auswahl an Zeitungen und Magazinen im Land: Mehr als 15 Läden verkaufen die **Vientiane Times**, darunter die Scandinavian Bakery, einige Buchläden und der Kiosk in der Setthathirat, Ecke Pangkham Rd. Dort sind auch **KPL News** und das Lifestyle-Magazin **Sayo Laos** zu bekommen. Die **Bangkok Post** gibt es in den beiden Phimphone Minimärkten. **Time** und **Economist** verkauft das Xayoh Café, und das Vientiane Book Center hält neben alten Ausgaben von Time auch die aktuelle **Newsweek** bereit.

Mixay Boutic, Nokeokoummane Rd., Filiale: Setthathirat Rd. Seidenschals und *sin* aus eigener Herstellung, daneben Silberschmuck, Taschen, Opiumpfeifen und Krawatten. Im 1. Stock hochwertige Accessoires und Dekoartikel sowie Seiden- und Baumwollstoffe. Teuer. Visa und Mastercard. ⓘ tgl. 9–20 Uhr.
Nikone, Ban Dongmieng, östlich des Zirkus' an der Thongkhankham Rd. (s. Karte „Vientiane"). Das laotische Pendant zu Carol Cassidy: Seit mehr als 10 Jahren lässt Nikone Seidentextilien nach eigenem Design herstellen. Sie bildet Weberinnen vor Ort aus und arbeitet mit Tai Deng-Frauen zusammen, die in Heimarbeit produzieren. Die eleganten Seidenschals, Kissenbezüge und Wandbehänge sind naturgefärbt und daher überwiegend in gedeckten Farben. Geschäft im Zentrum: Nokeokoummane Rd., ⓘ tgl. 9.30–22 Uhr.
Lao Silk Store, 98 Setthathirat Rd, Ecke Nokeokoummane. In 2 Räumen im Erdgeschoss gibt es Silberschmuck, Stoffe und einfallsreiche modische Kleidung aus traditionellen Textilien. Für Traveller interessant: Seidenschlafsäcke in 3 Größen ab US$12; Visa und Mastercard. ⓘ Mo–Fr 8–20, Sa 9–20, So 9–19 Uhr.
The Art of Silk, Manthatourat Rd. In diesem Laden präsentieren die Frauenunion Seidenschals, *sin* und Wandbehänge aus Xam Neua, Luang Namtha, Attapeu und Champasak – zu Öffnungszeiten wie eine Behörde. ⓘ Mo–Fr 8–16 Uhr.
Tamarind, Manthatourat Rd., neben The Art of Silk. Laotische Souvenirs auf 2 Etagen: Kistchen, Kästchen, etwas Silber und Seidentextilien; einige Stücke aus Thailand. Visa und Mastercard. ⓘ tgl. 8–20 Uhr.
Kunsthandwerk der ethnischen Gruppen (Handicraft Products of Ethnic Groups), südlich des Talat Sao, neben der Post. Dieser Markt gehört eigentlich unter den Eintrag „Skurriles": Auf engstem Raum reihen sich Stände mit Hmong-Trachten und feinsten traditionellen Stickereien an Kabuffs mit modernster Net-Phone-Technik... von hier aus telefoniert die Hmong-Gemeinde mit Verwandten auf der ganzen Welt. Die Chance, auf eine kleine Auswahl alter Textilien zu stoßen, ist gegeben. Angemessenes Handeln wird erwartet.

Walkman Village, Fa Ngum Rd., neben Joe Gh. Westliche Kleidung, Rucksäcke, Accessoires und Taschen.

Aktivitäten

AEROBIC UND FITNESS – *Ho Kang*, Fa Ngum Rd., gegenüber dem Nok-Noy Restaurant. Jeden Morgen und Abend wird auf dem Gelände des chinesischen Tempels am Mekongufer Aerobic geboten. Weitere Kurse im *Sokpaluang Swimming Pool*, Sokpaluang Rd., von 18–19 Uhr und 19–20 Uhr und im Fitness Centre des *Lao Plaza Hotel* von 18–19 Uhr.
Sengdara, 5/77 Ponthan Rd. Erster moderner Fitnesstempel der Stadt, mit Kraftraum, Laufbändern, Massage, Sauna, Dampfbad und Pool. Allerdings hapert es etwas mit der Wartung. Nicht-Mitglieder zahlen pro Besuch US$3. Über kostenpflichtige Fitnessräume verfügen auch die Hotels **Lane Xang** (US$3 für Nicht-Gäste), **Lao Plaza** (US$5) und **Tai-Pan** (US$5).

AUSTRALIAN EMBASSY RECREATION CLUB – Der exklusive *Australian Embassy Recreation Club*, Thadeua Rd., liegt rund 3 km südöstlich des Zentrums am Ufer des Mekong und ist ein Shangri-La für englischsprachige Expats. Auf dem kleinen, eingezäunten Gelände mit Türsteher gibt es eine Bar, einen Pool, Squashplätze und einen Gymnastikraum. Eintritt für Nicht-Mitglieder US$2, sofern man in Begleitung eines Mitgliedes kommt, ansonsten US$10 für einen Tagespass. ⓒ tgl 6–20.30 Uhr.

BOWLING – *Lao Bowling Center*, Khoun Bourom, Ecke Kihuang Rd., ✆ 021-218661, 12 Bahnen, 9–19 Uhr US$1, 19–24 Uhr US$1,20; mit Bar.
Vientiane Bowling Center, 58/1 Thadeua Rd., südlich des Zentrums ✆ 021-313823. Ähnlich, nur weiter weg.

LAUFEN – Vientianes Hash House Harriers laden 2x wöchentl. zum Lauf durch die Gemeinde mit anschließendem Biertrinken ein:
Vientiane Bush Hash, Sa 15.30 Uhr, Treff am Nam Phou.
Vientiane Hash, Mo 17 Uhr, wechselnde Treffpunkte (Aushänge an der Scandinavian Bakery oder bei Asia Vehicle Rental). Weitere Infos gibt Joe Rumble von Asia Vehicle Rental unter ✆ 020-5511293.

SCHWIMMEN – *Sokpaluang Swimming Pool*, Sokpaluang Rd. Palmenbeschattete Anlage mit familiärer Atmosphäre, 25 m-Becken und Kinderpool; wenige tausend Kip Eintritt. ⓒ tgl. 8–20 Uhr.

Sauna und Massage

Vat Sokpaluang, Sokpaluang Rd., auf dem Gelände des Tempels haben Nonnen vor mehr als zehn Jahren eine Sauna nur für Frauen gegründet. Inzwischen ist die Herbal Sauna in dem traditionellen Stelzenbau ein gefragter Treffpunkt für Reisende und Expats beiden Geschlechts. Zur Hochsaison ist es daher oft voll, und laotische Besucher kommen zu dieser Zeit seltener. Die stark ätherischen Dämpfe werden als sehr wohltuend empfunden. Die Kräuter stammen aus dem von den Nonnen gepflegten Garten nebenan. Sauna US$1/Std., Massage US$3/Std., Öl-Massage US$4/Std. ⓒ tgl. 12–20 Uhr.
The Oasis, François Nginn Rd. Freundlich und sauber, Fußmassage US$4/Std., Lao Body Massage US$5/Std. und eine ordentliche Abreibung (Aroma Body Scrub) US$20/1 1/2 Std. ⓒ tgl. 9–22 Uhr.
Papaya Spa, Parallelstraße zwischen Luang Prabang Rd. und Mekong, ✆ 021-216550, 🖥 www.papayaspa.com. Wellness-Oase in einem französischen Haus mit Garten. Kräutersauna US$2, Laotische Massage US$7/1 Std., Schwedische Massage US$14/1 1/2 Std., Fußreflexzonen-Massage US$7/1 Std., Aromatherapie US$14/1 1/2 Std. und kosmetische Behandlungen – für einen süßen Tag Nichtstun. ⓒ tgl. 13–20 Uhr.
Amphone Sauna & Massage, Chao Anou Rd., nördlich von Vat Chan. Kleiner Familienbetrieb, in dem sich nach Feierabend einfindet, wer seinen Kreislauf mit einem Saunagang und einer chinesisch beeinflussten Massage anregen möchte. Sauna 7000 Kip/Std.; Massage US$2,50/30 Min. ⓒ tgl. 12–21 Uhr.

Wer sich den weiten Weg ins Ban Sokpaluang sparen will, kann für etwas mehr Geld in eines der zentralen Hotelbäder springen: Schön (und teuer) ist der geschwungene Pool des **Settha Palace Hotels** (US$6 für Nicht-Gäste), eher klein das saubere Becken des **Tai-Pan Hotels** (US$5). Das **Lane Xang Hotel** bietet Badespaß für US$3, das **Lao Plaza Hotel** für US$5.

TENNIS – Auf den 3 Plätzen des **Tennis Clubs Vientiane**, Nokeokoummane Rd., neben dem Stadion, ✆ 021-218926, können sich seit kurzem auch Nicht-Mitglieder austoben (10 000 Kip p. P. für 45 Min.). Schläger und Bälle sind mitzubringen. Die Jahresmitgliedschaft kostet US$40.

Touren

Viele Reiseunternehmen bieten Touren innerhalb von Laos an, die sich zum Teil aus Modulen zusammenstellen lassen. Im Schnitt kostet ein Minibus etwa US$100, ein Guide US$20–30 und die Unterkunft US$20 pro Tag. Obwohl viele Anbieter mit exklusiven Erlebnissen werben, verlassen nur wenige tatsächlich die ausgetretenen Pfade.

Asian Trails Laos, Unit 1, Ban Haisok, Vientiane, ✆ 021-263936, ℻ 262956, ✉ vte@asiantrails.laopdr.com, 🖳 www.asiantrails.info. Touren durch Nord- und Südlaos, Tagesausflüge und Stadtführungen (Luang Prabang und Vientiane). Auch Kombi-Pakete für mehrere Länder.

Diethelm Travel, Setthathirat Rd., an der Südostecke des Nam Phou, ✆ 021-213833 oder 215920, ℻ 216294 oder 217151, ✉ ditralao@laotel.com, 🖳 www.diethelm-travel.com. Großer und renommierter Tourenanbieter für ganz Südostasien. Neben Bus- und Trekkingtouren (in Luang Namtha und Muang Sing) auch Bootstrips auf dem Mekong und länderübergreifende Reisen. Teuer.

Dokkham Travel, 36/8 Chao Anou Rd., ✆ 021-261470, ℻ 262780, ✉ info@dokkhamtravel.com. Erfahrener Organisator von maßgeschneiderten Gruppenreisen unter laotisch-holländischer Leitung.

Exotissimo, 44 Pangkham Rd., ✆ 021-241861, ✉ delphine@exotissimo.com, 🖳 www.exotissimo.com. Spezialist für Vietnam, Laos, Kambodscha und Myanmar; breites Tourenangebot in allen Landesteilen, auch Trekking und ein 6-Tage-Trip zum Laotischen Neujahr *(Pi Mai)* nach Luang Prabang. ⏰ Mo–Fr 9–18, Sa 9–12 Uhr.

Green Discovery Laos, 54 Setthathirat Rd., neben dem Khop Chai Deu, ✆/℻ 021-251564, 🖳 www.greendiscoverylaos.com. Verantwortungsvoller Spezialist auf dem Gebiet des Naturtourismus. Das Programm reicht von Tagesausflügen in das Phou Khao Khouay NPA bis zu 2-wöchigen Touren durch ganz Laos. Trekking, Rafting, Kayaking, Klettern und Moutainbiking werden groß geschrieben; auch Trips zur Kong Lo-Höhle; Büros in Vang Vieng, Luang Prabang, Luang Namtha und Pakxe. ⏰ tgl. 8–22 Uhr.

Inter-Lao Tourisme, 7/73 Luang Prabang Rd., ✆ 021-214832, ℻ 216306, ✉ intertour@laotel.com, 🖳 www.interlao.laopdr.com. Auf den französischen Markt ausgerichtet. Touren von 2–16 Tagen in und um Vientiane, Nam Ngum, Vang Vieng, Luang Prabang, Bokeo, Xieng Khouang, Borikhamxai und Champasak. ⏰ Mo–Fr 8–12, 13–16 Uhr.

Lane Xang Travel, 53/8 Heng Boun Rd., neben dem Hotel Lao, ✆ 021-213198, ℻ 215804, ✉ lxtravel@laotel.com, 🖳 www.lanexang-travel.com, mehrtägige Touren durch alle Provinzen, darunter ein 11-tägiger Trip durch Nordlaos, der einen Besuch der Höhlen von Vieng Xai einschließt.

Lao Youth Travel, 24 Fa Ngum Rd., ✆ 021-240939, ℻ 240931, ✉ youthtra@laotel.com, 🖳 www.laoyouthtravel.com. Freundlicher Tourenanbieter mit gutem Service und vielen Deutsch sprechenden Guides. Neben mehrtägigen Standard-Touren auch die 8-tägige Tour *Magic of Lao textiles* mit einem Schwerpunkt auf laotischer Webkunst. ⏰ Mo–Fr 8–12, 13–17 Uhr, Sa 8–11 Uhr.

Natural Travel, 023 Luang Prabang Rd., ✆ 021-262851 ℻ 218291, ✉ sldphthg@laotel.com, 🖳 www.sht.laopdr.com. Zweigstellen in Houay Xai, wo Tickets für das Mekong-Boot buchbar sind und in Pakxe.

Sonstiges

APOTHEKEN – Eine Hand voll Apotheken befinden sich in der Mahosot Rd., unmittelbar östlich des Morgenmarkts. Die nördlichste ist die **Sengdao Pharmacy**, in der eine Englisch sprechende

Apothekerin berät. Zwei weitere Apotheken liegen in der Sakkaline Rd., gegenüber der International Clinic.

AUTOVERMIETUNGEN – Die meisten Autovermietungen und Reisebüros bieten Wagen mit Fahrer an. Wer selbst fahren möchte, braucht einen Internationalen Führerschein. Als Pfand wird meist der Pass, die Kreditkarte oder ein größerer Geldbetrag verlangt.

Asia Vehicle Rental, 354-356 Samsenthai Rd., ✆/✆ 021-217493, ✉ avr@loxinfo.con.th, 🖥 www.avr.laopdr.com. Eine der renommiertesten Autovermietungen der Stadt. Die Flotte umfasst Kleinwagen, Minibusse und Pick-ups, darunter Honda Accord, Toyota Land Cruiser, Hyundai Galloper und Ford Ranger; alle Wagen sind Vollkasko versichert mit US$500 Selbstbeteiligung bei Selbstfahrern. Wer einen Wagen mit Fahrer mietet, muss für diesen zusätzlich Kost, Logis und Überstunden bezahlen. Kleinwagen kosten US$45–65/Tag, US$280–360/Woche und US$850–1100/Monat inkl. 130 Freikilometer, alle weiteren 100 km US$15. Für Pick-ups und Minibusse mit Allradantrieb sind US$75–85/Tag, US$480–550/Woche und US$1600–2100/Monat zu berappen, dafür kein Kilometerlimit, Geländetauglich. Alle Preise zzgl. Benzin. Auch grenzüberschreitende Fahrten nach Thailand, Kambodscha, Vietnam und China möglich. ⏰ Mo–Fr 8–18 Uhr, Sa bis 15, So bis 13 Uhr.
Hinweise zu **Verkehrsregeln** s. S. 48.

DIPLOMATISCHE VERTRETUNGEN – Die Botschaften befinden sich nordöstlich des Anousavari, zwischen That Luang Rd. und Phonekheng Rd., und südöstlich des Zentrums im Ban Sokpaluang/Ban Vatnak. Hier hat auch die deutsche Botschaft ihren Sitz.
Visa für die Nachbarländer von Laos sind in der Regel problemlos bei den Botschaften zu bekommen. Gästehäuser und Reisebüros, die diesen Service übernehmen, schlagen bis zu US$10 auf.
China, Vatnak Rd., ✆ 021-315100, ✆ 315104, Konsularabteilung ⏰ Mo–Fr 9–11.30 Uhr.
Deutschland, 26 Sokpaluang Rd., ✆ 021-312110 oder -11, ✆ 351152, ✉ info@vien.diplo.de. ⏰ Mo–Fr 9–12, Visastelle Di–Fr 9–12 Uhr. Im Notfall außerhalb der Geschäftszeiten ✆ 020-5515540.

Kambodscha, Thadeua Rd., KM 2, ✆ 021-314952, ✆ 314951. ⏰ Mo–Fr. 7.30–11.30, 14–17 Uhr.
Myanmar, Sokpaluang Rd., ✆ 021-314910. ✆ 314913. ⏰ Mo–Fr 8–12, 13.30–16 Uhr.
Schweiz, Konsulat im Gebäude von Diethelm Travel, 1. Stock, Nam Phou, Ecke Setthathirat Rd., ✆ 021-264160, ✆ 264161, ✉ swissconsulate@etllao.com. ⏰ Mo–Fri 9–11 Uhr.
Thailand, Phonekheng Rd., ✆ 021-214581, ✆ 214580, ✉ thaivtn@mfa.go.th, ⏰ Mo–Fr 8.30–12, 13–15.30 Uhr; Thailand hat ein Konsulat in Savannakhet.
Vietnam, 1 That Luang Rd., ✆ 021-413409, ✆ 413379. Die Konsulate in Savannakhet und Pakxe stellen ebenfalls Visa aus. ⏰ Mo–Fr 7.30–11, 14–16.30 Uhr.

FAHRRAD- UND MOTORRADVERLEIH – Vientiane eignet sich gut für eine Fahrrad- oder Motorradtour. Viele Gästehäuser verleihen Räder für 10 000–20 000 Kip/Tag. Als Pfand wird oft der Pass verlangt, es reicht jedoch ein Dokument mit Foto. Wer ein Motorrad mietet, *muss* den Pass hinterlegen (für den Fall einer Polizeikontrolle unbedingt Passkopie und Mopedpapiere dabeihaben).

P.V.O. Café, 344 Samsenthai Rd. Suzuki für US$7/Tag und 250ccm Honda für US$20/Tag (ab 2 Wochen sinkt der Tagespreis auf US$16).
Douang Deuane Hotel, Nokeokoummane Rd. Honda Wave mit Helm für US$5,50/24 Std., Fahrräder für US$0,50/24 Std.

Green Discovery Laos, 54 Setthathirat Rd., neben dem Khop Chai Deu, ✆ 021-251564, ✉ www.greendiscoverylaos.com. Vermietet brandneue 250ccm Hondas, je nach Zeitraum zu 18–25 US$/Tag; sie können nach Absprache landesweit in jeder Filiale angemietet oder abgegeben werden.

FILME, FOTOARBEITEN UND KOPIEN –
Digital Photo Express, 35/1–3 Setthathirat Rd. Gutes Film- und Dia-Sortiment (Konica, Fuji, Kodak), Video-Tapes und Lithium-Batterien. Auch hochwertige Fotokopien.
King Photo, Samsenthai Rd., schräg gegenüber dem Sabaidy Gh. Fuji und Kodak Papier- und Dia-Filme, Lithium-Batterien; brennt Digitalfotos auf CD.

GELD – Die meisten Banken wechseln neben Barem auch Travellers Cheques und zahlen Geld auf Visa und/oder Mastercard aus. Euro werden fast überall akzeptiert. Bei Euro-Travellers Cheques fallen bis zu 3% Gebühr an, bei Auszahlungen auf Visa oder Mastercard bis zu 4%. Der Wechsel von Kip in Dollar ist bei einigen Banken möglich, allerdings oft nur mit Tauschbeleg (etwa bei der Bangkok Bank). ⊙ in der Regel Mo–Fr 8.30–15.30 Uhr.

BCEL, 1 Pangkham Rd., ✆ 021-213200, ✉ 213202, ✉ bcelhovt@etllao.com, 🖳 www.bcellaos.com. Vertragspartner von Visa und Mastercard; Money Gram Geldtransfer; 24-Std.-Geldautomat. Wechselschalter an der Fa Ngum (⊙ Mo–Fr 8.30–19 Uhr, Sa, So 8.30–15 Uhr).

Lao Development Bank, 6-10 Setthathirat Rd., ✆ 021-213400, ✉ 213403. Western Union Geldtranfer. Der Wechselschalter in der Pangkham Rd. hat auch am Wochenende geöffnet.

Vientiane Commercial Bank, 33 Lane Xang Ave, ✆ 021-222700, ✉ 213513.

Lao-Viet Bank, 5 Lane Xang Ave, ✆ 021-214377, ✉ 212197. Hier bekommt man vietnamesische Dong und wird sie auch wieder los.

Bangkok Bank, 28/12-15 Hatsadi Rd., ✆ 021-213560, ✉ 213561.

Bank of Ayudhya, 79/6 Lane Xang Ave, ✆ 021-213521, ✉ 213520.

Joint Development Bank, 31-33 Lane Xang Ave, ✆ 021-213531, ✉ 213534. 24-Std.-Geldautomat.

Geldautomaten

Die wenigen internationalen Geldautomaten (ATM) akzeptieren nur Kreditkarten, einige ausschließlich Visa. Bankkarten (Maestro/Cirrus) funktionieren nicht. Ausgezahlt wird in Kip, der Maximalbetrag liegt zwischen 700 000 und eine Millionen Kip pro Abhebung. Man kann mehrmals pro Tag abzuheben. Wahrscheinlich wird sich der Maximalbetrag durch die Einführung der 50 000 Kip-Note erhöhen.

Automaten stehen vor der Joint Development Bank, vor der BCEL, gegenüber dem Lao Plaza Hotel und an der Thadeua Rd. östlich Vat Simuang. Weitere Standorte sind geplant.

Krung Thai Bank, 377 Samsenthai Rd., ✆ 021-213480.

INFORMATIONEN – Im Erdgeschoss der *National Tourism Authority*, Lane Xang Ave, ✆ 021-212251, ✉ 212796, befindet sich neuerdings eines der am besten ausgestatteten Besucherzentren der Mekongregion. Neben Broschüren und Aushängen zu jeder Provinz lässt sich hier auch die ausführliche Website 🖳 www.ecotourismlaos.com offline einsehen. ⊙ Mo–Fr 8–12, 13–16 Uhr.

INTERNET – Internet-Cafés gibt es in Vientiane an jeder Ecke. Die Kosten liegen bei 100–150 Kip/Min. Betriebssystem ist meist Windows XP, viele Computer haben Headset und Webcam. ⊙ meist bis 22 oder 23 Uhr.

Seite an Seite liegen:

Internet, Apollonet, AI Computer, PlaNet Computers, Setthathirat Rd., westlich des Kop Chai Deu. Schnell und unkompliziert, mit Windows XP, Kamera, Kopfhörer und CD-Brenner. Günstige Ferngespräche.

ITIC Computer, Setthathirat Rd., Ecke Nokeokoummane. Beliebter Laden mit schnellen Rechnern; Webcam, Headset, Druck- und Scan-Möglichkeit; Skype. Telefonate nach Europa.

Hellonet, Nokeokoummane Rd. Neue Rechner, Windows XP, Kamera.

SahabNet, Fa Ngum Rd., Windows XP; brennt Fotos auf CD. Telefonservice.

AI Internet, Samsenthai Rd. Ältere Rechner, aber ganz flott. CD-Brenner.

KULTURINSTITUTE – *Centre de LangueFrançaise*, Lane Xang Ave, schräg gegenüber der Touristeninfo, ✆ 021-215764, 🖳 www.ambafrance-laos.org/centre. Ausstellungen, Veranstaltungen, Bibliothek (Zeitungen, Magazine, Bücher) und Mediathek (DVD, CD, Video). Sprachkurse. ⊙ Mo–Fr 9.30–18.30, Sa 9.30–12.30, 13.30–16.30 Uhr.

MEDITATIONEN – Im **Vat Sokpaluang**, Sokpaluang Rd., findet jeden Samstagnachmittag eine Vipassana-Meditation statt. Genaue Uhrzeit in der *Vientiane Times*.

MEDIZINISCHE HILFE – Harmlose Krankheiten und Verletzungen können in Vientiane behandelt

werden. Wer schwerer erkrankt oder operiert werden muss, sollte sich in Thailand versorgen lassen. Udon Thani ist weniger als 2 Autostunden entfernt. Die Rettungswagen des *Aek Udon International Hospitals,* ✆ 0066-42-342555, und des *Nong Khai Wattana Hospitals,* ✆ 0066-42-465201, kommen in Notfällen über die Grenze. Nottransporte sind auch außerhalb der Grenzöffnungszeiten möglich.
International Clinic, Fa Ngum Rd., ✆ 021-214 022, auf dem Gelände des Mahosot Hospitals, Eingang Fa Ngum Rd. Einige Ärzte sprechen Englisch. ⏰ 24 Stunden.
Setthathirat Hospital, T 5 Rd., ✆ 021-351156. Japanisch finanziert; die Notfallambulanz kann auch die Grenze nach Thailand überqueren.
Mahosot Hospital, Fa Ngum Rd., ✆ 021-214018. Computertomografie möglich.
Australian Clinic, Phonsai Rd., ✆ 021-413603. Früher behandelte diese moderne Klinik außer Botschaftsmitarbeitern auch in kleinem Rahmen Patienten. Inzwischen kommen nur noch Bürger der Commonwealth-Staaten in diesen Genuss. Im Notfall nachfragen.
Friendship Hospital, Phonthong Rd., ✆ 021-413302. Französisch sprechendes Personal. Die ambulanten Behandlungen sind sofort und bar zu bezahlen. **Daran denken**, die erforderlichen Daten und Bescheinigungen für die Versicherung zu verlangen.

OPTIKER – *Vientiane Optic,* ✆ 021-214772, neben der Kulturhalle, und *Taifa Optical,* ✆ 021-215268, nordöstlich des Morgenmarkts, führen Kontaktlinsenflüssigkeit und Brillengestelle. Beide machen auch computergestützte Sehtests.

POST – Die Hauptpost liegt an der Ecke zum Morgenmarkt. Es gibt einen zuverlässigen Paketdienst mit Pack-Service und die Bediensteten sprechen Englisch. ⏰ offiziell Mo–Fr 8–12, 13–17, Sa und So 8–12 Uhr. Am Wochenende werden die Läden in Feierabendvorfreude schon ab 11 Uhr herunter gezogen, eine Tür dahinter bleibt jedoch bis zuletzt geöffnet.

REISEBÜROS – *Joy Travel,* 121/3 Setthathirat Rd., ✆ 021-218571, 252524, 📧 215584, ✉ joytrvl@laotel.com. Inlands- und internationale Flüge,

Notfall

Touristenpolizei, Lane Xang Ave, neben der Touristeninformation, ✆ 021-251128
Polizei ✆ 191
Feuerwehr ✆ 190
Krankenwagen ✆ 195

Bahntickets nach Bangkok, Visaservice und Bustickets privater Gesellschaften. Kompetent und zuverlässig. Visa, Mastercard (auf beide 3,5% Gebühr), Amex (4%) und Travellers Cheques (2%).
Lao Air Booking, 39/1 Setthathirat Rd., ✆ 021-216761, 📧 216535. Flugtickets für Thai Airways und Lao Airlines, Bustickets nach Vang Vieng, Pakxe, Luang Prabang und Vietnam. Keine Bahnfahrkarten. Visa (3%), Mastercard (3%), Amex (5%) und Travellers Cheques (1%).
Tavanh Travel, 19/5 Khoun Bourom Rd., ✆ 021-240744, 📧 214907, ✉ ttslao@laotel.com, 🖥 www.explorelao.com. Gruppenreisen, Flug-, Bustickets und Bootstouren.
Thai's Express, 316 Samsenthai Rd., gegenüber dem Lao Plaza, ✆ 021-218992, 📧 217744. Offizielles Buchungsbüro für Thai und Bangkok Airways; zentral und bewährt. Visa, Mastercard und Travellers Cheques werden akzeptiert (Gebühr).

SICHERHEIT – Vientiane ist eine der sichersten Hauptstädte Südostasiens, aber auch sie ist nicht gegen Verbrechen immun.
Diebstahl: Wer ein Fahrrad oder Moped mietet, sollte seinen Tagesrucksack nicht in den Frontkorb legen oder am Lenker befestigen. Es hat schon schwere Unfälle gegeben, als Motorrad-Diebe mit der Tasche gleich das ganze Fahrrad wegrissen.
Vorsicht im Gedränge vor Taschendieben.
Straßenverkehr: Abends und zu Festen gibt es viele betrunkene Fahrer auf den Straßen.
Vor allem entlang der Setthathirat Rd., aber auch in anderen Straßen, fehlen Gehwegplatten. Wer nicht aufpasst, landet schnell eine Etage tiefer in der Kloake.
Dokumente mitführen: Nach 18 Uhr kontrolliert die Polizei verstärkt an den Hauptkreuzungen

und Ausfallstraßen Auto- und Motorradfahrer. Wer angehalten wird und nicht alle geforderten Dokumente vorzeigen kann, sollte die „Strafe" freundlich runterhandeln und vor Ort begleichen.

SPEDITIONEN – *DHL,* 27 Nongno Rd., Seitenstraße von der Luang Prabang Rd., ℡ 021-216830, 🖳 www.dhl.com. ⏲ Mo–Fri 7.30–19, Sa 7.30–17, So 8–12 Uhr. Auch Filiale neben der Post.
Fed Ex, kleines Büro neben der Post, ℡ 021-223278, 📠 223280. Weltweite Fracht, derzeit noch zu unverhältnismäßig hohen Preisen.
Lao-American Individual Enterprise, 62/2 Luang Prabang Rd., ℡ 021-215632, 📠 219850, ✉ l.a. enterprise@etllao.com. Ist die erfahrenste laotische Firma für weltweite Luft- und Seefracht. Hat auch eine Zweigstelle in den USA.
Lao Freight Forwarder, Thadeua Rd., KM3, ℡ 021-313321 oder 313351, 🖳 www.laoff. laopdr.com.

TELEFON – Ferngespräche und Faxe im Call and Fax Centre des *Telecom Office* in der Setthathirat Rd., Ecke Chantakoummane; auch Ruckruf möglich. ⏲ tgl. 7.30–21.30 Uhr. Im Phone Card Office daneben gibt es **Telefonkarten**. ⏲ Mo–Fr 8–18, Sa 8.30–15.30 Uhr. Telefonzellen für internationale Gespräche (gelbes Dach) stehen vor dem Eingang.
Viele Internet-Cafés bieten günstige **Telefonate über das Internet** an (US$0,20–0,40/Min. nach Europa).

VISASERVICE – Das *Immigration Office,* Hathsadi Rd., ℡ 021-213633, verlängert Visa für US$2 pro Tag plus ein paar tausend Kip für das Formular (1 Foto). Wer schon morgens kommt, kann den Pass nachmittags wieder abholen. ⏲ Mo–Fr 9–11.30, 13–16 Uhr.
Reisebüros und Gästehäuser bieten denselben Service für US$3/Tag an.

WÄSCHEREIEN – Fast alle Hotels und Gästehäuser waschen auf Wunsch die Wäsche ihrer Gäste. Die meisten berechnen pro Stück (1000–5000 Kip, je nach Größe). In der Heng Boun Rd. gibt es zudem einige gute Wäschereien (Abrechung nach Kilo).

Nahverkehrsmittel

Vientiane ist klein. Die meisten Sehenswürdigkeiten liegen so dicht beieinander, dass sie auf einem Rundgang besichtigt werden können.
Busse vom Morgenmarkt verbinden die Vororte mit dem Zentrum. Fahrten zum Flughafen, zur Dong-Dok-Universität, zur Freundschaftsbrücke oder zum Buddha Park kosten 2000–4000 Kip. Mobiler sind **Tuk Tuks**, die die Straßen von morgens bis abends kreuzen. Kurzstrecken sollten nicht mehr als 5000 Kip p. P. kosten, oft ist dieser Preis jedoch nur schwer auszuhandeln. Für längere Fahrten innerhalb der Stadt werden 10 000 Kip p. P. verlangt. Ein Tuk Tuk zur Nördlichen Busstation kostet etwa 15 000 Kip, zur Südlichen Busstation 30 000 Kip. Sammel-Tuk-Tuks, die feste Routen haben, nehmen etwa 3000 Kip p. P. Achtung: Die Tuk Tuk-Fahrer am Nam Phou und entlang der Setthathirat Rd. verlangen oft Fantasiepreise.
Taxis sind eine weitere, etwas teurere Option. Die meisten haben kein Taxameter, so dass die Preise auch hier Verhandlungssache sind. Fahrten vom Flughafen ins Zentrum kosten unverschämte US$6, von der Freundschaftsbrücke etwa 200 Baht/US$5.
Ein ideales Fortbewegungsmittel in der Stadt sind **Fahrräder**, die für US$1–2 von den meisten Gästehäusern verliehen werden.
Wer es rasanter mag, kann sich ein **Motorrad** mieten, mit dem auch leicht die Sehenswürdigkeiten außerhalb der Stadt zu erreichen sind. Allerdings ist Vientiane kein guter Ort für Anfänger.

Transport

BUSSE – Vientiane hat **drei Busstationen**: Vom ehemals größten Terminal am Talat Sao, Mahosot Rd., Ecke Khou Vieng Rd., ℡ 021-216507, werden nur noch Ziele innerhalb der Provinz Vientiane und Thailand angefahren. Er soll irgendwann ganz geschlossen werden. Busse in den Norden, auch nach China, starten von der Nördlichen Busstation, ℡ 021-260255, an der Umgehungsstraße T2 westlich des Zentrums. Wer nach Südlaos oder Vietnam möchte, muss zur Südlichen Busstation, ℡ 021-740521, am KM 8 hinter dem Kaysone-Museum, fahren.

An allen drei Stationen gibt es **Ticketschalter**. Fahrkarten für private AC- und VIP-Busse werden auch von Gästehäusern und Reisebüros verkauft. Daran denken: lange Strecken ruhig einen Tag vorher buchen und noch mal nach den Abfahrtzeiten fragen.

Nördliche Busstation (Ziele in Nordlaos):
Tuk Tuk vom/ins Zentrum etwa 15 000 Kip.
HOUAY XAI (884 km, 36 Std.) mehrmals wöchentl. um 17.30 Uhr für 170 000 Kip.
LUANG NAMTHA (690 km, 19 Std.) um 8.30 Uhr für 120 000 Kip.
LUANG PRABANG (383 km, 9 Std.) um 6.30 (AC), 7.30, 8 (VIP), 9, 11, 13.30, 16, 18 und 19.30 Uhr (VIP); staatliche Busse 75 000 Kip, AC-Busse 85 000 Kip, VIP 100 000 Kip.
OUDOMXAI (576 km, 15 Std.) staatliche Busse um 6.45 und 13.45 Uhr für 100 000 Kip, AC-Busse um 16 und 17 Uhr für 110 000 Kip.
PHONGSALI (793 km, 26 Std.) um 7.15 für 135 000 Kip.
PHONSAVAN (374 km, 8–10 Std.) um 6.30, 7.30 (AC), 9, 15 und 18 Uhr (AC) für 75 000 Kip, AC 85 000 Kip.
VANG VIENG (156 km, 3 Std.) um 7, 9.30 und 13 Uhr für 20 000 Kip. Fast alle Busse Richtung Norden halten auch in Vang Vieng.
XAIGNABOURI (447 km, 15 Std.) staatlicher Bus

Weiterreise in die Nachbarländer

Thailand
Busse: Staatliche Busse fahren vom Terminal am Talat Sao nach Nong Khai (7.30, 10.30, 15.30, 18 Uhr, 8000 Kip) und nach Udon Thani (7, 9.30, 15, 17 Uhr, 22 000 Kip; der Bus hält nicht am Flughafen). Dort starten laufend Busse nach Bangkok (9–10 Std.).
Es gibt auch eine private Busverbindung von Vientiane in die Khaosan Rd. Abfahrt ist tgl. um 17.30 Uhr vor dem Khop Chai Deu, Zubringer zur Grenze, AC-Nachtbus ab Nong Khai, Ankunft in Bangkok um 6 Uhr, US$18. Buchung bei Green Discovery Laos (s. „Touren") und in vielen Reisebüros und Gästehäusern.
Eisenbahn: In den kommenden Jahren soll der 12,5 km lange Schienenstrang von Nong Khai über die Freundschaftsbrücke bis kurz vor Vientiane verlegt werden. Bis es so weit ist, müssen Reisende noch auf eigene Faust über die Grenze fahren, um einen der vier Züge **von Nong Khai nach Bangkok** (10–11 Std.) zu erwischen: *Rapid 138* startet tgl. um 9.05 Uhr, *Rapid 134* um 18.20 Uhr für 318/183 Baht in der 2./3. Klasse (im Nachtzug Zuschlag für Betten 100/150 Baht unten/oben); der *Express 70* um 19.05 Uhr hat Schlafwagen, in der 2. Klasse kostet das obere Bett 418 Baht, das untere 468 Baht (mit AC 170/190 Baht mehr). Die oberen Betten im AC-Abteil können wegen der Nähe zur Klimaanlage arktisch kalt werden. Der *Express 76* um 7.30 Uhr hat nur Sitzplätze, Ankunft 17.55 Uhr.
Die Züge sind häufig eine Woche im Voraus ausgebucht. Fahrkarten können mit Aufpreis in den Reisebüros von Vientiane gekauft werden.
Flüge: siehe S. 153.

Vietnam
Busse: Mehrere private Busunternehmen bieten Verbindungen nach Vietnam an: Lao-Viet Transportation fährt tgl. um 19 Uhr über Vinh (14 Std.) nach Hanoi (US$20, 20 Std.) und um 19.30 Uhr über Hué (US$20) nach Danang (US$22, 19 Std.). Jeden Montag geht es um 19 Uhr in stressigen 38 Stunden nach Ho-Chi-Minh-Stadt (US$45). Die Firma STD fährt im Wechsel mit einer vietnamesischen Busgesellschaft zu denselben Zeiten nach Hué/Danang und Vinh/Hanoi, jedoch tgl. um 19.30 Uhr nach Ho-Chi-Minh-Stadt. Tickets und Abfahrt: Südliche Busstation am KM 8. An das Visum für Vietnam denken.
Flüge: siehe S. 153.

China
Busse: Jeden Di, Do und Sa starten Busse von Vientiane nach Mengla, Yunnan (US$21, 22 Std.). Die Busse haben Pritschen. Abfahrt ist um 12 Uhr von der Nördlichen Busstation. Nur mit gültigem China-Visum.
Flüge: siehe S. 153.

um 16.30 für 90 000 Kip, AC-Bus um 18.30 für 100 000 Kip.
XAM NEUA (612 km, 20 Std.) um 7 Uhr über Luang Prabang und NONG KIAO, um 9.30 und 12 Uhr über Phonsavan für 130 000 Kip. Letztere Verbindung ist besser ausgebaut und kürzer, daher eher zu empfehlen.
Südliche Busstation (Ziele in Südlaos):
Tuk Tuk vom/ins Zentrum etwa 30 000 Kip.
ATTAPEU (876 km, 18–20 Std.) um 9.30 und 17 Uhr für 110 000 Kip.
DON KHONG (808 km, 15–18 Std.) um 10.30 Uhr für 110 000 Kip.
LAK XAO (Grenze Vietnam, 327 km, 8 Std.) um 5, 6 und 7 Uhr für 50 000 Kip.
PAKXAN (143 km, 2–3 Std.) alle 30 Min. von 4.30 Uhr bis abends für 20 000 Kip.
PAKXE (670 km, 12–16 Std.) staatliche Busse 9x tgl. für 85 000 Kip, der erste um 10 Uhr, danach von 12.30–16 Uhr alle 30. Min.; AC-Busse um 8.30, 18, 19 und 20 Uhr für 130 000 Kip; VIP-Busse um 7.15, 19.30 und 20.30 Uhr für 130 000 Kip; den besten VIP-Nachtbus hat Kraing Krai: 32 Plätze, 2 Fahrer, Toilette, Dinner. Start 20.30 Uhr, Ankunft 6.30 Uhr, US$16.
SAVANNAKHET (468 km, 8 Std.) um 5.30, 6.30, 7, 7.30, 8, 8.30 und 9 Uhr und 9.30 Uhr für 55 000 Kip; manche AC/VIP-Busse nach Pakxe stoppen auch in Savannakhet (75 000 Kip).
THAKHEK (335 km, 5–6 Std.) um 4, 5, 6 und 12 Uhr für 40 000 Kip; AC/VIP-Busse s. Verbindungen nach Pakxe (50 000 Kip).
VEUN KHAM (Grenze Kambodscha, 830 km, 18–20 Std.) um 11 Uhr für 110 000 Kip;
Busse nach Pakxe, Attapeu und zum Bolaven-Plateau halten auch in Pakxan und Thakhek, aber nicht immer in Savannakhet – fragen.

Billigairlines

Eine günstige Alternative zum Flug Vientiane – Bangkok ist ein innerthailändischer Flug von Udon Thani, 70 km südlich von Vientiane, nach Bangkok. Die Billigairlines **AirAsia**, www.airasia.com, und **Nokair**, www.nokair.com, fliegen die Strecke tgl. schon ab US$15–20. Buchung über das Internet, zahlbar mit Kreditkarte.

Busstation am Talat Sao
(Ziele in der Provinz Vientiane):
Tuk Tuk vom/ins Zentrum etwa 10 000 Kip.
DONG DOK (9 km, 20 Min.) alle 15 Min. bis 18 Uhr für 2000 Kip.
FREUNDSCHAFTSBRÜCKE/BUDDHA PARK (24 km, 45 Min.) alle 20 Min. bis 17 Uhr für 4000 Kip.
THALAT (84 km, 2 Std) 12x tgl. zwischen 6 und 17.30 Uhr für 9000 Kip.
THA NGON (25 km, 45 Min.) alle 20 Min. bis 18 Uhr für 4000 Kip.
VANG VIENG (156 km, 3–4 Std.) um 7, 9.30, 10.30 und 13.30 Uhr für 20 000 Kip.

SONGTHEOS UND PICK-UPS – Pick-ups fahren von einem Stand nahe **Talat Xiekai** ab, 8 km westlich des Zentrums an der Straße 13. Hier bestehen regelmäßig bis zum späten Nachmittag Verbindungen nach VANG VIENG (20 000 Kip, Charter 1000 Baht) und zu anderen Zielen in der Provinz; Pick-up-Charter möglich.

BOOTE – Seit dem Ausbau der Straße 13 gibt es nur noch wenige Boote von Vientiane. Der Anleger am Mekong, **Kao Leo**, liegt 10 km westlich der Stadt.
Reguläre Boote nach PAKLAI fahren 4x wöchentl. in 8–9 Std. für US$18. Speedboote verkehren tgl., vormittags, je nach Nachfrage und werden von bis zu 8 Pers. gechartert. Sie legen die Strecke in 4 Std. für etwa 1000 Baht zurück.
Nach LUANG PRABANG gibt es keine regulären Personenboote mehr. Wer mehrere Tage Zeit mitbringt, kann mit viel Beharrlichkeit versuchen, auf einem Frachter unterzukommen. Reguläre Verbindungen in den Süden bestehen nicht mehr.
Bei einer bevorstehenden Bootstour sollte man sich mindestens einen Tag im Voraus am Anleger nach Abfahrtszeiten und freien Plätzen erkundigen.

FLÜGE – Der **Wattay International Airport** liegt 6 km westlich des Zentrums. Erst vor kurzem wurde die Rollbahn erweitert, so dass hier nun auch Boing 747 starten und landen können. In der Abfertigungshalle gibt es ein Lao Airlines-Büro, einen Wechselschalter, eine Post und ein Restaurant. Taxis vom/zum Flughafen kosten

dreiste US$6. Wer die paar hundert Meter zur Hauptstraße läuft, kann für 15 000 Kip ein Tuk Tuk oder für 3000 Kip einen Bus in die Stadt nehmen. Bessere Hotels holen ihre Gäste ab.
Inlandflüge mit Lao Airlines tgl. von/nach:
LUANG PRABANG (2–4x tgl., US$60, 40 Min.),
PAKSE (1x tgl., US$95; 1 1/4 Std.),
PHONSAVAN (1x tgl., US$53, 30 Min.);
mehrmals wöchentl. nach:
HOUAY XAI (3–5x wöchentl., US$84, 1 1/4 Std.),
LUANG NAMTHA (3x wöchentl., US$84, 1 1/4 Std.),
OUDOMXAI (3x wöchentl., US$75, 1 1/4 Std.),
PHONGSALI (1x wöchentl., US$92, 1 1/2 Std.),
XAIGNABOURI (2x wöchentl., US$53; 45 Min.),
XAM NEUA (2–4x wöchentl., US$75; 1 1/4 Std.).
Frequenz und Abflugzeiten ändern sich je nach Saison und Nachfrage.
Internationale Flüge mit Lao Airlines in Kooperation mit Thai Airways, Vietnam Airlines und China Yunnan Airlines tgl. von/nach:
BANGKOK (2x tgl., 1 1/4 Std.),
HANOI (1–2x tgl., 1 1/4 Std.),
HO-CHI-MINH-STADT (2x wöchentl., 2 3/4–3 1/4 Std.),
KUNMING (2x wöchentl., 3 1/4 Std.),
PHNOM PENH (1x tgl., 1 3/4 Std.),
SIEM REAP (2–4x wöchentl. über Pakxe, 2 1/2 Std.).
Flüge nach CHIANG MAI (2 Std.) 3x wöchentl. über Luang Prabang.
Airlines:
Lao Airlines, 2 Pangkham Rd., ✆ 021-212051 (internationale Flüge) oder 212057 (Inlandflüge), ✆ 212056, ✉ laoairlines@laoairlines.com, 🖳 www.laoairlines.com. Büro am Flughafen ✆ 021-512028 (international) oder 512000 (Inland). Visa (2%) und Mastercard (4%). Flüge auch in Kip zahlbar. ⊕ Mo–Fr 8–12,13–16 Uhr, Sa 8–12 Uhr.
Vietnam Airlines, 1. Stock, Lao Plaza Hotel, ✆ 021-2252618, ✆ 222379, 🖳 www.vietnam airlines.com, ⊕ Mo–Fr 8–12, 13.30–16.30, Sa 8–12 Uhr.
Thai Airways, M&N Building, Luang Prabang Rd., ✆ 021-222527 App. 9, 🖳 www.thaiair.com, ⊕ Mo–Fr 8.30–12,13–17 Uhr, Sa 8.30–12 Uhr.
China Yunnan Airlines, im selben Gebäude wie Thai Airways, ✆ 021-210300.

Die Umgebung von Vientiane

Reisfelder und Straßendörfer prägen das Umland Vientianes, das seit Ende der 80er Jahre zusammen mit der Hauptstadt die **Präfektur Vientiane** bildet. In den neun Bezirken plus Stadt leben heute fast 700 000 Menschen. Der überwiegende Teil der Bevölkerung arbeitet in der Landwirtschaft. An den Ausfallstraßen hat sich eine beschauliche Industrie angesiedelt.

Touristen bietet die Umgebung Vientianes ein paar schöne Ausflugsziele. Nicht versäumt werden sollte der Buddha Park, **Xieng Khouan**, eine Ansammlung bombastischer Betonfiguren aus laotischer Folklore, Hinduismus und Buddhismus. Ein Abenteuer ist die Übernachtung auf dem **Elefantenturm in Ban Na** (eigentlich schon Provinz Borikhamxai).

Brauerei, Kulturgarten und Buddha Park

Drei Sehenswürdigkeiten liegen östlich von Vientiane an der Thadeua Road. Die Straße führt von Vat Simuang an der Freundschaftsbrücke vorbei bis zum Buddha Park. Einen Preis für die schönste Landschaft gewinnt die Strecke nicht. Dafür lässt sich auf dem 24 km langen Stück ein Blick auf Vientianes Fabrikenlandschaft werfen, darunter Papier, Tabak, Bier und Holzverarbeitung. Busse und Pick-ups bedienen die Route vom Morgenmarkt. Sie ist auch für eine Motorradtour geeignet.

Beerlao Brauerei

Laos' beliebtestes Industrieprodukt wird 12 km östlich der Stadt an der Thadeua Road hergestellt. Deutsche Brauereien können vom Marktanteil der *Lao Brewery*, 🖳 www.beer-lao.com, nur träumen: Fast 99% des Bieres, das in Laos getrunken wird, stammt von hier. Kein Wunder, das 1973 gegründete Unternehmen ist noch immer die einzige Brauerei im Land. 2005 wurden mehr als 90 Mill. Liter Bier und 60 Mill. Liter Trinkwasser produziert, ein kleiner Teil davon für den Export. Die meisten Rohstoffe kommen aus dem Ausland. Inzwischen gehört Beerlao zur Hälfte Carlsberg Asia, die anderen 50% sind in Staatsbesitz. Seit kurzem stellt die Brauerei auch das örtliche Carlsberg her, außerdem ein neues Dunkelbier und Beerlao light.

Wer nicht gerade in einer großen Gruppe auftaucht, kann eventuell einen geführten Rundgang durch die Abfüllhalle unternehmen. Dort laufen täglich zehntausende Flaschen über das Band (am Empfang fragen). ⏱ Mo–Fr 6–17 Uhr.

National Ethnic Cultural Garden

Rund 6 km weiter östlich, 1 km vor dem Abzweig zur Freundschaftsbrücke, führt die Thadeua Road am National Ethnic Cultural Garden vorbei. Leider hält der schöner Name nicht das, was er verspricht. Der Park wurde 1994 geschaffen, um die ethnische Vielfalt der laotischen Bevölkerung zu präsentieren. Doch die steinernen Nachbauten von Lao Theung- und Lao Soung-Häusern, Zementdinosaurierer und ein paar Volieren sind nicht besonders anregend. ⏱ tgl. 8–18 Uhr, Eintritt 3000 Kip, Parkgebühr 2000 Kip.

Xieng Khouan (Buddha Park)

Vientianes schrägste Sehenswürdigkeit liegt 24 km südöstlich der Stadt am Mekong. Xieng Khouan, auch Souan Phut – „Buddha Park" – genannt, ist ein fantasievoller Skulpturengarten mit zahlreichen meterhohen Betonstatuen aus Hinduismus, Buddhismus und laotischer Folklore. Der rund 1 ha große Park wurde 1958 von dem laotischen Künstler Boun Leua Soulilat geschaffen, einem Philosophen und Priester, der verschiedene asiatische Religionen zu einer einzigen Weltanschauung vereinigte. Die Statuen finanzierte er mit Spenden seiner Anhängerschaft, zu der auch hochrangige Mitglieder der damaligen Gesellschaft gehörten. Nach dem Krieg floh Boun Leua nach Thailand, wo er 1978 in Nong Khai einen ähnlichen Park errichtete (Wat Khaek). Er starb 1996.

Am berühmtesten ist die mächtige **liegende Buddhastatue** nahe dem Eingang, die inzwischen eine Reihe von Postkarten, Postern und Buchtiteln ziert. Unweit davon ragt ein riesiger **Betonkürbis** in den Himmel, dessen drei Ebenen im Innern Hölle, Erde und Paradies symbolisieren. Vom Dach hat man einen schönen Rundblick über die Anlage. Wenige Meter Richtung Fluss trägt der Gigant Koumphan die bewusstlose **Soumountha** in seinen Armen. Das Motiv stammt aus der bekannten Geschichte *Sinxay,* in der die Schönheit vom König der Riesen entführt wird. Da sie unzählige Jahre an seiner Seite verbringt, möchte sie, als Sinxay schließlich zur Rettung kommt, gar nicht mehr weg. Weitere Statuen umfassen, neben dem hinduistischen Pantheon, auch **Siddhattha** als Kind, wie er nach sieben Schritten seine letzte Inkarnation verkündet, und den Dämon **Rahu**, der den Mond verschlingt und die Erde in Dunkelheit zurücklässt (eine Erklärung für die Mondfinsternis aus der indischen Mythologie). **Boun Leua** selbst, der von seinen Anhängern respektvoll „ehrwürdiger Großvater" *(luang pu)* genannt wurde, hat sich am südlichen Ende des Areals vor dem Stupa verewigt. Im Lotussitz und mit zum *nop* gefalteten Händen wirkt er fast real.

Vom Terminal am Morgenmarkt fährt alle 20 Min. ein Bus in einer 3/4 Std. zum Buddha Park. Ein gechartertes Tuk Tuk kostet US$10. Wer just über die Freundschaftsbrücke nach Laos eingereist ist und sofort mit dem Sightseeing beginnen möchte, kann seinen Taxi- oder Tuk-Tuk-Fahrer bitten, vor der Fahrt in die Stadt einen kleinen Abstecher zum Park zu machen. ⏱ tgl. 7–18 Uhr, Eintritt 5000 Kip, Parkgebühr 3000 Kip.

Ban Pako

Ein zweistündiger Trip von der Hauptstadt führt nach Ban Pako, ☎ 021-451870 (Radiophone) oder 452841 (in Vientiane), ✉ 451844, einem Resort am Ufer des Nam Ngum, 50 km nordöstlich von Vientiane. Die rustikale Anlage wurde überwiegend aus Naturmaterialien gebaut. Besucher können von hier aus Spaziergänge in die Umgebung unternehmen, Kanu fahren, schwimmen oder einfach nur auf der Veranda sitzen und dem Klang des Dschungels lauschen. Interessant ist die Geschichte der Region: Erst vor kurzem wurden hier etliche 1600 Jahre alte Artefakte gefunden, darunter Krüge, bronzene Armreifen, Glasperlen und Spindeln.

Die Unterbringung reicht von Dormbetten (US$3,80 p. P.) über DZ mit/ohne Bad (US$17,50/US$12) bis zu Bungalows (US$20). Das Restaurant serviert laotische und europäische Gerichte.

Transport

Vom Morgenmarkt in Vientiane fahren mehrmals tgl. **Busse** nach Ban Somsamai (1–1 1/2 Std.). Von dort geht es mit dem Boot noch einmal 25 Min. flussabwärts bis zum Resort. **Selbstfahrer**

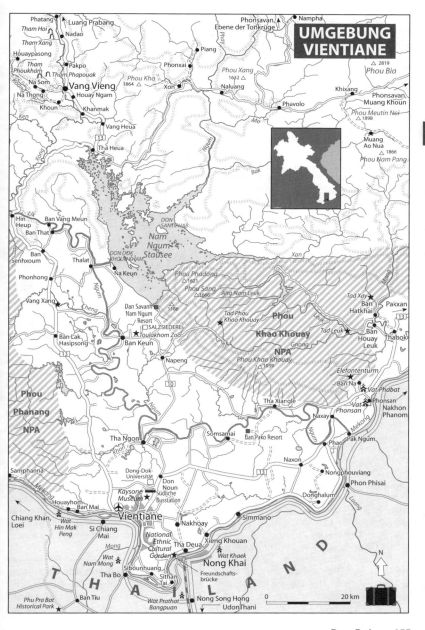

folgen der Straße 13 nach Nordosten, biegen am KM 24 links ab und folgen den Schildern bis Somsamai. Hier geht es entweder mit dem Boot weiter oder 15 km via Sandstraße bis zum Resort (ausgeschildert). Der Weg ist nicht der beste – in der Regenzeit nicht zu empfehlen.

Ban Na

Angelockt vom Zuckerrohr wanderte Mitte der 90er Jahre eine **Herde wilder Elefanten** aus den Bergen des Phou Khao Khouay NPA ins Umland von Ban Na hinab. Offensichtlich gefiel es den Dickhäutern dort, denn sie entschieden sich zu bleiben – für die Menschen des kleinen Lao Loum-Dorfes ein echtes Problem. Immer wieder werden seitdem Felder zertrampelt und Bambushaine niedergewalzt. Doch vielleicht gibt es nun eine Lösung.

TV-Romane made in Laos

Die Story könnte aus dem Lehrbuch für große TV-Romane stammen: Bauernsohn trifft Stadtmädchen, sie ist schon versprochen, doch er gibt nicht auf. Am Ende siegt die Liebe – und der laotische Film.
So hatte sich das Informationsministerium den ersten Teenager-Streifen der laotischen Geschichte vorgestellt, gedreht mit Laiendarstellen der Dong-Dok-Universität und zur Hälfte vom Staat finanziert. Doch was als Antwort auf die vielen Thai-Soaps in laotischen Fernsehhaushalten angekündigt war, endete als langweiliger Abend in der Kulturhalle.
Schon die Dreharbeiten hatten sich über ein Jahr hingezogen. Erst war das Geld ausgegangen, dann wollten die Zensoren noch Hand anlegen. Schließlich wurde das mehrstündige Werk *Road of Hope* für teure 15 000 Kip in Vientiane uraufgeführt.
Bei den vielen jungen Laoten, die die *Vientiane Times* nach der Vorstellung befragte, hielt sich die Begeisterung in Grenzen: „Ich bin dreimal eingeschlafen", sagte eine 23-Jährige, „vielleicht war die Geschichte nicht ganz ausgereift."

2005 baute die Tourismusbehörde, unterstützt vom Deutschen Entwicklungsdienst, nur 4 km nördlich des Dorfes einen 12 m hohen **Beobachtungsturm**. Seitdem können Touristen vor den Toren Vientianes wilde Elefanten sehen. Die Einnahmen fließen fast alle ans Dorf und entschädigen die Bewohner so für einen Teil ihrer Verluste.

Der Elefantenturm steht direkt neben der wichtigsten Mineralecke der Gegend. Die Herde, etwa 30 Tiere, kommt hier regelmäßig vorbei (nicht täglich). Auf dem Turm gibt es acht Schlafplätze und eine Toilette. Der Trip lässt sich zwar auch an einem Tag unternehmen, aber wer über Nacht bleibt, hat größere Chancen Elefanten zu sehen.

Eine Reihe von Touranbietern hat Ban Na im Programm. Touristen können aber auch allein anreisen. Das Dorf liegt 80 km östlich von Vientiane, direkt vor Vat Phrabat von der Straße 13 links ab. Jeder Bus nach Süden hält auf Wunsch am Abzweig (Südliche Busstation, 1–2 Std., 15 000 Kip). Von dort sind es noch 20 Minuten zu Fuß (1,5 km).

Wer auf eigene Faust kommt, muss sich vorher bei Mr. Bounthanom anmelden, ✆ 020-2208286 oder 020-2208262. Er kann Auskunft darüber geben, ob Plätze frei und Elefanten in der Gegend sind. Mr. Bounthanom spricht nur Laotisch, aber die Leute von der Touristeninformation in Vientiane helfen gern.

Die Guides warten in der Regel an der Infotafel im Dorf. Hier wird auch bezahlt: mit Übernachtung auf dem Turm US$31 p. P. (mind. 2 Pers.), ohne US$21. Ein Homestay in Ban Na kostet US$2. Decken werden gestellt, viel Wasser und etwas zu essen sollten besser mitgebracht werden. Von Ban Na ist es eine Stunde zu Fuß zum Turm (Start vor 11 Uhr).

Auf Wunsch werden auch **Treks** ins nahe gelegene Phou Khao Khouay NPA (S. 314) unternommen. Das Dorf selbst ist aufgrund seiner Flechtarbeiten interessant. In vielen Häusern werden *tip khao* (Klebreiskörbchen) für den Markt in Vientiane hergestellt. Wer zusehen oder es auszuprobieren möchte, sollte einfach fragen. Weitere Infos zu Ban Na unter 🖳 www.trekkingcentrallaos.com.

Universität, Tha Ngon und Zoo

Eine schöne Strecke für einen Tagesausflug ist die Straße 10, die sich hinter dem Abzweig von der Straße 13 durch Hügel und Reisfelder bis fast zum

Der Meister hat sich selbst ein Denkmal gesetzt: Boun Leua-Statue im Buddha Park

Nam Ngum-Damm hochzieht. Außer zu den beliebten Ausflugszielen der Hauptstädter wie **Tha Ngon** und dem **Thoulakhom Zoo** führt sie auch zum Zockerparadies Dan Savanh Nam Ngum Resort (s. S. 161).

Dong-Dok-Universität

Der zentrale Campus der National University of Laos, 🖳 www.nuol.edu.la, liegt 9 km nördlich des Zentrums, gut 3 km hinter dem Kaysone-Museum links ab. Auf dem großen Gelände befinden sich die Fakultäten für Pädagogik, Geistes- und Sozialwissenschaften sowie Wirtschaft und Management. Die Hochschule wurde 1996 gegründet und ist der Ort, um laotische Studenten zu treffen – vor allem am Nationalen Lehrertag (7.10.), wenn die meisten in Partylaune sind.

Tha Ngon

Wer Lust auf Fisch oder ein Bier mit Blick auf den Nam Ngum hat, ist in Tha Ngon richtig. Der Ort liegt 25 km nördlich von Vientiane. Am Fuß der Tha Ngon-Brücke, eines Eisenkonstrukts mit Industriecharme, servieren schwimmende Restaurants *laap pa nang*, Aal mit Chili-Soße, gebackenen Fisch mit Muscheln und scharfe Fischsuppe.

Busse nach Tha Ngon fahren etwa alle 20 Min. bis 18 Uhr vom Terminal am Morgenmarkt ab. Der letzte Bus zurück startet gegen 17 Uhr an der Brücke. Mit dem Motorrad dauert der Trip etwa 30 Minuten.

Thoulakhom Zoo (Souan Sat)

Im Thoulakhom Zoo, 65 km nördlich von Vientiane kurz vor Ban Keun, lässt sich ein Blick auf den Teil der laotischen Tierwelt werfen, der in freier Wildbahn vermutlich nicht mehr zu sehen ist. Zu den Attraktionen gehören ein weißer Python, Siamesische Krokodile, ein Malaienbär, ein Tiger, ein Leopard und ein weißer Elefant, der in den 90er Jahren in Champasak gefangen worden sein soll. Viele Käfige sind jedoch deprimierend klein und die abgema-

Die Elefanten von Ban Na – einst Plage, bald Freunde?

Die Bauern aus dem Dorf Ban Na hatten nie ein Problem mit den Dickhäutern aus dem nahe gelegenen Dschungel. Doch das änderte sich, als eine Herde von Elefanten immer häufiger über die Früchte ihrer Arbeit herfiel. Mühevoll instand gehaltene Reisfelder wurden zerstört, Bananenhaine vollständig vertilgt und – schlimmer noch – neu angepflanztes Zuckerrohr dem Erdboden gleichgemacht. Mit diesem hatten die Menschen gehofft, endlich etwas mehr Geld zu verdienen. Doch der Traum war schnell geplatzt. Die Frustration wuchs. Und dann fielen die ersten Schüsse.

Eine große Elefantenkuh verendete im Frühjahr 2000 auf einem von ihr zuvor verwüsteten Reisfeld. In seiner Verzweiflung hatte der Eigentümer sein chinesisches Sturmgewehr gegriffen und einmal, zweimal und noch einmal geschossen. Der Elefant war tot, doch der arme Bauer wanderte schnurstracks für einige Monate ins Distriktgefängnis. Eine hohe Geldstrafe wurde ihm obendrein auferlegt.

Elefanten sind streng geschützte Tiere, nicht nur in Laos, sondern weltweit. Sie zählen zu den hochgradig bedrohten Arten. Das trifft vornehmlich auf den Asiatischen Elefanten, *Elephas maximus*, zu. Sein afrikanischer Kollege hat es nicht ganz so schwer. Er vermehrt sich in einigen Gegenden sogar wieder übermäßig gut. Der asiatische Koloss dagegen scheint den Wettlauf mit der Zeit zu verlieren. Beispiel Laos: Im "Land der eine Million Elefanten" gibt es gerade mal noch 1000 dieser Dickhäuter. Neuere Schätzungen kommen sogar nur auf 500–800 Exemplare. Leider gibt es keine exakten Angaben, da ausreichende Untersuchungen fehlen. Auch in den Nachbarländern sieht es nicht besser aus. Vielerorts sind nur noch domestizierte Elefanten zu finden. Aber auch deren Tage sind offenbar gezählt, da sie immer mehr von Maschinen verdrängt werden.

Hauptursache für den Rückgang ist der Mensch. Er zerstört den natürlichen Lebensraum der sanften Giganten. Und das, obwohl Elefanten gar nicht so wählerisch sind. Offene Landschaften sind ihr Zuhause, abgeholzte Wälder eigentlich kein Problem. Doch der Mensch benötigt immer öfter auch diese Landstriche – für Landwirtschaft, für einen Staudamm oder andere industrielle Nutzung. Da bleibt nicht viel. Wenn dann noch saftige Ackerfrüchte an den Rändern der ohnehin schon arg dezimierten natürlichen Ressourcen locken, ist der Konflikt vorprogrammiert.

Genau das war in Ban Na im Mai 2000 geschehen. Ein deutsches Entwicklungshilfeprojekt versucht nun, diesen Konflikt zwischen Mensch und Tier mit Hilfe eines kleinen Tourismusunternehmens in dem Dorf zu entschärfen: Tourismus mit den Dörflern ohne die Dorfstrukturen zu zerstören. Einige Männer von Ban Na wurden als Führer ausgebildet (Frauen haben jetzt nach anfänglichem Zögern auch Interesse angemeldet!). Eine kleine Dorfbank wurde eingerichtet, um das von Touristen eingebrachte Geld sinnvoll innerhalb der Gemeinschaft anzulegen, und einige Dörfler bieten Touristen Unterkunft in ihrem Haus an. Eine Verfeinerung der lokalen Handwerkskunst steht noch auf dem Programm, um hier eines Tages auch Souvenirs verkaufen zu können. Touristischer Höhepunkt ist der Elefantenbeobachtungsturm, von dem, mit etwas Glück und Geduld, wilde Elefanten aus unmittelbarer Nähe und in freier Wildbahn erlebt werden können.

Ziel des Projektes ist es, aus "Feinden" Freunde zu machen. Und das scheint zu glücken. All die aufgeführten Geschäfte sind durch die Präsenz der Elefanten entstanden. Sie zeigen, dass sich mit diesen Tieren auch Geld verdienen lässt. Und das ändert die Einstellung zur Umwelt. Denn: Eine intakte Natur (und damit die Elefanten) muss geschützt werden, um Touristen nicht zu verprellen. Ein Vorbild für ähnlich gelagerte Fälle?

Dr. Klaus Schwettmann

Klaus Schwettmann ist Biologe und arbeitet seit sechs Jahren im Auftrag des Deutschen Entwicklungsdienstes für die Tourismusbehörde in Vientiane

gerten Raubkatzen kein schöner Anblick. ⏰ tgl. 8–17 Uhr, Eintritt Erwachsene 12 000 Kip, Kinder 4000 Kip.

Einen Kilometer nördlich des Zoos rechts können Interessierte dabei zusehen, wie in einer **Salzsiederei** über offenem Feuer Sole eingekocht wird.

Der Zoo ist am besten mit dem Auto oder Motorrad über die Straße 10 zu erreichen (65 km, 1–2 Std.). 2,5 km vor Ban Keun zweigt rechts hinter einer Tankstelle ein Weg ab, der nach 700 m zum Tierpark führt. Zur Zeit der Recherche fuhren keine Busse mehr nach Ban Keun. Sollte der Betrieb wieder aufgenommen werden, können sie einen am Abzweig rauslassen.

Provinz Vientiane

Von Flüssen durchzogen und fruchtbar erstreckt sich die Provinz Vientiane über knapp 16 000 km^2 vom Nam Ngum-See im Osten über den Mekong im Westen bis kurz vor Phou Khoun im Norden. Mehr als die Hälfte der 400 000 Einwohner sind Lao Loum. Im Grenzgebiet zu den Provinzen Luang Prabang und Xaignabouri haben sich einige Hmong, Yao und Khmu angesiedelt. Verwaltungszentrum ist das verschlafene **Phonhong**, 70 km nördlich von Vientiane. Dort gibt es ein paar Banken und ein Tourist Office. Die geografischen Merkmale der Provinz sind zugleich ihre Highlights: die **Karstberge** im Norden, die vom Backpacker-Magneten Vang Vieng aus erkundet werden können, und der riesige **Nam Ngum-Stausee** im Osten, der nicht so viele Touristen anzieht.

Hauptverkehrsader ist die Straße 13, wichtigste Nord-Süd-Achse und historische Verbindungsroute der alten Königreiche Vientiane und Luang Prabang. Inzwischen ist sie durchgängig geteert, so dass die Fahrt von der Hauptstadt zur alten Königsstadt nur noch neun Stunden dauert (383 km). Die meisten Touristen bereisen die Straße in der einen oder anderen Richtung und unterbrechen die Fahrt nur, um ein paar Tage in Vang Vieng zu bleiben. Wer mehr Zeit hat, kann ein paar der Sehenswürdigkeiten entlang der Straße 13 besichtigen wie die rund 1000 Jahre alten Buddhareliefs in **Vang Xang**. Eine Alternativstrecke zwischen Vientiane und Vang Vieng ist die Fahrt über den Nam Ngum-See an (s. S. 162).

Touranbieter in der Hauptstadt und in Vang Vieng organisieren auch Kajaktrips durch die **Nam Lik-Schlucht** mit anschließendem Transfer in einen der beiden Orte oder zum Nam Lik Eco Resort.

Ban Lak Hasipsong (KM 52)

Wer Vientiane über die viel befahrene Straße 13 Richtung Norden verlässt, erreicht nach 52 km Ban Lak Hasipsong, den größten Markt der Region. Die Kleinstadt trägt den Beinamen „Ban Meo", weil hier während des Zweiten Indochinakrieges viele Hmong angesiedelt wurden. Der Ort galt in der Vergangenheit als Zentrum des illegalen Tierhandels. Nach verstärkten Kontrollen Ende der 90er Jahre verschwand das Wild jedoch von den Ständen. Vor wenigen Jahren wurde der weitläufige Markt in moderne Hallen verlegt.

Übernachtung

Wer in Ban Lak Hasipsong hängen bleibt, hat die Wahl zwischen mehreren Gästehäusern:
May Kue Gh., Straße 13, südlich des Marktes, rechte Seite. DZ mit Bad in einem 2-stöckigen Haus. ❷
Ban Lak Hasipsong Gh., Straße 13, unmittelbar nördlich des Markts, linke Seite. Zimmer ohne Bad mit Ventilator oder AC. ❶–❷
Nang Keo Gh., Straße 13, am nördlichen Ortsausgang, links. Bungalows in gepflegter Gartenanlage. ❷

Transport

Alle Busse und Pick-ups, die zwischen Vientiane und den Nordprovinzen pendeln, können einen in Ban Lak Hasipsong absetzen. Wer von hier weiter will, wartet in der Regel nicht länger als 30 Min. auf einen Anschluss in die eine oder andere Richtung.

Vang Xang

65 km nördlich von Vientiane befindet sich Vang Xang, eine in Laos einmalige Stätte mit Hautreliefs aus dem 10.–13. Jh. Sie liegt unmittelbar am Nam Cheng und umfasst zwei Gruppen mit je fünf Buddha-Skulpturen im Khmer-Stil (einige meinen

auch Mon). Die Reliefs wurden direkt in die rötlichen Sandsteinwände gehauen.

Die Hauptgruppe besteht aus zwei fast 4 m hohen sitzenden Buddhas. Ihre Handhaltung zeigt den Erleuchteten beim Darlegen der Lehre (*vitarka*-Mudra). Die befremdlichen Gesichtszüge sind das Ergebnis einer Renovierung in den 70er Jahren. Daneben sind drei naturbelassene, für den Khmer-Stil typische Buddha-Skulpturen in einen Findling gehauen.

20 m unterhalb befindet sich die zweite Gruppe. Ursprünglich reihten sich unter diesem Vorsprung vier kleine und ein großer sitzender Buddha aneinander. Mit den Jahren wurde der Fels jedoch infolge von Unterspülung in zwei Teile gespalten. Der fünfte Buddha sitzt nun etwas abseits, leicht zu übersehen, im abgesunkenen Teil. Das gewaltige Ausmaß der Spalte wird besonders aus der Entfernung deutlich.

Übernachtung und Essen

Wer nicht rechtzeitig weiter kommt, kann im *Vangxang Resort* übernachten, ✆ 023-211053. DZ in Bungalows mit Ventilator oder AC, eigenem Bad und warmem Wasser. ❶–❷
Das **Restaurant** serviert laotische und thailändische Gerichte.

Transport

Mit dem **Auto** ist Vang Xang über die Straße 13 in Richtung Norden zu erreichen. Kurz hinter KM 61, noch vor Ban Houaython (KM 62), weist ein Schild rechts auf das Vangxang Resort hin. Eine zum Ende hin schlechte Allwetterstraße führt am Resort, einem Picknickplatz und mehreren Teichen vorbei, dann hinter einem Tor rechts und nach insgesamt 1,8 km zur Stätte.
Wer mit dem **Bus** anreist, muss die beschriebene Strecke ab der Straße 13 laufen.

Nam Ngum-Stausee

In der Ebene von Vientiane, 90 km nördlich der Hauptstadt, erstreckt sich inmitten bewaldeter Hügel das größte Wasserreservoir von Laos. Mit seinen türkisfarbenen Fluten, dutzenden kleiner Inseln und vereinzelt aus dem See ragenden Bäumen hat der Nam Ngum-See etwas Verwunschenes. Und obwohl rund sieben Millionen m^3 Wasser in einem Land ohne Strand ein toller Anblick sind, lassen die meisten Touristen Ang Nam Ngum links liegen.

Die erste Bauphase des **ältesten Wasserkraftwerks** von Laos wurde schon 1971 unter der königlichen Regierung beendet. Etliche Nationen, darunter die USA, Thailand und Deutschland, gaben damals Geld. Nach dem Umsturz installierte die neue Führung weitere Turbinen und errichtete auf zwei der Inseln Umerziehungslager für „dekadente Elemente" aus Vientiane. Heute exportiert das 155-MW-Kraftwerk bis zu 80% des Stroms nach Thailand. Der Rest fließt via Hochspannungsleitung nach Vientiane und Umgebung.

Es gibt mehr als 30 Dörfer am Stausee. Die Bewohner leben überwiegend von der rückläufigen **Fischerei**. Ein relativ neuer Erwerbszweig ist der **Holzeinschlag unter Wasser**: Als das Staubecken Ende der 60er Jahre voll lief, scherte sich niemand darum, den riesigen Wald zu fällen, der sich über 250 km^2 erstreckte. Tausende Bäume versanken in den Fluten, darunter Teak- und Rosenholz. Mit der steigenden Nachfrage nach Tropenhölzern kamen findige Firmen in den 90er Jahren auf die Idee, unter Wasser zu verrichten, was an Land nicht mehr geschehen war. Aber nicht nur Bäume, ganze Dörfer wurden nach der Evakuierung geflutet. Legenden zufolge sitzt in den Tiefen noch immer eine Buddhastatue in ihrem Tempel.

Die touristische Infrastruktur am Nam Ngum-See ist bescheiden. Eine Hand voll Unterkünfte bieten Travellern ein Dach überm Kopf. Und wer möchte, kann von Na Keun aus schöne Bootstouren auf dem See unternehmen oder zu einer der Inseln schippern.

Thalat und Na Keun

Die unspektakuläre **Marktstadt Thalat**, 6,5 km westlich des Damms, dient als Eingangstor zum See. Hier halten die meisten Busse und Pick-ups aus Vientiane und Phonhong. In der Stadt selbst lohnt ein kurzer Bummel über den Markt. 1968 entdeckte der Franzose Pierre Marie Gagneux in der Umgebung eine Buddhastatue und eine Stele aus dem 8. Jh. Beide sind heute im Ho Phra Keo in Vientiane zu sehen. Hinter Thalat überspannt eine Brücke den Nam Ngum. Wer in der Stadt übernachten möchte, findet am Ortseingang einfache Gästehäuser und am östlichen Ende der Brücke das *Kemngum Gh.,* ✆ 020-623370, ❷, dessen gefliestete Zimmer mit AC, Bad und warmer Dusche vermutlich die beste Wahl sind. Es lohnt sich jedoch, bis nach Na Keun weiterzufahren.

Die kurvenreiche Strecke dorthin führt an der 470 m langen und 70 m hohen Staumauer vorbei in die Hügel. Von oben eröffnet sich ein weiter Blick über den See. Das kleine **Fischerdorf Na Keun** besteht aus wenig mehr als ein paar Holzhäusern am Ufer und mehreren Restaurants, darunter das *Heune Phen* und das *Nam Ngum,* die allesamt guten Fisch servieren. Kurz vor dem Dorfeingang führt rechts ein kleiner Weg zum netten *Longngum View Resort,* ❷. Neben sauberen Zimmern mit Ventilator, Bad und warmer Dusche bietet das Resort einen tollen Seeblick.

Bootsfahrten zu den Inseln

Die einstigen Hügel des Areals ragen heute als Inseln aus dem Stausee. Auf einer gibt es sogar ein Gästehaus. Überdachte Boote für 20 Pers. starten am Nordende von Na Keun nahe den Restaurants (US$10/Std.). Günstiger sind die kleinen Fischerboote am Dorfeingang, die einen schon für US$3–4 zu einer der Inseln und zurück bringen.

Am schnellsten zu erreichen ist **Don Dok Khoun Kham**. Die dicht bewaldete Insel ist nur eine 1/4 Stunde von Na Keun entfernt und verfügt über das einfache *Don Dok Khoun Kham Resort,* ❶. Wer Einsamkeit sucht, ist hier richtig. **Don Santiphab**, die „Insel des Friedens", liegt eine 1/2 Stunde mit dem Boot entfernt und ist in etwa so groß wie ein Fußballfeld. Auch die idyllische Insel **Don Sai Oudom**, 1 Std. von Na Keun entfernt, sieht hin und wieder Touristen.

Wer einfach nur eine Rundfahrt auf dem See unternehmen möchte, kann mit den Bootsführern eine Tages- oder Halbtagespauschale aushandeln. Mr. Ley, ✆ 020-5623954, nimmt für sein Boot US$50 pro Tag (15 Pers.). Er spricht ganz gut Englisch, kennt sich in der Gegend aus und stellt auf Wunsch auch Touren zusammen. Trips zu den Inseln kosten bei ihm US$5–10.

Dan Savanh Nam Ngum Resort

Am Südufer des Stausees widersteht das kolossale *Dan Savanh Nam Ngum Resort,* ❹, jeder Versuchung, sich in die idyllische Landschaft einzupassen. Zwar wirbt das malaysisch-laotische Joint Venture mit Naturerlebnissen, doch kommen die meisten Gäste aus einem anderen Grund. Im Innern des 185-Zimmer-Kastens gibt es so ziemlich alles, was die moderne Spielindustrie zu bieten hat: ein 24-Stunden-Kasino mit 27 Tischen, an denen Blackjack, Baccarat und Roulette gespielt werden, Einarmige Banditen und eine Reihe dudelnder Videogames. Außerdem hat das Resort einen 18-Loch-Golfplatz, Pool, Sauna, Disco, Massage-Zentrum und Fitnessraum. Organisierte Ausflüge sorgen wenigstens für etwas frische Luft.

Es ist möglich, von Na Keun aus Boote zum Resort zu chartern (2 Std.). Kürzer ist es von Vientiane mit dem hoteleigenen Shuttle-Service. Selbstfahrer erreichen das Resort über die Straße 10, von der nach 60 km rechts ein 9 km langer Zubringerweg abzweigt. Zimmerbuchung und Shuttle-Service in Vientiane, 168 Luang Prabang Rd., ✆ 021-217595, 💻 www.dansavanh.com.

Touren

Die meisten Touranbieter haben den Nam Ngum-See inzwischen im Programm. Die Aktivitäten reichen von Bootsfahrten über Angeln bis hin zu Raften auf dem gleichnamigen Fluss mit anschließender Bootsfahrt über den See. Sie können in Vientiane oder Vang Vieng gebucht werden.

Transport

SELBSTFAHRER – Die Hauptstrecke von Vientiane nach Na Keun führt über die Straße 13 bis Phonhong (70 km), dort rechts abbiegen bis nach Thalat (14 km) und weiter nach Na Keun (6,5 km). Zurück kann man die schönere Straße 10 südlich über Ban Keun und Tha Ngon (s. S. 157) nehmen und eventuell den Thoulakhom Zoo besuchen (s. S. 157). Der Rundweg ist an einem Tag zu schaffen (auch mit dem Motorrad, dann jedoch früh aufbrechen).

BUSSE – Von der zentralen Busstation in Vientiane starten stdl. Busse nach Thalat (2 Std.). Wer aus dem Norden kommt, muss in Phonhong in einen der regelmäßigen Pick-ups nach Thalat umsteigen (5000 Kip). Von dort fahren Tuk Tuks nach Na Keun (8000 Kip, Charter US$5). Zurück kann man einen der stdl. Busse (bis 17.30 Uhr) von Thalat nach VIENTIANE oder alle 15–30 Min. einen Pick-up nach PHONHONG (Straße 13) nehmen, wo bis spät abends Anschluss nach Vientiane besteht.

BOOTE – Wer eine **Alternativ-Strecke** für die Fahrt von Vientiane **nach Vang Vieng** oder umgekehrt sucht, kann für US$25–30 (je nach Bootsgröße) in 3–4 Std. von Na Keun nach Tha Heua am Nordufer des Nam Ngum-Sees an der Straße 13 schippern (nicht in der späten Trockenzeit). Dort besteht regelmäßig Anschluss nach Vang Vieng (24 km, 30–40 Min).

Nam Lik Eco Resort

Hübsche Holzbungalows am Fluss und eine Menge Unternehmungen in der Natur: Diese Idee steckt hinter dem Nam Lik Eco Resort in Ban Vang Meun, 85 km nördlich von Vientiane, ✆ 020-5508719. Die Anlage war zur Zeit der Recherche noch im Bau. Wenn sie fertig ist, sollen hier Klettern (US$15–20 p. P.), Kajakfahren (US$10 pro Boot), Tubing und Trekking angeboten werden. Auch Zelten auf einer Insel im Nam Ngum-See (US$40/2 Pers.). Die Zimmerpreise liegen bei US$20 (Ventilator/Bad/Warmwasser). Ein Restaurant ist ebenfalls geplant.

Transport

Auf der Straße 13 geht es 79 km nach Norden. Etwa 30 m vor dem Ortsschild „Ban Senhxoum" zweigt eine kleine Allwetterstraße rechts nach Ban Vang Meun ab. Sollten nicht noch Schilder aufgestellt werden, muss man sich durchfragen. Das Resort ist ziemlich schwer zu finden. Lustiger ist die Anreise **mit dem Kajak** von Hin Heup. Tourveranstalter in Vang Vieng und Vientiane können den 2- bis 3-stündigen Paddeltrip organisieren und kümmern sich um den Gepäcktransport. Natürlich kümmert sich auf Wunsch auch das Resort um die Anreise – einfach anrufen, der Besitzer spricht Französisch und Englisch.

Hin Heup

Rund 90 km nördlich von Vientiane an der Straße 13 liegt Hin Heup, ein kleiner Ort am Ufer des Nam Lik, dessen mächtige **Brücke** einen schönen Blick auf saftig grüne Flusslandschaft freigibt. Der gleichnamige Bezirk machte vor wenigen Jahren Schlagzeilen, als die amerikanisch-laotische Jhai-Foundation dem Dorf Phou Kham den Weg ins Internet freimachte. Der Clou daran war, dass die Stiftung für den stromlosen Ort eigens neue Rechner konstruierte, die mit Autobatterien betrieben werden. Sind die Batterien leer, werden sie über Fahrrad-Generatoren wieder aufgeladen – und zwar mit Muskelkraft.

Für Touristen ist die Region in erster Linie wegen der Wasserkraft interessant. Hin Heup ist Ausgangspunkt für **Kajaktouren** auf dem Nam Lik, die durch mehrere Stromschnellen (Grad 1–3) und die gleichnamige Schlucht führen. Die Trips starten in Vang Vieng oder Vientiane, wo sie bei verschiedenen Touranbietern gebucht werden können.

Übernachtung und Essen

Ein Übernachtung in Hin Heup lohnt sich nicht, aber zur Not gibt es ein Gästehaus.
Souksomvang Gh., großes, 2-stöckiges Gebäude am südlichen Ortseingang gleich neben der Tankstelle. Zimmer mit Bad. ❶
Das ***Sai Nam Lik Restaurant***, am südlichen Ende der Brücke links, und das ***Nangkham Restaurant***, am nördlichen Ende der Brücke rechts, servieren Fö und einfache Gerichte wie Omelette mit *khao niau*.

Touren

Fast alle Tourveranstalter haben die **Nam Lik-Tour** im Programm (Anbieterliste s. Vientiane und Vang Vieng, „Touren"). Vor Ort lässt sich die Fahrt nicht arrangieren. Es ist sehr wichtig, auf die Qualität der Kajaks zu achten.
Die meisten Agenturen organisieren einen Tagestrip. Der ist inzwischen so gefragt, dass sich am Ausgangspunkt oft mehrere Gruppen treffen. Start ist in Vientiane oder Vang Vieng; danach Transfer im Pick-up oder Songtheo nach Hin Heup; Kajakfahrt durch die Stromschnellen und

Viel Wasser für ein Land ohne Strand: der Nam Ngum-Stausee

die Nam Lik-Schlucht bis Ban Vang Meun. Von dort zurück nach Vang Vieng oder Vientiane. Ab US$20 p. P., je nach Gruppengröße; alles inkl.
Bei einer 2-Tages-Tour verläuft der erste Tag wie oben mit Übernachtung in Ban That; am nächsten Morgen Kajakfahrt nach Thalat; Transfer zum Nam Ngum-Stausee und Bootstrip; anschließend Transfer von Na Keun nach Vang Vieng oder Vientiane. Ab US$50 p. P., je nach Gruppengröße; alles inkl.
Auf Wunsch enden Touren, die in Vientiane starten, in Vang Vieng und umgekehrt.

Transport

Jeder Bus oder Pick-up zwischen Vientiane und dem Norden hält auf Wunsch in Hin Heup.

Tha Heua

Das Fischerdorf Tha Heua schmiegt sich etwa 24 km südlich von Vang Vieng an eine Bucht des Nam Ngum-Sees. Es ist vor allem für diejenigen interessant, die einen Teil der Strecke Vang Vieng – Vientiane auf dem Wasser zurücklegen oder eine Fahrt auf dem See unternehmen wollen. Boote nach Na Keun am Westufer des Sees (s. S. 160) lassen sich mit etwas Hartnäckigkeit für US$25–30 chartern (3-4 Std.). In Na Keun besteht Anschluss nach Thalat und von dort nach Vientiane.

Übernachtung und Essen

Kham Heuang Gh., einfache Zimmer sehr unterschiedlicher Größe, die Hälfte mit Bad. Beim Ausspannen auf dem großen Balkon im Obergeschoss kann der Blick über den See schweifen. Nette Atmosphäre. ❶
Das gut geführte *Kham Heuang Restaurant* serviert Tom Yam, verschiedene Reisgerichte und natürlich Fisch.

Transport

Busse und Pick-ups halten im Norden der Stadt vor dem Abzweig nach Xon. Hier besteht regelmäßig Anschluss nach LUANG PRABANG (7 Std.), VANG VIENG, (30–40 Min.) und VIENTIANE (2 1/2 Std.).

Vang Vieng und Umgebung

Karstkegel, Höhlen und eine ideale Lage am Fluss: Vang Vieng ist die laotische Antwort auf Chinas Yangshuo und Thailands Krabi. Kein anderer Ort im Land rangiert auf der Beliebtheitsskala der Backpacker so weit oben. Schon die alten Könige von Luang Prabang und Vientiane sollen hier vor Jahrhunderten auf dem Weg nach Norden oder Süden gerastet haben. Für die Traveller von heute ist das kleine Städtchen, 156 km nördlich von Vientiane, viel mehr als nur ein Zwischenstopp in malerischer Landschaft. Ob Kajakfahren, Caving, Trekken oder Klettern – das Angebot an **Aktivitäten** ist fast unerschöpflich.

Das Zentrum Vang Viengs liegt etwa 1 km westlich der Straße 13 nahe dem Ufer des Nam Xong. Der Fluss war ursprünglich Namensgeber des Ortes, bevor die Franzosen ihn im 19. Jh. in Vang Vieng umbenannten. Zur Zeit des Zweiten Indochinakrieges war die Siedlung unter CIA-Mitarbeitern als **Lima Site 6** bekannt, der Codename für mehr als 400 durchnummerierte Flugplätze, von denen US-Piloten ihre Missionen flogen. Heute dient die Rollbahn entlang der Straße 13 nur noch als Busstation. Ihr Ausbau für Charterflüge ist aber im Gespräch.

Zwei namenlose Nord-Süd-Straßen und eine Hand voll Querstraßen sind alles, was Vang Vieng ausmachen. Ein Spaziergang von einem Ende zum anderen dauert nicht länger als 15 Minuten. Mit dem Besucherstrom hat die Stadt jedoch in den vergangenen fünf Jahren einen regelrechten Boom erlebt. Inzwischen kümmern sich an die 50 Gästehäuser und eine Vielzahl von DVD-Bars und Restaurants um die Bedürfnisse der Reisenden (wobei der Vergleich mit Bangkoks Khaosan Road nicht mehr weithergeholt ist). Die Regierung plant, Vang Vieng als internationales Touristenziel aufzuwerten. Anfang 2006 wurde damit begonnen, Straßen zu erweitern, unterirdische Stromleitungen zu verlegen und die Kanalisation zu erneuern. Ein Jahr zuvor war bereits der alte Markt im Zentrum abgerissen und auf ein neues Gelände am nördlichen Stadtrand verlegt worden.

Viele **Höhlen** in der Umgebung bieten sich für Tagesausflüge an. Sie liegen alle jenseits des Nam Xong. Bis die neue Autobrücke südlich des Le Jardin Organique Gh. fertig ist, kann der Fluss an mehreren Stellen über Bambusstege oder mit Booten überquert werden. Derzeit sind alle Brücken

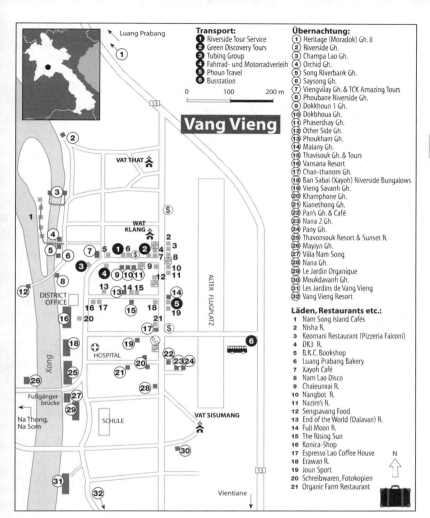

und Fähren kostenpflichtig (2000 Kip), aber das ändert sich vielleicht mit der neuen Brücke.

Im Norden Vang Viengs befinden sich einige Dörfer ethnischer Minderheiten, darunter **Pha-thao**, 11 km nördlich, kurz hinter dem Ortschild „Phonngamneuan" links. Es wird von etwa 200 Hmong-Familien bewohnt, die hier nach ihrer Flucht ins thailändische Exil in den 90er Jahren wieder angesiedelt wurden. Auf der **Organic Farm**, 4 km nördlich der Stadt, lässt sich beobachten, wie Bioanbau in Laos aussieht und was sich aus Maulbeeren alles herstellen lässt.

Höhlen

Vang Viengs Höhlen sind das Highlight der Region. Einige wie Tham Chang und Tham None sind zu

Fuß zu erreichen. Andere wie Tham Poukham, Tham Xang, Tham Hoi und Tham Nam lassen sich gut als Tagestour mit dem Fahrrad oder Tuk Tuk besuchen (Rückweg per Anhalter oder Pick-up vom Abzweig an der Straße 13). Die vielen Wegweiser sind nicht immer zuverlässig, unterwegs ruhig noch mal fragen. An fast allen Höhlen wird **Eintritt** verlangt (um 5000 Kip).

Ausrüstung: stabile Schuhe, am besten griffige Trekking-Sandalen, da man mitunter durch Wasser waten und über rutschige Steine klettern muss; knielange Shorts; ein wasserdichter Beutel für Wertsachen und eine wasserfeste Taschenlampe. Wer in einen der Pools springen möchte, die sich vor vielen Höhlen befinden, sollte außerdem passende Badesachen mitnehmen (Männer: knielange Shorts, Frauen: Badeanzug und Wickelrock). Auch wenn die Tatsache von vielen Touristen ignoriert wird: Zu viel nackte Haut gilt auch in Vang Vieng als despektierlich.

Tham Chang

Tham Chang, 2 km südlich des Zentrums auf dem Gelände des Vang Vieng Resorts, ist die erste Höhle der Region, die für den Tourismus erschlossen wurde. Hin geht es 1,3 km entlang der Uferstraße nach Süden. Ab Straßenende sind es rechts noch 700 m bis zum Vang Vieng Resort (Eintritt zum Resort mit Fahrrad 2000 Kip, Motorrad 3000 Kip, Brückengebühr 2000 Kip). Jenseits der roten Eisenbrücke führt ein Weg links zum Kassenhäuschen im Schatten einer Felswand.

Das Innere der Höhle, 150 Zementstufen höher, wirkt durch seine rosa und grüne Ausleuchtung arg verkitscht. Ein Rundweg führt an Kalkformationen vorbei, in denen sich verschiedene **Figuren** erkennen lassen: Gleich rechts, ein paar Stufen hinab, kommt man am „Stehenden Buddha mit Almosenschale" *(dag bat)* vorbei. Ein Stück weiter glitzert rechts ein halbrunder Stalagmit wie ein natürlicher „Brunnen". Linker Hand folgt ein sesselförmiger Stein, der als „Sitz des Buddha" bezeichnet wird – interessant ist auch der darüber hängende, schützende „Schirm". 2 m weiter wird rechts ein sehr kleiner „Buckliger" angestrahlt, und schließlich kann man durch ein Loch im Boden auf mehrere tiefer liegende Etagen bis zu einem unterirdischen Bach blicken. In einer weiteren Halle dient ein großer Stalaktit als Gong, der, wenn angeschlagen, einen tiefen, dumpfen Ton von sich gibt. Zurück am Abzweig beim „Stehenden Buddha" führt ein Weg nach rechts zu einem schönen **Aussichtspunkt**.

Für den Namen „Tham Chang" gibt es zwei Erklärungen: Historisch diente die Höhle als Festung gegen chinesische Ho-Banden, die der Region im 19. Jh. zusetzten *(chang* bedeutet so viel wie „steif" oder „fest"). Ein neuerer Ansatz bringt den Namen mit der Totenstarre in Verbindung, die bis in die 90er Jahre zum Schicksal all jener wurde, die sich beim Schwimmen zu weit in die Höhle hineingewagt hatten. Seit der Höhlengeist alle zwei Jahre mit einem Tieropfer befriedet wird, ist jeder, der in die Höhle hineingeschwommen ist, auch wieder lebendig herausgekommen.

Ein kleiner Park samt natürlichem Pool am Fuß der Höhle bietet sich für eine Pause an. Am Wochenende ist hier viel los. ⏱ 7–11.30 und 13–17 Uhr (Mittagspause wird eingehalten). Eintritt 10 000 Kip.

Tham Poukham

Ginge es nach Vang Viengs umtriebigen Geschäftsleuten, wäre Tham Poukham heute ähnlich ausgebaut wie Tham Chang. Glücklicherweise verbietet die spirituelle Bedeutung der Höhle derartige Eingriffe. Tham Poukham ist eine der längsten, aber auch unzugänglichsten Höhlen der Umgebung. Die meisten Besucher betreten nur die spektakuläre erste **Halle**.

Die Höhle liegt 7 km westlich von Vang Vieng und ist, nachdem man den Nam Xong am Sunset Restaurant überquert hat, in 45 Minuten mit dem Fahrrad zu erreichen. Alternativ kann man am Westufer eines der Tok Toks nehmen, die die Strecke regelmäßig abfahren. Wer zu Fuß oder mit dem Rad unterwegs ist, folgt der Sandstraße bis zu einer schmalen Holzbrücke über den Nam Ka (2000 Kip). Der Fluss ist an dieser Stelle so seicht, dass man ihn auch durchwaten kann. Etwa 1 km hinter der Brücke gabelt sich der Weg in Nathong Tai, hier rechts abbiegen. Radler sollten ihr Gefährt in der Regenzeit 1 km weiter in Nathong Neua abstellen, bevor die Straße zu schlammig wird. Nachdem der Houay San durchquert ist, zweigt kurz darauf rechter Hand der Weg zur Tham Poukham ab.

Der Eingang zur Höhle befindet sich 50 m oberhalb eines türkisfarbenen Pools. Der Aufstieg über scharfe Felsen und quer liegende Äste wird mit einem fantastischen Blick in eine 200 m weite, grünlich schimmernde Halle belohnt. Im Zentrum befindet sich ein goldener Altar mit einer **liegenden Buddhastatue**. Wer weiter in die Höhle eindringt (nur mit Guide), sieht mit viel Glück vielleicht die goldene Krabbe *(pou kham)*, die der Höhle einst ihren Namen gab. Eintritt 5000 Kip.

Tham Khanh und Tham Kiao Kham

Diese beiden Höhlen an der Südflanke des Vang Vieng Karstes sind auf dem Weg nach Tham Poukham ausgeschildert.

Tham Kiao Kham liegt wortwörtlich „auf der Höhe der roten Felswand". Der Aufstieg ist sehr steil und gefährlich und alles andere als zuverlässig ausgeschildert.

Der Weg zur **Tham Khanh** folgt einem ausgetrockneten Flussbett 2–3 km in nördliche Richtung. Vorsicht: Das Fahrrad ist für die kiesige Strecke ungeeignet, und die Kilometerangaben auf den Schildern sind reines Wunschdenken. Die idyllisch gelegene Höhle ist relativ klein und eng. In Begleitung eines Guides kann man jedoch zu einer eindrucksvollen **Halle** mit einer **Buddhastatue** vordringen; Eintritt inkl. Guide 5000 Kip.

Tham Xang (Elefantenhöhle)

Tham Xang, mehr eine Grotte als eine Höhle, befindet sich etwa 14 km nördlich von Vang Vieng und ist Teil der meisten Tagestouren. Von der Straße 13 geht es kurz hinter Nadao links ab. Ein kleiner Sandweg führt nach wenigen hundert Metern zum Nam Xong (Boot 2000 Kip). Der kegelförmige Karsthügel, in den sich Tham Xang schmiegt, ist vom Ufer aus zu sehen.

Die kleine Elefantenhöhle dient in erster Linie als Dorftempel. Im Pfahlbau links residiert ein Mönch, den Frühankommer mit Glück bei der Rezitation von Palmblattmanuskripten erleben können. Eine kleine Naga-Treppe führt zum Vorhof der Höhle, den eine farbige, vierkantige Säule ziert. Ursprünglich sollte sie den Boden vor Tropfwasser schützen, inzwischen spielt sie eine wichtige Rolle beim Wasserfest (Vollmond im April). Weitere moderne Figuren sind ein Ensemble von **Buddhastatuen** in der *abhaya*- und *bhumisparsa*-Mudra an der Stirnseite, davor eine Naga und mittig ein sehr großer **Fußabdruck** Buddhas. Entlang der Nordseite stellt eine liegende Figur Buddha in der *parinibbana*-Asana dar: Beim Übergang in den Tod beten die Schüler für die Aufnahme Buddhas in das Nirwana. Die Meerjungfrau wird von Frauen mit Kinderwunsch aufgesucht, und die Kobra gilt ebenfalls als glücksbringend. Der bedeutendste Glücksbringer und Namensgeber der Höhle ist der graue Elefant, der rechts neben dem Eingang in 2,50 m Höhe auf die Besucher herabblickt.

Vor der zentralen Buddhastatue platzieren Gläubige regelmäßig *mak beng*, aus Bananenblatt geflochtene und mit Tagetes geschmückte Pyramiden. Mit etwas Glück sieht man im Vat That in Vang Vieng, wie ältere Frauen die kunstvollen Gaben herstellen. Die beste Besuchszeit für Tham Xang ist der frühe Morgen zwischen 8 und 9 Uhr oder der Nachmittag, da ab 10 Uhr die ersten Tourgruppen eintreffen. Eintritt 1000 Kip.

Tham Hoi (Schneckenhöhle)

Tham Hoi ist nicht weit von Tham Xang entfernt, Schilder am Bootsanleger weisen den Weg.

Die Schneckenhöhle windet sich 1–2 km in den Berg hinein. Mit ihren spitzen **Stalaktiten** und mehreren pechschwarzen **Hallen** ist sie definitiv einen Besuch wert. Besonders schön sind nach etwa 400 m die abgestuften Beckenformationen und nach 800 m die Halle, deren eindeutig geformte Stalaktiten von Laoten „Nippeldecke" genannt werden.

Man sollte auf jeden Fall Kleidung anziehen, die nass werden darf, denn die kleinen Pools, die man immer wieder durchquert, können in der Regenzeit hüfthoch stehen (Vorsicht: rutschige Steine). Eintritt für Tham Hoi und Tham Loub inkl. Guide 5000 Kip.

Tham Nam (Wasserhöhle)

Tham Nam befindet sich etwa 500 m südlich von Tham Hoi (an der Gabelung rechts halten, an den Bergen entlang). Auf dem Weg dorthin zweigt ein Pfad zur **Tham Loub** ab, deren Besuch sich nur mit viel Zeit lohnt. Nach 10–15 Minuten durch einen lichten Wald erreicht man einen Bach, der rechter Hand vor dem Höhleneingang gestaut ist.

Der Besuch Tham Nams beginnt zu jeder Jahreszeit mit einem Bad. Wertsachen und Kamera sollten entweder im Gästehaus gelassen oder in einem wasserdichten Beutel transportiert werden. Das Becken eignet sich hervorragend zum **Tuben**.

Deshalb liegen hier auch Lkw-Schläuche der Tubing Group.

Der Eingang mit seinen sägezahnähnlichen Stalaktiten sieht viel versprechend aus, und die gemächliche Erkundung vom Wasser aus eröffnet eine neue Perspektive. Der anschließende schmale Gang parallel zum Bach ist allerdings rutschig und bietet im Vergleich zu Tham Hoi nicht viel Neues. Eintritt inkl. Guide 5000 Kip.

Tham None (Schlafhöhle)

Wer gern durch Matsch watet, Lehmrutschen mag und nichts dagegen hat, nass zu werden, wird in Tham None viel Spaß haben. Die Höhle ist von Vang Vieng aus gut zu Fuß oder mit dem Fahrrad zu erreichen. Von der Hauptstraße geht es zunächst 2 km entlang der Straße 13 nach Norden, bis ein großes Schild links zum Tham None Resort weist. An den Bungalows vorbei am Nam Xong angelangt, setzt ein kleines Boot Gäste über (2000 Kip hin und zurück). Jetzt sind es nur noch ein paar Meter nach rechts, bis ein rotes Geisterhaus und ein gestauter Bach den Eingang von Tham None ankündigen.

Das dort liegende Bambusfloß mit Zugleine ist in Privatbesitz, daher durchschwimmen die meisten das lang gezogene **Wasserbecken** (Wertsachen im Gästehaus lassen oder in einem wasserdichten Beutel verstauen). Eine rutschige Leiter führt aus dem Wasser ins Innere, wo man sich von einer Pfütze zur nächsten teilweise auf allen Vieren fortbewegt (Vorsicht, extrem rutschig). Der Name „Schlafhöhle" stammt aus der Zeit des Zweiten Indochinakrieges, als hier vorübergehend bis zu 2000 Menschen Unterschlupf fanden. Übrig geblieben ist ein 2 m tiefes Loch im Boden, das als Toilette benutzt wurde. Den Höhepunkt der Höhle bilden zwei natürliche **Rutschbahnen**, die man bei ausreichend hohem Wasserstand in einen Bach hinunterrutschen kann. Gegenüber liegt ein alternativer Ausgang, der mit einer Kletterpartie zu erreichen ist. Eintritt für Tham None und Tham Fa inkl. Guide 5000 Kip.

Organic Farm

Am Ufer des Nam Xong bei Ban Phoudindaeng, 4 km nördlich von Vang Vieng, liegt die Organic Farm. Sie ist ein beliebter Ausgangspunkt für Tubing-Ausflüge (s. „Aktivitäten"). Mit dem Fahrrad oder Motorrad geht es auf der Straße 13 nach Norden bis ein Schild den Weg links zur Farm weist. Die Straße endet nach 300 m am Fluss und an der Organic Farm.

Die 1996 gegründete, 6 ha große Bio-Farm produziert in erster Linie Maulbeertee und das auf möglichst umweltschonende Weise. Der Tee wird gleich neben dem Gästehaus hergestellt. Hier werden die Blätter stundenlang per Hand zerrieben und über dem Feuer gewendet (Fermentierung). Das Endprodukt ist ein wohlschmeckendes Mittel gegen Bluthochdruck, das Touristen vor Ort für US$1/100 g kaufen können. Im Restaurant gibt es Gemüse aus eigenem Anbau, Maulbeershake, Trockenobst, Hibiskustee, Ananas-, Sternfrucht-, Maulbeer- und Zitronensaft, laotisches Palmbier und *café lao*. Gästehaus s. S. 170, Kasten.

Fahrradtour im Westen Vang Viengs

Mit dem Fahrrad lässt sich ein einmalig schöner Rundtrip durch die Karstkulisse westlich von Vang Vieng unternehmen (32 km, halber bis ganzer Tag). Die Tour ist nur während der Trockenzeit zu empfehlen. Ein Drittel der Strecke führt über ausgefahrene, steinige oder aufgeweichte Pisten, lockeres Geröll und Kuhgatter, außerdem einige Male durch bis zu knietiefes Wasser. Über kurze Strecken muss das Rad getragen werden. Trinkwasser und leichter Proviant gehören ebenso ins Gepäck wie Badezeug (für Frauen zusätzlich ein Sarong).

Der Weg ist zunächst derselbe wie zur Tham Poukham. Hinter **Nathong Neua** beschreibt er eine Runde von knapp 20 km, bevor er wieder auf die Gabelung in Nathong Tai trifft. Von dort führt dieselbe Straße zurück nach Vang Vieng.

Ab **Tham Poukham** verläuft der Weg 2 km durch ein schmales Tal mit Wald- und Karstlandschaft bis zum weitläufigen Hmong-Dorf **Ban Naxom**. Dahinter folgt man in einer breiten Talsohle dem Lauf des Houay San, durchquert ihn mehrmals und muss sein Rad auf dem zusehends schlechter werdenden Weg streckenweise schieben. Im Nordosten erhebt sich in 1000 m Höhe die lang gezogene Felswand des Pha Deng („Roter Fels"), während im Südwesten die dicht bewaldeten Gipfel des Pha Poun (1441 m) und Pha Nang-Oua (1355 m) aufragen.

Nachdem man den Houay San ein letztes Mal durchquert hat, führt der Weg weiter nach Süd-

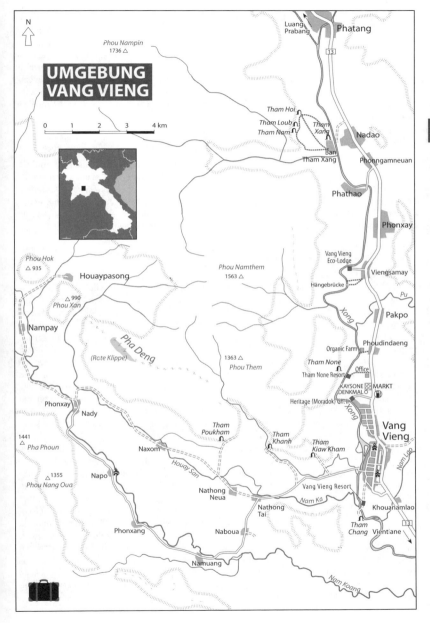

westen, bis er nach 1 km in **Ban Phonxay** im Nam Koang-Tal unvermittelt endet. Hier beginnt eine gut ausgebaute Sandstraße, die zunächst zwischen Stelzenhäusern geradeaus bergab führt. Südlich von **Nady** muss der Nam Koang mit dem Fahrrad durchquert werden. Der an dieser Stelle recht breite Fluss übersteigt selten Knie- bis Oberschenkelhöhe. Am gegenüberliegenden Ufer ist der Fuß des Pha Poun erreicht. Die folgenden Dörfer reihen sich mit ihren vielen Reisspeichern fast nahtlos aneinander. Das rote Tempeldach von **Napo** ist von Weitem sichtbar, und in **Ban Phonxang** stößt man auf die erste Reismühle (rechte Straßenseite, im gleichen Haus ist ein kleiner Laden).

Hinter **Namuang** ist der Nam Koang erneut zu überqueren, entweder über eine Holzbrücke oder durch die Furt. Die zuvor gute Straße wird nördlich des Flusses zu einem steil ansteigenden Weg. Anschließend kündigen die ersten Strommasten das Dorf **Naboua** an. Ab hier der guten Sandstraße folgen und den beiden eng nebeneinander liegenden Erhebungen Pha Boua (645 m) und Pha Ka entgegen fahren. Bald ist **Nathong Tai** erreicht, wo man sich in einem der Restaurants bei einer leckeren Fö oder einer Limonade ausruhen kann, bevor die letzte, bekannte Etappe nach Vang Vieng beginnt.

Übernachtung

Im boomenden Backpackerparadies Vang Vieng steigt die Bettenzahl ständig. Wer ein Stück Land besitzt, baut ein Gästehaus, wer schon eines hat, setzt einfach ein Stockwerk drauf. Das Ergebnis ist ein Überangebot an sehr ähnlichen Unterkünften, die schon ab US$3

Öko ist hip in Vang Vieng

Eingebettet in die Karstlandschaft, abseits des Trubels, liegen zwei Gästehäuser, die sich dem Gedanken der Nachhaltigkeit verschrieben haben. Beide sind über die Straße 13 Richtung Norden zu erreichen. Besonders die Organic Farm hat in Vang Vieng eine Ökowelle ins Rollen gebracht, die nicht immer dem entspricht, was in Europa unter „Bio" verstanden wird. Dabei widmet sich Suanmone, der Besitzer der **Organic Farm**, mit zahlreichen Projekten dem schonenden Umgang mit der Natur.

Auf der Farm stehen einfache Zimmer in Reihenhäusern aus Holz (US$3) für naturverbundene Gäste bereit. Eine Besonderheit sind die zwei exzentrischen **Mudhouses** (US$40): Rundhäuser mit Küche, Wohnraum und Veranda mit Hängematte; die Matratzen im Obergeschoss sind über eine Leiter zu erreichen. Inmitten von Maulbeer-Plantagen und mit Blick in die Karstlandschaft kommt hier leicht ein Gefühl von „einsamer Insel" auf. Die Gestaltung mit Spiegelmosaiken und warmen Farben erinnert auf Anhieb an Hundertwasser, den Suanmone aber kaum gekannt haben dürfte.

In gleicher kunstvoll organischer Bauweise, leider mit viel Zement, hat die Organic Farm in etwa 100 m Entfernung eine **Gemeindebücherei** für die Jugend von Vang Vieng errichtet. Studentengruppen aus Japan oder Korea besuchen die Farm häufiger und besichtigen sie gegen eine Spende. Der Erlös kommt gemeinnützigen Projekten wie der Bücherei, einem Schulbus oder dem geplanten Jugendzentrum zu Gute. Freiwillige Helfer für Landwirtschaft oder soziale Projekte sind willkommen; sie sollten jedoch mehrere Monate bleiben und bereit sein, ihren Aufenthalt selbst zu finanzieren. Näheres zur Farm und den **Projekten** auf der ausführlichen Website ☐ www.laofarm.org oder direkt unter ☏ 023-511220, ✉ suanmone@yahoo.com.

Die 2005 eröffnete **Vang Vieng Eco-Lodge** liegt im Khmu-Dorf Viengsamai, 9 km außerhalb: Geschmackvolle, schlichte Cottages (US$25, inkl. Frühstück) mit faszinierend schönem Blick auf das Massiv jenseits des Nam Xong. Es werden Treks in das zerklüftete Gebirge angeboten; ein Restaurant und ein Campingplatz mit Mietzelten (US$3) runden das Angebot ab. Es gibt Pläne, mit einem Mönch im Dorftempel Meditationskurse anzubieten. Näheres ☏ 021-413370, ✆ 412953, ✉ ecolodge@laotel.com, ☐ www.vangvieng eco-lodge.com.

einen vergleichsweise guten Standard bieten. Ventilator, Mückengitter und ein Bad mit Warmwasser gehören immer zur Ausstattung. Wer mehr Komfort oder etwas Besonderes sucht, hat es da schwerer; bessere Unterkünfte unbedingt reservieren. Dem abendlichen Rummel entkommt man am ehesten im Süden. Die begehrtesten Gästehäuser liegen am Nam Xong – trotz viel Party auf der vorgelagerten Insel.

AM FLUSS – Die nördlichen Unterkünfte befinden sich in Hörweite zur Insel. Hier kann der Technosound besonders abends lästig werden. Dafür bietet sich von allen Unterkünften tagsüber ein einzigartiges Panorama. Von Nord nach Süd:
Riverside Gh., nördlich der Insel, auf der Höhe von Vat That, ✆ 023-511035. Etwas abseits gelegene, sehr weitläufige Anlage mit Zimmern in 3 Kategorien: von Bambushütten bis zu komfortablen Bungalows. Idyllisch, aber unmittelbar bei der abends lauten Insel; Restaurant. ❶–❸
Champa Lao Gh., überblickt Fluss und Insel, ✆ 020-7814854. Traditionelles Holzhaus, freundlich gemanagt und gaaaanz entspannt; schön eingerichtete Leseveranda mit Restaurant, Sauna und traditionellen Massagesalon Siripanya. 12 preiswerte Zimmer, oft mit mehreren geteilt (Dorm), mit Gemeinschaftsbad. Dazu gehören 16 einfache Bambushütten zu US$3 auf der Insel, über einen Bambussteg mit dem Gästehaus. verbunden. ❶
Orchid Gh., bei der Bambusbrücke, überblickt den Fluss und die Insel, ✆ 023-511172, 020-220 2259. Modernes, sehr gepflegtes Gästehaus mit komfortablen Zimmern auf 2 Etagen, jedes mit eigenem Balkon, Bad, Ventilator oder AC. Freundlich geführt, gutes Preis-Leistungs-Verhältnis; zu empfehlen. ❷
Song Riverbank Gh., direkt an der Bambusbrücke zur Insel, ✆ 023-511201, 020-5489414. Älteres Gästehaus mit einfachen Zimmern mit Ventilator, Bad und Warmwasser, Obergeschoss heller und luftiger. 5 Bungalows auf winzigem Flussgrundstück. ❶
Saysong Gh., äußerstes Ende der Straße der BCEL Bank, ✆ 023-511130, 020-623423. Am Ufer und zugleich zentral; sympathischer Familienbetrieb, der immer wieder aufstockt. Gefliese DZ und 3-Bett-Zimmer mit Bad und Warmwasser.

Höhepunkt ist die Panoramaterrasse mit Hängematte und Bänken. ❶
Phoubane Riverside Gh., äußerstes Ende der Straße zur Bank, ✆ 023-511306 oder 511037. In einem weitläufigen Garten hoppeln dicke Hauskaninchen vor einem Langhaus und mehreren Doppelbungalows; einfache DZ und 3-Bett-Zimmer mit/ohne Bad, mit Ventilator und eigener Veranda. Eine idyllische Anlage älteren Datums, mit Restaurant; ruhig; auch wegen der etwas versteckten Lage beliebt. ❷
Other Side Gh., eines der wenigen Gästehäuser am anderen Ufer, wie der Name schon sagt – jenseits des Bambusssteges beim Phoubane; bescheidene Bambushütten und coole Atmosphäre zum kleinen Preis. ❶
Vansana Vang Vieng Resort, ✆ 023-551898 oder -99, ✉ vansana@laotel.com, 🖥 www.vansanahotel-group.com. 2006 eröffnetes Hotel der laotischen Gruppe mit 28 Zimmern à US$40 und 8 Suiten. Außerdem Panoramaterrasse mit nierenförmigem Pool und kleiner Grünanlage. Preis inkl. Frühstück. Der Beweis dafür, dass Vang Vieng auf dem sicheren Weg ist, ein internationales Touristenzentrum zu werden. Alle wichtigen Kreditkarten. ❺
Ban Sabai (Xayoh) Riverside Bungalows, am Ende der Straße von der Busstation, ✆ 023-511088. Bambusbungalows im Boutique-Stil, heißt: in edlem und zugleich zweckmäßig traditionellem Design, mit AC und Bad (größere Zimmer mit Badewanne), stimmungsvoller Garten mit alten Bäumen und Terrassenrestaurant am Fluss. Nicht mehr ganz geheim, daher unbedingt früh reservieren. Preis inkl. Frühstück. ❹
Thavonsouk Resort, an der Nam-Xong-Furt, ✆/📠 023-511096, ✉ thavonsouk@hotmail.com, 🖥 www.thavonsouk.com. Bungalow-Zimmer von Standard bis Luxus auf einem großen Gelände am Ufer. Alle geschmackvoll möbliert, fast alle mit Blick auf Nam Xong und Karstberge; Suiten mit Flussterrasse, Liegen, Kühlschrank und Badewanne. Das Panoramazimmer am Ende der Anlage bietet 4 Pers. Platz, mit Blick vom Schlafzimmer und sogar von der Badewanne aus. Im traditionell gebauten Ban Lao lässt sich (luxuriös!) wie in alten Zeiten wohnen. ❹–❻
Maylyn Gh., jenseits der neuen Brücke, rechts, ✆ 020-5604095, ✉ jophus_foley@hotmail.com.

Weit weg vom Getümmel liegt diese schöne Gartenanlage mit soliden Bambusbungalows und gemütlichem Grill-Restaurant. Joe eröffnete als erster sein Gästehaus am Westufer des Nam Xong, nach einer Erweiterung im Jahr 2005 haben 7 der 15 Zimmer eigene Bäder. ❶-❷

Villa Nam Song, an der Nam-Xong-Furt, ✆ 023-511016, 020-5663117. 2006 neu gestaltetes Hotel mit 16 komfortablen geräumigen Zimmern mit AC, Ventilator und Kühlschrank, 1-stöckiges Gebäude mit Garten. Stilvolles, klimatisiertes Restaurant mit Blick auf Fluss und Bergmassiv. Preis inkl. Frühstück. ❺

Die beiden folgenden werden ständig verwechselt. Wer hat nur wem den Namen abgeschaut?

Le Jardin Organique, zwischen Nam-Xong-Furt und neuer Brücke. Neue sympathische Anlage: ein üppiger Ufergarten mit einfachen Bambusbungalows. Hier befindet man sich mitten in der Natur und kommt ganz bestimmt zur Ruhe. ❶

Les Jardins de Vang Vieng, südlich der Nam-Xong-Brücke, ✆/✆ 023-511340, 020-5623207. Ein Ableger des Thavisouk Gh., somit auch bereits im TVS-Bus angepriesen. Das Bungalowresort mit derzeit gut 30 Zimmern in mehreren Kategorien hat für jeden das Richtige. Etwas unpersönlich wirkt das Restaurant mit DVD, nicht zuletzt durch die Größe der Anlage und der Nachfrage. Dennoch: gutes Preis-Leistungs-Verhältnis. ❶-❸

Außerhalb am Fluss:

Heritage (Moradok) Gh. II, Seitenstraße wenige 100 m nördlich des Ortsausgangs links, noch vor dem Kaysone-Denkmal und dem Markt, ✆ 023-511488 oder 021-312565. Ableger des gleichnamigen Hauses in Luang Prabang. 26 Zimmer in soliden Doppelbungalows in 2 Reihen um eine große Rasenfläche. Jedes Zimmer mit Balkon, Bad, AC; ruhige Lage, traumhafter Blick auf den Fluss und den Karst. Preis ohne Frühstück. Mit Restaurant, ideal für Gruppen. ❹

Vang Vieng Resort, vom südlichen Ende der Flussstraße führt rechts eine Sandstraße nach etwa 800 m zum Resort, ✆ 023-511050. Auf dem Gelände vor der roten Eisenbrücke zu Tham Chang liegen 28 solide ausgestattete Zimmer in Doppelbungalows, 15 mit AC, alle mit Bad. Die 5 Zimmer jenseits der Brücke sind nicht zu empfehlen. Wirklich preiswertes Resort, in erster Linie von thailändischen oder laotischen Reisegruppen besucht. ❶-❷

Organic Farm und *Vang Vieng Eco-lodge* siehe S. 170.

AN DER HAUPTSTRASSE – Im Norden liegen etliche unpersönliche Bettenburgen. Im Süden findet man einige gute Häuser der ersten Generation; von Nord nach Süd:

Malany Gh., gegenüber dem Erawan Restaurant, am alten Rollfeld, ✆ 023-511083. Einer der größten und neuesten Gästehaustürme der Stadt. Geführt von einem laotisch-koreanischen Paar, daher das koreanische Restaurant. Unzählige preiswerte Zimmer mit Ventilator, Bad und Warmwasser. Phoun Travel hat sich auf koreanische Gäste spezialisiert. ❶

Chan-thanom Gh., Obergeschoss des Organic Farm Cafés, ✆ 023-511174. Kleiner familiärer Betrieb in einem laotischen Haus, sehr einfach und billig, zentral und dennoch nicht zu laut. Vor allem ist das beste Essen der Stadt in greifbarer Nähe! ❶

Pan's Gh., südlich des Funkturms, ✆ 023-511097, 511040. Von Pan und ihrem neuseeländischen Mann 2006 eröffnet. Freundlich geführtes Gästehaus mit 25 sauberen Zimmern in 2 Gebäuden, das vordere ist ein traditionelles Haus mit Holzobergeschoss; Zimmer mit/ohne AC, Bad und Warmwasser; mit sehr beliebtem Café, in dem sich ausgiebig brunchen lässt. ❶

Pany Gh., in einer kleinen Seitenstraße Richtung Rollfeld, ✆ 023-511076. Nette familiäre Unterkunft; Zimmer mit Holzböden, Ventilator, Bad und warmer Dusche; ruhig. ❶

Nana 1&2 Gh., ✆ 023-511036 oder 511070. Etliche Zimmer in 2 Gebäuden am südlichen Ende der Stadt. Das neuere Haus an der Hauptstraße hat eher Hotelcharakter mit schönen Holzböden und AC-Zimmern; kostenloser Kaffee am Morgen. Die Räume im Erdgeschoss sind allerdings muffig und feucht. Die Atmosphäre des alten Nana westlich des Pany Gh. ist wesentlich familiärer. ❶-❹

Moukdavanh Gh., kleine Seitenstraße südlich Vat Sisumang, ✆ 023-511038. Entspanntes Gästehaus in einer ruhigen Wohngegend. Mehrere Bambushütten mit Ventilator, Bad und warmer

Dusche gruppieren sich um einen schönen Garten. Ideal zum Ausspannen. ❶

STRASSE DER BCEL BANK – Die Straße verläuft von der Kreuzung im Zentrum zur Uferstraße im Westen. Auch hier gibt es günstige Zimmer mit weitgehend einheitlichen Standards und Preisen:

Phaserdsay Gh., gegenüber der BCEL, ✆ 023-511052. Versteckt gelegenes, zurückversetztes neues Haus. 10 geräumige Zimmer auf 2 Stockwerken: schön möbliert, Bad mit Warmwasser und nette Besitzer. ❶

Dokbhoua Gh., gegenüber der Luang Prabang Bakery, ✆ 023-511125. Etwas zurückversetzt, 16 Zimmer auf 2 Etagen mit Ventilator, Bad und Warmwasser; die Räume im oberen Stockwerk sind neuer; ruhige Lage. ❶

Dokkhoun 1 Gh., neben dem Dokbhoua Gh., ✆ 023-511191 oder 511032. Großes, preiswertes Gästehaus in 2 Bauten mit einem für die Preisklasse ordentlichen Standard. Alle Zimmer mit Ventilator und eigenem Bad mit Warmwasser; das Obergeschoss ist besser. ❶–❷

Viengvilay Gh., direkt am Markt, ✆ 023-511177. Der mehrstöckige, hotelartige Bau mit 36 Zimmern überragt die umliegenden Gebäude; von oben bietet sich ein schöner Rundblick – vorausgesetzt man schafft es die steile Wendeltreppe hinauf. Zimmer in allen Varianten: mit Ventilator oder AC, einem Doppelbett oder zweien, Bad oder Gemeinschaftsbad. Die angeschlossene T.C.K. Amazing Tours bietet die ortsübliche Kajaktour zum gängigen Niedrigpreis an. ❶–❷

QUERSTRASSEN SÜDLICH DES ZENTRUMS – Eine Reihe sehr großer und vom Standard ähnlicher Unterkünfte befinden sich in den südlichen Querstraßen, die die Hauptstraße mit der Flussstraße verbinden. Sie sind zwar preiswert, gehören aber wie manch andere in die Kategorie „Bettenburgen".

Thavisouk Gh., 1. Querstraße südlich der Straße der BCEL Bank, ✆ 023-511340. Großes Gästehaus mit mindestens 30 Zimmern, das ständig ein weiteres Stockwerk draufzusetzen scheint; je höher man steigt, desto neuer und luftiger werden die Zimmer. Einfach, sauber, Bad und Warmwasser, z. T. Holzwände; 3-Bett-Zimmer; bei Travellern beliebt. Die dazugehörige Agentur Thavisouk Adventures hat neben der Kajaktour in der direkten Umgebung auch eine Tour über die Nam Lik-Schlucht nach Vientiane im Angebot. Der VIP-Bus TVS nach Vientiane wird von hier aus betrieben. ❶–❷

Phoukham Gh., ✆ 023-511081, gegenüber dem Thavisouk, jedoch nicht so gut. Die Zimmer im Erdgeschoss sind schlecht belüftet, ansonsten gibt es auf mehreren Stockwerken einfache Standardzimmer für ein junges Publikum. ❶–❷

Vieng Savanh Gh., 2. Querstraße, Straße von der Busstation zum Fluss, ✆ 023-511112. Zimmer mit Ventilator, Bad und warmer Dusche, guter Standard. ❶–❷

Khamphone Gh., 3. Querstraße, ✆ 023-511062. 28 saubere gefliese Zimmer in 3 modernen Gebäuden mit Ventilator oder AC, Bad und Warmwasser; es lohnt sich, den geringen Aufpreis für die oberen Zimmer zu zahlen. Jedes der Häuser hat im 1. Stock einen Balkon. Fahrrad- und Motorradverleih. ❶–❷

Kianethong Gh., ✆ 023-511069. Sehr ähnlich zu seinem Nachbarn, nur klotziger und noch mehr Zimmer. ❶–❷

Essen und Unterhaltung

Mit den **Restaurants** in Vang Vieng ist es wie mit den Gästehäusern: Die Auswahl ist riesig. Das Spektrum reicht von französisch über indisch

> **Tückisches Essen**
>
> Seit Jahren kursiert in den Restaurants von Vang Vieng dieselbe Speisekarte, die auf der letzten Seite so genannte „Happy" oder „Special" Gerichte listet – ohne Angabe der besonderen Zutat! Dabei ist es **Marihuana**, das üppig auf Pizzen gestreut oder Shakes und Cakes beigemischt wird. Ahnungslos erlitten schon viele Touristen einen Kreislaufkollaps oder Schlimmeres. Außerdem bringen weder Gästehausbesitzer noch Ärzte und schon gar nicht die Polizei Verständnis für die Betroffenen auf (auch wenn es unabsichtlich zum Trip gekommen ist).

Die Bambusbrücken über den Nam Xong werden zur Regenzeit abgebaut

bis israelisch. Ein Großteil der Lokale hat sich auf die Wünsche der Touristen eingestellt und serviert entsprechend milde Versionen des Originals.
In fast allen Restaurants entlang der Hauptstraße werden DVD-Filme gezeigt. Wer es ruhig mag oder lieber auf die Karstberge schaut, sollte in die kleineren Lokale entlang der Uferstraße oder (tagsüber) die Cafés auf **Nam Xong Island** gehen.
Günstige **Essensstände** befinden sich am südlichen Ende der Hauptstraße, an der Ecke vor der Telecom, wo man Nudelsuppen und Gegrilltes essen kann. **Rotis** gibt es abends an Ständen entlang der Straße der BCEL Bank und der Hauptstraße.

Vom Ufer in Richtung Zentrum:
Luang Prabang Bakery, neben der BCEL Bank und gegenüber Dokkhoun Gh. Der beste Frühstückstreff: große Schokoladen-Pfannkuchen, leckere Obstsalate, Omeletten und Baguettes. Jede Menge internationale Gerichte, laotisches und indisches Essen und außerdem eine gute Auswahl an heißen Getränken wie Cappuccino, Espresso und Earl Grey. Viel klebriges Süßgebäck und Sandwiches zum Mitnehmen. ⏰ tgl. 7–22 Uhr.
Xayoh Café, Hauptstraße, Ecke Straße zur Bank. Schöne Terrasse und auffällig gestalteter Innenraum mit Bar und gefragtem Billardtisch. Laut Regeln an der Wand bezahlt der Verlierer, der Gewinner spielt weiter. Das Essen reicht von Hamburgern bis Pasta, außerdem gute Fruchtshakes. Kaffee nicht zu empfehlen. Gruppen kommen bei einem Liter-Pitcher vom Fass auf mehr als ihre Kosten. ⏰ tgl. 9–23 Uhr.
Chaleunxai Restaurant, gegenüber dem Xayoh. Ebenfalls groß, Stimmung bis spät in die Nacht. Internationale Karte.
Nangbot Restaurant, Hauptstraße, gegenüber dem Chaleunxai Restaurant. Die Nummer Eins, wenn es um laotisches Essen geht! Von vielen Laoten gepriesen und besucht. Man sollte der Bedienung mitteilen, wie scharf man seinen *tam mak hung* (Papayasalat) oder Glasnudelsalat gern hätte. Oder klarstellen, dass man das authentische laotische Essen probieren möchte.
Espresso Lao Coffee House, neben Konica, 1. Querstraße südlich der Straße der Bank.

Neues Café mit Thai-Lao-Küche, Steaks und Pancakes. Die Besitzerin röstet ihren vorzüglichen Kaffee von Hand. Zu empfehlen für Süßmäuler: „Sticky rice Mango".
End of the World (Dalavan Restaurant), 1. Querstraße südlich der Straße der Bank. Ursprünglich auf Tofu spezialisiert, bietet es nun neben einem hervorragenden *phetpet Tofu* fein abgeschmeckte Gerichte in vielen Variationen; sehr zu empfehlen sind das Hühnerschnitzel und der Salat mit Huhn. ⏰ tgl. 7–23 Uhr.
Full Moon, 1. Querstraße südlich der Straße der Bank. Pinkfarbene Leuchtstoffröhren, Scheunenatmosphäre und eine quadratische Bar zum Anlehnen. Dieses Traveller-Lokal bietet laotische, europäische, israelische und indische Gerichte nebst Hauskreationen wie *laap*-Burger und als Absacker einen „Vang Vieng Sling".
The Rising Sun, neben dem Full Moon – bezeichnenderweise. Sehr beliebtes Pub-Bar-Restaurant nach einem Whisky-Wodka-Cocktail benannt. Farbenfrohes 2-stöckiges Caribbean-Holzhaus; mit Billiardtisch, viel Musik und Sitzkissen im Obergeschoss. Auf der Karte dominieren britisches *pub grub*, also Pasteten, Kartoffelpüree und triefende Schokoladenkuchen. Zu Trinken gibt's Guiness, White Russian, Blue Hawaian ...
Erawan Restaurant, Hauptstraße, Ecke 1. südliche Querstraße. Eines der wenigen gehobeneren Restaurants, in dem man morgens gesund frühstücken kann (Müsli etc.) und abends leckeres Satay oder Huhn mit Galgant bekommt. Der Restaurantteil mit Liegesitzen und TV ist räumlich abgetrennt; außer DVD-Filmen laufen hier auch Nachrichten (CNN, BBC).
DK3 Restaurant, Hauptstraße, nahe Xayoh Restaurant. Trotz allgegenwärtiger „Give Pizza a chance"-Karte auch gute asiatische Gerichte; große Portionen zu günstigen Preisen. Sehr gut sind der erfrischende Minze-Limetten-Saft oder die leckere Mediterranean Pizza mit Oliven, Aubergine und Thai-Basilikum.
Keomani Restaurant (Pizzeria Falconi), gegenüber DK3. Ähnlich gut.
Zwei populäre Inder mit „N" gibt es entlang der Hauptstraße:
Nisha, gegenüber dem DK3 Restaurant. Klein, einfach und gut.

Nazim's, südlich der Kreuzung zur Straße der BCEL Bank. Der große Klassiker der indischen Küche in Laos und häufig Anlaufstelle von VIP-Gästen in Vang Vieng. ⏰ tgl. 10–23 Uhr.

Organic Farm Restaurant, Hauptstraße, gegenüber der Agricultural Bank. Unschlagbar frisches Bio-Gemüse in (nicht ausschließlich) vegetarischen Kreationen wie Tofu-Satay, Kürbissuppe und Maulbeer-Omelette! Große Fruchtsaftauswahl, darunter Sapotilla und hausgemachter Maulbeershake. Handgerollter Maulbeertee steht zum Verkauf: 100 g zu US$2. Auch zum Frühstück zu empfehlen.

Sunset Restaurant, Thavonsouk Bunglows, an der Nam Xong-Brücke. Auf der Terrasse am Fluss werden westliche Gerichte und laotische Spezialitäten serviert, die weitgehend an den touristischen Gaumen angepasst sind; relativ kleine Portionen. Einer der schönsten und populärsten Orte, um den Sonnenuntergang zu genießen.

Gutes Essen wird auch auf **Nam Xong Island** serviert.

Aktivitäten

TUBING – Eine der beliebtesten Traveller-Aktivitäten in Vang Vieng besteht darin, in einem Lkw-Schlauch den Nam Xong hinunterzutreiben. Ein guter Startpunkt befindet sich 4 km nördlich der Stadt bei der Organic Farm. Auf der Tour passiert man Tham None, Endpunkt ist die Furt bei den Thavonsouk Bungalows.

Tubing Group, am alten Markt. Ein Projekt der besonderen Art, an dem sich jeder Bewohner der Nam Xong-Gegend finanziell beteiligen kann: Insgesamt 260 Tubes werden von der Tubing Group an Touristen vermietet und jeder Teilhaber erhält monatlich einen gleichen Anteil von den Gewinnen. Organisiert wird der 2- bis 3-Stunden-Trip inkl. Schlauchverleih und Transfer für US$3,50. ⏰ 9–16 Uhr.

SCHWIMMEN – An vielen Höhlen in der Umgebung Vang Viengs gibt es natürliche Pools, in denen man sich nach einer anstrengenden Tour abkühlen kann. Besonders schön ist der Pool bei Tham Poukham mit türkisfarbenem Wasser und einem Seil zum Schwingen. In Tham Chang, Tham None und Tham Nam besteht ebenfalls die Möglichkeit zu baden. Auch wenn sich in der direkten Umgebung Vang Viengs westliche Bademode voll durchgesetzt hat: Bei Pools weiter abseits und in Dorfnähe sollten sich Frauen nach laotischen Maßstäben mit einem Sarong bedecken.

TOUREN – Inzwischen befindet sich an fast jeder Ecke in Vang Vieng ein vermeintlicher Touranbieter oder Outdoor-Spezialist. Das Tourangebot ist jedoch nicht so abwechslungsreich wie es auf den ersten Blick scheint. Fast alle bieten dieselbe **Standard-Tagestour** (Tubing oder Kayaking) zu US$8–15 an und damit nicht genug: Die Kunden verschiedener Agenturen werden häufig zu größeren Gruppen zusammengefasst (bis zu

---

Was heißt hier „kein Nachtleben"?

Meist sucht man es vergebens in Laos: ein aufregendes Nachtleben. In Vang Vieng ist es nicht nur möglich, sondern fast unumgänglich.

Nam Xong Island: Hier werden die meisten Nächte zu Techno durchgetanzt und am Lagerfeuer durchschwadroniert. Auf der schmalen Insel reihen sich in einem Bambushain mindestens fünf Bars aneinander. Jede mit eigener Anlage und Partyprogramm, ideal zum Feiern und Abhängen. Tagsüber lässt sich inmitten herrlicher Landschaft direkt am Wasser sonnen, lesen, baden und essen.

Hauptstraße: Die meisten Restaurants in Vang Vieng sind zugleich Café, Bar und Vorführraum. Besonders viel los ist in den Lokalen entlang oder nahe der Hauptstraße, wo sich eine junge Szene abends auf Podesten und Matten zu Cocktails, DVDs und westlicher Musik trifft.

Nam Lao Disco: Typisch laotische Disco, gegenüber dem Xayoh Café, in der vorwiegend Einheimische zu lauter Konserve und Live-Musik tanzen und singen. Einer der wenigen Treffs, wo sich Touristen unter Laoten mischen und nicht umgekehrt. ⏰ tgl. bis 0.30 Uhr.

15 Pers.). Beim versprochenen Barbeque gibt es Gemüsereis aus Styroporbehältern und mitgebrachte aufgewärmte Spießchen. Treffen mehrere Gruppen aufeinander, kann ein Höhlen- oder Dorfbesuch schnell zur Massenveranstaltung werden.

Die folgenden Veranstalter bieten in erster Linie die Standardtour auf dem **Nam Xong** oder die **Nam Lik-Kajaktour**, Näheres s. S. 162, an; zu höheren Preisen können sie auch individuelle Trekkingtouren mit mehreren **Höhlenerkundungen** für Kleingruppen organisieren:

Riverside Tour Service, in der Straße der BCEL Bank, ✆ 023-511500, 020-2254137, ✉ riversidetour@gmail.com. Freundliche Kayaking-Agentur mit kleinem Internet-Café, in dem man günstig Baht tauschen kann.

Außerdem:

TCK Amazing Tours, im Vieng Vilay Gh.
Phoun Travel, im Malany Gh. Guter Service, jedoch auf koreanische Gäste spezialisiert.
Jounsport, an der Haupstraße nahe Organic Café. Neuerer Anbieter.
Thavisouk Tours, im gleichnamigen Gästehaus.

Wer etwas mehr bezahlt, kann bei ***Green Discovery***, im Xayoh Café, Straße der BCEL Bank, ✆ 023-511440, 🖥 www.greendiscoverylaos.com, mit einem gut ausgebildeten Guide und einfallsreich gestalteten Programm rechnen. Neben Tagestouren mit **Kajaks** auf dem Nam Xong oder Nam Lik bietet der Ökotourismus-Spezialist auch 2-tägige **Wanderungen** ins Karst; sehr zu empfehlen ist *Secret Eden*. Auf dem Programm steht auch die **Rafting-Tour** auf dem Nam Ngum zu US$90 p. P.: eine spektakuläre Wildwasserfahrt, bei der im Dschungel übernachtet wird und die man jetzt wahrnehmen sollte, bevor das Tal 2008 aufgestaut und zu einer zweiten Stufe des Nam Ngum-Stausees wird. Außerdem bietet Green Discovery **Kletterkurse** für Anfänger und Fortgeschrittene an (Schwierigkeitsgrade 5–8a+), US$20 p. P. inkl. Ausrüstung, Essen und Versicherung. Profis können die Ausrüstung tageweise mieten und selbst losziehen; alle Routendetails enthält der hier verkaufte Kletterguide (US$5).

Fishing for Falang

Damit das **Tubing** zum sicheren Vergnügen wird, hier einige Tipps: an Rettungsweste, Sonnencreme und Kappe denken, Wertsachen im Gästehaus lassen oder wasserdicht einpacken.

Unterwegs wird man nicht selten wie eine lahme Ente aus dem Wasser gefischt – die Angler sind Barbesitzer, die zum Bier verführen wollen. Bei der großen Dichte an Bars am Nam Xong bleibt leicht jegliches Gefühl für Raum und Zeit auf der Strecke. Auch wenn beim Tubing mehr denn je gilt, der Weg ist das Ziel – bitte nicht den Sonnenstand und die Gefahren der Strömung aus den Augen verlieren.

Sonstiges

APOTHEKEN – Mehrere Apotheken befinden sich im neuen Markt. Näher ist diejenige unmittelbar gegenüber dem Krankenhaus.

BÜCHER – *B.K.C. Bookshop*, nahe dem Viengvilay Gh. Kleine Auswahl an Secondhand-Büchern in Englisch, Deutsch und Französisch. ⊙ tgl. 7–21 Uhr.

EINKAUFEN – Die Tage, als die Händlerinnen ihre Frischwaren noch unter freiem Himmel oder dem Dach des alten Marktes im Zentrum feilboten, sind Vergangenheit. Das neue Marktgelände liegt hinter dem nördlichen Ortsausgang links, jenseits des Kaysone-Denkmals, und hier erschließt sich nun ein zeitgemäßerer laotischer Alltag. In blitzblanker Umgebung reihen sich kleine Geschäfte mit Haushaltswaren, Textilien, Schuhen oder Karaoke VCDs aneinander. Es gibt eine Snackecke für Fö und wie gehabt, nur neu, überdachte Marktstände mit einer bunten Auswahl an Frischwaren.

Die **chinesischen Stände** entlang der Uferstraße auf der Höhe der Stadtverwaltung sind geblieben; hier gibt es fast nur Billigwaren: vom Vorhängeschloss über Flipflops bis zu Dschungelboots, T-Shirts und Taschen.

Auch an **Souvenirshops** mit *Beerlao*-T-Shirts in allen Farben und Ausführungen besteht in Vang Vieng kein Mangel.

FAHRRAD- UND MOTORRADVERLEIH – Fahrräder (10 000 Kip) und Motorräder (US$8) lassen sich in vielen Geschäften und Gästehäusern mieten. Green Discovery verleiht ab US$5/Tag auch stabile Mountainbikes.

FILME UND FOTOKOPIEN – *Konica-Shop*, neben Espresso Lao Coffee House. Klimatisierter Fotoladen, in dem man auch für ein paar hundert Kip fotokopieren kann. ⓘ tgl. 8–20 Uhr.
In der Straße parallel zum Nam Xong, nahe dem Vansana Hotel, liegen mehrere gut sortierte **Schreibwarengeschäfte**, in denen man auch günstig fotokopieren kann.

GELD – Die Banken in Vang Vieng wechseln Dollar, Baht, Euro und Travellers Cheques. Einige Gästehäuser tauschen außerhalb der Banköffnungszeiten zu schlechteren Kursen.
Agricultural Bank, Hauptstraße, schräg gegenüber dem Telecom Office. ⓘ Mo–Fr 8.30–15.30 Uhr.
BCEL, in der Querstraße vom Zentrum ausgehend. Patenter Wechselschalter, tauscht zu guten Kursen und hat selbst an Wochenenden geöffnet. ⓘ tgl. 8.30–16 Uhr.

INTERNET – Ohne Internet-Café und **Internet-Telefonie** kommt kein Traveller mehr aus. Und Vang Vieng ist voll und ganz auf Traveller ausgerichtet. Zur Zeit der Recherche konnte man in einem guten Dutzend Cafés für 300 Kip/Min. surfen. ⓘ tgl. 8–23 oder 24 Uhr.

MEDIZINISCHE HILFE – Das Krankenhaus von Vang Vieng ist nur mit dem Nötigsten ausgestattet. In dringenden Fällen entweder über Vientiane nach Nong Khai ausreisen oder das moderne **Provinzkrankenhaus Maria Theresia** (Lao-Luxemburg Clinic) in Phonemy, nahe Thalat, aufsuchen. Hier arbeitet ein deutscher Tropenarzt. Ein Malariazentrum dieses Krankenhauses befindet sich in Phonhong.

VISASERVICE – Reisebüros organisieren Visaverlängerungen für US$3/Tag; außerdem Visaservice für die Nachbarländer von Laos (teuer).

WÄSCHEREI – In Vang Vieng wird die Wäsche landesweit am billigsten gewaschen. Die Preise beginnen bei 5000 Kip/kg, die meisten Gästehäuser bieten einen Wäscheservice für 8000 Kip/kg an.

Sicher ist sicher

Wir raten von **Höhlentouren** auf eigene Faust ab, da erst 2005 wieder ein Tourist dabei ums Leben gekommen ist. In dem zerklüfteten Gestein befinden sich nicht selten tiefere Löcher im Boden, die in der Dunkelheit kaum zu sehen sind und auf die ein Guide in jedem Fall hinweisen wird.
Wer eine Höhle erkundet, sollte seine Wertsachen sicher im Gästehaus deponieren oder in einem wasserdichten Beutel *(dry bag)* verstauen. Nichts in fremde Hände geben, es ist schon zu Diebstählen gekommen. Vorsicht auch vor rutschigen Steinen und scharfen Felskanten.
Bei langen **Wanderungen** und **Radtouren** unbedingt ausreichend Wasser mitnehmen und viel trinken.

Nahverkehrsmittel

Vang Vieng kann ohne Probleme zu Fuß erkundet werden, für Ausflüge in das Umland bietet sich das **Fahrrad** an. Wer ein **Tuk Tuk** benötigt, findet es am neuen Markt oder an der Bushaltestelle. Touristen zahlen ca. 2000 Kip/km und Person, d. h. die Fahrt von der Busstation bis zum Markt kostet 5000 Kip, ebenso die Strecke vom Markt bis zum Vang Vieng Resort. Tagespauschalen können ausgehandelt werden. Öfter als Tuk Tuks werden in Vang Vieng **Tok Toks** eingesetzt: einachsige Traktoren, die jenseits des Nam Xong die Strecke zu Tham Phoukham bedienen.

Transport

BUSSE – Die **Busstation** befindet sich an der Straße 13, auf der alten Rollbahn.

LUANG PRABANG (227 km, 5 Std.) der erste Bus verlässt Vang Vieng um 9 Uhr, anschließend kommen fast stdl. Busse aus Vientiane in Richtung Luang Prabang vorbei. Staatliche Busse kosten 65 000 Kip, AC-Busse 75 000 Kip, VIP-Busse US$10. Sie fahren über KASI (1 1/2 Std.) und PHOU KHOUN (2 1/2 Std.). Während der Regenzeit kann sich die Zahl auf weniger als 5 pro Tag verringern.

VIENTIANE (156 km, 3 Std.) seit 2006 verkehren die neuen, sehr bequemen VIP-Busse von TVS tgl. um 10.30 und 14 Uhr für 35 000 Kip, Tickets und Reservierungen in jedem Gästehaus, vor allem morgens schnell ausgebucht. Staatliche Busse fahren 4x vormittags, 2x nachmittags für 20 000 Kip über PHONHONG; Pick-ups fahren häufiger.

PHONSAVAN (218 km, 6 Std.) 2–3 Direktbusse passieren Vang Vieng ab 9.30 Uhr, 55 000 Kip. Da viele Busse voll besetzt vorbeifahren, kann es sein, dass man erst in dem Bus gegen 12 Uhr einen Platz findet.

XAM NEUA (456 km, 18 Std.) 2 Direktbusse über Luang Prabang kommen in Vang Vieng zwischen 10 und 12 Uhr vorbei. Ein weiterer über Phonsavan um 17 Uhr. Eine heftige Tour, die man sich gut überlegen sollte ... (110 000 Kip).

PICK-UPS UND MINIBUSSE – fahren alle 30–60 Min. von der Busstation ab. Pick-ups nach VIENTIANE 10 000 Kip p. P.; Charter 1000 Baht oder US$25.

Mehrere Gästehäuser, darunter das Dokkhoun 1 Gh., betreiben private **AC-Minibusse** nach LUANG PRABANG (US$10 p. P.), VIENTIANE (US$5 p. P.) und zum NAM NGUM-STAUSEE (US$30 pauschal), Minimum 6 Pers., sonst teurer.

Von Vang Vieng nach Luang Prabang

Die Strecke zwischen Vang Vieng und Luang Prabang ist ohne Zweifel eine der schönsten des Landes. Über 250 km schlängelt sich die Straße 13 über mehrere Pässe an knapp 2000 m hohen Bergmassiven vorbei und eröffnet dabei immer wieder Ausblicke über weite Täler.

Das gesamte Stück von Vientiane nach Luang Prabang wurde Anfang der 40er Jahre von den Franzosen angelegt und während des Zweiten Indochinakrieges mit amerikanischem Geld ausgebaut. Nach der Machtübernahme der Pathet Lao passierte lange Zeit nichts, so dass sich der Straßenzustand zusehends verschlechterte. Als sich in den 90er Jahren mit der Öffnung des Landes auch die verkehrsstrategische Bedeutung der Verbindung zeigte, wurden umfassende Reparaturen in Angriff genommen, finanziert von der Asiatischen Entwicklungsbank (ADB). 1996 wurde das Stück wieder dem Verkehr übergeben.

Bis zum Ende der 90er Jahre kam es entlang der Strecke, vor allem zwischen Kasi und Phou Khoun, immer wieder zu **Überfällen**, bei denen auch mehrere Ausländer ums Leben kamen. Nach Jahren der Ruhe, in denen die Straße als sicher galt, wurden im Februar, April und Juli 2003 erneut öffentliche Busse nahe Vang Vieng, Phou Khoun und Kasi angegriffen und dabei mindestens 24 Menschen, darunter auch zwei Touristen, getötet. Seither werden viele Busse von einem Soldaten in zivil begleitet und eine Reihe von Militärposten wurde zur Bewachung entlang der Strecke abgestellt. Die Hintergründe der Anschläge sind bis heute ungeklärt. Derzeit wird geraten, die Fahrten auf der Straße 13 zwischen Vang Vieng und Luang Prabang nicht in einem öffentlichen, sondern in einem Touristenbus zurückzulegen. Auf jeden Fall sollte man sich vor einer Fahrt noch einmal nach der aktuellen Sicherheitslage erkundigen.

Kasi

Die 50 km lange Strecke zwischen Vang Vieng und Kasi führt durch schöne Karstlandschaft. Dabei folgt die Straße 13 zunächst dem Nam Xong flussaufwärts, führt dann durch ein immer enger werdendes Tal an Karstbergen mit bis zu 1300 m Höhe vorbei, bis sich schließlich bei Kasi eine weite Ebene öffnet.

Die meisten Touristen bekommen von der kleinen Stadt am Nam Lik nur die lang gezogene Hauptstraße zu sehen, an der sich zahlreiche Läden und Restaurants auf die Bedürfnisse der Trucker und Busfahrer eingestellt haben. Wer etwas Zeit hat, kann zur Sägemühle am Nam Lik laufen, wo noch immer Elefanten für den Holztransport eingesetzt werden (Dorfbewohner fragen).

In der Nähe der Bushaltestelle bietet das *Vanphisith Guesthouse* 14 saubere Zimmer mit hohen

Decken, gefliesten Böden, Mückengittern, Ventilator und Bad. Das größere *Somchit Guesthouse* liegt etwas zurückversetzt am nördlichen Ortsausgang; beide ❶.

Eine Reihe von Restaurants versorgt Busreisende mit Fö, Fleisch- und Gemüsegerichten. Vor allem mittags legen hier zahlreiche Busse in Richtung Norden und Süden eine Pause ein.

Phou Khoun und Kiou Kacham

Hinter Kasi verläuft die Straße 13 durch das fruchtbare Tal des Nam Lik, vorbei an Kohlfeldern, Papaya-, Bananen- und Mandarinenplantagen. Bereits nach 12 km beginnt der Anstieg in Bergregionen mit bis zu 1900 m hohen Gipfeln. Am augenfälligsten ist der östlich der Straße steil aufragende Zacken des **Phou Pachao** (1892 m). Nachdem man ihn passiert hat, wird die Straße zunehmend kurvig. Das Panorama zur Linken gehört zu den aufregendsten der gesamten Strecke. An der Provinzgrenze wird man mit den wohlmeinenden, jedoch etwas irreführenden Worten „Welcome to Luang Prabang City!" begrüßt.

Ab hier wird die Straße 13 über weite Teile von Hmong-Dörfern flankiert. Wenige Kilometer vor Phou Khoun liegen linker Hand die Reste eines **französischen Forts**, die aber kaum noch auszumachen sind.

Nach insgesamt 48 km ist die kleine, auf einem Berggrat kauernde Bezirkshauptstadt **Phou Khoun** erreicht. Der strategisch wichtige Ort markiert den Kreuzungspunkt der Straßen 13 und 7 und wird auch „Sala Phou Khoun" genannt. Der Name deutet auf die Versammlungshalle eines Vats hin, von der gesagt wird, dass dort früher Reisende rasteten und übernachteten. Heute lässt nichts mehr auf die Existenz eines Vats schließen, und auch sonst lädt Phou Khoun zu kaum mehr als einer kurzen Pause ein.

Die Stadt dient in erster Linie als Marktplatz der Region. Es gibt eine Post, eine Apotheke, eine Tankstelle und eine Reihe von Fö-Küchen. Die dicht am Abhang zusammengedrängten Holzhäuser, die das Stadtbild prägen, sind typisch für die bevorzugt in Höhenlagen um 1000 m siedelnden Hmong: ebenerdig, mit ausladenden Reet- oder Schindeldächern, oft aus breiten Brettern und fensterlos gebaut, um der Witterung besser standzuhalten.

Die **Direktbusse** zwischen Luang Prabang, Phonsavan, Vang Vieng und Vientiane halten auf ein Winken hin an der Kreuzung im Zentrum. Sofern noch Platz ist, kann man hier zusteigen. In der Trockenzeit dauert die Fahrt nach Phonsavan 4 1/2 Std., Luang Prabang 3 1/2 Std., Vang Vieng 2 1/2 Std. und Vientiane 6 Std. Die ersten Busse passieren den Ort um die Mittagszeit, die letzten dürften gegen 15 Uhr eintreffen. Während der Regenzeit verspäten sie sich häufig um mehrere Stunden.

Die zwei hiesigen Gästehäuser sind nur in Ausnahmefällen zu empfehlen. Eines befindet sich direkt an der Kreuzung nach Phonsavan, das andere liegt gleich unterhalb der Polizeistation an der Straße 7. Weitaus besser für eine Übernachtung ist das 50 km entfernte **Kiou Kacham**. Dieses Hmong-Städtchen bietet mehrere ordentliche Alternativen: das *Kiou Kacham Gh., Duangvichit Gh.,* ✆ 071-252568 und daneben das *Bounthan Gh. & Restaurant;* alle ❶. Da Busse und Pick-ups hier häufig eine Toilettenpause einlegen, sind die Restaurantbetreiber auf Snacks für Touristen eingestellt.

Bald hinter Kiou Kacham eröffnet sich ein weiteres Panorama über das weite Tal des Houay Khan. Am östlichen Ende zieht der Lauf des Nam Khan eine beeindruckende Schlangenlinie. Anschließend beginnt der letzte steile Abstieg in unzähligen Serpentinen, und erst im 24 km vor Luang Prabang gelegenen Kreuzungsort **Xieng Ngeun** sind die Talsohle und der Nam Khan erreicht. Ein schwacher Trost für Reisekranke: Zumindest diese letzten Kilometer bis zum Ziel sind nahezu kurvenfrei.

Luang Prabang

Vat Xieng Thong das älteste und schönste Kloster Luang Prabangs **S. 186**
Palastmuseum auf den Spuren des Königreiches und des Phra Bang **S. 199**
Hinauf zum That Chomsi das legendäre Panorama vom Gipfel des Phousi **S. 191**
Vat Mai, Vat Vixoun und Vat That Luang eine Erkundung der historisch
bedeutsamen Klöster **S. 192** und **S. 196**
Tad Kuang Xi und Tad Se Ausflüge zu den lieblichen Wasserfällen **S. 228**
Grab von Henri Mouhot mit dem Fahrrad zur Ruhestätte des
ersten Besuchers aus der westlichen Welt **S. 206**
Sonnenuntergang am Mekong bei Vat Phutthabat Tai oder
der Auberge le Calao **S. 196** und **S. 210**

Luang Prabang

Karte siehe Farbblock zwischen S. 192 und 193

Am 25. Juli erreichte ich Luang Prabang, eine entzückende kleine Stadt, nicht größer als eine Quadratmeile und mit nicht mehr als 7000 oder 8000 Einwohnern. Die Lage des Ortes ist außergewöhnlich schön. Die Berge, im Norden und im Süden, säumen den Mekong und formen eine Art rundes Tal oder Amphitheater [...] Ein lieblicher Anblick, der mich an die Seenlandschaften von Como und Genf erinnert. Wäre da nicht die unaufhörlich sengende tropische Sonne oder würde die Mittagshitze nur durch ein Lüftchen erfrischt, wäre der Ort ein kleines Paradies.

Mit diesen Worten schwärmte der erste westliche Besucher, Henri Mouhot, von Luang Prabang, zu dem er im Jahre 1861 auf seiner Reise durch Indochina und Siam auf dem Rücken eines Elefanten vordrang. Dem Bild einer kleinen, von reizvoller Landschaft umgebenen Stadt entspricht die alte Königsresidenz bis heute. Luang Prabang zählt inzwischen rund 30 000 Einwohner, in der Hochsaison kommen bis zu 17 000 auswärtige Besucher im Monat hinzu. Aus der Luft, vom Wasser oder über Land steuern Touristen das entlegene Kleinod im Norden von Laos an, das 1995 von der Unesco zum Weltkulturerbe erklärt wurde. Die zahlreichen Vats, historischen Bauwerke und Kulturlandschaften erfahren seither ein ungekanntes Maß an Aufmerksamkeit.

Mit dem Tourismus setzte ein Aufschwung ein, den Ortskenner zuweilen mit einer Art Goldrausch vergleichen. Die Stadterneuerungen und die Modernisierungen von alten Gebäuden schreiten in einem für laotische Verhältnisse Schwindel erregenden Tempo voran. Im Jahr 2003 entstand durch die Uferbefestigungen des Mekong und Nam Khan eine einmalig schöne Promenade, an der zusehends mehr Gästehäuser, Hotels und Terrassen-Restaurants eröffnen. In den Jahren darauf wurden sämtliche Straßen und Gassen auf der Halbinsel mit den von der Unesco entworfenen Gehwegen aus rotem Ziegel und modernen Laternen versehen. Bis in die letzten Winkel hinein entstehen neue Geschäfte, Restaurants, Internet-Cafés und Gästehäuser. Gleichzeitig ist es den Denkmalschützern gelungen, die Wertschätzung der historischen Gebäude zu steigern. Wer ein neues Haus bauen will, muss es nach einem von drei festgelegten traditionellen Stilen gestalten. Auflagen wie eine maximale Gebäudehöhe, die sich nach der höchsten Kokospalme in der Umgebung richtet, oder die konsequente Erhaltung der ältesten Holzbauten sind weiterhin nicht leicht durchsetzbar, aber die große Anzahl neuer Häuser nach altem Vorbild zeigt, dass der Denkmalschutz weitgehend akzeptiert und nicht nur im direkten Zusammenhang mit dem Tourismus gesehen wird. Die Einwohner Luang Prabangs sprechen mit sichtlichem Stolz von der Bewahrung des kulturellen Erbes.

Die grüne Landzunge, auf der neben einer touristischen Geschäftsmeile unzählige Klöster und ruhige Wohnviertel liegen, strahlt weiterhin eine sehr gelassene Atmosphäre aus. Luang Prabang war einst Sitz der Könige Lane Xangs, des ersten laotischen Großreichs, das die Geschichte von Laos begründete. Fa Ngum erklärte den Theravada-Buddhismus hier im 14. Jh. zur Staatsreligion, und der Glaube wurde von seinen Nachfolgern über sechs Jahrhunderte hinweg mit großer Ehrfurcht praktiziert und gefördert. Als ältestes religiöses Zentrum in Laos zieht Luang Prabang heute mehr Schüler denn je aus allen Landesteilen, Thailand und Kambodscha an. Von ehemals 65 Klöstern im 18. Jh. sind heute noch 29 in Betrieb. 2000 Mönche und Novizen lassen die Stadt eigentlich immer in dem für den *sangha* von Luang Prabang festgelegten Orangeton erleuchten. Unvergesslich ist das Erlebnis des *dag bat,* des Almosengangs, bei dem Mönche und Novizen, dem Alter nach aufgereiht, durch die Straßen gehen und von den Gläubigen ihr Essen für den Tag erhalten. Den frühmorgendlichen Rundgang, täglich gegen halb sieben, sollte kein Besucher versäumen.

Drei Tage sind für den Besuch Luang Prabangs empfehlenswert; wer länger bleiben möchte, kann das Kulturangebot durch Abstecher ins Umland ergänzen. Die Halbinsel ist gut zu Fuß zu erkunden, **Fahrräder** sind für die umliegenden Stadtviertel und für Touren in die Umgebung beliebt. Ein Panorama über die Stadt eröffnet sich von **That Chomsi** auf der Spitze des **Phousi**.

Die erste Stadtbesichtigung sollte zu Fuß am nordöstlichen Ende der Halbinsel beginnen. **Vat Xieng Thong**, das älteste Kloster Luang Prabangs, gilt als das schönste von ganz Laos. Seine beiden vergleichsweise unscheinbaren Nachbarn **Vat Pak Khan** und **Vat Khili** sind als einzige Vats aus dem

Luang Prabang: Weltkulturerbe seit 1995

Sitz des Teams, das im Auftrag der Unesco für die Erhaltung Luang Prabangs arbeitet, ist das ehemalige Zollhaus an der Spitze der Halbinsel, genannt *La Maison du Patrimoine*. Hier wurde der *Protected Area Masterplan* entwickelt, eine genaue Inventarisierung und Beschreibung der vorhandenen Bausubstanz, anhand derer bewertet und geschützt werden kann. Diese Liste, die knapp 800 schützenswerte Gebäude und Feuchtgebiete umfasst, berücksichtigt die folgenden vier Kategorien:

1. **Sakralbauten** (223): alle Vats mit ihren alten Nebengebäuden.
2. **Kolonialarchitektur**: Ein prägnantes Beispiel eines kolonialen Verwaltungsgebäudes ist das französische Zollhaus aus dem Jahre 1925. Vor seiner Renovierung in den späten 90er Jahren war es nicht mehr als eine Ruine ohne Dach. Zur bislang nur wenig beachteten funktionalen Kolonialarchitektur zählen die Geschäftsgebäude im chinesischen Stil an der Sisavangvong Rd. Noch bis 1993 waren diese Häuser so stark verfallen, dass sie zur Hälfte leer standen.
3. **Traditionelle Wohnhäuser**: Besonders wertvoll und am stärksten gefährdet sind die laotischen Stelzenhäuser aus Holz. Sie repräsentieren die alteingesessene Architektur Luang Prabangs und stammen teilweise noch aus dem 19. Jh. Die Residenz des Kronprinzen, in direkter Nachbarschaft zu Vat Xieng Mouane, wurde mit traditionellen Techniken und natürlichen Materialien mustergültig restauriert. Französische Spezialisten führten die Instandsetzung 2004 als Schulungsprojekt für laotische Restauratoren durch.
4. **Kulturlandschaft** bzw. Feuchtgebiete: Dazu zählen die Teiche (183), um die sich viele Wohngebiete *(ban)* gruppieren. Auch die charakteristischen Gemüse- und Kräuterbeete, die nach der Regenzeit jedes Jahr entlang des Mekong und Nam Ou neu entstehen, sind geschützt.

Nach der Inventarisierung entwickelte ein Architektenteam strikte Auflagen und Genehmigungsverfahren für Neu- und Umbauten in der geschützten Zone. Heute arbeitet das *Maison du Patrimoine* im Auftrag der laotischen Regierung als Aufsicht über die Einhaltung dieser Regeln, die, laut Unesco, leider viel zu oft missachtet werden. Das Haus fungiert auch als kostenlose Beratungsstelle; Bauherren können hier eine ausführliche Dokumentation mit Stilvorgaben zu Dachformen, Motiven, Farbgebung oder Materialien einsehen. Da mit steigendem Wohlstand moderne Standards gefragt sind, nimmt die Aufklärungsarbeit in der Bevölkerung für die Mitarbeiter des Projekts eine zentrale Rolle ein. Ein leitender Unesco-Berater bemerkte zum Stand der Konservierungen der ältesten Holzbauten: „Wenn mal ein Haus den Termiten zum Opfer fällt, kann man damit leben, verschwindet aber ein Haus im Monat, hat man Grund zur Sorge."
Das Projekt wird von der EU, der Unesco Frankreich und Japan finanziert.

---

18. Jh. im Original erhalten. Einblicke in die Zeit der laotischen Monarchie vermittelt das **Museum** im alten **Königspalast**, Ho Kham, auf dessen Gelände auch die Statue des **Phra Bang**, des Schutzheiligtums der Stadt, untergebracht ist. Mehr buddhistische Kunst gibt es im **Vat Vixoun** im Osten der Stadt zu besichtigen, darunter die einzigartige **That Mak Mo**. Zu den Lieblingsorten der Besucher Luang Prabangs zählen die Uferpromenaden und Terrassen am **Mekong** und **Nam Khan**. Ein Ausflug zu den gegenüberliegenden Flussufern kann eine Wanderung mit Klosterbesuchen oder die Besichtigung von Kunsthandwerksstätten beinhalten.

Geschichte

In der frühen Geschichte Luang Prabangs, der „Stätte des Phra Bang", lassen sich Dichtung und Wahrheit kaum auseinander halten. Erste schriftliche Erwähnung findet die Siedlung am Zusammenfluss von Mekong und Nam Khan im 5. Jh. v. Chr., als sie angeblich von König Khoun Chuang von Chiang Saen erobert wurde. Damalige Siedler am nördlichen Mekong waren die Khmu, ein austro-asiatisches Volk, das mit den Khmer verwandt ist. Ab dem 8. Jh. n. Chr. wanderten Tai-Völker in die Region ein und verdrängten die Ureinwohner in die Berge. Zu jener Zeit soll **Muang Sua**, so der damalige Name Luang Prabangs, von König Khoun Lo, dem ältesten Sohn des mythischen Urkönigs Khoun Bourom, erobert worden sein. Ein weiterer Gründungsmythos erzählt von zwei heiligen Asketen, die die Stadt mit vier Grundsteinen absteckten. Sie sollen es gewesen sein, die Khoun Bourom als Regenten einsetzten und ihrer zukünftigen Stadt **Xieng Dong-Xieng Thong**, wörtlich „Ort zwischen dem Flüsschen Dong und dem Flammenbaum", Macht und Reichtum prophezeiten. Bis heute wird Khoun Bourom als Begründer des Herrschergeschlechts von Luang Prabang angesehen.

Im Jahr 1292 tauchte Muang Sua dann erstmalig als ein an das Königreich Sukhothai tributpflichtiges Fürstentum in den Annalen auf. Die Geschichte Luang Prabangs als Königsstadt nahm 1353 ihren Anfang, als sich Fa Ngum (reg. 1353–1373) zum ersten König von **Lane Xang Hom Khao**, dem „Reich der eine Million Elefanten und dem weißen Schirm", krönen ließ. In Luang Prabang geboren, war Fa Ngum am Hofe von Angkor aufgewachsen, von wo er 1350 mit einer riesigen Armee nach Norden aufbrach, um seinen Anspruch auf den Thron Luang Prabangs geltend zu machen. Auf seinem Weg bezwang er die Fürstentümer beiderseits des Mekong und schuf ein Reich, das nahezu das gesamte Gebiet des heutigen Laos und weite Teile Nordost-Thailands umfasste. Fünf Jahre nach der Reichsgründung erhielt er vom König Angkors die goldene Buddhastatue **Phra Bang**, und es heißt, dass er zusammen mit dem Heiligtum auch eine Delegation buddhistischer Gelehrter kommen ließ. Fa Ngum erklärte den Phra Bang zum Schutzheiligtum des Reichs und zum Symbol für die neue Staatsreligion, den **Theravada-Buddhismus**.

Mustergültig restauriert: die alte Kronprinzenresidenz

Trotz des kostbaren Schutzheiligen verlief die Geschichte der Stadt alles andere als geradlinig. Unter Fa Ngums Sohn Samsenthai (reg. 1373–1416) erlebte sie eine erste Blüte. Zahlreiche Klöster wurden gebaut, der Handel nahm zu, und die Mönche und Gelehrten begründeten mit **Vat Manorom** die bis heute größte Klosterschule der Stadt. Vixounarat (reg. 1500–1520), ebenfalls ein Förderer der Kunst und Religion, ließ 1512 **Vat Vixoun** als Stätte für den Phra Bang erbauen (die Statue wechselte bis zum heutigen Tag rund ein Dutzend Mal den Standort). Der imposante Holzbau war bis zu seiner Zerstörung im 19. Jh. das prächtigste Kloster der Stadt.

Im 16. Jh. sah sich Luang Prabang vermehrt Übergriffen durch die Birmanen ausgesetzt. Da Lane Xang an fast allen Grenzen in Kriege verwickelt war, beschloss der Nachfolger Vixouns, Phothisarat (reg. 1520–1548), mit seinem Hof nach Vientiane umzuziehen. Die offizielle Verlegung der Hauptstadt fand im Jahr 1560 unter Setthathirat (reg. 1548–1571) statt. Zum Abschied und als Zeichen seiner Anerkennung ließ er im gleichen Jahr **Vat Xieng Thong** errichten und benannte die Stadt nach dem Schutzheiligen Phra Bang, der in der Stadt verblieb, in Luang Prabang um. Die Königsstadt verlor damit zwar ihren politischen Einfluss, entwickelte sich jedoch weiter zu einem Zentrum des Buddhismus, das auch von Gelehrten aus Kambodscha, Vietnam und Siam aufgesucht wurde.

Nach dem Zerfall Lane Xangs in drei Königreiche war Luang Prabang wiederholt in Kriege verwickelt. Die Birmanen überrannten die Stadt 1753 und 1771, und 1774 fiel ein Großteil der Gebäude einer Feuersbrunst zum Opfer. Entsprechend leichtes Spiel hatten die **Siamesen**, die das geschwächte Königreich vier Jahre später unterwarfen. In der Folgezeit zollte Luang Prabang mal dem einen, mal dem anderen Nachbarn Tribut, und es überrascht nicht, dass die Ankunft der Franzosen im 19. Jh. bei den Stadtbewohnern mehr Neugierde als Unbehagen auslöste.

Der erste westliche Besucher war im Jahre 1861 der Naturforscher **Henri Mouhot**, dem nur fünf Jahre später die Expedition von Doudard de Lagrée folgte. Im Jahre 1887 kam **Auguste Pavie** als französischer Vizekonsul nach Luang Prabang. Das Königreich war seit 1836 ein Vasall Siams. Der laotische König Ounkham (reg. 1872–1895) sah Luang Prabang jedoch nicht ausreichend durch die Siamesen geschützt und nahm Verhandlungen mit Pavie auf. Ähnlich wie die Franzosen in Annam (Vietnam) die Monarchie in Hué aufrecht erhielten, versprach Pavie auch Ounkham den Schutz seines Reiches. Noch im Jahr 1887 erfuhr die Königsstadt mit dem Einfall der **Ho** aus dem Gebiet Südchinas Verwüstungen, die den größten Verlust historischer Bauwerke und Kunst in ihrer Geschichte bedeuteten. Auch der Palast wurde zerstört, und es wird erzählt, dass es ein Bediensteter Auguste Pavies war, der den König aus den Flammen rettete.

In den darauffolgenden Jahren erschwerten es die Franzosen den Siamesen zunehmend, sich in Laos zu halten. Im Jahre 1893 verpflichtete sich Siam gegenüber Frankreich zum Rückzug aus allen Gebieten östlich des Mekong, was den Weg zur Integration von Laos in die Indochinesische Union frei machte. Luang Prabang erhielt 1899 aufgrund seines Königshauses, damals unter Sakkarine (reg. 1895–1904), innerhalb der Kolonie eine Sonderstellung als Protektorat.

Der Enkel Ounkhams, **Sisavangvong** (reg. 1904–1959), zeichnete sich durch seine ausgesprochene Treue gegenüber den Franzosen und sein Engagement für den Erhalt der Schätze seiner Stadt aus. Die Kolonialherren brachten derweil vietnamesische Handwerker und Verwaltungskräfte in die Stadt und ließen Regierungsgebäude im bewährten indochinesischen Stil und sogar den Palast nach ihren Vorstellungen neu erbauen. Viele der schönsten Kolonialvillen entstanden in den frühen 20er Jahren.

Mit dem Zweiten Weltkrieg begannen die Wirren um die Unabhängigkeit des Landes. **Prinz Phetsarat**, Vizekönig unter Sisavangvong, gründete die Lao Issara und arbeitete fortan für die Unabhängigkeit und Einheit von Laos. Als es den Franzosen 1946 erneut gelang, sich als Kolonialherren zu behaupten, ging Phetsarat ins thailändische Exil. Erst gegen Ende seines Lebens kehrte er nach Luang Prabang zurück. Bis heute wird er in seiner Heimatstadt hoch verehrt. Sisavangvong kooperierte indes weiter eng mit den Franzosen, die ihn 1947 zum König über Gesamtlaos erhoben.

Nach der Unabhängigkeit von 1954 geriet die laotische Krone mit dem Erstarken der Kommunisten und der zunehmenden Einmischung von außen weitgehend in den Hintergrund. Zur Zeit des letzten Königs **Savang Vatthana** (reg. 1959–1975) war die laotische Monarchie zu einer Institution geworden, die der Nationalversammlung lediglich zur Wahrung der Einheit des Landes in Krisenzeiten als nützlich erschien.

Im Zweiten Indochinakrieg gab es unter den gegnerischen Parteien eine stillschweigende Vereinbarung, Luang Prabang vor der Zerstörung zu bewahren. Umso heftiger waren die Kämpfe in der unmittelbaren Umgebung. 1975 wurde der König nach der Übernahme der **Pathet Lao** seines Amtes enthoben und die Familie zwei Jahre darauf in einem entlegenen Winkel Houaphans interniert. Savang Vatthana, seine Frau und sein ältester Sohn kamen allem Anschein nach dort wenige Jahre später ums Leben.

Mit dem Verlust der Monarchie und der schwindenden Bedeutung des Buddhismus unter dem neuen Regime fiel Luang Prabang in eine Zeit der Brache. Auch wirtschaftlich stand es durch die große Entfernung zu Vientiane und zum Handelspartner Vietnam weitgehend isoliert da. Seit die laotische Regierung bei der Unesco 1993 Unterstützung für die Erhaltung der Stadt anfragte, erlebt das „Juwel am Mekong" die Wiederentdeckung jahrhundertealter Traditionen und zeitgleich einen rasanten Einzug der Moderne. Es scheint, als hätte die einstige Königsstadt zu ihrem alten Selbstbewusstsein zurückgefunden.

Orientierung

Es fällt nicht schwer, sich in Luang Prabang zurechtzufinden. Schon Francis Garnier schwärmte von der „harmonischen Anordnung der Häuser, in parallel zum Fluss verlaufenden Reihen und Straßen, die sich im rechten Winkel begegnen". Das alte Stadtzentrum auf der Halbinsel besteht aus wenig mehr als zwei Parallelstraßen und zwei **Uferpromenaden**. Komplizierter wird es, wenn man sich die vielen Querstraßen und schmalen Gassen zu merken versucht oder sich gar anhand von **Straßennamen** zurechtfinden möchte. Diese ändern sich häufig im Straßenverlauf, ein unlogisches System, das auf eine Konvention der Franzosen zurückgeht. Einheimische geben in ihrer Adresse nur das *ban* (Dorf) an, in dem sie wohnen, und die meisten *ban* sind nach dem nächsten Vat benannt. Tuk Tuk-Fahrer kennen häufig nur die Namen der Hauptverkehrsachsen (darunter die Straßen **Sisa**vangvong, Setthathirat, Vixounarat, Naviengkham und Phou Vao). Mit dem Namen eines Gästehauses oder eines markanten Punktes gewappnet kommt man daher am leichtesten an sein Ziel.

Religiöse Stätten
Im Norden der Halbinsel
Vat Xieng Thong

Am Ende der Halbinsel, ganz in der Nähe des Zusammenflusses von Mekong und Nam Khan, liegt eines der beeindruckendsten Klöster von Laos. König Setthathirat ließ Vat Xieng Thong 1560 als königliches Kloster erbauen, kurz bevor er die Hauptstadt des Reiches nach Vientiane verlegte. *Thong* hat zwei Bedeutungen, so dass der Name des Vats entweder als „Kloster der Stadt des Flammenbaums" oder als „Kloster der goldenen Königsstadt" gelesen werden kann.

Hintergrund der ersten Übersetzung könnte der **Gründungsmythos** Luang Prabangs sein, dem zufolge zwei Asketen mit übernatürlichen Kräften von einem feuerrot blühenden Flammenbaum an der Spitze der Halbinsel und einem Berg (Phousi) in der Form eines Reiskegels so sehr angezogen wurden, dass sie sich dort niederließen. Der Baum soll an der Mündung des Nam Khan in den Mekong gestanden haben. Einen von vier Grenzsteinen legten die beiden Asketen neben den *mai thong* und nannten die neu entstandene Siedlung Xieng Dong-Xieng Thong.

Als einziger aus dem 16. Jh. erhaltener Vat ist Vat Xieng Thong das **älteste Kloster** der Stadt und zugleich wichtigstes Beispiel für den klassischen Architekturstil Luang Prabangs. Es blieb 1887 von den Zerstörungen der Ho verschont, angeblich weil ihr Anführer Deo Van Tri zuvor als Novize in diesem Vat gelebt hatte und sich deshalb nach seiner Ankunft dort einquartierte. Seit dieser Zeit diente Vat Xieng Thong als Vorbild bei Renovierungen oder dem Neubau von Sakralbauten – das aktuellste Beispiel ist der neue Ho Phra Bang auf dem Palastgelände.

Das weitschweifige, in mehreren Lagen horizontal und am First vertikal gestaffelte **Dach** des *sim* erinnert an ein dicht überlappendes Gefieder. Laoten vergleichen seine Form mit einer „Glucke, die schützend auf ihren Küken sitzt". Tatsächlich endet das Dach auch nicht weit vom Bo-

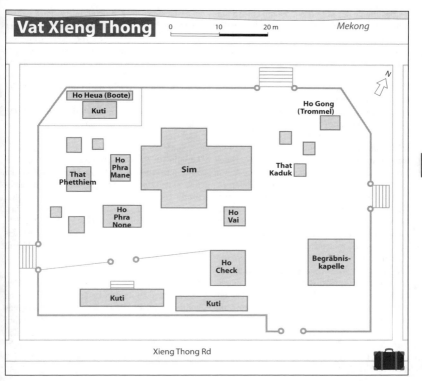

den. Typisch für diesen Stil ist auch das Portal mit unterschiedlich hohen Säulen, die mit üppig verzierten Blenden verbunden sind. Die Holzblenden schließen mit Doppelbögen ab und sind mit Schnitzereien und Einlegearbeiten verziert. Die Bögen münden in einem filigran ziselierten *dok heuang pheung* (Form eines Bienenstocks). Aufwendig geschnitzte Dachkonsolen zieren die niedrigen Seitenwände des Baus. Weitere Charakteristika sind die Dachaufbauten, elegant aufragende Garudas am Ende jedes Firsts und der *ngot so fa* (in den Himmel zeigen), das krönende Ornament, das den Berg Meru symbolisiert. Die Anzahl der Spitzen des *ngot so fa* zeigt die rituelle Bedeutung eines Heiligtums an, wobei kein Kloster in Laos mehr aufweist als Vat Xieng Thong mit seinen 17 Spitzen.

Bis heute finden in und um Vat Xieng Thong viele der wichtigsten buddhistischen Zeremonien und Feste statt. Beim *Boun Ok Phansa* endet die Prozession der Feuerboote auf dem Gelände. Die Boote werden vor dem *sim* gesegnet und anschließend am Fuß der Treppe zum Mekong aufs Wasser gesetzt. Dieser **Treppenaufgang** vom Mekong war einst der wichtigste Zugang zur Stadt. Könige, die von einer langen Reise zurückkehrten, sollten hier landen, an einer Waschungszeremonie teilnehmen und sich vor der Wiederaufnahme ihrer Staatsgeschäfte drei Tage lang ins Kloster zurückziehen. Für hohe Gäste, die über Land aus Siam kamen, endete die Reise in Xieng Mene am gegenüberliegenden Ufer. Von dort setzten sie zur Anlegestelle des Vats über, um vor dem *sim* gebührend empfangen zu werden.

Das Innere des *sim* prägen die mit einer **Schablonendrucktechnik** aufgetragenen goldenen Verzierungen auf rotem und schwarzem Grund. Sie erzählen die zehn wichtigsten Jatakas sowie die Erleuchtungsgeschichte Buddhas. Die Dekorationen entstanden 1960 im Auftrag von König Savang Vatthana. Sie stammen von dem Künstler Thao Sin Keo, der zuvor im Vat Sene ähnliche Arbeiten ausgeführt hatte. Ein bemerkenswert langer *hang lin* (Wasserrinne) hängt rechts in einiger Höhe von der Decke herab und endet über dem Waschungsschrein, der seinerseits unten durch eine Leitung mit der Außenwand verbunden ist. Bei der rituellen Waschung von Buddhafiguren zu *Boun Pi Mai* speit der mit Spiegelmosaik bedeckte Elefantenkopf an der nördlichen Gebäudeseite das heilige Wasser zum Hof aus. Das **Glasmosaik** auf der Rückseite des *sim* stellt einen prächtigen Flammenbaum, womöglich den Namensgeber des Vats, dar. Zudem sind zahlreiche Tiere und in den beiden oberen Ecken je eine *kinnari* (mythisches Wesen, halb Frau, halb Vogel) abgebildet. Auch das Mosaik soll von Thao Sin Keo stammen. Bei genauerem Hinsehen ähneln sich Mosaik und Schablonendruck in ihrer fragmentarischen Formgebung und der naiven Darstellung von Motiven.

In der 1828 erbauten Bibliothek *(ho tai)*, der **Ho Phra Mane**, wird heute ein weiteres landesweit verehrtes Buddhabildnis aufbewahrt. Es heißt, dass die vergoldete Holzstatue des Phra Mane 1557 im Mekong gefunden wurde. Die Buddhastatue in der *abhaya*-Mudra gilt als Regen bringend, und Gläubige bekommen sie nur dann zu Gesicht, wenn sich die Regenzeit verzögert und sie in einer feierlichen Prozession durch die Stadt getragen wird.

An der südlichsten Ecke des *sim* befindet sich die so genannte Rote Kapelle, der **Ho Phra None**. Der Schrein wurde 1957 anlässlich des 2500. Geburtstags von Buddha mit dem Glasmosaik auf rotem Grund versehen. Die Kapelle enthält ein sehr ausgefallenes Buddhabildnis in der *parinibbana*-Asana. Diese liegende Haltung findet man bei Bronzen in laotischer Tradition sehr selten. Sie symbolisiert den sterbenden Buddha bzw. seinen Übergang ins Nirvana. Obwohl gesagt wird, dass König Setthathirat den Phra None 1569 in Auftrag gegeben haben soll, weist die Statue wesentliche Merkmale von laotischen Bronzedarstellungen aus dem 18. Jh. auf. Fest steht, dass sie 1931 zusammen mit Objekten, die sich heute im Ho Phra Keo in Vientiane befinden, der westlichen Welt auf der Kolonialausstellung in Paris vorgestellt wurde. Vor der Skulptur liegt eine Steinplatte auf einem Kissen; schafft man es knieend, sie auf Brusthöhe zu heben und sich dabei auch noch etwas zu wünschen, ist man einerseits stark und andererseits der Wunscherfüllung nahe.

Die Buddhastatue im **Ho Vai**, südlich des *sim*, wurde König Savang Vatthana 1962 vom thailändischen König Bhumiphol geschenkt.

König Savang Vatthana ließ die **Begräbniskapelle** 1962 in Gedenken an seinen Vater Sisavangvong erbauen. In dem golden erstrahlenden Bau ist der königliche **Begräbniswagen** untergebracht. Die Verstorbenen werden in Embryonalstellung in den großen Gefäßen so lange aufbewahrt, bis sie zur Kremation zum Vat gebracht werden. König Sisavangvong wurde 1960, im Jahr nach seinem Tod, kremiert und seine Asche erst 1965 im Vat That Luang beigesetzt.

Die kunstvoll geschnitzten Basreliefs an Fensterflügeln, Dachkonsolen und Gebäudefront stellen Szenen aus dem Ramayana dar und wurden noch vor dem Ende der Regentschaft Savang Vatthanas fertig gestellt. Der Künstler Thao Thit Than schuf die beeindruckenden Schnitzereien, einschließlich der sieben Nagas am Begräbniswagen. An der Rückwand des Innenraums befindet sich eine beachtliche Sammlung von Buddhastatuen aus Holz, überwiegend in der Regenanrufungspose. Die stehende Haltung, bei der beide Arme nach unten gerichtet sind, gilt als die für Laos charakteristischste (s. Kasten „Buddha in der Regenanrufungspose").

Die Besichtigung Vat Xieng Thongs ist am frühen Vormittag zu empfehlen, wenn man den ruhigen Ort am ehesten ungestört genießen kann. Die Lichtverhältnisse für Fotos sind allerdings ab 15 Uhr am besten. ⊙ tgl. 7–17.30 Uhr, Eintritt 10 000 Kip.

Vat Pak Khan

Vat Pak Khan liegt an der äußersten Spitze der Halbinsel und trägt den bezeichnenden Namen „Mündung des Khan-Flusses". Der *sim* repräsentiert den Lue-Stil; Merkmale sind das zweigeteilte Dach, wovon das untere einem Walmdach ähnelt, sowie das lange Hauptschiff ohne Säulenportal, das ringsum mit schlanken Dachkonsolen geschmückt ist. Einen ähnlichen Aufbau haben Vat

That Luang, Vat Vixoun und in einer komplexeren Ausführung auch Vat Mai. Das Kloster wurde 1737 gegründet und blieb trotz einer grundlegenden Renovierung zu Beginn des 20. Jh. in seiner ursprünglichen Form erhalten. Vat Pak Khan ist auch hinsichtlich seiner jüngsten Geschichte interessant. Der dem Kloster seit 1988 vorsitzende Satou (Abt) Phra One Keo engagiert sich für den Erhalt der buddhistischen Traditionen Luang Prabangs und hat an Projekten des Fotografen und Schriftstellers Hans Georg Berger und des Asienwissenschaftlers Volker Grabowsky mitgewirkt. Derzeit leben in dem Kloster rund 50 Novizen auf engstem Raum. Ein geradezu mustergültiger Neubau ist die große *kuti* hinter dem *sim*, die im Jahre 2000 in enger Zusammenarbeit mit der Unesco entstanden ist.

Vat Khili (Souvannakhili)

Das Kloster des „Goldenen Berges" liegt südöstlich von Vat Xieng Thong und wurde 1773 von Prinz Chao Kham Sattha, einem Angehörigen der Phouan aus der Provinz Xieng Khouang, gegründet. Wie seine beiden Nachbarn Vat Xieng Thong und Vat Pak Khan ist auch dieser *sim* in seiner Originalform erhalten geblieben. Häufig wird er als Beispiel für den Stil von Xieng Khouang genannt. Aus Sicht der Unesco repräsentiert der *sim* von Vat Khili eine Variante des klassischen Luang Prabang-Stils, die außer ihm noch von Vat Pa Fang und Vat Xieng Mouane vertreten wird.

Eine architektonische Besonderheit ist allerdings der lange hintere Anbau, neben dem sich ein großer That in unmittelbarer Nähe anschließt. Traditionell errichtete man den zentralen That oder Reliquienturm eines Klosters im Westen, gleich hinter dem Heiligtum.

Vat Sene (Sensoukharam)

Vat Sene an der Sakkarine Rd. gehört heute zu den wichtigsten buddhistischen Zentren der Stadt, und sein Abt, Satou Phra Kham Chan, ist der oberste Mönch von Luang Prabang. Auf dem Gelände des 1718 gegründeten Klosters stehen zahlreiche Thats und Schreinbauten, die früher einmal Teil der Klöster Vat That Noi (Kleiner That) und Vat Pha Chao (Ehrwürdiger Herr bzw. Buddha) waren. Zu Letzterem gehörte die heute überdachte, 6 m hohe Statue eines stehenden Buddhas. Dahinter liegen in einem Unterstand die langen Boote, mit denen das Kloster beim jährlichen Bootsrennen traditionell unter den schnellsten ist.

Die größten baulichen Veränderungen erfuhr der einst viel kleinere *sim* aus Holz bei einer grundlegenden Erneuerung im Jahr 1957 anlässlich Buddhas 2500. Geburtstag. Das Hauptschiff wurde erhöht und mit zwei zusätzlichen Seitenschiffen und einer weiteren Dachstufe versehen. Das Säulenportal zählt daher sechs Säulen, und es führen fünf Eingänge ins Innere anstatt der üblichen drei. Das Hauptportal wird von einem prunkvollen Basrelief eines Prasat gekrönt. Kein anderes Kloster ist innen und außen so reich mit dem für Luang Prabang typischen Schablonendruck – Gold auf rotem oder schwarzem Grund – verziert. Täglich um 16 Uhr findet eine buddhistische Rezitation und Vipassana-Meditation statt.

Der Phousi und die Vats in seiner Umgebung

Fast jeder Besucher Luang Prabangs wird einmal zu dem goldenen That an der Spitze des Phousi hinaufsteigen, um die Tempellandschaft und die träge dahinströmenden Flüsse Mekong und Nam Khan aus der Höhe zu betrachten. Es führen drei Aufgänge zu **That Chomsi**. Der Hauptaufgang mit 329 Stufen beginnt an der Sisavangvong Rd., gegenüber dem Museum, vorbei an **Vat Pa Houak** und danach durch eine dichte tropische Parklandschaft. Ein weiterer, weniger steiler Aufstieg beginnt im Norden bei **Vat Pa Khe**, wo eine schmale Treppe zu dem Schrein mit einem heiligen **Fußabdruck des Buddha** *(phutthabat)* führt. Von der Balustrade davor bietet sich eine fantastische Aussicht auf den Nam Khan. Weiter bergauf kommt man an der Höhle von **Vat Tham Phousi** und an einer modernen liegenden Buddhastatue vorbei, bevor der goldene That Chomsi an der Spitze erreicht ist. Der dritte, lange Treppenaufgang mit Naga-Brüstung windet sich von der dem Nam Khan zugewandten Seite hinauf; er beginnt an der Chao Siphouphan Rd.

Am besten erklimmt man den Phousi am Vormittag. Die Mittagshitze ist ungeeignet, und nachmittags halten sich hier manchmal Horden von Schulkindern auf. Zum Sonnenuntergang herrscht Hochbetrieb. Kassen befinden sich an allen Aufgängen. Eintritt 10 000 Kip.

Buddhastatuen in der Regenanrufungsgeste, Vat Xieng Thong (Kasten s. S. 227)

That Chomsi (Phousi)

Gewiss war am höchsten Punkt des Phousi schon vor vielen Jahrhunderten eine Stätte der Geisterverehrung, lange bevor der erste buddhistische Schrein erbaut wurde. Eine der Legenden, die sich um That Chomsi ranken, besagt, dass ein Mönch vor langer Zeit tief im Innern des Berges einen kostbaren Schatz fand. Die umliegenden Bewohner stahlen den Schatz und mauerten den Mönch lebendig in der Grube ein. Über dem tiefen Loch errichteten sie einen Reliquienschrein. Als der König von dem Mord erfuhr, verurteilte er die Bevölkerung dazu, auf dem Phousi alle drei Stunden Trommeln und Zimbeln zu schlagen, um die erzürnten Berggeister von den Menschen fernzuhalten. Tatsächlich wurden bis ins 20. Jh. Zimbeln im *vihara* des That aufbewahrt, und Angehörige der Khmu – der Urbevölkerung, die den größten Teil der Bediensteten am Hof ausmachte – mussten sie bei bestimmten Anlässen zur Geistervertreibung spielen.

Der heutige, 21 m hohe That geht auf das späte 20. Jh. zurück. Seit einer grundlegenden Renovierung im Jahre 1796 soll der Reliquienturm immer wieder vergrößert worden sein. Die abgestufte, rechteckige Plattform, von der sich Besuchern ein fantastischer Panoramablick bietet, ist förmlich in die Felsspitze eingemeißelt. Der That selbst hat einen quadratischen Grundriss, an jeder Ecke sitzt ein *luk that* (Kind-That), und die Spitze wird von einem schirmförmigen *ngot so fa* gekrönt. Seit seiner Auffrischung im Jahre 2002 strahlt That Chomsi wunderbar golden.

Vat Pa Houak

Vat Pa Houak, das „Kloster des Bambuswaldes", datiert aus dem Jahr 1861 und liegt etwas erhöht, gleich gegenüber dem Palastmuseum. Der hohe, schmale Bau ist im Bangkok-Stil errichtet, mit dem auch der Vientiane-Stil eng verwandt ist. Charakteristisch sind die gleich hohen Säulen am Portal, Zackenverzierungen an den Dachlinien und ein großes, reich verziertes Giebelfeld. Bekannt ist Vat Pa Houak für seine flächendeckenden Wandmalereien im Innern. Sie stellen Szenen aus der Geschichte des einflussreichen und stolzen Königs Jambupati dar, dem Buddha erst selbst in prachtvollem Aufzug erscheinen musste, ehe der Regent seine Überheblichkeit einsah und zu einem getreuen Anhänger Buddhas wurde.

In dieser Geschichte begründet sich auch die häufige Darstellung des Buddha in Königsgewändern, in Myanmar auch Jambupati-Buddha genannt. Neben Szenen bei Hof werden innerhalb der deutlich erkennbaren Palastmauern auch Details aus dem Alltag der Angestellten (z. B. der Weber) des Palastes dargestellt. Ähnlich wie der nachfolgend beschriebene Vat Pa Khe weisen die Malereien einen starken chinesischen Einfluss auf; selbst König Bimbisara – ein Zeitgenosse und Gönner Buddhas – wird als chinesischer Würdenträger dargestellt. Die besonders eindrucksvollen Wandmalereien wurden 2002 aufgearbeitet.

Vat Pa Khe (Si Phutthabat Neua)

Der „Vat des Waldes der Khe-Bäume" liegt am Fuße des Phousi, etwas versteckt im alten Geschäftsviertel. Zu erreichen ist er über eine schmale Gasse von der Sisavangvong Rd. aus oder von Norden her über den Zugang zu Vat Pa Fang – heute gehören beide demselben Klosterkomplex an.

Vat Pa Khe, aus dem Jahr 1853, hat nahezu den gleichen Aufbau wie Vat Pa Houak. Beide sind im Bangkok-Stil erbaut und gehören zu den jüngsten Klöstern der Stadt. Das Innere von Vat Pa Khe ist sehr gut erhalten: Wandmalereien stellen Szenen aus dem Ramayana dar, ein wuchtiger alter Schrank zur Aufbewahrung der Palmblattmanuskripte steht links des Altars, der niedrige Sitz davor ist der Predigtstuhl des Abtes. Der rituelle Kerzenhalter vor dem Altar in Form zweier ineinander verschlungener Nagas zeigt deutliche chinesische Einflüsse.

Seinen zweiten Namen verdankt der Tempel dem **Heiligen Fußabdruck Buddhas** *(phutthabat)* auf halber Höhe zum Phousi. Gleich neben dem *sim* beginnen die Stufen. Bekannt ist Vat Pa Khe auch unter dem Namen „Dutch Pagoda", was auf die Darstellungen von westlich gekleideten Personen auf den Türflügeln der beiden äußeren Portale zurückzuführen ist. Auf dem rechten Portal sind zwei „Venetianer" in Renaissancekleidern abgebildet, das inzwei Personen mit großen Hüten und langen Mänteln. Francis Garnier erkannte in diesen den italienischen Jesuiten Giovanni-Marie Leria und den Holländer Gerrit van Wuysthoff, der 1641, zur Zeit Sourigna Vongsas, als Handelsreisender in Laos war. Die Motive werden heute jedoch eher allgemeinen Personendarstellungen auf europäischen Kunstgegenständen zugeschrieben oder

Einflüssen aus der chinesischen Kunst. König Chantharat ließ den Vat zu Ehren seiner Delegation nach Kunming erbauen, die dort beim chinesischen König Tong Zhi um Unterstützung gegen die übermächtigen Siamesen angefragt hatte.

Vat Mai (Souvannaphoumaham)

Das imposante „Neue Kloster" mit seinen zahlreichen Nebengebäuden zählt zu den größten und historisch bedeutsamsten der Stadt. Gegründet wurde Vat Mai 1796, doch galt er erst 1821 als vollendet, als man die Bronzestatue, einen 4 m hohen geschmückten Buddha, darin untergebracht hatte.

Besonders eindrucksvoll ist das Dach, das sich in fünf Lagen auftürmt. Ursprünglich bestand es nur aus vier Stufen – die fünfte deckt eine Galerie mit separatem Satteldach, die erst später hinzukam. 2004 wurde das Dach erneuert, allerdings monierte die Unesco, dass anstatt örtlich produzierter Ziegel moderne Importe aus Thailand verwendet wurden. Zusammen mit Vat Vixoun, Vat That Luang und Vat Pak Khan repräsentiert Vat Mai einen im 18. und 19. Jh. gängigen, vom Lue-Stil beeinflussten Architekturstil Luang Prabangs.

Wichtigste Sehenswürdigkeit des Klosters ist das vergoldete Relief, das die gesamte von der Galerie geschützte Front überzieht. Das traditionell aus Holz geschnitzte Basrelief wurde 1968 durch eine Modelage aus Beton, Lack und Blattgold ersetzt. Es stellt Szenen aus dem Vessantara Jataka dar, die von der vorletzten Inkarnation Buddhas erzählt (s. S.197, Kasten).

Vat Mai spielte als „Königliches Kloster" unter König Ounkham im 19. Jh. eine zentrale Rolle. Sein **Satou** (Abt) war engster Vertrauter des Königs und trat in Zeiten siamesischer Vorherrschaft als Vermittler zwischen dem laotischen Oberhaupt und dem französischen Vizekonsul Auguste Pavie auf. Nachdem Vat Vixoun 1887 in Flammen aufging, wurde Vat Mai zur Stätte des Phra Bang. Er blieb es bis zur Unterbringung der Statue auf dem Palastgelände im Jahre 1947. Bis heute finden die rituelle Waschung des Phra Bang und andere Zeremonien zum Neujahrsfest *Boun Pi Mai* vor dem *sim* von Vat Mai statt. In einer Prozession wird die Statue am dritten Tag der Feierlichkeiten (Neujahrstag) zu Vat Mai gebracht und auf dem Hof aufgestellt. Am sechsten Tag endet *Boun Pi Mai* mit dem festlichen Umzug des Phra Bang zurück zum Palastgelände.

In einem Nebengebäude des Klosters ist eine kleine Bibliothek mit alten und neuen **Palmblattmanuskripten** untergebracht. Das von Deutschland unterstützte Projekt widmet sich der Erhaltung und Reproduktion der Schriften, in denen die Lehrreden Buddhas abgefasst sind (s. S. 118, Kasten). Es werden regelmäßig Lesestunden abgehalten. Eintritt 5000 Kip, Bibliothek frei.

Östlich des Zentrums

Jenseits des Phousi liegen drei geschichtsträchtige Bauwerke dicht nebeneinander. Ein Abstecher lohnt sich in erster Linie wegen der im Vat Vixoun ausgestellten buddhistischen Kunst.

Im Gründungsmythos von Luang Prabang legten die zwei Asketen und Begründer Xieng Dong-Xieng Thongs einen von vier Grundsteinen auf dem Gelände von Vat Vixounarat nieder. Bei der anschließenden Besiedlung der Halbinsel kämpfte sich Khoun Bourom, der erste Regent der neuen Stadt, mit seinen treuen Dienern Pu Ngo und Na Ngo durch dichte Vegetation vor. Die Reisfelder von **Pu Ngo** und **Na Ngo** entstanden dort, wo sich heute Vat Vixoun, Vat Aham und That Mak Mo befinden. Als eine riesige Kürbispflanze dem Reich alles Sonnenlicht raubte, opferten sich die selbstlosen Diener, indem sie sie fällten und dabei zu Tode kamen. Das Großelternpaar Pu Ngo und Na Ngo – wie sie liebevoll genannt werden – löste die 15 Nagas in ihrer Schutzfunktion über Luang Prabang ab. Bis heute werden sie als die *devata luang* (Schutzheilige der Stadt) und als Urahnen verehrt.

Im Jahre 1866 schlug die französische Expedition unter Doudard de Lagrée in der direkten Nachbarschaft von Vat Vixoun ihr Lager auf. Einem illustrierten Bericht von Francis Garnier und Louis Delaporte ist es zu verdanken, dass das Aussehen des einstigen Vat Vixoun mit (ehemals vollständig rundem) That Mak Mo heute überliefert ist.

Vat Vixounarat

König Vixounarat ließ Vat Vixoun 1513 als Stätte für den Phra Bang erbauen. Das Heiligtum war daraufhin bis 1707 und von 1867–87 hier untergebracht. Der ehemalige, ganz aus Holz gebaute *sim* galt bis zu seiner Zerstörung durch die Ho im Jahre 1887 als das prächtigste Bauwerk der Stadt.

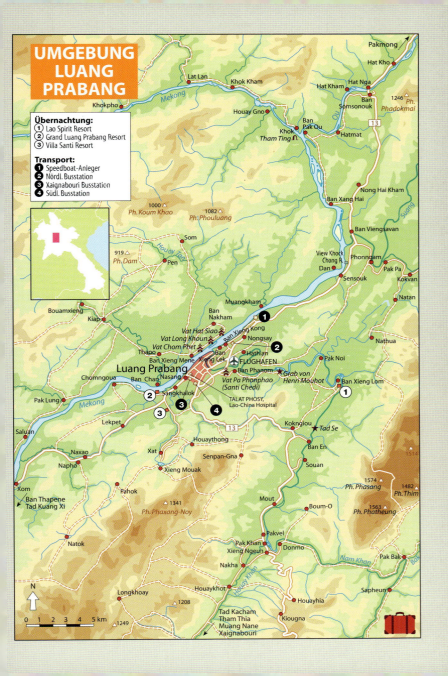

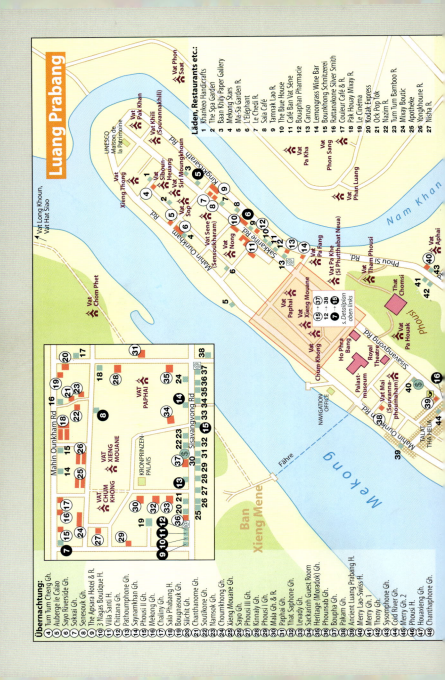

Vat Xieng Thong; Luang Prabang

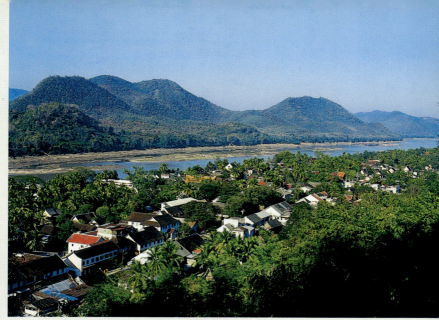

Blick vom Phousi auf die Altstadt; Luang Prabang

Buddhastatuen im Vat Xieng Thong

Akha

Traditionelles Lanten-Haus

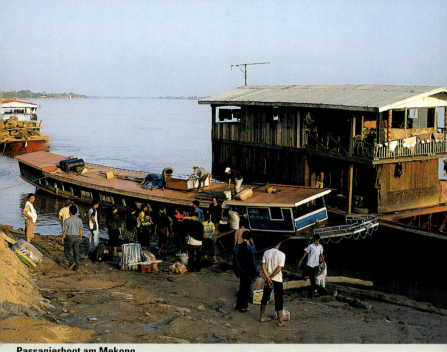

Passagierboot am Mekong

Markt; Luang Prabang

Hmong

Pirogen am Nam Phak

Der heutige *sim* datiert von 1898 und weist nur noch im Grundriss und in der Dachform Ähnlichkeiten mit dem ursprünglichen Vat Vixoun auf. Er repräsentiert den Lue-Stil, der sich auch im Vat Mai, Vat Pak Khan und Vat That Luang wiederfindet. Ein Merkmal ist der integrierte Wandelgang, der um das Mittelschiff und entlang der Rückwand um das zentrale Buddhabildnis herumführt. Das umlaufende Dach bedeckt diesen Gang, während das Walmdach darüber das Heiligtum schützt. Der Vorbau am Eingang kam später hinzu.

Seit Prinz Phetsarat Vat Vixoun 1942 zum Museum erklärte, sind im *sim* eine Reihe buddhistischer **Kunstschätze** untergebracht. Um das Hauptbildnis gruppieren sich mehrere Buddhaskulpturen im Khmer-Stil, sitzende Darstellungen des Buddha in der Meditationshaltung, der so genannten *samadhi*-Mudra, von der siebenköpfigen Naga Mucalinda geschützt. Auf der linken Seite des Altars steht ein typisch laotischer ritueller Kerzenhalter in Form eines vergoldeten Holzreliefs. Die Kerzen wurden an einer Eisenstange vor dem Standbild befestigt. Darauf dargestellt ist die Ramayana-Szene der streitenden Affengötter Hanuman und Nilaphat; in der Mitte ist zu erkennen, wie sie von ihren Kampfgenossen zurückgehalten werden. Umrundet man den Altar weiter im Uhrzeigersinn, reihen sich linker Hand Dutzende stehender Buddhastatuen aus Holz aneinander, die meisten in der für Laos charakteristischen Regenanrufungspose. An der hinteren linken Ecke des Altars angelangt, stößt man auf eine Truhe mit verstaubten Palmblattmanuskripten, den antiken Dokumenten, auf denen die Lehrreden Buddhas, die Tipitaka-Texte, abgefasst wurden. Unmittelbar oberhalb der Truhe befindet sich eine der seltenen geschmückten **Buddhastatuen** aus Holz mit Einlegearbeiten aus Lack und Perlmutt. Die Statue datiert aus dem Jahr 1811 und ähnelt einer aus Muang Sing stammenden Statue, die im Ho Phra Keo (Nr. 354) in Vientiane ausgestellt ist. Das zentrale Buddhabildnis in der *samadhi*-Mudra ist mehr als 5 m hoch und nach dem Buddha von Vat Manorom das zweitgrößte der Stadt.

Ein gutes Beispiel für die **Holzschnitzereien**, die den früheren Vat Vixoun außen flächendeckend schmückten, ist das Portal an der Nordseite. Auf den Türblättern wird Indra auf seinem Reittier Airavata dargestellt. Über dem Kopf des Gotts thront ein Schirm, und der Elefant ist in dreifacher Ausführung dargestellt. Beide Attribute erinnern an die Symbole des Reichs der eine Million Elefanten und des weißen Schirms, Lane Xang Hom Khao. ⏱ tgl. 8–17 Uhr, Eintritt 10 000 Kip; die Eintrittskarte gilt auch für That Mak Mo.

That Mak Mo (Pathoum)

Der wuchtige, 1514 erbaute That Mak Mo befindet sich auf dem Gelände von Vat Vixoun, direkt an der Kreuzung von Vixounarat und Phommathai Rd. Der ursprüngliche Name des Reliquienmonuments ist That Pathoum („That des Lotus"), angeblich in Anspielung auf einen umgedrehten Lotus. *Mak mo* bedeutet Wassermelone und bezieht sich eindeutiger auf die Form des Bauwerks. Sein Aufbau aus einer hemisphärischen Struktur auf ehemals runden Grundmauern ist direkt mit dem eines singhalesischen Stupa verwandt, und That Mak Mo ist tatsächlich der einzige Reliquienschrein dieser Art auf der südostasiatischen Halbinsel. Die runde Form schließt mit einer Flamme ab, wie man sie sonst nur von laotischen Buddhastatuen kennt. Der so genannte *ketu-mala* (Strahl der Weisheit) symbolisiert Buddhas vollkommene Erleuchtung und erhebt sich bei Buddhadarstellungen von der *usnisa*, der Ausbeulung am Scheitelpunkt des Kopfs.

Auch That Mak Mo wurde im Laufe der Zeit mehrfach zerstört. Das heutige Monument geht auf eine Renovierung im Jahre 1932 zurück. Zusammen mit Vat Vixoun wurde der That 1887 am schwersten beschädigt. Nachdem er 1898 wieder aufgebaut worden war, stürzte er 1914 wegen baulicher Mängel ein. Dabei traten mehr als 100 Buddhafiguren und sehr wertvolle Reliquien und Kunstschätze aus dem 14.–15. Jh. zutage, von denen heute viele im Thronsaal des Palastmuseums zu sehen sind.

Vat Aham

Der *sim* von Vat Aham stammt aus dem Jahre 1818 und ist im klassischen Luang Prabang-Stil erbaut. Ursprünglich befand sich hier ein Schrein zu Ehren der *devata luang* (Schutzheiligen) Pu Ngo und Na Ngo. König Phothisarat ließ die Stätte jedoch im Jahre 1527 im Zuge seines Verbotes der Geisterverehrung beseitigen und an der Stelle einen buddhistischen Vat errichten. Noch heute verehrt man das Großelternpaar in Gestalt der zwei imposanten Bodhi-Bäume in der Nähe der Straße. Außerdem erwachen die beiden jedes Jahr zu *Boun Pi Mai* bei rituellen Tänzen vor Vat Vixoun und Vat Mai zu neuem Leben. Es heißt, die großen Holzmasken und zotteligen Kostüme aus Rosshaar werden in Vat Aham aufbewahrt.

Das Säulenportal des *sim* wird von Hanuman (l.) und Ravana (r.) flankiert. Im Innern erzählen moderne Wandmalereien (rechter Hand, oben) die Geschichte von Vessantara, s. Kasten. Ihm zu Ehren wird im März ein dreitägiges Fest im Vat Aham gefeiert, zu dem die in 16 Palmblattbänden abgefasste Jataka über 17 Stunden lang vorgelesen wird. Eintritt 5000 Kip.

Im Süden

Im Süden der Stadt, in der Nähe des kleinen Flusses Houay Hop, lagen einst die ältesten Vats Luang Prabangs. Obwohl heute nur noch wenig auf ihr hohes Alter schließen lässt, ist die Besichtigung der drei sehr unterschiedlichen Stätten für Besucher

---

Magische Anziehungskräfte: die Legende des Phra Bang

Vor vielen hundert Jahren beschloss der heilige Mönch Chounlanaga in Sri Lanka, eine Buddhastatue herzustellen, die dem Buddhismus eine Lebensdauer von 5000 Jahren und länger garantieren sollte. Er machte sich auf den Weg, um von den Gläubigen der Insel alle möglichen Waren aus Gold, Silber, Kupfer und Messing zu sammeln. Anschließend wurden diese unter Aufsicht des singhalesischen Königs eingeschmolzen und die Statue des Phra Bang gegossen. Sieben Tage lang wurden die höchsten Weihen für den „Ehrwürdigen kleinen Buddha" zelebriert, so nannte man das heilige Bildnis, in dem man starke magische Kräfte vermutete. Als der Mönch Chounlanaga den Phra Bang zu guter Letzt mit fünf wertvollen Kristallen schmücken wollte, geschah etwas Unvorstellbares: Wie von Geisterhand flog der erste Kristall vor den Augen aller Anwesenden auf den Punkt zwischen den Augen der Statue, der zweite platzierte sich auf dem Kinn, der dritte flog in die rechte Hand, der vierte in die linke und der fünfte setzte sich mitten auf die Brust des Heiligtums. Die magischen Kräfte des Phra Bang waren damit bewiesen. Viele Jahrhunderte später kam der Khmerkönig Phaya Sirichantha nach Sri Lanka und erbat den berühmten Phra Bang zur Verbreitung des Theravada-Buddhismus in seinem Land. Es vergingen wieder Jahrhunderte, bevor die heilige Statue auf Umwegen zuerst nach Vientiane und danach ins Königreich Muang Sua, das heutige Luang Prabang, gelangte.

Namenspatron und Schutzheiliger
Tatsächlich verlief die Geschichte der kleinen Statue etwas anders. Das stehende Buddhabildnis aus Gold, Silber und Bronze in der „Furchtlosigkeit" symbolisierenden *abhaya*-Mudra weist Merkmale des Khmer-Stils auf und ist vermutlich im 8. Jh. in Kambodscha entstanden. Fa Ngum soll den Phra Bang 1358 vom König von Angkor geschenkt bekommen haben, nachdem er von dessen Hof zur Eroberung seines Reiches ausgezogen war. Als König von Lane Xang erklärte Fa Ngum die Statue zum königlichen Schutzheiligen und zum Symbol für den Theravada-Buddhismus im Reich.

Die Stationen des Phra Bang von damals bis heute sind sehr zahlreich – auch außerhalb Luang Prabangs und Laos. Da der Statue schon immer schützende Kräfte durch einen in ihr residierenden *phi* nachgesagt wurden, wird die turbulente laotische Geschichte seit der Zeit Lane Xangs gern den Launen des Phra Bang zugeschrieben.

Die Statue des Phra Bang soll erstmals von König Samsenthai im Vat Xieng Kang aufgestellt worden sein. Das Jahr 1489 wird häufig genannt, fällt aber nicht mehr in die Zeit von Samsenthai.

Im benachbarten Vat Manorom befand sich das Bildnis von 1502–1513. Im Jahre 1513 widmete König Vixounarat dem Phra Bang Vat Vixoun, wo das Heiligtum bis zu seiner Verlegung nach Vientiane im Jahre 1707 aufgestellt war. König Setthathirat hatte zuvor im Jahre

interessant, die sich ausgiebig mit der Geschichte der Königsstadt beschäftigen möchten. Die Klöster sind am besten mit dem Fahrrad erreichbar.

Vat Manorom (Sattharam)

Vat Manorom lag früher vor den südlichen Stadtmauern und gehört zu den ältesten Klöstern Luang Prabangs. Hier sollen im 14. Jh. die Gelehrten der Khmer-Delegation untergebracht worden sein, die den Phra Bang vom Hofe Angkors an König Fa Ngum überbracht hatten. Der heutige *sim* datiert aus dem Jahr 1972 und ist wenig spektakulär. Er beherbergt jedoch die **älteste Buddhastatue des Landes**. Die Bronzestatue von fast 6 m Höhe wurde um 1372 im Sukhothai-Stil gegossen und soll 12 t gewogen haben. 1887 wurde sie von den marodierenden Ho in Teilen abtransportiert (einer anderen Version zufolge haben die Franzosen sie eingeschmolzen), so dass heute nur noch Torso und Kopf im Originalzustand erhalten sind. Lange standen die 1560 die Hauptstadt Lane Xangs nach Vientiane verlegt und die alte Königsstadt Xieng Dong-Xieng Thong in Luang Prabang, „Stätte des Phra Bang", umbenannt.

1778 erbeuteten die **Siamesen** den Phra Bang zusammen mit dem Phra Keo und brachten beide Heiligtümer nach Thonburi, der damaligen Hauptstadt Siams. Während sich der Phra Keo als Staatspalladium bis heute in Thailand befindet, wurde der Phra Bang 1782 an Vientiane zurückgegeben. Ein laotischer Prinz soll König Rama I. anhand des Falls von König Taksin und der vorherrschenden politischen Missstände plausibel dargelegt haben, dass die beiden heiligen Statuen an einem Ort zusammen Unglück brächten, deren *phi* so zusagen einander bekämpften und dadurch Unheil anrichteten.

Nach einem erneuten Eroberungsfeldzug der Siamesen 1828 gelangte der Phra Bang ein zweites Mal von Vientiane nach Thailand. Furchtbare Hungersnöte und Dürren bewogen die Siamesen 1867 dazu, den Phra Bang in sicherer Entfernung zum Phra Keo an den Ort seiner ersten Weihe zurückzubefördern, und so zog die Statue wieder in den Vat Vixoun ein.

Als die Ho 1887 das Kloster abbrannten, brachte König Ounkham das Heiligtum im Vat Mai unter, wo es mehr als ein halbes Jahrhundert lang verehrt wurde, bevor es 1947 in den Seitenflügel des Königspalasts zog.

Mit der schwindenden Bedeutung des laotischen Königshauses in den 50er Jahren rückte auch der Phra Bang in seiner königlichen Schutzfunktion in den Hintergrund. Die Statue verschwand 1975 an einen unbekannten Ort – vermutet wird der Tresor der Staatsbank in Vientiane – und wurde unmerklich durch die heute ausgestellte Kopie ersetzt. Eine Überraschung bot der Anblick einer weiteren Phra Bang-Statue, die bei der Einweihung der Fa Ngum-Statue im Jahre 2003 durch die Straßen Vientianes getragen wurde. Aber auch dieser Phra Bang ist womöglich eine von vielen wertvollen, ebenfalls hochverehrten Kopien, die im Laufe der Jahrhunderte in Auftrag gegeben wurden.

In Luang Prabang bringt man die heiligste Statue des Landes jedes Jahr am Neujahrstag, dem dritten Tag der Feierlichkeiten zu *Boun Pi Mai*, in einer **Prozession** zu Vat Mai. Hier wird sie mit zwei *hang lin* versehen und drei Tage lang in einem Schrein zur rituellen Waschung aufgestellt. Alle wichtigen Persönlichkeiten der Stadt und viele Gläubige übergießen den Phra Bang mit geweihtem Wasser und erbitten dabei seinen Schutz.

Auf dem Gelände des ehemaligen Königspalasts entstand nach zehnjähriger Bauzeit (1993–2003) der eigens für die Statue errichtete Schrein Ho Phra Bang. Der vorerst letzte Umzug des Phra Bang in das prunkvolle neue Gebäude zögert sich auf unbestimmte Zeit hinaus. Bis der richtige Zeitpunkt gekommen ist, wird die Statue in einem vergleichsweise bescheidenen Raum im Seitenflügel des Palasts ausgestellt.

Überreste der Statue in einem außerhalb gelegenen Pavillon, bevor man sie 1971 mit viel Zement, Lack und Blattgold vervollständigte. Von 1502–13 war Vat Mano (wie es liebevoll genannt wird) Stätte des Phra Bang. Zuvor hatte man die Statue erstmalig im Vat Xieng Kang aufgestellt. Die Grundmauern dieses Klosters waren noch vor kurzem gleich hinter dem *sim* von Vat Mano auszumachen, sie wurden jedoch mit einem neuen *vihara* überbaut.

Bekannt ist Vat Mano („Kloster des Herzens") auch wegen seines sehr gütigen Abts Phra Maha Onta Keopanya, der sich für die Ausbildung von Jungen aus allen Ecken des Landes einsetzt. Es heißt, dass er es nicht übers Herz bringt, einen Schüler abzulehnen, auch wenn die buddhistische Grundschule mit fast 80 Novizen aus allen Nähten platzt. Mit rund 30 Mönchen ist Vat Manorom das größte Kloster der Stadt.

Vat That Luang

Im Westen von Vat Manorom, auf einer Erhebung nordöstlich der Kreuzung Phothisarat/Phouvao Road., liegt Vat That Luang – nicht zu verwechseln mit Vat Maha That im Stadtteil Ban Vat That.

Vat That Luang wurde 1818 wie Vat Vixoun und Vat Pak Khan im Lue-Stil gebaut. Namensgeber des Vats ist der große, mit Kupfer beschlagene „Königliche Stupa" im Südwesten des *sim*. Der Legende zufolge wurde die Stätte vom indischen König Ashoka im 3. Jh. v. Chr. auf ihrer Mission zur Verbreitung der buddhistischen Lehre *(dhamma)* gegründet und mit einer Reliquie des Buddha ausgestattet. Ein früherer Name des That Luang lautet „Si Dhamma Ashoka Stupa" und spiegelt diese Geschichte wider.

Die Stätte des That Luang war jahrhundertelang der bedeutendste rituelle Ort Luang Prabangs. Auf dem Feld davor wurden zu *Boun That* (Fest des That) die wichtigsten Festlichkeiten und königlichen Zeremonien abgehalten. Das höchste Fest des Jahres fand im Oktober statt und galt der Erneuerung der Natur nach der Regenzeit. Zu Beginn wurden Bootsrennen veranstaltet, und nach einem Monat feuerte man zum Abschluss Raketen *(bang fai)* ab. Die größten der heutigen Feste Luang Prabangs gehen auf *Boun That* zurück.

Vat That Luang war bis 1975 die Kremationsstätte der Könige. Die Aschen von König Sisavangvong (1885–1959) und Prinz Phetsarat (1890–1959) sind in dem kleineren, mit goldenem Glasmosaik besetzten That beigesetzt. Aus diesem Anlass ließ der letzte König Savang Vatthana den That und das Kloster renovieren; dabei fand man im 1820 erbauten Reliquienturm Buddhafiguren aus dem 16. Jh., die heute als Teil der königlichen Sammlung im Palastmuseum zu sehen sind.

Die Anlage mit großer *sala* (Versammlungshalle) und *kuti* (Mönchsunterkunft) aus Holz und einem eher schlichten *sim* ist eine der stimmungsvollsten der Stadt. Am Nordzugang steht ein riesiger, kerzengerade gewachsener Flammenbaum, wie er auf der Rückwand von Vat Xieng Thong abgebildet ist. Gut ausruhen kann man sich unter dem Bodhi-Baum im Westen, der, wenn man genau hinsieht, mit einer Tamarinde zusammengewachsen ist. Eintritt 5000 Kip.

Vat Phutthabat Tai

Der farbenfrohe Vat Phutthabat Tai liegt am Mekong, jenseits des Kaysone-Denkmals an der Kreuzung von Phothisarat und Phou Vao Rd. Der viel besuchte Tempel ist ein überzeugender Beweis der laotisch-vietnamesischen Freundschaft. Auf kleiner Fläche befinden sich hier ein vietnamesisches und ein laotisches Heiligtum nebeneinander.

Vor dem Eingang zum ersten Tempel liegt rechts, etwas verborgen, eine 9 m lange moderne Buddhastatue in der *parinibbana*-Asana. Vor dem Altar des vietnamesischen Tempels steht eine gelbgrün blinkende und hellblau schillernde Figur von Guanyin, der Göttin der Barmherzigkeit.

Weiter in Richtung Ufer kommt man links an dem laotischen Tempel vorbei, in dessen Innern zwei *hang lin,* Wasserrinnen zur rituellen Waschung von Buddhastatuen, mit Naga-Motiv zu sehen sind. Am Ufer selbst verbirgt sich unter einer blauen Zementwölbung der *phutthabat tai,* der südliche Fußabdruck Buddhas. Am häufigsten besucht wird der Abdruck im Fels zum Sonnenuntergang, wenn sich an dem romantischen Ort schon einmal mehrere Reisegruppen einfinden können. Dann hat man womöglich ein paar Stufen oberhalb, gleich am Fuße des Bodhi-Baums, den ungestörteren Blick aufs Wasser. Eintritt 5000 Kip.

Westlich des Mekong

Am westlichen Mekongufer liegen mehrere alte Vats, die sich im Rahmen einer halbtägigen Rundwanderung besuchen lassen (6 km). Ausgangs- und End-

Zu viel des Guten: Vessantara Jataka

Von den Vorgeburtsgeschichten (Jatakas) des Buddha ist die Erzählung seiner vorletzten Inkarnation in der Gestalt von Vessantara in Laos eine der populärsten. Vessantara, auf Laotisch Vetsandon oder Phra Vet genannt, wird mit 16 Jahren König über Pasexay. Der junge, unerfahrene Thronfolger heiratet die Prinzessin Mathi, und sie bekommen zwei Kinder, einen Sohn, Kanha, und eine Tochter, Salie. Mittelpunkt des Hofstaats ist außerdem der königliche weiße Elefant Pachayanaken, der am gleichen Tag wie Vessantara geboren wurde.

Vessantara ist ein gütiger Herrscher und wird von seinen Untertanen geliebt. Der junge Mann genießt es, seinen Reichtum mit allen zu teilen, und verteilt das Geld aus der Staatskasse großzügig unter den Armen. Als Vessantaras Großzügigkeit Besorgnis erregende Ausmaße annimmt, mahnt der enge Berater Lousaka ihn im Namen der Bevölkerung zu mehr Zurückhaltung.

Der König lässt sich jedoch nicht aufhalten und verschenkt schließlich auch noch den Elefanten Pachayanaken, das Glückssymbol des Königsreiches, an den Regenten des tributpflichtigen Reiches Kalinka. Das Volk reagiert darauf erzürnt und verjagt Vessantara und seine Familie aus der Stadt. Die vier müssen im Wald Unterschlupf finden. In Zeiten der Suche nach einem neuen König regiert Lousaka, es kehrt jedoch kein Friede im Reich ein. Der alte Mann ist mit der tugendhaften, jungen Amitata verheiratet, um die ihn viele Untergebene beneiden. Die Missgunst gegenüber dem Paar wächst, und Lousaka sieht keinen anderen Ausweg, als Vessantara aufzusuchen. Er findet ihn bei dem Einsiedler Achoutta im Wald und bittet ihn, ihm seine Kinder Kanha und Salie mitzugeben, um den Einwohnern Pasexays wieder Ruhe und Glück zu bringen. Mathi ist unterwegs beim Beeren sammeln und kann die Tat ihres Mannes nicht verhindern. Als sie erfährt, dass ihre Kinder weg sind, fällt sie in Ohnmacht, sieht aber nach einer Weile ein, dass Vessantaras Großherzigkeit ihn dazu veranlasst hat, und respektiert die Entscheidung.

Der Gott Indra, in Laos Phra In genannt, beobachtet das Geschehen und tritt in der Erscheinung eines alten Mannes vor Vessantara. Er bittet ihn um seine Frau Mathi, da er niemanden habe, der für ihn sorgt. Vessantara überreicht dem Greis seine Frau, woraufhin dieser die Gestalt Indras annimmt und Mathi ihrem Mann umgehend zurückgibt. Indra holt auch die Kinder wieder zurück. Er erklärt Vessantara, dass es ihm nicht zustehe, seine Frau, die nur ihn liebe, und seine Kinder wegzugeben. Zu viel des Guten – und sei es Großzügigkeit – führe nur zu Trauer und Leid.

Lousaka erzählt die herzzerreißende Geschichte nach seiner Rückkehr in der Stadt, und das Volk erinnert sich reuevoll an die guten Zeiten unter ihrem König Vessantara. Sie bitten ihn, nach Pasexay zurückzukehren, was er auch tut. In seinem Reich lebten fortan alle in Frieden und ohne Armut.

---

punkt ist das Dorf **Ban Xieng Mene**. Oft schließen sich den Touristen hier ein oder zwei junge Begleiter an, die hilfreich sind, wenn man die Höhle Tham Khoua Sakkarine besichtigen möchte (Taschenlampe nicht vergessen). Boote fahren vom Anleger Tha Heua Kham, südlich des Navigation Office, ab (2000 Kip p. P., Charter US$2,50 pro Strecke).

Am gegenüberliegenden Ufer angekommen, biegt man am Ende einer Reihe von Verkaufsständen vor dem Ortsschild rechts ab und hält sich weiter geradeaus, parallel zum Fluss. Bald darauf erreicht man auf der linken Seite **Vat Xieng Mene**, ein Kloster mit einem liebevoll restaurierten *sim* im klassischen Luang Prabang-Stil.

Nach weiteren 300 m führt linker Hand eine lange, schmale Treppe hinauf zu **Vat Chom Phet**. Der malerisch erhöht liegende *sim*, der von der Altstadt Luang Prabangs so gut zu sehen ist, befindet sich aus der Nähe betrachtet leider in einem bedauernswerten Zustand. Von oben hat man eine fantastische Aussicht auf die alte Königsstadt und die umliegenden Berge. Eintritt 5000 Kip.

Zurück auf dem gut ausgetretenen Waldweg, erreicht man an dessen Ende **Vat Long Khoun**. Die Gebäude des Klosters waren die ersten, die 1994 unter fachlicher Beratung der Unesco und mit Hilfe traditioneller Techniken renoviert wurden. Der *sim* stammt aus dem 18. Jh. Er teilt sich in zwei Hälften, die vordere ist ein offener Vorbau, der erst 1937 unter König Sisavangvong zum Schutz der Wandmalereien – zwei große chinesische Wächter links und rechts des Eingangs – angebaut wurde. Bis 1975 war Vat Long Khoun zeitweiliger Rückzugsort der Könige von Luang Prabang. Für Thronanwärter war es üblich, hier vor der Krönung die Robe anzulegen und drei Tage lang zu meditieren. Heute ist das Waldkloster während der laotischen Neujahrsfeierlichkeiten Ziel vieler Besucher. Eintritt 5000 Kip.

Der nächste Halt ist nur ein paar Schritte entfernt: die Höhle **Tham Khoua Sakkarine** oder **Vat Tham**. Den Eingang markiert ein weißer Stupa. In der ersten Halle links liegen die traurigen Überreste einiger Holzstatuen, die alles sind, was von den zahllosen Buddhafiguren geblieben ist, die in diesem Höhlentempel einmal standen. Hinter dem Stupa rechts kann man in einen schwach beleuchteten Gang hinabsteigen, der, wenn man sich immer rechts hält, an einem großen Tropfsteingebilde endet. Klettert man rechts daran vorbei und betrachtet es von dem hintersten begehbaren Punkt aus, den Blick und die Taschenlampe nach oben gerichtet, gleicht es einem riesenhaften Raubvogel mit Kopf, Schnabel und herabhängenden Flügeln. Eine Taschenlampe ist notwendig, und Vorsicht, es ist sehr rutschig. Am besten einen der jungen Guides engagieren, die meist bei Vat Long Khoun auf Besucher warten.

Hinter dem Höhlentempel wird der Weg zu einem Pfad, der im Wald streckenweise nur schwer auszumachen ist. Man geht entweder parallel zum Mekong oder etwas weiter links an einigen Holzhäusern mit Teichen vorbei, bis man auf das Gelände des verlassenen **Vat Hat Siao** stößt. In der völlig überwucherten Anlage mit Trommelturm und Gehmeditationshalle (langes Gebäude für eine Vipassana-Meditationsart) steht ein kleiner ramponierter *sim,* von dem selbst die Zierkonsolen am Säulenportal gestohlen wurden. Im Inneren sind jedoch einige eindrucksvolle Wandmalereien erhalten. Die Gehmeditationshalle ist besonders baufällig, bitte nicht betreten! Die *kuti* mit dem zweireihigen Satteldach geht auf einen traditionellen laotischen Baustil zurück: zwei nebeneinander angeordnete Räume, wovon der kleinere ursprünglich die Küche war.

Den Mekong im Rücken, geht man von dem *sim* aus weiter in nordwestliche Richtung: ein nur schwer auszumachender Weg durch den Wald, erst leicht bergab, danach einen Pfad an einem Zaun bergan, bis rechts eine kleine Fischzucht das Dorf **Ban Nakham** ankündigt. Ein kurzer Abstecher nach links führt zum Dorftempel. Davor steht eine zierliche Figur der **Nang Torani**. Der Erleuchtungsgeschichte Buddhas zufolge wringt sich Nang Torani, die Mutter der Erde, ihre Haare aus, um eine Flut über die Erde zu bringen, die die Dämonenarmeen, die Buddhas Erlösung feindlich gesinnt sind, hinwegschwemmt.

Das Dorf selbst liegt jenseits der Hügelkette. Am Dorfschild im Zentrum angelangt, biegt man auf die gut ausgebaute Staubstraße nach links. Ab Ban Nakham sind es rund 3 km über die Straße bis Ban Xieng Mene. Man geht etwas länger als eine halbe Stunde durch idyllische Reisfelder und blickt auf das bis zu 1082 m hohe Phou Luang-Gebirge im Norden. Angesichts so viel Ruhe und Natur verwundert die Tatsache etwas, dass man sich nur 2 km Luftlinie von Luang Prabang entfernt befindet.

Nachdem der Dorfplatz von Ban Xieng Mene überquert und der Anleger wieder erreicht ist, erblickt man die Halbinsel. Im sanften Licht der Abenddämmerung ist die Überfahrt am schönsten.

Museen und Monumente
Luang Prabang Library

In einem wunderschön restaurierten, erhöht gelegenen Kolonialbau an der Setthathirat Rd. befindet sich die 2004 eröffnete Stadtbibliothek. Ihre Entstehung ist allein der finanziellen Unterstützung aus Japan zu verdanken. Ein Schwerpunkt sind offensichtlich die Werke von Marx, Engels und Lenin, die in russischer, englischer und französischer Ausgabe das „Philosophie"-Regal ausfüllen. Einen schönen Gegenpol bilden die Zeitungen *Times* und *Herald Tribune* sowie zahlreiche laotische Kinderbücher. Bücherspenden sind sicherlich willkommen. ◷ Mo–Fr 8–12 und 13–16 Uhr.

Palastmuseum
(Ho Kham)

Im ehemaligen Königspalast von Luang Prabang ist heute eine der interessantesten Kunstsammlungen Südostasiens untergebracht. Das gesamte Vermächtnis der letzten laotischen Königsfamilie gewährt Besuchern seltene Einblicke in die jüngere Vergangenheit.
Das heutige Palastgebäude wurde 1904 von den Franzosen erbaut. Es ersetzte den erst 1895 vollendeten traditionellen Palast aus Holz, der in den Augen der Protektoratsmacht für den damaligen König Sisavangvong nicht mehr angemessen war. Der „Goldene Palast" *(ho kham)* weist laotische und französische Stilelemente auf: Von weitem erkennt man den Treppenaufgang aus weißem Marmor. Im Giebelfeld darüber thront der dreiköpfige Elefant, das Symbol des Königreichs Lane Xang, umrankt von den 15 Schutznagas Luang Prabangs, und schließlich prangt an den äußeren Säulen, leicht zu übersehen, die französische Lilie *fleur-de-lis*.
Die Spitze mit Staffeldächern über dem Thronsaal ließ Sisavangvong noch in den 30er Jahren nach laotischem Vorbild ersetzen.
Die Familie des letzten Königs Savang Vatthana lebte hier bis zur Machtübernahme der Pathet Lao im Jahre 1975. Alle heutigen Exponate sollen schon damals in den Vitrinen als Teil der königlichen Sammlung ihren Platz gehabt haben. Tatsächlich zieht einen der Dornröschenschlaf, in dem die 13 Säle des Palasts zu verharren scheinen, in seinen Bann. Im hinteren Teil befindet sich der Wohntrakt der Königsfamilie: offene, lichte Räume, die den Eindruck erwecken, als wären Teppiche, Bettwäsche und Kleidungsstücke erst Stunden zuvor weggeräumt worden. Bis zum heutigen Tage ist der Verbleib der Familie unklar. Der König, seine Frau und der Kronprinz wurden 1977 in die Provinz Houaphan gebracht, und alles deutet darauf hin, dass sie dort Anfang der 80er Jahre in Gefangenschaft starben. Die offizielle Version besagt, dass der König seinen Palast dem laotischen Volk schenkte. Die Regierung eröffnete das Palastmuseum im März 1976.

☉ tgl. außer Di 8–11 und 13.30–16 Uhr; Di geschlossen. Kameras sind nicht erlaubt, Taschen und Schuhe müssen draußen bleiben. Es lohnt sich, früh da zu sein, da die Öffnungszeiten strikt eingehalten werden. Eintritt 20 000 Kip.

Rundgang

Die folgende Beschreibung richtet sich nach dem vorgegebenen Rundgang, die Nummerierung der Säle findet sich auf dem Museumsplan wieder.

2   **Saal des Phra Bang** oder Ho Phra Bang: Der Phra Bang („Ehrwürdiger kleiner Buddha") ist eine Skulptur aus Gold, Silber und Bronze in der *abhaya*-Mudra. Die Statue wiegt 43 kg und ist 83 cm hoch. Der Legende nach wurde sie in Sri Lanka gegossen und als Symbol für den Theravada-Buddhismus nach Laos gebracht. Die Skulptur weist eindeutige Merkmale des Khmer-Stils auf, was für ihre Entstehung in Kambodscha im 8. Jh. spricht (Näheres zur Geschichte des Phra Bang s. S. 194).
Auch wenn die Statue des Phra Bang in absehbarer Zeit vom Palast in den Schrein Ho Phra Bang umzieht, so wird das Heiligtum – wie schon Jahrhunderte zuvor – weiterhin von bestimmten Gegenständen umgeben sein. Auf historischen Fotografien sind häufig die in einem Bogen vor dem Phra Bang aufgestellten, geschnitzten Stoßzähne zu sehen. Schon Francis Garnier und der Künstler Louis Delaporte bemerkten 1867 diese Objekte als Attribute des Phra Bang im Vat Vixoun. Sie beschrieben sie als die ausgefallensten und prächtigsten Votiv-

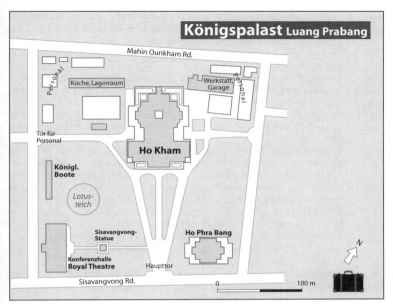

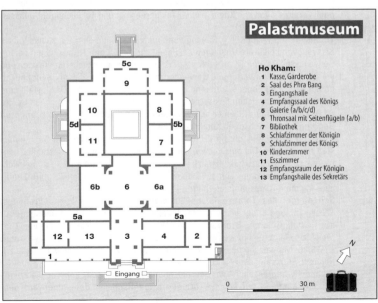

Ho Kham:
1. Kasse, Garderobe
2. Saal des Phra Bang
3. Eingangshalle
4. Empfangssaal des Königs
5. Galerie (a/b/c/d)
6. Thronsaal mit Seitenflügeln (a/b)
7. Bibliothek
8. Schlafzimmer der Königin
9. Schlafzimmer des Königs
10. Kinderzimmer
11. Esszimmer
12. Empfangsraum der Königin
13. Empfangshalle des Sekretärs

gegenstände, „zwei Stoßzähne ungewöhnlicher Größe, von oben bis unten mit Schnitzerein bedeckt und höchst kunstvoll vergoldet. Der längere maß 1,85 m und der kürzere 1,65 m in geradlinigem Maß ausgedrückt, diese Angaben berücksichtigen die Sehne ihrer natürlichen Kurve". Delaporte verewigte sie in einer seiner zahlreichen Grafiken.

3 **Eingangshalle** für offizielle Empfänge und rituelle Zeremonien: Einige der im vorderen Bereich ausgestellten Bronzen, darunter eine liegende Darstellung Buddhas in der *parinibbana*-Asana (18./19. Jh.), wurden 1965 bei der Renovierung des kleineren That von Vat That Luang geborgen. Der prunkvolle erhöhte Sitz war für den obersten Mönch bestimmt und wurde 1965 in Luang Prabang hergestellt.

4 **Empfangssaal des Königs**: Den Eingang umrahmen kunstvolle Reliefs mit Szenen aus dem Ramayana. Die wandgroßen Gemälde (auf Leinwand) des französischen Künstlers Alix de Fautereau aus dem Jahre 1930 zeigen Orte in Luang Prabang, darunter die Sisavangvong-Brücke über den Nam Khan, Vat Mai mit alter Tipitaka-Bibliothek *(ho tai)* und Vat Xieng Thong. Interessant zu beobachten ist, wie die Darstellung der Lichtverhältnisse nach Himmelsrichtungen auf den jeweiligen Lichteinfall in den Empfangssaal abgestimmt ist.

Die drei Büsten entlang der hinteren Wand wurden in Frankreich gegossen und ehren die Könige Ounkham (reg. 1872–1895), Sakkarine (reg. 1895–1904) und Sisavangvong (reg. 1905–1959).

5a **Galerie**: Zahlreiche Dong Son-Trommeln sind im gesamten Museum zu sehen. Die königliche Sammlung umfasste rund 60 Stück, Zeugen einer tausendjährigen Bronzekultur, deren Ursprung in Vietnam und Südchina vermutet wird. Die ausgestellten *kong bang* sind neueren Datums. Bis vor wenigen Jahren wurden sie noch vereinzelt von den Khmu in Nordlaos hergestellt und bei wichtigen Anlässen gespielt.

6 **Thronsaal**: Der letzte König, Savang Vatthana, nahm nach dem Tod seines Vaters Sisavangvong mehrere Umbauten am Palast vor. Er ließ den Thronsaal auf beiden Seiten erweitern, den Thron seines Vaters durch einen prunkvolleren ersetzen und die Zeremonienschwerter und Gewänder erneuern. Das Glasmosaik, sehr ähnlich denen Vat Xieng Thongs, entstand ebenfalls in seinem Auftrag. Dargestellt sind die wichtigsten örtlichen Feste, die Legende zum Ursprung der laotischen Städte *(thao kattanam)* und Szenen aus dem Leben Khoun Bouroms, des legendären Begründers des laotischen Königsgeschlechts.

Es bestehen Zweifel, ob die Krönung Savang Vatthanas in diesem Saal jemals stattgefunden hat. Die offizielle Version besagt, dass es wegen der instabilen politischen Lage nie dazu gekommen ist. Andere halten es für sehr unwahrscheinlich, dass Savang Vatthana von 1959 bis zu seiner Entmachtung 1975 ohne Legitimierung die Regentschaft innehatte.

6a **Seitenflügel des Thronsaals**: Relikte aus zerstörten Vats Luang Prabangs, 17./18. Jh., und in der Vitrine in der Mitte des Raums wertvolle Buddhafiguren aus Kristall, Gold und Bronze aus dem 15. Jh., die nach dem Einsturz von That Mak Mo 1914 gefunden wurden. Eine der kostbarsten Reliquien im 1514 erbauten That Mak Mo war die goldene, mit Rubinen, Saphiren und Amethysten besetzte Miniatur-Stupa aus dem 15. Jh.

7 **Bibliothek**: Interessant ist der Schrank noch vor dem Eingang links, da die Personendarstellungen auf seinen Türblättern identisch mit denjenigen auf dem

linken Portal von Vat Pa Khe sind. Gerrit van Wuysthoff, Angestellter der Dutch East India Company, soll das Stück König Sourigna Vongsa im 17. Jh. geschenkt haben.

In der Bibliothek, an der Wand gleich rechts, hängt eine Fotografie mit Portraits der letzten Königsfamilie. Von den Büchern Savang Vatthanas wurde das meiste verstaut; neben Bänden mit den Jataka-Geschichten liegen noch einzelne Bücher zur französischen Geschichte und französische Klassiker aus, darunter Prousts *Auf der Suche nach der verlorenen Zeit*, das der König sehr geschätzt haben soll.

5b	**Östliche Galerie**: kunstvoll mit Blattgold verzierte Truhen für Palmblattmanuskripte, die hier auch der Aufbewahrung von Siegeln, Geld und dem Gewand der Königin dienten.
8	**Schlafzimmer der Königin**: schlichte Art-deco-Möbel aus Teak, eleganter Moskitonetzhalter. Früher lagen im ganzen Gebäude chinesische Teppiche.
5c	**Nördliche Galerie**: das Gewand von König Savang Vatthana sowie königliche Abzeichen, Orden und Epauletten. Das Modell des königlichen Begräbniswagens, dessen Original heute in der Begräbniskapelle von Vat Xieng Thong untergebracht ist.
9	**Schlafzimmer des Königs**: Links hängt das Bild Sisavangvongs. Das wuchtige Bett und der Wäscheschrank tragen das dreiköpfige Elefantensymbol, die Stuhllehnen schließen mit einer stilisierten Form der siebenköpfigen Naga Mucalinda ab.
10	**Kinderzimmer**: Dokumentiert heute laotische Theater- und Musiktraditionen: alte Musikinstrumente sowie Theaterkostüme, Masken und Kopfschmuck aus dem *Phra Lak Phra Lam*, der laotischen Version des Ramayana.
11	**Esszimmer** im Empire-Stil. Das dazugehörige Tafelsilber wird in der
5d	**westlichen Galerie** ausgestellt; große stehende Begräbnisurnen, in denen die Verstorbenen in Embryonalstellung bis zur Einäscherung aufbewahrt wurden.
6b	**Seitenflügel des Thronsaals**: weitere Schätze aus dem 1914 eingestürzten That Mak Mo, darunter eine sitzende Buddhafigur in der *maravijaya*-Mudra (14.–15. Jh.), Bronze im Lan Na-Stil, mit 1514 nachträglich hinzugefügtem Kopfschmuck aus Gold und Edelsteinen. Die Betelnuss- und Medizindosen sowie der Gold- und Silberschmuck (16.Jh.) stammen aus Vat Vixoun. Beim Blick hinüber in die Haupthalle ist auf dem oberen Wandabschnitt die perlmuttfarben schillernde Mosaikszene der Bootsrennen zum Fest *Boun Soung Heua* zu sehen.
12	**Empfangsraum der Königin**: Ölgemälde des Königs Savang Vatthana, der Königin Khampoui und des Kronprinzen Vong Savang, 1967 von dem namhaften russischen Künstler Ilya Glazunov gemalt. Außerdem Gastgeschenke, darunter ein Teeservice vom Ehepaar de Gaulle.
13	**Empfangshalle des Sekretärs**: Geschenke von Staatsgästen aus aller Welt. Linker Hand enthält eine Vitrine Objekte, die 1973 als letzte ihren Weg in die Sammlung gefunden haben. Geschenke von Richard Nixon an das „Volk des Königreichs Laos": das Modell einer Mondfähre, eine laotische Mini-Flagge und Mondgestein aus dem Gepäck der Apollo-Missionen 11 und 17. Die Widmung vom Mondgestein als „Symbol der Einheit der Menschheit und Übermittler der Hoffnung des amerikanischen Volkes für eine Welt in Frieden" mutet angesichts der zehn Jahre andauernden Kriegshandlungen und immensen Bombardierungen bigott an. Vielleicht ein schwacher Trost, dass es kurz nach Nixons Anordnung zum Waffenstillstand überreicht wurde.

Märkte
Hmong-Markt und abendlicher Kunsthandwerksmarkt

Der Kunsthandwerksmarkt auf dem Platz schräg gegenüber der Post und dem Phousi Hotel begann mit einer Hand voll inoffizieller Stände von Hmong-Frauen. Inzwischen gibt es nirgendwo im Land eine größere Auswahl an einfallsreichem Kunsthandwerk und an traditionellen Textilien der Bergvölker des Nordens. Besonders charakteristisch sind die Applikationsstickereien der Hmong. Viele Frauen sind auch an ihren Ständen mit der Fertigung von Kissenbezügen, Tagesdecken und Schürzen beschäftigt. Die Motive sind moderne Versionen ihrer traditionellen Miniaturstickerei. Hin und wieder trägt auch eine der jüngeren Verkäuferinnen die schwarzblaue Hmong-Tracht.

Der Hmong-Markt ist bei Touristen so beliebt, dass er um 17.30 Uhr auf die Sisavangvong Rd. umzieht, die dann von der Chao Fa Ngum Rd. bis zum Königspalast für den Verkehr gesperrt wird. Die Verkäuferinnen haben ihr Tagesgeschäft schon hinter sich und nicht selten schlafen sie hinter ihren Waren ein. Die leise Stimmung des **Abendmarktes** hat fast etwas Besinnliches. Außer Textilien werden Souvenirs aus Holz und Maulbeerpapier zu angemessenen Preisen angeboten. Abgebaut wird gegen 22 Uhr.

Talat Tha Heua und Nachtmarkt mit Garküchen

Der so genannte „Hafenmarkt" liegt in der Straße unmittelbar neben der Post und zieht sich weiter entlang der Uferstraße. Schon zum Sonnenaufgang beginnt hier der Handel, und nur dann findet man an den Ständen exotische Tiere wie Bambusratten und Schlangen, die auf dem laotischen Speiseplan ganz weit oben stehen.

Tagsüber verkaufen Frauen aus den umliegenden Dörfern frisches Obst und Gemüse. Abends wird die **Uferstraße** zum Großmarkt für Orangen und Mandarinen. Während der trockenen Monate ist *khaipen* ein gefragtes Produkt: dünne Lagen getrockneter Flussalgen mit Sesam, Tomaten und Knoblauch bestreut, aufgerollt in Zellophan verpackt. Von September bis November dominieren große Büschel *mak deua* das Angebot: eine dem Mais verwandte Frucht, die ähnlich wie Erdnüsse schmeckt und in dieser Zeit überall geknabbert wird.

Zum Sonnenuntergang verwandelt sich der Talat Tha Heua in einen **Essensmarkt** mit gegrilltem Fleisch und Fisch, heißem Klebreis und laotischen Gemüseeintöpfen. Vegetarierherzen schlagen höher beim Anblick der Stände an der Kreuzung auf Höhe der Post, wo eine verlockende Auswahl an fleischlosen Gerichten für nur 5000 Kip zu haben ist. ⏲ tgl. 5–21.30 Uhr.

Talat Phosy

Der 2001 eröffnete Talat Phosy liegt in Ban Sailom, gut 2 km südlich des Zentrums an der Chao Fa Ngum Rd. Ursprünglich ersetzte das weitläufige Gelände mit fünf großen Hallen und Nebengebäuden den alten Frischwarenmarkt Luang Prabangs, der mit der Auslagerung vergrößert und modernisiert wurde. Seit der Schließung des Talat Dala im Jahre 2004 beherbergt der Markt auch einige der Silberhändler, die früher am Fuße des Phousi eine lohnende Anlaufstelle für Souvenirjäger waren.

In der ersten Halle findet man moderne Kleidung, Schuhe und Toilettenartikel, dahinter schließen sich die frischen Lebensmittel an. Die große Fleischabteilung in der östlichsten Halle ist vielleicht nicht jedermanns Sache. Außerdem bietet der Markt alles, was den modernen laotischen Haushalt so ausmacht, von Bootsschrauben über Säcke voller Tabak bis zu Bodenbelägen. ⏲ tgl. 6–17.30 Uhr.

Gleich am Eingang gibt es einen Geldwechselschalter, ⏲ Mo–Fr 8.30–15.30 Uhr. Toiletten befinden sich am nördlichen Ende, hinter dem Motorradunterstand.

Talat Mittaphab

Der kleine, sehr gut besuchte „Freundschaftsmarkt" liegt im Osten der Stadt, wo die Chao Xoumphou Rd. auf die Straße 13 Richtung Flughafen trifft. Die nette Atmosphäre und das üppige Angebot an Frischwaren auf engstem Raum lassen den Markt, gemessen an den Morgenmärkten des Nordens, fast wie ein Delikatessengeschäft erscheinen. ⏲ tgl. 6–17.30 Uhr.

Die vier Edlen Wahrheiten

Nach seiner Erleuchtung erklärte der Buddha in seiner ersten Rede die vier Edlen Wahrheiten. Dieser ersten Lehrrede gedenkt man noch heute bei der Verehrung von Buddhabildnissen in der Haltung des „Andrehens des Rads der Lehre" *(dhammachakka*-Mudra). Die vier Edlen Wahrheiten werden deshalb als so wichtig erachtet, weil die gesamte Lehre des Buddha sich in diesen kurzen Formeln wiederfindet. Alle späteren Aussagen sind nähere Erklärungen zu den vier Punkten. Ein Hauptschüler des Buddha, Sariputta, bezeichnete die vier Edlen Wahrheiten als den Fußabdruck eines Elefanten, in den, da er der größte ist, alle anderen Fußabdrücke hineinpassen. Der Buddha selbst hat gesagt, dass er nie etwas anderes gelehrt habe, als auf das Leiden hinzuweisen, um zu zeigen, wie man ihm entkommen kann.

1. Es gibt Leidvolles im Leben *(dukkha)*
Der Buddha zählt vier Arten von körperlichen und drei Arten von geistigen Umständen auf, unter denen die Menschen leiden. Geburt, Alter, Krankheit und Tod sind Leiden, ebenso wie mit Unangenehmem verbunden zu sein, von Angenehmem getrennt zu sein und nicht zu bekommen, was man möchte.

2. Die Ursache des Leidens
(dukkha-samudaya)
Der Grund für das Leiden ist Begehren *(tanha*, wörtl. Durst). Durch Gier, Hass und Unwissenheit hält der Mensch an dem fest, was ihn nicht glücklich machen kann. Dadurch kommt es zu unerfüllbaren Erwartungen (Begehren) an sich und die Welt, die das Leiden verursachen.

3. Die Beendigung des Leidens
(dukkha-nirodha)
Da Begehren das Leiden entstehen lässt, bedeutet frei zu sein von Begehren das höchste Glück *(nibbana)*. Die Tendenzen im Geist, aus Gier, Hass und Unwissenheit heraus zu handeln, sollen aufgegeben werden.

4. Der Weg zur Beendigung des Leidens
(dukkha-nirodha-gamini-patipada)
Als Mittel zum Beenden des Leidens empfahl der Buddha den Edlen Achtfachen Pfad, den man erlernen und üben soll. Dieser wird auch als „Mittlerer Weg" *(majjhima patipada)* bezeichnet, weil er die beiden Extreme von Schwelgen in Genuss und selbstquälerischer Askese, die der Buddha ablehnte, vermeidet.

Klaus Verstrepen

Ban Xieng Lek und Ban Xang Kong

Die Dörfer Ban Xang Kong und Ban Xieng Lek, am Ostufer des Nam Khan, unmittelbar nördlich der Spitze der Halbinsel, werden seit kurzem gern von Besuchern mit dem Fahrad angesteuert. Die Dorfbewohner haben sich auf Seidenweberei und die *sa*-Papierherstellung spezialisiert. Restaurants gibt es bislang in keinem der beiden Dörfer.

An das östliche Ufer des Nam Khan gelangt man über die (für Autos gesperrte) Sisavangvong-Brücke bei Vat Meunna. Die zwei nächsten holperigen Staubstraßen links ab führen beide nach Vat Phan Luang. Die Straße verläuft anschließend ganz parallel zum Nam Khan. Es folgen die Klöster Vat Pa Kha und bald hinter einer Brücke das sehr schön restaurierte **Vat Phon Sa-at**. Nachdem man die Mündung des Nam Ou in den Mekong in einiger Entfernung hinter sich gelassen hat, ist **Vat Xieng Lek** und das nach ihm benannte Dorf erreicht. In der ruhigen, 400 Jahre alten Tempelanlage am Mekong gibt es zwei Mönche und sieben Novizen. Ein Stupa und die Ruinen eines kleinen *sim* aus Ziegel sind die einzigen Überreste eines der ältesten Klöster der Region.

In **Ban Xieng Lek**, dem so genannten „Silk Weaving Village", haben sich Weberinnen in einem Zentrum zusammengeschlossen. Besucher können bei der Herstellung von Seide und beim Weben zusehen und kunstvolle Seidenschals und Wandbehänge kaufen. Eine Reihe weiterer Geschäfte schließen sich an, darunter auch das auf Naturfarben spezialisierte *Lao Textile Natural Dyes*, in Unit 2, ✆/✆ 071-252803, ✉ veo_manee@yahoo.com. Mit dem Fahrrad ist Ban Xieng Lek ab der Sisavangvong-Brücke in etwa 30 Min. erreicht.

Ban Xang Kong grenzt unmittelbar an Ban Xieng Lek und zeichnet sich durch seine vielen Papierwerkstätten aus. Das strapazierfähige Papier aus der Rinde des Maulbeerbaums, genannt *sa*, wird hier handgeschöpft und zu Lampenschirmen, Alben oder Drucken weiterverarbeitet. Seit der Einführung der *sa*-Papierherstellung durch einen Deutschen (s. Papier unter Einkaufen) sind die vielfältigen Papierprodukte zu einem Markenzeichen Luang Prabangs geworden.

Das Kloster Vat Nong Xay Khomsavong markiert den Ortskern von Xang Kong. Die recht steinige Strecke ist mit den gängigen Mietfahrrädern der Marke LA gut zu bewältigen.

Santi Chedi und Henri Mouhots Grab

Wenige Kilometer östlich des Zentrums liegen das Waldkloster Vat Pa Phonphao (Santi Chedi) und das Grab des französischen Forschers Henri Mouhot. Mit dem Fahrrad lassen sich beide Sehenswürdigkeiten gut verbinden. Man folgt der Straße 13 Richtung Flughafen und biegt am Schild, das den Weg zum Grab Henri Mouhots weist, rechts in eine breite Sandstraße ab. Nach dem ersten steilen Anstieg ist das mächtige Eingangstor zum Santi Chedi erreicht. Das Grab Mouhots liegt etwa 6 km weiter östlich (ausgeschildert).

Vat Pa Phonphao (Santi Chedi)

Fast majestätisch führt eine mit Frangipani gesäumte Auffahrt durch ein dichtes grünes Gelände zum Santi Chedi hinauf. Im Waldkloster – schwer auszumachen, da es tatsächlich aus vielen *kutis* im Wald besteht – leben sowohl Mönche als auch die bedeutendste Nonnengemeinschaft von Luang Prabang. Die älteste Nonne *(mae si)* ist über 70 Jahre alt und trägt seit mehr als 50 Jahren die weiße Robe.

Der Santi Chedi (Friedensstupa) wurde erst Ende der 80er Jahre gebaut und ist kein That im Sinne eines Reliquienmonuments, sondern ein Tempel, der in der Form eines achteckigen That errichtet wurde. Das Innere hat fünf begehbare Stockwerke. Im Lesesaal in der 1. Etage steht eine Ausgabe des Tipitaka auf Thailändisch. Auf einem Plan wird das Bauprojekt der Ummauerung des Geländes dokumentiert. An den Wänden der 2. Etage findet man Abbildungen von 15 berühmten Stupas aus verschiedenen Ländern, und von der 3. Etage führt eine Leiter in die Spitze. Der Altar in dem kleinen Raum mit winzigen Scheiben ist Upprasok gewidmet, einem Anhänger Buddhas. Außen sind die geschnitzten Fensterläden, die zwei großen Trommeln und eine prächtige alte Bronzeglocke interessant. ⏰ Mo–Fr 8–10, 14–16 Uhr, Spende erbeten.

Auf dem Weg zum Grab Henri Mouhots kommt man nach 2 km durch das Dorf **Ban Phanom**. Im 17. Jh. wurden hier Angehörige der Lue aus dem damaligen Reich Sipsong Phan Na (Süd-Yunnan) angesiedelt, um für das Königshaus Luang Prabangs zu weben. Bis heute stehen unter vielen Häusern Webstühle. Das auf Touristen zugeschnittene Verkaufsgebäude lässt jedoch nicht mehr viel Authentizität erkennen.

Grab von Henri Mouhot

4 km östlich von Ban Phanom ruht ein Mann, der eigentlich für die Wiederentdeckung Angkor Vats berühmt geworden ist: Alexandre Henri Mouhot. Sein weißes Grabmal liegt erhöht am Ufer des Nam Khan, ein seltsamer Anblick mitten im Dschungel.

Geboren am 15. Mai 1826 in Montbéliard, verbrachte Henri Mouhot einen Großteil seines Lebens in Russland, bevor er 1856 nach England übersiedelte und eine Verwandte des Entdeckers Mungo Park heiratete. Mit 32 Jahren verließ er seine Frau, um die erste Forschungsreise nach Asien anzutreten. Mouhot war in erster Linie Naturkundler, ein Mann mit scharfer Beobachtungsgabe, dessen buschiger Rotbart nicht nur Laoten in Erstaunen versetzte.

Seine vier Reisen, die er von 1858–61 durch Südostasien unternahm, führten ihn 1860 auch nach Angkor Vat. Die posthum veröffentlichten

> ### Radfahrer aufgepasst!
>
> Wer zum Grab von Henry Mouhot unterwegs ist, braucht entweder ein Fahrradschloss oder muss Wache stehen, da hier wiederholt Fahrräder gestohlen wurden. In der Stadt angeschlossene Fahrräder sind tagsüber weitgehend sicher. Nachts müssen sie jedoch unbedingt im Gästehaus untergestellt werden. Kommt es trotzdem zum Verlust eines LA-Rades, lässt sich für US$50 Ersatz schaffen.

Berichte über diesen „Tempel..., der herrlicher ist als alles, was griechische und römische Kunst je schuf", weckten die Neugier der westlichen Welt und brachten Mouhot den Ruf als „Entdecker Angkor Vats" ein. Er war es auch, der als erster Europäer und Franzose seinen Fuß in die alte Königstadt der Lao setzte. Im Juli 1861 wurde er hier von König Chantharat mit allen Ehren empfangen. Den Plan, nach Osten zu reisen und eine Weile unter den Lao zu leben, konnte er nicht mehr realisieren. Nur drei Monate nach seiner Ankunft in Luang Prabang starb er an Malaria.

Henri Mouhot wurde von seinen Dienern Phrai und Deng am Ufer des Nam Khan begraben. Francis Garnier errichtete sechs Jahre später an dieser Stelle den ersten Grabstein, der, nachdem er durch Hochwasser zerstört worden war, 1887 von August Pavie erneuert wurde. Die Geburtsstadt Mouhots finanzierte 1990 die Restaurierung der Grabstätte.

Der Weg ist ab dem Abzweig von der Straße 13 ausgeschildert. Ist der letzte Wegweiser erreicht, führt ein steiler Pfad zum Fluss hinab, wo man nach 200 m rechts zum Grab gelangt.

Übernachtung

Bei einer Zählung im Jahr 2005 kam Luang Prabang auf insgesamt 17 Hotels und 146 Gästehäuser. Nur sechs Jahre zuvor existierten nicht einmal die Hälfte. Die Stadt hat sich in kürzester Zeit auf Reisende aller Budgets eingestellt.
Die Gästehäuser der unteren bis mittleren Preisklasse verteilen sich auf 3 Hauptgegenden: die Halbinsel, Ban Vat That und das Gebiet südlich des Phousi bis Vat Manorom.
Am gefragtesten sind die Zimmer auf der **Halbinsel**. Seit hier eine Reihe neuer preiswerter Gästehäuser entstanden sind, bestehen auch in der Hauptsaison Chancen auf ein freies Zimmer. Zimmer mit Flussblick sind jedoch weiterhin rar und ohne Reservierung kaum zu bekommen.
Ban Vat That ist die älteste Travellergegend und zieht mit einfachen Billigherbergen ein jüngeres Publikum an; derzeit gibt es eine spürbare Entwicklung hin zu Gästehäusern mit ordentlichem Standard. Etwas weiter außerhalb, südlich des **Phousi bis Vat Manorom**, befinden sich weitere neuere Hotels und Gästehäuser. Während die Zimmerpreise der Altstadt in der Hauptsaison

Hotelpreise und Hochzeiten

Für Luang Prabang sind frühzeitige Hotelbuchungen das ganze Jahr über empfehlenswert. In die Hochsaison (1.10.–30.4.) fallen auch die Weihnachts- und Neujahrstage (24.12.–2.1) und der laotische Jahreswechsel *Pi Mai* (12.–17.4.). An diesen Tagen sind die besten Zimmer lange im Voraus ausgebucht und Gästehäuser verlangen fast das Doppelte. Während der Nebensaison (1.5.–30.9.) werden entweder niedrigere Preise veranschlagt oder es lassen sich bessere aushandeln.
Der Zufall und nicht zuletzt die Wetterlage wollen es, dass die Trockenzeit als die ausgemachte laotische Hochzeitssaison gilt und diese wiederum mit der touristischen Hochsaison zusammen fällt. In Hotels mit großen Veranstaltungsräumen und Gärten wird dann laut gefeiert. Für Hochzeiten bevorzugte Tage liegen um Voll- und Neumond. Fühlt man sich gestört, sollte man mitfeiern. Ein Besucher aus dem Westen ist bei einer laotischen Hochzeit immer willkommen und soll dem Paar Glück bringen! Hochzeiten bieten zudem die besten Einblicke in die laotische Esskultur und Gastlichkeit. Das übliche Gastgeschenk ist Geld, das in einem Umschlag mit Namen des Schenkenden versehen beim „Kassierer" am Eingang abgegeben wird. Wer nicht in Feierlaune ist, kann sich damit trösten, dass spätestens um Mitternacht Ruhe einkehrt.

unverhältnismäßig hoch ausfallen können, trifft man im Süden der Stadt meist auf ein gutes Preis-Leistungs-Verhältnis. Einige Hotels, einzelne im Boutique-Stil, liegen über die Stadt verteilt, und 3 luxuriöse Resorts befinden sich in wunderschöner Landschaft: das beste in Luang Prabang selbst, ein weiteres 4 km westlich der Stadt am Mekong und das neueste idyllisch am Nam Khan.
Die Auflistung erfolgt von Nord nach Süd.

DIE HALBINSEL – Auf der Halbinsel zwischen Mekong und Nam Khan befindet sich das historische Zentrum Luang Prabangs. Die Lage inmitten verträumter *ban* und Vats ist zweifellos die schönste der Stadt; von den vielen neuen Gästehäusern wird hier gut die Hälfte beschrieben. Einzelne teurere Häuser liegen direkt am Mekong oder überblicken den Nam Khan, doch die meisten der hier genannten Unterkünfte befinden sich in den Straßen parallel zu den Uferstraßen und in den Seitenstraßen auf der Höhe der Sisavangvong Rd.

Untere Preisklasse: *Chittana Gh.* ⑫, in der kleinen Gasse direkt gegenüber der Villa Santi, traditionelles Haus mit Anbau. 9 große Zimmer mit/ohne Bad, Ventilator, Holzböden, großen Betten und netter Einrichtung. Eine der günstigsten Unterkünfte auf der Halbinsel. ❶
Silichit Gh. ⑳, Ecke Mekongufer, Straße von Vat Paphai, ✆ 071-212758. Schön gelegenes, geräumiges Gästehaus mit Holzböden. Die Zimmer im Obergeschoss sind ruhiger, die im Erdgeschoss grenzen an einen Aufenthaltsraum. ❷–❸
Bougnasouk Gh. ⑲, ✆ 071-212749. In bester Lage am Mekong, 6 einfache Zimmer mit Bad, aber keines mit Flussblick. Das angeschlossene Terrassen-Restaurant ist gut besucht. ❷
In der Gasse neben dem Areal des Sala Prabang Hotels liegen 3 sehr freundliche neuere Unterkünfte: *Chanthanome Gh.* ㉑, ✆ 020-7770760, *Soutikone Gh.* ㉒, ✆ 071-253990, *Namsok Gh.* ㉓, ✆ 071-212758, einige Zimmer mit eigenem Balkon. Alle haben saubere Zimmer mit eigenem Bad für US$10/ohne für US$6; gutes Preis-Leistungs-Verhältnis. Einziger Nachteil der beiden Erstgenannten ist die benachbarte Silberschmiede, die pausenlos in Betrieb ist. ❷
Ebenfalls in Ban Xieng Mouane reihen sich 3 besonders schön gelegene Häuser in der Gasse der renovierten Kronprinzenresidenz aneinander: *Mala Gh. & Restaurant* ㉚, ✆ 071-212800, mit Garten und beliebtem Esslokal, *That Saphone Gh.* ㉜, ✆ 020-5671888, und *Levady Gh.* ㉝, ✆ 071-254434. Holzbauten im traditionellen Stil mit viel Atmosphäre. ❷–❸
Sackarinh Guest Room ㉞, nördliche Gasse zu Vat Xieng Mouane, nahe Sisavangvong Rd., ✆ 071-254512, 020-5442001, ✉ sackarinh_guestroom@hotmail.com. Einfach möblierte, gefliesete Zimmer auf 2 Etagen, mit Bad, AC und TV, sauber und gut geführt. ❸

Kinnaly Gh. ㉘, neben dem Pak Houay Mixay Restaurant, ✆ 071-212416. Hübsches, 2006 eröffnetes Gästehaus mit komfortablen gefliesten Zimmern mit Bad zu US$10. Eine gute Wahl, wenn auch nur von außen im alten Stil. ❷
Paphai Gh. ㉛, gegenüber Vat Paphai, ✆/✆ 071-212752, ✉ bouapane@hotmail.com. Historisches Haus aus Palisander mit antiker Einrichtung und kleiner Veranda. Große Zimmer im 1. Stock; Zimmer unten gefliest und niedrige Decke. Gemeinschaftsbad mit Warmwasser, Aufenthaltsraum mit Büchern, Tische und Bänke im kleinen Garten. Für Leute, die alte Dinge mögen. ❷
Chaliny Gh. ⑰, ✆ 071-252377. Freundliches, alteingesessenes Haus direkt am Mekong, von 7 Zimmern haben 2 ein eigenes Bad, 1 EZ. Die Holzverkleidung im 1. Stock hat etwas Skandinavisches; 2 Zimmer mit Flussblick. Rabatt bei längerem Aufenthalt. ❷
Mekong Gh. ⑯, ✆ 071-253252, direkt am Mekong. Preiswertes Gästehaus der ersten Generation; 4 große, helle, jedoch kahle Zimmer und 3 EZ mit Gemeinschaftsbad, Terrazzoböden. Zimmer mit Bad im Anbau dahinter. ❷–❸
Choumkhong Gh. ㉔, gegenüber Vat Choumkhong, ✆ 071-252690. Großes laotisches Haus mit Holzbalkon, von dem man das Kloster überblickt; geräumige, saubere Zimmer, mit/ohne AC; rustikaler und damit authentischer als viele seiner modernen Nachbarn. ❷–❸
Phousi III Gh. ㉗, neben Vat Choumkhong, ✆ 071-253068. Versteckt gelegenes, ruhiges Gästehaus mit gutem Preis-Leistungs-Verhältnis, besonders schöne Räume im Obergeschoss, Gemeinschaftsbalkon mit freiem Blick aufs Kloster und zum Phousi, empfehlenswert. ❷
In den benachbarten Phousi I oder Phousi II Gh. danach fragen.
Boupha Gh. ㊲, Sisavangvong Rd., neben der BCEL Bank, ✆ 071-252405. Einfache Zimmer mit/ohne Bad, in traditionellem chinesischem Ladenhaus, gut und freundlich geführt; jedoch meist voll. ❷
Phounsab Gh. ㊱, Sisavangvong Rd., neben Lao-American Travel, ✆ 071-212975. Sehr verstecktes älteres Gästehaus; geräumige, zweckmäßige Zimmer mit/ohne Bad, mit Warmwasser, Ventilator und hohen Decken. Preiswert. ❷

Pakam Gh. ㊳, hinter Vat Mai, etwas versteckt, ℡ 252679, 📠 253436, 📧 pakamguesthouse@yahoo.com. Typisch laotisches Haus, 6 saubere Zimmer mit Bad, das Obergeschoss ist luftiger. Die Besitzer sprechen gut Englisch. ❷

Mittlere Preisklasse: *Tum Tum Cheng Gh.* ④, südlich von Vat Xieng Thong, ℡ 071-252019, 253224, 📠 253262, 📧 tumtumcheng@yahoo.com. Stilvolles Gästehaus unter ungarisch-laotischer Leitung in einer der schönsten Ecken der Stadt. Die Zimmer mit/ohne AC und Bad sind liebevoll Ton in Ton eingerichtet. Von der Veranda lässt sich das Geschehen um Vat Xieng Thong beobachten. Empfehlenswert, nicht nur wegen der Lage. Ein weiteres, preiswerteres Gästehaus derselben Besitzer liegt eine Straßenecke weiter. ❹

Sayo Riverside Gh. ⑥, Ounkham Rd., neben der Auberge Le Calao, ℡ 071-252614, 212484, 📧 sayo@laotel.com. Neu eröffneter Ableger des alten Sayo Gh., in 2 stilvollen Häusern direkt am Mekong. Freundlich eingerichtete Zimmer unterschiedlicher Größe und Ausstattung, manche mit Lesebalkon. Besonders zu empfehlen sind die Eckzimmer im Obergeschoss, von hier bietet sich der schönste Flussblick. ❺

Sokxai Gh. ⑦, gegenüber Vat Sop, ℡ 071-254309 oder 020-5571559, 📧 sokxaigh@yahoo.com. Zweckmäßig eingerichtetes Gästehaus mit überteuerten Zimmern mit/ohne AC. Man bezahlt in erster Linie für die wunderschöne Lage. ❹

Senesouk Gh. ⑧, gegenüber Vat Sene, ℡/📠 071-212074, 020-5570375, 📧 sensouk@laotel.com. Für seine gepflegten Balkonzimmer mit Blick auf Vat Sene gerühmt, neuerdings in zwei benachbarten Kolonialgebäuden untergebracht; mit polierten Dielen und gefliesten Böden. Die Zimmer im neuen Haus sind größer und etwas besser ausgestattet. Mit eigenem Balkon oder Terrasse. ❹–❺

Pathoumphone Gh. ⑬, direkt am Nam Khan, ℡ 071-212946. Alteingesessenes Gästehaus mit 8 Zimmern in 2 sehr unterschiedlichen Gebäuden: Die Zimmer im Nebengebäude haben Holzwände, sind eher rustikal und hellhörig. Ansprechende Atmosphäre im Haupthaus: die vorderen Zimmer mit hohen Decken und einer Traumaussicht auf den Nam Khan. Sitzgelegenheiten im Freien, Frühstück möglich. ❷–❸

Saynamkhan Gh. ⑭, direkt am Nam Khan, gegenüber Vat Pa Fang, ℡ 071-212976, 📠 253719, 📧 saynamkhane_lp@hotmail.com. Das koloniale Gebäude bietet einen guten Standard in ausgesprochen schöner Lage, AC-Zimmer mit Bad und Minibar, Zimmer nach hinten preiswerter (US$25); ruhig gelegen, erhöhte Veranda mit Blick auf den Nam Khan. ❹

Heritage (Moradok) Gh. ㉟, südlich von Vat Paphai, ℡ 071-252537, 📠 252562. Von außen unscheinbares ehemaliges Geschäfts- und Lagerhaus; in dem 1882 erbauten festungsähnlichen Gemäuer mit alten Terrakotta-Böden reihen sich 21 recht einfache Zimmer mit/ohne AC aneinander. Das Heritage wird bereits in der 4. Generation als Gästehaus geführt.

Sayo Gh. ㉖, gegenüber Vat Xieng Mouane, ℡ 071-252614, 212484, 📧 sayo@laotel.com. Kolonialvilla mit 6 individuell gestalteten großen Räumen, hohe Decken und Ausblick auf Vat Xieng Mouane, 4 sehr geräumige Eckzimmer für 3 Pers.; in einem Nebengebäude im Hof 6 weitere Zimmer, jedoch zu dunkel. Alle Zimmer mit Ventilator und Bad. Siehe auch Sayo Riverside Gh. unter der gleichen Leitung. ❺

Xieng Mouane Gh. ㉕, gegenüber Vat Xieng Mouane, ℡ 071-252152, 📧 xiengmouane@yahoo.com. Ähnlich wie das benachbarte Sayo Gh., jedoch insgesamt eine Nummer kleiner; im Haupthaus vergleichsweise modern ausgestattete AC-Zimmer mit Bad, die Zimmer mit Balkon zum Innenhof sind preiswerter und eher zu empfehlen. ❹–❺

Obere Preisklasse: *The Apsara* ⑨, direkt am Nam Khan, ℡ 071-254670, 📠 254252, 💻 www.theapsara.com. Das 2005 eröffnete Haus wird als herausragendes Boutique-Hotel international gepriesen. Man betritt es durch das offene Restaurant und ist von asiatischem Fusion-Design umgeben. Die 15 hochwertig ausgestatteten Zimmer haben alle Ausblick auf den Fluss. Preis inkl. Frühstück. ❺–❻

Das Apsara vermietet auch die *Villa Savanh*, übersetzt „Himmlische Villa", neben dem 3 Nagas. Preise um US$200/Nacht für 3 DZ, traditionelle Wohnräume und einen riesigen Garten.

Auberge le Calao ⑤, direkt am Mekong, auf der Höhe von Vat Sop, ✆ 071-212100, ✉ 212085, ✉ calaoinn@laotel.com. Die 1904 erbaute Kolonialvilla in Ocker zählt zu den schönsten säkularen Bauten in Luang Prabang. Mit nur 6 Zimmern, alle mit Flussblick, bietet es eine ruhige und persönliche Atmosphäre. Besonders lohnend sind die Zimmer im Obergeschoss (Nr. 5 und 6) mit großen, überdachten Balkonen. Preis inkl. Frühstück im angeschlossenen Restaurant. Visa und Mastercard werden akzeptiert. ❻

Sala Prabang ⑱, 102/6 Ounkham Rd., ✆ 071-252460, ✉ 252472, 🖥 www.salalao.com. Insgesamt 3 stilvoll renovierte historische Häuser „Villa", „Lattana" und „Ban Lao", jedes mit eigenem Charme und Charakter, was auch für die sehr unterschiedlichen Zimmer gilt. Aufgrund der Lage am Mekong und der Ausstattung, die viel Liebe zum Detail verrät, eine der gefragtesten Unterkünfte auf der Halbinsel. Der laotische Architekt und Besitzer hat lange in Australien gearbeitet. ❺

3 Nagas Boutique Hotel ⑩, Sakkarine Rd., Nahe Vat Nong, ✆ 071-253888, 🖥 www.3nagas.com. Ein Hotel mit Vorbildcharakter in Luang Prabang: 2 historisch bedeutsame, behutsam renovierte Gebäude mit 15 Zimmern und unübertroffenem Flair. Das Khamboua Haus mit weitläufigem Garten zum Nam Khan ist noch exquisiter als das Lamache Haus. ❻

Villa Santi ⑪, Sakkarine Rd., auf der Höhe von Vat Nong, ✆ 071-252157, ✉ 071-252158, 🖥 www.villasantihotel.com. Der ursprüngliche Name der Villa Santi ist Villa de la Princesse, da hier ehemals Prinzessin Manilay residierte. 1992 eröffnete Sawee Nahlee, die Tochter des letzten Kronprinzen, mit ihrem Ehemann das Hotel. 2 Jahre darauf wurde es auf Druck der örtlichen Behörden umbenannt – nur dem romantischen Princess Restaurant blieb sein Name erhalten. Die eleganten Zimmer mit Rosenholzmöbeln, klassischen Moskitonetzen und Parkett liegen auf 2 Gebäude verteilt. Die Bäder, wenn auch klein, sind bestens ausgestattet, und besonders das Restaurant und die Frühstücksgedecke im begrünten Innenhof lassen das alte „Indochine" wieder aufleben. Preis inkl. Frühstück und Flughafentransfer. ❻

BAN VAT THAT – Dieser alte Stadtteil, auch das Viertel der Silberschmiede genannt, weist die größte Dichte an preiswerten Unterkünften auf. Er erstreckt sich südwestlich der Post zwischen Mekong und Chao Fa Ngum Rd. Noch vor wenigen Jahren durchzogen holprige Staubstraßen Ban Vat That, inzwischen sind alle Wege geteert oder gepflastert. Da inzwischen jedes zweite Haus in ein Backpacker-Gästehaus umgewandelt wurde, ist die Auflistung hier keinesfalls vollständig. In jedem Fall lohnt der Vergleich vor Ort. Die Preise sind einheitlich: US$5 für ein Zimmer ohne Bad, US$10 für ein Zimmer mit eigenem Bad und Warmwasser. Einzelne bieten für US$15 auch Standardzimmer mit AC, TV und Frühstück an.

Nach Straßen von Nord nach Süd, vom Mekong ausgehend:

Untere Preisklasse: ***Houaxieng Gh.*** ㊼, 1. Straße, ✆ 071-212703. Helle, luftige Zimmer mit/ohne Bad, Matratzen und Sitzkissen liegen auf blanken Holzböden; Hof mit Sitzgelegenheiten, Dachterrasse mit Blick auf den Phousi. Die Familie ist sehr gastfreundlich, nur die Tochter spricht Englisch. ❷

Die folgenden 4 Gästehäuser weisen einen sehr ähnlichen Standard auf (❶): die umgebauten Holzhäuser bieten nun neue, teilweise gefliese Zimmer mit/ohne Bad und Warmwasser:

Chanthaphone Gh. ㊽, 1. Straße, ✆ 020-5669965,
Nittaya Gh. ㊾, 1. Straße, ✆ 071-254211, 020-5471309, ✉ keo_manivong@yahoo.com,
Souksavath Gh. ㊿, 1. Straße, ✆ 071-212043, 020-5771499,
Seng Phet Gh. ㊱, 1. Straße, ✆ 071-253534,
Somchith Gh. ㊲, 1./2. Querstraße, ✆ 071-212522. Holzhaus in einer leicht zu übersehenden Seitenstraße nahe dem Mekong. Rustikale Zimmer mit Bad; auch 3-Bett-Zimmer. Ruhig, mit Lesebalkon. ❶

Nocknoy Gh. ㊳, 1./2 Querstraße, in einer Seitenstraße, ✆ 071-253227, ✉ nocknoylaos@yahoo.com. *Nok noy* bedeutet „kleiner Vogel", und tatsächlich ist das familiäre Haus mit seinen 5 Zimmern mit Gemeinschaftsbad und warmer Dusche eines der kleinsten im Viertel. Freundlich, Vorhof mit Hängematte. ❶

Vilay Gh. ㊴, 2. Straße, ✆ 071-253561. 7 Zimmer mit/ohne Bad in leuchtenden Farben, saubere Gemeinschaftsbäder mit Warmwasser; 6 AC-Zimmer mit Bad in einem zweiten Gebäude dahinter. ❷
Suankeo 2 Gh. ㊾, 2. Straße, ✆ 071-252804. Das 1954 erbaute weiß-blaue Gebäude wurde früher als Kino genutzt; entsprechend riesig sind die Räume, die dem Haus den Charakter einer Jugendherberge verleihen; preiswerte 3-Bett-Zimmer, sehr großer Balkon. ❶
Tanoy Gh. ㊶, 2. Straße, ✆ 071-252101. Saubere Zimmer in 2 Gebäuden. Die im großen Haus sind besser, eines davon für 5 Pers. mit Balkon. ❷
Rattana Gh. ㊷, 2. Straße, ✆ 071-252255, ✉ rattana@laotel.com. Sehr beliebtes, etwas teures Gästehaus mit nur 6 Zimmern. Je 2 geräumige Zimmer mit und ohne Bad sowie 2 mit Bad und AC, teils mit Balkon. Bei Einzelbelegung und in der Nebensaison günstiger. ❸
Viradesa Gh. ㊸, 3. Straße, ✆ 071-252026. Großer, unpersönlicher „Backpacker-Hangout". Gemeinschaftsbäder mit rationiertem Warmwasser, teilweise Bambustrennwände, daher kleine und hellhörige Räume. ❶
Die folgenden 2 Gästehäuser bieten einen ähnlich schönen Standard:
Suankeo Gh. ㊾, ✆ 071-254740, und das benachbarte ***Wat That Gh.*** ㊿, 3. Straße, ✆ 071-212913. Nachdem die beiden von der Unesco gelisteten Gebäude 2002 einem ominösen Brand zum Opfer gefallen waren, wurden sie nach traditionellem Vorbild wiederaufgebaut; beide ❷–❸
Vanvisa Gh. ㊶, 42/2 Ban Vat That, 4. Straße, ✆ 071-212925, 020-5408133, ✉ vandara1@hotmail.com. Einfallsreich gestaltetes, gemütliches Haus, dessen viele Textilien und Antiquitäten auch zum Verkauf stehen. 4 Zimmer ohne Bad für US$8, 5 mit Bad für US$12, Ventilator, Backsteinwänden und gefliesten Böden; ein 3-Bett-Zimmer. Familienfreundlich und ruhig. ❷–❸
Hier Reservierungen für das ***Vanvisa II Gh.***, Ban Thapene, am Kuang Xi Wasserfall, s. S. 229.

Obere Preisklasse: Die folgenden 2 Hotels liegen nördlich von Ban Vat That, an der Kreuzung Chao Fa Ngum, Setthathirat Rd.:
Ancient Luang Prabang Hotel ㊴, Sisavangvong Rd., ✆ 071-212264, ✆ 212804, ✉ ancientl@laotel.com. 12 geräumige, sehr individuell gestaltete AC-Zimmer auf 4 Stockwerken, jedes nach einem chinesischen Tierkreiszeichen benannt; das verspielte Design (insbesondere der Bäder) kombiniert moderne Schlichtheit mit traditionellen laotischen Stilelementen. Empfehlenswert, auch aufgrund seiner zentralen Lage. Preis inkl. Frühstück, das auf einer Dachterrasse mit Blick über die Stadt serviert wird. ❺
Phousi Hotel ㊵, Ecke Setthathirat, Chao Fa Ngum Rd., ✆ 071-212717, ✆ 212719, ✉ phousi@laotel.com. Der Standard der 42 Zimmer ist seit einer Komplettsanierung sehr gut; mit Teakmöbeln, TV, Minibar und AC, Superior-Zimmer zu US$66 (inkl. Steuern) mit Badewanne und Telefon. Das Hotel liegt sehr zentral, am Fuße des Phousi, von wo aus die wichtigsten Sehenswürdigkeiten zu Fuß erreichbar sind. Preis inkl. Frühstück, zzgl. 5% Gebühr auf Travellers Cheques, 4% auf Visa und Mastercard. ❺

SÜDLICH DES PHOUSI, AM NAM KHAN – In diesem fast dörflichen Wohngebiet direkt am Nam Khan findet man einige der günstigsten Gästehäuser der Stadt – in abgeschiedener Lage und doch zentrumsnah.
Untere Preisklasse: Die hier aufgeführten Gästehäuser liegen in einer kleinen, gut ausgeschilderten Seitenstraße der Chao Xoumphou Rd. Sollte eines voll sein, verweist der Besitzer gern aufs nächste. Alle bieten ihren Gästen kostenlose Heißgetränke, Trinkwasser und Bananen an:
Merry Gh. 2 ㊺, ✆ 071-254445. Das erste in der Seitenstraße, neuer Ableger des Merry Gh. 1 mit 12 Zimmern verschiedener Kategorien: 6 Zimmer ohne, 4 mit eigenem Bad für US$10, Einzelbelegung kostet US$3, 1 Drei- und 1 Vierbettzimmer. Ideal für Preisbewusste. ❶
Sysomphone Gh. ㊸, neben dem Merry Gh. 1, ✆ 071-252534, traditionelles Haus mit einfachen, aber gemütlichen Zimmern, 2 Gemeinschaftsbädern. In absehbarer Zeit werden neue Zimmer entstehen. Die Familie lädt ihre Gäste gelegentlich zum Abendessen in großer Runde ein, und der Hausherr pflegt Alben mit Passbildern seiner Gäste! Jeder, der sein Bild hinterlässt, wird auch noch Jahre später wiedererkannt. ❶
Cold River Gh. ㊹, gegenüber, am Fluss, ✆ 071-252810. Eines der ersten Gästehäuser in Ban

Meunna, beliebt und ruhig, nach einer Erweiterung 10 neue Zimmer mit/ohne Bad und mit Warmwasser; ebenfalls sehr gastfreundliche Familie. ❶–❷

Thony Gh. ㊷, neben dem Sysomphone. Neues Gästehaus direkt am Nam Khan mit 8 Zimmern verschiedener Ausstattung; 2 Zimmer ohne Bad, 2 Zimmer mit Kabel-TV für 15 US$. Tolle Lage. ❶–❷

Merry Gh. 1 ㊶, ✆ 071-252325. Großes Haus direkt am Nam Khan mit traumhafter Terrasse, blitzenden Holzböden und komfortablen Zimmern mit Bad, die mit Flussblick kosten etwas mehr. Zur Zeit der Recherche gab es Pläne zur Vergrößerung. ❷–❸

Mittlere Preisklasse: *Merry Lao-Swiss Hotel* ㊵, neben Vat Aphai, nahe dem Südaufgang des Phousi, ✆ 071-260211, 020-5670429, ✉ samora phouma@hotmail.com, 🖳 www.freewebs.com/merrylao_swiss. Die geräumigen Zimmer dieses Hotels sind modern eingerichtet, gefliest, mit AC, Fernseher und Minibar, auch 3-Bett-Zimmer mit Balkon zu US$40. Mr. Samoraphouma hat in Berlin studiert und spricht fließend Deutsch. ❹–❺

Thongbay Gh. (64), außerhalb, direkt am Nam Khan; Seitenstraße, die bei Santi Chedi von der Straße 13 abgeht, ✆/℻ 071-253234, ✉ thong bay@laostel.com, 🖳 www.thongbay.laopdr.com. Geschmackvolle Bungalows in einer liebevoll gestalteten Gartenanlage. Von den Veranden der Bambusbauten überblickt man den Nam Khan. Guter Service, Fahrradverleih, Tuk-Tuks für Fahrten in die Stadt werden bestellt. Preis inkl. Frühstück. ❸–❹

SÜDLICH DES PHOUSI BIS VAT MANOROM – Die Unterkünfte südlich des Phousi sind eine gute Alternative, wenn auf der Halbinsel kein Zimmer mehr zu bekommen ist.

Die Gästehäuser liegen entweder im Travellerviertel entlang der Phamaha Phasaman Rd. oder verteilen sich auf die umliegenden ruhigeren Wohnviertel. Auch wenn die Gebäude in dieser Gegend oft jüngeren Datums sind, erhält man doch authentischere Einblicke in den laotischen Alltag als in mancher Ecke der Altstadt.

Untere Preisklasse: *Phonethavy Gh.* (63), Thomkham Rd., ✆ 071-253213. 1-stöckiges Haus mit preiswerten Zimmern: im Haupthaus kleinere Zimmer ohne Bad, mit Trennwänden aus Naturholz, im Anbau mit Ventilator und Bad, Traveller-Infos, Sitzgelegenheiten draußen. ❶

Som Koun Meung Gh. (62), Thomkham Rd., ✆ 071-254662. Neuestes Gästehaus der Straße, von außen geschmackvolles Haus, nach traditionellem Muster neu gebaut. 2 Gebäude mit Sitzgelegenheiten draußen; 8 unterschiedlich große, modern eingerichtete Zimmer, mit Ventilator und eigenem Bad oder mit AC, TV, Bad und Minibar. ❷–❸

Kounsavan Gh. (66), Thomkham Rd., ✆ 071-212297. 2002 errichtetes, aus Sicht der Unesco zu hoch geratenes Gebäude, dessen obere Veranda einen entsprechend freien Blick auf That Chomsi bietet. 10 schöne Zimmer mit AC und Bad. ❸

Chaleunsouk Gh. (65), Thomkham Rd., ✆ 071-212747. Netter Familienbetrieb, etablierte Traveller-Herberge mit gefliesten Zimmern mit/ohne AC, mit Bad, in ruhiger Nachbarschaft, mit Garten und Sitzgelegenheiten draußen. ❷

Mano Gh. (68), Phamaha Phasaman Rd., ✆/℻ 071-253112, ✉ manostay@hotmail.com. Lange Zeit das gefragteste Gästehaus in dieser Traveller-Ecke; die Einrichtung der Zimmer ist weiterhin sehr schön, doch der Service betont unpersönlich. Zimmer mit AC und TV für US$12, Zimmer mit Ventilator für US$7, alle mit Bad; angeschlossenes Restaurant. ❷–❸

Thavisouk Gh. (69), Phamaha Phasaman Rd., ✆ 071-252022. Zählt in dieser Kategorie zu den besten hier, mit 14 Zimmern unterschiedlicher Ausstattung: atmosphärische Zimmer mit Ventilator und Holzboden (US$5) im ruhigeren zurückversetzten Gebäude, im neuen Haus geflieste Zimmer, 4 neue AC-Zimmer nach vorne, hell und mit Ausblick; umfangreiche Tourangebote. Sehr gut gemanagt. Internet-Café. ❶–❷

Mixay Gh. (71), Phamaha Phasaman Rd., gegenüber der Bank, ✆ 071-213035. Einfache Zimmer aller Preisklassen in mehreren Gebäuden. Jenseits des Hofs mit kleinem Pool. Zimmer mit Ventilator oder AC und sogar mit TV. Etwas vernachlässigt, aber billig. ❶–❷

Jaliya Gh. (72), Phamaha Phasaman Rd., gegenüber Lao Airlines, ✆ 071-252154, 020-5671315.

Nach einer Erweiterung (Nachbarhaus) ist es nun das größte Gästehaus der Straße; 19 schön eingerichtete Zimmer mit Bad in den Varianten: Ventilator, Ventilator/TV oder AC/TV, plus Garten ergibt ein sehr gutes Preis-Leistungs-Verhältnis für ❷–❸

Malida Gh. ⑭, Thammikarat Rd., ✆ 071-212204, 020-5672331. Sehr ruhig gelegenes, modernes Gästehaus mit gut ausgestatteten, gefliesten AC-Zimmern mit Bad. Familienbetrieb, Fahrradverleih. Preis inkl. Frühstück. ❷–❸

Sabaidee Gh. ⑮, 70 Thammikarat Rd., ✆ 071-253143, ✉ sabaigh@laotel.com. In die Jahre gekommene Villa mit großen Fluren und 19 modernisierten Zimmern, die fast Hotelstandard besitzen: sauber, gefliest, mit TV, mit/ohne AC. Das Grundstück macht einen etwas verwilderten Eindruck. Preis inkl. Frühstück. ❷–❸

Villa Suan Maak Gh. ⑬, Noradeth Rd., ✆ 071-252775, ✆ 260213, 🖳 www.villa-suan-maak-laos.com. Zurückversetztes Kolonialhaus mit üppigem Garten und Frühstücksterrasse, eine wohltuende Oase! 12 unterschiedliche Zimmer mit/ohne AC und Bad, im Erdgeschoss eher klein, im Obergeschoss luftig und schön eingerichtet. Auch 3-Bett-Zimmer. Die freundliche Managerin spricht perfekt Englisch. Preis inkl. Frühstück. Empfehlenswert. ❷–❸

Mittlere Preisklasse: *Villa Ban Lao & Rest.* ⑰, Thammikarat Rd., ✆ 071-252078, ✆ 212438, ✉ banlao@laotel.com, 🖳 www.banlao.laopdr.com. Etwas älteres, dennoch gepflegtes Hotel. Haupthaus mit Atmosphäre und neueres Nebengebäude; dessen obere Zimmer mit Holzboden und Blick in den Garten. 28 Zimmer mit/ohne AC, mit/ohne Bad, die teureren mit TV. Im Garten oder im Terrassen-Restaurant kann man auf Liegestühlen entspannen, zudem liegen internationale Zeitungen aus. ❸–❹

Obere Preisklasse: *Maison Souvannaphoum Hotel* ⑰, Chao Fa Ngum Rd., südlich von Vat Maha That, ✆ 071-254609, ✆ 212577, 🖳 www.coloursofangsana.com. Die ehemalige Residenz von Souvanna Phouma wechselte den Besitzer und wurde rundum erneuert. Seither sind die 25 elegant, aber spartanisch eingerichteten Zimmer in einem Nebengebäude unbezahlbar geworden. Im tropischen Garten der strahlend weißen Kolonialvilla wurde ein kleiner Pool angelegt. Das Restaurant L'Eléphant Blanc hat seine koloniale Atmosphäre mit dem Umbau leider eingebüßt. ❻

Mouang Luang Hotel ⑰, Bounkhong Rd., ✆ 071-212791, ✆ 212790, ✉ 🖳 www.hotelinlaosvicogroup.com. Großes Hotel mit tempelähnlichem Staffeldach. 35 in Holz gehaltene Zimmer mit AC, TV, IDD-Telefon und Minibar; einige mit Balkon und Badewanne. Schöner Garten mit Pool (US$4 für Nicht-Gäste). Angeschlossenes Restaurant. Preis inkl. Frühstück. Walk-in Gäste erhalten Vergünstigungen. ❹–❺

Satri House ⑯, Ban That Luang, ✆ 071-253491, 253492, ✆ 253418. In einem 1900 erbauten Kolonialgebäude untergebracht, fungiert das Boutique-Hotel gleichzeitig als Antiquitätenausstellung und -verkaufsraum. Zu empfehlen sind die 4 unterschiedlich gestalteten Zimmer im Haupthaus, eines mit Himmelbett und alle mit sehr ausgefallenen Bädern; vom Obergeschoss traumhafter Blick auf Vat That Luang, selbst von der Badewanne perfekte Sicht ins Freie. Winziger Pool, Garten-Bar. ❻

Le Parasol Blanc Hotel ⑱, nördlich der Phou Vao Rd., ✆ 071-252124, ✆ 252159, 🖳 www.hotelinlaos-vicogroup.com. 30 Balkonzimmer mit Holzinterieur, AC, IDD-Telefon und Minibar in ähnlich schöner Anlage wie sein Namensvetter in Vientiane. Preis inkl. Frühstück und Flughafentransfer; Master- und Visacard. Walk-in Gäste erhalten Vergünstigungen. Das angegliederte Dokboua Restaurant serviert laotische Speisen auf einer großen Holzterrasse am Gartenteich. Von Oktober bis April traditionelle laotische Musik und Tanzvorführungen von 19–21 Uhr. Am Nachmittag ist „Happy Hour" mit Beerlao zu 7000 Kip und laotischem Barbeque (14.30–19 Uhr). ❹–❺

La Résidence Phou Vao ⑲, ✆ 071-212194, ✆ 212534, 🖳 www.pansea.com. Das edle Resort auf einem Hügel am östlichen Ende der Phou Vao Rd. darf sich das schönste Luang Prabangs nennen. 34 luxuriöse Zimmer mit Balkon, TV, Minibar, Safe und IDD-Telefon. 3 ha großer Garten mit traumhaftem Pool (US$5 für Nicht-Gäste) und einem 2006 eröffneten Spa (Pool, Jacuzzi, Sauna, Massage). Restaurant, von dem sich ein Blick auf

Palmenhaine, die Stadt und That Chomsi bietet, kostenloser City-Shuttle, Preis inkl. Frühstück und Airporttransfer; Visa, Amex und Mastercard. ❻

AUSSERHALB – Obere Preisklasse:
The Grand Luang Prabang ②, Ban Xiengkeo, direkt am Mekong, 4,5 km südlich der Stadt, ☏ 071-253851-7, ✆ 253027-8, 🖥 www.grand luangprabang.com. Die Lage dieses luxuriösen Hotels ist nur schwer zu überbieten. Auf dem Gelände der Residenz von Prinz Phetsarat sind 80 Zimmer auf mehrere Gebäude verteilt. Die gepflegte Anlage, leider ohne Pool, liegt an einer Biegung des Mekong. Im Haus des ehemaligen Vizekönigs ist ein Museum ihm zu Ehren geplant. Shuttlebus nach Luang Prabang. ❻

Feste und Feiertage

Die in Luang Prabang gefeierten Feste sind heute zwar zum größten Teil buddhistisch, viele ihrer Elemente gehen jedoch auf sehr alte Traditionen und Feiern zu Ehren bestimmter Geister, Nagas und Schutzheiliger zurück. Buddhistische Feste richten sich nach dem Mondkalender und finden in der Regel zum Vollmond statt. Die Daten ändern sich daher von Jahr zu Jahr, und bei mehrtägigen Festen kann es leicht zu zusätzlichen Abweichungen kommen.

Januar: *Boun Khoun Khao;* Erntefest. Wird in den Vats und auf den Feldern gefeiert.

März: *Boun Phra Vetsantara;* Fest zu Ehren Vessantaras, Buddhas vorletzter Inkarnation. Im Rahmen des 3-tägigen Fests wird im Vat Aham die Vessantara Jataka gelesen. Das Werk umfasst 16 Palmblattbände, die in 17 Stunden vorgetragen werden.

April: *Boun Pi Mai (13.–19.4.);* Laotisches Neujahr. Der erste Tag des neuen Jahres ist der 16.4. Das Fest der Erneuerung und des Regens wird in Luang Prabang 6 Tage lang u. a. mit viel Wasserschütten auf den Straßen gefeiert. In allen Vats finden Waschungen von Buddhafiguren statt, vor Vat Mai wird die Statue des Phra Bang ab dem Neujahrstag für 3 Tage zur rituellen Waschung aufgestellt. Die junge Nang Sang Khan, die Neujahrsprinzessin, wird aufwendig geschmückt und in einer Prozession durch die Stadt getragen. Außerdem finden vor Vat Vixoun und Vat Mai Vorführungen des *Phra Lak Phra Lam* und die rituellen Tänze des Großelternpaars Pu Ngo und Na Ngo statt.

Mai: *Boun Visakha Bousa;* das hohe buddhistische Fest zum Geburts-, Todes- und Erleuchtungstag Buddhas wird in den Vats zelebriert. Es wird auch der Ahnen gedacht, und abends findet eine Lichterprozession statt.

Boun Bang Fai; Raketenfest. Ein Fest, das den Erntedank und die mit dem Regen einhergehende Erneuerung mit spektakulären selbst gebauten Bambusraketen feiert.

Juli: *Boun Khao Phansa;* Beginn der 3-monatigen Fastenzeit zum Anfang der Regenzeit, viele Mönchsordinationen.

August/September: *Boun Khao Salak;* mit besonderen Opfergaben wird in den Tempeln der Verstorbenen gedacht.

Boun Souang Heua/Boun Nam; Bootsrennen bzw. Wasserfest, das in Luang Prabang besonders aufwendig am Mekong und Nam Khan gefeiert wird. In langen Ruderbooten paddeln Teams von 30–50 Frauen und Männern um die Wette. Die schönsten Boote der Vats werden Wochen vorher auf dem Gelände der Klöster neu bemalt. In Vientiane und vielerorts in Nordlaos findet das Fest einen Monat später zu *Boun Ok Phansa* statt.

September/Oktober: *Boun Ok Phansa;* Am Morgen des Fests zum Ende der Fastenzeit ist die gesamte Mönchs- und Novizengemeinde beim *dag bat* unterwegs. Novizen schmücken ihr Kloster mit „Lichtbooten" aus Bambus und Tagetes. Abends findet eine Prozession mit reich geschmückten, mit Lämpchen versehenen Bambusbooten zu Vat Xieng Thong statt. Hier werden die Boote gesegnet und zusammen mit unzähligen Bananenblattschalen mit Kerzen auf den Mekong gesetzt. Mit den treibenden Lichtern wird den 15 Schutznagas von Luang Prabang gedankt.

Lao Spirit Resort ①, 15 km westlich, nahe Ban Xieng Lom am Nam Khan, ✆/℡ 071-252655, 🖥 www.tigertrail-laos.com. Traumhaft gelegenes Eco-Resort mit Elefanten-Camp. Bislang 5 geräumige Bungalows von sehr hohem Standard, mit Terrasse und Open-air-Bad. 4 weitere Zimmer in einem neuen Nebengebäude (❹). Markus Peschke hat diesen Ort zum Abschalten in der Natur geschaffen; mit vielfältigem Tourangebot, Wellnessraum und stimmungsvoller Restaurantterrasse. Buchung, Reservierung und Transfers über Tiger Trail. Ideales Ausflugsziel für eine Radtour. ❺ – ❻

Essen

Luang Prabangs Restaurantlandschaft vergrößert sich ständig: Immer mehr Restaurants eröffnen auf der dicht gedrängten **Sisavangvong Rd.** und es kommen laufend neue Terrassen-Restaurants am **Mekong** hinzu. Am Nam Khan ist die Zahl der Lokale hingegen noch überschaubar. Die Küche Luang Prabangs hat einige **Spezialitäten** anzubieten, darunter: *o lam,* würzig-scharfer Eintopf mit Rind oder Fisch, knackigem Gemüse und mit einer bitteren Wurzel abgeschmeckt; *ua no sai mu,* frittierte oder gedünstete Bambussprossen mit Schweinefleisch gefüllt; *sai ua,* laotische Mettwurst; *khaipen,* Cracker aus gewürzten und getrockneten Flussalgen, anschließend frittiert oder geröstet (weniger ölig, daher noch leckerer), und *phak nam,* ein leichter Kressesalat. Die ideale Erfrischung für zwischendurch ist ein *nam mak mai,* **Fruchtshake,** der in den meisten Restaurants nach Wunsch zusammengemixt wird.

Ab 18 Uhr kann man sich auf dem **Nachtmarkt** zwischen Post und Uferstraße sehr preiswert verpflegen. An vielen Ständen werden laotische Grillspezialitäten und Klebreis zum Mitnehmen angeboten. Besonders beliebt bei Travellern sind die „Vegi-Buffets", vegetarische Stände mit Tischen und Bänken, wo ein Gericht nur 5000 Kip kostet.

CAFÉS UND FRÜHSTÜCKSLOKALE – *Café Ban Vat Sène*, 48/3 Sakkarine Rd., stilvolles Café in einem Kolonialgebäude mit günstigem Frühstück und empfehlenswerten europäischen Snacks; überbackene Tartines, leckere Desserts, Espresso und Cappuccino. Gleicher Besitzer wie L'Eléphant Restaurant. ⊙ tgl. 7 Uhr bis spät abends.

Hong's Coffee Shop, Thomkham Rd., gegenüber des Kounsavan Gh., von einem netten Exzentriker geführte Café-Kneipe in einer ruhigen Seitenstraße. Schöne Sonnenterrasse mit Blick auf That Chomsi.

JoMa Bakery, Chao Fa Ngum Rd., nahe der Post, bei Travellern und Expats gleichermaßen beliebt. Qualität und Angebot entsprechen denen der gleichnamigen Bäckerei in Vientiane; zu empfehlen sind der Bananenkuchen und zum Frühstück Waffeln mit Ahornsirup oder das selbst gemachte Knuspermüsli mit Obst und Joghurt. Man sitzt drinnen wie draußen gut und der Service ist professionell. ⊙ tgl. außer So, 8–21 Uhr.

L'étranger, Chao Siphouphan Rd., südlich des Phousi. Außergewöhnliches Lesecafé mit dem Untertitel „Books & Tea", bietet ein preiswertes Frühstücksspecial, Shakes, Smoothies, kostenlose Trinkwasser-Refills und an die 60 Teesorten! Das kanadische Paar sammelt Bücher, um sie kostenlos an Laoten zu verleihen (s. Sonstiges, „Bücher"). Außerdem tgl. Filmvorführungen um 19 Uhr. ⊙ bis 23 Uhr.

Phounsab Gh. Cafeteria, Sisavangvong Rd., das winzige Café am Eingang des Gästehauses bietet selbst gemachten Joghurt und Lassi nebst guter Kuchenauswahl.

Sala Café, am Nam Khan, neues Café mit geradezu modernem Flair: Tapas, Sandwiches und Cocktails oder frisch gemahlener laotischer Kaffee. Große Terrasse am Fluss.

Skandinavian Bakery, Sisavangvong Rd., Frühstücks- und Lunchklassiker, tatsächlich mit skandinavischem Ambiente; empfehlenswerte Burger mit Pommes und gutes Skandinavian Special Menü, lecker und gar nicht so teuer. ⊙ tgl. 7–19 Uhr.

SNACKS UND FRUCHTSÄFTE – Abends bekommt man vor dem Nisha Restaurant Bananen-**Rotis** zum Mitnehmen.

An einem Straßenstand auf der Sakkarine Rd., Höhe Grundschule, verkaufen Frauen frischgebackene **Waffeln** mit Kokos.

An einem Stand vor dem Ancient Luang Prabang Hotel wird hervorragender **Kuchen** zum Mitnehmen angeboten, alles von Schoko bis Mokka und Kürbis.

Ein besonders schöner Ort zum Schlürfen eines *nam mak mai* (Fruchtshake) bei Sonnenuntergang ist das **Mekong Stars** am nördlichen Ende der Mekongpromenade, kurz vor der Auberge le Calao. Hier die Sapotillashakes nicht verpassen.

INTERNATIONAL – Die Halbinsel:

Apsara Restaurant, Kingkitsarath Rd., Nam Khan-Ufer. Das Restaurant der „Tempeltänzerin" hat eine kleine Karte mit Kreationen, die zu den exklusivsten Luang Prabangs gehören. Die chinesisch bis kambodschanisch inspirierte Einrichtung lässt einen fast vergessen, dass man sich in Laos befindet. Hauptgerichte US$6–9.

Café des Arts, Sisavangvong Rd., französisch-englische Karte mit 3 Tagesmenüs. Sehr gut sind die Salate, z. B. Kressesalat, Pizza und die Tartines (überbackene Baguettes). Dient auch als Verkaufsraum für Kunst, dennoch etwas sterile Atmosphäre.

L'Eléphant, gegenüber Vat Nong, zweifellos das beste und edelste Restaurant der Stadt, unter französischer Leitung. In den hohen Räumen (erst 1960 erbaut) mit Deckenventilatoren kommt eine koloniale Atmosphäre auf. Ein Muss für Schlemmer, denen der Sinn nach Wild (Hirsch oder Wildschwein), Ente oder Lamm steht. Hauptgerichte US$6–9.

Mango 3 Nagas Terrace, Sakkarine Rd., Gartenrestaurant des Lamache-Hauses, mit schönem Ambiente am Abend. Sehr gute Büffelsteaks. Allerdings werden manche französische Gerichte im Mutterrestaurant L'Eléphant vorbereitet und hierher gebracht, was dem Anspruch und Preis keinesfalls gerecht wird. ⓘ tgl. bis 22 Uhr.

Naune Na Pha Restaurant, Sisavangvong Rd., von Vietnamesen betriebenes, einfaches und gutes Restaurant, dessen Tische und Stühle unmittelbar in den Wohnbereich der Familie übergehen; reichhaltig belegte Baguettes und gutes Frühstück.

Princess Restaurant, im Hotel Villa Santi, Sakkarine Rd. Das Restaurant im Kolonialstil mit offenem Balkon im Obergeschoss bietet ab 19 Uhr ein (tgl. wechselndes) Menü für nur US$8. Es gibt keinen romantischeren Ort für einen Abend zu zweit bei Kerzenschein… dazu alles von asiatisch angehauchter internationaler Küche bis einheimischer und Thai-Kost sowie ausgezeichnete Desserts; tgl. von 19–22 Uhr klassische laotische Musik und traditioneller Tanz. ⓘ tgl. 7–22 Uhr.

Yongkhoune Restaurant, Sisavangvong Rd., von Chinesen geführtes Restaurant, dessen sehr umfangreiche Speisekarte Überraschendes enthält, z. B. internationale Omelettevarianten – spanische Tortilla oder nach deutscher Art mit Würstchen und Zwiebeln. Als Dessert kann man z. B. Klebreis mit Kokosnuss und Obst probieren und zu späterer Stunde zu einem Cocktail mit *lau lao* übergehen.

Ban Vat That: *Indochina Spirit Restaurant*,

Chao Fa Ngum Rd., ✆/✉ 071-252372. Das ehemalige Wohnhaus des königlichen Hofarztes ist heute ein gut geführtes Restaurant mit breiter Auswahl laotischer, thailändischer und deutsch-internationaler Küche (Steak, Schnitzel). Zum Einstieg ist der Luang Prabang-Vorspeisenteller zu empfehlen. Das Essen wird auf der begrünten Terrasse, dem Balkon im 1. Stock oder im traditionellen Ambiente der oberen Räume mit Sitzkissen serviert; tgl. von 19–21 Uhr spielt eine klassische laotische Musikgruppe. ⓘ tgl. 8–23.30 Uhr.

Le Tam Tam Garden Restaurant, 91/8 Sisavangvong Rd. Die weitläufige Terrasse des Restaurants ist bis spät abends Treffpunkt vieler Traveller, denen der Sinn nach laotischem, vietnamesischem, französischem oder chinesischem Essen und Party steht; gleiche umfangreiche Karte wie Paradise Restaurant, da unter selber Leitung.

Nao's Place, Sisavangvong Rd., neben der Lao Development Bank, Soccer-Pub mit Großbildleinwand (irritierenderweise gespiegelt!), dazu die entsprechende *Beer'n Burger*-Atmosphäre, eine Bar und eine Auswahl an Büchern.

Südlich des Phousi bis Vat Manorom:

Paradise Restaurant, 45 Phamaha Phasaman Rd., laotisch, französisch und exotisch (z. B. Wildschwein). Gartenlokal im Wild-West-Stil mit deftigen Steaks, laotischen Gerichten und günstigen Frühstücksspecials und Menüs. Gleiche Karte wie das Tam Tam Restaurant – nur billiger. ⓘ tgl. 7.30–23.30 Uhr.

INDISCH – *Nazim,* Sisavangvong Rd., der bekannte Inder ist natürlich auch in Luang Prabang mit einer Filiale vertreten. Das Essen ist dem westlichen Gaumen angepasst und überzeugt nicht unbedingt. Authentischer isst man im *Nisha Restaurant,* 30/6 Sisavangvong Rd., auf Plastikmöbeln im neonbeleuchteten Innern oder an der Straße. In diesem kleinen indischen Lokal wird überwiegend scharfes Essen serviert. Große Auswahl, darunter schmackhafte Malai Kofta, Pakoras, Dosai und Nans, üppige Portionen und preiswert. Am Straßenstand davor gibt es Bananenrotis to go.

LAOTISCH – *Couleur Café & Restaurant,* in der Straße von Vat Paphai liegt dieses nette, von zwei Franzosen geführte Restaurant. Spezialitäten des Hauses sind französische sowie Luang Prabang-typische Gerichte wie Eintopf mit Rind *(o lam ngua)* oder Fisch *(o lam pa)* mit knackiger Gemüseeinlage. Teurer, jedoch sehr empfehlenswert.

CT Bakery & Books, Sisavangvong Rd. Trotz des Namens eigentlich ein Restaurant mit laotischen Standards wie Fö oder Reis mit laotischem Spinat *(khoua phakbong).* Das Bücherangebot übersteigt das Angebot an Gebäck, doch die Frühstückskarte enthält alles Wichtige, so sitzt es sich hier zu jeder Tageszeit gut. ⊙ tgl. 7–21 Uhr.

Joy's Restaurant, in der Straße des Talat Heua, gegenüber der Post. Ein Gartenrestaurant mit exzellenter laotischer Küche, zu empfehlen sind *laap pa, khaipen* und *khoua phakbong,* der mit viel Knoblauch zubereitete laotische Spinat. Dazu Klebreis und scharfe Sauce *(tschäo phet).* Der richtige Ort für einen Einblick in die laotische Küche.

3 Nagas Restaurant Lao, Sakkarine Rd. Das dem Khamboua-Haus angegliederte Restaurant erfreut sich großer Beliebtheit unter Gourmets, die die lokale Küche kennen lernen wollen. Sehr kreative und verlockende Varianten von laotischen Gerichten.

Pak Houay Mixay Restaurant, Ban Xieng Mouane, nahe dem Sayo Gh. Favorit für die authentische laotische Küche. Auf der Karte sind u. a. *laap pet* (Ente) und *tom chao pa* (Fischeintopf) zu finden. Das große Restaurant – halb Terrasse, halb Innenraum – scheint in alle Richtungen zu expandieren, auch Räume für Geschäftsessen und Reisegruppen.

Tamnak Lao Restaurant, Sakkarine Rd. An seinem neuen Standort in einer Kolonialvilla mit Blick auf Villa Santi bietet dieser Klassiker nun viel Atmosphäre. Spezialitäten aus Luang Prabang wie grobe Schweinefleischwurst, Casserole und Flusskrebse (nur Juni–Aug), für das Gebotene sehr moderate Preise, daher immer großer Andrang. ⊙ tgl. 10–13 und 15–23 Uhr.

Tum Tum Bamboo Restaurant, Sisavangvong Rd. Erstklassige laotische Küche, kreativ zusammengestellt. Leider reicht das Ambiente nicht an die Qualität des Essens heran, das die umliegenden Restaurants der Geschäftsmeile locker übertrifft.

THAI – *Le Chedi,* 20–23 Sakkarine Rd., gegenüber Vat Sene. Von einer Thailänderin betriebenes Restaurant mit echter Thai-Küche und einer bunten Auswahl an Fusion-Gerichten, Beispiel: Pasta mit Thai Seafood Sauce. Offen gestaltetes Restaurant, in dem man schön und ruhig sitzt. Gutes Preis-Leistungs-Verhältnis.

Pondview Terrace, Setthathirat Rd., beim Boule-Platz. Grüne Oase direkt am Lotusteich, mit rustikaler Holzbestuhlung, nur draußen Sitzgelegenheiten. Westliche und Thaiküche, zu empfehlen sind Phad Thai und Tom Yam Gung (mit Shrimps), auch Cheese Cake und Brownies. Preiswert.

Sindat am Mekong

Ma-Sa Garden, Ounkham Rd., am Mekong. Ein weitläufiges Terrassenrestaurant, das sich auf *sindat* spezialisiert hat. Das gesellige Essen, auch Lao Barbeque genannt, gibt es hier in vergleichsweise luxuriöser Ausführung. Authentischer isst man es in einem laotischen *No-name-Restaurant* am Mekongufer, nahe Talat Heua: beim Orangenmarkt nach vielen bunten Lichterketten Ausschau halten.

Nachtleben

Es gibt ein Nachtleben in Luang Prabang, auch wenn es sich nur in einem kleinen Maßstab und auf Nebenschauplätzen abspielt. Die Restaurants

der Innenstadt schließen spätestens um 23 Uhr und meist macht die Sisavangvong Rd. schon einen verlassenen Eindruck, nachdem die letzten Verkäuferinnen des Kunsthandwerksmarkts um 22 Uhr ihre Waren in Tuk Tuks verladen haben. In einer Hand voll Pubs fließt der Alkohol noch bis nach Mitternacht. Dazu gehören
Maylek Pub, Ecke Vixounarat/Phamaha Phasaman Rd., modern eingerichtete Kneipe, ⌚ tgl. 17–0.30 Uhr; günstiges Beerlao während der Happy Hour (tgl. bis 22 Uhr) und *Nao's Place*, Sisavangvong Rd., neben der Lao Development Bank.

BARS UND DISCOS – Gleich 2 laotische Discos mit Live-Musik liegen im Süden der Stadt. Oft organisieren Gästehäuser und Reisebüros Tuk Tuks von der Sisavangvong Rd. zu diesen beliebten, aber weit ab gelegenen Discos.
Muang Swa, Phouvao Rd., nahe Manoluck Hotel. Hier wird generationenübergreifend Lamvong und Lao Squaredance getanzt oder ausgelassen zu Live-Musik gesungen. Kleiner Kulturschock: Der Masseur auf der Herrentoilette nimmt seinen Job sehr ernst! ⌚ tgl. 20–24 Uhr.
Dao fa, in der Nähe der südlichen Busstation. Hier wünscht sich das junge Publikum neben Lao-Pophits auch gecoverte Thai-Songs oder Santana-Ohrwürmer. Dresscode: schick und sich bedeckt halten. ⌚ tgl. 20–24 Uhr.
Hive Bar, an der Südseite des Phousi, Chao Siphouphan Rd. Eine loungige Bar mit etwas Clubatmosphäre und einem kleinen Biergarten, zur Musik jede Menge Drinks, 2 zum Preis von 1 zur „Bee Happy..." von 17–21 Uhr. Zur Stärkung gibt's Tapas und Snacks.
Das *Khopchai* gegenüber, ebenfalls Chao Siphouphan Rd., ist besonders für Schwule interessant.

Zeitgenössische Kunst aus Laos

Im Erdgeschoss der **Villa Seng Tiane Phanith**, hinter Vat Sene, finden häufig temporäre Kunstausstellungen zeitgenössischer laotischer Künstler statt. Die Galerie wird von Francis Engelmann, einem angesehenen Kunstkenner und langjährigen Unesco-Berater, betreut. Eintritt frei. ⌚ tgl. 13.30–18 Uhr.

Unterhaltung und Kultur

Das Unterhaltungsangebot in Luang Prabang ist überschaubar. An zwei Orten gibt es Kulturshows mit traditionellem laotischem Tanz und klassischer Musik. Die Vorstellungen im Royal Theatre auf dem Palastgelände sind gekonnt inszeniert und zu empfehlen. Gelebte laotische Kultur lässt sich vor den großen buddhistischen Feiertagen (s. S. 214) beobachten, wenn in tage- und wochenlangen Vorbereitungen der Festschmuck und die dazugehörigen Attribute hergestellt werden.

KINOS – *L'étranger*, an der Südseite des Phousi, neben der Hive Bar. Das Lesecafé zeigt jeden Abend um 19 Uhr einen Film. Außerdem kann man auf Matten und Sitzkissen Cocktails schlürfen, der coolen Musik lauschen oder in der National Geographic-Sammlung (60er Jahre bis heute) schmökern. ⌚ tgl. bis 22 Uhr, Fr und Sa länger.
Le Cinéma, in einer winzigen Gasse nahe Phousi I Gh. Kinobar statt Karaoke-Bar! Aus 700 DVDs kann ausgewählt werden, dann bekommt man einen Raum zugeteilt, bestellt auf Wunsch etwas zu essen und schaltet ein... pro Film für 1 Pers. 30 000 Kip, jede weitere Pers. bezahlt 10 000 Kip.

KLASSISCHE TÄNZE UND MUSIK –
Dokboua Restaurant, Phou Vao Rd., Gartenrestaurant des Le Parasol Blanc Hotels. Von Oktober bis April werden von 19–21 Uhr traditionelle laotische Musik und Tänze aufgeführt. Das Menü à la carte kostet US$7. Happy Hour von 14.30–19 Uhr mit preiswertem Beerlao und Lao Barbeque, Eintritt frei.
Royal Ballet Theatre, in der 1972 erbauten Conference Hall auf dem Gelände des Palastmuseums werden Mo, Mi und Sa um 18 Uhr Tanz-, Musik und Theatervorstellungen wie zu Königs Zeiten gegeben. An jedem Tag steht eine andere Episode aus dem *Phra Lak Phra Lam* auf dem Programm. Eine Baci-Zeremonie rundet die laotische Kulturshow ab; Eintritt je nach Sitzplatz US$4–12, genaue Programmhinweise hängen aus.

Princess Restaurant, im Hotel Villa Santi, Sakkarine Rd. Klassische laotische Musik und traditionelle Tanzvorführungen tgl. von 19–22 Uhr.
Indochina Spirit, Chao Fa Ngum Rd., Ban Vat That. Eine klassische laotische Musikgruppe spielt tgl. von 19–21 Uhr.

Einkaufen

Mit dem Gedanken, in Luang Prabang einzukaufen, trägt sich wahrscheinlich kaum ein Tourist vor der Reise. Einmal vor Ort, verlockt das große Angebot an Kunsthandwerk und Textilien zum Bummeln über den Hmong- und Abendmarkt (s. S. 204) und durch zahlreiche der exklusiven Boutiquen. Seit der Wiederbelebung der Kunsthandwerke, angeregt durch die Erhaltung der Stadt, finden bestimmte Produkte unter den Besuchern viel Anklang; zu den Favoriten gehören Papierwaren aus *sa* und traditionelle Textilien. Der hiesige Souvenirmarkt entwickelt sich schnell und in allen Preislagen findet man schöne Dinge von ausnehmend guter Qualität.

ANTIQUITÄTEN UND SILBER – Entlang der Sisavangvong Rd. verkaufen eine Reihe teurer Boutiquen ein buntes Sammelsurium von Altertümchen aus Bronze, Messing oder Silber. Interessant ist der schwere Silberschmuck von Hmong- und Akha-Frauen oder die Opiumgewichte in Form kleiner Tiere, die es in vielen Ausführungen gibt. **Ban Vat That** ist das alte Viertel der Silberschmiede; noch immer befinden sich in den schmalen Seitenstraßen zahlreiche kleine Werkstätten. Hier bekommt man den besten Überblick über das Angebot an zeitgenössischen laotischen Silberwaren. Die typischsten Stücke für Laos sind die mit Prägemustern versehenen Opferschalen (je nach Form *khan* oder *o*). Die vortrefflichsten Exemplare des Landes sollen in Luang Prabang vom Sohn des Hofjuweliers des letzten Königs hergestellt werden:
Rattanakone Silver Smith, 4 Ban Xiengmouane, Ounkham Rd., ℡ 071-212654. Mr. Phothisack Rattanakone führt die Tradition seines Vaters fort. Ein Foto an der Wand im Geschäft zeigt den Hofjuwelier des letzten Königs beim Anfertigen einer Krone; dasselbe Foto hängt auch im Königspalast.

BÜCHER UND LANDKARTEN – ***CT Bakery & Books***, Sisavangvong Rd., gegenüber Green Discovery, hat eine gute Auswahl an Secondhand-Romanen und einzelne gebrauchte Reiseführer. Die Laoskarte von David Unkovich ist bei **Green Discovery** gegenüber erhältlich.
L'étranger, Chao Siphouphan Rd., ✉ booksinlaos@yahoo.com. Schnelle Leser haben hier die Möglichkeit, Bücher tage- und stundenweise auszuleihen. Die Auswahl an Reiseführern ist beachtlich, außerdem gibt es eine kleine Abteilung deutscher Bücher und ein paar englische, die zum Verkauf stehen; Teesalon im 1. Stock mit National Geographic-Heften von 1960 bis heute.

KUNSTHANDWERK UND TEXTILIEN – Wer lieber stöbern will und nicht ganz so viel investieren möchte, ist auf dem **Hmong-Markt**, tagsüber an der Kreuzung von Sisavangvong und Setthathirat Rd., abends auf der Sisavangvong Rd., gut aufgehoben. Hier bieten vor allem Hmong-Frauen eine große Auswahl an Souvenirs und Heimtextilien an, die vorwiegend mit der traditionellen Applikationstechnik gefertigt sind. Im nahe gelegenen Dorf **Ban Xieng Lek** (s. S. 205) verkaufen Frauen die für Laos sehr typischen Seidentextilien. Man kann ihnen beim Weben und bei der Seidenproduktion zusehen.
The Blue House, Sakkarine Rd., neben Café Ban Vat Sène, ℡ 071-252383. Ein Schild links des Eingangs weist darauf hin, dass das Geschäft für Textilien in dem Kolonialgebäude auf eine laotisch-deutsche Zusammenarbeit zurückgeht. Hier gibt es u. a. *sin*-Stoffe aus Seide mit dazu passenden Blusenstoffen. Ein *sin* aus feiner Seide ist ab US$25 zu haben, dazu kommen die Kosten für die Maßanfertigung. Eine passende Bluse kann hier ebenfalls in Auftrag gegeben werden. ⏱ Mo–Sa 9–12 und 13–18 Uhr.
Caruso, Sakkarine Rd., südliches Ende, ✉ sandrina@laotel.com. Die Holzobjekte der Designerin Sandra Yuck gehören zum dekorativsten Kunsthandwerk, das in Luang Prabang (und Vientiane, Filiale) erhältlich ist: Schüsseln in allen Formen oder Kästchen und Etuis aus Edelhölzern mit einer ganz besonderen Maserung. Ein Blick in das Geschäft lohnt sich.

Lao Cotton Outlet, Photisarath Rd., ✆ 071-253 177. Baumwolle aus Laos als Meterware oder in Form von Hemden, Blusen oder Heimtextilien. Lao Cotton ist ein 1984 mit Hilfe der UN gegründetes staatliches Unternehmen, das in 4 Provinzen hochwertige Baumwolltextilien herstellt. Nach Einführung der Lao Cotton Webereien sind auch die traditionellen Seidenwebarbeiten wieder aufgeblüht.

Naga Creations, Sisavangvong Rd., ✉ fabrice.munio@free.fr, eine aufregende Sammlung fantasievoller Schmuckstücke, die meisten von Fabrice selbst hergestellt und durchaus erschwinglich; vereinzelt altes Silber der Hmong oder Akha.

In den folgenden 3 sehr exklusiven Geschäften werden Visa- und Mastercard akzeptiert:

Ock Pop Tok, Workshop neben L'Eléphant und Gallery in der Sisavangvong Rd., 🖥 www.ockpoptok.com. Der Name bedeutet übersetzt „Ost begegnet West" und steht für ein Projekt, das 2000 von einer Laotin und einer Engländerin gegründet wurde. Die edlen Stücke werden entweder in der eigenen Webstube auf dem Gelände von Vat Nong oder in 2 benachbarten Dörfern hergestellt. Es gibt auch rituelle Schals *(pha bieng)* nach traditionellen Vorbildern aus der Provinz Houaphan. ⏰ tgl. 8.30–21 Uhr.

Satri Lao Silk und ***Satri Lao Deco*** führen eine erlesene und teure Auswahl an Textilien und Mitbringseln. Der moderne Silberschmuck (aus Thailand) und die große Auswahl an Webstoffen im Satri Lao Deco wird hohen Ansprüchen gerecht. Auch Maßanfertigungen, z. B. Blusen aus laotischer Seide. ⏰ tgl. 8.30–20.30 Uhr.

Mixay Boutic, Sisavangvong Rd. Hier gibt es viele interessante Kreationen, die ideale Souvenirs darstellen, so z. B. originell gestaltete Handtaschen und Kissenbezüge sowie feine Seidenkrawatten „Made in Laos" für nur US$7 das Stück.

Aktivitäten

SAUNA UND MASSAGE – Die Anzahl der Massagesalons in Luang Prabang ist in den letzten Jahren extrem gestiegen. Nach dem Vorbild Thailands findet man sie bald an jeder Ecke, doch erfüllt ihr Standard nicht immer die Erwartungen. Die nachfolgenden 2 sind zu empfehlen. Die Mitarbeiterinnen werden z. T. gemeinsam ausgebildet, die Programme der Salons unterscheiden sich jedoch sehr im Umfang und im Preis.

Croix Rouge Lao, Vixounarat Rd, neben der Touristeninformation und gegenüber Vat Vixoun. Lange etabliertes Haus für Massagen, 32 000 Kip/Std., ⏰ tgl. 9–20.30 Uhr, Herbal Sauna bzw. ein laotisches Dampfbad 10 000 Kip/Std., ⏰ tgl. 16.30–20.30 Uhr. Ein Teil der Einnahmen wird für humanitäre Zwecke verwendet.

The Spa Garden, Ban Phonheuang, hinter Vat Sene, ✆/📠 212325, ✉ spagardenlpb@hotmail.com. Dieses ruhige Haus erfüllt die Ansprüche eines modernen Wellness-Zentrums mit vielfältigen Massagen, Kosmetikanwendungen (spezielle Gesichtsmasken und body scrub) und Sauna, hier nach schwedischer Art trocken mit Kräuteressenzen. Diverse Pakete, darunter zu US$55 für insgesamt 4 Std. mit Sauna und Gesichts-, Kopf- und Fußmassage. Nur Massage kostet US$4–8, Sauna US$3. ⏰ tgl. 10–23 Uhr.

Sa statt Papyrus

Auf dem Kunsthandwerksmarkt und in vielen Souvenirgeschäften findet man die unterschiedlichsten Papierwaren aus *sa*, der Rinde einer Maulbeerbaumart, die sich zur Herstellung eines sehr leichten und zugleich starken Papiers eignet. Ausschließlich auf dieses Material spezialisiert haben sich:

Baan Khily Curios & Paper Gallery, 43/2 Sakkarine Rd., südlich von Vat Khili, ✆ 071-212611. Landesweiter Vorreiter in der *sa*-Papierherstellung mit einer großen Auswahl an handgeschöpften Papieren und Lampions. Originell: die von Oliver Bandmann kreierten Stehlampen in Trichterform.

Khankeo Handicraft, östlich Vat Xieng Thong. Hier kann man beim Papierschöpfen zusehen und anschließend mit Blüten und Gräsern verzierten Papierartikel, z. B. Alben, erstehen.

In den nahe gelegenen Dörfern **Ban Xieng Lek** und **Ban Xang Kong** (s. S. 205) befinden sich weitere *sa*-Papier-Werkstätten und mehrere Geschäfte.

Touren

Immer mehr Touranbieter spezialisieren sich auf Outdoor-Aktivitäten und Naturtourismus, oft mit Übernachtungen bei den Dorfbewohnern, so genannte *village homestays*. Die Provinz Luang Prabang mit ihren zahlreichen Flüssen und Gebirgsregionen bietet die idealen Voraussetzungen für diese Art von Tourismus. Zu den erfahrensten Ökotourismus-Unternehmen gehören die nachfolgenden vier. Andere sind evtl. Nachahmer, die zwar preiswertere Touren anbieten, jedoch im Vergleich viel schlechter abschneiden.

ECOTOURS – *Tiger Trail*, Sisavangvong Rd. und Chao Fa Ngum Rd., ✆/✉ 071-252655, 🖥 www.tigertrail-laos.com. *Der* Outdoor-Spezialist vor Ort. Ein deutsch-laotischer Veranstalter, der mit Trekking, Kayaking und Mountainbiketouren in der Region begann, bevor er als erster Elefantenritte durchführte. Die **Elefantentour** mit Dschungeltrek und Übernachtung im traumhaften Lao Spirit Resort am Nam Khan ist definitiv ein Highlight. Hochwertige Ausrüstung, breites Tourangebot.
Green Discovery, 44/3 Sisavangvong Rd., gegenüber der CT-Bakery, ✆ 071-212093, 020-5687663, 🖥 www.greendiscoverylaos.com. Bietet eine Fülle von Aktivitäten und Touren als Filiale des landesweit operierenden Spezialisten für Öko-Tourismus; Neu sind Kletterkurse an einer Wand am Mekong! Empfehlenswert auch die mehrtägigen Wanderungen in der Region des Nam Ou und die 2-tägigen Raftingtouren auf dem Nam Xeuang oder auf dem Nam Ngum (von/nach Vang Vieng oder Vientiane) mit Übernachtung im Dschungelcamp. Flüge und Visaverlängerung.
Action Max, Ban Choum Khong, am Mekong, ✆ 071-252417, 020-7729378, ✉ actionmaxasie@yahoo.fr. Trekkingspezialist, von einem Franzosen geführt, mit einem interessanten Angebot an 1- bis 5-tägigen Wanderungen in die Dörfer unterschiedlicher Bergvölker in der Umgebung von Luang Prabang. Im Obergeschoss des sehr schön renovierten Hauses befindet sich eine Galerie.
Lao Youth Travel, 72 Sisavangvong Rd., ✆/✉ 071-253340, ✉ youtheco@laotel.com,

Kleiderordnung im Schwitzkasten

In der **Sauna** tragen Frauen einen Sarong und Männer behalten ihre Boxershorts an. Bei der **Massage** trägt jeder einen leichten Pyjama. Sarong, Pyjama und Handtücher werden zur Verfügung gestellt.

🖥 www.laoyouthtravel.com, unterhält eine Filiale in Muang Ngoi Kao am Nam Ou als Ausgangspunkt für 1- bis 2-tägige Trekking- und Kajaktouren; Renommierter Reiseveranstalter, dessen Angebot von Stadtführungen bis zu klassischen Touren durch den Norden des Landes reicht; einige Deutsch sprechende Guides.

MINIBUSTOUREN – zu den Ausflugszielen in der Umgebung werden von Reisebüros und Gästehäusern angeboten. Es lohnt der Preisvergleich:
All Lao Service, 5/7 Sisavangvong Rd., ✆ 071-253522, 252785, ✉ alllaoservice@yahoo.com. Täglicher Minibusservice zum Tad Kuang Xi für günstige US$2,50 p. P., Abfahrt ist um 14 Uhr vom Büro.
Thavisouk Gh. & Tours, Phamaha Phasaman Rd., ✆ 071-252022. Minibustouren zu den Pak Ou-Höhlen oder zum Tad Kuang Xi, US$5 p. P. bei Gruppen bis zu 10 Pers. In Richtung Pak Ou werden die Dörfer Xieng Lek, Xang Kong und Xang Hai besichtigt. Kombiniert kostet die Tagestour US$10.
Treasure Travel, 5 Ban Xiengmouane, ✆ 071-254403, ✆ 254683, ✉ treasuretravellaos@yahoo.com. Bietet neben Umgebungstouren auch eine 2-tägige Minibustour **nach Phonsavan** für US$41 p. P. an: Abholung am Gästehaus, Halt beim Tad Se, Besuche in Dörfern entlang der Straße nach Phonsavan, vor Ort Besichtigung des Marktes, der Jar-Sites 1, 2 und 3 und der alten Königsstadt Muang Khoun. Eintritte nicht inkl. Auf Wunsch kann die Tour um einen 3. Tag in Vang Vieng verlängert werden.

BOOTSTOUREN – Die mit Abstand beliebteste Bootstour in Luang Prabang ist die Mekongfahrt zu den **Pak Ou-Höhlen**. Die Bootsleute verkaufen ihre Tour gern direkt an den Kunden und das angesichts der harten Konkurrenz schon ab

US$6 p. P. Nahe der Bootsanleger am Königspalast und auf der Höhe von Vat Xieng Thong wird man von vielen Bootsbesitzern angesprochen. Romantische **Sunset-Touren** gehören zu den neuesten Entdeckungen! Und tatsächlich, der Anblick des Mekongs im Abendrot ist atemberaubend schön. Eine Stunde auf dem Wasser kostet ca. US$3.

Luang Say Mekong Cruise, Sakkarine Rd., ℡ 071-252553, 📠 252304, 💻 www.mekong cruises.com. 3x wöchentl. Mekong-Fahrten mit der luxuriösen *Pak Ou* von Luang Prabang nach Houay Xai (und umgekehrt) in 2 Tagen/1 Nacht ab US$175 p. P. (Last Minute-Buchung und in der Nebensasion günstiger), mit Stopp in Tham Ting und Ban Xang Hai, Übernachtung in Pakbeng in der Luang Say Lodge. Abfahrt am Pier vor dem Le Calao.

Mekong River Cruises, 22/2 Sakkarine Rd., ℡ 071-252553 oder 020-5510957, 💻 www.cruise mekong.com. Die 2005 in Luang Prabang gebaute *Mekong Sun* verkehrt auf dem nördlichen Mekong in Richtung China. Die brandneue, 9-tägige Tour zwischen Luang Prabang und Jinghong wurde von dem deutschen Reisebüro Lernidee Erlebnisreisen ins Leben gerufen. Nähere Infos auch in Deutschland unter ℡ 030-7860000, ✉ team@cruisemekong.com.

Sonstiges

APOTHEKEN – Medikamente sollten nur im Notfall in Laos gekauft werden, da die meisten billige (und unterdosierte) Kopien sind. Als Drogerieersatz dient u. a. die *Bouaphan Pharmacie,* Sakkarine Rd., gegenüber der Grundschule. Die kleine Apotheke ist bis spät geöffnet, liegt zentral, und man spricht etwas Französisch.

In der Umgebung des **Phosy Market** befinden sich mehrere gut sortierte Apotheken. Hier liegt auch das **Lao-China Friendship Hospital**, das für Alternativmedizin und im Ernstfall zu empfehlen ist.

AUTOVERMIETUNGEN – Noch gibt es in Luang Prabang keine großen Autovermietungen. Nahezu alle Reisebüros, die unter „Touren" und „Reisebüros" genannt werden, vermitteln Autos mit Fahrer. Die Preise variieren je nach Modell und Strecke, ab US$40–50/Tag.

FAHRRAD- UND MOTORRADVERLEIH – Seit einigen Jahren dürfen in Luang Prabang keine **Motorräder** mehr an Touristen vermietet werden. Der offizielle Grund sind zahlreiche Unfälle, in denen Besucher zu Schaden gekommen seien. Inoffiziell bringt diese Regelung den Tuk-Tuk-Fahrern und Bootsleuten ein gesichertes Einkommen. Wer es dennoch fertig bringt sich von einer Privatperson ein Motorrad zu leihen, riskiert – ebenso wie der Besitzer – eine **Geldstrafe** von etwa US$50.

Stabile **Fahrräder der Marke LA** gibt es seit diesem Verbot in fast jedem Gästehaus der Stadt. Die Preise liegen überall bei 10 000 Kip/Tag. Auch neuere Räder können Macken haben, also an eine Testrunde denken. Selten wird für ein Fahrrad der Pass oder Ausweis als Pfand verlangt, wenn doch, dann sollte man unterwegs eine Fotokopie bei sich tragen.

Manivone Gh., Ban Xieng Mouane, nahe Namsok Gh. Hier stehen zwei Dutzend gute Räder in zwei benachbarten Geschäften zur Verfügung. Mietdauer: 24 Std., so dass man das Rad über Nacht behalten kann. Nachts unbedingt hinter verschlossenen Türen abstellen!

Green Discovery und *Tiger Trail,* s. unter „Touren", vermieten hochwertige Mountainbikes für US$5–7 pro Tag.

FILME, FOTOARBEITEN UND KOPIEN – In nahezu allen Internet-Cafés können **Digitalfotos** auf CD gebrannt werden. Zubehör für Digitalkameras ist kaum erhältlich. 3 bewährte Fotoläden, die sich mit Digitalkameras und Film gleichermaßen gut auskennen:

Banchong Photo, Vixounarath Rd., nahe Maylek Pub.

Kodak Express, Setthathirat Rd., gutes Filmsortiment; klimatisiert.

OA Kodak Express, Sisavangvong Rd., große Filmauswahl und schönstes Postkartensortiment; Kopien.

GELD – In Luang Prabang kann man in der Hauptsaison auch sonntags problemlos Geld wechseln; fast immer hat eine der Banken in der

Sisavangvong Rd. geöffnet. Getauscht werden die meisten großen Währungen inkl. Euro sowie Euro-Travellers Cheques, diese jedoch für 3% Gebühr pro Scheck.

BCEL, Sisavangvong Rd., neben dem Boupha Gh.; Filiale in der Phamaha Phasaman Rd., Wechselschalter ◐ tgl. 8.30–18.30 Uhr; Barauszahlungen auf Visacard.

Lao Development Bank, Sisavangvong Rd., südlich von Vat Mai, Hauptfiliale mit Wechselschalter an der Straße, ◐ tgl. 8.30–19 Uhr. Weitere Filialen am Flughafen, ◐ tgl. 8.30–15.30 Uhr, im Talat Phosy und in der Post (nur werktags geöffnet). Bargeld auf Kreditkarte nur in der Hauptfiliale.

INFORMATIONEN – Das *Luang Prabang Provincial Tourism Office*, ✆ 071-212487, 252903, 🖷 252904, ✉ luangprabangpto1@hotmail.com, liegt neben dem Roten Kreuz und unmittelbar südlich von Vat Vixoun. In der kleinen Touristeninformation im Erdgeschoss sind diverse Broschüren, Prospekte zu Unterkünften und ein sehr nützlicher Stadtplan von Luang Prabang und Umgebung (kleine Gebühr) erhältlich. Aushänge zu Transport, Ausflugszielen und interessante Statistiken zur Tourismusentwicklung. ◐ Mo–Fr 8–11.30 und 14–16 Uhr.

INTERNET – An jeder Straßenecke stößt man inzwischen auf ein Internet-Café mit Netphone. Die größeren sind klimatisiert und bieten in der Regel schnellere Breitband-Verbindung. Die Kosten liegen überall bei 150–200 Kip/Min. Empfehlenswert:

All Lao Service Internet, 5/7 Sisavangvong Rd., zentral gelegen, doch nur eine von einem Dutzend Möglichkeiten auf diesem geschäftigen Straßenabschnitt.

L.P. Internet Cafe, Sakkarine Rd., die Geschwindigkeit ist eigentlich immer gut, daher ist der Laden oft voll; angenehme Atmosphäre und kostenloser Tee. ◐ tgl. 8–23 Uhr.

LNB Internet, neben Poupe Pizza, Ecke Sisavangvong Rd., Vat Pa Fang, ursprünglich Planet Internet, seinerzeit das erste der Stadt. ◐ tgl. 8–23 Uhr.

MEDITATION – tgl. im Vat Sene um 16 Uhr.

MEDIZINISCHE HILFE – In der *International Clinic*, Samsenthai Rd., ✆ 252049, 🖷 212651, arbeiten Englisch sprechende Ärzte; hier Tests auf Malaria und Dengue-Fieber. Sprechzeiten tgl. 10–12 und 14–16 Uhr, Nachtbereitschaft ab 19 Uhr.

Empfehlenswerter ist das westlich der Stadt, jenseits des Phosy Market, gelegene *Lao-China Friendship Hospital*. Das neu eröffnete Krankenhaus verfügt über eine moderne Radiologieabteilung für Notfälle. Neben der klassischen Medizin wird chinesische Medizin angeboten. Einer der Ärzte, die sehr gut Englisch sprechen, ist unter ✆ 020-5611280 erreichbar.

NOTFALL – Polizei ✆ 212151

POST – Das entspannte **Hauptpostamt** liegt auf der Chao Fa Ngum, gegenüber dem Phousi Hotel. ◐ Mo–Fr 8–12 und 13–17 Uhr.

REISEBÜROS – *All Lao Service*, 5/7 und 7/7 Sisavangvong Rd., ✆/🖷 071-253522, 252785, ✉ alllaoservice@yahoo.com. Buchung nationaler und internationaler IATA-Flüge, Bus- und Bahntickets Nong Khai–Bangkok, Vientiane–Vietnam, Bootstickets Luang Prabang–Houay Xai, Visaverlängerung, Autovermietung. Kartenzahlung möglich.

Lao-American Travel, 1/7 Sisavangvong Rd., ✆ 252733, 🖷 252734, Agent für Airlines der Nachbarländer; Luft- und Seefracht; Kreditkartengebühr 3%. ◐ tgl. 9–18 Uhr.

Dao Heuang Air Booking, 6/7 Sisavangvong Rd. und auf der Phamaha Phasaman Rd., ✆/🖷 071-252360, ✉ vongpachang@hotmail.com. Buchung nationaler und internationaler Flüge, Bootstickets und Autovermietung.

SICHERHEIT – Wer in einem der traditionellen **Holzhäuser** untergekommen ist, sollte in seinem Zimmer **auf keinen Fall Kerzen** oder Ähnliches anzünden. Ein verheerender Brand im Jahr 2002 in Ban Vat That hat gezeigt, wie schnell diese Häuser in Flammen aufgehen können; Vorsicht auch vor nicht isolierter **Elektrik im Bad**.

Mehr ein Ärgernis als ein Risiko sind die **Rauchschwaden**, die im März/April den Himmel überziehen, wenn die Bauern ihre Felder abbrennen.

Bei sehr starker Belastung in Luang Prabang kann man in höher gelegene Regionen am Nam Ou ausweichen, bis vielleicht der ersehnte erste Regen einsetzt.

TELEFON – Internationale Telefonate über Netphone in den größeren **Internet-Cafés** für 5000 Kip/Min. oder IDD in Hotels und Gästehäusern für 10 000 Kip/Min. IDD auch von der **Post**, Minimum 3 Min., Callback möglich, dort auch nationale Gespräche vom Apparat am „Boites Postales"-Schalter.

VISASERVICE – **Visaverlängerungen** erledigen alle genannten Reisebüros (s. auch „Touren"). Für 3–7 Tage werden happige US$4 pro Tag, bei mehr als 7 Tagen US$3 pro Tag verlangt (2 Passfotos mitbringen). Da die Pässe nach Vientiane geflogen werden müssen, dauert die Bearbeitung bis zu 3 Tage.

WÄSCHEREIEN – Kilopreis der Gästehäuser rund 10 000 Kip. Die gehobeneren rechnen in Stückpreisen ab.

Nahverkehrsmittel

Das Zentrum Luang Prabangs lässt sich zwar weitgehend zu Fuß besichtigen, für eine ausgiebige Erkundung der Stadt bietet sich jedoch das Fahrrad an, Verleih s. „Sonstiges".
Tuk Tuks durchkämmen die Straßen von morgens bis abends; viele warten zudem an den Busstationen, in der Sisavangvong Rd. oder am Mekong auf Kunden. Die meisten Fahrer haben sich auf feste Preise für Touristen geeinigt und lassen kaum mit sich handeln; einige Preisbeispiele: Fahrten innerhalb des Zentrums 5000 Kip, von/zur südlichen Busstation mind. 5000 Kip p. P., von/zu der nördlichen Busstation 10 000 p. P. (oder 20 000 Kip pro Tuk Tuk), vom/zum Flughafen 10 000 Kip p. P. (oder 20 000 Kip pro Tuk Tuk), vom/zum Speedboat-Pier 25 000 Kip p. P., Pak Ou/Tham Ting (einschl. Ban Xang Hai) US$15–20 pro Tuk Tuk, Tad Kacham US$15–20 pro Tuk Tuk, Tad Kuang Xi US$12–15 pro Tuk Tuk, Tad Se US$8–12 pro Tuk Tuk

Boote, die zum **nördlichen Mekongufer** übersetzen, verkehren von der Anlegestelle Tha Heua Kham, südlich des Navigation Office, und pendeln den ganzen Tag lang für 2000 Kip p. P. Touristen werden oft von Bootsbesitzern angehalten, ein eigenes Boot für US$2,50 pro Strecke zu chartern.

Transport

BUSSE UND SONGTHEOS – Luang Prabang besitzt **drei Busstationen**: die größte liegt im Süden, auch Phousi Busstation genannt, eine weitere befindet sich nördlich der Stadt. Von der kleinen Nasang Busstation im Südwesten fahren nur die Busse und Songtheos nach Xaignabouri ab.
Das **Reservierungssystem** ist nicht ausgereift. Auch wenn man sein Ticket an den Schaltern oder bei einer der Reiseagenturen tags zuvor besorgt hat, ist es sinnvoll, am Abfahrtstag früh da zu sein.
Südliche Busstation (Ziele Richtung Süden), 3 km außerhalb an der Naviengkham Rd., ein Tuk Tuk kostet 5000 Kip p. P.:
VIENTIANE (383 km, 9 Std.) um 6.30 (AC), 7.30, 8.30 (AC), 10.30, 12.30, 15.30, 18 und 19.30 Uhr (AC); staatliche Busse 75 000 Kip, AC-Busse 85 000 Kip, VIP 100 000 Kip.
VANG VIENG (227 km, 6 Std.) 2 Direktbusse um 8 Uhr: ein VIP-Bus für 100 000 Kip und ein AC-Bus für 70 000 Kip. Hier kommt es bei der Platzverteilung oft zu Ungereimtheiten. Die Busse sind jedoch nahezu gleichwertig.
Alle staatlichen Busse Richtung Vientiane halten in Vang Vieng, 60 000 Kip, und in PHOU KHOUN (121 km, 3 1/2 Std.), 40 000 Kip.
PHONSAVAN; Ebene der Tonkrüge (232 km, 7–9 Std.) um 8.30 Uhr für 75 000 Kip.
Nördliche Busstation (Ziele in Nordlaos), 5 km nördlich des Zentrums an der Straße 13, ein Tuk Tuk kostet ca. 10 000 Kip p. P.:
NONG KIAO (140 km, 3–4 Std.) um 9 Uhr ein Songtheo, um 10 Uhr ein Bus für 28 000 Kip über PAKMONG (110 km, 2–3 Std.), 20 000 Kip.
OUDOMXAI (193 km, 5 Std.) um 8.30 Uhr ein Bus, um 11.30 Uhr ein Minibus für 35 000 Kip.
LUANG NAMTHA (307 km, 10 Std.) Nachtbus von Vientiane ca. 16.30 Uhr für 65 000 Kip.

PHONGSALI (410 km, 19 Std.) Nachtbus von Vientiane ca. 17 Uhr für 90 000 Kip.
XAM NEUA (452 km, 20 Std.) Nachtbus von Vientiane ca. 16.30 Uhr für 90 000 Kip.
VIENG KHAM und VIENG THONG werden nur gelegentlich von Pick-ups angefahren. Regelmäßiger fahren sie ab Nong Kiao und Pakmong.
Xaignabouri-Busstation, in Ban Nasang im äußersten Südwesten der Stadt, auf halbem Weg zwischen Talat Phosy und der südlichen Busstation.
Nach XAIGNABOURI (112 km, 4 Std.) gibt es eine Direktverbindung: staatlicher Bus um 8.30 für 35 000 Kip.
Umsteigeverbindung: 3x vormittags fahren Songtheos nach MUANG NANE (75 km, 2 Std.) für 20 000 Kip. Weiter per Pick-up zum 5 km entfernten PAK KHON, 5000 Kip p. P. In einem Boot nach THA DEUA übersetzen, 10 000 Kip p. P., und die letzten 27 km bis Xaignabouri in einem Pick-up in 1 Std. für ca. 20 000 Kip p. P. zurücklegen. Bei Ankunft in Tha Deua am späten Nachmittag kann die Weiterfahrt im gecharterten Pickup teurer werden.

BOOTE – **Slow Boats** in Richtung Norden starten vom Pier am Navigation Office, hinter dem Palastmuseum. Die Abfahrtstage variieren je nach Saison, unbedingt 1–2 Tage vorher nach dem aktuellen Fahrplan erkundigen, ⊙ Mo–Fr 7.30–11.30 und 13–16 Uhr, Sa und So nur bis 15 Uhr.
Der **Ticketverkauf** beginnt am Abfahrtstag um 7.30 Uhr, eine Reservierung ist nicht möglich. Einige Reisebüros in der Sisavongvong Rd. verkaufen zwar Bootstickets im Voraus, doch zahlt man hier etwa 15% mehr. Wer früh am Anleger ist, findet auch zu den Hauptreisezeiten noch einen Platz. Die Mekongfahrt flussaufwärts ist längst nicht so überfüllt wie flussabwärts, doch lautet auch hier die Strategie leider weiterhin: lieber überladen als Leute zurücklassen oder gar ein zweites Boot einsetzen.
Boote den Mekong flussaufwärts nach HOUAY XAI fahren tgl. um 8.30 Uhr in 2 Tagen für US$17 mit Übernachtung in PAKBENG (US$8,50, in 9 Std.), hier Anschluss am nächsten Tag per Songtheo nach OUDOMXAI (143 km, 4 Std.) um 9 Uhr, 30 000 Kip. Nach THA SOUANG (Hongsa) für US$7,80 in 8 Std.

Boote auf dem Nam Ou nach NONG KIAO (7 Std., US$10) und MUANG NGOI KAO (8 Std., US$11,50) fahren offiziell tgl. um 9 Uhr. Es müssen sich genügend Passagiere einfinden, was in der Hauptsaison kein Problem ist. Im März/April erschwert der niedrige Wasserstand die Fahrt stromaufwärts erheblich.
Man kann den Bootsführer bitten, für US$1 Aufpreis an den **Pak Ou-Höhlen** zu halten.
Boote direkt nach MUANG KHOUA gibt es nur gelegentlich. Die Fahrt dauert 2 Tage (US$19,50) und kann während der Trockenzeit von Nong Kiao oder Muang Ngoi Kao aus gut fortgesetzt werden. Während der Regenzeit verkehren auf den Abschnitten Luang Prabang–Nong Kiao und Nong Kiao–Muang Khoua nur sehr wenige Boote. Die Strecke Muang Khoua–Hat Sa (Phongsali) wird hingegen wegen der beschwerlichen Straße häufiger befahren.
Speedboats starten von einem Pier 7 km nördlich der Stadt (Tuk Tuk vom Zentrum 25 000 Kip p. P.). Die meisten Traveller, die Erfahrungen mit Schnellbooten gemacht haben, würden sich kein zweites Mal in eine dieser pfeilschnellen Wasserraketen setzen: Ohren betäubender Lärm, wenig Platz, heftige Vibrationen und eine geringe Überlebenschance im Falle eines Unfalls lassen auch uns davon abraten. Informationen zu Abfahrtszeiten und Preisen u. a. nach Houay Xai (7 Std., US$30) und Pakbeng (3 Std., US$14) am Speedboat-Pier und in den Reisebüros.

FLÜGE – Luang Prabangs **Flughafen**, ✆ 071-212 173, liegt 4 km nordöstlich der Stadt; Tuk Tuks vom/zum Airport 10 000 Kip p. P. Der Check-in-Schalter öffnet 1 Stunde vor Abflug. Im Gebäude befinden sich ein teures AC-Bistro, ein Duty Free-Shop und ein Schalter der Lao Development Bank, ⊙ tgl. 8.30–15.30 Uhr.
Airport Service-Gebühren von 5000 Kip für Inlandflüge und US$10 für internationale Flüge.
Flüge nach Thailand, aber auch zu innerlaotischen Zielen, sind in der Hochsaison oft Tage im Voraus ausgebucht. In der Regenzeit nimmt die Frequenz der Flüge stark ab. Visa on Arrival sind erhältlich.
Inlandflüge mit Lao Airlines tgl. von/nach:
VIENTIANE (2–3x tgl., US$60, 40 Min.);
PHONSAVAN (1x wöchentl., US$40, 25 Min.).

Internationale Flüge von/nach:
CHIANG MAI (3x wöchentl., 1 1/2 Std.) mit Lao Airlines;
BANGKOK (2x tgl., 2 Std.) mit Bangkok Airways;
SIEM REAP (3x wöchentl., 1 3/4 Std.) in der Hochsaison mit Siem Reap Airways International direkt, sonst mit Bangkok Airways über Bangkok.

Airlines:
Lao Airlines, Phamaha Phasaman Rd., ✆ 071-212172, ✉ 212406, hier genaue Auskunft, welcher Flugzeugtyp zu welcher Abflugzeit eingesetzt wird; Kartenzahlung möglich. ⊙ Mo–Fr 8–12 und 13.30–16.30, Sa 8–12 Uhr.
Bangkok Airways, 57/6 Sisavangvong Rd., Buchung aller Flüge mit Bangkok Airways weltweit, außerdem Siam Reap Airways International; Kartenzahlung möglich. ⊙ Mo–So 8–17 Uhr.

Die Umgebung von Luang Prabang

Unmittelbar jenseits der Stadtgrenze beginnt die ländliche Umgebung Luang Prabangs. Die Bewohner des Mekongtals, viele davon Khmu und Hmong, bauen vorwiegend Reis an. An den fruchtbaren Uferböschungen werden Kräuter und Gemüse angepflanzt, und Teakplantagen säumen Straßen und Orte. Im Mekong wird gefischt und besonders in den seichteren Nebenflüssen sammeln Frauen und Kinder Flussalgen. Wer gern wandert oder Kajak fährt, wird feststellen, dass die umliegenden Berge und Flüsse bislang nur wenig touristisch erschlossen sind. Die hier beschriebenen Ausflüge ins Umland gehören jedoch schon länger zu den beliebtesten Unternehmungen der Besucher Luang Prabangs, die mehr von der Natur erleben und dabei die traditionelle Lebensweise der Bevölkerung kennen lernen möchten.

Die Bootstour auf dem Mekong zu den **Pak Ou-Höhlen** bietet gleichzeitig Natur und buddhistische Kultur. Meist wird auch im Dorf Ban Xang Hai gehalten, wo seit Jahrhunderten *lau lao* hergestellt wird. Da die Tour auf dem Programm aller Reiseveranstalter steht, sind die Höhlen zur Hochsaison überlaufen und daher nicht immer den Erwartungen entsprechend.

Am Nam Khan, östlich der Stadt nahe der Straße 13, liegt der sehenswerte Wasserfall **Tad Se**, mindestens so beliebt ist der **Tad Kuang Xi** im Westen; der Ausflug führt durch viele Lao Loum- und Hmong-Dörfer und hügelige Landschaft, bevor man den Wasserfall beim Khmu-Dorf Ban Thapene erreicht. Das südliche Umland ist am wenigsten erforscht; mit **Tad Kacham** und **Tham Thia** stehen besonders Abenteuerlustigen zwei weitere Naturziele offen.

Pak Ou-Höhlen (Tham Ting)

25 km nördlich von Luang Prabang befinden sich die Höhlentempel von Tham Ting, eine der bedeutendsten buddhistischen Kultstätten von Nordlaos. Die untere Höhle, Tham Loum, am Fuß einer hohen Felswand, überblickt die Mündung *(pak)* des Nam Ou in den Mekong. Die obere Höhle, Tham Theung, liegt rund 200 m höher.

Der Legende nach sollen die Höhlentempel von König Setthathirat 1547 anlässlich des Baus von Vat Pak Ou im gegenüberliegenden Dorf gegründet worden sein. Aber bereits davor wurden der Stätte als Wohnort der Flussgeister *(phi)* und des Naga-Königs Chao Ulongkha, Wächter über die Mündung des Nam Ou, **magische Kräfte** nachgesagt. Seit Jahrhunderten bringen Pilger und vorbeikommende Bootsleute hier kleine Buddhafiguren als Opfergaben dar, die meisten aus Holz oder Ton.

In Tham Loum gruppieren sich um einen massiven Schrein mit *hang lin* (Wasserlauf für die rituelle Waschung von Buddhastatuen) und einen That Aberhunderte von ganz kleinen bis 1 m großen Buddhafiguren aus Holz, Bronze oder Eisen. Die stehenden Bildnisse nehmen überwiegend die Regenanrufungspose ein, die typischste Haltung für laotische Buddhastatuen (s. Kasten). In der dunklen Tham Theung befinden sich ein Stupa und weitere kleine Figuren, beachtlicher ist jedoch der geschnitzte *hang lin* gleich links. In beiden Schreinhöhlen hat es bis in die heutige Zeit immer wieder Kunstdiebstähle gegeben, so dass insbesondere in der oberen Höhle nur wenige kleine Figuren zu sehen sind.

Zu erreichen ist Tham Ting nur mit dem Boot. Die Mekongfahrt von Luang Prabang dauert 1 1/2 Std. und kostet je nach Teilnehmerzahl

Buddha in der Regenanrufungspose

Die so genannte „Regenanrufungspose", auf Laotisch *hierk fon,* ist die häufigste und typischste Haltung von Buddhastatuen in Laos. Charakteristisch für die stehenden Bronze- oder Holzskulpturen sind ihre überlangen, geraden Gliedmaßen und die nach unten gerichteten Arme. Besonders grazil und elegant wirken sie durch ihre schlanke Statur und die stark stilisierten Gesichtszüge. Die Arme bzw. Hände reichen fast bis zu den Knien und bilden eine leichte Kurve, die sich in der Linie der nach außen gewölbten Robe fortsetzt. Bronzen aus dem 18. Jh. galten als besonders schön, wenn alle Finger die gleiche Länge hatten und sich die Falten der Oberrobe *(uttarasangha)* durch eine geschwungenen Haken am Saum andeuteten. Die Ohrmuschel zeichnet sich häufig in Schneckenform ab.

Bronzeskulpturen, meist in der sitzenden *maravijaya*-Mudra, entstanden eher im Raum Vientiane oder im Süden des Landes, während im Norden und in Luang Prabang überwiegend Statuen aus Holz in der *abhaya*-Mudra oder Regenanrufungspose hergestellt wurden.

Die gerade stehende Haltung, die man nur in Laos mit der Anrufung des Regens verbindet, gehört nicht zu den klassischen Mudras, und ihre Bedeutung ist deshalb nicht eindeutig geklärt. Eine thailändische Statue in derselben Haltung befindet sich am Phra Pathom Chedi in der Nähe von Bangkok. Hier wird die Haltung als Ausdruck von *metta-karuna*, Pali für „liebende Güte und Mitgefühl", erklärt. Außerdem spricht man von dem „Erleuchteten im unerschütterlichen Zustand der Erleuchtung". Letzteres beschreibt das Übersinnliche, das besonders oft in laotischen Buddhadarstellungen gesehen wird.

Der Ursprung der laotischen Interpretation des Gestus als „Anrufung des Regens" lässt sich nur schwer zurückverfolgen. Eine mögliche Herleitung mit Bezug auf *metta-karuna* könnte eine von Buddhas Lehrreden *(sutta)* liefern. In einer der „drei Versammlungen" lehrt der Buddha, dass die Mönche einander in „liebender Güte und Mitgefühl" *(metta-karuna)* begegnen mögen. Er zieht den Vergleich zum Regen, der die Flüsse speist, die wiederum die Seen füllen und die sich in die Meere ergießen. So soll die Mönchsgemeinschaft, die in *metta-karuna* lebt, ihren Segen verbreiten.

US$15–35 (US$6 p. P.). Die Tour mit dem Tuk Tuk (US$10) endet in Ban Pak Ou, wo man den Mekong per Fährboot überquert (5000 Kip p. P.). In Tham Theung benötigt man eine Taschenlampe, die auch für 2000 Kip geliehen werden kann. Eintritt für beide Höhlen 10 000 Kip.

Ban Xang Hai

In Ban Xang Hai, rund 20 km nördlich von Luang Prabang, machen Touristen schon seit langem Station auf ihrem Weg zu Tham Ting. Bereits wenige Meter hinter der Dorfgrenze steigt einem Gärungsgeruch in die Nase und es wird deutlich, warum Tuk-Tuk-Fahrer und Bootsleute den Ort auch „**Wisky-Village**" nennen: Hier wird Reisschnaps gebrannt (und verkauft).

Ursprünglich war Ban Xang Hai ein Töpferdorf (*xang* = machen, *hai* = Krug), doch mit der steigenden Touristenzahl wechselte ein Großteil der Einwohner zur Produktion von *lau lao*. Manche behaupten, der Besucherstrom habe inzwischen dazu geführt, dass nur noch ein Drittel der Einwohner den Schnaps tatsächlich herstelle, während der Rest mit dem Verkauf beschäftigt sei.

Wer sich jedoch etwas Zeit nimmt, kann noch immer beobachten, wie hier auf traditionelle Weise Reisschnaps gebrannt wird. In den kleinen Tonkrügen zum Beispiel, die an einigen Stellen herumstehen, wird der Reis zusammen mit etwas Hefe zur Gärung gelagert. Nach fünf Tagen kann man einen wohlschmeckenden Reiswein *(lau satho)* abschöpfen. Die großen Metallfässer, die man auf einigen Plätzen sieht, dienen als Destillierapparate: Hier wird der fermentierte Reisbrei erhitzt, bis der Alkohol aufsteigt, an einer Wasserschale kondensiert und über eine Rinne in ein separates Gefäß abfließt. 30 kg Reis ergeben etwa 20 l *lau lao*, der

Alkoholgehalt liegt bei 45%. Kaufen sollte man den Schnaps allerdings woanders, da die Preise in Ban Xang Hai deutlich überzogen sind.

Das kleine **Museum**, das mit drapierten Tonscherben die Töpfergeschichte der Gegend illustriert, ist den Eintritt nicht wert (2000 Kip).

Tuk Tuks nach Ban Xang Hai kosten US$10 für 1–2 Pers, US$12 ab 3 Pers. und US$15 ab 5 Pers. Anreise mit dem Boot s. Pak Ou-Höhlen (Tham Ting).

Tad Se

Knapp 20 km östlich von Luang Prabang liegt der Wasserfall Tad Se mit seinen unzähligen Becken und sehenswerten Kalksteinformationen. An der Mündung des Houay Se in den Nam Khan sprudelt der Fluss in Miniaturwasserfällen mitten durch den Wald. Im Anschluss an die Regenzeit bietet das stark mit Sauerstoff angereicherte, hellblaue Wasser den schönsten Anblick, an Wochenenden finden sich dann auch die meisten Besucher ein.

Die Becken des Houay Se setzen sich bis weit ins Tal hinein fort. Während der trockenen Monate kann man dem Gewässer etliche hundert Meter weit flussaufwärts folgen und stellenweise durch das niedrige Wasser waten. Ein Ausbau eines Dschungelpfades mit Stegen über die Becken hinweg oder gar mit Hängebrücken durch die Baumkronen (Canopy walk) ist von Tiger Trail als Ausflug vom nahe gelegenen Lao Spirit Resort geplant.

Der 2-stündige bis halbtägige Ausflug kann problemlos mit dem Tuk Tuk (oder je nachdem mit dem Motorrad) unternommen werden. An der Straße 13 in Richtung Süden weist nach 17 km an einem scharfen Abzweig links das Schild „Ban Tai Xae" den Weg zum „Dorf südlich des Se". Nach 1 km ist Ban En am Ufer des Nam Khan erreicht, wo man gebeten wird, sein Motorrad oder Fahrrad gegen eine geringe Gebühr in einem bewachten Unterstand zu parken. Die kurze Bootsfahrt zum Tad Se kostet hin und zurück 8000 Kip p. P. bei mind. 2 Pers., 1 Pers. zahlt 10 000 Kip. Beim Baden unter vielen Einheimischen bitte die Bekleidungsetikette beachten. Nach der Erfrischung erwartet einen derselbe Bootsmann am Ufer. Eintritt 8000 Kip.

Ban Chan (Töpferdorf)

Das Dorf der Töpfer liegt etwa 2 km stromabwärts am westlichen Mekongufer. Hier reiht sich eine Töpferwerkstatt an die andere, und unter zahlreichen Stelzenhäusern stellen Familien ihre Tonwaren zum Trocknen und Verkauf auf. Gebrannt werden die Gefäße in den Erdöfen auf einer Anhöhe am nordwestlichen Dorfrand. Man geht entweder parallel zum Mekong und biegt hinter dem letzten Haus rechts ab oder folgt dem Hauptweg jenseits des Dorftempels bergan und biegt dann links auf einen Pfad, der an der Ziegelei vorbei zu den Öfen führt. Die tiefen Erdlöcher mit Aschehaufen und verbrannter Erde haben etwas Bedrückendes. Man bekommt jedoch eine Vorstellung von der harten Arbeit, die in den unzähligen Blumentöpfen Luang Prabangs steckt. Eintritt 5000 Kip.

Besucher machen hier im Rahmen der Bootsfahrt zum Tad Kuang Xi Halt. Die 15-minütige Fahrt im gecharterten Boot vom Anleger südlich des Navigation Office aus kostet rund US$4 p. P.

Tad Kuang Xi

Die nach dem Phousi meistbesuchte Sehenswürdigkeit von Luang Prabang liegt 32 km westlich der Stadt. In dichter Dschungellandschaft stürzt das Wasser des Kuang Xi aus mehr als 30 m Höhe in die Tiefe. Einige der großen kuppelförmigen Kalksteinformationen sind Anfang 2002 eingebrochen, was dem Ort etwas von seiner Einzigartigkeit genommen hat (die Ablagerungen wachsen nur 1 cm pro Jahr). Doch machen auch die bewaldete Umgebung und die lange Reihe von abgestuften Becken, die als Badestellen dienen, einen Teil der Attraktivität des Kuang Xi aus. Ein Ausflug hierher mit Badesachen im Gepäck lohnt sich also unbedingt.

Rechts und links des Wasserfalls führen steile Wege nach oben. Der Aufstieg dauert gut 15 Min. und ist anstrengend; auf der rechten Seite bietet sich auf halber Höhe ein freier Blick auf den Wasserfall. Vorsicht, die lehmigen Tritte sind ausgetreten und sehr rutschig. Besser zu gehen ist der linke Weg, der teilweise über Holztreppen verläuft und im oberen Abschnitt auch einen Ausblick auf die Landschaft erlaubt. Oben angekommen, kann man bisher nur zur absoluten Trockenzeit durch die Becken waten und jeweils auf der anderen Seite absteigen. Ein Holzsteg an dieser Stelle wäre schön.

Kuang Xi-Wasserfall

Etwa fünf der hellblauen Becken unterhalb des Wasserfalls sind ausgewiesene **Badestellen** mit kleinen Umkleidekabinen aus Holz. Hier, weit genug vom Dorf entfernt, können Frauen bedenkenlos im Bikini baden und sonnenbaden. Die beste Zeit ist mittags, wenn die Sonne noch hoch genug steht. Vorsicht beim Sprung von der Tarzanschaukel! Im milchigen Wasser sind Holz- und Bambusstümpfe nicht zu erkennen.

Nahe dem Picknick-Platz liegt das Gehege von Phet, einer Tigerin, die 1999 nahe Luang Prabang vor Wilderern gerettet wurde. Sie lässt sich längst nicht so oft blicken wie ihre tollenden Nachbarn im angrenzenden Gehege. Es heißt, die Bären wurden als illegal gehandelte Jungtiere an der Grenze zu Vietnam gefunden und gerettet.

Der Hauptweg zum Kuang Xi wird von zahlreichen einfachen Restaurants und Souvenirständen gesäumt. Ein sehr viel schönerer Waldweg entlang des Bachs und der Gehege ist nach der Schranke rechts ausgeschildert. Eintritt 15 000 Kip, Toiletten befinden sich rechts vor dem Picknick-Platz. ◷ tgl. 8–17 Uhr.

Kurz vor dem Parkplatz des Tad Kuang Xi liegt das idyllische Khmu-Dorf **Ban Thapene**. Bis hierher setzen sich Pools auf verschiedenen Stufen fort. Interessant ist das Dorfleben in den frühen Abendstunden, wenn die Jugend Fußball oder Katho spielt, die Männer die für die Khmu typischen Körbe flechten und Alt und Jung in den Bassins baden. Sollte man sich hier erfrischen wollen, bitte niemanden mit zu viel nackter Haut vor den Kopf stoßen.

Es gibt zwei **Unterkünfte** in Ban Thapene am Tad Kuang Xi. Das *Vanvisa II Gh.* liegt in direkter Nachbarschaft zum Wasserfall und den Bassins (ausgeschildert in Ban Thapene, über die Holzbrücke, dann 50 m nach links). Es gehört zum Vanvisa I Gh. in Luang Prabang, wo Reservierungen entgegengenommen werden, ✆ 071-212925, 020-5408133, ✉ vandara1@hotmail.com. Das traditionelle Holzhaus am rauschenden Bach bietet drei Zimmer mit und drei ohne Bad, eine Leseveranda und Sitzgelegenheiten im Garten. Die Übernachtung kostet US$10 pro Pers., die Verpflegung wird extra berechnet. Etwas für Genießer, die ausspannen wollen.

Die zweite Unterkunft, das *Viradesa Gh. II*, grenzt an die Reisfelder und liegt gleich am Ortseingang. Die geräumigen, erstaunlich soliden Holzbungalows mit Bad kosten US$6–8 und sind trotz eher einfacher Anlage wegen der abgeschiedenen Lage und des weiten Blicks in die Landschaft interessant. Buchungen unter ✆ 071-252026 im gleichnamigen Gästehaus in Luang Prabang.

Die Straße zum Kuang Xi führt durch wunderschöne Landschaften und Dörfer. Als Teil eines staatlichen Tourismusentwicklungsprojekts wird die (ehemals) rote Staubstraße seit 2005 vollständig asphaltiert. Sollte es Touristen in der Zukunft wieder erlaubt sein, in Luang Prabang **Motorräder** zu mieten, so ist die Fahrt zum Tad Kuang Xi (1 Std.) sehr lohnend. Solange fahren fast alle Besucher mit dem **Tuk Tuk** für US$12–15, je nach Anzahl der Pers. All Lao Service arrangiert einen **Minibus**, Abfahrt ist tgl. um 14 Uhr zu US$2,50 p. P.

Immer mehr Mutige wagen (mangels Motorrädern) die bergige Strecke mit dem **Fahrrad** oder Mountainbike. Die Tour ist anstrengend, aber machbar und zur Not findet sich immer ein vorbeikommendes Tuk Tuk mit Dachgepäckträger. Auf jeden Fall sollte man früh morgens aufbrechen, um der größten Hitze zu entgehen. Wichtig ist außerdem, bei aller Freude am erfrischenden Bad, die frühe Abfahrt, denn die Straße ist nicht beleuchtet und Fahrradlichter reichen in der Dunkelheit kaum aus.

Tad Kacham und Tham Thia

45 km südlich von Luang Prabang stürzen die Fluten Tad Kachams in die Tiefe, ein hübscher Wasserfall, der nur wenig hinter Tad Se und Tad Kuang Xi zurücksteht. 27 km weiter südlich, bereits in der Provinz Xaignabouri, liegt Tham Thia, laut Wegweisern die „größte Höhle von Laos". Tad Kacham ist von Luang Prabang aus mit dem Songtheo zu erreichen, für einen Besuch Tham Thias benötigt man ein eigenes Fahrzeug. Reiseveranstalter in Luang Prabang organisieren die Fahrt zu beiden Sehenswürdigkeiten auf Anfrage.

Tad Kacham

Nur 1 km westlich der Straße 2 nahe Ban Beu Sipet sprudelt der Houay Kacham über mehrere Stufen in einen kleinen Pool hinab und zieht mit seinem idyllischen Anblick jedes Wochenende zahlreiche Laoten aus Luang Prabang an. Im Becken am Fuße des Wasserfalls kann man baden; Tische und Bänke bieten sich für ein Picknick an. Tad Kacham führt das ganze Jahr über Wasser, nach Dezember allerdings nur relativ wenig. Links des Wasserfalls windet sich ein Pfad den Hügel hinauf, wo es eine Höhle geben soll. Selbstfahrer aus Luang Prabang folgen der Straße 13 bis Xieng Ngeun (25 km), biegen kurz vor dem Orteingang rechts ab und fahren auf der ungeteerten Straße 2 weiter bis nach Ban Beu Sipet (19 km). Hier weist ein Schild nach rechts zum 1 km entfernten Tad Kacham. Songtheos nach Muang Nane oder Tha Deua lassen einen auf Wunsch in Ban Beu Sipet raus (1 Std., Xaignabouri-Busstation), Anschluss zurück nach Luang Prabang bis nachmittags. Tuk Tuks unternehmen den Trip für US$12. Eintritt 5000 Kip.

Tham Thia

Wahrlich zwergenhaft lässt einen die riesige Halle von Tham Thia, östlich der Straße 2 nahe Ban Thali, erscheinen. Die vermeintlich „größte Höhle von Laos" erstreckt sich über eine Fläche von 17 500 m^2, ist 70 m hoch, 110 m tief und 450 m lang. Der Name *Tham Thia* bedeutet „Fledermaushöhle" und bezieht sich auf die zahlreichen Flattertiere, die hier zu Hause sind. Der Kot der Tiere wird von den Bewohnern der umliegenden Dörfer gesammelt und als Dünger nach Thailand verkauft. Gerüchten zufolge sollen hier vor 30 Jahren auch Tiger gelebt haben.

Einziger Nachteil der spektakulären Höhle ist die beschwerliche Anfahrt. Mit dem eigenen Fahrzeug folgt man ab Tad Kacham der Straße 2 bis zur Provinzgrenze (24 km), biegt nach weiteren 2 km rechts auf einen Sandweg ab und erreicht nach 1,5 km ein Schild, das rechts zu einem Trampelpfad in Richtung Tham Thia weist. Der 45-minütige Fußweg von hier bis zur Höhle ist schlecht ausgeschildert und sehr anstrengend. Er führt durch Sumpf, über loses Geröll und schließlich einen steilen Hang hinauf. Man sollte versuchen, im 4 km südlich gelegenen Ban Thali einen Guide zu engagieren.

Der Norden

Ebene der Tonkrüge jahrtausendealte mysteriöse Monolithen S. 297
Luang Namtha, Muang Sing und Vieng Phoukha beste Ausgangspunkte für eine Trekkingtour zu den Bergvölkern S. 251, S. 258 und S. 250
Nong Kiao und Muang Ngoi Kao Tuben, trekken oder einfach nur entspannen in schöner Karstlandschaft S. 274 und S. 278
Nam Ou im Boot durch die Provinzen Luang Prabang und Phongsali S. 276
Höhlen von Vieng Xai die ehemaligen Bunker der Revolutionäre S. 290
Hongsa Elefantenrefugium in der kaum besuchten Provinz Xaignabouri S. 306

Weite Teile des Nordens von Laos sind mit waldreichen, von unzähligen Flüssen durchzogenen **Berglandschaften** bedeckt. Das sternförmige Gebiet umfasst mehr als ein Drittel des Landes und ragt an den äußersten Punkten weit in die Nachbarländer China, Vietnam, Thailand und Myanmar hinein. Entsprechend vielfältig sind die Kulturen der hier lebenden **Bergvölker**. In allen Nordprovinzen leben Hmong und Khmu. Die zahlenmäßig wesentlich kleineren Völker der tibeto-birmanischen Sprachfamilie sind in den Provinzen Luang Namtha, Bokeo und Phongsali beheimatet. In den Nordostprovinzen Houaphan und Xieng Khouang überwiegen Hmong und verschiedene Ethnien der Tai-Sprachfamilie.

Unterwegs in die entlegensten Ecken des Landes bewegt man sich auf weiten Strecken über holprigen Asphalt und **Staubstraßen**. Die Fahrt in öffentlichen Verkehrsmitteln quer durch die Nordprovinzen ist nur etwas für Abenteurer mit viel Zeit und Geduld, denn selten läuft alles nach Plan. Das Gleiche gilt für **Bootsfahrten** auf dem Nam Ou oder Nam Tha. Je nach Jahreszeit, Flussabschnitt und Wasserstand gehören Verhandlungsgeschick und etwas Glück zur Organisation der Tour.

Die reizvolle Landschaft des Nordens ist für Touristen bislang kaum erschlossen. In gerade einmal einer Hand voll Orten hat sich in den letzten Jahren eine **touristische Infrastruktur** etabliert, darunter Nong Kiao und Muang Ngoi Kao am Ufer des Nam Ou sowie Luang Namtha und Muang Sing im äußersten Nordwesten. Letztere grenzen an das **Nam Ha NPA**, das einzige der sechs Naturschutzgebiete im Norden, in dem Trekking möglich ist.

Historisch interessant sind die beiden an Nordvietnam grenzenden Provinzen Houaphan und Xieng Khouang. Sie waren am stärksten von den Wirren des Zweiten Indochinakrieges betroffen. In Vieng Xai und auf dem Xieng Khouang-Plateau sind die Spuren der jüngsten Vergangenheit bis heute sichtbar. Die Ebene der Tonkrüge ist jedoch aus einem anderen Grunde ein beliebtes Ziel: Hunderte gewaltige Steinkrüge zeugen von einer **Megalithkultur**, die noch weitgehend unerforscht ist.

Der meistgenutzte internationale **Grenzübergang** im Norden führt über Houay Xai nach Chiang Khong in Thailand. Reisende aus China kommen über Boten und Nateuil nach Laos. In

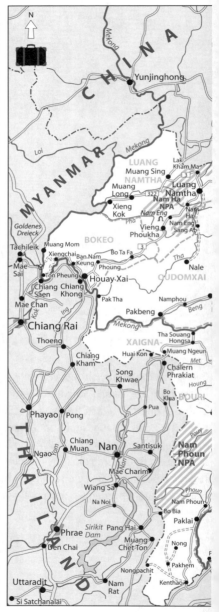

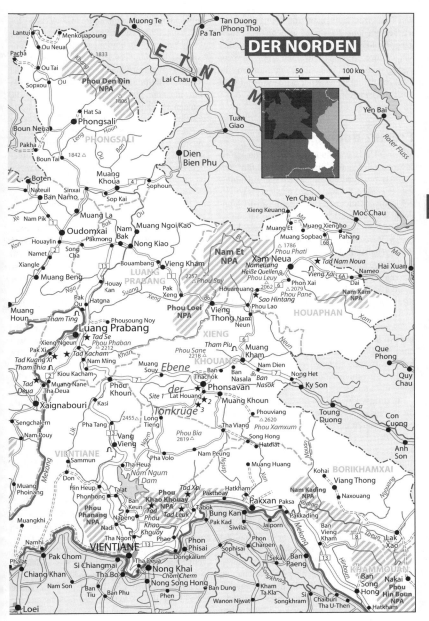

den Provinzen Houaphan und Xieng Khouang wurden im Jahr 2004 zwei weitere Grenzübergänge für Reisende nach Vietnam geöffnet. Seither steigen hier die Touristenzahlen stetig an. Laos verfügt über sehr gute Grenzanbindungen, die Straßen auf vietnamesischer Seite werden derzeit noch ausgebaut.

Provinz Bokeo

Mit einer Fläche von 6196 km^2 ist Bokeo die kleinste Provinz des Landes, zudem ist sie mit fünf Einwohnern pro Quadratkilometer eine der am dünnsten besiedelten. Bekannt ist sie vor allem als Teil des berüchtigten **Goldenen Dreiecks**, das an der Mündung des thailändischen Flusses Mae Sai in den Mekong liegt. Heute spricht man geflissentlich von einem "Wirtschaftsviereck", denn zu dem Dreiländereck Thailand, Myanmar und Laos hat sich China hinzugesellt. Neben Opium werden nun auch verschiedene Rohstoffe auf dem Mekong verschifft. Seit der wirtschaftlichen Öffnung von Laos dominieren Holz, Steinkohle und **Edelsteine** den Export. In Bokeo werden besonders viele Saphire geschürft *(bo = Mine, keo = Edelsteine)*. Von Thailand gelangen pro Jahr mehrere tausend Tonnen Kautschuk über den Oberlauf des Mekong nach China, und im Gegenzug finden chinesische Billigprodukte und Lebensmittel ihren Weg in die drei benachbarten Länder.

Wichtigster Verkehrsweg ist der Mekong, der die Provinz im Westen begrenzt. Die meisten Touristen passieren Bokeo auf der beliebten Mekong-Route zwischen Chiang Khong (Thailand) und Luang Prabang. Ein- und Ausreisepunkt ist die Provinzhauptstadt **Houay Xai**, in der die beiden einzigen Straßen der Provinz aufeinander treffen: Eine folgt weitgehend dem Lauf des Mekong bis zum Städtchen Ton Pheung, auf der Höhe des thailändischen Chiang Saen. In nordöstliche Richtung führt die **Straße 3** durch Bokeo über Luang Namtha bis zur chinesischen Grenze. Seit Anfang 2004 ist ihr Ausbau in vollem Gange, was stellenweise zu Behinderungen mit langen Wartezeiten führen kann. Angesichts einer fehlenden Landverbindung zwischen China und Thailand wurde die ehemalige Dschungelpiste in den 90er Jahren in ein millionenschweres Straßenbauprojekt der Asiatischen Entwicklungsbank aufgenommen. Zwischen China, Thailand und Laos wurde vereinbart, die Straße als Teil der 700 km langen Strecke von Kunming nach Chiang Rai zu einem "Express Highway" auszubauen. China erreicht damit die lang ersehnte Anbindung an die Küste von Malaysia und Singapore. Die südliche Hälfte der Strecke, die von den Thailändern gebaut wird, soll 2007 fertig gestellt sein. Die Nordhälfte, die von den Chinesen in einem erstaunlichen Tempo (auch unter groben Verstößen gegen Naturschutz-Richtlinien) errichtet wurde, wird schon eher dem Verkehr übergeben. Eine Brücke über den Mekong in Houay Xai ist ebenfalls geplant, doch noch ist die Finanzierung unklar.

Vorbehalte gegen diese Dschungelautobahn in einer der entlegensten Regionen des Landes betreffen in erster Linie die hier lebenden zahlreichen **ethnischen Gruppen**. Es wird befürchtet, dass der zunehmende Schwerverkehr Umweltschäden nach sich zieht und die Fernfahrer verstärkt HIV in die Region einschleppen. Zudem durchquert die Straße 3 in der Provinz Luang Namtha das Naturschutzgebiet Nam Ha NPA, das sich auch dem Schutz der Ethnien verschrieben hat.

Für die meisten Reisenden ist Bokeo nicht mehr als eine Durchgangsstation. Wer jedoch viel Abenteuerlust mitbringt, kann im Norden und Nordosten noch dichten Urwald und ursprüngliche Dörfer erleben. Der **Oberlauf des Mekong** – derzeit nur im Speedboat befahrbar – ist zudem einer der aufregendsten und am wenigsten befahrenen Abschnitte der "Mutter aller Wasser".

Houay Xai

Auf den ersten Blick scheint die Provinzhauptstadt nur aus einer Uferstraße und einem Grenzposten zu bestehen. Reisende, die ihre Mekong-Tour nach Luang Prabang zuvor in Thailand gebucht haben, bekommen auch kaum mehr zu Gesicht. Zum Verdruss der hiesigen Restaurant- und Gästehausbetreiber erreichen diese Besucher morgens als Horde die Grenze und verlassen den Ort auf direktem Weg vom Slow-Boat-Anleger flussabwärts. Hält man sich ein wenig länger hier auf, stellt man fest, dass Houay Xai eine grüne Stadt ist, deren Wohngebiete sich über etliche Kilometer den Mekong entlang ausbreiten. Auch ohne viele Sehenswürdigkeiten gibt der Ort Gelegenheit, sich nach Thailand auf die spürbar gelassenere Atmosphäre in Laos einzustimmen. Das Zentrum Houay Xais ist gerade in den letzten Jahren durch viele schön restaurierte alte Häuser attraktiver geworden. Die nähere Umgebung kann mühelos mit dem Fahrrad erkundet werden.

Auf zwei benachbarten Hügeln liegen der **Vat Chom Khao Manirath** und das von den Franzosen errichtete **Fort Carnot**, das heute vom laotischen Militär genutzt wird. Letzteres ist ein überwuchertes dunkles Gemäuer, das nur mit Mühe auszumachen ist: am besten von den Dächern der höchsten Gästehäuser oder vom gegenüberliegenden Mekongufer aus.

Vat Chom Khao Manirath

Am Ende einer langen Treppe auf der Höhe des Grenzpostens liegt das größte Kloster Houay Xais. Auf der Hügelkuppe konkurrieren einige bunte neue Schreinbauten mit einem alten Teakholzgebäude auf Stelzen, wie man es nur noch selten findet. Vermutlich war der hohe Bau mit Staffeldach im birmanischen Stil einmal die *sala*, heute fungiert er als Unterrichtsraum der buddhistischen Grundschule.

Touren in die Umgebung

In der direkten Umgebung von Houay Xai befinden sich Dörfer der Hmong, Khmu und Lanten, auf die in einigen Gästehäusern hingewiesen wird. Tuk Tuk-Fahrern sind diese Ziele bekannt, so dass man für den Besuch der Dörfer nicht unbedingt an einer organisierten Tour teilnehmen muss.

In der Nähe des Flughafens liegen die Lao Loum-Dörfer Ban Nam Kok und Ban Xai Chalern, wo man bei der Herstellung von *lau lao* (Reisschnaps) von *lau hai* (Reiswein, in einem Krug vergoren, aus dem man ihn auch trinkt) zusehen kann. Die Produktion von Reisnudeln kann in Ban Phibounthong besichtigt werden und unweit davon befindet sich das Khmu-Dorf Ban Mok Ka Chok. 17 km von Houay Xai an der Straße 3 liegt das Lanten-Dorf Ban Nam Chang, auch Ban Lanten genannt. Die Bewohner stellen Bambuspapier (Saison Nov–Jan) sowie ihre traditionellen Gewänder aus dunkelblau bis schwarzer Baumwolle selbst her. Es gibt auch ein winziges Handwerksmuseum zu sehen.

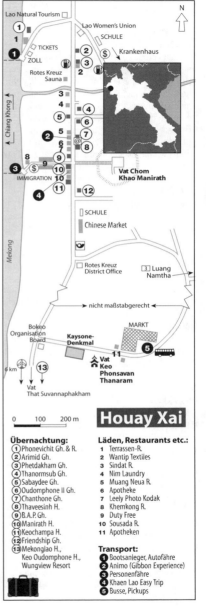

Houay Xai

Übernachtung:
① Phonevichit Gh. & R.
② Arimid Gh.
③ Phetdakham Gh.
④ Thanormsub Gh.
⑤ Sabaydee Gh.
⑥ Oudomphone II Gh.
⑦ Chanthone Gh.
⑧ Thaveesinh H.
⑨ B.A.P. Gh.
⑩ Manirath H.
⑪ Keochampa H.
⑫ Friendship Gh.
⑬ Mekonglao H., Keo Oudomphone H., Wungview Resort

Läden, Restaurants etc.:
1 Terrassen-R.
2 Wantip Textiles
3 Sindat R.
4 Nim Laundry
5 Muang Neua R.
6 Apotheke
7 Leely Photo Kodak
8 Khemkong R.
9 Duty Free
10 Sousada R.
11 Apotheken

Transport:
❶ Bootsanleger, Autofähre
❷ Animo (Gibbon Experience)
❸ Personenfähre
❹ Khaen Lao Easy Trip
❺ Busse, Pickups

Mit der Affenschaukel durchs Bokeo Nature Reserve

The Gibbon Experience nennt sich das innovative Naturschutzprojekt eines Franzosen, das Gäste in drei Baumhäusern in den luftigen Kronen von Urwaldriesen beherbergt. Von einem Haus zum anderen führt ein ausgeklügeltes Kabelnetzwerk in 30 m Höhe, an dem man hängenderweise, gut abgesichert an einer Rolle, kilometerweit über den Wald rauscht.

Das Projekt ist ganzheitlicher angelegt, als es der Kabelspaß und die komfortablen Baumhäuser zunächst vermuten lassen. Zum Schutz der Artenvielfalt im Bokeo Nature Reserve bildet Jeff mit einem Team freiwilliger Helfer die Bewohner der angrenzenden Dörfer als Guides aus oder engagiert sie als Wächter über den Wald. Außerdem wurden Trekkingpfade angelegt und spezielle Naturbeobachtungstouren, von ehemaligen Jägern geführt, ausgearbeitet. Einen der stark gefährdeten **Weißwangengibbons** *(Hylobates concolor)* in der Wildnis zu entdecken wird weiterhin nur wenigen vergönnt sein, doch ihren Gesang, bis vor wenigen Jahrzehnten noch die „Stimme der Landschaft Indochinas", mag hier mancher am frühen Morgen aus der Ferne hören.

Das Buchungsbüro von Animo ist in Houay Xai, ✆ 084-212021, ✉ jf@clematecs.net, 🖥 www.gibbonexp.org. Die Tour von knapp drei Tagen kostet 5000 Baht p. P., inkl. Verpflegung und Transport zum Startpunkt 70 km landeinwärts. Bis zu 12 Personen können gleichzeitig im Dschungel übernachten.

Eine Tour mit dem Tuk Tuk sollte rund 300 Baht kosten. Der Preis variiert je nach Ziel und Personenanzahl. In manchen Dörfern gibt es eine Spendendose, die der Allgemeinheit zu Gute kommt. Wo immer es geht, sollte man das örtliche Handwerk mit dem Kauf von Produkten unterstützen.

Seit Kurzem veranstaltet die Reiseagentur Khaen Lao Easy Trip Touren zu unterschiedlichen Zielen im Nordwesten Bokeos. Eine Tagestour führt den Mekong entlang, bis hin zu der im Dschungel versunkenen Ruinenstadt **Souvannakhomkham**. Obwohl diese über 500 Jahre alte Stätte im Nationalmuseum Vientianes dokumentiert ist, wurde sie noch nicht inventarisiert oder von Spezialisten näher erforscht. Der Besuch Souvannakhomkhams ist daher eine echte Pionierleistung, umso mehr Anlass, hier möglichst wenig Spuren zu hinterlassen.

Übernachtung

Die Unterkünfte in Houay Xai liegen entlang der Hauptstraße, die vom Zentrum zum nördlichen Bootsanleger im Stadtteil Ban Khonekeo verläuft. Ein einfaches Zimmer mit Ventilator und einem eigenem Bad kostet fast überall 200 Baht, in der Auflistung Kategorie ❶.
Von Nord nach Süd:

UNTERE PREISKLASSE – *Phonevichit Gh.*, am nördlichen Bootsanleger, ✆ 084-211765, 020-5483729, 2 Reihenhäuser mit 9 einfachen Zimmern mit Bad in bester Mekonglage. Vom Restaurant hat man eine tolle Aussicht auf das Geschehen am Hafen. ❶

Arimid Gh., 200 m vom nördlichen Bootsanleger, ✆/🖷 084-211040, seit Jahren beliebte, gut gepflegte Anlage mit Bungalows aus Bambus und Holz; 16 komfortable 2- und 3-Bett-Zimmer mit Ventilator, Bad und Veranda; 4 neue AC-Zimmer. Der hilfsbereite Besitzer hat lange in Europa gelebt und spricht Englisch und Französisch. Viele Tourgruppen. Gutes Restaurant, das Vorbestellungen entgegen nimmt. ❷–❸

Phetdakham Gh., nördlich des Zentrums, jenseits der Brücke, ✆ 084-211198, 020-5683342. Laotisches Haus mit Holzobergeschoss; einfache luftige Zimmer mit Ventilator. Die Gemeinschaftsbäder mit Warmwasser sind draußen. Im Erdgeschoss betreibt die Besitzerin Wantip ihr Geschäft mit traditionellen Textilien. Ab 100 Baht, die beste Option für Sparsame. ❶
Die folgenden Unterkünfte liegen an der Hauptstraße im **Zentrum**:

Thanormsub Gh., ✆ 084-211095. An einen langen, gefliesten Flur reihen sich Zimmer mit Ventilator und Bad. Hier steigen überwiegend Thais und Staatsbedienstete ab. ❶

Sabaydee Gh., ℡ 084-211503, 020-5484075. Großes 2-stöckiges Haus mit sauberen, gefliesten Zimmern, von denen die vorderen im Obergeschoss den Mekong überblicken; alle mit Ventilator und Bad. Luftige Veranda mit Aussicht auf die Stadt. Von der Familie des Manirath Hotel gemanagt. Mit Restaurant. ❶
Oudomphone II Gh., ℡ 084-211308, 020-5683154, ✉ oudomphone2@hotmail.com. Zurückversetzt liegen 14 saubere Zimmer mit Ventilator, Bad und TV, 1 Mehrbettzimmer. Besitzer sprechen gut Englisch, beliebtes Restaurant. ❶
Chanthone Gh., ℡ 084-211082. Im Haus des Internet-Cafés. Im Obergeschoss sehr einfache kleine Zimmer mit Ventilator und Gemeinschaftsbad, ab 100 Baht. ❶
Thaveesinh Hotel, ℡/✆ 084-211502, 020-5683 333. Einzig wirklich nennenswertes Hotel im Ort mit 21 unterschiedlichen Zimmern, die vorderen mit Mekongblick. Geräumige 2- und 3-Bett-Zimmer mit/ohne AC, gefliese Böden, mit TV und Kühlschrank. Freundlich und gut geführt. Auf Wunsch mit Frühstück auf der etwas lieblosen Dachterrasse. Fahrradverleih im Haus. ❶–❷
B.A.P. Gh., ℡ 084-211083. Traditionelles Haus mit Holzobergeschoss, luftige und teilweise große Zimmer mit/ohne Bad und Ventilator; hellhörig. Klassiker unter den Travellerunterkünften, steht unter der strengen Leitung von Aunty Chanpeng. Gut besuchtes Café-Restaurant. ❶–❷
Manirath Hotel, die erste Unterkunft hinter der Immigration. Bislang nicht nur von außen ein unansehnlicher Klotz. Das mag sich jedoch in Zukunft ändern. ❶
Keochampa Hotel, ℡ 084-211505. Neueres Gebäude mit gefliesten Zimmern mit Bad und Warmwasser, mit/ohne AC; vom oberen Stockwerk schöner Blick auf den Mekong. 2 Internet-Computer à 50 Baht/Std. Massagesalon. ❶
Friendship Gh., ℡ 084-211219, Traveller-Herberge mit einfachen bis gut ausgestatteten Zimmern auf mehreren Etagen. 3- und 4-Bett-Zimmer mit Bad, manche dunkel. Von der Dachterrasse aus lässt sich das Fort gut ausmachen. Freundlich, viele Reiseinfos. ❶
Keo Oudomphone Hotel, 2 km südlich des Zentrums, östlich der Straße, ℡ 084-211504, 020-5683154, ✉ keodalasc@yahoo.com. Mit dem Oudomphone im Ort verschwägert, Zimmer mit AC, Bad und Sateliten-TV. Farbenfroh gestaltet und nett geführt. ❶–❷

Essen

Die Restaurants liegen sowohl im Zentrum als auch in Ban Khonekeo am Slow-Boat-Anleger, von Nord nach Süd:
Restaurant-Terrassen am nördlichen Bootsanleger, das Latsouly Restaurant und die Aussichtsterrasse des Phonevichit Gh. bieten Frühstück und laotische Kost. Ein *Beerlao* oder *café lao* mit Blick auf das Hafengeschehen ist nett hier.
Sindat Restaurant, unmittelbar südlich der Brücke beim Roten Kreuz. Am Mekong gelegenes, einfaches Restaurant, das auf *sindat* spezialisiert ist. Mit jeder Fleischbestellung kommt ein riesiger Korb voll Nudeln und Salaten. Sehr zu empfehlen.
Restaurant Muang Neua, neben der Gibbon Experience. Ausführliche Karte mit laotisch-chinesischen Gerichten; leckere Frühlingsrollen,

Grenzübergang von/nach Thailand

Der nördlichste der thai-laotischen Grenzübergänge, ⏰ tgl. 8–18 Uhr, verbindet die Region Chiang Rai mit der Provinz Bokeo.
Einreise: Wer mit dem Minibus von Chiang Mai oder Chiang Rai nach Chiang Khong reist, wird an einem der Gästehäuser, 500 m vor der Grenze abgesetzt. Das letzte Stück zu Fuß endet am Ausreiseschalter direkt am Mekong. Der eindrucksvolle Torbogen mit der Aufschrift „Gate to Indochina" führt ans Ufer, wo Fährboote für 20 Baht p. P. nach Laos übersetzen. Am Wochenende und nach 16 Uhr werden in beiden Ländern „Overtimefees" verlangt, bevor die Grenze pünktlich um 18 Uhr geschlossen wird.
Am laotischen Ufer angekommen, geht man zu dem erhöht gelegenen, wenig auffälligen Grenzposten (gleich daneben der Bankschalter). Der Einreisestempel im Pass ist unerlässlich, dabei auch das Gültigkeitsdatum umgehend prüfen.
Ausreise: Der letzte Bus von Chiang Khong nach Chiang Rai fährt tgl. um 17 Uhr.

Salate und Fruchtshakes. Von den Tischen lässt sich das Straßengeschehen gut beobachten.
Khemkong Restaurant, gleich neben der Immigration. Einfache Terrasse, die mittags Fö oder eine Seafood-Lemongras-Suppe serviert; der spärliche Grenzverkehr bietet eine interessante Kulisse.
Sousada Restaurant, neben Khaen Lao Easy Trip. Wenn auch unscheinbar, so ist dies der Favorit unter den Einheimischen. Zu empfehlen sind Red oder Green Pepper Curry oder die Baguettes für unterwegs. Zum Frühstück auch leckere Fö und Café lao.
Terrassenrestaurants am Mekong haben das ***Mekonglao Hotel*** am südlichen Ortsausgang und das ***Wungview Resort***, von dem Hügel 3 km südlich des Zentrums hat man eine vortreffliche Aussicht. Beide als Unterkünfte nicht zu empfehlen.

Sonstiges

APOTHEKEN – 3 in der direkten Umgebung des Marktes und der Busstation.

AUTOVERMIETUNG – bei *Lao Natural Travel*, im *Arimid Gh.* oder im *Thaveesinh Hotel*, hier ein Minibus für 12 Pers. oder Wagen mit Allradantrieb zu 2500–10 000 Baht, je nach Strecke (nach Luang Namtha oder Umgebung Houay Xai).

EINKAUFEN – *Bo Sapphire*, gegenüber dem Chinesischen Markt. Das nach einer Saphirmine benannte Geschäft führt laotische Seidentextilien und Kunsthandwerk der Ethnien. Es entstand in Zusammenarbeit mit dem Deutschen Entwicklungsdienst (DED).
Wantip im Phetdakham Gh., nördlich der Brücke, ist auf den Export von laotischen Textilien spezialisiert.
Chinesischer Markt, in dem 2003 eröffneten Einkaufszentrum gibt es vorwiegend preiswerte Textilien und Schuhe. Viel aufregender ist ein Besuch des weitläufigen **Morgenmarkts** *(talat sao)* direkt neben der Busstation, wo alle erdenklichen Frischwaren – auch Backwaren für unterwegs – sowie vom Besenstiel bis zu Wohnzimmermöbeln alles angeboten wird. Öffentliche Toiletten. ⊙ tgl. 6–18.30 Uhr.

FAHRRADVERLEIH – im *Thaveesinh Hotel*, nur eine Hand voll ältere Mountainbikes für stolze 40 000 Kip/Tag, 3 Motorräder für 500 Baht/Tag.

FILME UND FOTOARBEITEN – *Leely Photo (Kodak)*, neben dem B.A.P. Gh., führt alle gängigen Filme.
Chanthaly Stationary, gegenüber dem Friendship Gh. Eines von mehreren Schreibwarengeschäften entlang der Uferstraße. Fotokopien.

GELD – *Lao Development Bank*, am Fähranleger, gleich neben der Immigration. Die meisten machen hier ihre erste Bekanntschaft mit den legendären Kip-Bündeln, ⊙ Mo–Fr 7.30–18 Uhr, Sa, So 8–17 Uhr. Die Hauptstelle der Lao Development Bank liegt im Norden der Stadt, ⊙ Mo–Fr 8–15.30 Uhr.

INTERNET – *Internet Café*, im Chanthone Gh., außer den Rechnern im Keochampa der bisher einzige Anbieter in Houay Xai mit sehr eingeschränkten Öffnungszeiten, doch mit guter Verbindung für 250 Kip/Min., ⊙ tgl. 19–21 Uhr.

MEDIZINISCHE HILFE – Das Houay Xai Hospital befindet sich im Nordosten der Stadt. Im Ernstfall sollte man nach Thailand ausreisen und in Chiang Mai oder Chiang Rai Hilfe suchen.

POST – am südlichen Ende der Hauptstraße, ⊙ Mo–Fr 8–12, 13–16 Uhr. Telefonate sind nur von den Gästehäusern aus möglich.

POLIZEI – südöstlich des Hügels von Vat Chom Khao Manirath.

TOURANBIETER – *Khaen Lao Easy Trip*, im Manirath Gh., ✆ 020-5984000, 084-212111, ✉ easytrip@discoverylaos.com, 🖥 www.discoverylaos.com. Neuer Spezialist für Bokeo, thai-gemanagt. Bietet einige sehr interessante Ganz- oder Halbtagsausflüge in die Umgebung an und lohnt sich besonders für Kleingruppen. Tour zu der versunkenen Stadt Souvannakhomkham bei 4 Pers. US$45 p. P. Gute, Englisch sprechende Guides. Beim Bootsticketverkauf kommen Picknick-Pakete hinzu, daher teurer, dann besser zu

Lao Natural Tourism, in der Straße des nördlichen Bootsanlegers, ✆/📠 084-211555, 020-5570576, ✉ sithivan@laotel.com. Slow Boat nach Luang Prabang, 2 Tage, 750 Baht, nach Pakbeng 400 Baht. Zu diesen Preisen verkauft auch jedes Gästehaus in Houay Xai Bootstickets. Autoverleih.

SAUNA UND MASSAGE – *Rotes Kreuz,* nördlich des Zentrums gleich hinter der Brücke, ✆ 084-211264. Traditionelle Herbal Sauna *(homjaa),* 🕐 tgl. 16–20.30 Uhr für 10 000 Kip, eigenen Sarong und Handtuch mitbringen. Massage auch tagsüber für 25 000 Kip/Std.

WÄSCHE – *Nim Laundry,* nördlich des Sabaydee Gh., ✆ 084-211177, kostet 10 000 Kip/kg, der Service in Gästehäusern ca. 15 000 Kip/kg.

Nahverkehrsmittel

Tuk Tuks parken im Zentrum auf der Höhe des Grenzpostens: von hier zum nördlichen Bootsanleger kostet die Fahrt 5000 Kip p. P. Mit wenig Gepäck kann man auch gut zu Fuß gehen. Der Markt und die Bushaltestelle sind hingegen nur mit dem Tuk Tuk zu erreichen. Das Gleiche gilt für die 6 km zum Flughafen (US$2) und für die 4 km entfernte Anlegestelle der Speedboats (US$1).

Transport

BUSSE UND PICK-UPS – Bustickets werden ab 7.30 Uhr an der Abfahrtsstelle neben dem Markt *(talat sao)* verkauft. Pick-ups fahren unregelmäßig, versuchen oft Busfahrgäste abzuwerben, hier nicht irritieren lassen.
LUANG NAMTHA (194 km, 9 Std.) um 8.30 und 11.30 für 70 000 Kip über
VIENG PHOUKHA (127 km, 5 Std.) für 45 000 Kip. Sobald die Straße 3 ausgebaut ist, sollte es deutlich schneller gehen. Bis dahin gibt es noch ungeteerte Abschnitte, die sich während der Regenzeit in Schlammpisten verwandeln. Gästehäuser verkaufen das Busticket nach Luang Namtha für 400 Baht.
VIENTIANE (884 km, 36 Std.), 3x wöchentl. um 9.30 für 170 000 Kip (nicht erwägen!)

BOOTE – **Slow Boats:** Der Bootsanleger in Ban Khonekeo liegt im Norden der Stadt und ist vom Zentrum aus per Tuk Tuk oder in 20 Min. zu Fuß zu erreichen.
Nach Luang Prabang: Bootstickets nach LUANG PRABANG werden ab 8 Uhr am Anleger verkauft, offizielle Abfahrtszeit in Richtung Süden ist tgl. um 10.30 Uhr. Die 2-tägige Fahrt kostet US$17: am ersten Tag in 6 Std. bis PAKBENG für US$8,50; am zweiten Tag weiter nach Luang Prabang in 6 Std. ebenfalls für US$8,50 (in Pakbeng besteht jeden Tag um 9 Uhr Anschluss per Songtheo nach OUDOMXAI in 4 Std. für 30 000 Kip).
Die Meinungen über die Mekongfahrt zwischen Houay Xai und Luang Prabang gehen auseinander. Einig ist man sich jedoch über die außerordentlich schöne Landschaft auf dieser Strecke. Die Fahrt wird häufiger flussabwärts unternommen als umgekehrt, was bedeutet, dass insbesondere die Boote aus Houay Xai in der Hochsaison überfüllt sind. Die Bootstypen variieren von überdachten Langbooten mit Plastikstühlen und engen Holzbänken bis zu bequemen Booten mit gepolsterten Sitzen. Landet man in den regnerischen Monaten (einschl. Sept./Okt.) in einem Lastkahn, kann man sich darauf sogar etwas die Beine vertreten. Die Boote werden in der Regel überladen und die zahlreichen Passagiere aus Thailand steigen als letzte hinzu. Man kann versuchen, sich das Boot (anhand der Bootsnummer) vor dem Ticketkauf zeigen zu lassen. Der Motorenlärm, im Lastkahn besonders laut, ist vorn gedämpfter.
Nach Luang Namtha: Bester Zeitpunkt für die 2-tägige Fahrt nach LUANG NAMTHA den Nam Tha flussaufwärts sind die Monate Sep–Nov; ab Januar kann der Wasserstand auf dem nördlichen Abschnitt bereits so niedrig sein, dass man beim Anschieben über Sandbänke mit anpacken muss. Die abenteuerliche und landschaftlich einmalige Strecke wird nur auf Anfrage befahren. Gäste essen und übernachten bei der Familie des Bootsmanns. An beiden Tagen beträgt die Fahrzeit 7–8 Std. In BAN NALE ist das letzte Drittel erreicht. Ab hier wird das Wasser noch seichter. Im Dorf gibt es zwei Gästehäuser und im Notfall besteht Anschluss per Songtheo nach Luang Namtha.

> **Tipps für den Nam Tha**
>
> Auf der spektakulären Nam Tha-Fahrt ist das Boot vollkommen offen und die Fahrt beginnt in den frühen Morgenstunden, also ausreichend gegen kalten Fahrtwind, Sonne und Nässe schützen. Nur Abendessen und Frühstück werden von der Familie des Bootsmanns bereitgestellt, daher viel Proviant mitnehmen. Der Preis gilt für das ganze Boot, das bedeutet, dass bei 4 bis 6 Passagieren *keine* weiteren Mitfahrer unterwegs aufgenommen werden sollten. Ist das Boot zu schwer beladen, zieht sich die Fahrt sonst ins Endlose. Ausführliche Infos auch unter 💻 www.theboatlanding.com.

Am einfachsten lässt sich die Nam Tha-Fahrt von Houay Xai aus über das B.A.P. Gh. organisieren; die Besitzerin, Aunty Chanpeng, vermittelt die Tour inkl. Übernachtung für Preise um US$30 (1200 Baht) ab 4 Pers. Begegnet man am nördlichen Bootsanleger einem Bootsmann mit der Aufschrift „Boatman to Luang Namtha" auf dem T-Shirt, stammt dieser aus Ban Konekham und die Organisation in Eigenregie ist kein Problem. Der reine Fahrpreis für ein ganzes Boot liegt bei US$140, bei 5 Pers. also US$28 p. P. Mahlzeiten rechnet der Bootsmann separat ab.

Speedboats: Vom Speedboat-Anleger in Ban Thinthat, 4 km südlich des Zentrums, verkehren nur Boote in Richtung Süden. Nach LUANG PRABANG in 6 Std. für 1200 Baht p. P. bei 6 Pers., nach PAKBENG für 650 Baht in 3 Std., nach PAK THA für 200 Baht in 1/2 Std.
Ab 8 Uhr werden die Tickets verkauft, los geht's jedoch erst, wenn die Wasserrakete voll besetzt ist. Hinweise zu Speedboats s. S. 44.
Nach XIENG KOK bestehen bislang nur Verbindungen von 2 Dörfern aus, die etliche Kilometer nördlich von Houay Xai liegen. Von der Pick-up-Haltestelle am Markt fährt man ins 28 km entfernte **Ban Nam Keung** um 8 Uhr in 1/2 Std. für 8000–10 000 Kip. Dort warten die Boote, bis sich genügend Passagiere nach Xieng Kok eingefunden haben; die 4-stündige Fahrt kostet für Touristen 1000 Baht p. P. Ein komplettes Speedboat kann im Thaveesinh Gh. für 5500 Baht gebucht werden. Speedboats nach Xieng Kok verkehren auch vom 56 km nördlich von Houay Xai gelegenen **Ton Pheung** aus. Die Bootsfahrt nach Xieng Kok verkürzt sich ab hier um 1/2 Std.

FÄHREN – Die **Personenfähren** aus Thailand legen am Anleger im Zentrum beim Grenzposten an. Der nördliche Bootsanleger ist gleichzeitig der Landungssteg der **Auto- und Lkw-Fähre**. Hier befindet sich auch das Zollamt, d. h. wer mit einem Motorrad aus Thailand einreist, muss hier die Zollformalitäten für sein Gefährt erledigen.

FLÜGE – Der Flughafen liegt rund 6 km südöstlich der Stadt. Flüge nach:
VIENTIANE 3x wöchentl. in 1 1/4 Std. für US$85.

Provinz Oudomxai

Die gebirgige, 15 370 km^2 große Provinz Oudomxai gehört zu den wirtschaftlich wichtigsten Regionen im Norden. Hier kreuzen sich die Wege in alle fünf Nordwestprovinzen. Die Provinz besitzt ein relativ gut ausgebautes Straßennetz und Zugang zum Mekong.

Oudomxai hat 265 000 Einwohner, darunter Hmong, Akha, Yao, Khmu und Lanten sowie fast alle Untergruppen der Tai-Völker, insgesamt mehr als 23 Ethnien. Obwohl die Provinz über ein touristisches Potenzial verfügt, legen die meisten Reisenden in Oudomxai bislang nur kurze Zwischenstopps ein. In **Pakbeng** am Mekong übernachten diejenigen, die im Boot zwischen Houay Xai und Luang Prabang unterwegs sind. Die Provinzhauptstadt **Oudomxai** dient vielen als Umsteigepunkt in ein anderes Gefährt weiter in Richtung Norden, aber auch hier beginnen touristische Angebote Fuß zu fassen. Landschaftlich steht die Provinz ihren Nachbarn in nichts nach und das verstärkte Engagement im Naturtourismus zahlt sich in den nächsten Jahren gewiss aus. Es werden erste Treks und Radtouren in die Umgebung von Oudomxai angeboten. In Pakbeng entstehen nach dem Vorbild der Luang Xai Lodge zusehends mehr Unterkünfte am Mekong für gut zahlende Gäste.

Pakbeng

Pakbeng, an der Mündung (= *pak*) des Nam Beng in den Mekong, ist ein skurril anmutender Ort, in dem der herbe Charme eines Holzverladehafens mit der Atmosphäre eines Traveller-Hotspots zusammenprallt. Pakbeng liegt nicht nur auf halber Strecke der Mekongfahrt zwischen Houay Xai und Luang Prabang, sondern markiert auch das südliche Ende der Straße 2 nach Oudomxai, was es seit jeher zu einer wichtigen Station auf der Handelsroute China–Thailand machte. Heute ist der mit Gästehäusern und Restaurants gespickte Ort Übernachtungsstätte für eine Heerschar von Touristen, und die Bevölkerung hat sich auf diese lukrative neue Rolle weitgehend eingestellt. Die Menschen führen ein Leben in zwei Schichten: Abends und nachts versorgen sie die Traveller und morgens, nachdem alle Besucher abgereist sind, kehren sie zu ihren traditionellen Tätigkeiten zurück.

Wer nicht gerade in einem der außerhalb gelegenen Resorts logiert, wo man in Ruhe ausspannen und den faszinierenden Blick auf den Mekong genießen kann, verbringt meist nur eine Nacht in Pakbeng.

Übernachtung

Die schönsten Unterkünfte liegen direkt am Mekong, entlang der westlichen Uferstraße (Staubstraße am Hafen gleich links). Eine größere Auswahl gibt es an der Hauptstraße, die vom Hafen nach Norden verläuft. Hier wohnt man in Reichweite vieler Restaurants, was ganz angenehm ist, da es nur **von 18–22 Uhr Strom** gibt und man nicht im Dunkeln nach Hause irren muss. Warmwasser ist nur abends verfügbar und vor 7 Uhr morgens muss man sich beim Packen auf Dunkelheit einstellen. Der **Zimmerpreis** beträgt fast überall 200 Baht für ein Zimmer ohne Bad, 300 Baht mit eigenem Bad. Alle Häuser bereiten Baguettes als Proviant für den nächsten Tag vor.

WESTLICHE UFERSTRASSE – *Phoy Lathda Gh.*, 100 m vom Hafen, ✆ 020-5181095. Traditionelles Haus mit neuen Zimmern mit/ohne Bad auf 2 Etagen, klein und familiär, Besitzer sprechen kein Englisch, traumhafter Blick von der Terrasse. ❶–❷

Santisouk Gh. & Restaurant, ✆ 020-5471012, nach 150 m. Seinem Nachbarn sehr ähnlich, dieselbe Lage, einfache Zimmer mit Moskitonetz, 4 mit, 5 ohne Bad. Familienbetrieb. ❶–❷

Bounmy Gh. & Restaurant, ✆ 081-212294, nach 200 m. Größtes Travellerhostel im Ort, das sehr unterschiedlich bewertet wird. Im Hauptgebäude Zimmer mit Flussblick und Bad, Ventilator und Moskitonetz, in 2 Nebengebäuden Zimmer mit/ohne Bad. Vorteile sind die Lage am Mekong und die gute abendliche Stimmung im Restau-

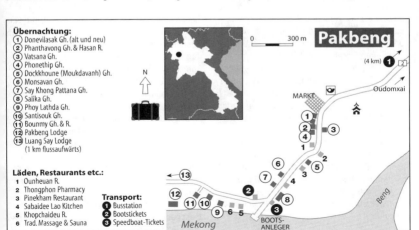

Übernachtung:
① Donevilasak Gh. (alt und neu)
② Phanthavong Gh. & Hasan R.
③ Vatsana Gh.
④ Phonethip Gh.
⑤ Dockkhoune (Moukdavanh) Gh.
⑥ Monsavan Gh.
⑦ Say Khong Pattana Gh.
⑧ Salika Gh.
⑨ Phoy Lathda Gh.
⑩ Santisouk Gh.
⑪ Bounmy Gh. & R.
⑫ Pakbeng Lodge
⑬ Luang Say Lodge
(1 km flussaufwärts)

Läden, Restaurants etc.:
1 Ounheuan R.
2 Thongphon Pharmacy
3 Pinekham Restaurant
4 Sabaidee Lao Kitchen
5 Khopchaideu R.
6 Trad. Massage & Sauna

Transport:
❶ Busstation
❷ Bootstickets
❸ Speedboat-Tickets

rant. Von Nachteil sind die Größe und der unpersönliche Service. ❶–❷

Pakbeng Lodge (Sofimek), nach 800 m, ✆/📠 081-212304, 071-252896. Luxuriöse Zimmer in 2 doppelstöckigen Gebäuden in großer Anlage am Ufer. EZ vergünstigt. Große überdachte Restaurant-Terrasse mit Rezeption. ❻

Luang Say Lodge, nach 1,5 km. Luxuriöse, stilvolle Bungalows in traumhafter Lage am Mekong; Preis inkl. Frühstück. Buchbar über: *Luang Say Mekong Cruise,* Sakkarine Rd. in Luang Prabang, ✆ 071-252553, 📠 252304, 🖥 www.mekongcruises.com. ❺

AN DER HAUPTSTRASSE – vom Hafen aus:
Salika Gh., buchbar über: *Diethelm Travel,* ✆ 021-213833 oder 215920, 📠 021-216294 oder 217151, ✉ ditralao@laotel.com, 🖥 www.diethelm-travel.com. Die faden Zimmer mit Bad in dem klotzigen Gebäude sind für das Gebotene zu teuer. Dennoch gehört es im Ort zu den komfortabelsten, hier übernachten viele Tourgruppen. Preis inkl. Frühstück. Großzügige Terrasse mit Flussblick. ❸ für Walk-in Gäste verhandelbar.

Say Khong Pattana Gh. Neueres Holzhaus, geräumige Zimmer mit Gemeinschaftsbad und ausnahmsweise mal langen Betten! Geführt von ei-

ner Tochter der Bounmy-Besitzer; Kontaktdaten siehe oben. ❶

Monsavan Gh., ✆ 020-5771935. Früher ein bei Travellern beliebtes Haus aus Bambus, zur Zeit der Recherche völlig neu gebaut – in elegantem Kolonialstil mit großer Veranda –, macht es viel her. ❶–❷

Moukdavanh (Dokkoune) Gh. Größeres Steinhaus, unten mit einfachen, dunklen Räumen, oben Zimmer mit Holztrennwänden, Moskitonetz und Gemeinschaftsbad. Freundlich geführt, o. k. für Preisbewusste. Im angeschlossenen Restaurant gibt es zu leckeren Frühlingsrollen einen schönen Mekongblick. ❶

Vatsana Gh., ✆ 081-212302. Solides Holzhaus mit 8 sauberen, wenn auch einfachen Zimmern mit Gemeinschaftsbad. Die sehr nette Besitzerin spricht gut Englisch. Zu empfehlen. ❶

Phonethip Gh., ✆ 020-5781243. Traditionelles Haus, oben hellhörige DZ, unten ein 3-Bett-Zimmer mit Bad. Freundlich und gut.

Phanthavong Gh., ✆ 020-5782149. Großes Holzhaus, in dem ein Generator sehr laut knattert; eigenes Vorhängeschloss benutzen.

Donevilasak Gh., ✆ 020-5781192. Ein altes und ein modernes Gebäude, recht komfortable Zimmer mit Bad. Hier riskiert man ohne Sticker abgelehnt zu werden. ❶–❷

Kein Bett ohne Sticker?

Spätestens wenn man von Houay Xai aus in Pakbeng angekommen ist und auf Zimmersuche geht, wird klar: der leuchtende Aufkleber auf den T-Shirts der Thailandtouristen hat doch einen tieferen Sinn!

Reisende, die ihre Fahrt in Chiang Mai oder Chiang Rai bis Luang Prabang durchgebucht haben, werden so gekennzeichnet. Sie wählen ihre Unterkunft in Pakbeng frei aus und werden von den Gästehäusern den Touristen „ohne Sticker" vorgezogen. Manche Unterkünfte lehnen Gäste ohne die leuchtende Marke sogar von Vornherein ab. Dahinter steckt ein ausgeklügeltes Abrechnungssystem mit thailändischen Agenturen. Tröstlich ist, dass es in Pakbeng so viele Betten gibt, dass bislang noch niemand leer ausgehen musste.

Essen

Entlang der Hauptstraße und der Uferstraße versorgen eine Reihe unterschiedlicher Restaurants die hungrigen Touristen am Ende eines langen Tages. Zur Wahl stehen die gängigen Travellerspeisen sowie Laotisch und neuerdings Indisch! Die meisten bieten eine rustikale Wohlfühlatmosphäre im Kerzenschein, von viel Bambus umgeben.

Hasan Indian Restaurant, im Phanthavong Gh. Sie schaffen es vielerorts, die Laoten auszustechen, so auch hier: Selbst indische Touristen schwärmen von den leckeren Rotis.

Khopchaideu Restaurant, Uferstraße, neben der Sauna. Preise und Ausstattung sind ganz klar auf die Resortgäste abgestimmt. Wenn morgens noch Zeit bleibt, ist hier die Aussicht auf das Geschehen am Hafen am besten. Bizarrerweise auch Indisches auf der Karte.

Ounheuan Restaurant, das nördliche der 2 Bambusrestaurants, vor dem ein Gitarre-spielender Barde leise unterhält. Allerweltsspeisekarte, aber die Crêpes mit Ovaltine zum Nachtisch – ein Gedicht!
Pinekham Restaurant, vor dem Moukdavanh Gh., zieht Einheimische an, was für seine laotische Küche spricht. Mekongterrasse.
Sabaidee Lao Kitchen, neben dem Salika Gh. Nicht mehr als ein Bretterverschlag, aber eben laotisch preiswert und mit Flussblick.

Sonstiges

SAUNA UND MASSAGE – *Traditional Massage & Sauna* in der westlichen Uferstraße. Genau das Richtige nach einem Tag auf dem Boot! In gepflegter Atmosphäre kostet Saunen 15 000 Kip, 1 Std. Massage 45 000, Ölmassage 60 000 Kip. ⏲ 16–7.30 Uhr.

Transport

SONGTHEOS UND PICK-UPS – fahren von der Haltestelle nördlich des alten Ortsteils ab, ca. 4 km vom Bootsanleger entfernt. Ein Tuk Tuk vom Hafen kostet 10 000 Kip.
OUDOMXAI (143 km, 4 Std.) 1–2x tgl. um 9 Uhr für 30 000 Kip, das Songtheo fährt über
MUANG HOUN (51 km) für 16 000 Kip und
MUANG BENG (79 km) für 20 000 Kip.

BOOTE – Abfahrt ist morgens um 8 Uhr. Nach HOUAY XAI in 8–9 Std. für US$8,50, nach LUANG PRABANG in 7–8 Std. für US$8,50. Während der Hauptsaison fahren mehrere Boote in beide Richtungen ab. **Speedboote** fahren jeweils um 9 Uhr für 630 Baht zu beiden Zielen.

Von Pakbeng nach Oudomxai

Die Straße 2 zwischen Pakbeng und Oudomxai verläuft über relativ flaches Terrain, durch zahlreiche kleine Dörfer und Marktflecken. Die Fahrt durch die liebliche Landschaft des Nam Beng-Tals gehört zu den angenehmsten des Nordens.

Die Straße entstand Anfang der 70er Jahre als vorläufig letzter chinesischer Beitrag zum laotischen Straßennetz. In den 60er Jahren war zwischen Laos

Zur Sicherheit

In Pakbeng, wo Reisende nur eine Nacht verbringen, gibt es ein echtes Diebstahlproblem! Auch wenn es unfreundlich erscheint, sollte das Gepäck nach dem Ausladen aus dem Boot nicht in Kinderhände gegeben werden. Ein eigenes **Vorhängeschloss** gibt in den Herbergen Sicherheit – oder alle Wertsachen immer bei sich tragen.
Achtung Brandgefahr: In der Nähe des Hafens sind im April 2006 drei Gästehäuser aus Holz abgebrannt, offizielle Ursache: Ein japanischer Tourist hatte die Kerze nicht gelöscht!

und China ein Straßenbauprogramm vereinbart worden, dem Laos nahezu alle Straßen im Nordwesten verdankt. Zur Zeit des Zweiten Indochinakrieges war die Straße 2 besonders umkämpft: Die königliche Regierung deutete die Präsenz der chinesischen Arbeiter an der strategisch wichtigen Route als Besatzungsversuch. Die Chinesen rechtfertigten ihrerseits den Bau als eine Vorsichtsmaßnahme zur Eindämmung des vietnamesischen Vorrückens von Osten her. Die königlichen Truppen reagierten schließlich mit Bombardements und vertrieben die chinesischen Baubrigaden aus dem Land.

Der heutige Zustand der Straße 2 ist hervorragend und selten hat es ein Sponsor mit Verkehrsschildern so gut gemeint. Ab Pakbeng ist die kleine Bezirksstadt **Muang Houn** nach weniger als zwei Stunden erreicht. Hier befindet sich gegenüber dem Markt und dem Tuk Tuk-Stand das sehr einfache *Nam Kham Gh* ❶. und ein großes Fö-Restaurant. Im fruchtbaren Tal des Nam Beng wachsen Gurken, Melonen, Mais, Zuckerrohr und Teak. Ein schönes Bild in den Monaten September bis November sind die leuchtend roten Chilis, die überall zum Trocknen ausliegen. Im Januar wird bergeweise Mais geerntet, der direkt nach China exportiert wird. Auf der Strecke wechseln sich beeindruckende Kultur- und Flusslandschaften mit Primärwald ab. Man kommt durch zahlreiche Dörfer der Lue und Hmong. Die Lue und Thai Dam bauen stabile Häuser aus Bambus und Holz auf hohen Stelzen, die Siedlungen der Hmong heben sich durch ihre wuchtigen, traditionell ebenerdigen Holzhäuser von den anderen ab.

Typisches Hmong-Haus

Oudomxai (Muang Xai)

Die Nähe zu China ist in der Provinzhauptstadt Oudomxai deutlich spürbar. Das Stadtbild um den größten **Markt** des Nordens wird von den hier lebenden und arbeitenden Yunnanesen geprägt und besonders die hier feilgebotenen Waren spiegeln die grenznahe Lage wider. Hinzu kommt, dass Oudomxai durch den florierenden Handel mit Holz und Drogen eine rasante Entwicklung erfahren hat. Zahlreiche Verwaltungsgebäude, Arbeiterunterkünfte und einschlägige Etablissements befinden sich im Stadtzentrum nördlich der Brücke des Nam Ko.

Von einer ganz anderen Seite zeigt sich Oudomxai in seinen südlichen Stadtteilen. Erst 2004 wurde die Busstation vom Stadtzentrum an den südlichen Stadtausgang verlagert, um dem neuen Markt Platz zu machen. Seither gibt es an den Straßen in Richtung Busstation und Flughafen Ansätze einer touristischen Infrastruktur.

Die weitläufigen Wohnviertel Oudomxais erscheinen wohlhabend. Hier liegen das **Roten Kreuz** und das Kloster **Vat Ban Thieng** auf idyllischen Anhöhen. Der Aufstieg auf den **Phou That** wird mit einer großartigen Aussicht belohnt und die bergige Umgebung macht Lust auf Erkundungen.

Es gibt seit einiger Zeit Anstrengungen zur Entwicklung eines nachhaltigen Tourismus. Als Ausgangspunkt für Rad- oder Wandertouren bietet Oudomxai insbesondere in Richtung Norden viele Möglichkeiten. Mit Hilfe des Deutschen Entwicklungsdienstes (DED) wurden **Treks** mit Übernachtungen in Bergdörfern zusammen mit örtlichen Tourveranstaltern ausgearbeitet. Zudem sind einige gute neue Unterkünfte entstanden.

Das Städtchen **Muang La**, 26 km nordöstlich von Oudomxai, an der Mündung des Nam La in den Nam Pak mausert sich zu einem lohnenswerten Ausflugsziel. Die kleine Distrikthauptstadt ist schon jetzt dank ihrer schönen Lage und des Treibens am Fluss, der traditionellen Khmu-Häuser und der heißen Quellen einen Tagesausflug wert.

Von dort aus kann man auch Ausflüge in das La-Tal unternehmen. Das örtliche *Hot Spring Resort* ❶ bietet einfache Zimmer mit Bad. Ganz gutes Essen gibt es in den Restaurants an der Brücke.

Phou That und Vat Ban Thieng

Auf einem gut 1-stündigen Spaziergang kann man im Süden und Osten der Stadt einen Eindruck von der umliegenden Landschaft und einigen ruhigeren Ecken Oudomxais gewinnen. Ein Pfad sowie die Haupttreppe (s. Karte) führen hinauf auf den **Phou That** zu dem weithin sichtbaren weiß-goldenen **That Ming Muang**. Oben angekommen, bietet sich eine fantastische Aussicht auf Oudomxai, das Flugfeld, den Nam Mao und die sanfte Hügellandschaft. Der heutige That ist neueren Datums, und auch das Holzgebäude, in dem sich Novizen aus den drei Klöstern der Stadt aufhalten, wurde erst vor wenigen Jahren eingeweiht.

Auf der Hauptstraße in Richtung Süden biegt man am Büro der **Samlaan Cycling Tours** links in eine Staubstraße ein. Dieser durch ein ruhiges Wohnviertel folgen, bis sich zur Linken der Hügel Phou Sai erhebt, auf dem das Kloster **Vat Santiphab** liegt. Über einen steilen Weg oder die schmale Naga-Treppe ist das verträumte alte Vat oberhalb des Nam Ko erreicht. Hier leben bis zu 70 Mönche und Novizen.

Zurück auf der Staubstraße und weiter geradeaus, trifft diese hinter einer Biegung auf eine gut ausgebaute Umgehungsstraße, die links über eine hohe Betonbrücke den Nam Ko überquert. Vor einem liegt das Verwaltungszentrum an der Straße 4 (nach Phongsali und Muang Khoua). Links entlang der Straße 4 passiert man die repräsentativen Gebäude der Lao Development Bank und Polizei, bevor das Kaysone-Denkmal im Stadtzentrum erreicht ist.

Übernachtung

Die besten Gästehäuser liegen entlang der Hauptstraße südlich des Nam Ko und in Richtung Flughafen, nur 5–10 Min. Fußweg von der Bushaltestelle im äußersten Süden entfernt. Von der Bushaltestelle nach Norden:

Saylomyen Gh., Straße zum Flughafen, ✆ 081-211377, 30 Zimmer für jedes Budget: mit/ohne Bad, AC und TV, auch Mehrbettzimmer. Kostenloser Tee und Fahrräder zu mieten (Marke LA) für 15 000 Kip/Tag. ❶–❷.

Litthavixay Gh., Hauptstraße, gegenüber Aufgang zum Phou That, ✆ 081-212175, 020-2375 191, 🖷 212528, ✉ litthavixay@yahoo.com. Sozusagen Hotelstandard; teils sehr große 3-Bett-Zimmer mit/ohne AC, TV, Kühlschrank. Die vorderen DZ sind hell, aber laut. Internet 500 Kip/Min., Mr. Tou spricht sehr gut Englisch und organisiert Touren und Mietwagen. ❷

Vongprachit Gh., Hauptstraße, nahe Aufgang zum Phou That, ✆ 081-312455, 18 Zimmer in einem älteren Motel-ähnlichen Gebäude. Geräumige 2- oder 3-Bett-Zimmer mit/ohne Bad, mit Ventilator und Warmwasser, wenn man einen intakten Durchlauferhitzer erwischt. Mäßig sauber. ❶

Sivankham Gh., jenseits des Phou That, am Ende der Seitenstraße rechts, ✆ 081-312253. Die Zimmer mit Moskitonetzen, hohen Decken, mit/ohne Bad müssten dringend renoviert werden. Zimmer 7 und 8 sind ansonsten luftig und hell, mit großem Gemeinschaftsbalkon mit Blick auf den Phou That. ❶

Phuthat Gh., direkt daneben, ✆ 081-211513. Kleines preiswertes Gästehaus aus Holz und Bambus mit Bänken draußen und einigen Traveller-Infos. ❶

Phouxay Hotel, am Straßenende, ehemals staatliches Hotel mit Grünanlage, das vorwiegend für Veranstaltungen genutzt wird. Kürzlich renoviert, beherbergt Gruppen und einheimische Gäste. ❶

Vivanh Gh., vor der Brücke rechts, ✆ 081-212219. Strahlend weiß und blitzblank, 6 neue Zimmer mit Ventilator und TV (UBC, BBC, Discovery Channel) in 1-stöckigem Haus mit kleinem Garten. Zentral, doch evtl. laut durch die Straße. ❷

Essen

Oudomxai hat zwar zahlreiche Restaurants, die meisten erwachen jedoch erst abends zum Leben. Außergewöhnlich gut kocht die Betreiberin des **Soupailin Restaurant**, in der Seitenstraße gleich neben der Post. Tofu und geröstete Erdnüsse auf buntem Salat, Nudeln, Curry oder *laap*, alles ist zu empfehlen und Soupailin kocht auch gern spezielle laotische Gerichte auf Bestellung (4 Std. vorher ankündigen). Zum Frühstück Fö oder belegte Baguettes, diese auch zum Mitnehmen (vorbestellen). Sehr preiswert.

Kanya's Restaurant, südlich der Brücke, in der östlichen Seitenstraße. Offenes, begrüntes laotisches Lokal, abends schön.

Sinphet (Pholay) Restaurant, gleich neben der Tankstelle nahe der Bücke, in der gleichnamigen Billigherberge. Ein gutes Travellerrestaurant mit englischer Speisekarte: Laotisches, Suppen, Omelettes, Shakes, preiswertes Frühstück und guter *café lao*.

Aktivitäten

SAUNA UND MASSAGE – *Rotes Kreuz*, an einem idyllischen Flecken am Ende der Straße, die von der Tankstelle abgeht, ✆ 081-212022. Die Gebäude wurden Ende 2005 mit Hilfe des schweizerischen Roten Kreuzes renoviert. Traditionelle Herbal Sauna *(homjaa)*, tgl. 16–19 Uhr zu 10 000 Kip, Massage für 25 000 Kip/Std., zu empfehlen ist die ältere Masseurin.

Alte und neue Märkte

Die Gebäude des erst 2005 fertig gestellten **Talat Sao** bedecken ein großes Areal im Stadtzentrum. Auf zwei Etagen werden ähnlich wie im Talat Sao in Vientiane allerlei Haushaltswaren im Erdgeschoss und im Obergeschoss Kleidung und Schuhe verkauft. Im hinteren Bereich liegen der Frischwaren- und Trockenmarkt *(Talat Sot)* mit Säcken voll Tabak und Gewürzen. In den garagenartigen Läden daneben verkaufen Chinesen billige Fliplops, Regenmäntel etc.; ein so wahrhaftiger **chinesischer Markt**, dass die Verkäufer kein einziges Wort Laotisch sprechen!

Im Westen der Stadt, nahe des Nam Ko, liegt der sehenswerte alte Frischwarenmarkt **Talat Nong Leng**. Das exotische Obst- und Gemüseangebot unter niedrigen Planen ist verlockend, doch auf die Singvögel und stark gespritzten Äpfel aus China besser verzichten.

TREKKING UND RADFAHREN – *Samlaan Cycling Tours*, ✆ 081-212020, 020-5609790, ✉ kenphet@yahoo.com. Ken spricht hervorragend Englisch, er organisiert Tagestouren mit/ohne Fahrrad in die Umgebung von Oudomxai, auch Halbtagestour zu den Wasserfällen Tad Nam Kat oder Tad Lak Sipet. Fahrräder werden nur an Tourteilnehmer vermietet. Preis einer Tagestour ab US$9, 50 p. P., inkl. Verpflegung.

Sonstiges

APOTHEKEN – In der Straße zum alten Frischmarkt reihen sich 4 Apotheken aneinander, nur für Notfälle.

AUTOVERMIETUNG – Mr. Tou im *Litthavixay Gh.*, Hauptstraße, gegenüber Aufgang zum Phou That, ✆ 081-212175, 020-5681253, ✎ 212528 vermietet seinen AC-Minivan und Jeep Nissan mit 4-Radantrieb zu US$50–80/Tag.

FAHRRÄDER – Das *Saylomyen Gh.* vermietet eigentlich nur an die eigenen Gäste.

GELD – *BCEL*, nördlich des Marktes; Wechsel barer Dollar, Euro und Travellers Cheques sowie Barauszahlung auf Visa. ◷ Mo–Fr 8.30–15.30 Uhr. Gleiches gilt für die *Lao Development Bank*, 200 m hinter dem Kaysone-Denkmal linker Hand.

INFORMATIONEN – In der 2005 eröffneten **Touristeninformation** gegenüber dem Markt, ✆ 081-211797, liegen diverse Infomaterialien aus. Flyer und Stadtplan stellen Aktivitäten im Ort und in der Provinz vor. Eine **3-tägige Trekking Tour** mit Homestay in Khmu-Dörfern wird seit 2006 vom Büro angeboten. ◷ Mo–Fr 7.30–11.30 und 13.30–16 Uhr. Infotafeln gibt's auch an der Busstation und am Flughafen.

INTERNET – *Oudomxai Internet Café*, südlich der Brücke, ✆ 081-211673, 211495, die Min. zu 350–400 Kip, **Netphone** zu 6000 Kip/Min. Hier auch Geldwechsel und Infos. ◷ tgl. bis 22 Uhr. *Internet Café* im Busbahnhof, links neben dem Ticketschalter. Hier gibt's tatsächlich Kaffee! ◷ tgl. bis 22 Uhr.

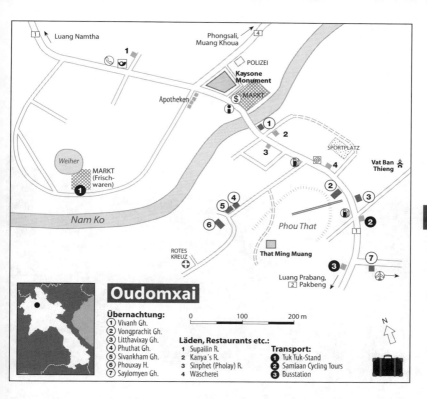

MEDIZINISCHE HILFE – Im neuen Provinzkrankenhaus, 3 km östlich des Flughafens, arbeiten auch freiwillige Helfer aus Vietnam und Japan.

POLIZEI – ✆ 081-211845, an der Straße 4, hinter dem Kaysone-Denkmal.

POST / TELEFON – gut organisiertes Amt, auch Postkartenverkauf. ⏱ Mo–Fr 7.30–12, 13.30–16.30 Uhr.

Nahverkehrsmittel

Oudomxai ist sehr übersichtlich: Ein **Fahrrad** ist ideal, um mehr als nur die Hauptverkehrsstraßen zu sehen, doch kommt man auch zu Fuß in wenigen Minuten überall hin. Der Flughafen liegt unmittelbar am Stadtrand, mit Gepäck lohnt sich ein **Tuk Tuk** für die 2 km, 5000 Kip p. P.

Transport

BUSSE, SONGTHEOS UND PICK-UPS – fahren morgens um 8 Uhr zu allen genannten Zielen. Anschließend meist erst wieder gegen 14 Uhr. ✆ 081-212218.
LUANG NAMTHA (114 km, 4 1/2 Std.) 3x tgl., 28 000 Kip, über NATEUIL (75 km, 3 Std., 28 000 Kip).
LUANG PRABANG (193 km, 5 Std.) 3x tgl., 35 000 Kip, 2 VIP-Busse für 45 000 Kip.
MUANG KHOUA (94 km, 3 Std.) 2x tgl., 23 000 Kip.
NONG KIAO (113 km, 4 Std.) 1x tgl., 28 000 Kip, über PAKMONG (83 km, 3 Std., 20 000 Kip).
PAKBENG (143 km, 4 Std.) 2x tgl., 30 000 Kip,

Im Khmu-Dorf Ban Nalan

über MUANG BENG (64 km, 1 Std.), 13 000 Kip, und MUANG HOUN (92 km, 2 Std.) für 19 000 Kip. PHONGSALI (217 km, 9 Std.), 1x tgl., 57 000 Kip. VIENTIANE (576 km, 14 Std.) 2x tgl., 100 000 Kip, 2 VIP-Busse für 110 000 Kip.
Nach BOTEN an der Grenze zu China 2x tgl. für 23 000 Kip. Der Bus nach **China** fährt nach MOHAN für 27 000 Kip und MENGLA für 45 000 Kip. Nach JINGHONG besteht alle 30 Min. Anschluss mit einem Kleinbus von Mengla.

FLÜGE – Lao Airlines-Flugtickets werden im Flughafengebäude verkauft, ⓒ Mo–Fr 8–11, 14–16 Uhr. 3–4x wöchentl. Flüge nach VIENTIANE (US$76, 50 Min.).

Provinz Luang Namtha

Die abgelegene, 9325 km² umfassende Provinz Luang Namtha gehört zu den landschaftlich und kulturell herausragenden des Landes. Gut ein Viertel der Fläche nimmt das Naturschutzgebiet **Nam Ha NPA** ein. In den Wäldern mit reicher Flora und Fauna siedeln auch eine Reihe unterschiedlicher Bergvölker. Im Nordwesten bildet der Mekong die Grenze zu Myanmar, und im Norden grenzt die Provinz an China.

Die Provinz Luang Namtha entstand in ihrer heutigen Form erst nach der Machtübernahme der Pathet Lao. Damals wurde das vormals von den Franzosen „Haut Mékong" (Oberer Mekong) genannte Gebiet in die Provinzen Bokeo und Luang Namtha unterteilt. Während Muang Sing jahrhundertelang Teil eines Lue-Reichs war, gehörte der heutige Bezirk Luang Namtha dem Königreich Luang Prabang an. In der Region wurden sowohl im Ersten als auch im Zweiten Indochinakrieg Kämpfe ausgetragen: In Muang Sing kam es unter den Franzosen zu blutigen **Lue-Aufständen** und später war das Tal des Nam Tha Schlachtfeld im „Geheimen Krieg". Die heutige Provinz setzt sich aus fünf etwa gleichgroßen *muang* (Bezirken) zusammen: Luang Namtha, Muang Sing, Muang Long, Muang Vieng Phoukha und Muang Nale.

Luang Namtha hat 145 000 Einwohner, die 39 verschiedenen Ethnien angehören. Damit weist sie noch vor der Provinz Phongsali die größte **ethnische Vielfalt** in Laos auf. Die Bergvölker der tibeto-birmanischen Sprachfamilie sind mit 32 000 Akha und Lahu vertreten. Zusammen mit einigen tausend Hmong, Yao und Lanten (Angehörige der Miao-Yao-Sprachfamilie) machen sie 40% der Bevölkerung aus. Die vorwiegend in den Ebenen siedelnden Tai-Völker und austro-asiatischen Khmu stellen je ein Drittel der Einwohner.

Die tibeto-birmanischen Völker kamen im 18. Jh. aus Südchina und sind besonders zahlreich in den Bergen um **Muang Sing** und im Bezirk Muang Long anzutreffen. In der Umgebung von **Luang Namtha** leben viele Lanten, und in den Ebenen beider Städte leben vorwiegend Lue, Tai Dam und Tai Kalom. Die letzte Einwanderungswelle der Tai-Völker aus dem Norden Vietnams fand erst Ende des 19. Jh. statt. Damals flüchteten sie vor den Übergriffen der Ho nach Westen. Die ursprüngliche Bevölkerung in der Provinz bestand aus Khmu, die heute überwiegend im Süden um Vieng Phoukha siedeln.

Luang Namtha und Muang Sing sind längst zu zwei der wichtigsten Reiseziele des Nordens geworden. Besonders Naturliebhabern bietet sich hier eine in Laos einmalige Palette an **Aktivitäten**. Statt mit dem Minibus oder Pick-up von Houay Xai (s. S. 234) bietet sich auch die Anreise per Boot auf dem Nam Tha oder im Flugzeug an. Viele kombinieren den Besuch mit einer Reise von/nach China.

Von Luang Prabang nach Luang Namtha

Die 300 km lange Strecke zwischen Luang Prabang und Luang Namtha führt durch drei Provinzen. Manche legen sie im Direktbus in einem langen Tag zurück. Wer vor 13 Uhr in Oudomxai eintrifft, hat noch Anschluss weiter Richtung Norden.

Der erste Streckenabschnitt führt auf der Straße 13 von Luang Prabang bis zum Kreuzungspunkt Pakmong (s. S. 273). Anschließend schlängelt sich die schmale, teilweise schlechte Straße 1 durch teils bewaldetes bergiges Gebiet, das überwiegend von Blauen Hmong bewohnt wird. Außer Kühen und Schweinen halten die Hmong auch Pferde als Lasttiere. Charakteristisch sind außerdem die besonders robusten Holzhäuser, die oft mit großen Holzschindeln gedeckt sind.

Im Nordwesten von Oudomxai schließt sich eine weitere Ebene mit Reisfeldern an. Anschließend steigt die Straße an, bis sie in 1000 m Höhe auf einem Grat verläuft, von dem sich abwechselnd wunderschöne Fernblicke nach Norden und Süden auftun. In der folgenden fruchtbaren Ebene wird außer Reis auch Maniok angebaut, zu erkennen an den mit Zellophan abgedeckten Pflanzenreihen. Nach 48 km passiert man das Bezirksstädtchen **Ban Namo**. Hier soll es in der Nähe eine sehenswerte Höhle geben. Wenige Kilometer nordwestlich von Ban Namo verläuft die Grenze zwischen den Provinzen Oudomxai und Luang Namtha.

In **Nateuil** (39 km vor Luang Namtha) ist der erste Grenzposten zur **chinesischen Grenze** bei Boten erreicht. Nach 12 km folgt die Straße dem Nam Thoung, an dessen Ufer einige stattliche Lanten-Dörfer, teilweise direkt an der Straße, liegen. Bald darauf gelangt man in die weitläufige Ebene des Nam Tha, wo die Häuser der in den Ebenen siedelnden Lue und Tai Dam die Provinzhauptstadt Luang Namtha ankündigen.

Von Houay Xai nach Luang Namtha: Vieng Phouka

Die Straße 3 verläuft von Houay Xai über Luang Namtha bis Boten und bildet mit einer Länge von 252 km die kürzeste Verbindung zwischen China und Thailand. Vor dem Bau des panasiatischen „Express Highway", s. S. 234, gab es hier kaum Schwerverkehr und eine wildromantische Piste schlängelte sich durch dicht bewaldete Gebirgszüge. Die Strecke bietet jedoch auch nach ihrem Ausbau noch atemberaubend schöne Ausblicke auf malerische Täler und Dschungellandschaft. Der südliche Abschnitt der Fernstraße wird erst 2008 fertig gestellt sein, dann lässt sich die Strecke bequem an einem Tag zurücklegen. Derzeit sind ungewisse Fahrzeiten noch an der Tagesordnung und bei Nässe verwandelt sich der rote Boden in tiefen Schlamm.

Solange die Straße noch nicht fertig ist, empfiehlt sich in der Regenzeit ein Zwischenstopp in **Vieng Phoukha**. Die aufstrebende Bezirksstadt wenige Kilometer vor der Grenze des Nam Ha NPA ist ein traditionell wichtiges Zentrum der Khmu-Kultur. Im Ort selbst leben vorwiegend **Khmu**, in den umliegenden Dörfern haben sich Gruppen von **Akha** sowie die mit den Akha verwandten **Lahu** angesiedelt. Die schwarzen, in leuchtenden Farben bestickten Trachten der Khmu sind in keinem anderen Teil von Laos zu finden.

Die bronzenen, rituellen **Dong Son-Trommeln** sind Bestandteil der jahrtausendealten Khmu-Kultur, die ihren Ursprung in Vietnam und Südchina hat. Die Khmu in Vieng Phoukha haben als einzige Volksgruppe in Laos die Trommeln noch zu Königszeiten hergestellt. Im Jahr 2004 waren die Bewohner entsetzt darüber, dass der Besitzer eines der letzten Exemplare vor Ort notgedrungen verkaufen wollte. Das Tourist Office bot ihm stattdessen an, die Trommel zu mieten und auszustellen.

Das von Mr. Khammouane geleitete Besuchsinformationszentrum von Vieng Phoukha bietet seit 2003 Treks zu den umliegenden Dörfern der Khmu, Lahu und Akha an. Der weitgehend selbstverwaltete **Eco-guide Service** kann bereits beachtliche Erfolge vorweisen. Neben mehrtägigen Treks werden auch Tagesausflüge angeboten: zur Tropfsteinhöhle Oung Kao Rao und zu Khou Vieng, einer antiken religiösen Stätte der Khmu, im Dschungel versunken und bislang kaum erforscht.

Übernachtung und Essen

In Vieng Phoukha besteht ein akuter Mangel an passablen Unterkünften, doch kann sich dies mit dem Ausbau der Straße schnell ändern: Zu empfehlen ist das auf den ersten Blick unauffällige **Thong Mixay Gh.**, ✆ 081-212394, am südlichen Ortseingang. 6 Zimmer in einfachen Holzbungalows überblicken den Fluss, mit Gemeinschaftsbad. Die Besitzer sorgen für Gastlichkeit und gutes Essen. Der Bus kann hier halten. ❶
Samlan Jai Gh., am Hügel, schlichte Bungalows mit Bad in traumhafter Lage. ❶
Zwielichtig, mit Discos, sind das nicht zu empfehlende **Phonsavat Gh.**, ✆ 081-212397, und das abseits gelegene **Bo Gung Gh.**, ✆ 081-212390, Bungalows mit Bad. Letzteres ist nach der „Quelle der Flusskrebse" benannt und hat wegen seiner schönen Lage viele Gäste. ❶
Daovieng's Restaurant, morgens Spiegelei auf Reis mit Chilisauce, abends wechselndes Angebot an laotischen Spezialitäten, oft Fisch, einfach nachfragen. Hier treffen Traveller auf die zahlreichen Straßenbauer und Ingenieure aus Thailand.

Sonstiges

TREKKING – *Visitor Information Office*, ☎ 081-212400, ✉ mpvpk@laotel.com, 🖳 www.ecotourismlaos.com/activities/act_trekking.htm, in der letzten Parallelstraße, die an der Trinkwasseraufbereitungsanlage abzweigt, ⏱ tgl. 8.30–12, 14–17 Uhr.
Bei Gruppen bis zu 8 Pers. Treks über **3 Tage**: *Akha Trail* (Ban Nam Lo) ab US$34, sensationell schöne Route zu 2 entlegenen Akha-Dörfern, schwierig, da steil; **2 Tage**: *Khmu and Lahu Trek* (Ban Nam Paman) ab US$21, durch Sekundärwald und Felder, Übernachtung in einem der wenigen Lahu-Dörfer; **1 Tag**: *Phou Mot and Ancient Ruins* (Khou Vieng) ab US$8, landschaftlich und kulturell sehr interessant, und *Kao Rao Cave*, ab US$11, Dschungel- und Höhlentour. „Hinweise zum Trekking" im Kasten Nam Ha NPA, s. S. 253.

EINKAUFEN – Die für die Khmu typischen Textilien und kunstvollen **Korbarbeiten** werden in einem gemeinnützigen Laden an der Busstation verkauft.

Transport

Die **Busstation** liegt gegenüber dem Frischmarkt. Den Erfahrungen nach ist es jedoch besser, am Gästehaus oder an der Straße zu warten. Busse nach LUANG NAMTHA (67 km, 4 Std., 40 000 Kip) und nach HOUAY XAI (127 km, 5 Std., 45 000 Kip) kommen um die Mittagszeit durch Vieng Phoukha. Der noch andauernde Ausbau der Straße 3 verlängert die Fahrtzeiten erheblich, daher unbedingt im Touristenbüro Details erfragen.

Luang Namtha

Luang Namtha, früher Muang Luang Houa Tha genannt, liegt in der fruchtbaren, weiten Ebene des Nam Tha auf einer Höhe von knapp 600 m. Zwei Stadtteile gruppieren sich locker um eine schmale Flugpiste und den Fluss. Der alte Stadtteil **Ban Luang-Khone** erstreckt sich zwischen dem Flughafen und dem Bootsanleger. Die moderne Provinzhauptstadt Luang Namtha liegt nördlich der Rollbahn.

Luang Namtha verdankt sein groß angelegtes Straßenraster einem Reißbrettentwurf aus den 70er

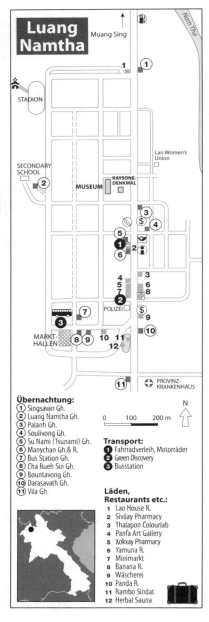

Jahren. Offensichtlich sahen die Planer für die Stadt eine Zukunft als florierendes Verkehrs- und Handelszentrum voraus, das von seiner Lage gut 50 km vor der chinesischen Grenze profitieren sollte. Ein quirliges Zentrum sucht man zwischen den drei überdimensionierten Parallelstraßen Luang Namthas jedoch vergebens – stattdessen stößt man südlich der Busstation auf einen großen geordneten Markt und entlang der Hauptstraße auf einige gut sortierte Geschäfte und entspannte Restaurants.

Die Widersprüche sind es, die den Reiz Luang Namthas ausmachen. So wird auch hier noch das morgendliche Krähen der Hähne vom flächendeckenden Geschepper der Nachrichtenlautsprecher abgelöst. Ein wirtschaftlicher Aufschwung steht der Stadt spätestens ab 2008 bevor, wenn der seit einigen Jahren andauernde Ausbau der Straße 3 abgeschlossen sein soll. Auch die für den Einsatz von ATR-Flugzeugen **verlängerte Landebahn** wird Luang Namtha besser an die Außenwelt anbinden.

Seit 1995 zeigt das überaus erfolgreiche **Nam Ha Ecotourism Project** des Tourismusministeriums und der Unesco eine interessante Alternative für die Region auf. Gemeinsam mit den im Nam Ha NPA und in der Ebene von Luang Namtha lebenden Ethnien wird ein sanfter Tourismus etabliert, der Armut bekämpft und die Infrastruktur verbessert.

Entscheidet man sich für die Teilnahme an einer mehrtägigen **Wanderung** oder an einer **Kajaktour**, sollte man mindestens drei Tage in Luang Namtha einplanen. Auch wer gern auf eigene Faust mit dem **Fahrrad** los möchte, hat dafür in der Ebene des Nam Tha Gelegenheit: kilometerlange, kaum befahrene Teer- und Schotterstraßen, die durch traditionelle Dörfer und reizvolle Landschaften führen.

That Phoum Phouk

Seit 2003 steht auf einer Erhebung westlich des Flughafens ein neuer goldener Stupa, der sowohl mit dem Fahrrad als auch mit dem Tuk Tuk leicht zu erreichen ist. Man folgt der Straße zum Flughafen und biegt hinter dem Rollfeld rechts ab – in der Kurve liegt das Luang Namtha Regional Rice Research Centre –, ein gut ausgebauter Weg führt anschließend durch die Reisfelder direkt auf den Hügel mit dem Stupa zu. Eine Besonderheit ist die Ruine des alten That Phoum Phouk gleich hinter dem neuen That. Der Reliquienturm aus dem Jahre 1624 wurde zum Zeichen des Friedens zwischen

Nam Ha NPA (National Protected Area)

Ein ganz besonderes Erlebnis in der Umgebung von Luang Namtha bieten die im Rahmen des Nam Ha Ecotourism Project entwickelten Treks in das angrenzende Naturschutzgebiet. Die Regierung erklärte das 222 400 ha große Waldgebiet 1993 zum Nationalen Schutzgebiet. Ziel ist der Erhalt der vielfältigen Tier- und Pflanzenarten und der traditionellen Lebensweisen der hier lebenden Bergvölker. 25 Dörfer liegen innerhalb der Grenzen des Nam Ha NPA, die meisten von Akha, Hmong, Khmu und Lanten bewohnt. Sie gestalten den Tourismus mit und informieren die Tourismusbehörde über Vor- und Nachteile, die ihnen durch die Besucher entstehen.

Touristen dürfen sich nur in Begleitung eines ausgebildeten **Guides** in den Dschungel begeben. Die **Treks** führen vorwiegend durch 20–30 Jahre alten Sekundärwald. Wer hofft, wilde Elefanten oder einen Tiger zu sehen, wird sicherlich enttäuscht. Zwar wurden im Nam Ha NPA 37 große Säugetierarten verzeichnet, darunter Tiger, Malaienbären, Elefanten, Gaur und Sambar-Hirsche, doch sind sie sehr rar und leben in den weniger frequentierten Gebieten. Häufiger sieht und hört man dagegen Vögel, Zikaden und andere Insekten.

Hinweise zum Trekking (nach den Vorschriften des Nam Ha Ecotourism Project):
Übernachtet wird in traditionellen Häusern, Matratzen und Moskitonetze sind vorhanden. Die Unterkünfte wurden von den Dorfbewohnern gebaut und werden von ihnen unterhalten.

Nach dem ersten Tag bekommt man in den Dörfern abgekochtes **Trinkwasser**, das in die mitgebrachten Umhängflaschen gefüllt wird. In jahrtausendealter Tradition (auf diese Weise ist auch Tee entstanden) werden Kräuter beigemischt, die das Wasser rot färben und ihm einen gewöhnungsbedürftigen rauchig-würzigen Geschmack geben. Wichtig ist in jedem Fall, dass man bei der Hitze und Anstrengung genügend trinkt.

Gerade in entlegenen Dörfern wird die **Kleidung** als besonderes Zeichen des Respekts gegenüber den Gastgebern empfunden. Männer wie Frauen sollten Schultern und Knie bedeckt halten.

Frauen können beim **Baden** im Fluss zwar einen Bikini tragen, müssen sich aber zusätzlich von den Achseln bis zu den Knien mit einem Wickelrock bedecken.

Der Verkauf von **Kunsthandwerk** wird in den Dörfern als willkommene Einkommensquelle gesehen, die zugleich das traditionelle Handwerk am Leben erhält. Doch sollten Seltenheiten wie Familienerbstücke, alte Textilien oder Schmuck dem Dorf erhalten bleiben.

Beim **Fotografieren** ist besondere Zurückhaltung geboten. Vor dem Auslösen die Zustimmung der Menschen einholen: Meist genügt ein kurzer Blick, ein Lächeln oder Kopfnicken. Alles aus dem NPA mitnehmen, was an **Müll** anfällt oder was von anderen unbedacht weggeschmissen wurde.

Mehr zum Thema sanfter Tourismus: „Apropos Mitbringsel", s. S. 279, und „Community-based Ecotourism", s. S. 50.

---

den benachbarten Reichen Lane Xang (Luang Prabang) und Lan Na (Chiang Mai) errichtet und im Zweiten Indochinakrieg gleich zweimal von Bomben getroffen. Nach dem ersten Angriff 1964 stellte man den Stupa wieder her. Der Einschlag im Jahre 1966 spaltete ihn bis in die unterste Ebene, und er geriet daraufhin jahrzehntelang in Vergessenheit. Heute wachsen Bäume aus dem stuckverzierten Gemäuer, von dem vermutlich bald kaum noch etwas übrig sein wird.

Tad Nam Di

Rund 5 km nordöstlich von Luang Namtha liegt der Wasserfall des Flüsschens Nam Di. „Tad Nam Di" ist am zweiten Abzweig nach links auf der Straße nach Oudomxai ausgeschildert. Die hügelige Staubstraße ist mit dem Fahrrad oder Tuk Tuk während der Trockenzeit gut zu befahren.

Zunächst fährt man durch ein weitläufiges Khmu-Dorf. Nach weiteren 2 km ist das Lanten-Dorf Ban Nam Di erreicht, das sich um eine niedri-

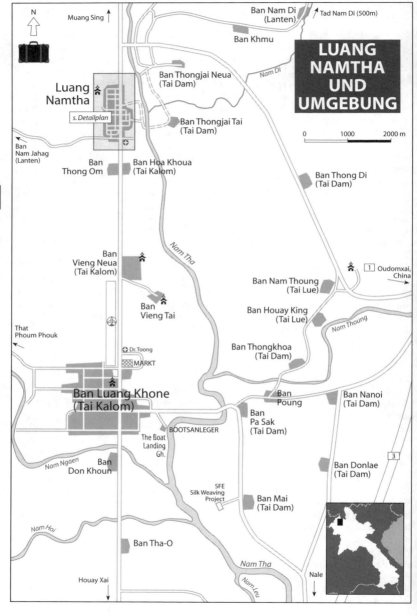

ge Zementbrücke über den Nam Di gruppiert. Die **Lanten** werden wegen ihrer Vorliebe, an Flüssen zu siedeln auch Lao Houay (Bach-Lao) genannt. In Luang Namtha leben nur etwa 4000. Insbesondere die Frauen sind wegen ihrer indigofarbenen Tracht mit weißen Beinkleidern, den gezupften Augenbrauen und mit Silber besetztem Kopfschmuck eine markante Erscheinung. Die Lanten stellen den Baumwollstoff für ihre Bekleidung selbst her und produzieren während der trockenen Monate Papier aus Bambus. Das Papier ist vielseitig verwendbar. Als einziges Bergvolk neben den Yao haben sich die Lanten eine auf chinesischen Schriftzeichen basierende Schrift bewahrt. Die Schriftkunst wird nur noch von den Ältesten beherrscht, und das Handwerk und die Texte sind daher vom Aussterben bedroht Kleine Objekte aus Bambuspapier werden bei den spirituellen Zeremonien der Lanten verbrannt. Am häufigsten dient Bambuspapier jedoch als Verpackungsmaterial für Opium.

Wenige hundert Meter weiter kommt man rechts an ein Kassenhäuschen, wo eine Eintritts- und Parkgebühr kassiert wird, die dem Dorf zugute kommt. Anschließend immer rechts halten, dem Rauschen folgen, bis der Weg an einem klotzigen Betondamm zum Tad Nam Di führt.

Fahrradtour durch das Nam Tha-Tal

Eine rund 18 km lange Rundstrecke führt in gut zwei Stunden durch die Ebene des Nam Tha und Nam Thoung. Die Tour beginnt entweder im nördlichen Zentrum oder beim 7 km weiter südlich gelegenen Boat Landing Guesthouse am Ufer des Nam Tha. Schöne Abstecher sind die oben beschriebenen Sehenswürdigkeiten That Phoum Phouk im Westen und Tad Nam Di im Norden.

Im südlichen Stadtteil Ban Luang-Khone folgt man der Straße zum Boat Landing Guesthouse in Richtung Osten, überquert den Nam Tha und nimmt an der Gabelung im Tai Dam-Dorf **Ban Pa Sak** den linken Abzweig. Viele Tai-Dam-Frauen produzieren Seide und je nach Jahreszeit kann man ihnen beim Spinnen, Färben und Aufspulen von Seide zusehen. Hinter dem Dorf folgt der Weg in einiger Entfernung dem Nam Thoung. Das nächste Dorf **Ban Poung** liegt direkt am Fluss. An einer Furt lässt sich der Nam Thoung rund ums Jahr mit dem Rad (am besten tragen) durchqueren. Ein Weg führt anschließend durch Reisfelder und Obstplantagen bis nach Ban Houay King. Weiter in Richtung Norden stößt man bald in **Ban Nam Thoung** auf die ehemalige Hauptstraße nach Luang Namtha, links abbiegen. Auf der leicht abschüssigen, schnurgeraden Strecke kann man jetzt entspannt die Räder rollen lassen, mit herrlichem Blick auf die Ebene und die umliegenden Berge. Nach rund 7 km ist Luang Namtha wieder erreicht. Ein Schild weist rechts den Weg zum Wasserfall Tad Nam Di (s. o.); bald danach geht es hinter der Brücke über den Nam Tha links zurück ins Zentrum.

Übernachtung

Bis auf eine befinden sich alle Unterkünfte im weitläufigen Verwaltungszentrum von Luang Namtha.

BAN LUANG-KHONE – in der Nähe des Flughafens, direkt am Nam Tha liegt das *Boat Landing Gh.*, ✆ 086-312398, ✆ 086-31239, 💻 www.theboatlanding.com. Komfortable Bungalows in traditioneller Bauweise aus Bambusgeflecht und Holz, alle mit Flussblick und Veranda. Ecolodge mit großem, offenem Restaurant; Warmwasser wird aus Solarenergie gewonnen, Müll wird reduziert und getrennt. Ein Ort zum Wohlfühlen und Entspannen. Es hängen viele Reiseinfos aus und Treks können hier gebucht werden. Tuk Tuks zum Flughafen und für die 7 km bis nach Luang Namtha 5000 Kip p. P. ❹–❺

AN DER HAUPTSTRASSE – Von Nord nach Süd: *Singsavan Gh.*, außerhalb, am nördlichen Ende der Stadt, ✆ 086-211141. Einfache und saubere Zimmer in einem gemütlichen, traditionellen Haus. Bänke in einem bunten Vorgarten. Freundliche Familie, die kaum Englisch spricht. ❶
Palanh Gh., nahe der BCEL Bank, ✆ 086-312439. Im Erdgeschoss 2 Zimmer mit Gemeinschaftsbad und im 1. Stock 6 schöne Zimmer mit Bad und Warmwasser mit Solarstrom: sauber, gut eingerichtet und ihren Preis wert, die 2 vorderen sind heller und größer. ❶–❷
Soulivong Gh., nahe der Touristeninformation, ✆ 086-312253. Einfache farbenfrohe Zimmer auf 2 Etagen, mit Ventilator, Gemeinschaftsbad, Sitzgruppen und kleinen Balkonen; mitten in einer Wohngegend. ❶

Boat Landing Restaurant

Das beste Restaurant des Nordens serviert ausgewählte laotische Gerichte, darunter ein „Akha Set", das selbst Laoten neue Geschmacksdimensionen eröffnet. Die Terrasse am Nam Tha lohnt die 7 km nach Ban Luang-Khone zu jeder Tageszeit. Menüs um US$12. Einige klassische laotische Rezepte kann man als Souvenirkarte kaufen.

Su Nami (Tsunami) Gh., hinter dem Fahrradverleih, ℡ 020-5487272. Billigste Zimmer im Ort um einen netten Innenhof. Freundlicher Betreiber. ❶
Manychan Gh., schräg gegenüber der Post, ℡ 086-312209, im alten Haupthaus mit Holzobergeschoss einfache, luftige Zimmer mit Moskitonetzen und Gemeinschaftsbädern. Dahinter türmt sich ein 5-stöckiger Neubau mit modernen Zimmern auf. Langjährige Travellerherberge, in deren Restaurant fast jeder irgendwann landet. ❶ – ❸
Darasavath Gh., ℡ 086-211299. Bungalows aus Bambusgeflecht mit Bad, sauber und mit guten Matratzen; seitdem es 2006 vom jungen Besitzer instand gesetzt wurde, rangiert es wieder unter den Favoriten. Offenes Restaurant im Crusoe-Stil. ❶ – ❷
Vila Gh., knapp 1 km weiter südlich, ℡ 086-312425. Die geräumigen Zimmer im Haus mit Garten sind sehr komfortabel und lohnen den weiten Weg vom Zentrum: mit Bad, sauber und gefliest, familiär und ruhig. ❷ – ❸

WESTLICHSTE PARALLELSTRASSE –
Luang Namtha Gh., westlichste Straße, ℡ 086-312087, ✉ 086-312330. Haus mit Bungalows in einem ruhigen Palmenhain mit Teichen, nicht so abgelegen, wie es auf den ersten Blick erscheint. Im Haus befinden sich große gefliese Zimmer mit Ventilator, TV und Bad. Die Bambusbungalows im Garten sind wesentlich einfacher. ❶ – ❷

UM DEN BUSBAHNHOF – *Cha Rueh Sin Gh.*, an der Ecke schräg gegenüber der Busstation, ℡ 086-312393. Chinesisch geführtes 2-stöckiges Haus mit 10 Zimmern, gefliest, mit Bad, davor ein paar Frühstückstische. ❶
Bountavong Gh., nebenan, ℡ 086-312256. Viel mehr Atmosphäre hat dieses große traditionelle Holzhaus, dessen luftiges Obergeschoss das Gefühl von „Onkel Toms Hütte" vermittelt. Einfach, mit Ventilator und Moskitonetzen, für Alleinreisende besonders billig. ❶
Bus Station Gh., gegenüber dem Busbahnhof, ℡ 086-211090, von der Straße zurückversetztes Reihenhaus mit einem begrünten Hof; kleinere gefliese Zimmer mit Bad, Warmwasser, Ventilator und Moskitonetz. ❷

Essen und Unterhaltung

RESTAURANTS – *Panda Restaurant*, am südlichen Ende der mittleren Parallelstraße. Zu jeder Tageszeit zu empfehlen; die gute Qualität des Essens hat sich längst herumgesprochen, außerdem große Portionen und preiswert. Leckerer Eiskaffee.
Banana Restaurant, gegenüber von Green Discovery. Nett eingerichtetes und freundliches Travellerlokal, das die Versprechen der dekorativen Foto-Speisekarte hält.
Yamuna Restaurant, neben dem Banana, sättigende nordindische Kost, von vielen hochgelobt. Umfangreiche Karte und ideal für Vegetarier.
Manychan Restaurant, lange die einzige Adresse für Travellerkost und verwestlichte laotische Küche.
Rambo Sindat, schräg gegenüber vom Darasavath. Garantiert frischen Fisch (laotisch: *pa)* und starkes Sindat gibt's in dem über einem Teich schwebenden Stelzenbau.
Lao House Restaurant, abseits, am nördlichen Ende der Hauptstraße. Auf einer stilvollen, erhöhten Restaurant-Terrasse isst man lecker und zu guten Preisen.

Touren

TREKKING – Es gibt 2 Trekking-Anbieter in Luang Namtha: Die staatliche **Touristeninformation** mit Trekking Office bietet mehrtägige Touren an, die im Rahmen des Nam Ha Projects der Unesco und mit Hilfe der Asian Development Bank entwickelt wurden. Einige dieser Treks führt der pri-

vate Anbieter Green Discovery durch. Es lohnt der Angebotsvergleich, um entscheiden zu können, in welchem Büro die passende Tour und Gruppe für den nächsten Tag zusammenfindet.
Trekking Office, Seitenstraße hinter der Post, ℡ 086-211534. Mehrtägige Wanderungen in die Dörfer verschiedener Ethnien; Informationsveranstaltungen finden am Vorabend gegen 17 Uhr statt. Preise ab US$10 p. P./Tag bei 4–8 Teilnehmern. ⓒ Mo–Fr 8–11, 13.30–17 Uhr und Sa, So 8.30–11, 14–16.30 Uhr.
Green Discovery, ℡ 086-211484, 🖳 www.greendiscoverylaos.com, bietet eine große Palette an Ecotreks von 1–4 Tagen, ab US$20 p. P./Tag bei 4–8 Teilnehmern. Übernachtet wird in den Dörfern oder in Dschungel-Camps. Seit vielen Jahren bietet der Outdoor-Spezialist auch **Mountainbike**- und mehrtägige **Kajak**-Touren auf dem Nam Ha und Nam Tha mit Homestays an; bei 4–8 Teilnehmern ab US$25 p. P./Tag. ⓒ tgl. 8–21 Uhr.

BOOTSTOUREN – Eine 5-Stunden-Fahrt auf dem Nam Tha nach Ban Nale kann direkt mit den Bootsleuten am Bootsanleger vereinbart werden, ℡ 086-312014. Infos auch unter 🖳 www.luangnamtha.com. Nach Houay Xai s. unter „Transport".

Sonstiges

APOTHEKEN – die *Sivilay* nördlich des Manychan Gh. und die *Xokxay Pharmacy* südlich der Panfa Art Gallery.

EINKAUFEN – *Panfa Art Gallery*, das nach einer Seide „so schön wie der Himmel" benannte Geschäft gibt Einblicke in die Seidenherstellung; besonders interessant: die Bestandteile der verwendeten Naturfarben. Verkauft werden hochwertige Seidentextilien und Meterware.
Der neue **Markt** mit einem großen Angebot an Frischwaren liegt gegenüber der Busstation. Ein **Minimarkt** mit abgepackten Lebensmitteln (Trekking-Proviant) aus Thailand befindet sich neben Green Discovery.

FAHRRAD- UND MOTORRADVERLEIH – Gute Fahrräder gibt's gegenüber der Post ab US$1/ Tag zu mieten; es wird nur die Passnummer aufgenommen. Motorräder werden hier ebenfalls vermietet. Mountainbikes vermietet *Green Discovery* für US$5/Tag.

FILME UND FOTOARBEITEN – *Thalapon Colourlab*, an der Ecke südlich der alten Markthalle, hier sind Filme, alle erdenklichen Schreibwaren und Fotokopien erhältlich. Druckt auch digitale Bilder aus.
KNT, ℡ 086-211749, 020-5486086, am südlichen Ende der Hauptstraße, brennt Foto-CDs.

GELD – *BCEL*, nördlich der Post, wechselt auch am Wochenende US$ und Euro, in bar und Travellers Cheques, Barauszahlungen auf Visa in Kip und in Dollar möglich, ⓒ tgl. 8.30–15.30.
Lao Development Bank, am südlichen Ende der Hauptstraße, ℡ 312073, ⓒ Mo–Fr 8.30–15.30.

INFORMATIONEN – Touristeninformation, ℡ 086-211534, und *Trekking Office*, ℡ 086-312047, in der Seitenstraße hinter der Post, Provinzkarte für 10 000 Kip. ⓒ Mo–Fr 8–11, 13.30–17 Uhr und Sa, So 8.30–11, 14–16.30 Uhr.

INTERNET UND BÜCHER – *KNT*, ℡ 086-211749, 020-5486086, am südlichen Ende der Hauptstraße. Ein gemütliches Café mit selbst gebackenem Kuchen und einer schnellen Verbindung ins Netz für 500 Kip/Min, nach 30 Min. 20% Rabatt. **Netphone** 2500 Kip/Min. ins Festnetz, 4500 Kip Mobilfunk. Zudem schönes Sortiment an Textilien und Korbwaren der Khmu und eine kleine Auswahl an gebrauchten **Büchern**. ⓒ Mo–Fr 8–22 Uhr und Sa, So 9–20 Uhr.
Bei *Green Discovery*, gegenüber, ist die **Laos-Karte** von David Unkovich erhältlich.

Sauna und Massage

Kräutersauna und Massage bietet die gut geführte Sauna am Fischteich, auf dem Weg von der Busstation zum Darasavath Gh. Nach einer langen Busfahrt oder Trek genau das Richtige! Sarongs sind vorhanden, Sauna 10 000 Kip, Massage 20 000 Kip/ Std., es wird Englisch gesprochen. ⓒ tgl. 15–21 Uhr.

MEDIZINISCHE HILFE – Das neue Provinzkrankenhaus liegt im Südosten und macht einen aufgeräumten Eindruck. Malariatests sind möglich. Dr. Toong nahe dem Markt in Ban Luang-Khone wird im Boat Landing Gh. empfohlen.

POLIZEI – im Süden der Stadt, gegenüber der Lao Development Bank.

POST – gelbes Gebäude im Zentrum, hier gibt's auch Postkarten. ⏰ Mo–Fr 8–12, 13–16 Uhr.

WÄSCHEREIEN – eine im Süden, *Daeng Thaeng Laundry*, gleich südlich der Bank, neben der Motorradwerkstatt; das Kilo kostet 15 000 Kip. Und eine im Norden, *Anousin Laundry*.

Nahverkehrsmittel

Tagsüber verkehren **Sammeltaxis** zwischen Luang Namtha und Ban Luang-Khone für 5000 Kip p. P. Ansonsten gibt es **Tuk Tuks**, die auch für Ausflüge in die Umgebung, z. B. 4 Std. für US$8, gemietet werden können.

Transport

BUSSE, SONGTHEOS UND PICK-UPS – Von der Bushaltestelle in Luang Namtha verkehren den ganzen Tag über Pick-ups und Songtheos in Richtung Muang Sing und Oudomxai.
MUANG SING (59 km, 2 Std.) um 8, 9.30, 11, 13, 15 Uhr für 17 000 Kip.
BAN NALE (55 km, 3 Std.) um 8 Uhr für 34 000 Kip.
OUDOMXAI (114 km, 4 1/2 Std.) 3x tgl. für 28 000 Kip über NATEUIL in 1 Std. für 8000 Kip.

Grenzübergang nach China

Der bislang einzige offene Grenzübergang für Touristen liegt nördlich der Straße 1 zwischen Luang Namtha und Oudomxai. Von Luang Namtha ist der 39 km entfernte Kreuzungspunkt **Nateuil** in 1 Std. erreicht. Hier verkehren Tuk Tuks bis zur Grenze im 19 km nördlich gelegenen **Boten**. Auf beiden Seiten der Grenze ist Geldwechsel möglich. ⏰ tgl. 9–12, 13–16 Uhr.

BOTEN (58 km, 2 Std.) 1–4x tgl. für 17 000 Kip.
LUANG PRABANG (193 km, 9 Std.) um 8.30 Uhr, Direktbus für 80 000 Kip. Da dieser Bus weiter nach Vientiane fährt, ist er sehr früh ausgebucht.
HOUAY XAI (194 km, 8–9 Std.) um 7 Uhr für 70 000 Kip, über VIENG PHOUKHA (67 km, 3–4 Std.) für 22 000 Kip. Solange an der Straße 3 noch gebaut wird, kommt es zu Verzögerungen.
Nach MENGLA in China fährt ein Direktbus um 8 Uhr für 32 000 Kip.

BOOTE – Für die 2-tägige Flussfahrt auf dem Nam Tha nach HOUAY XAI müssen sich genügend Interessenten finden. Man bucht direkt bei den Bootsleuten am Bootsanleger, ☎ 086-312014, oder reserviert im Boat Landing Gh. oder bei Green Discovery gegen eine geringe Gebühr und US$10 Anzahlung. Der Preis pro Boot (nur inkl. Übernachtung) beträgt knapp US$140 für max. 6 Pers. Näheres s. Kasten „Tipps für den Nam Tha", S. 240; Details auch unter 🖥 www.theboatlanding.com.
BAN NALE (55 km, 5 Std.) ist nach dem ersten Drittel der Strecke erreicht. Die Bootsfahrt bis hierher ist schon sehr eindrucksvoll und an sich ausreichend. Hier gibt es zwei Gästehäuser und am nächsten Tag kann man im Pick-up oder Songtheo wieder nach Luang Namtha fahren.

FLÜGE – Der Flughafen liegt in Ban Luang-Khone, 7 km südlich der Stadt. Tickets gibt es bei *Lao Airlines* am Flughafen, ☎ 312180, 312053. Derzeit wird nur VIENTIANE angeflogen, 3x wöchentl. in 1 1/4 Std. für US$85 in der Y12 mit 17 Sitzen. Nach dem Ausbau der Landebahn werden hier auch ATR-Flugzeuge starten und landen können.

Muang Sing

Die zweitgrößte Stadt der Provinz Luang Namtha liegt in einer weitläufigen Ebene in rund 700 m Höhe und ist das wichtigste Zentrum der Lue und Akha in Nordlaos. Muang Sing am Ufer des Nam Sing ist die historische Hauptstadt des Lue-Fürstentums Xieng Kheng und datiert aus dem Jahre 1887. Der Chao Fa der **Lue** hatte innerhalb eines quadratischen Stadtwalls Häuserblöcke von quadratischem Grundriss errichten lassen, ein Aufbau, der einer Studie zufolge dem der Königsstädte

Akha-Frauen tragen traditionell mit Silber besetzten Kopfschmuck

Chiang Mai und Amarapura (Mandalay) entspricht. Die Besiedelung der neuen Lue-Stadt stockte nach Ankunft der Kolonialmächte, und in der Folge blieben viele Flächen unbewohnt. Auch nach über 100 Jahren lassen sich noch Teile der alten Straßenführung und des Walls ausmachen. Einziges Relikt aus der Zeit der französischen Garnison ist die Ruine des **Forts**, das als Kaserne genutzt wird und für Besucher nicht zugänglich ist. Es gibt erste Pläne für eine Restaurierung.

Wie in Luang Namtha, werden von Muang Sing aus **Treks** in die Umgebung organisiert. Der Guide-Service von Muang Sing ist Teil des Nam Ha Ecotourism Project, doch konzentriert sich das Interesse eher auf die Akha und ihre naturnahen Lebensweise als auf das Wandern in unberührter Natur. So genannte „Dorf-Treks" bedeuteten in Thailand vielerorts den Beginn eines touristischen Ausverkaufs der Bergvölker. In Muang Sing erreichte diese Form des Tourismus mit dem Drogentourismus Ende der 90er Jahre einen bedauernswerten Höhepunkt. Inzwischen scheinen die Schwierigkeiten nicht zuletzt wegen einer rigorosen laotischen Umsiedlungs- und Drogenpolitik überwunden zu sein. Die Zahl der Touristen ist jedoch ebenfalls stark gesunken.

Die Akha

Während die Stadt Muang Sing vorwiegend von Lue bewohnt wird, machen die **Akha** rund 60% der Bevölkerung des Bezirks aus. Traditionell waren sie die wichtigsten Opiumproduzenten und unter ihnen ist bis heute die höchste Anzahl von Abhängigen zu finden. Die Akha verwenden **Opium** als Medizin und Allheilmittel und konsumieren auf diese Weise bis zu zwei Drittel ihrer Produktion selbst. Verglichen mit anderen Opium anbauenden Völkern, beispielsweise den Hmong, die großen Wert auf einen geringen Eigenverbrauch legen, erzielen sie sehr geringe Einkünfte. Zudem sind die Akha durch die Belastungen, die die Süchtigen für die Gemeinschaft darstellen, und durch die Eindämmung des Opiumanbaus von staatlicher Seite mehr als andere Volksgruppen von einer fortschreitenden Verarmung betroffen. In Muang Sing erprobt die **GTZ** seit 1994 alternative Anbauprodukte für die Akha der Region. Auf dem GTZ-Gelände im Nordwesten der Stadt werden Projekte auf Stellwänden dokumentiert. Seit 2005 läuft ein erfolgreiches Trekkingprojekt, das einigen Dörfern neue Einnahmequellen erschließt (s. S. 264, „Akha Experience").

Außer der rigorosen Maßnahmen zur **Drogenbekämpfung** seitens der Regierung zwingt auch der erhöhte Bevölkerungsdruck in den Berglagen die Akha zum Umzug in die Niederungen. So begegnet man ihnen häufig auf dem Markt und in den Straßen Muang Sings und selbst in Luang Namtha. Die Akha-Frauen erkennt man an ihrem prunkvoll mit Silber- oder Aluminiumstücken besetzten Kopfschmuck.

Architektur und Kultur der Lue

Das älteste und bedeutendste Kloster der Stadt ist **Vat Luang** (auch Vat Xieng Chai) im Zentrum der Stadt. Sein gestaffeltes Dach im Lue-Stil erinnert an Vat Mai in Luang Prabang. Vat Luang entstand Ende des 19. Jh., zur gleichen Zeit wie die neue Stadtanlage. Im farbenfrohen Innern ist die mit Tiermotiven verzierte Kassettendecke aus Holz beachtenswert. Die langen, farbigen Textilbänder, die von der Decke hängen, sind in der buddhistischen Tradition der Lue Himmelsleitern für die Geister der Verstorbenen.

Vat Xieng Lae liegt auf einem freien Feld am Nordrand der Stadt. Man betritt das Gelände durch einen rosafarbenen Torbogen. Außerdem befindet sich hier eine *kuti* aus Holz, ein großer *sim* und ein alter Brunnen. **Vat Nam Keo Luang** liegt außerhalb der alten Stadtgrenzen, hinter dem Abzweig der Straße in Richtung Xieng Kok. Das Innere des hohen *sim* ist mit prächtigen modernen Malereien ausgeschmückt. Etwas eigenwillig ist das Hauptbildnis mit einer überaus plastischen Darstellung des Bodhi-Baums, unter dem der Buddha die Erleuchtung fand. In der Anlage findet man noch einzelne sehr alte Gemäuer.

Das Gebäude der **Muang Sing Exhibition** aus Ziegelstein mit Holzobergeschoss ist für die hiesige Bauweise der Lue charakteristisch. Dabei ist der mit Schnitzereien verzierte Laubengang ein Element aus der traditionellen Lue-Architektur, während die Ziegelwände auf französischen Einfluss zurückgehen. In dem Gebäude residierte einst der **Chao Ban** (Herr der Stadt). Der Palast des Chao Fa (Fürst), der bis 1920 ein großräumiges Areal in der Mitte der Stadtanlage einnahm, war ein hohes Gebäude aus Holz, im Aufbau Vat Nam Keo Luang sehr ähnlich.

Weitere Beispiele für die städtische Lue-Architektur Muang Sings sind das ehemalige Haus des

Muang Sing Exhibition

Die Muang Sing Exhibition wurde kürzlich mit internationaler Hilfe neu gestaltet. Schwerpunkt sind die verschiedenen Ethnien, die im Bezirk leben. Der 40-minütige Film *Culture in Change. Akha People of Northern Laos* wird auf Anfrage und gegen eine geringe Gebühr im Obergeschoss gezeigt. Gedreht in Akha-Dörfern um Muang Sing und von der GTZ produziert, behandelt der Film die Lebensumstände und aktuellen Probleme der Akha: Opiumabhängigkeit, alte Traditionen in einer sich wandelnden modernen Gesellschaft, Umsiedlung aus den Bergen in die Ebene sowie die Chancen und Möglichkeiten für Entwicklung. ◷ Mo–Fr 9–11.30, 13.30–15.30 Uhr.

Chao Noi (kleiner Herr) in der Stichstraße schräg gegenüber dem Museum und die alten Häuser des Thai Lue und des Muang Sing Guesthouse.

That Xieng Tung

Auf einer Anhöhe im Süden von Muang Sing befindet sich eines der bedeutendsten Heiligtümer der Lue. Der Stupa, von dem es heißt, dass er Buddhas Adamsapfel enthält, zieht jedes Jahr zum *That Xieng Tung Fest* hunderte Gläubige und Mönche aus der Provinz und Yunnan an. Das bedeutende buddhistische Fest findet zum Vollmond Ende Oktober, Anfang November statt, wird jedoch schon Tage zuvor mit speziellen Zeremonien eingeläutet. Während dieser Zeit verwandelt sich die ganze Stadt in einen Jahrmarkt. Frühmorgens am eigentlichen Festtag ist der Almosengang *(dag bat)* aller angereisten Mönche in der Umgebung des That ein eindrucksvoller Anblick.

Folgt man der Straße nach Luang Namtha, führt nach 6 km, am Abzweig zur Phouthat Lodge rechts, eine Staubstraße weiter bergan zum That.

Übernachtung

Die preiswertesten Unterkünfte in Muang Sing liegen entlang der Hauptstraße. In einigen der älteren Gästehäuser im Lue-Stil wohnt man in rustikalen Zimmern mit Holzwänden und weni-

That Xieng Tung, eines der bedeutendsten Heiligtümer der Lue

gen Fenstern. Ein DZ kostet fast überall US$4, das EZ US$3. Obwohl Muang Sing seit 2004 rund um die Uhr mit Strom versorgt wird, kommt es öfter zu Unterbrechungen.

AM ORTSEINGANG – liegen die besseren Unterkünfte, am weitesten von der Busstation entfernt: *Singduangdao Resort*, etwas außerhalb, hinter der Lkw-Waage, ☏ 081-212359, 020-548 8109. Neue Bungalows, 5 aus Bambus, 5 aus Ziegeln in gemütlichem kleinem Garten; Zimmer mit Bad und Veranda. ❶–❷
Phouiu I und II, ☏ 081-212347, 020-5686909, ✉ 212348. Im Hauptgebäude große saubere Zimmer mit eigenem Balkon und geräumigem Bad. Preis auf Wunsch inkl. Frühstück im Restaurant.
❷ In der Seitenstraße ein paar Schritte weiter liegt die dazugehörige Bungalowanlage, gepflegte Bambusbauten mit Bad. Einziger Nachteil: die Lage gegenüber dem Singsavanh Nightclub, wo bis 23 Uhr Karaoke stattfindet. Angeschlossen ist eine *Herbal Sauna*. ❷
Sing Charean Hotel, neben dem Phouiu und gleiche Besitzer. Bis 1993 war dies die einzige Unterkunft im Ort. An weiten Fluren liegen 20 eher kleine Zimmer mit Bad. Höchstens für große Gruppen. ❷

AN DER HAUPTSTRASSE – *Vieng Xai Gh.*, ☏ 081-212372. Älteres Haus mit neuem Anbau hinten. Der Klassiker von Muang Sing wird von einem bemerkenswerten älteren Paar geführt. Saubere Zimmer mit/ohne Bad, die hinteren mit Blick ins Grüne, Moskitonetze, die vorderen mit Holztrennwänden. Beliebte Travellerherberge mit Infowand und meistbesuchtem Restaurant der Straße. ❶
Muang Sing Gh., ☏ 081-212371, ein altes und ein neues Gebäude. Im hinteren Zimmer mit Bad und wunderschönem Blick auf Vat Luang. Im traditionellen Holzgebäude an der Straße große Zimmer ohne Bad, alle mit Moskitonetz. ❶
Thai Lue Gh., ☏ 081-212375, eines der schönsten Lue-Häuser. 8 Zimmer mit Bad, jedoch ohne die Atmosphäre der 2 großen Räume im traditionellen Holzhaus mit Gemeinschaftsbad; mit kleinem Balkon, der das Geschehen auf der Straße überblickt. Restaurant mit Thai-Lue-Spezialitäten. Fahrradverleih.

NEBEN DER BUSSTATION – *Champa Leng Mai Gh.*, am Feld östlich der Busstation, ☏ 020-5488876. Langes modernes Haus mit 14 neuen Zimmern mit Ventilator, Moskitonetzen, Bad und Warmwasser. Günstig und nett, doch trotz Nähe des Marktes ist man hier ab vom Schuss. ❶

AUSSERHALB – *Phouthat Lodge*, 6 km südlich, an der Straße nach Luang Namtha. ☏ 086-312085, 312169, 020-9990077. In einmalig schöner Lage am Hang überblicken großzügig gebaute Doppelbungalows das Tal von Muang Sing. Der Standard der 10 Zimmer steht und fällt mit dem Management; aber wer schon nicht hier wohnt, sollte das Restaurant nicht verpassen. ❷

Essen

Das Essen in Muang Sing gehört nicht zu den Höhepunkten, dennoch findet sich der ein oder andere überraschende Leckerbissen. Die Nähe zu China macht sich besonders durch Nudeln und Tofu bemerkbar, einige chinesische Suppenküchen befinden sich entlang der Hauptstraße. Aus der Region stammen die breiten Reisnudeln *khao soi* (wörtl. „geschnittener Reis"), die Verkäuferinnen an ihrem Marktstand mit der Schere in Streifen schneiden. *Khao soi* wird eigentlich zum Frühstück gegessen, kann aber jederzeit an den **Essenständen** auf dem Marktgelände bestellt werden.
Vieng Xai Restaurant, im Vieng Xai Gh. Nudeln auf Chinesisch, sehr üppige Tofuportionen und Pommes frites sind nur einige der Favoriten aus einer langen Liste. Zu jeder Tageszeit beliebt; Baguette zum Frühstück am Vorabend bestellen.
Thai Lue Restaurant, im Thai Lue Gh. Authentisches laotisches Essen, auf der Karte stehen neuerdings Lue-Spezialitäten: gegartes Gemüse, das mit unterschiedlichen Saucen gereicht wird. Zum Frühstück Kartoffelomelette, das an eine Tortilla erinnert.

Touren

Seit 2002 organisiert das *Trekking Office* im Zentrum **Treks** in die Dörfer der Akha, Hmong, Tai Dam und Lue in der Umgebung von Muang

Sing. Interessenten tragen sich in die Listen ein. ⏲ Mo–Fr 7.30–16.30 Uhr.
Zur Zeit der Recherche waren manche Routen nicht überzeugend angelegt und manche Pfade oder Brücken nicht richtig unterhalten. Das Problem war bekannt. Feedback an das PTO (Provincial Tourism Office) in Luang Namtha ist sicherlich hilfreich, ✆ 086-312047.
Für Gruppen von 3–8 Pers. finden 2 verschiedene Treks über **1 Tag** (US$10); jeweils 2 Treks über **2 Tage** (US$24) und eine Tour über **3 Tage** statt (US$34). Bei nur 2 Teilnehmern höhere Preise.

Ein beliebtes **Tagesausflugsziel** mit dem Fahrrad ist das ***Adima Gh.***, 8 km nordwestlich von Muang Sing. Zum Übernachten nicht zu empfehlen, doch vom Terrassenrestaurant kann man die Landschaft genießen, und auch der knapp 1-stündige Spaziergang auf der Straße bis zum 1. Kontrollposten vor der Grenze zu China ist reizvoll. Zum Dorftourismus s. S. 50, „Community-based Ecotourism".

Sonstiges

EINKAUFEN – Der **Frischmarkt**, früher eine Hauptattraktion im Zentrum der Stadt, wurde 2005 aus Platzgründen an den Stadtrand weiter nördlich verlegt. Der frühmorgendliche Markt ist Anlaufstelle für Bauern, Händler und Käufer aus der Provinz und aus dem benachbarten Yunnan. Das reiche Angebot besteht überwiegend aus Obst, Gemüse, Fleisch und Fisch, gelegentlich auch Wild. Das Obst stammt überwiegend aus China, wo es billig produziert (und stark gespritzt) wird. Die Yunnanesen kommen ihrerseits nach Muang Sing, um sich mit billigem Reis einzudecken, eine Praxis, die der laotische Staat eigentlich verbietet. Wenn möglich, vor 6 Uhr da sein.
An den **Textilständen** auf dem Gelände des alten Markts nahe der Touristeninformation bieten Tai Dam, Lue, Hmong und Akha-Frauen ihre charakteristischen Webarbeiten und Applikationsstickereien an. Es bestehen Pläne für einen **Nachtmarkt** mit Essensangebot und eine kleine Grünanlage.

FAHRRADVERLEIH – Große chinesische Fahrräder werden für 10 000 Kip/Tag im Thai Lue Gh. vermietet; es muss kein Pass hinterlegt werden.

GELD – Die ***Lao Development Bank***, an der Hauptstraße nahe der Post, wechselt Travellers Cheques und Bargeld, ⏲ Mo–Fr 7.30–15.30 Uhr.

INFORMATIONEN – Das Gebäude der **Touristeninformation** im Zentrum wurde vor rund 150 Jahren von den chinesischen Kuomintang erbaut und 2005 aufwendig restauriert. Hier ist sowohl das staatliche ***Trekking-Office*** untergebracht, s. „Touren", als auch der private Veranstalter ***Exotissimo***, der Buchungen für *The Akha Experience* entgegennimmt, s. Kasten. Außerdem viele interessante Aushänge über Flora, Fauna, Geschichte und Ethnien der Gegend. ⏲ Mo–Fr 7.30–16.30 Uhr.

MEDIZINISCHE HILFE – Das mehr als dürftig ausgestattete städtische **Krankenhaus** liegt am östlichen Stadtrand. In dringenden Fällen sofort nach Luang Namtha fahren, um dort einen Arzt oder das Provinzkrankenhaus aufzusuchen.

POLIZEI – Hauptstraße im Süden, neben dem Kaysone-Denkmal.

The Akha Experience

In Muang Sing macht seit 2005 ein Public-Private Partnership Furore, das es in dieser Form kaum irgendwo anders geben dürfte. Acht Akha-Dörfer profitieren von einem privat finanzierten Tourismusprojekt, das die einheimische Bevölkerung selbst organisieren, partizipieren und mitreden lässt. Unter fachlicher Leitung der GTZ und mit Unterstützung des Tourveranstalters Exotissimo, der es auch vermarktet, ist das außergewöhnliche Trekkingprogramm mit Schwerpunkt Akha-Kultur entstanden. Die 3-Tagestour kostet ab US$70 p. P. bei 5–8 Teilnehmern. *The Akha Experience* ist buchbar bei Exotissimo in Vientiane, ✆ 021-241861-2, oder bei Exotissimo im Muang Sing Trekking Office. Siehe auch 🖳 www.ecotourismlaos.com/activities/akha_experience.htm

POST – nahe der Bank und der Polizei, ⊙ Mo–Fr 8–11, 13–16 Uhr.

SAUNA UND MASSAGE – 2 benachbarte traditionelle Kräutersaunas gibt es in Muang Sing: eine im Sing Charean Hotel und eine im Phouii II; eigenen Sarong und Handtuch am besten mitbringen.

TELEFON – *Telecom Office*, in der Straße nördlich der Muang Sing Exhibition. ⊙ Mo–Fr 9–17 Uhr.

Nahverkehrsmittel

Mit Gepäck benötigt man ein Tuk Tuk für die 2 km von der Busstation zum alten Zentrum. Der Ort ist am besten mit dem **Fahrrad** zu erkunden, denn die Stadt dehnt sich über viele Kilometer aus.

Transport

SONGTHEOS UND PICK-UPS – fahren an der Busstation direkt am neuen Markt ab.
LUANG NAMTHA (59 km, 2 Std.) um 8, 9.30, 11, 13, 14, 15 Uhr für 17 000 Kip;
XIENG KOK (72 km, 2 Std.) gegen 10 Uhr in 3–3 1/2 Std. für 22 000 Kip über MUANG LONG (49 km, 2 Std., 14 000 Kip).

Von Muang Sing nach Xieng Kok

Die staubige Straße 322 verbindet Muang Sing mit Xieng Kok am Mekong. Die Strecke verläuft zunächst durch die sanfte Hügellandschaft des Nam Ma-Tals. In diesem Gebiet leben überwiegend Lue, Hmong und Lanten. Nach 49 km erreicht man die kleine Bezirksstadt **Muang Long**. Von hier führt eine abenteuerliche Schotterstraße nach Süden bis Vieng Phoukha, vorbei an den zwei höchsten Gipfeln (über 2000 m) im Nam Ha NPA. Muang Long ist von Chinesen dominiert, die in der ganzen Region **Wassermelonen** anbauen lassen. Zur Erntezeit im April bietet sich ein skurriles Bild, wenn die Melonen überall hoch aufgehäuft werden und zerplatzte rote Früchte die Straße säumen. Das *Jony Gh.* und das *Chanmy Gh.* in der Nähe des Marktes sind am ehesten zu empfehlen.

Westlich von Muang Long verlässt die Straße das Tal des Nam Ma und führt durch bewaldetes Gebiet. Auf den letzten 23 km bis Xieng Kok passiert man ein Akha-Dorf nach dem anderen. Mit Glück lassen sich im Vorbeifahren die „unberührbaren und heiligen" Dorftore und rituellen Schaukeln der Akha ausmachen. Die Straße wird zunehmend schlechter, das Tal schmaler und die Landschaft reizvoller. In regelmäßigen Abständen flankieren einzelne Urwaldriesen die Straße, letzte Überlebende einer durchgehenden Waldfläche, die hier, im äußersten Nordwesten, noch weite Teile des Landes bedeckt.

Xieng Kok

In Xieng Kok ist der nördlichste am Mekong gelegene Ort in Laos erreicht. Den Hafen, traditionelle Verladestelle für Opium, passieren heute vorwiegend Güter aus China: Schiffe aus der chinesischen Provinz Yunnan machen hier Halt, nehmen zusätzliche Fracht von Lastwagen aus dem Osten auf, die sie daraufhin an thailändische Ufer bringen. Der thailändisch-birmanische Grenzfluss Mae Sai mündet knapp 100 km flussabwärts in den Mekong und markiert das Dreiländereck Myanmar-Thailand–Laos. Ein aktueller Streitpunkt zwischen Thailand und China, das die Wasserstraße künftig intensiver nutzen will, betrifft Sprengungen von Felsen im oberen Mekong auf chinesischem Gebiet. Für diese Arbeiten wird der Mekong zeitweise gestaut. Durch die drastisch wechselnden Pegelstände werden Ufer zerstört und Fischsterben verursacht, die insbesondere der thailändische Distrikt Chiang Saen zu spüren bekommt.

Am gegenüberliegenden Mekongufer blickt man auf die östlichste Ecke des Shan-Staats in Myanmar. Die Straße am Mekong entlang in Richtung Westen wurde bis zum zukünftigen **Grenzübergang** nach **Xieng Laap** ausgebaut. Nach 20 km endet die Straße an der Stelle, wo eines Tages eine Brücke über den Mekong Laos mit Myanmar verbinden soll.

In Xieng Kok gibt es ein inoffizielles Verbot für Touristen, Slowboats zu benutzen. Das heißt, für die Fahrt nach Houay Xai lassen sich **Speedboats** nicht vermeiden. Tickets werden in einem kleinen Häuschen am Anleger verkauft. Bei zu wenig Fahrgästen muss der Preis für ein Boot mit den Bootsleuten zäh ausgehandelt werden. Am besten schließt man sich mit mehreren Leuten zusammen.

Übernachtung und Essen

In Xieng Kok übernachten vorwiegend chinesische Arbeiter und Bootsleute. Entsprechend spartanisch ist die touristische Infrastruktur.
Khaem Khong Gh. & Restaurant, gleich oberhalb des Anlegers. 6 Zimmer mit/ohne Bad, eins mit Mekongblick, in einem Holz-Bambus-Haus. ❶
Xiengkok Resort, westlichste Straße, oberhalb des Anlegers. Holzbungalows mit tollem Blick auf den Mekong, Moskitonetz und Bad; trotz der guten Lage macht es einen vernachlässigten Eindruck. Ein Investor täte ihm gut. ❶
Saithong Gh., Straßengabelung am Ortsausgang Richtung Muang Sing. Einfache helle Räume mit Moskitonetz und Gemeinschaftsbad, familiäre Atmosphäre. ❶

An **chinesischen Restaurants** gibt es in Xieng Kok keinen Mangel und da, wo es abends am lautesten zugeht, schmeckt das Essen garantiert am besten. In den laotischen Suppenküchen erhält man *khao soi* (Suppe mit Hackfleisch, breiten weißen Nudeln, Bohnen und Kräutern) mittags und zum Frühstück.

Transport

SONGTHEOS UND PICK-UPS – fahren ab Bootsanleger tgl. um 7 Uhr (oder früher) und um 16 Uhr nach MUANG SING in 3 1/2 Std. für

Opium in Laos

Kaum eine Region wird mehr mit Opium in Verbindung gebracht als das „Goldene Dreieck". Das berüchtigte Gebiet erstreckt sich über das Dreiländereck Thailand, Laos und Myanmar. Laos war bis Mitte der 90er Jahre nach Afghanistan und Myanmar der drittgrößte Opiumproduzent der Welt und die aus der Schlafmohnkapsel gewonnene Droge war neben Harthölzern und Hydroenergie das einträglichste Exportgut des Landes.

In ganz Nordlaos wird bis heute Mohn in Höhen über 800 m angebaut. Die Felder sind oft klein und hinter Mauern und Zäunen leicht zu übersehen. Schlafmohn gedeiht auch in steilen Lagen und auf mageren Böden, zwei Eigenschaften, die nicht viele Feldfrüchte besitzen. Geerntet wird von Januar bis März, wenn der Fruchtknoten ohne Blütenblätter dasteht. In mühsamer Handarbeit wird jede Mohnkapsel mehrfach angeritzt und der über Nacht ausgetretene, angetrocknete Saft am nächsten Tag gesammelt. Der Vorgang wird mehrmals wiederholt. Trotz der arbeitsintensiven Produktion ist Rohopium für die Hochlandbewohner eine einträgliche, leicht zu transportierende und obendrein haltbare Handelsware, die sie gegen Reis und Haushaltsgüter eintauschen.

Die Opiumproduktion kam erst zu Beginn des 19. Jh. mit der Einwanderung der Hmong aus Südchina nach Laos. In uralter Tradition wurde das Opiat als Arznei oder Genussmittel verwendet. Die Familien erlaubten den regelmäßigen Konsum nur den Ältesten, die ihr Arbeitsleben bereits hinter sich gebracht hatten. Entsprechend gering waren die hergestellten Mengen. Mit der Ankunft der Franzosen kam die Kommerzialisierung von Opium. Schon bald machten die Drogeneinkünfte ein Drittel der Gewinne aus, die die Kolonialmacht in Laos erwirtschaftete. Die Hauptanbaugebiete lagen in den Provinzen Xaisomboun, Xieng Khouang und Houaphan. Große Teile der Bevölkerung wurden zur Opiumabgabe als Steuer gezwungen, überwiegend Hmong und Yao. Unter der Kolonialherrschaft erreichte die jährliche Opiumproduktion in Laos etwa 50 t. Die Menge verdoppelte sich zum Ende der 60er Jahre, als Opium von allen Parteien zur Kriegsfinanzierung genutzt wurde. Während des Zweiten Indochinakriegs gab es in Vientiane Dutzende Opiumhöhlen, und zum ersten Mal war auch Heroin überall erhältlich.

Nach 1975 gingen die neuen Machthaber in der Hauptstadt rigoros gegen das Problem vor. In erster Linie waren ihnen die Drogenabhängigen ein Dorn im Auge, die, wie auch die Prostituierten, als „asozial" galten und dem

22 000 Kip über MUANG LONG (1 1/2 Std., 10 000 Kip).

BOOTE – In Richtung HOUAY XAI gibt es bislang nur **Speedboat**-Verbindungen zu 2 Dörfern, die etliche Kilometer nördlich von Houay Xai liegen: Nach BAN NAM KEUNG gelangt man in 4 Std. für 800–1000 Baht p. P. Für ein komplettes Boot werden bis zu 6000 Baht verlangt. Von hier nimmt man den Pick-up oder Bus ins 28 km entfernte Houay Xai, in 1/2 Std. für 8000–10 000 Kip. Häufiger verkehren die Boote in den 56 km nördlich von Houay Xai gelegenen Marktort TON PHEUNG in 3 1/2 Std. für 600–800 Baht p. P. Von hier fahren jedoch seltener Busse oder Pick-ups nach Houay Xai, und so bleibt oft nur die Möglichkeit, mit mehreren ein Taxi zu chartern oder erneut ins Boot zu steigen.

Provinz Phongsali

Die nördlichste Provinz von Laos liegt eingekeilt zwischen Vietnam und China. Phongsali, wörtlich „Maisgebiet", besteht aus unwegsamer, bergiger Landschaft, in der insgesamt 27 Ethnien – die meisten tagelange Fußmärsche von den Straßen entfernt – beheimatet sind. Das Klima in den Höhenlagen über 1000 m ist für laotische Verhältnisse feucht und kühl. In den Monaten Oktober bis Fe-

Aufbau des neuen Staates im Wege standen. Neben Entzugsprogrammen kamen 1977 die ersten internationalen Projekte zur ländlichen Entwicklung in Gang.

Mitte der 80er Jahre wurde die laotische Drogenpolitik zunehmend undurchsichtiger. Nach 1982 ließ die laotische Regierung keine ausländischen Hilfsprojekte in den Opiumanbaugebieten mehr zu, und Vorwürfe seitens der internationalen Gemeinschaft wurden laut, dass die Führung des Landes und das Militär mit Drogen handele. Der Schlafmohnanbau in der Region um das Goldene Dreieck nahm währenddessen Besorgnis erregende Ausmaße an.

Im Jahre 1992 entschloss sich die laotische Regierung zur Zusammenarbeit in der Drogenkontrolle mit den Nachbarländern Myanmar, Thailand und China sowie mit Geberländern und der UNDCP (United Nations International Drug Control Programm).

Seit 2000 setzt die laotische Regierung ihre Anti-Drogen-Politik mit spürbar härteren Maßnahmen durch. Ziel ist die drastische Reduzierung der Anbauflächen. Durch Aufklärung und Umsiedlung sollen die Bergvölker zum Bewässerungsanbau von Feldfrüchten bewegt werden. In den letzten Jahren häuften sich die Meldungen über großflächige Zerstörungen von Opiumfeldern. Laut neuestem UN-Bericht wurde die 1998 existierende Anbaufläche von 27 000 ha bis zum Jahr 2005 auf 1800 ha reduziert. Die am stärksten betroffenen Provinzen sind Luang Namtha, Oudomxai und Phongsali; zu den produzierenden Bergvölkern gehören die Hmong, Yao, Lanten, Akha und Lahu. Nach Schätzungen lag hier der Opiumertrag eines Haushalts im Jahre 2000 noch bei 2–3 kg im Jahr.

Als eines der letzten Länder Südostasiens führte Laos im April 2001 für schwere Drogendelikte die Todesstrafe ein. Bereits im Jahr darauf verlieh die Regierung ihrem Entschluss mit den ersten zwei Todesurteilen für Drogenhandel unmissverständlich Nachdruck. Insbesondere in der Region des früheren Goldenen Dreiecks wurde die Opiumproduktion unter den Bergvölkern rigoros bekämpft.

Erst kürzlich, im Februar 2006, verkündete der laotische Premierminister gegenüber dem zuständigen UN-Abgesandten, dass Laos opiumfrei sei. Gleichzeitig hieß es, die Zahl der Opiumsüchtigen habe sich von 63 000 im Jahr 1998 auf 12 000 im Jahr 2006 verringert. Auch wenn manche die Zahlen anzweifeln steht fest, dass Laos seinem Ziel, bis 2015 drogenfrei zu sein, ein großes Stück näher gekommen ist.

bruar kann die Temperatur tagsüber auf 10 °C und nachts auf 5 °C absinken. Hinzu kommen Morgennebel und tief hängende Wolken, die sich zu jeder Jahreszeit in den Bergen halten können. Die Vegetation ist entsprechend üppig und wurde im Osten der Provinz im **Phou Din Den NPA** unter Schutz gestellt. Das Gebiet grenzt an das Muong Nhe-Naturreservat in Vietnam und bietet seltenen Tieren wie Elefanten, Tigern und Nebelpardern Lebensraum. Außer Reis und Teak werden in den Tälern Maniok und an den Hängen Mais, Zuckerrohr, Salat und Ananas angebaut. Fast alle hier lebenden Bergvölker praktizieren Brandrodungsfeldbau, weshalb in den trockenen Monaten häufig Rauchschwaden aus den Wäldern aufsteigen.

Geschichtlich nimmt Phongsali in mehrfacher Hinsicht eine Sonderstellung ein. Ähnlich wie Muang Sing war es jahrhundertelang ein Lue-Fürstentum, angegliedert an das Reich Sipsong Phan Na in Yunnan. 1895 – im gleichen Jahr wie Muang Sing, jedoch infolge des sino-französischen Vertrags – geriet das Lue-Reich unter französische Kolonialherrschaft. Oberhalb der Stadt, an der Stelle des heutigen Phoufa Hotels, legten die Franzosen ihre Festung an. Im Ersten Indochinakrieg übernahmen die **Pathet Lao** die Kontrolle im äußersten Norden, eine Position, die den Kommunisten mit dem Genfer Abkommen 1954 offiziell zugesprochen wurde. Während im übrigen Land Jahrzehnte der politischen Unruhe folgten, erzielte die Pathet Lao in den Provinzen Houaphan und Phongsali in ihrer 30-jährigen Herrschaft beachtliche Erfolge. Beide Provinzen weisen ein gut entwickeltes Gesundheits- und Bildungswesen auf und es gab Fortschritte in der Armutsbekämpfung und der Integration der Bergvölker. Trotz dieser Anstrengungen gehören die Nordprovinzen Phongsali und Houaphan heute aufgrund der vorherrschenden Subsistenzwirtschaft zu den ärmsten Gebieten von Laos. Von den rund 170 000 Einwohnern sind 32 500 Khmu, 20 000 Phounoy, 15 000 Akha und 12 500 Lue.

Muang Khoua

Die kürzlich erneuerte Straße 4 von Oudomxai in Richtung Norden ist bis Muang Khoua in sehr gutem Zustand und führt obendrein durch ausnehmend schöne Dörfer und Landschaften. Eine ideale Fahrradstrecke, wie einige berichteten. Von den Chinesen im Jahre 1968 erbaut, war die Straße ursprünglich als Verbindungsstraße zwischen Oudomxai und Dien Bien Phu in Vietnam geplant. Der letzte Abschnitt zwischen Muang Khoua und Muang Mai sowie die Brücke über den Nam Ou wurden jedoch nie gebaut. In Muang Khoua verkehrt eine Fähre über den Nam Ou, die vorwiegend für Lkw eingesetzt wird.

Das Marktstädtchen im äußersten Süden der Provinz Phongsali liegt auf einer Landzunge an der Mündung des Nam Phak in den Nam Ou. Im Westen sieht man von einer alten Hängebrücke auf den schmalen Lauf des Nam Phak und üppige Ufergärten herab. Die Brücke entstand in den Jahren des Zweiten Indochinakrieges mit Unterstützung der

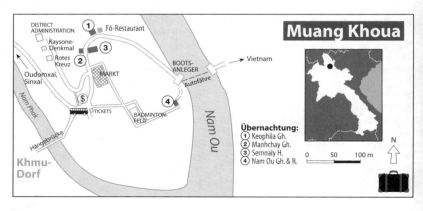

Vietnamesen. Im Osten lässt sich das Hafen- und Fährgeschehen am Nam Ou gut von einer Terrasse aus beobachten.

Touristen verbringen in Muang Khoua für gewöhnlich nicht viel Zeit. Sehenswert sind der Markt und die Hängebrücke, wer mehr Zeit hat, kann sich von der Erhebung, auf der die Verwaltungsgebäude liegen, einen Überblick über die sehr idyllische Lage der Stadt verschaffen. Die Bewohner Muang Khouas sind vorwiegend Tai Khao und Tai Deng, im Dorf jenseits der Hängebrücke leben Khmu.

Immer wieder ist von der Öffnung der **Grenze zu Vietnam** für den internationalen Reiseverkehr die Rede. Derzeit macht die Regierung die internationale Öffnung des Grenzübergangs von dem Ausbau der Straße abhängig; etwas übereilt hatte man sie schon für 2005 angekündigt. Noch erwarten alle den Tag mit Spannung, an dem Nordlaos eine direkte Anbindung zu dem Touristenziel Dien Bien Phu erhält. Diese Reiseroute würde für die Provinzen Phongsali und Oudomxai einen Entwicklungsschub bedeuten. Bislang sind die Straßen beiderseits der Grenze in zu schlechtem Zustand und eine Brücke über den Nam Ou ist nicht in Sicht.

Übernachtung und Essen

Die Unterkünfte sind vom Bootsanleger am Nam Ou ausgehend aufgelistet. Strom und Warmwasser gibt es nur von 18–22 Uhr.

Nam Ou Gh. & Restaurant, ✆ 088-210884, über Holzstufen beim Bootsanleger oder durchs Zentrum über die verwinkelten Wege den Wegweisern nach. Das beliebte Gästehaus am Fluss bietet gute Zimmer in einem neuen Anbau, denjenigen im Haupthaus mit/ohne Bad und Warmwasser unbedingt vorzuziehen. Die wunderschön gelegene **Restaurant-Terrasse** ist trotz des mäßigen Essens und Service Anziehungspunkt für alle, die im Ort übernachten. ❶

Keophila Gh., ✆ 088-210807. Sehr geräumige, komplett gefliese Zimmer mit Bad; pragmatisch eingerichtet, aber gute Matratzen, Gemeinschaftsbalkon mit Aussicht aufs Straßengeschehen und Laotisch sprechender Beo. ❶

Manhchay Gh., ✆ 088-210841. Steinhaus mit 9 renovierten, sauberen Zimmern mit/ohne Bad. Schöne Atmosphäre. Freundlich geführt von einer Frau, die gut Englisch spricht. ❶

Sernnaly Hotel, ✆ 088-210811. Das einzige Hotel, neben dem Markt mitten im Ort, wird meist nur für Gruppen zum Leben erweckt, dann sind die 18 Zimmer mit Ventilator und schicken Bädern jedoch wirklich komfortabel. ❷–❸

Sonstiges

EINKAUFEN – Der luftige, überdachte **Markt** unmittelbar südlich des Sernnaly Hotel bietet ein buntes Angebot an Frischwaren in lebhafter Atmosphäre.

GELD – Die ***Lao Development Bank***, gleich an der Songtheo- und Pick-up-Abfahrtsstelle, wechselt nur bare US$, Euro und Baht, ⊙ Mo–Fr 8–11.30, 13.30–16 Uhr.

TREKKING – Khammane und Bounna arbeiten als Trekkingguides, um ihr mageres Lehrergehalt aufzubessern. Sie sprechen ihre Gäste entweder im Nam Ou Gh. oder in der Nähe der Busstation an. Beide kennen sich gut aus und sprechen hervorragend Englisch. Da sie keine offiziell ausgebildeten Eco-Guides sind, ist Feedback seitens der Touristen hilfreich, s. S. 50, „Community-based Ecotourism". Wichtig ist, dass die Dorfbewohner, wenn bei ihnen übernachtet und gegessen wird, am Verdienst beteiligt werden. Der Preis inkl. Verpflegung und einer Übernachtung im Dorf liegt bei rund US$12 p. P.

Transport

SONGTHEOS UND MINIBUSSE – fahren mitten im Ort und am Bootsanleger ab; nach OUDOMXAI (94 km, 3 Std.) um 11 und 14 Uhr für 23 000 Kip. Nach PHONGSALI fährt nur ein Bus tgl. ab Oudomxai, daher ist Umsteigen im 1 Std. entfernten Sinxai riskant.

BOOTE – können auf dem Nam Ou ab Muang Khoua nur komplett gechartert werden. Es gelten feste Preise pro Boot, auch bei wenigen Passagieren nicht weiter verhandelbar. In Richtung Süden nach MUANG NGOI KAO in 4 Std. für US$60 das Boot für bis zu 8 Pers. Nach NONG KIAO in 5 Std. bis US$75. In Richtung Norden nach HAT SA in 5 Std. für US$70.

Vom Bootsanleger in Hat Sa verkehren Songtheos in 1 Std. nach PHONGSALI für 8000 Kip. Siehe auch Kasten „Nam Ou", S. 276.

Phongsali

Der Weg in die Hauptstadt der nördlichsten Provinz von Laos ist so beschwerlich, dass der Tourismus hier vermutlich noch längere Zeit unbedeutend bleiben wird. Ab der Weggabelung in Sinxai (von Oudomxai 61 km, 1 1/2 Std.) wird der Straßenzustand sehr viel schlechter. Auf der Fahrt in die nördlichste Spitze von Laos erwartet einen eine stark ausgewaschene Schotterstraße, die sich auf bis zu 1000 m Höhe durch zerklüftete, dicht bewaldete Landschaften schlängelt. Tief hängende Wolken sowie die Ankunft nach Einbruch der Dunkelheit erschweren die Fahrt zusätzlich. Im Bezirk Boun Tai-Samphan wurde die Straße mit Unterstützung der „Narcotic affairs section" der US-Botschaft neu befestigt. In dieser Region liegen zahlreiche Dörfer der schwarz bis dunkelblau gekleideten Akha, Phounoy und Lolo. Anbauprodukte sind Mais, Zuckerrohr, Ananas und in den Talsohlen Maniok.

Nach gut sieben Stunden Fahrt ab Oudomxai erreicht man die an China grenzende Ebene von **Muang Boun Neua**. Hier befindet sich der Flughafen Phongsalis, der nur für Hubschrauber- und Chartermaschinen genutzt wird. Linienflüge kämen außer Touristen auch den Agrarspezialisten zweier EU-finanzierte Projekte zur Lebensmittelsicherheit in Muang Boun Neua und Phongsali zu Gute, doch Lao Airlines belässt es seit Jahren bei Ankündigungen.

In der Ebene von Boun Neua angekommen, endet die Straße an einer T-Kreuzung. Weiter in Richtung Osten weisen Schilder an der nächsten Gabelung den Weg links über Ngot Ou zum chinesischen Grenzübergang in Lantui und rechts, immer bergan, nach Phongsali.

Eine Alternative zur schlechten Straße ist die Anreise per Boot von Mouang Khoua nach **Hat Sa**, 20 km von Phongsali entfernt.

Phongsali liegt rund 1400 m hoch und ist die meiste Zeit des Jahres in Wolken gehüllt. Morgens kommt das Leben in den Straßen nur langsam in Gang. Die Bewohner wärmen sich an Holzkohlenfeuerchen vor ihren Häusern und warten auf die ersten Sonnenstrahlen. Die alten chinesischen Ladenhäuser, einige mit farbigem Stuck verziert, sind zum Schutz vor Kälte mit Holzläden versehen. Abseits der Hauptstraßen führen steile steinige Gassen durch archaische Wohnviertel, an gepflegten Gemüsegärten und Häusern aus Ziegel oder Lehm-Bambus-Geflecht vorbei. Die meisten der 25 000 Einwohner sind **Phounoy**, das einzige Volk der tibeto-birmanischen Sprachfamilie, das den buddhistischen Glauben angenommen hat. Die Tracht der Frauen besteht aus weißen Beinkleidern und einem dunklen Kopftuch. In großen Rückentragen bringen sie ihre gesammelten Bambussprossen zum Verkauf in die Stadt.

Der erste Eindruck von Phongsali wird jedoch von den neuen Verwaltungsgebäuden auf dem Gelände oberhalb der Songtheo-Haltestelle und dem Markt geprägt. Das Regierungszentrum macht fast die Hälfte der Stadtfläche aus, und die imposanten Hangbefestigungen lassen es wie eine Festung erscheinen. Eines der letzten großen Projekte war die Polizeistation. Ein Hügel wurde mit einer Stützmauer umgeben, und es entstand eine weitere Straße zu den Ministerien im Norden. Sehenswert ist das Gebäude der **Immigration/Zoll**, dessen Dimensionen die Einnahmen, die Phongsali durch den Handel mit seinem großen Nachbarn erzielt, widerspiegeln. Die **Kulturhalle** ist ein Pendant zur gleichnamigen Veranstaltungsstätte in Vientiane. Wie diese wurde sie von China finanziert und im Herbst 2001 fertig gestellt.

Im Nordosten erhebt sich der dicht bewaldete, 1626 m hohe **Phou Fa**, wörtlich „Himmlischer Berg", über die Stadt. Der Aufstieg zu dem neuen Monument mit gelb-weißer Spitze lohnt selbst bei Nebel. Womöglich reißt die Wolkendecke kurz auf und gibt die Sicht auf die Wellblechdächer Phongsalis frei. Beeindruckend ist auch das Lianengewirr des Monsunwaldes. Am Ende eines gut ausgebauten Weges (s. Karte) erreicht man einen Picknickplatz und den Kassierer. Anschließend erklimmt man den Gipfel über 431 Zementstufen. Eine Tafel an der Spitze erläutert die Siedlungsgeschichte Phongsalis und die mythische Bedeutung des Berges, von dem gesagt wird, dass er aus der Entfernung einem schlafenden Löwen gleicht. Der Berg wurde in neuester Zeit mit einem Tunnelsystem zu strategischen Zwecken durchzogen. Rechter Hand führt ein Weg um die Spitze herum zurück zum Picknickplatz. Eintritt 3000 Kip.

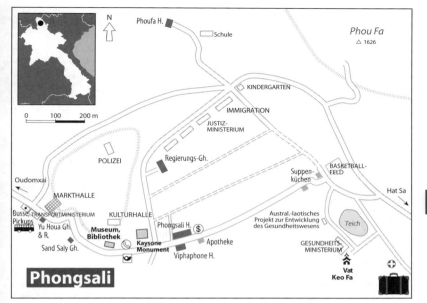

Jenseits eines kleinen Teiches stehen mehrere alte Bodhi-Bäume um das 1935 gegründete Kloster **Vat Keo Fa**. Die bunte Figurensammlung im *sim* deutet auf einen von den Lue beeinflussten Buddhismus hin. Die Grabstupas *(that kaduk)*, auf dem Gelände in einem Halbkreis angordnet, lohnen einen Blick.

Seit 2002 befindet sich das **Museum für Bergvölker** in einem Neubau neben der Telecom. In dem kleinen Heimatmuseum werden die 27 Ethnien der Provinz vorgestellt, viele ihrer Trachten liegen (leider zusammengefaltet) in den Vitrinen aus. Interessant sind die Fotografien von Phongsali aus den Jahren 1893 und 1992, die die enorme Stadtentwicklung zeigen. Die Tafel mit den Benimmregeln für das Museum ist auf ihre Art bemerkenswert. ⏰ offiziell Mo–Fr 7.30–11.30 und 13.30–16.30 Uhr, wenn geschlossen, in der Post nach der Aufsichtsperson fragen. Eintritt 2000 Kip.

Übernachtung

Yu Houa Gh., das erste auf dem Weg von der Busstation in Richtung Stadt, ✆ 088-210186. Gut geführtes Haus mit sauberen Zimmern mit/ohne Bad, Dachterrasse. Café-Restaurant. ❶

Sand Saly Gh., weiter in Richtung Stadt, hinter der Kurve, ✆ 088-210165. Freundlicher Familienbetrieb. Im Anbau 6 Zimmer mit kleinem Bad, einfach, aber nett eingerichtet. Heißes Wasser auf Wunsch. ❶

Viphaphone Hotel, gegenüber dem Phongsali Hotel, ✆ 088-210111, 210999, 020-9996058. 2005 eröffnetes Hotel mit 24 ordentlichen Zimmern mit Bad und Warmwasser. Zentral gelegen und mit DZ ab US$5. Preiswert und zu empfehlen. ❶–❷

Phongsali Hotel, mitten im Ort, ✆ 088-210042. Der mehrstöckige Kasten mit unzähligen (leeren) Zimmern verkörpert Sozialismus pur; in großen Räumen à 3 Betten bezahlt man pro Bett. Sehr preiswert, denn man muss selten teilen. Waschgelegenheiten auf dem offenen Gang. Im Anbau dustere DZ mit Bad und Warmwasser. Die komplette 3. Etage ist ein Festsaal – der die meiste Zeit zum Wäschetrocknen genutzt wird. ❶

Phoufa Hotel, im Norden, etwas außerhalb, ✆ 088-210031. Eigentlich ist das große, graue

Ziegelgemäuer eine der Sehenswürdigkeiten der Stadt. Das Gebäude mit wunderbarem Blick über die Stadt war von 1961–83 chinesisches Konsulat, danach wurde es zu einem einfachen Gästehaus und erst 1998 wurde es vom Staat saniert. 24 eher karg eingerichtete Zimmer mit Bad und Warmwasser. ❷

Essen

Die Chancen auf ein gutes Essen, besonders auf ein Frühstück mit Brot, stehen nicht gut in Phongsali, dafür servieren einige **Suppenküchen** ganztägig Fö.

Yu Houa Restaurant, mit Glück morgens Minibaguettes, Omelette mit Zwiebeln und guter *café lao*. Abends kann es laut und gesellig werden.

Phongsali Hotel, die Neonbeleuchtung vollendet das sozialistische Ambiente; an das chinesisch beeinflusste Essen besser keine hohen Erwartungen stellen.

Phoufa Hotel, wo früher ein Restaurant war, ist heute ein Festsaal – grau in grau – mit langen Tischen. Ist keine Gruppe gebucht, bleibt die Küche kalt. Vorbestellungen werden jedoch entgegengenommen. Bei schönem Wetter kann man im Garten essen und dabei den Blick auf Phongsali genießen.

Sonstiges

APOTHEKEN – gegenüber der Lao Development Bank.

EINKAUFEN – **Markt**, in neuen Hallen, so aufgeräumt und ruhig wie sonst nur in der westlichen Welt. Neben den dicken Ingwerknollen und Bananenblüten ist besonders die Schlachterabteilung ein exotischer Blickfang.

GELD – *Lao Development Bank*, attraktives Kolonialgebäude neben dem Phongsali Hotel. Es werden nur Travellers Cheques in Dollar, Euro und Baht gewechselt; hilfsbereite, Englisch sprechende Mitarbeiter. ◷ Mo–Fr 8–15 Uhr.

MEDIZINISCHE HILFE – Das Provinzkrankenhaus liegt südlich des Gesundheitsministeriums.

POLIZEI – etwas außerhalb, nordöstlich des Markts.

POST – gegenüber dem Telecom-Turm. Das Postamt sieht noch aus wie vor 100 Jahren; auch Postkarten. ◷ Mo–Fr 9–15 Uhr. **Telefonzellen** stehen gegenüber der Post.

Transport

BUSSE UND SONGTHEOS – Nach OUDOMXAI (217 km, 9 Std., 57 000 Kip) fährt ein Bus morgens am südlichen Ortsausgang los.

BOOTE – auf dem Nam Ou in Richtung Süden legen in HAT SA (20 km, 1 Std.) ab: von der Busstation fahren Songtheos ab 8 Uhr für 8000 Kip. Nach MUANG KHOUA in 4 1/2 Std. mit einem gecharterten Boot, je nach Anzahl der Passagiere US$60–70. Näheres s. S. 276, Kasten „Nam Ou".

FLÜGE – Der Flughafen der Provinz Phongsali liegt 36 km westlich der Stadt in Muang Boun Neua. Bislang wird er nur für militärische Zwecke, Hubschrauber- oder Charterflüge genutzt. Seit Jahren kündigt Lao Airlines Linienflüge an.

Provinz Luang Prabang

Die heutige Provinz Luang Prabang gehört mit 16 875 km² zu den größten Provinzen des Landes, doch ist sie um einiges kleiner als das ehemalige Königreich Luang Prabang. In der landschaftlich abwechslungsreichen Provinz leben nach der Volkszählung von 1995 40% Lao Loum, 46% Lao Theung und 14% Hmong und Yao. Mit durchschnittlich 23 Einwohnern pro Quadratkilometer weist Luang Prabang die größte Bevölkerungsdichte in Nordlaos auf. Der überwiegende Teil lebt in der alten Königsstadt sowie entlang des Mekong und der Straße 13. Der Norden und Osten der Provinz sind hingegen nur sehr dünn besiedelt. Diese bergigen Gebiete sind es, die von zahlreichen Flüssen durchzogen werden und durch eine nahezu unberührte Natur beeindrucken. Die größten Flüsse sind der **Nam Ou**, Nam Suang und Nam Khan, die hervorragende Bedingungen für Kayaking,

Novizen in Eile: Speedboat auf dem Mekong

Rafting oder Bootsfahrten bieten. Außerhalb der Provinzhauptstadt Luang Prabang entwickelt sich der Tourismus nur sehr langsam. **Nong Kiao** und **Muang Ngoi Kao**, beide am Nam Ou gelegen, gehören zu den ersten Orten, die vor rund acht Jahren von abenteuerlustigen Backpackern entdeckt wurden. Mitten in einer der beeindruckendsten Karstlandschaften des Landes kann man hier laotisches Dorfleben kennen lernen und dabei ausspannen. Weiter im Osten liegt das Naturschutzgebiet **Phou Loei NPA** am Oberlauf des Nam Khan. Auch hier gibt es Überlegungen, es für einen sanften Tourismus zu erschließen.

Von Luang Prabang nach Nong Kiao

Der nördlichste Abschnitt der Straße 13 verbindet Luang Prabang mit der einzigen Ost-West-Achse des Nordens, der Straße 1. Die Straße verläuft zunächst den Mekong entlang, überquert den Nam Suang und führt schließlich über eine Brücke an das Westufer des Nam Ou. Hier beginnt der schönste Abschnitt: Auf der einen Seite begleitet der Fluss die Straße, auf der anderen erheben sich schroffe Karstberge. Anfangs passiert man zahlreiche Lao Loum und Khmu-Dörfer, die in zunehmender Höhe durch Siedlungen der Hmong abgelöst werden. Von Januar bis März liegen an den Straßenrändern überall Graswedel zum Trocknen aus, die anschließend zu Besen *(doc khem)* gebunden werden.

In **Pakmong** mündet die Straße 13 auf die Straße 1. Links geht es nach Oudomxai und Luang Namtha, rechts nach Nong Kiao und weiter in den Nordosten des Landes. Wer in dem Kreuzungsort hängen bleibt, hat zwei ganz ordentliche Unterkünfte zur Auswahl: das Phouthone Gh. mit Restaurant oder das neuere Bounthoum Gh. In **Nam Bak**, einem idyllischeren Dorf einige Kilometer weiter östlich, gibt es ebenfalls eine einfache Übernachtungsmöglichkeit. Hier befindet sich auch von Nong Kiao aus die nächste Bank.

Nong Kiao

Das Städtchen Nong Kiao liegt am Zusammenfluss von Nam Ou und Houay Houn, umringt von atemberaubend schöner Berglandschaft. Das kleine Ortszentrum im Westen liegt am Fuße des mit 1564 m höchsten Karstberges der Gegend, des Pha Kouang. Die Einheimischen nennen das Massiv **Pha Nangnon**, wörtl. „Berg der schlafenden Frau". Von Nong Kiao Tai aus lassen sich ihre Umrisse am besten erkennen. Nong Kiao selbst bedeutet „grüner Teich". Es heißt, der Teich im Ortszentrum sei Mitte der 90er Jahre ausgetrocknet, weil die in ihm residierende Naga in den Fluss wechselte!

Nong Kiao verdankt seinen Status als Bezirksstadt der strategisch interessanten Lage. Die Straße 1 überquert hier den Nam Ou, der eine Art Trennlinie zwischen dem dichter besiedelten Nordwesten und den entlegeneren Gebieten des Nordostens darstellt. Die Stahlbetonbrücke, die den Fluss in großer Höhe überspannt, wurde 1976 von China gebaut. Laos bezahlte das Bauwerk damals mit Holz. So monströs und deplatziert die Brücke auch erscheinen mag, man freundet sich schnell mit ihr an, wenn man von oben auf den Fluss blickt und das Panorama, den Sonnenuntergang oder einfach nur die Begegnungen mit den Passanten genießt.

Beiderseits der Brücke gibt es Gästehäuser. Am östlichen Ufer liegt Ban Sophoun mit dem gleichnamigen **Vat Sophoun**, etwas erhöht. Das kleine Kloster mit zwei Mönchen und vier Novizen erhielt Ende 2002 eine neue Trommel. Das ganze Dorf war in Aufruhr: Am Berg oberhalb wurde ein riesiger Baum geschlagen, der Stumpf abgesägt und mit einem Arbeitselefanten ins Tal gezogen. In Ban Sophoun wurde der Stamm dann fachgerecht ausgehöhlt und mit Trommelhaut überzogen. Offenbar traten die bereits im Tourismusgeschäft miteinander konkurrierenden Stadtteile Sophoun und Nong Kiao in eine Art Wettbewerb der großen Trommeln. Tatsächlich schaffte es Sophoun die überaus mächtige Trommel des **Vat Nong Kiao** zu übertreffen.

Höhlen

In der direkten Umgebung von Nong Kiao soll es insgesamt sechs Höhlen geben, die im Zweiten Indochinakrieg von der Bevölkerung als Unterschlupf genutzt wurden. Es heißt sogar, der erste Gouverneur von Luang Prabang habe sich von 1954–75 zeitweise in der Höhle **Tham Phatok** aufgehalten. Sie liegt etwa 2 km östlich von Ban Sophoun, direkt an der Straße 1. Eine Holztreppe führt zum Eingang hinauf, im Innern sind noch Reste der Bambuskonstruktionen zu sehen, die das Leben im Fels etwas wohnlicher machten. Einzelne Bereiche sind ausgeschildert. Taschenlampe mitbringen. Eintritt 5000 Kip.

Im Karst des Pha Nangnon, 3 km westlich von Nong Kiao, befindet sich **Tham Luang**. Der Ein-

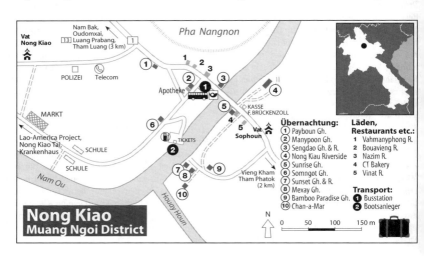

Namensverwirrung Nong Kiao – Muang Ngoi

Nong Kiao liegt auf der Westseite der Brücke und ist das Verwaltungszentrum des Bezirks Muang Ngoi. Dieser setzt sich aus verschiedenen *ban* zusammen, darunter Ban Nong Kiao Neua, Ban Nong Kiao Tai, Ban Sophoun und Ban Muang Ngoi Kao. Letzteres liegt eine Bootsstunde weiter nördlich am Nam Ou. Viele Rucksackreisende machen gar nicht erst Halt in Nong Kiao, sondern steigen gleich in ein Boot nach Muang Ngoi Kao um.

gang ist von der Straße 1 aus an einem Unterstand zu erkennen. Nur der Weg wurde von nicht-detonierten Sprengkörpern geräumt. Die Höhle ist relativ schmal und führt etwa 300 m in den Fels hinein. Eintritt frei.

Übernachtung

Die einfachen Unterkünfte verteilen sich auf die Ortsteile beiderseits der Brücke. Ban Sophoun am Ostufer verfügt zudem über zwei luxuriöse Bungalowanlagen. In Nong Kiao ist man näher am Dorfleben dran. Hinter der Schule befindet sich ein idyllischer Badeplatz außer Sichtweite der Brücke. Alle Gästehäuser sind höchstens 10 Minuten zu Fuß vom Bootsanleger oder von der Bushaltestelle entfernt. Strom gibt es von 18–22 Uhr.

BAN NONG KIAO – *Manypoon Gh.,* in unmittelbarer Nähe der Bushaltestelle. Die Zimmer im Holzobergeschoss des gepflegten Hauses haben Charakter, es gibt Moskitonetze, und auf dem Flur kann man von kleinen Balkonen aus das Straßengeschehen beobachten. Die freundliche Besitzerin spricht Englisch. ❶
Payboun Gh., am nördlichen Ortseingang, an der Straße 1. Das einzige diesseits der Brücke, das Zimmer mit eigenem Bad bietet. In einem alten und einem neueren Gebäude saubere und geräumige 2- und 3-Bett-Zimmer mit Bad, solide Ausstattung. ❶–❷
Sengdao Gh., direkt an der Brücke. ✆ 071-253901. In bester Lage am Nam Ou, einfache Bungalows mit kleiner Veranda. Das Gemeinschaftsbad liegt am Ende des Grundstücks. ❶
Somngot Gh., das erste nach dem Aufstieg vom Bootsanleger, in Rosa und Hellblau gehalten. Wird auch stundenweise vermietet, daher nicht zu empfehlen. ❶

BAN SOPHOUN – *Sunrise Gh.,* das erste Gästehaus direkt hinter der Brücke rechts. 5 Bungalows mit Ventilator und Gemeinschaftsbad, einfache Ausstattung. Mit CT-Bakery Restaurant. ❶
Nong Kiau Riverside, hinter der Brücke den Weg links ab, ✆ 020-2406677 oder 020-7705000, 🖥 www.nongkiau.com. Die neueste und größte Unterkunft am Ort, von einem dänisch-japanischen Paar sehr freundlich geführt. 10 geräumige Bungalows mit Bad und Balkon, die über dem Fluss zu schweben scheinen, atemberaubender Blick. Gutes Restaurant. Ab ❹
Sunset Gh., am Ende des Weges zum Nam Ou, ✆ 071-213009. 8 einfache Zimmer verschiedener Größe in Holzhaus mit Gemeinschaftsbad. Leseterrasse mit Bücherauswahl und Infos, Gartenrestaurant mit Blick auf den Sonnenuntergang. Der Besitzer spricht Englisch und Französisch. Neue Zimmer mit Bad in teureren Holzbauten. ❷–❸
Mexay Gh., neben dem Sunset, großes Holzhaus mit sehr einfachen Zimmern; Matratzen auf dem Boden, Moskitonetze und Gemeinschaftsbad. Ohne Ausblick. ❶
Bamboo Paradise Gh., gegenüber dem Mexay. ✆ 020-5772794. Luftige Stelzenbauten aus Bambusgeflecht mit je 2 Zimmern nebeneinander. Matratzen auf dem Boden, Moskitonetz und

Vorsicht Diebe

Leider ist es in den Gästehäusern in letzter Zeit zu Diebstählen gekommen: Reiseschecks oder Bares wurden aus den Zimmern gestohlen. Ein eigenes **Vorhängeschloss** bietet mehr Sicherheit. Am besten trägt man alle Wertsachen immer bei sich, also Geld und Digitalkamera nie aus den Augen lassen.

Stromschnellen und Karstberge: Bootstour auf dem Nam Ou

Eine Bootstour auf dem längsten Binnenfluss des Landes gehört zu den Höhepunkten einer Reise durch Nordlaos. Am eindrucksvollsten ist sein Anblick während der trockenen Monate, wenn durch den niedrigen Wasserstand viele Inseln, Sandbänke und Stromschnellen hervortreten. Mit Einsetzen der Monsunregenfälle verwandelt sich der klare Bergfluss in einen milchkaffeebraunen Strom. Zwei aufeinander folgende Tage im Boot genügen, denn bei allem Abenteuer bleibt die Fahrt eine laute (evtl. Ohrenstöpsel mitnehmen), körperlich anstrengende Unternehmung.

Die Mehrzahl der Reisenden beginnt ihre Bootstour in Luang Prabang und folgt dem Fluss in nördliche Richtung. In Fließrichtung von Nord nach Süd reduziert sich die tägliche Fahrzeit um etwa eine halbe Stunde, und der Motor läuft eine Spur leiser. In der Nebensaison verkehren die Boote unregelmäßig, und man muss nicht selten eines chartern.

Der schiffbare Teil des Nam Ou kann in drei Abschnitte unterteilt werden, die in einem Slow Boat jeweils an einem Tag in 5–7 Std. zu bewältigen sind. Auf den ersten Blick gleichen sich die mal lieblichen, mal dramatischen Landstriche, die im Laufe eines Tages vorüberziehen, doch jede der Teilstrecken zeichnet sich durch einige besondere Merkmale aus (von Nord nach Süd):

Hat Sa–Muang Khoua

Der Oberlauf des Nam Ou ab Hat Sa verläuft zunächst in einem weiten V-Tal. Die Hänge beiderseits des Flusses sind nicht allzu abschüssig, daher oft bis in hohe Lagen gerodet oder mit Bambus bewachsen. Über weite

Strecken lassen nur ein paar Ananasfelder, Bananen- oder Teakplantagen auf eine Besiedelung der Landstriche schließen, und es scheint fast so, als ob die Zahl der Wasserbüffel die der Menschen übersteigt. Der Fluss weist viele Sandbänke und Stromschnellen auf, und dort, wo das Ufer dicht begrünt ist, erscheint das Wasser dunkler und tiefer. Die Berge werden niedriger, je weiter man nach Süden kommt.

Erwischt man einen Bootsmann aus dem Dorf Muang Samphan, lädt dieser seine Gäste zum Essen und zur Übernachtung im dortigen Gästehaus ein – ein sehr ursprüngliches Erlebnis. Nach weniger als einer Stunde kündigt sich die kleine Bezirks- und Hafenstadt Muang Khoua durch intensiver bewirtschaftete Flächen und Salatbeete an den Uferböschungen an. Eine Lkw-Fähre, die an einem Stahlseil geführt wird, dient in erster Linie dem Lastverkehr nach Vietnam. Wegen des schlechten Straßenzustands zwischen Oudomxai und Phongsali fahren auf dem Abschnitt Hat Sa–Muang Khoua das ganze Jahr über Boote.

Muang Khoua–Muang Ngoi Kao–Nong Kiao

Rund 30 km südlich von Muang Khoua verläuft die Grenze zwischen den Provinzen Phongsali und Luang Prabang. Zunächst passiert man mit Sekundärwald bewachsene Hänge und Ufer, die mit reichlich Bambus und vereinzelt stehenden silbergrauen Urwaldriesen *(Dipterocarpaceae* und *Tetrameles nudiflora)* gesäumt sind.

Die großen Dörfer auf dem ersten Drittel der Strecke liegen alle am Ostufer. An den Anlegestellen reihen sich hin und wieder ein paar Marktstände aneinander und auf manchem Dach sitzt eine Satellitenschüssel. Fernsehgeräte werden hier mit Autobatterien oder kleinen Generatoren betrieben. Die hiesige Bevölkerung profitiert von der Nähe zu Vietnam. Wie auch auf der südlichsten Strecke sieht man vielerorts Kabel, die von winzigen Hydraulikstationen an seichten Stellen zum Ufer geführt werden. Die kleinen Wasserräder liefern immerhin genügend Elektrizität, um eine Glühbirne zum Leuchten zu bringen.

Schon von weitem kündigen sich spitze, bis zu 1900 m hohe Karstberge an, deren Flanken so steil aus dem Wasser ragen, dass der Urwald hier unberührt ist. Der Nam Ou durchquert diese beeindruckenden Gebirgsformationen auf der südlichen Hälfe der Strecke. Etwa zwei Stunden kommt man in den Genuss einer einzigartigen Naturkulisse. Mit Muang Ngoi Kao ist die Zivilisation wieder erreicht. Die Karstlandschaft zieht sich noch weiter in Richtung Süden bis Nong Kiao und darüber hinaus.

Nong Kiao–Luang Prabang

Den unteren Lauf des Nam Ou prägen eine einmalig schöne bergige Landschaft, fein säuberlich angelegte Kräuter- und Gemüsegärten an den Böschungen und natürlich das rege Leben der Dorfbewohner am Fluss. Frauen und Kinder, die hüfttief im Wasser stehen, sammeln während der Trockenzeit Flussalgen: lange sattgrüne Fasern, die vom Grund „gefischt" werden. Zur Herstellung von *khaipen* werden die Algen gewaschen, gekämmt, gewürzt, in dünnen Lagen an der Sonne getrocknet, anschließend frittiert und als knuspriger Snack zu alkoholischen Getränken gereicht.

Die südliche Hälfte der Fahrt bis zur Mündung des Nam Ou verläuft entlang der Straße 13. Vom Fluss aus ist die Straße kaum zu sehen, ihr Ausbau hat jedoch dazu geführt, dass Songtheos die Taxiboote zwischen Nong Kiao und Luang Prabang weitgehend ersetzt haben und daher nur Touristenboote verkehren. Eine Besichtigung der Pak Ou-Höhlen jenseits der Mündung des Nam Ou in den Mekong kann gegen einen geringen Aufpreis mit dem Bootsmann arrangiert werden.

Gemeinschaftsbad. Vom Restaurant fällt der Blick direkt auf die Brücke. ❶
Chan-a-Mar, Green Heart Foundation, am Houay Sop, ✆ 071-253939, ✉ admin@greenheartfoundation.com, 🖥 www.wowlao.com. Die außergewöhnliche Stiftung von Marko und Chan widmet sich laotischen Webtraditionen und einer Reihe von gemeinnützigen Projekten. Außerdem: in einem Ufergarten luxuriöse Bungalows, die höchsten Wellnessbedürfnissen gerecht werden, das Richtige für anspruchsvolle Genießer. ❻

Essen

Sengdao Restaurant, direkt an der Brücke, gegenüber der Busstation. Großes Terrassenrestaurant am besten Standort. Crêpes sind hier halbe Pfannkuchen, auch sonst üppige Travellerkost. Morgens ideal zum Überbrücken der Zeit bis zur Busabfahrt.
Nazim Restaurant, neben dem Sengdao, eine Filiale des viel gerühmten Inders, hier wärmstens empfohlen.
Vahmanyphong und *Bouavieng Restaurant* liegen in der Kurve direkt nebeneinander. Die einfachen Nudelgerichte sind unschlagbar billig.
CT-Bakery Restaurant, direkt hinter der Brücke in Ban Sophoun. Das Gebäck wird vom Mutterrestaurant in Luang Prabang angeliefert. Massagen (laotisch oder mit Öl) kosten 30 000 Kip.
Vinat Restaurant, in Ban Sophoun. Man sitzt unter einem Strohdach in freundlicher Atmosphäre. Das Essen ist einfallsreich und lecker. Die Besitzer sind Hmong.
Sunset Restaurant, die Küche ist etwas teurer, doch bietet sich von kaum einem anderen Ort ein so schöner Blick auf den Fluss und auf Nong Kiao.

Sonstiges

APOTHEKEN – im Manypoon Gh., an der Bushaltestelle.

GELD – Die nächste Bank ist in Nam Bak, zur Not kann in den Gästehäusern gewechselt werden.

MÄRKTE – Der Dorfmarkt ist in Ban Nong Kiao Tai. Die Stände mit frischen Lebensmitteln reihen sich entlang der Straße aneinander.

Transport

BUSSE UND SONGTHEOS – In östliche Richtung nach Vieng Kham, Vieng Thong und Nam Neun fahren nur unregelmäßig Pick-ups, daher am besten um 9 Uhr an der Bushaltestelle einfinden, um einen Überblick über die Verbindungen zu bekommen.
LUANG PRABANG (163 km, 4 Std.) ein Bus um 8.30 Uhr und ein Songtheo um 11 Uhr für 28 000 Kip;
PAKMONG (30 km, 3/4 Std.) über NAM BAK mehrmals tgl. für 12 000 Kip p. P.
OUDOMXAI (113 km, 4 Std.) um 11 Uhr, 28 000 Kip
VIENG KHAM (46 km, in 2 Std.) um 9 und 12.30 Uhr für 17 000 Kip
Direkt nach XAM NEUA fährt nur ein **Nachtbus** aus Vientiane. Er trifft zu ungewisser Stunde nach 19 Uhr in Nong Kiao ein: nach erschöpfenden 13–14 Std. ist Xam Neua erreicht (70 000 Kip).

BOOTE – Tickets für **Slow boats** werden am Bootsanleger verkauft. In den trockenen Monaten fahren die ersten Boote zwischen 9 und 11 Uhr ab. In der Regenzeit verkehren deutlich weniger Boote, deshalb frühzeitig am Ticketschalter erkundigen.
Nach LUANG PRABANG für US$10 p. P. in 7 Std. Das Boot kommt gegen 10 Uhr aus Muang Ngoi Kao an. Bei zu wenig Fahrgästen bleibt nur die Möglichkeit, ein Boot für US$90 zu chartern oder den Songteo um 11 Uhr zu nehmen.
In nördliche Richtung nach MUANG NGOI KAO um 9–11 Uhr mehrmals in 1 Std. für 15 000 Kip p. P. und nach MUANG KHOUA um 10 Uhr in 5–6 Std. für US$80 für ein Boot, bei mind. 8 Pers.
Speedboats verkehren kaum auf dem Nam Ou; wegen der vielen seichten Stellen ist davon dringend abzuraten.

Muang Ngoi Kao

Die steil aufragenden Karstkegel, die das Fischerdorf Muang Ngoi Kao am Nam Ou umgeben, machen den besonderen Reiz dieses Ortes aus. Auch die Tatsache, dass man ihn nur mit dem Boot erreichen kann, vermittelt eine Art Inselgefühl und lässt jeden Ankömmling automatisch drei Gänge zurückschalten. Längst ist der Tourismus zur Haupteinnahmequelle der Bewohner geworden, doch das Dorf hat seine Ursprünglichkeit nicht eingebüßt. Männer, die an Bootsschrauben feilen oder ihre Netze reparieren, sind ebenso häufig zu beobachten wie solche, die ihr Gästehaus um einige Bambushütten erweitern oder sich mit kaputten Stromgeneratoren herumschlagen. Die Touristen werden ins Dorfleben integriert, denn schließlich beschränkt sich das Geschäft mit ihnen auf die Monate der Trockenzeit.

Wie so häufig spiegelt sich der mit dem Tourismus einhergehende Wohlstand im Zustand des Klosters wider. Im 2002 komplett erneuerten **Vat Okad** am nördlichen Ende des Hauptweges leben zwei ältere Mönche und bis zu zehn Novizen. Ihr Almosengang *(dag bat)* am frühen Morgen, wenn außer den Essenspendern kaum jemand auf den Beinen ist, vermittelt einen Eindruck vom Leben der Bewohner vor der Ankunft der Traveller.

Bemerkenswert ist der als Baustoff verwendete **Bombenschrott** in Muang Ngoi Kao. Die langen Hälften, so genannte Mutterbehälter, die sich bei Zündung öffnen und über 600 tennisballgroßer Bomben freigeben, werden teilweise so verwendet wie bei uns alte Bahnschwellen. Leicht zu übersehen sind sie als Befestigung abschüssiger Stellen am Hauptweg. Respekt einflössend ist der Anblick der Bombe am Lattanavongsa Gh.

Im Hinterland von Muang Ngoi Kao liegen drei **Dörfer**, in denen es sogar sehr einfache Unterkünfte gibt. Stomaufwärts am Nam Ou befinden sich weitere Dörfer, stromabwärts ein Wasserfall; attraktive Ziele, die gerne von Guides angesteuert werden. Der Natur oder dem stundenlangen Relaxen in der Hängematte verfallen, bleiben viele Reisende in Muang Ngoi Kao länger als geplant.

Tham Kang

Auf dem Weg in die nächsten Dörfer liegt die **Höhle** Tham Kang. Ab dem Schulgelände, vorbei an Reisfeldern und immer dem Lauf des Houay Ngoi entlang, ist sie in einer halben Stunde erreicht. Kurz vor der Höhle werden an einem Kassenhäuschen 5000 Kip Eintritt für alle weiteren Ziele verlangt. In der feuchten, abschüssigen Höhle entspringt ein Bach, der nicht einmal zur Trockenzeit versiegt. Hier haben Bewohner Muang Ngoi Kaos während des Zweiten Indochinakrieges sieben Jahre lang vor den Bomben Schutz gesucht. Die Ältesten berichten, wie sie ihre Felder nur nachts bestellen konnten. Als die Pathet Lao-Kämpfer von Norden (Phongsali) und Osten (Houaphan) her vordrangen und in Nam Bak auf die königlichen Truppen stießen, wurde gerade diese unwegsame Region heftig bombardiert. Deutsche Experten haben UXO Lao noch im Jahre 2002 bei den umfangreichen Räumarbeiten im Bezirk Muang Ngoi unterstützt. Die Hauptwege sind seither sicher, es gelten jedoch die üblichen Vorsichtsmaßnahmen.

Ban Na Kang, Ban Houay Bo und Ban Houay Sene

Der Weg jenseits der Höhle führt nach einer weiteren Stunde geradeaus in das Hmongdorf **Ban Na Kang**. Seit einigen Jahren beherbergt das Chantanom Gh. sowie das etwas außerhalb gelegene O.B.I. Gh. Gäste. Die Auswahl der Restaurants an diesem entlegenen Flecken ist überraschend groß. Zwei weitere Dörfer sind an Weggabelungen kurz vor Ban Na ausgeschildert. Die Dörfer **Ban Houay Sene** in nordöstlicher und **Ban Houay Bo** in südöstlicher Richtung liegen jeweils gut 2 Stunden Fußweg von Muang Ngoi entfernt. Obwohl beide Dörfer noch nicht lange von Travellern besucht werden und sich die Bewohner noch an deren Anblick gewöhnen, kann man auch hier bereits in sehr bescheidenen Gästehäusern übernachten. Houay Sene bedeutet „tausend Flüsschen", entsprechend schwierig ist es, das Dorf während und nach der Regenzeit zu erreichen. Houay Bo weist auf eine Quelle hin. Auf dem

---

Apropos Mitbringsel

Auf allen Touren genug **Wasser** mitnehmen, da es unterwegs nicht unbedingt gekauft werden kann. Flaschen im Dorf mit abgekochtem Wasser für den nächsten Tag auffüllen.
Geschenke wie **Zahnbürsten, Zahnpasta** und **Seife** sind ein Highlight für Kinder und Erwachsene im Dorf. Mit den Kindern zusammen Zähne putzen oder Hände waschen zu üben ist lustiger, gesünder und hinterlässt einen persönlicheren Eindruck als der nette Besucher, der Süßes oder Kulis verteilt.
Und wer zu Hause schon ans Schenken denkt: **Postkarten** und **Fotos** machen Spaß und kommen bei allen gut an!

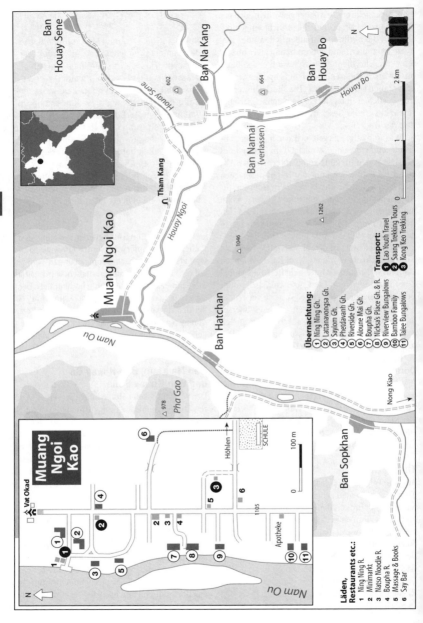

Weg nach Houay Bo passiert man das erst 2005 aufgegebene Dorf Ban Namai. Seine 200 Bewohner verließen ihre 35 Häuser, wie es heißt, weil sie in Muang Ngoi Kao und andernorts ihren Lebensunterhalt leichter verdienen können.

Übernachtung

Die meisten Unterkünfte in Muang Ngoi Kao liegen direkt am Nam Ou oder nahe beim Bootsanleger. Überall weisen gelbe Schilder auf Gästehäuser hin, deren Namen sich häufig ändern oder die mal betrieben werden, mal verlassen aussehen. Der Standard der Zimmer in Bambushütten ist sehr einfach und fast alle werden zum Preis von 20 000 Kip vermietet. Zur Ausstattung gehören Moskitonetze, Matratze (meist auf dem Boden) und Gemeinschaftsbad. Warmes Wasser gibt es auf Anfrage. Alle Unterkünfte im Ort kosten ❶, Strom gibt es von 18–22 Uhr.

Die 3 zuerst genannten Gästehäuser verfügen bislang als einzige über Zimmer mit eigenem Bad und Warmwasser:

Ning Ning Gh., vom Bootsanleger aus links, 5 sehr schöne Zimmer mit Bad und harten Matratzen in einem Langhaus aus Holz und Bambus; auch preiswerte Hütten am Ufer. Beliebtes Terrassenrestaurant, das den Anleger überblickt. Wäscheservice.

Lattanavongsa Gh., vom Bootsanleger aus rechts, ebenfalls 5 gute neue Zimmer mit Bad in soliden Bambusbauten. Im Jahre 1999 eröffneten das Ning Ning und das Lattanavongsa als erste im Ort.

Alounemai Gh., am Ostrand des Dorfes in einem Hain, am Hauptweg ausgeschildert. Neue und ordentliche Zimmer mit Bad und guten Matratzen, etwas abseits gelegen. Öfters Gruppen. Mit Restaurant.

An der Dorfstraße liegt das *Phetdavanh Gh.*, großes 2-stöckiges traditionelles Holzhaus mit Steinbasis; im 1. Stock saubere Zimmer mit Gemeinschaftsbad und schöner Balkon.

Die folgenden reihen sich von Nord nach Süd am Ufer entlang und bieten sehr ähnliche Bambushütten mit jeweils eigener überdachter Terrasse, Hängematte und Gemeinschaftsbad:

Saylom Gh., oberhalb des Bootsanlegers, gleich das erste rechts. Gepflegte saubere Zimmer direkt am Fluss; auch 3-Bett-Zimmer im Haus, Wäscheservice.

Riverside Gh. & Restaurant, verwunschen, einfach und preiswert. Nette Besitzerin. Schöne Fishingtours.

Boupha Gh., von Anfang an dabei, auch Touren und kleine Bücherauswahl.

Nicksa's Place Restaurant & Bungalows, ersetzt gewissermaßen die örtliche Disco, abends Musik und Lounge-Atmosphäre auf einer Terrasse.

Riverview Bungalows, im Schatten eines Bambushains am Fluss. Preiswertes Restaurant.

Am Ortsende liegen zwei Gästehäuser, die zuletzt hinzu gekommen sind und zu den einfachsten gehören: *Bamboo Family* und *Talee Bungalows*.

Essen und Unterhaltung

Viele Unterkunftsbesitzer betreiben auch ein Restaurant. In den kleineren besser vorbestellen, da frische Zutaten, insbesondere Fleisch, oft kurzfristig besorgt werden müssen. Probieren sollte man in Muang Ngoi Kao die Flussalgen-Cracker *khaipen*, die hier hergestellt werden. Morgens frühstücken viele Einheimische an einem Stand *khao phun*, Reisnudelsuppe mit Salat und Kräutern, und *chuen khaoji*, frisch ausgebackenes Fettgebäck.

Lattanavongsa Restaurant, für seine üppigen Portionen und unübertroffen frischen Speisen unbedingt zu empfehlen, besonders der Suzy Fisch, Bambus mit Hühnchen und die Salate.

Ning Ning Restaurant, gutes laotisches Essen in kreativen Varianten: der Klebreispfannkuchen gleicht einer deftigen Tortilla mit Ei und Zwiebeln, schafft zum Frühstück eine echte Grundlage.

Boupha Restaurant, der bevorzugte Musikgeschmack ist laotischer Lamvong. Hier sitzt es sich gemütlich und schon der gehaltvolle Pfannkuchen mit viel frischem Obst am Morgen ist einen Besuch wert.

Natso Noodle Restaurant, abends trifft sich hier die Jugend, anstatt Nudeln viel Bier, Thai-Pop und grelles Licht, ein lustiges Spektakel.

Nicksa's Place und die *Say Bar* bieten die schummrige Atmosphäre von Bierbars. Letztere in einem wirklich nett mit bunten Lampions und Barhockern ausstaffierten traditionellen Haus.

Aktivitäten

TUBING – Gästehäuser organisieren Tagestouren für US$5; mit dem Boot geht es 1 Std. flussaufwärts, bevor man in 2–3 Std. in Lkw-Schläuchen zurücktreibt. Der Fluss führt nur während der trockenen Monate klares, blaues Wasser.

BOOTSTOUREN – Wer sich nicht im Reifen auf dem Nam Ou treiben lassen möchte, kann die Dschungellandschaft nördlich von Muang Ngoi Kao im **Boot** erkunden. Eine (Fishing) Tour bis 1 Std. flussaufwärts durch die unberührten, steil aus dem Wasser aufragenden Berge wird gerne von den Gästehäusern arrangiert. Auch **Ruderboote** können gemietet werden.

TOUREN – *Lao Youth Travel*, ✆ 071-253340, ✉ youtheco@laotel.com, 🖳 www.laoyouthtravel.com. Eine Zweigstelle des Luang Prabang-Büros liegt direkt am Bootsanleger. Erfahrener Spezialist für 1- bis 2-tägige Trekking- und Kajaktrips zu verschiedenen Dörfern am Nam Ou, auch mit Deutsch sprechendem Guide. Preise ab US$18 p. P./Tag bei mind. 4 Teilnehmern.
Saang Trekking Tours, ein kleines Büro gegenüber dem Phetdavanh Gh. bietet eine Reihe von Treks in die Umgebung an. Es lohnt der Vergleich mit **Kong Keo**, der als erster Guide mehrtägige Touren von Muang Ngoi Kao aus anbot. Er spricht gut Englisch, ist auf die Sitten und Gebräuche der Bergvölker bedacht und kocht gut. Mehrere Schilder weisen den Weg zu seinem Haus. Die Touren kosten US$10 p. P./Tag inkl. Unterkunft und Essen.

Transport

BOOTE – nach NONG KIAO tgl. um 9 Uhr in 1 Std. für 15 000 Kip p. P., danach kostet ein gechartertes Boot US$10. Am Bootsanleger in Nong Kiao wartet ein Songtheo nach Luang Prabang auf die Fahrgäste aus Muang Ngoi Kao, Abfahrt um 11 Uhr für 28 000 Kip.
Direktboot nach LUANG PRABANG tgl. um 9 Uhr in 8 Std. zu US$12 p. P. Es nimmt in Nong Kiao weitere Passagiere auf.
In Richtung Norden nach MUANG KHOUA in 4–5 Std. Der Festpreis von US$60 gilt pro Boot bei bis zu 8 Pers., auch bei wenigen Passagieren nicht verhandelbar. Wegen der geringen Nachfrage fahren die Boote unregelmäßig.

Von Nong Kiao nach Nam Neun

Hat man zuvor den Nordwesten des Landes bereist, so scheint es kaum möglich, dass sich die dortigen Ausblicke auf Berglandschaften und Dörfer noch überbieten lassen. Weite Gebiete des Ostens der Provinz Luang Prabang sind unberührt, darüber hinaus durchquert man auf dem Weg nach Nam Neun das Naturschutzgebiet **Nam Et-Phou Loei NPA**. Die Straße 1 ist auf diesem Abschnitt in einem schlechten Zustand, die Strecke dürfte auch eine der am wenigsten befahrenen im Norden sein. Zwei Orte, die von Pick-ups angesteuert werden, sind Vieng Kham am Ufer des Nam Suang und Vieng Thong am Oberlauf des Nam Khan. Es verschlägt zwar kaum einen Reisenden hierher, aber in **Vieng Kham** heißt einen Mr. Foumy in seinem winzigen *Riverside Gh.* willkommen. Die Strecke ab Vieng Kham verläuft über mehrere Bergkämme durch viele Hmong-Dörfer mit faszinierenden Fernblicken. Die Häuser der **Blauen Hmong** dieser Gegend weisen besonders kunstvolle, in verschiedenen Mustern geflochtene Bambuswände auf. Häufig sieht man auch die Packpferde, die nur von den Hmong gehalten werden. Der Zustand der Straße wird schlecht, nachdem man die Grenze des Naturschutzgebiets am 1681 m hohen Phou Loei überquert hat. Hier entsteht eine Ausstellung zum **Tiger-Projekt** der Wildlife Conservation Society (WCS), die den seit 2002 beobachteten Bestand von Tigern und anderen Wildkatzen im Nam Et-Phou Loei NPA dokumentieren soll, 🖳 www.wcs.org/international/Asia/laos/laosendangeredspecies.

Die Strecke verläuft nördlich des Gipfels und wird landschaftlich noch malerischer, abwechselnd kommt man durch Urwald, abschüssige Trockenreisfelder und Teakplantagen. Dazwischen passiert man wohlgeordnete Dörfer der Khmu und der Tai Dam. Häufig sind Weberinnen der Tai Dam oder Phouan zu beobachten, wie sie im unteren Stockwerk der Stelzenhäuser an ihren Webstühlen arbeiten.

Für eine Unterbrechung der Reise bietet sich **Vieng Thong**, der erste Ort in der Provinz Houaphan, am Oberlauf des Nam Khan an. Von den einfachen Gästehäusern im Ort ist das *Souksakhone Gh.* ❶ gleich neben der Bushaltestelle zu empfehlen. Wer hier einen längeren Halt einlegen möchte, kann die **heißen Quellen** am Nam Khan, nördlich des Ortes, auskundschaften. Essen gibt es im Markt – zur Mittagszeit werden hier Durchreisende mit Gegrilltem versorgt – sowie in einem Restaurant im Norden des Ortes. Ab Vieng Thong stößt die Straße 1 nach knapp 60 holprigen Kilometern bei Phou Lao auf die Straße 6, nur 6 km nördlich des Umsteigeorts Nam Neun.

Nam Neun

Der kleine Marktflecken liegt im schattigen Tal des gleichnamigen Flusses und gruppiert sich um eine breite, von den Vietnamesen erbaute Betonbrücke. Noch hält es Reisende hier nicht länger, als für eine Mittagspause oder zum Umsteigen nötig ist. Spätankömmlinge können im *Nam Neun River Gh.* ❶, unweit der Busstation und Fö-Küchen am Markt, übernachten.

Transport

BUSSE UND SONGTHEOS – Busse treffen tgl. gegen Mittag aus allen Richtungen in Nam Neun ein. Songtheos fahren unregelmäßig, je nach Bedarf.
XAM NEUA (98 km, 4–5 Std.) ab 12 Uhr, 25 000 Kip.
PHONSAVAN (141 km, 5 Std.) ab 11 Uhr für 35 000 Kip.
VIENG THONG (65 km, 3 Std.) unregelmäßig für 20 000 Kip.
NONG KIAO (226 km, 6 Std.) unregelmäßig für 50 000 Kip.
LUANG PRABANG über Nong Kiao, der Bus aus Xam Neua kommt ab 11 Uhr hier vorbei.

Provinz Houaphan

Die Provinz Houaphan bildet den äußersten Nordosten von Laos, ein sehr gebirgiges, entlegenes Gebiet, das nach Vietnam hineinragt. Noch scheuen viele Besucher die langwierige Anreise und entsprechend dünn fällt die touristische Infrastruktur aus. Die **Karstlandschaften** der zwei Naturschutzgebiete Nam Et NPA und Nam Xam NPA müssen erst noch touristisch erschlossen werden. Wer sich für Stoffe interessiert, dem ist Houaphan ein Begriff, denn die Tai Deng von Houaphan genießen den Ruf, die besten Weber des Landes zu sein.

In der Provinz leben überwiegend Tai Neua (Tai des Nordens), eine Sammelbezeichnung für die hier beheimateten Tai Dam, Tai Deng und Tai Khao. Die zweitgrößte Gruppe besteht aus den Miao-Yao-Völkern, überwiegend Weißen und Blauen Hmong sowie einer kleinen Anzahl von Lanten und Yao. Das Hauptreiseziel für laotische und ausländische Touristen in Houaphan ist jedoch der geschichtsträchtige Ort **Vieng Xai**, Gedenkstätte der Revolution. Während des Zweiten Indochinakriegs verlegten die Pathet Lao ihr Hauptquartier in die Höhlen der Karstlandschaft um Vieng Xai. Nach ihrer Machtübernahme erklärte die Partei die Stadt kurzzeitig zur provisorischen Hauptstadt von Laos und machte sie nur wenig später zum größten Umerziehungslager des Landes. Die Höhlen der Pathet Lao-Führer wurden 1999 zum „Jahr des Tourismus" erstmalig für ausländische Besucher geöffnet.

Die Provinzhauptstadt Xam Neua liegt auf 1000 m Höhe am Ufer des Nam Xam. Das Tal weitet sich an der Stelle zu einer Art Kessel aus, in den mehrere Seitentäler mit kleinen Nebenflüssen münden. Das Klima ist für laotische Verhältnisse feucht und kühl, in den Monaten Oktober bis Februar kann das Thermometer tagsüber auf 10 °C und nachts auf 5 °C fallen. Während der heißen Monate März bis Mai liegen die Temperaturen hingegen bei angenehmen 18–30 °C.

Jahrhundertelang bestand die Provinz aus sechs halbautonomen **Tai Neua**-Reichen, die im Wechsel oder auch gleichzeitig an Vietnam, das Königreich Xieng Khouang, Sipsong Chu Tai und an Luang Prabang Tribut zahlten. Unter der königlichen Verwaltung Luang Prabangs wurde das Gebiet erstmals Houaphan genannt. Die Franzosen benannten darauf die Provinz nach der Hauptstadt Xam Neua. Im Ersten Indochinakrieg formierten sich die laotischen Kommunisten hier mit Unterstützung ihrer vietnamesischen Nachbarn gegen die Kolonialmacht. Die Kämpfer schafften es frühzeitig, die Kontrolle über die Provinzen Houaphan und Phongsali zu erlangen. Infolge des Genfer Abkommens von 1954 wurden den Pathet Lao beide Provinzen offiziell unterstellt, woraufhin sich einige hohe Funktionäre kurzzeitig für deren Reintegration in den Rest des Landes engagierten. Die wichtigsten Pathet Lao-Führer konnten sich im Zweiten Indochinakrieg vor den **amerikanischen Bomben** in den Höhlen von Vieng Xai retten. Die Bomber starteten überwiegend in Udon Thani (Thailand) und flogen auf ihrem Weg nach Nordvietnam unentwegt über die Provinz. Für kurze Zeit betrieben die Amerikaner ein Kontrollzentrum im Norden Houaphans. Es lag mitten in feindlichem Gebiet auf der Spitze des **Phou Phati**, dem heiligen Berg der Hmong, und war nur aus der Luft zu erreichen. Was zuvor als unmöglich galt, schafften die Nordvietnamesen 1968, als sie den schroffen Felsen vom Boden aus einnahmen.

Auf amerikanischer Seite wurden hunderte Piloten abgeschossen, deren Verbleib größtenteils ungeklärt blieb. Es gibt Gerüchte, dass einzelne amerikanische Kriegsgefangene in Houaphan noch bis in die 90er Jahre in bestimmten Höhlen festgehalten wurden. Bis heute suchen amerikanische Armeeangehörige in der Provinz in Trupps von 10–20 Leuten nach den sterblichen Überresten von **MIAs** (Missing in Action). Selbst George W. Bush soll während seiner Amtszeit für insgesamt 50 Millionen Kip einen Landstrich aufgekauft haben, der dann systematisch nach den Knochen eines Freundes durchsiebt wurde.

Von Nam Neun nach Xam Neua

Die schmale Straße 6 windet sich in großer Höhe – immer dicht am Abgrund – auf den 98 km von Nam Neun nach Xam Neua. Ihr Zustand ist jedoch gut und 2002 wurden die beiden letzten wackligen Teakbrücken durch stählerne ersetzt und kritische Stellen mit Leitplanken versehen. Über lange Strecken verläuft die Straße auf einem schmalen Grat, das Panorama wechselt zwischen weiten Tälern mit Kulturlandschaft und gerodeten Hängen im Westen und dramatischen dicht bewaldeten Bergzügen im Osten. Vor allem morgens hängen die Wolken tief in den Tälern und bei geschlossener Wolkendecke blickt man auf die herausragenden Gipfel wie aus einem Flugzeug.

In der Umgebung von Nam Neun sowie in den Tälern weiter in Richtung Nordosten siedeln **Khmu**, zu erkennen an ihren großen eckigen Körben, die sie über einen Stirnriemen auf dem Rücken tragen. Die Straße durchquert mehrere dicht bewaldete Talsohlen und steigt schließlich steil an. Die Kiefern lassen erkennen, dass man sich in großer Höhe befindet. Auf den folgenden Bergkämmen leben überwiegend Hmong, deren beeindruckende stabile Holzhäuser zunehmend von Steinhäusern mit Satellitenschüsseln ersetzt werden.

Fährt man von Nam Neun aus in Richtung Süden, stößt die Straße 6 nach 90 km steilen Abstiegs in Muang Kham auf die Straße 7. Auf der Ost-West-Route gelangt man entweder links nach Nong Het an der Grenze zu Vietnam oder rechts nach Phonsavan und zur Ebene der Tonkrüge.

Sao Hintang (Souan Hin)

Einige der ältesten Relikte megalithischer Kulturen in Laos befinden sich 45 km nordöstlich von Nam Neun und gut 60 km von Xam Neua entfernt. Im Wald stehen Gruppen von Stelen (oder Menhiren), die noch vor das 5. Jh. v. Chr. datiert werden. Auf der Straße 6 von Süden kommend zweigt in Ban Natok kurz hinter einer Brücke eine Straße nach Osten ab. Von Xam Neua aus passiert man zuerst Ban Huamuang bevor man auf die Gabelung in Natok stößt. Die Straße wurde von den Amerikanern bis ins 20 km entfernte Ban Pakha ausgebaut, wo sich im Geheimen Krieg eines ihrer Camps befand. Nach 5 km ist Sao Hintang bzw. eine der Stätten erreicht.

Die französische Archäologin Madeleine Colani erforschte Sao Hintang, übersetzt „Zwanzig stehende Steine", Anfang der 30er Jahre und stellte fest, dass die Plätze als Begräbnisstätten dienten. Colani fand ihrerzeit an fünf verschiedenen Orten in der Region 40–120 Menhire und abgerundete Steinplatten vor. Inzwischen hat die Bevölkerung sich teilweise des Materials bedient. Die klingenartig aufragenden Schieferplatten von einem halben bis über 2 m Höhe und nur 4–15 cm Stärke sind kaum bearbeitet und reihen sich entweder am Wegesrand aneinander oder stehen in kleinen Gruppen auf einem Hügel. Ehemals vertikal aufgerichtet, neigen sie sich heute in alle Richtungen, doch ist erkennbar, dass die höchsten jeweils in der Mitte einer Gruppe angeordnet waren.

Die runden, liegenden Steinplatten identifizierte Colani als Grababdeckungen. In 2 m Tiefe fand sie bis zu 2,50 m lange Grabkammern, sorgfältig in den Schiefer gehauene Tunnel, die in drei Abschnitte unterteilt waren. Im Innern der unberührten Gräber befanden sich Gebeine von mehreren

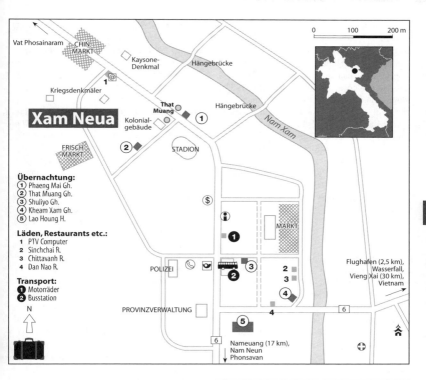

Menschen, Keramikgegenstände und bronzene Hals- und Armreifen. In der Umgebung der Menhire fand die Forscherin mit Gravuren versehene Steinanhänger, viele Scherben sowie intakte Tongefäße und Urnen. Colani nahm an, dass die Erbauer der Gräber noch keine Eisenwerkzeuge kannten. Die Schieferplatten sind kaum behauen, wobei die schwierigste Aufgabe bei der Herstellung der Monolithen das Schneiden der abgerundeten Schieferscheiben gewesen sein dürfte. Trotz der ungewissen Datierung der Megalithkultur von Houaphan sind sich Wissenschaftler weitgehend einig, dass sie in der frühen Bronzezeit anzusiedeln ist und daher der Kultur der Steinkrüge von Xieng Khouang vorangegangen ist.

Sowohl in Xam Neua als auch in Phonsavan können Fahrzeuge mit Fahrer gemietet werden, um die Stelen im Rahmen einer Tagestour zu besuchen, s. entsprechende Regionaleinträge.

Xam Neua

Bei der Anfahrt auf Xam Neua eröffnet sich einem 2 km vor der Stadtgrenze plötzlich der Blick auf weiße Häuserreihen in einer Talsohle. Schon jetzt meint man ans Ende der Welt gereist zu sein. In Xam Neua wurden erst kürzlich alle Hauptstraßen geteert, als letzte die Marktstraße am Ufer des Nam Xam. Laut Zählungen der Tourismusbehörde kamen im Jahr 2005 etwas mehr als 1000 ausländische Besucher in die Provinz. Seit 2004 die **Grenze zu Vietnam** geöffnet wurde, kommen mehr Touristen und womöglich finden auch die nahe gelegenen Höhlen von **Vieng Xai**, in denen die jüngste Geschichte hautnah erlebbar ist, in Zukunft mehr Beachtung.

In den Karstbergen von Vieng Xai hielten sich die Führer der Pathet Lao ab 1964 versteckt. Neun Jahre wütete in der Provinz der Luftkrieg, und lange vor Ende des Krieges waren in Xam Neua und in

Vieng Xai alle Gebäude zerstört und die Vegetation verbrannt. In Xam Neua soll nur noch ein einziges Haus gestanden haben.

Lediglich ein französischer Kolonialbau und zwei That, ebenfalls aus dem 19. Jh., blieben erhalten. Die beiden unscheinbaren, schlanken **That Muang** mit der klassisch laotisch geformten Spitze einer Bananenblüte flankieren die Hauptstraße im Norden der Stadt, der westliche steht unmittelbar vor dem französischen Haus (heute eine Disco!). Von den insgesamt vier Klöstern Xam Neuas gibt es heute nur noch zwei.

Das bedeutendste Kloster **Vat Phosainaram** beherbergt eine fast 450 Jahre alte Buddhastatue, die von Gläubigen in der ganzen Provinz Houaphan hochverehrt wird.

Vat Phosainaram

Vat Phosainaram, auch Vat Ongteu genannt, liegt am nördlichen Stadtrand, dort wo sich die Hauptstraße gabelt. In dem kleinen *sim* steht eine sehr sehenswerte Buddhastatue, von der es heißt, dass sie 1565 in der Tradition des **Phra Ongteu** von Vientiane zu Ehren des Sieges Setthathirats über die Birmanen gegossen wurde. Die fast 3 m hohe Bronze in der *maravijaya*-Mudra (Erdanrufungspose) weist außergewöhnlich harmonische Proportionen auf. Sie wiegt 3850 kg und ist das wichtigste Heiligtum der Provinz.

Die Statue stammt aus dem 90 km entfernten Ort Muang Soi, südöstlich von Vieng Xai. Das Kloster in Muang Soi wurde im Krieg zerstört. Vat Phosainaram fiel ebenfalls den Bomben zum Opfer, war jedoch im Jahre 1983 wieder so weit aufgebaut, dass man entschied, die Statue dort unterzubringen. Der für den Phra Ongteu errichtete neue *sim* wurde 1988 zum buddhistischen Neujahr in dreitägigen Feierlichkeiten eingeweiht.

Übernachtung

Es gibt in Xam Neua einige wenige Gästehäuser, die sich durch einen wirklich guten Standard von den anderen abheben.
Kheam Xam Gh., an der Nam Xam-Brücke, ✆ 064-312111, beliebtes Traveller-Gästehaus mit 12 sauberen, wenn auch kleineren Zimmern; 8 mit Bad, Moskitonetzen und Ventilator, 4 mit sauberem Gemeinschaftsbad und reichlich Warmwasser; Nam Xam-Blick, nahe der Busstation und Restaurants. ❶–❷
Shuliyo Gh., bei der Busstation, ✆ 064-312462. Ein hoher schmaler Bau mit neuen geräumigen Zimmern mit Bad und Warmwasser, sehr preiswert. Noch spricht keiner Englisch, und es ist weitgehend unentdeckt. ❶
Lao Houng Hotel, an der Straße zur Nam Xam-Brücke, ✆ 064-312018, 020-5646031. Das 1977 eröffnete Hotel hat auch nach einer Komplettsanierung im Jahre 2005 seinen Charme nicht eingebüßt. Seither erstrahlt das große sozialistische Gebäude grell lachsfarben! 26 Standardzimmer mit Duschbad, davon 15 mit Balkon, und 4 Suiten. Es gibt einen lichten Innenhof mit Café und eine Dachterrasse. Unbedingt den von Mr. Outhaithany produzierten roten Tee probieren. Der Manager Mr. Bounsong, ✆ 020-7823299, spricht hervorragend Englisch und organisiert Touren oder Mietfahrzeuge nach Bedarf. Wäscheservice und evtl. Internet möglich. ❷
Phaeng Mai Gh., Ban That Muang, gegenüber dem Kolonialhaus, ✆ 064-312006, 020-5765337. Das Gästehaus von Nang Phaeng war früher das Haus der deutschen Gerbera, die in Xam Neua zusammen mit UXO Lao nicht-detonierte Sprengkörper geräumt hat. Die große Landkarte hängt noch, Beispiele für Munition gibt's auch. Ein Haus mit Atmosphäre, Zimmer mit/ohne Bad, EZ billiger. ❶–❷
That Muang Gh., Ban That Muang, gegenüber dem Fußballfeld, ✆ 064-312141, geräumige Zimmer mit stabilen Holzbetten, großen Bädern und Stühlen auf Gängen und Balkonen. Nett geführt, besonders unter laotischen Geschäftsleuten beliebt. Rabatte bei längerem Aufenthalt. ❶–❷

Essen und Unterhaltung

RESTAURANTS – Die Auswahl an Restaurants in Xam Neua ist sehr beschränkt, doch eines steht außer Konkurrenz: *Chittavanh Restaurant*, am Nam Xam, neben dem Kheam Xam Gh., ✆ 064-312265. Das Essen ist unschlagbar und dazu preiswert. Unter Laoten, Expats und Touristen gleichermaßen beliebt, so dass man unbedingt Geduld mitbringen oder frühzeitig vorbestellen muss. Gebratener Tofu mit Ingwer, Ente, Huhn oder Schwein mit Pommes frites gibt es abends; ansonsten Fö oder Omelette. Während der kalten Monate versammeln sich alle um das kleine Holzkohlenfeuer.

Dan Nao Restaurant, gegenüber dem Lao Houng Hotel, ✆ 064-312265. Gute Essensauswahl in netter Wohnzimmer-Atmosphäre. Sehr zu empfehlen ist das üppige Beefsteak für nur wenige zehntausend Kip.

Lao Houng Hotel, im Café den in der Provinz Houaphan produzierten roten Tee probieren. Die Tee-Päckchen werden hier verkauft.

Sonstiges

AUTOVERMIETUNGEN – Mr. Bounsong, ✆ 020-7823299, im Lao Houng Hotel, oder der Besitzer des Chittavanh Restaurant, ✆ 064-312265, vermieten Fahrzeuge. Auch bei der Touristeninformation kann nachgefragt werden, hier liegt eine genaue Preisliste vor.

EINKAUFEN – ***Talat Kueng Houaphan***, der Provinzmarkt im Stadtzentrum war vor dem Umzug des Frischmarktes nach Ban Houanami viel größer. Es ist unklar, ob dies wegen der Ufererneuerung nur vorübergehend so sein wird. Interessant sind die Textilstände der Hmong mit Wolle in Neonfarben und traditionellen Neujahrs- und Hochzeitskleidern. Seide und Zubehör für die viel gerühmten Webstücke der Tai Daeng sind nur noch vereinzelt erhältlich. Die für Houaphan typischen *pha bieng* in der Brokattechnik scheinen in der Provinz für den Verkauf in Vientiane produziert zu werden. In der direkten Umgebung der Markthalle gibt es ein riesiges Angebot an modernen Importen aus Vietnam und China.

GELD – ***Lao Development Bank***, im Norden der Stadt, ✆ 064-312171, wechselt Travellers Cheques sowie bare Dollar, Euro und Baht. ◉ Mo–Fr 8–12, 13.30–16 Uhr.

INFORMATIONEN – ***Houaphan Touristeninformation***, ✆/✉ 064-312567, ✆ 314200, an der Straße in Richtung Ban That Muang; ein Schalter, gut organisiert und hilfreich. Infobroschüren sind teilweise kostenpflichtig. Das Büro vermittelt auch Fahrzeuge mit Fahrer und Mietmotorräder für Touren innerhalb der Provinz.
◉ Mo–Fr 8–11.30, 13.30–16 Uhr.

INTERNET UND FOTO – ***PTV Computer***, ✆ 020-9866224, auf der Höhe der Kriegsdenkmäler an der Straße zu Vat Phosainaram. Kaum zu glauben, aber hier steht eine perfekte Internetverbindung für nur 200 Kip/Min. zur Verfügung. Außerdem ein Fotostudio mit witzigen Kleidern und Kulissen für Porträtaufnahmen.
Möglicherweise auch im ***Lao Houng Hotel*** Internet.

MEDIZINISCHE HILFE – Das Provinzkrankenhaus befindet sich im Osten der Stadt. Die laotischen Ärzte haben im Ausland studiert.

MOTORRADVERLEIH – 2 Verleihe liegen direkt bei der Touristeninformation (die gern vermittelt). Für US$6 am Tag sind Motorräder problemlos zu mieten und dabei besonders geeignet für den Ausflug nach Vieng Xai. Der Pass oder eine hohe Kaution müssen hinterlegt werden (Letzteres unbedingt vermeiden).

POLIZEI – befindet sich am oberen Ende der Straße gegenüber der Busstation, hinter der Telecom und Post.

POST – Die Post liegt gegenüber der Busstation; das **Telecom Office** ist direkt dahinter.

Nahverkehrsmittel

Tuk Tuks warten an der Busstation auf Fahrgäste. Die Anfahrt zu dem 4 km vom Zentrum entfernten Flughafen kosten 10 000 Kip p. P., der Ausflug zu Vat Phosainaram 20 000 Kip p. P. Ein gechartertes **Tuk Tuk** nach Vieng Xai (30 km) und Tad Nam Noua kostet US$20, zu den heißen Quellen in Nameuang (22 km) US$18 und nach Sao Hintang (60 km) US$45. Ein halber Tag innerhalb der Stadt kostet US$5.

Transport

SONGTHEOS UND PICK-UPS – Die Ziele in der näheren Umgebung werden mehrmals tgl. ange-

> **Grenzübergang nach Vietnam**
>
> Seit der Öffnung für Touristen 2004 haben noch nicht allzu viele Reisende die Route über **Nameo** zur vietnamesischen Provinz Thanh Hoa gewählt. Entsprechend ungewiss sind die Verbindungen von/nach Vietnam. Täglich um 8.30 Uhr gibt es Anbindung von Nameo nach Thanh Hoa-Stadt, von wo aus Anschluss nach Hanoi besteht. Mr. Heup (in Nameo ausfindig machen) organisiert 3x wöchentlich um 11.30 Uhr einen Transport nach Thanh Hoa-Stadt und vermietet auf Anfrage einen Minibus nach Hanoi (US$210). Visa für Vietnam oder Laos muss man sich vorher besorgen. In Nameo gibt es 4 einfache Gästehäuser.

fahren. Der erste Pick-up oder Songtheo fährt um 6 Uhr;
VIENG XAI (30 km, 1 Std.) bis mittags zur vollen Stunde für 8000 Kip.
NAMEUANG (NAM OUN; 22 km, 30 Min.) mehrmals tgl. für 8000 Kip.
NAMEO (80 km, 3 Std.) um 7 Uhr für 25 000 Kip.

BUSSE – Die Abfahrt der Busse ist pünktlich. Daher rechtzeitig ein Ticket kaufen und einen Platz ergattern. Gebratenes und ein paar Kekse für unterwegs werden an der Straße verkauft.
NAM NEUN (98 km, 7 Std.) Busse um 7, 7.30, Songtheos um 8, 8.30, 10.30, 12.30 Uhr in 3 Std. für 25 000 Kip; nach SAO HINTANG in Ban Natok/Ban Houamuang (55 km, 2 Std.) aussteigen, von dort 6 km zu Fuß.
PHONSAVAN (239 km, 7 Std.) um 7.30 und 8 Uhr für 60 000 Kip.
LUANG PRABANG (452 km, 15 Std.) um 8 Uhr für 80 000 Kip; über NONG KIAO (312 km, 10 Std.) für 70 000 Kip
VIENTIANE (613 km, 20 Std.) um 9 Uhr für 130 000 Kip.

FLÜGE – Der Flughafen liegt 2,5 km östlich der Stadt, ✆ 064-312023, 020-5664568. Flüge nach VIENTIANE 2x wöchentl. in 1 1/4 Std. für US$76, nur bei gutem Wetter.

Die Umgebung von Xam Neua

Der Abzweig zu den **heißen Quellen** von Nameuang am Nam Han ist 17 km südwestlich von Xam Neua ausgeschildert. Das Bad verfügt über ein Becken unter freiem Himmel und Einzelkabinen mit Badewannen. Der Besuch ist besonders während der kühlen Monate November bis Februar zu empfehlen. Der letzte Straßenabschnitt ist in sehr schlechtem Zustand.

Auf dem Weg nach Vieng Xai liegt der eindrucksvolle, jedoch nicht ganz einfach zu findende Wasserfall **Tad Nam Noua**. Nach 20 km von Xam Neua in Richtung Osten zweigt die Straße nach Pahang und Sopbao links ab. 2 km weiter in Richtung Vieng Xai und Nameo überquert man den Nam Noua über eine niedrige Brücke, an deren Ostseite ein **Yao-Dorf** angrenzt. Neun Familien wurden im Jahr 2000 aus Gegenden weiter nördlich hierher umgesiedelt, seither sieht man auch auf dem Markt in Vieng Xai öfters Yao-Frauen in ihrer schwarzen mit flauschigroter Bordüre gesäumten Tracht. Der Weg zu dem 70 m hohen Wasserfall zweigt noch vor der Brücke links nach Norden ab: Ein schwer auszumachender Pfad verläuft mal am Ufer des Nam Noua entlang, mal durch Reisfelder, bis man nach 300 m zur Fallstufe gelangt. Der Abstieg von hier zum unteren Becken ist außerordentlich steil und rutschig. Den Fuß des Wasserfalls kann man (theoretisch) auch in einer 1-stündigen Wanderung von der Straße nach Pahang aus erreichen. Vom oben erwähnten Abzweig sind es gut 3 km, bis der Nam Keng in Sichtweite kommt und der Abstieg beginnen kann. Ohne ortskundige Begleitung ist der Wasserfall von hier aus jedoch kaum zu finden.

In den Grenzorten Xieng Keuang im äußersten Norden (150 km) und Pahang im Nordosten (120 km) finden jeden Samstagmorgen **Märkte** statt, auf denen die Bergvölker aus Laos und Vietnam ihre Waren feilbieten. Unterwegs kommt man durch die Dörfer Muang Sopbao, Muang Xiengkho und Muang Et, in denen Hmong Khao, Yao, Tai Dam und Tai Deng leben. Näheres in der Touristeninformation.

Vieng Xai

Insgesamt 480 Höhlen in der Karstlandschaft um die „Stadt des Sieges" wurden während des Zweiten Indochinakrieges von der Bevölkerung und den

Pathet Lao-Führern als natürliche Felsenbunker genutzt. Das zerklüftete Gebiet bot ideale Bedingungen für ein Versteck vor den amerikanischen Bombenangriffen und so verlegten die Revolutionäre ihr Hauptquartier in den Jahren 1963–1964 von Xam Neua nach Vieng Xai. Neun Kriegsjahre überstand die kommunistische Führungsriege in Vieng Xai, das sie 1973 zu ihrem provisorischen Regierungssitz machte. Kurze Zeit darauf wurde die Stadt zu einem kommunistischen Umerziehungslager für tausende Laoten, die nach Houaphan deportiert oder unter Vortäuschung falscher Tatsachen „eingeladen" wurden. Die Umerziehung bestand aus Arbeitsdienst auf dem Feld und dem Aufbau der Stadt, gemeinsam mit Arbeitsbrigaden aus Vietnam, Russland und Nordkorea. In der Provinz entstanden zahlreiche so genannte „Seminare", die zunehmend Gulags glichen und in denen ab 1977 auch die Königsfamilie darbte. Es folgten Jahrzehnte der absoluten Geheimhaltung und Isolierung.

In den letzten Jahren hat die Regierung neues Selbstbewusstsein geschöpft und propagiert Vieng Xai als „Nationales Revolutions-Denkmal", insbesondere für laotische Besucher. Die Höhlen der obersten Funktionäre wurden 1995 erstmalig für Einheimische geöffnet, seit 1999 sind sie auch offiziell für ausländische Touristen zugänglich.

Der Ort erweckt heute den Eindruck einer gepflegten Gartenstadt. Agaven und Weihnachtssterne säumen die Wege und die zwei Karsterhebungen Phou Nang und Phou Thao (Berg der Frau und des Mannes) mitten im Ort machen die landschaftliche Idylle perfekt. Die Anfang der 70er Jahre angelegten breiten Straßen, die sogar mit Gehsteigen und einer soliden Straßenbeleuchtung versehen sind, wollen nicht so recht ins Bild passen, und auch die städtischen Verwaltungsgebäude sind überdimensioniert und beim näheren Hinsehen verfallen und leer.

Im Westen der Stadt wurden mehrere Bombentrichter in Fischteiche umgewandelt. Der südlichste

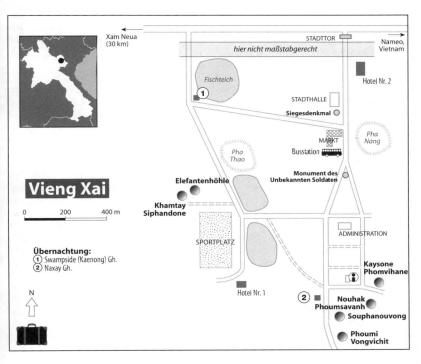

ist gerade groß genug, dass auf ihm alljährlich zu *Boun Ok Phansa* (Ende der Regenzeiteinkehr) Bootsrennen ausgetragen werden können. Dahinter liegt das desolate **Hotel No. 1**. Das einst prunkvolle staatliche Gästehaus entstand 1973 und nahm zahlreiche hochrangige Besucher auf, die, wenn sie als andersdenkend galten, hier festgehalten wurden. Für viele war es der erste Schritt in die Umerziehung, bevor sie härteren Arbeits- und Haftbedingungen ausgesetzt wurden. Im so genannten „Re-education Palace" verbrachten auch der letzte König Savang Vatthana, Königin Khampoui und der Kronprinz Vong Savang die ersten Monate nach ihrer Deportation im März 1977.

Orientierung und Praktisches

Vieng Xai liegt südlich der Straße 6A. Den Abzweig markiert ein Torbogen aus rostigen Fässern, der die Besucher begrüßt. Die Straße führt vorbei an der Stadthalle, vor der ein Siegesdenkmal Arbeiter und Sodaten mit einem Fuß auf einer amerikanischen Bombe zeigt. Jenseits der Brücke gelangt man zum Markt und zur Songtheo-Haltestelle. Zu den Höhlen und dem Haus der Touristeninformation geht man weiter geradeaus. An einer Weggabelung steht ein unscheinbarer That zum Gedenken an die Gefallenen des letzten Krieges. Man biegt links ab, folgt der Straße fast bis ans Ende und findet die **Touristeninformation** im letzten Gebäude auf der rechten Seite.

Alle Höhlenbesichtigungen müssen in diesem Büro genehmigt werden. Derzeit werden in 2-stündigen geführten Touren bis zu fünf Höhlen gezeigt. Die Guides geben sehr informative Führungen in englischer Sprache. Ein Trinkgeld ist (auch angesichts der geringen Gehälter) angebracht.

Fotografieren und Filmen ist in den Höhlen erlaubt. Möglichst früh in Vieng Xai anzukommen, ist wichtig, denn trotz der offiziellen Öffnungszeiten ⏲ tgl. 8–12, 13.30–16.30 Uhr, sind Besichtigungen nur vormittags vor 11 Uhr und nachmittags um 14 Uhr möglich. Eintritt 10 000 Kip, Video und Kameras kosten 2000 Kip extra.

Die Höhlen

Alle für Besucher geöffneten Höhlen wurden 1964, im Jahr des Kriegsbeginns, durch Sprengungen erweitert und innerhalb eines Jahres ausgebaut. Die Höhlen der obersten Funktionäre wurden innen mit Betonböden und Zwischenwänden aus Holz und Gittern versehen. Die eingezogenen Decken aus Wellblech lassen sogar vergessen, dass man sich im Innern eines Felsens befindet. Schlaf- und Aufenthaltsräume für die Familien sowie Büros und Sitzungsräume darauf hin, dass man trotz des Krieges den Tagesgeschäften nachging. Allerdings musste die Nacht zum Tag gemacht werden, da in Vieng Xai absolute Stille herrschen musste, wenn die Flugzeuge bei Tageslicht die schroffen Täler durchflogen. Vielerorts in Laos berichten Bauern, dass sie während der Kriegsjahre ihre Felder nur nachts bestellen konnten und tagsüber in den Höhlen schliefen.

Explosionen vor den Höhlen verursachten Druckwellen und die Brände entzogen der Luft sämtlichen Sauerstoff. Man flüchtete dann in besondere **Schutzräume**, kleine Bunker mit Sauerstoffpumpen. Unmittelbar nach Ende des Krieges entstanden vor den Höhlen Wohn- und Gästehäuser, Konferenzgebäude und teilweise auch Garagen. Obwohl die meisten Bauten heute leerstehen oder nur noch repräsentativen Zwecken dienen, ist jede Anlage inmitten der wildromantischen Landschaft für sich beeindruckend.

Tham Than Khamtay Siphandone

Die Höhle des ehemaligen Staatspräsidenten liegt im Westen der Stadt hinter dem Sportplatz. In dem Gebäude davor soll Khamtay Siphandone auch nach dem Krieg noch viele Jahre gelebt haben. Das stilvolle Wohnhaus stammt ursprünglich aus den Jahren 1971–73, es wurde jedoch 2003 von einem umstürzenden Baum zerstört und ist seit 2004 komplett rekonstruiert. Diese Höhle ist Teil eines Komplexes, in dem während der Kriegsjahre mindestens 2000 Menschen aus den umliegenden Dörfern lebten. Von den Räumlichkeiten Siphandones führen ein paar Stufen zu einem Höhlengang, an dem zahlreiche weitere Höhlen liegen. Die letzte Treppe ist neu, früher waren die Bunkerräume Siphandones über eine Leiter mit dem Gang und der Versammlungshalle verbunden.

Von außen betritt man die riesige Versammlungs- oder Theaterhöhle durch eine große Felsöffnung, nur wenige Meter vor dem Eingangstor zum Gelände von Tham Than Khamtay Siphandone. Die zu zwei Seiten offene natürliche Halle wird auch **Elefantenhöhle** genannt, da sie lange vor dem

Krieg als Elefantenstallung gedient haben soll. Am hinteren Ende schließt sich eine weitere halboffene Tropfsteinhöhle an (zur Regenzeit überschwemmt), links ist nach 60 m die Treppe zu Siphandones Bunker wieder erreicht. Folgt man dem beleuchteten Höhlengang weiter nach Westen, gelangt man nach 200 m wieder ans Tageslicht. Danach wird die Erkundung zur Kriechpartie mit Taschenlampe.

Khamtay Siphandone (geb. 1924), von 1998 bis 2006 Staatspräsident, stammt aus der Provinz Champasak. Er war oberster Lao Issara-Repräsentant von Südlaos und stand Ende der 40er Jahre an der Spitze des Widerstandes in der südlichen Militärregion. Nach dem Zusammenbruch der ersten Koalitionsregierung unterstand ihm das Propagandaministerium und die Ausbildung der Pathet Lao-Partisanen. 1969 wurde er oberster Befehlshaber der Armee und nach der Gründung der Demokratischen Volksrepublik Laos Verteidigungsminister. Er galt als enger Mitarbeiter von Kaysone und steht seit Ende der 80er Jahre den vietnamesischen Generälen sehr nahe. 1991 stieg er zum drittwichtigsten Politbüromitglied auf und löste 1998 Nouhak Phoumsavan als Staatspräsidenten ab. 2006 legte er aus Altersgründen alle politischen Ämter nieder.

Tham Than Souphanouvong

Im Garten der Höhle des „Roten Prinzen" ist neben Frangipani, Feigenbäumen und Hibiskus insbesondere das tiefe Rot einer Strauchbegonienart allgegenwärtig. Die Familie des Prinzen zog 1965 nach dem Ausbau der 40 m langen Höhle mit nur zwei von zehn Kindern hierher. Von 1973–75 lebte die Familie in den neuen Gebäuden davor, bis Souphanouvong Staatspräsident wurde und nach Vientiane zog.

Das nierenförmige Schwimmbecken vor dem Wohnhaus wurde in einen Bombenkrater gebaut, daneben liegt eine kleine Tennisanlage, auf der Souphanouvong mit seinen Leibwächtern gerne spielte. Man beachte auch die Garagenhöhle des Prinzen. Der rote Stupa ist das Grab des ältesten seiner drei Söhne, von dem es heißt, er sei 1967 in der Nähe von einem CIA-Agenten erschlagen worden. Am oberen Ende der Treppe, die um ein 2-stöckiges Holzgebäude herumführt, steht gleich links ein windschiefer Grapefruitbaum. Der Baum ist ein Geschenk Ho Chi Minhs bei seinem Besuch 1965 in Vieng Xai.

Prinz Souphanouvong (1909–1995), Cousin des Königs Savang Vatthana und Halbbruder von Souvanna Phouma, besuchte eine französische Schule in Hanoi, studierte anschließend in Frankreich und heiratete nach seiner Rückkehr nach Laos eine Vietnamesin.

Als Lao Issara-Mitglied kämpfte er gegen die französische Vorherrschaft, vertrat jedoch radikalere Positionen und suchte deshalb bald Unterstützung bei den Vietminh. Gemeinsam mit Kaysone Phomvihane und Nouhak Phoumsavanh führte er die Widerstandsbewegung der Pathet Lao im Ersten Indochinakrieg an. Obschon er sich von seiner royalistischen Herrkunft vollständig lossagte, blieb er seinem Halbbruder Souvanna Phouma (1901–1984), einem überzeugten Neutralisten, bis zuletzt verbunden. Nach der Machtergreifung der Pathet Lao und der Gründung der Demokratischen Volksrepublik Laos im Dezember 1975 wurde er zum ersten Staatspräsidenten ernannt. Nur wenige Tage zuvor hatte Souphanouvong den abgesetzten König Savang Vatthana zu seinem obersten Berater und den ehemaligen Premierminister Souvanna Phouma zum Regierungsberater gemacht.

Tham Than Phoumi Vongvichit

Der Eingangsbereich der Höhle wurde 2004 renoviert. Daneben befindet sich die 50 m lange Krankenhaus-Höhle mit 20 Betten, die zum ersten Mal 2004 für Besucher geöffnet wurde.

Phoumi Vongvichit (1909–1994), in Xieng Khouang geboren, hatte schon früh unter der Kolonialregierung führende Positionen in den Provinzen Xieng Khouang und Houaphan inne. Mitte der 40er Jahre kam ihm eine Schlüsselrolle in der Lao Issara zu. Phoumi gehörte zu den Gründungsmitgliedern der Laotischen Volkspartei und wurde in der ersten Koalitionsregierung Minister für Religion und Künste. Bis zur Übernahme des Präsidentenamts von Souphanouvong im Jahre 1986 blieb er zweithöchstes Politbüromitglied und Verantwortlicher für Kultur, Information und Bildung. Nach der Machtübernahme der Pathet Lao veranlasste er die Unterrichtung des buddhistischen Ordens in Marxismus-Leninismus und begründete das damit, dass auch Buddha die klassenlose Gesellschaft angestrebt hatte. Die Mönche sollten dem Volk fortan die Lehre Buddhas in Übereinstimmung mit der Parteipolitik vermitteln. In seinen letzten Lebensjahren wandte sich der ehemalige Kulturminister selbst dem Buddhismus zu und fiel dadurch bei der Partei in Ungnade.

Tham Than Kaysone Phomvihane

Ein gepflegter Garten mit duftenden Frangipani, Mangos und Guaven umgibt die bedeutendste Höhle von allen. Hier tagte zu Kriegszeiten das Zentralkomitee der LVP und nach der Machtübernahme wurden hier, im großen Gebäude gleich links, die wichtigsten Konferenzen zur Nachkriegspolitik abgehalten.

Die Höhle wurde 1968 durch Sprengungen erweitert und in nur 5 Monaten ausgebaut. Die Gebäude davor datieren aus den Jahren 1973/74. Mit 140 m Länge gehört sie zu den größten, und es wird berichtet, dass Kaysone im vorderen Bereich mit seinen Leibwächtern Pingpong spielte. 15 Personen lebten über die Dauer von 9 Jahren in der Höhle, alleine 5 Sekretäre lebten und arbeiteten in der angrenzenden kleinen Höhle. Vom Eingang aus nach rechts mündet ein Gang auf eine natürliche Terrasse, die als offene Küche diente. Der Blick in den Garten fällt auf den überdachten Gang zu einem schmucken Holzhaus, in das die Küche nach dem Krieg verlegt wurde. Vom Eingang aus nach links gelangt man zu einer Reihe möblierter und rekonstruierter Wohnräume, darunter Kaysones Büro, ausgestattet mit Literatur von Ho Chi Minh und Darstellungen von Lenin und Fidel Castro – Letzterer soll die Höhlen in den Jahren 1969 und 1971 von Vietnam aus besucht haben. Beeindruckend auch der Konferenzraum des Politbüros mit einem verstaubten Reliefmodell der Region. Beim Verlassen der Höhle bietet sich ein schöner Ausblick auf die Stadt.

Kaysone Phomvihane (1920–1992), Sohn eines Vietnamesen und einer Laotin, stammt aus der Provinz Savannakhet. Schon früh genoss er eine französische Ausbildung in Hanoi, wo er ein Jurastudium begann, es jedoch wegen seines politischen Engagements bei den Vietminh nicht beendete. Er wurde mit der Gründung der LVP betraut, was ihm 1955 gelang. Kaysone wurde Parteichef und blieb es bis kurz vor seinem Tod. Die Machtergreifung der Pathet Lao im Jahre 1975 schreiben die Regierungsmitglieder hauptsächlich ihm als zeitweiligem Befehlshaber der Pathet Lao-Streitkräfte und deren Strategen zu. Nach 1975 fungierte er als oberstes Politbüromitglied, Premierminister und ab 1991 auch als Präsident. Erst nach seinem Tod etablierte die Partei den Personenkult um Kaysone Phomvihane als Gründungsvater der LVP und LDVP. Seither hat man ihm zu Ehren in jeder Bezirksstadt *(muang)* ein Denkmal gesetzt.

Tham Than Nouhak Phoumsavanh

Diese Höhle auf der schattigen Nordseite des Karstkegels ist kleiner als die anderen. Sie macht jedoch einen besonders aufgeräumten Eindruck. Das Inventar besteht aus wenig mehr als der bekannten Sauerstoffpumpe und einem eisernen Dokumentenschrank. Zum Ausklang des Besuchs empfiehlt sich ein Blick in das hier ausliegende Gästebuch.

Nouhak Phoumsavanh (geboren 1916) stammt aus Savannakhet. Phoumsavanh galt als rechte Hand von Kaysone bei der Stärkung der Pathet Lao, was sich auch in der direkten Nachbarschaft der beiden Höhlen widerspiegelt. Nach Gründung der LDVR wurde er Wirtschafts- und Finanzminister, in den 80er Jahren zählte er zu den vier mächtigsten Ministern und übernahm schließlich als zweithöchstes Politbüromitglied im Jahre 1992 nach dem Tod von Kaysone Phomvihane das Amt des Staatspräsidenten. Nouhak ging 1998 in den Ruhestand. Seine Höhle besucht er noch heute einmal im Jahr.

Essen und Übernachtung

Die Essensstände am Markt (an der Pick-up- und Songtheo-Abfahrtstelle) bieten eine Auswahl an kleinen Gerichten und Erfrischungsgetränken an. Wer mehr Zeit mitbringt, kann in einem der beiden Gästehäuser essen.

Da sich die Höhlen von Xam Neua aus gut an einem Tag besichtigen lassen, übernachten in Vieng Xai nur selten Touristen. Reisende von/nach Vietnam dürften jedoch in Zukunft von den 2 Unterkünften öfters Gebrauch machen.

Naxay Gh., Holzhaus auf Stelzen in einem üppigen, schönen Garten, schräg gegenüber der Höhle von Souphanouvong. 5 saubere Zimmer ohne Bad, mit kleinen Betten, Bambuswänden und Moskitonetzen. Im Restaurant mit Strohdach wird jederzeit *khao khoua* (Bratreis) serviert. ❶
Swampside (Kaenong) Gh., Holzhaus mit Terrassenrestaurant auf Stelzen, direkt am Fischteich.

Einfache und saubere 1- und 2-Bett-Zimmer mit Gemeinschaftsbad. Im Restaurant wird der von der Terrasse aus geangelte Fisch für die Gäste frisch zubereitet! ❶

Transport

SONGTHEOS UND PICK-UPS – fahren morgens um 10 und 11 Uhr vor dem Markt ab. Die letzte Verbindung nach XAM NEUA um 15 Uhr für 8000 Kip, nur mit Glück gibt es noch ein Gefährt gegen 16 Uhr, das Xam Neua im Hellen erreicht. Nach NAMEO (52 km, 2 Std.) für 17 000 Kip muss der Bus um kurz vor 8 Uhr an der Straße 6A abgefangen werden, am besten im Gästehaus nachfragen.

Provinz Xieng Khouang

Den Mittelpunkt der gebirgigen Provinz Xieng Khouang markiert die weitläufige Ebene der Tonkrüge in 1200–1500 m Höhe. Die früher unter dem vietnamesischen Namen Tran Ninh-Plateau bekannte Hochebene grenzt im Osten an Vietnam, im Norden an Houaphan und im Süden an die Provinz Vientiane. Von den knapp 230 000 Einwohnern Xieng Khouangs sind über 50% **Hmong** – nur in dieser Provinz bilden sie die Mehrheit. Außerdem leben hier Phouan, Tai Dam, Khmu und in der Provinzhauptstadt eine große Zahl Vietnamesen.

Die Landschaft des Hochplateaus bietet während der trockenen Monate einen fast unnatürlich kargen Anblick: braun in braun, von roten Wegen durchzogen, dazwischen die schwarzen Flächen abgebrannter Reisfelder. Besonders bizarr wirkt die mit **Bombenkratern** übersäte Landschaft aus der Luft. In den Trichtern sammelt sich Wasser, wodurch hier Büsche und Kiefern besonders gut wachsen und die Krater grün hervorheben. Zur Regenzeit verwandelt sich die hügelige Einöde in sattgrüne Wiesen und Reisfelder. Von 1964–73 war Xieng Khouang neben Houaphan einer der Hauptkriegsschauplätze. Noch heute ereignen sich monatlich bis zu 26 Unfälle mit nicht-detonierten Sprengkörpern (UXO). Der überwiegende Teil endet tödlich, und viele der Opfer sind Kinder.

Hauptsehenswürdigkeit des Plateaus sind die unzähligen behauenen Monolithen, die über die gesamte Region verstreut liegen. **Steinkrüge**, Steinplatten, Menhire (Stelen) und Dolmen aus prähistorischer Zeit zeugen von einer hochentwickelten Megalithkultur, die bislang noch weitgehend unerforscht ist. Außerdem wurden in der Region zahlreiche sehr alte Tongefäße und Gegenstände aus Bronze und Eisen gefunden.

Zwischen dem 16. und 19. Jh. herrschte das Tai-Fürstentum **Muang Phouan** über die Ebene von Xieng Khouang. Die Hauptstadt des Reiches war die im Südosten gelegene Stadt Xieng Khouang, heute Muang Khoun genannt. Wie die Lue in Muang Sing waren die Phouan Theravada-Buddhisten, und ihre Hauptstadt soll einst eine der prächtigsten Städte des Landes gewesen sein. In einem Bericht aus dem 16. Jh. heißt es, dass sie rundum befestigt war und 62 Tempel zählte.

Nahezu alle Schätze Muang Phouans gingen bei Plünderungen durch die chinesischen Ho in den Jahren 1830 und 1869 verloren. Während es die Ho ausschließlich auf die Reichtümer abgesehen hatten, erhoben sowohl die Siamesen als auch die Vietnamesen in dieser Zeit Ansprüche auf das Fürstentum. Ab 1871 zollte Muang Phouan unter Prinz Khamti dem Königreich Hué Tribut, was die Siamesen dazu verlasste, den Prinzen im Jahre 1886 nach Bangkok zu verschleppen.

Ein siamesischer Statthalter übernahm die Regentschaft in Xieng Khouang und Prinz Khamti starb wenige Jahre darauf in thailändischer Gefangenschaft. Ende des 19. Jh. übergab Siam Xieng Khouang an Frankreich, der Status eines Fürstentums wurde ihm aberkannt, jedoch kamen die Provinzgouverneure meist aus den Reihen der Phouan.

Kaum 75 Jahre später brachte der **Zweite Indochinakrieg** ein bislang ungekanntes Maß an Zerstörung und Gewalt über die Provinz. Christopher Robbins beschreibt in seinem Buch *The Ravens* wie Xieng Khouang an nur einem einzigen Tag im April 1969 dem Erdboden gleichgemacht wurde. Kurz zuvor hatten die Piloten des CIA-Fliegertrupps einen der ihren verloren, einen Neuankömmling, der bei seinem ersten Flug über Xieng Khouang abgeschossen worden war:

„Wir waren außer uns vor Wut. An diesem Tag vernichteten wir das gesamte Gebiet in und um Xieng Khouang, die gut 1500 Gebäude der Stadt und weitere 2000 Häuser in der Ebene der Tonkrüge. Die Städte Lat Houang, Ban Ban [heute Muang

Kham] und Khang Khay verschwanden von der Landkarte. Bis zum Ende des Jahres gab es kein einziges Gebäude, das von Bomben verschont geblieben wäre", so der damalige Major der amerikanischen Piloten, die von Long Tieng, der „top-secret base" der Militärregion II, gut 50 km südwestlich von Xieng Khouang aus operierten. Die CIA-Piloten kämpften an der Seite von **General Vang Paos** „Geheimer Armee" und thailändischen Söldnern. Vang Pao setzte zunehmend auf die Taktik eines unnachgiebigen Luftkriegs. Jedoch konnten auch Flächenbombardements keine durchschlagenden Erfolge bringen, solange die Bodentruppen den kommunistischen Kämpfern zeitweise unterlegen waren. In den neun Kriegsjahren konnte auf beiden Seiten kaum eine Stellung auf dem Plateau dauerhaft gehalten werden.

Besonders hart umkämpft war die südwestlich von Phonsavan gelegene größte **Landebahn** von Laos. Ihre Eroberung hätte es den Amerikanern ermöglicht, die Luftangriffe auf Nordvietnam anstatt von Thailand aus von Laos zu starten.

Nicht zuletzt wegen der erbitterten und von Rückschlägen gekennzeichneten Bodenkämpfe richtete sich der Bombenkrieg in Xieng Khouang mehr als in jeder anderen Provinz gegen die zivile Bevölkerung. Ein Zermürbungskrieg aus der Luft, der Tausende von Menschen das Leben kostete oder sie entwurzelte und die Überlebenden noch heute in der Gestalt von UXO verfolgt. Die Bewohner des Plateaus müssen noch über Generationen hinweg mit dem tödlichen Erbe des Zweiten Indochinakriegs leben, und die Landschaft ist nachhaltig vom Krieg gezeichnet.

Phonsavan

Die heutige Provinzhauptstadt Phonsavan (häufig Xieng Khouang genannt) entstand nach 1975, nachdem die Staatsführung beschlossen hatte, ihr Verwaltungszentrum nicht in der ehemaligen Königsstadt der Phouan einzurichten. Der Standort Phonsavans, 33 km nordwestlich der alten Hauptstadt Xieng Khouangs (heute Muang Khoun), war im Laufe der jahrtausendealten Geschichte des Plateaus schon immer von großer strategischer Bedeutung: In Phonsavan treffen zwei aus dem Süden kommende Straßen auf die einzige Ost-West-Achse (Straße 7).

Die meisten Besucher fliegen in die Hauptstadt Xieng Khouangs, um die megalithischen Stätten der **Ebene der Tonkrüge** zu erkunden. Hunderte Steinkrüge sind über die Ebene verstreut, allein 300 unweit der Stadt. Die laotische Regierung ist dabei, die Anerkennung der Stätten als Weltkulturerbe zu beantragen. Dieser verspätete Schritt, ebenso wie die Öffnung der Felder für den Tourismus, scheiterte lange Zeit an der erheblichen Belastung der Region durch nicht-detonierte Sprengkörper. Drei der wichtigsten Felder mit Steinkrügen wurden zwischen 2004 und 2005 von UXO geräumt und die sicheren Abschnitte für Besucher genau gekennzeichnet. Zu besichtigen ist auch ein Schulungszentrum der **MAG** (Mines Advisory Group, 🖥 www.magclearmines.org), in dem Laoten in der Kampfmittelbeseitigung ausgebildet werden. In der Einrichtung kann man sich die verschiedenen Bomben, Granaten und Minen ansehen und die Arbeit unterstützen: Für eine Spende ab US$10 erhält man ein T-Shirt als Anerkennung.

Die Stadt wurde erst 2004 an das Stromnetz angeschlossen. Einige Gästehäuser verfügen über Gasthermen oder Solarzellen: ein willkommenes Extra, wenn die Temperaturen in der kalten Jahreszeit tagsüber auf 10 °C und nachts auf 5 °C absinken oder es während der regnerischen Monate ungemütlich wird.

Orientierung und Vats

Phonsavan hat besonders während der Trockenzeit etwas von der staubigen Szenerie eines Western. Die Stadt wurde nach dem Krieg von vietnamesischen Ingenieuren gebaut, und erst seit 2002 sind alle Hauptstraßen geteert. Breite, teilweise mehrspurige Straßen formen ein großräumiges Raster. Im **Zentrum**, wo sich entlang der Hauptstraße die meisten Gästehäuser und Geschäfte reihen, befanden sich vor 2005 auch die Busstation und der alte Markt, ehe man die Busse aufs freie Feld an den westlichen Stadtrand verbannte und auch den **Markt** in moderne Hallen weiter westlich verlegte. Jenseits der Reisfelder im Süden liegt das Verwaltungszentrum und weiter im Südwesten befinden sich die Busstation nach Muang Khoun und der Flughafen.

Am östlichen Ende der Hauptstraße führt die Staubstraße bergan nach wenigen 100 m zum ältesten Kloster der Stadt. Der Vorgänger des 1993 er-

Die Arbeit von UXO Lao

Im Zweiten Indochinakrieg flogen die USA rund 580 000 Luftangriffe auf Laos, bei denen mehr als zwei Millionen Tonnen Bomben abgeworfen wurden. Fachleute gehen davon aus, dass 30% der Sprengkörper nicht explodiert sind (UXO = Unexploded Ordnance) und bis heute etwa zwei Drittel des Landes kontaminiert sind.

In Nordlaos und im entlegenen Süden sieht man öfter die Hälften von CBU-Bomben (CBU = Cluster Bomb Units), die als Baumaterial, Kästen für Zwiebelbeete, Feuerstelle oder Futtertrog verwendet werden. Eine CBU verstreute bis zu 650 Bomblets (BLU 26), eine tennisballgroße Submunition, die sich gezielt gegen Personen richtete. Von allen UXO-Typen stellen sie das größte Problem dar. Besonders viele Kinder fallen den Eisenbällen zum Opfer, und jedes Jahr verunglücken Bauern beim Pflügen, bei der Brandrodung oder beim Hausbau.

Im Jahre 1994 wurde für die Provinz Xieng Khouang erstmalig ein Regierungsprogramm für die Beseitigung von nicht-detonierten Sprengkörpern mit internationaler Unterstützung vereinbart. Die britische MAG entsandte Experten nach Xieng Khouang (später auch nach Saravan und Khammouan) und half maßgeblich bei der Gründung des staatlichen UXO Lao-Programms. In den Jahren 1996–2004 unterstützte die deutsche Gerbera UXO Lao in den Provinzen Luang Prabang und Houaphan bei der Kampfmittelbeseitigung und der Ausbildung von Räumteams. Weitere internationale Partner kamen hinzu, so dass die Arbeit auf die neun am stärksten **belasteten Provinzen** ausgeweitet werden konnte. Teams von UXO Lao wurden in Xieng Khouang, Saravan, Luang Prabang, Houaphan, Savannakhet, Khammouan, Sekong, Attapeu und Champasak aktiv, unterstützt von Organisationen aus Großbritannien, Deutschland, Belgien, Norwegen und Australien. Die USA, die für dieses Problem verantwortlich sind, beteiligen sich nur finanziell.

Im Zeitraum 1996–2003 wurden mehr als 1100 Laoten zu Räumarbeitern oder Führungskräften ausgebildet. Insgesamt konnten 400 000 nicht-detonierte Sprengkörper beseitigt und 3500 ha Land geräumt werden. Außerdem wurden mehr als 1 Million Menschen allen Alters darüber aufgeklärt, wie man Sprengkörper erkennt und welche Gefahren sie bergen. 221 Unfälle wurden gemeldet, allerdings dürfte die Dunkelziffer wesentlich höher liegen.

Erst seit 2005 sind die drei größten Stätten der **Ebene der Tonkrüge** innerhalb der gekennzeichneten Flächen kampfmittelfrei. In jahrelanger Arbeit hat UXO Lao in Zusammenarbeit mit MAG und Unesco die insgesamt 70 ha große Fläche geräumt. Insgesamt 127 nicht-detonierte Sprengkörper wurden dabei gefunden.

Bis 2008 plant UXO Lao weitere 10 000 ha Land zu räumen. Das Ziel der ausländischen Experten, dass die laotischen Räumteams in Eigenverantwortung arbeiten, wurde bis 2004 weitgehend erreicht. Heute leisten ausländische Experten nur noch bei weiterführenden Schulungen und komplexen praktischen Aufgaben Hilfestellung. Von den 50 Millionen Dollar, die das Programm bis 2004 gekostet hat, steuerte die Bundesregierung acht Millionen bei. Die USA trägt einen Teil der Ausbildungskosten, und auch die EU ist finanziell beteiligt. Die UXO-Belastung ist jedoch so immens, dass die Beseitigung aller Kampfmittel in Laos – im gegenwärtigen Tempo fortgeführt – noch etwas über 1000 Jahre dauern würde. In unwegsamen und stark bewaldeten Gebieten wird es nie zur vollständigen Räumung kommen.

Die UXO-Fachleute schaffen bei der Zurückgewinnung von Kulturland für viele Laoten eine neue und sicherere Lebensgrundlage. Paradox ist dagegen, dass die in alten Baumstämmen verwachsenen Bombensplitter den besten Schutz der laotischen Urwälder darstellen. Die Metallsplitter bedeuten erhebliche Risiken für Sägeblätter und Arbeiter, so dass die Holzindustrie vor kontaminierten Wäldern Halt macht.

🖳 www.magclearmines.org
🖳 www.gerbera-demining.de

bauten **Vat Santiphab** fiel Ende der 60er Jahre den Bomben zum Opfer. Alte Fundamente auf dem Vorhof des *sim* deuten den Grundriss des ursprünglichen Gebäudes an. Die Atmosphäre der Anlage mit buddhistischer Grundschule ist zum Sonnenuntergang besonders schön, wenn sich die Mönche und Novizen in der *sala* zu Rezitationen versammeln.

Hinter dem Siwithmay Restaurant und auf der Höhe des neuen Marktes liegt der vergleichsweise unscheinbare **Vat Banthern**. An dem blauen *sim* aus Holz erzählen zwölf Bilder die Geschichte von Buddhas Erleuchtung. Die südlich zur Hauptstraße parallel verlaufende Staubstraße führt durch ein dörfliches Viertel mit stattlichen traditionellen Stelzenbauten, die direkt an Reisfelder grenzen.

Auf dem Hügel vor dem nördlichen Ortseingang glitzern die weißen Gräber des **Friedhofs**. Aus der Nähe betrachtet, findet man drei unterschiedliche Arten von Grabstätten vor: laotische *that kaduk,* vietnamesische Grufte, eckig mit Bild des Verstorbenen, und chinesische Gräber, die von einer bogenförmigen Mauer umgeben sind.

Soldatendenkmäler

Etwa 3 km südlich des Stadtzentrums stehen sich ein laotisches und ein vietnamesisches Denkmal auf zwei benachbarten Hügeln gegenüber. Das **Laotische Kriegsdenkmal** auf der östlichen Erhebung wurde 1998 zum Gedenken an die mehr als 4000 in der Provinz gefallenen Pathet Lao-Kämp-

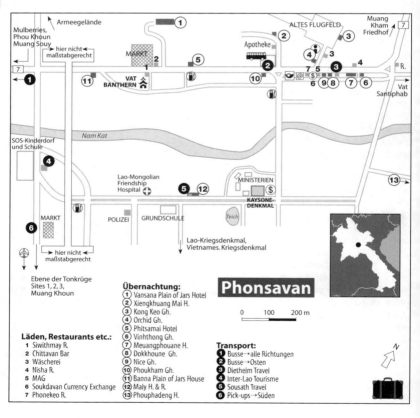

fer errichtet. Ihre Asche soll im That beigesetzt worden sein. An den Namenstafeln wird noch gearbeitet, bislang sind 1500 Soldaten namentlich verzeichnet. Eintritt 2000 Kip.

Das vietnamesische Denkmal auf dem westlichen Hügel wurde 1992 erbaut. 1996 überführte die vietnamesische Regierung die sterblichen Überreste der hier bestatteten Soldaten nach Vietnam und baute die Stätte zum **Monument der Laotisch-Vietnamesischen Freundschaft** um. Man beachte die Statuen der verbündeten Kämpfer (Vietnamese mit Stahlhelm) und die zwei Relieftafeln, auf denen selbst die vietnamesischen Architekten (linke Außenseite) geehrt werden, die beim Aufbau Phonsavans geholfen haben. Eintritt 5000 Kip, Tuk Tuk ca. 10 000 Kip.

Ebene der Tonkrüge

Die Franzosen nannten die Ebene von Xieng Khouang „Plaine des Jarres" nach den Hunderten von ausgehöhlten Monolithen, die sie übersäen. Im „Geheimen Krieg" benutzten die Amerikaner die Kürzel „PDJ" oder „J" als Bezeichnungen für den Kriegsschauplatz „Plain of Jars". Möglicherweise wurde der Name von den Legenden der Tai inspiriert, in denen die Steinkrüge gigantische Becher darstellen, aus denen die Riesen *kha* vor Tausenden von Jahren Reiswein tranken. Im Französischen kann *jarre* sowohl ein Tonkrug als auch ein Steinkrug sein, die deutsche Übersetzung „Ebene der Tonkrüge" ist leider missverständlich: Gefäße aus Ton wurden hier nur vereinzelt in Form von Urnen gefunden und sind an einem Ort wie diesem unbedeutend (s. auch Kasten S. 300)

Die überdimensionalen **Steinkrüge**, die an dickwandige Tonnen oder Vasen erinnern, sind einmalig auf der südostasiatischen Halbinsel. Vergleichbare Monolithen sind nur aus dem indonesischen Sulawesi und dem indischen Assam bekannt, sie weisen jedoch keine Ähnlichkeiten auf, die Rückschlüsse auf eine Verbindung zwischen diesen Megalithkulturen zuließen. Die Krüge in Xieng Khouang sind aus verschiedenen Sandsteinen der Region (feinkörnig bis grob und quarzhaltig) gehauen, ihre Größen und Formen variieren und auch ihre Ausarbeitung fällt sehr unterschiedlich aus. In der Regel ist ein Steinkrug etwa 2 m hoch bei einem Durchmesser von bis zu 1,50 m. Die Form ist mal bauchig, mal eher zylindrisch und mal sogar annähernd eckig. Die Aushöhlungen sind rund 1,50 m tief und zwar unabhängig von der Gesamthöhe des Gefäßes. Der verbleibende Teil bildet einen dicken, massiven Boden, durch den der Monolith in sich stabil wird und seine aufrechte Position beibehält.

Von den mehr als zehn bekannten Stätten mit Steinkrügen werden drei besonders eindrucksvolle, darunter auch die größte, regelmäßig von Touristen besucht. Site 1 liegt nur 2 km Luftlinie vom südwestlichen Stadtrand Phonsavans entfernt. Auf der Straße in Richtung Muang Khoun zeigt rechts ein Schild die letzten 2 km zur „Jar site" an. Zu den Sites 2 und 3 gelangt man ebenfalls zunächst über die Straße nach Süden. Der Abzweig liegt rund 5 km von Phonsavan entfernt, kurz vor Ban Lat Houang. Ab hier folgt man einer staubigen Piste weitere 8 km nach Ban Na Kho (Site 2) und rund 12 km bis nach Ban Xieng Di (Site 3). Eintritt 7000 Kip pro Stätte.

Site 1 (Thong Hai Hin)

Dieses Feld mit etwas mehr als 300 Steinkrügen ist das größte von allen. Es breitet sich über drei Hügel aus. Auf der ersten Erhebung befindet sich auch der mit Abstand größte Steinkrug der Ebene (3,25 m hoch mit einem Durchmesser von 3 m). Im Jahre 1931 gab es hier noch insgesamt 500 Exemplare. Die aufgewühlte Erde, der Schützengraben um den Haupthügel sowie zwei Bombenkrater in unmittelbarer Nähe der Krüge zeugen von der Zerstörung und Plünderung vieler Monolithen. Der Hügel ist der beste Aussichtspunkt bei Sonnenuntergang. Ein Besuch soll sich während der regnerischen Monate auch zum Sonnenaufgang lohnen. Zu dieser Jahreszeit bleibt der Frühnebel aus, und mit dem Aufsteigen der Sonne scheint es so, als würden die Krüge (und die Berge) wachsen.

Weiter geht es in Richtung Südwesten, wo man sich durch unzählige Steinkrüge an einem von Eukalyptus gesäumten Hang den Weg zum dritten Hügel bahnt. An einem der Krüge lässt sich (mit Mühe) das Relief einer menschlichen Figur ausmachen. Die Darstellung ist bisher einmalig und wird deshalb als nicht ursprünglich eingeschätzt. In einem Bogen gelangt man zu einer Höhle in einem Kalksteinfels. Colani erkannte in der Höhle ein **Krematorium** aus prähistorischer Zeit. Sie erforschte die Höhle lange bevor die Pathet Lao sich hier über Jahre hinweg verschanzten. In den 30er Jahren enthielt die oberste Erdschicht im Innern reichlich Asche mit verbrannten menschlichen Knochenresten, eine große Menge Scherben und sogar einzelne intakte Urnen. Die Höhle wurde insgesamt erweitert, die Öffnung abgerundet, der Boden behauen und zwei Löcher in der Decke so bearbeitet, dass sie als Rauchabzugschächte genutzt werden konnten.

Site 2 (Hai Hin Phou Salato)

Das Feld in der Nähe von Ban Lat Sen erstreckt sich über zwei Hügel und zählt rund 70 Krüge. Auf dem östlichen Hügel, der fantastische Ausblicke in alle Himmelsrichtungen bietet, stehen zwei Bäume, die aus Steinkrügen herauswachsen und diese vor langer Zeit gesprengt haben. Die Aushöhlungen einiger Steinkrüge sind außergewöhnlich groß. Folglich sind sie dünnwandiger und ihr Boden besitzt weniger Masse, wodurch ihr Schwerpunkt ungünstig gelagert ist. Vielleicht sind deshalb besonders viele der größten Krüge umgestürzt und beschädigt. An dieser Stätte liegen auch mehrere bemerkenswerte Steinscheiben, darunter auf dem westlichen Hügel eine, die ein deutlich sichtbares Tierrelief aufweist.

Site 3 (Hai Hin Lat Khai)

Der reizvolle Spaziergang von Ban Xieng Di über einen Bambussteg und einen Pfad durch die Reisfelder ist ein Teil des Ziels: In den 30er Jahren wurden auf dem Hügel und in dessen unmittelbarer Umgebung 155 Krüge und 22 Steinscheiben gezählt, und auch heute kommt man auf soviele Krüge. Viele der Steinscheiben scheinen jedoch überwuchert oder entwendet worden zu sein. Wie alle Steinkrüge der Sites 1–3 sind auch diese aus einem groben, quarzhaltigen Sandstein.

Übernachtung

Die beliebtesten Gästehäuser liegen an einem etwa 300 m langen Abschnitt der Hauptstraße (Straße 7) im Zentrum. Die besseren Unterkünfte befinden sich weiter außerhalb. Wegen der niedrigen Temperaturen gibt es in den Zimmern nicht immer einen Ventilator und auch Moskitonetze fehlen meist.
Von West nach Ost:

UNTERE PREISKLASSE – *Phoukham Gh.*, gegenüber der alten Busstation, ✆ 061-312121. Im Obergeschoss von Indochina Travel mit 6 einfachen Zimmern mit/ohne Bad und Warmwasser durch Gasthermen. Die Zimmer zum Flur sind etwas dunkel. Tourangebot und Internet. ❶

Xieng Khouang Mai Hotel, Ende der Straße hinter der alten Busstation, ✆ 061-312049. Einfaches, ehemals staatliches Hotel mit teils geräumigen Zimmern mit Bad, Ventilator und TV. ❷

Nice Gh., beim Abzweig zur Touristeninformation, ✆ 061-312454, 020-5616246, ✉ naibthoj@hotmail.com. Nagelneues und wie der Name schon sagt, wirklich ordentliches Gästehaus mit nettem Management. Twinbed-Zimmer sind teurer als DZ. ❷

Dokkhoune Gh., ✆ 061-312189, größtes Gästehaus im Zentrum, in dem Tourgruppen und viele Backpacker absteigen. Unpersönliche, wenngleich gute Unterkunft mit 2 modernen, zurückversetzten Gebäuden. Alle Zimmer gefliest und mit Bad und Warmwasser, im rechten Haus 9 etwas neuere Zimmer. Verschiedene interessante Tourangebote, um US$7 p. P. ❶–❷

Kong Keo Gh., am alten Flugfeld, ✆ 061-211354, 020-5516365, ✉ kongkeojar@hotmail.com, 🖥 www.kongkeojar.com. Im Hauptgebäude preiswerte Zimmer mit/ohne Bad, in einem schönen Garten geräumige Holzhäuser mit Bad. Der Strom fürs Warmwasser wird mit Solarenergie erzeugt. Gemütliche Terrasse mit Musik, gutes Essen, ideal zum Relaxen. Kong Keo spricht hervorragend Englisch und seine Touren sind zu empfehlen. ❶–❷

Meuangphouane Hotel, östlich der großen Festhalle, ✆ 061-312046, in einem flachen Bau liegen 6 schöne Zimmer mit Veranda, Bad und Warmwasser. Überwiegend laotische Gäste. ❷

Vinhthong Gh., weiter östlich, ✆ 061-312047. Langjähriger Favorit unter jungen Travellern ist dieses familiäre Gästehaus mit preiswerten Zimmern, 7 mit Bad, 2 ohne Bad, mit Moskitonetzen und Warmwasser über Gasthermen. Der Innenhof ist üppig begrünt und den Eingang schmückt viel Bomben-„Deko". Die Familie spricht gut Englisch. ❶

Die Monolithen auf der Ebene der Tonkrüge sind bis zu drei Meter hoch und 15 Tonnen schwer

MITTLERE PREISKLASSE – Diese 3 neuen Gästehäuser bieten wirklich guten Standard: mit Bad und TV, teils Kühlschrank für US$15.

Banna Plain of Jars House, 600 m westlich des Zentrums, ✆ 061-212484, 020-5561116, ✉ chansmon@laotel.com. DZ auf 2 Stockwerken, mit Kühlschrank; EZ günstiger. ❸

Phitsamai Hotel, 300 m westlich des Zentrums, gegenüber der Tankstelle, ✆ 061-211678, 020-2202814. Beeindruckendes Foyer mit aufwendiger Holzschnitzerei und viel Rattan. 5 gemütliche Zimmer mit Holzdielen im Obergeschoss. ❸

Orchid Gh., in der Straße zur Touristeninformation, ✆ 061-312403. Auffälliges großes, grünes Gebäude mit den neuesten Zimmern in der Stadt. Voraussichtlich sehr komfortabel. Preis inkl. Frühstück. ❸

OBERE PREISKLASSE – ***Vansana Plain of Jars Hotel***, auf einem Hügel nördlich des Zentrums, ✆ 061-213170-3, ✆ 213174, ✉ vphotel@laotel.com, 🖥 www.vansanahotel-group.com. Traumhafte Lage, 36 Zimmer mit Blick auf die Hügellandschaft im Norden oder die Stadt im Süden. Mit Restaurantterrasse. ❺

Maly Hotel, ✆ 061-312031, ✆ 312395, ✉ sousathp@laotel.com, 🖥 www.malyht.laotel.com. 24 sehr unterschiedliche Zimmer in mehreren Gebäuden. Die schönsten Räume sind großzügig geschnitten, mit getönter Fensterfront hin zu Gärten und Bambushainen, andere sind rustikal eingerichtet mit Sitzgruppe und TV. Im Restaurant hängen interessante Informationen aus. Touren von Sousath Travel, s. u., Visa- und Mastercard werden akzeptiert. ❷–❹

Phouphadeng Hotel oder *Auberge de la Plaine des Jarres*, US$40, ✆ 030-5170282, ✆ 5170011, ✉ auberge_plainjars@yahoo.fr. Das Hotel wurde 1992 von einem laotisch-französischen Ehepaar eröffnet. In der Gestaltung des Restaurants mit Aussichtsterrasse und der Bungalows mit

Feuerstelle und Natursteinwand wird der französische Einfluss deutlich. Das Hotel liegt auf einem Hügel im Osten der Stadt; 10 DZ, 4 EZ und ein 3-Bett-Zimmer. In der Nebensaison US$10 günstiger. Im Restaurant wird laotische und französische Küche serviert. 30 Minuten zu Fuß vom Zentrum entfernt. ❹–❺

Essen und Unterhaltung

RESTAURANTS – Kulinarisch bietet Phonsavan keine große Auswahl, dafür ist die ein oder andere Besonderheit darunter:
Phonekeo Restaurant, nahe der Kreuzung, an der Hauptstraße. Ein Favorit unter Laoten, Expats

Das Rätsel der Steinkrüge

Die erste und bis heute detaillierteste Erforschung der Steinkrüge unternahm die französische Archäologin **Madeleine Colani** Anfang der 30er Jahre. Sie stellte fest, dass es sich bei der Ebene der Tonkrüge um eine Begräbnisstätte handelt, womöglich die Nekropole einer gut organisierten Gesellschaft. Sowohl in den Krügen als auch in ihrer direkten Umgebung fand Colani die Überreste eingeäscherter Knochen und Perlen aus farbigem Glas und Stein. Von den Perlen (bis zu 15 mm Durchmesser) nimmt man an, dass sie nicht aus der Region stammen. Der Wohlstand dieser Zivilisation, die so viel Arbeit in die Bestattung ihrer Toten steckte, gründete womöglich auf dem Handel von Salz und Eisen, der zwischen Nordvietnam, Yunnan und dem Khorat-Plateau (Thailand) über die Hochebene verlief.

Das Alter der Krüge gibt bis heute das größte Rätsel auf. Die bis zu 15 t schweren Steine mussten transportiert und mit Eisenwerkzeugen in mühsamer Kleinarbeit bearbeitet werden. Zudem wurden an drei weiteren Orten in der Ebene megalithische Grabstätten in Form von **Dolmen** (kelt. „Steintisch", Urnengrab; auf Tragsteinen aufliegende Steinplatte) und Dutzende von **Menhiren** (Stelen) gefunden. Wissenschaftler vermuten, dass die Zivilisation der Menhire und Dolmen vor 500 v. Chr. anzusiedeln ist und sich die Kultur der Steinkrüge um 500–100 v. Chr. daran anschloss. Hier könnte man eine Verbindung zu den megalithischen Funden in Houaphan herstellen, s. S. 284, dagegen spricht allerdings, dass bei der Herstellung der dortigen Schiefenstelen scheinbar keine Eisenwerkzeuge verwendet wurden.

Auf den Feldern der Steinkrüge und an den Stätten der Menhire liegen runde **Steinscheiben**, deren Bedeutung ebenfalls ungeklärt ist. Es wird ausgeschlossen, dass sie als Deckel der Krüge fungiert haben könnten. Zum einen passen sie nicht auf die Öffnungen, zum anderen gibt es davon weitaus weniger. Außerdem wurde bis heute kein einziger verschlossener Steinkrug gefunden. Die Vermutungen gehen dahin, dass die Gefäße entweder offen blieben oder mit Holzdeckeln verschlossen wurden. An einigen ist der obere Rand so abgestuft, dass ein Deckel gut aufgelegen haben könnte. Auf der Mitte der Steinscheiben, in die vielfach dekorative konzentrische oder spiralförmige Rillen eingemeißelt sind, sitzt ein Knopf oder, seltener, eine Tierdarstellung. Ungelöst ist die Frage, warum die Scheiben mit ihrer bearbeiteten Seite nach unten, Colani wörtlich „zum Mittelpunkt der Erde gerichtet", in den Boden gelegt wurden. Sie impliziert, dass es Grabdeckel gewesen sein könnten, und tatsächlich haben Archäologen in den 90er Jahren ein menschliches Skelett freigelegt, jedoch nicht im Zusammenhang mit den Steinscheiben.

Vor allem aufgrund der politischen Situation in der Region und der großen Gefahr durch nichtdetonierte Sprengkörper (UXO) sind die Steinkrüge und anderen Monolithen der Ebene von Xieng Khouang bisher kaum erforscht. Ein glücklicher Umstand ist es, dass die Ergebnisse von Madame Colani aus einer Zeit stammen, in der die Steinkrüge noch nicht durch die Bombardierungen des Zweiten Indochinakriegs und durch gierige Sammlerhände dezimiert wurden. Heute zählt man bis zu einem Drittel weniger Gefäße als in den 30er Jahren.

und Touristen, besonders abends. Die Atmosphäre ist nett und das Essen authentisch: scharfer Geflügelmagen, Plazentasalat, gebackener Aal, würziges *laap* oder doch Spaghetti? Guter *café lao*.

Nisha Restaurant, östliches Ende der Hauptstraße. Abendlicher Travellertreffpunkt Nr. 1, von einer sehr netten Familie geführt. Reichhaltige indischer Kost, auch Masala Dosai; gerne Vorbestellungen für Proviant zum Abholen früh morgens. ⊕ 6.30–22 Uhr.

Siwithmay Restaurant, beim Abzweig zum Vansana. „Neues Leben" heißt die Gartenbar für laue Abende; auf Sindat (laotischer Feuertopf) spezialisiert und heimische Cocktails wie Muang Phouan, Xieng Khouang Fruit Wine, Red Sun, Blue Sun ... danach ins Chittavan gegenüber?

Maly Restaurant, im Maly Hotel, an der südlichen Parallelstraße. Gemütliches Restaurant mit ausgezeichneter Küche in großen Portionen zu Dollarpreisen. Trifft man zudem Mr. Sousath, erfährt man viel Wissenswertes über die gesamte Region.

DISCO – *Chittavan Bar*, beim Abzweig zum Vansana. Natürlich laute Karaokebar, in der sich die Stadtjugend zu Beerlao und Singproben trifft. Geht der Strom vorzeitig aus, wird der eigene Generator eingeschaltet, ⊕ tgl. bis 23 Uhr.

Touren

ZU DEN STEINKRÜGEN – Während viele Gästehäuser an den Kosten für Fahrer und Minibus sparen und ihre Gäste größeren Gruppen (ohne Guide) zuteilen, führen die folgenden Unterkünfte eigene Touren mit Englisch sprechenden Guides durch: **Kong Keo Gh.**, **Dokkhoune Gh.** und **Maly Hotel**. Bei mindestens 4 Pers. kosten die 3 Jar-Sites US$8–10 p. P., zzgl. 7000 Kip Eintritt je Stätte. Es werden auch Touren nach Muang Khoun, Muang Kham mit Tham Piu und Muang Souy angeboten. Bei Gruppen von 8 Pers. für rund US$10 p. P.

Sousath Travel, im Maly Hotel, 🖳 www.malyht.laotel.com, vom langjährigen Kenner der Ebene konzipierte Tagestouren zu den Sites, nach Muang Kham und zu dem historisch bedeut-samen Muang Souy, im Zweiten Indochinakrieg Landebahn der Amerikaner (Lima 108) und Thai-Söldner-Camp. Auch mehrtägige Touren zu entlegeneren monolithischen Stätten möglich. Hierzu zählt der 1996 entdeckte Steinbruch am Phou Keng, wo teilweise unvollendete Steinkrüge liegen.

Inter-Lao Tourism, ✆ 061-312104, beim neuen Douangkeomany Hotel, im Südwesten. Der deutschsprachige Guide Mr. Lit, ✆ 020-5636334, kann privat vor Ort gebucht werden.

SEIDENPRODUKTION – Führungen durch die Seidenraupenfarm, Werkstätten und das Schulungszentrum von **Mulberries** nach Voranmeldung unter ✆ 020-5521408, 🖳 www.mulberries.org, ⊕ Mo–Fr 8.30–16 Uhr.

Sonstiges

APOTHEKEN – Eine recht gut sortierte Apotheke befindet sich hinter der alten Busstation; außerdem mehrere Stände im neuen Markt.

EINKAUFEN – Der 2005 eröffnete neue Markt gleicht einem modernen Einkaufszentrum und liegt rund 500 m westlich des Zentrums. In weitläufigen Hallen werden Textilien, Hausrat, Schuhe und Schmuck angeboten. Neben dem schweren Silberschmuck der Hmong sind auch ihre Hochzeitsgewänder sehenswert: Zu grellen Kleidern mit neonfarbenem Tüll werden Taschen getragen, die mit Pailletten, Glöckchen und aus Aluminium nachgepressten Francs Indochinois-Münzen besetzt sind.

Auf dem Gelände finden sich neben zahlreichen Ständen von vietnamesischen Textilhändlern, die Hallen des **Talat Heng** (trockene Lebensmittel) und **Talat Sot** (frische Lebensmittel). Hier gibt es ein beeindruckendes Sortiment an Fleisch, frischen Reisnudeln, Gewürzen, Obst und Gemüse, darunter Äpfel aus China, Orangen und Weizen (für Baguettes) aus Vietnam.

FAHRRADVERLEIH – Die Behörden tun sich noch schwer mit dem Gedanken, dass Touristen die Gegend auf Zweirädern ohne Guide erkunden könnten. Derzeit werden keine Fahrräder verliehen.

FILME UND FOTOARBEITEN – *Phonsavan Colour Lab*, neben der Post, ✆ 061-312191 oder 211320, bietet ein gutes Filmsortiment, Fotokopien, Internet und wechselt bare US$ und Baht zu guten Kursen. ⏱ tgl. 18–23 Uhr.

GELD – *Lao Development Bank*, 1 km südlich des Zentrums, ✆ 061-312188, 🖷 312301. Travellers Cheques und bare Dollar, Euro und Baht werden gewechselt. Eine Angestellte spricht sehr gut Englisch. ⏱ Mo–Fr 8.30–12, 13–15.30 Uhr. Außerhalb dieser Zeiten wechseln auch das Phonsavan Colour Lab, s. o. oder *Soukdavan Currency Exchange*, im Zentrum, ✆ 061-312409, 020-5975556, ✉ chsouk@yahoo.com. Hier auch Moneygram. ⏱ 8–19 Uhr.

INFORMATIONEN – *Touristeninformation*, in der Straße in Richtung altes Flugfeld, ✆ 061-312217. Es hängen einige interessante Infos aus. ⏱ Mo–Fr 8–12, 13–16 Uhr.

INTERNET – Zwei Internet Cafés befinden sich gleich neben der Post, der Preis liegt bei 300 Kip/Min. ⏱ tgl. 8.30–22 Uhr.

MEDIZINISCHE HILFE – *Lao Mongolian Friendship Hospital*, an der südlichen Parallelstraße, ist nur mit dem Nötigsten ausgestattet.

POLIZEI – gegenüber dem Lao Mongolian Friendship Hospital.

Grenzübergang nach Vietnam

Erst seit 2004 ist die Grenze über **Nong Het** nach **Ky Son** für den internationalen Grenzverkehr geöffnet. Von Phonsavan aus ist die 130 km entfernte Grenze über die gut ausgebaute Straße 7 in 3 Std. erreicht. Auf vietnamesischer Seite wird die Strecke noch ausgebaut und Reisende berichten von abenteuerlichen Fahrten mit beträchtlichen Verzögerungen. Visa on Arrival für Laos werden an der Grenze ausgestellt. Das Visum für Vietnam muss man sich vorab besorgen.

POST – Die gut organisierte Post/Telecom befindet sich am Kreisverkehr im Zentrum. ✆ 061-312200, 🖷 312476. **Ferngespräche** mit detaillierter Gebührenliste möglich, ⏱ Mo–Fr 8–12, 13–17 Uhr.

WÄSCHEREI – gegenüber dem Orchid Gh., in der Straße zum alten Flugfeld. Gewaschen wird zu hohen Stückpreisen in der Maschine.

Nahverkehrsmittel

Für alle Ziele jenseits der Hauptstraße im Zentrum sind Tuk Tuks notwendig. Es fahren **Sammeltaxis** zwischen dem Kreisverkehr im Zentrum und der Busstation im Südwesten für wenige Tausend Kip. Die Tour mit dem Tuk Tuk zu den Soldatendenkmälern kostet ca. 10 000 Kip, gleicher Preis zum Flughafen.
Zu den Stätten der **Ebene der Tonkrüge** dürfen offiziell keine Tuk Tuks fahren.

Transport

BUSSE UND SONGTHEOS – Von Phonsavan fahren Busse alle größeren Ziele an. Auf Teilstrecken verkehren auch unregelmäßig Songtheos, hier nicht aufgeführt. Die **neue Busstation** liegt auf freiem Feld gut 4 km westlich vom Stadtzentrum. Busse nach Norden und nach Vietnam werden früh morgens oft an der **alten Busstation** im Zentrum beladen. Man spart Zeit und Geld fürs Tuk Tuk, wenn man sich hier schon vorab einen Platz sichert (im Gästehaus erkundigen).
Nach Westen: VANG VIENG (218 km, 6 1/2 Std.) um 7.15 Uhr für 60 000 Kip; VIP-Busse um 7.30 und 18 Uhr für 70 000 Kip.
VIENTIANE (374 km, 10 Std.) um 7, 9 und 15 Uhr für 75 000 Kip; VIP-Busse um 7.30 und 18 Uhr für 85 000 Kip.
LUANG PRABANG (232 km, 10 Std.) um 8.30 Uhr für 70 000 Kip.
In PHOU KHOUN (111 km, 4 Std., 50 000 Kip) treffen diese Busse auf die Straße 13.
Der Bus **nach Norden** fährt um 8 Uhr über NAM NEUN (141 km, 4 Std.) für 35 000 Kip nach XAM NEUA (239 km, 7–8 Std.) für 60 000 Kip; der Nachtbus von Vientiane (nicht zu empfehlen!)

nach Xam Neua passiert Phonsavan um ca. 18 Uhr.
XAYSOMBOUN (143 km) um 10 Uhr für 50 000 Kip.
Bus nach Vietnam: VINH (403 km, 10–12 Std.) zur Zeit der Recherche nur Di und Fr um 18.30 Uhr für 110 000 Kip (US$11). Die laotische Straße 7 bis zur Grenze in Nong Het ist in einem gutem Zustand. Auf vietnamesischer Seite, ab Ky Son, befindet sich die Fernstraße noch bis voraussichtlich 2007 im Bau. Bis dahin ist die Strecke über weite Teile eine Piste und man muss sich auf ungewisse Fahrzeiten einstellen.
Von der **südlichen Bushaltestelle** fahren ca. alle 2 Std. Minibusse oder Songtheos ins 33 km entfernte MUANG KHOUN, in knapp 1 Std. für 8000–10 000 Kip. Ein Tuk Tuk für den rund 3-stündigen Ausflug kostet US$12.

FLÜGE – Lao Airlines-Tickets werden bisher nur am Flughafen Phonsavan rund 4 km westlich der Stadt verkauft. Im Flugplan ist Phonsavan unter „Xieng Khouang" aufgeführt.
VIENTIANE 1x tgl. in 40 Min. für US$53;
LUANG PRABANG 1x wöchentl. in 30 Min. für US$38.

Muang Khoun (Xieng Khouang)

Die alte Hauptstadt Xieng Khouangs ist in einer knappen halben Stunde über eine neue geteerte Straße ab Phonsavan zu erreichen. Die 33 km führen zunächst durch die kahle Hügellandschaft der Ebene, von Bombenkratern und **Schwalbenfallen** – quadratische rote Erdflecken – gezeichnet. In der Regenzeit zieht die feuchte Erde Insekten an, die wiederum die Schwalben (angeblich Zugvögel aus Russland!) anlocken, welche dann von den Fängern von ihrem Unterstand aus mit Netzen gefangen werden. Eingelegte, fermentierte Schwalben *(nok aen toong)* mit saurer Chilipaste *(tschäo bong)* sind die Delikatesse der Region. Unterwegs passiert man einige große Hmong-Dörfer, und die Landschaft wird zunehmend grüner bis man schließlich das bewaldete Tal von Muang Khoun erreicht.

Die Einwohner Phonsavans sprechen mit sichtlichem Stolz von Muang Khoun (früher Xieng Khouang genannt), der ehemaligen Provinzhauptstadt und dem alten Zentrum des Tai-Fürstentums **Muang Phouan**. Nicht wenige sehen in Muang Khoun nach wie vor die Hauptstadt Xieng Khouangs und bezeichnen Phonsavan als bloßes Verwaltungszentrum. Bei der Spurensuche nach dem früheren Phouan-Reich muss man heute jedoch sehr genau hinsehen: Nur drei Ruinen zeugen noch von der Existenz der einstigen Königsstadt, die im 16. Jh. für ihre großen Reichtümer und prächtigen Tempelbauten gerühmt wurde.

Nach dem Scheitern der zweiten Koalitionsregierung im Jahre 1963 zogen sich die führenden Pathet Lao-Mitglieder aus Vientiane in die Ebene der Tonkrüge zurück. Schon im Jahr darauf erhielten die Revolutionäre in der damaligen Hauptstadt **Xieng Khouang** Verstärkung von ihren nordvietnamesischen Kampfgenossen. Das gegnerische Lager unter dem Kommando von General Vang Pao baute sein Hauptquartier in Long Tieng auf und drang, von den USA aus der Luft unterstützt, von Südwesten her in die Ebene vor. Xieng Khouang lag fast ein Jahrzehnt lang im Mittelpunkt der erbitterten Kämpfe. Die gegnerischen Truppen bezogen in der Stadt abwechselnd Stellung, bis sich die Amerikaner im Jahre 1973 aus der Region zurückzogen und die ehemaligen Verbündeten ihrem bitteren Schicksal überließen.

Muang Khoun wird häufig als Programmpunkt auf der Tour zu den Steinkrügen besichtigt. An einer Schranke am Ortseingang wird ein Eintritt von 7000 Kip fällig. Gleich daneben befindet sich das *Manivanh Gh.,* 061-212464, 020-2345396, mit 11 preiswerten Zimmern und einem guten kleinen Restaurant. Der Ort kann jedoch ohne weiteres in einem halben Tag von Phonsavan aus besucht werden, s. „Transport" und „Touren".

Monumente und Vats

Nördlich auf einer Erhebung kündigt der geschwärzte **That Foun** (auch That Chomphet) die Ankunft in Muang Khoun an. Auf dem gegenüberliegenden Hügel sind die Überreste seines einstigen Zwillings nur andeutungsweise zu erkennen. Der Anblick der beiden die Königsstadt flankierenden Stupas war früher sicherlich beeindruckend. That Foun ist zwar in einem sehr schlechten Zustand, doch seine hochgezogene Glockenform und die verbliebenen Stuckverzierungen im Ayutthaya-Stil (ab 14. Jh.) zeugen von einstiger Pracht und machen ihn zu einem der ältesten seiner Art in Laos. Plünderer haben das Bauwerk regelrecht ausgehöhlt. Damals kam ein noch älterer kleiner achteckiger Stupa zum Vorschein, von dem heute nichts mehr übrig ist. That Foun liegt am Ende des Weges, der zunächst an der Ruine der französischen **Kolonialvilla** vorbei bergan führt.

Die Ruine des **Vat Phia Vat** aus dem 16. Jahrhundert liegt am südlichen Ortsende. Seine große Buddhastatue aus Ziegel steht seit den schweren Bombardierungen vor mehr als 30 Jahren unter freiem Himmel und die häufig abgebildete Silhouette des Heiligtums ist landesweit bekannt. Würde man in Laos einen Ort für ein Mahnmal suchen, wäre dies das richtige Objekt. Der ehrwürdige Satou (Abt) stellt Palmblattmanuskripte selbst her und zeigt interessierten Besuchern gern die im neuen *sim* untergebrachten wertvollen Bronzestatuen (Spende erbeten).

Der wiederhergestellte *sim* von Vat Siphom liegt westlich des Manivanh Gh., von der Hauptstraße etwas zurückversetzt. Hier ist die Ruine des That von Interesse. Anders als That Foun besitzt **That Siphom** einen quadratischen Grundriss, vergleichbar mit That Luang in Vientiane. Seine abgestufte Form und erhöhte Basis sowie die vier Nischen im oberen Bereich, in der jeweils eine kleine Buddhastatue ihren Platz findet, zeichnen ihn als einen klassischen laotischen Reliquienturm aus. Diese Art von eckigem That geht auf das Turmheiligtum der Khmer zurück (vgl. That Ing Hang).

Von Phonsavan nach Muang Kham

Auf halbem Weg von Phonsavan in Richtung Osten nach Muang Kham erreicht man nach 25 km **Ban Thachok**, erkennbar an einer hohen Überdachung nahe der Straße. Sonntags findet hier von 4–9 Uhr ein großer **Hmong-Markt** statt. Die Bevölkerung der umliegenden Dörfer verkauft Bienenwaben, dunklen Waldhonig, Larven, Vögel, Frösche, Nagetiere und *sarapao* (ähnlich wie Dampfnudeln, herzhaft gefüllt).

Das weiter östlich gelegene Hmong-Dorf **Ban Nasala** wird gelegentlich im Rahmen von Touren besucht. Hier sind Einblicke in die naturnahe Lebensweise der Hmong, z. B. die stabile Bauweise ihrer Holzhäuser – ebenerdig, mit Holzschindeldächern – möglich, interessant ist hier jedoch besonders der von den Bewohnern vielseitig verwendete Eisenschrott aus dem Zweiten Indochinakrieg. Aus Lochblechen (Sandbleche), die von den geheimen Fliegern zur Befestigung ihrer Landebahnen („Lima Site" genannt) verwendet wurden, sind Zäune und Ställe geworden. Auffälliger sind die langen Bombenhälften, so genannte Mutterbehälter für Submunition, die als Stelzen für Reisspeicher, Einfassungen für Beete, Feuerstellen oder als Futtertröge zu einer sinnvollen Daseinsform gefunden haben. Es ist fraglich, wie die scheuen Bewohner die Touren in ihr Dorf sehen, denn sie scheinen bislang nicht von den Besuchern zu profitieren.

Auf dem Weg nach Ban Nasala fährt man ein kurzes Stück über einen von den Vietnamesen gebauten **Versorgungspfad** (nicht direkt Teil des Ho-Chi-Minh-Pfads, der nur im Süden so bezeichnet wird); sicherlich mit ein Grund für die großen Mengen an Bombenschrott in Ban Nasala.

Muang Kham

In Muang Kham (genauer Ban Chom Thong) trifft die Straße 6 aus Xam Neua auf die Straße 7 in Richtung Vietnam. Eine Hand voll Sehenswürdigkeiten liegen in der Umgebung des Dorfes. Sie lassen sich jedoch auch im Rahmen einer Tagestour von Phonsavan aus besuchen.

Auf der Straße 6 in Richtung Norden kommt man am Ortsrand an einem Friedhof vorbei, und bald darauf zweigt eine Staubstraße links nach **Tham Piu** ab (5 km von Muang Kham entfernt). Die tiefe Höhle ist nur mit Begleitung bis ans Ende zu begehen. Sie befindet sich in einiger Höhe und ist heute Gedenkstätte für über 400 Menschen, vorwiegend Frauen und Kinder, die hier 1968 durch einen Bombenangriff zu Tode kamen. Jenseits des gestauten Bachs erinnert ein That an die Opfer, unter denen auch fünf vietnamesische Ärzte vermutet werden. Es heißt, dass die Höhle als vietnamesisches Lazarett genutzt und von einem amerikanischen Piloten dreimal ins Visier genommen wurde, bevor sie vollständig ausbrannte. Einer Version zufolge soll ein amerikanischer Colonel die betreffende Maschine geflogen haben. Unmittelbar danach wurde sein Flugzeug abgeschossen, doch man sagt, er habe sich retten können und sei anschließend mehrmals gesehen worden. Er gilt seither als MIA (Missing in Action) und seine Ange-

Vat Phia Vat fiel im Zweiten Indochinakrieg den Bomben zum Opfer

hörigen haben noch in den 90er Jahren intensiv nach ihm suchen lassen. Eintritt 4000 Kip.

Rund 3 km südöstlich von Muang Kham führt eine Staubstraße ins **Khmu-Dorf** Ban Nasok. Es liegt am Ufer des Nam Mat, zu erreichen über eine lange Hängebrücke am Ende der Straße. Ganz in der Nähe befinden sich an einem Nebenfluss **heiße Quellen**. Folgt man dem Weg ab der Hängebrücke etwas weiter, gelangt man zu dem eindrucksvollen **Phouan-Dorf** Ban Sang direkt am Nam Mat. Die Bewohner leben vom Reisanbau und Fischfang. Mit etwas Glück kann man bei kunstvollen Webarbeiten zusehen, und wer mag, kann auf zwei weiteren Hängebrücken seine Balance erproben. Touren werden von Sousath Travel in Phonsavan angeboten.

Übernachtung und Essen

Sengdeuan Gh., nach dem Abzweig zur Straße 6, rechts an der Straße 7 in Richtung Nong Het, ☏ 061-212415. Die Lage unmittelbar am Markt und an der Bushaltestelle ist praktisch, neue komfortable Zimmer in netter Atmosphäre. ❶ Direkt nebenan: Gute schnelle Küche für wenig Geld im ersten **Restaurant** gleich östlich des Abzweigs. Zur Auswahl stehen Fö und verschiedene Tagesgerichte, einfach in die Töpfe linsen.

Transport

BUSSE UND SONGTHEOS – fahren vom Platz beim Markt und der Kreuzung ab.
PHONSAVAN (52 km, 2 Std.) mehrmals tgl. für 10 000 Kip.
NONG HET (78 km, 2 Std.) mehrmals tgl. für 10 000 Kip.
NAM NEUN (89 km, 3 Std.) 2x vormittags für 15 000–20 000 Kip.
XAM NEUA (187 km, 6 Std.) 1x tgl. in für 50 000 Kip.

Provinz Xaignabouri

Xaignabouri liegt als einzige Provinz des Landes westlich des Mekong. Sie bildet einen schmalen Landstreifen zwischen dem Mekong im Osten und einem 645 km langen unwegsamen Grenzgebiet zu Thailand im Westen. Die landschaftlich einmalige Provinz weist einige der größten zusammenhängenden Urwaldflächen und bis zu 2000 m hohe Berge auf. Zahlreiche Flüsse durchqueren die Region von West nach Ost und speisen den Mekong, allein zwei fließen durch das Naturschutzgebiet **Nam Phoun NPA** im Südwesten. In keiner anderen Provinz leben so viele Elefanten, und man begegnet hier auch häufiger **Arbeitselefanten** als anderswo. Ein Elefanten-Camp liegt etwa 45 km südlich der Provinzhauptstadt, ein weiteres befindet sich in **Hongsa**, das gut vom Mekong aus zu erreichen ist.

Die Bevölkerungsdichte Xaignabouris ist mit 19 Einwohnern pro Quadratkilometer am zweithöchsten unter den Nordprovinzen. Die Besiedelung konzentriert sich in den sehr fruchtbaren Ebenen entlang der einzigen Nord-Süd-Route. Zu Zeiten als Xaignabouri noch zum Königreich Luang Prabang gehörte, lagen hier die königlichen Reisfelder und Teakvorräte. **Henri Mouhot** schrieb 1861 über seine Reise von Paklai nach Tha Deua, dass „die Häuser elegant und geräumig waren, größer als alle bisher Gesehenen", ebenso musste er hier nicht mehr wie zuvor im Dschungel unter freiem Himmel übernachten, sondern fand jede Nacht in einem Dorf oder Tempel eine Schlafstätte.

Die am wenigsten von Touristen besuchte Provinz von Nordlaos weist noch heute einen überdurchschnittlichen Wohlstand auf. Finanzielle Unterstützung durch im Ausland lebende Hmong sowie der Schmuggel von Drogen und Holz manifestieren sich im landesweit höchsten Pro-Kopf-Einkommen. Auf der Straße von Xaignabouri in Richtung Paklai durchquert man zahlreiche große Marktorte, Hmong- und Khmu-Dörfer, in den weitläufigen Reisfeldern wird gefischt und die in regelmäßigen Abständen platzierten Tankstellen zeugen vom regen Straßenverkehr. Auch die Horden uniformierter Schulkinder, die mittags die Straßen bevölkern, lassen das Schulsystem in einem guten Licht dastehen.

Der südliche Grenzübergang Kenthao, unweit von Loei in Thailand, ist als **Schmuggelroute** für Autos und hochwertige Güter aus Thailand berüchtigt. Der zweite Grenzübergang, **Muang Ngeun** im Norden, ist in Ausnahmefällen auch für ausländische Besucher geöffnet. Die Verbindung auf der Höhe des thailändischen Nan ist unter wirtschaftlichen Gesichtspunkten interessant. 2003 kündigte die laotische Regierung den Bau einer Brücke über den Mekong nach Pakbeng sowie eine neue Straße an. Doch seit dem Ausbau der Straße 3, die China nun durch die Provinz Luang Namtha mit Thailand verbindet, dürfte dieser Plan in weite Ferne gerückt sein.

Hongsa

Ein ganz besonderes Elefantenrefugium liegt eine gute Stunde landeinwärts vom Mekonghafen Tha Souang. Die von Oliver Bandmann gegründete und mit deutscher Unterstützung gebaute Klinik widmet sich ausgedienten oder kranken Arbeitselefanten aus Xaignabouri und dem benachbarten Thailand. An die 60 Tiere leben hier zeitweise mit ihren Mahouts.

Das Projekt baut auch alte laotische Holzhäuser wieder auf, die als wertvolles Baumaterial notgedrungen zum Verkauf stehen. Die stilvollen Stelzenhäuser, einige vollständig aus Rosenholz *(padouk)*, verfügen über eine hohe Veranda, von der man früher direkt auf den Elefantenrücken steigen konnte. Projektinfos unter 🖳 www.help-elephants-laos.info. Das *Jumbo Gh.*, ❷, und das *Lotus Café* heißen Besucher willkommen.

Anreise ab Luang Prabang oder Houay Xai mit dem Boot nach Tha Souang, 30 km/1 Std. flussabwärts von Pakbeng. Ab Tha Souang kosten die 25 km (1 1/4 Std.) auf einer schlechten Piste nach Hongsa 20 000 Kip im Songtheo oder US$25 im gecharterten Pick-up. Mit dem Auto aus Thailand sind es 40 km von Muang Ngeun.

Xaignabouri

Eigentlich ist die Anfahrt zur Provinzhauptstadt zugleich der Höhepunkt einer Reise nach Xaignabouri. Aus Luang Prabang kommend folgt eine teilweise asphaltierte Straße zunächst dem Tal des Houay Khan, bevor sie in die liebliche und fruchtbare Talsohle des Nam Nane hinabsteigt. Beim Anblick der sattgrünen Reisfelder und Orangen-

plantagen vor blauen Gebirgszügen bekommt man bereits einen Geschmack von dem, was die Landschaft Xaignabouris zu bieten hat. Auch wenn die Straßenbeschaffenheit sich in den letzten Jahren deutlich verbessert hat, kann das Vorankommen nach heftigen Regenfällen, wenn sich die stellenweise tiefe Sandpiste in eine Schlammwüste verwandelt, eine langwierige Angelegenheit sein.

Die Stadt selbst liegt in einer weiten Ebene an einer Schleife des Nam Houng. Die Zahl der Verwaltungsgebäude übersteigt fast die der Wohnhäuser, und in kaum einer anderen Stadt des Nordens nehmen die Regierungsbauten ähnliche Ausmaße an. Mitten im Zentrum steht die 2005 fertig gestellte Hauptverwaltung der Provinz, dreistöckig und in Palastmanier. Der Bau überragt das New Sayaboury Hotel um ein Stockwerk und im Zentrum eines geometrisch angelegten Gartens kommt das restaurierte Kaysone-Denkmal zu neuer Geltung.

Die Sehenswürdigkeiten der Stadt sind schnell zusammengefasst: der Markt, diverse Spaziergänge durch die Wohnviertel, ein Blick auf den Fluss an einer der Fähranlegestellen und vier Vats. Die Bevölkerung ist dennoch an den Anblick von westlichen Gesichtern gewöhnt, da sich hier immer eine Hand voll Entwicklungshelfer aufhält. Es hat sich herumgesprochen, dass Westler gern mehr bezahlen, und so werden hier – ohne bislang Erfahrungen mit hartnäckigen Backpackern gemacht zu haben – von vornherein überhöhte Preise angesetzt.

Das reichhaltige Angebot des **Marktes** umfasst gebratene Frösche und Feldratten, außerdem viel Gemüse und in der Trockenzeit *mak deui,* die maisähnliche Frucht, die auch in der Umgebung überall angebaut wird. **Vat Sisavangvong**, nördlich des Zentrums, ist das mit Abstand größte und wichtigste Kloster. Die *kuti* quillen vor Novizen regelrecht über und die idyllische Anlage mit neuem *sim* lohnt den Besuch. Zwei historisch bemerkenswerte Klöster liegen 2–3 km südlich der Stadt. Auf dem Weg zum ältesten, es heißt, 400 Jahre

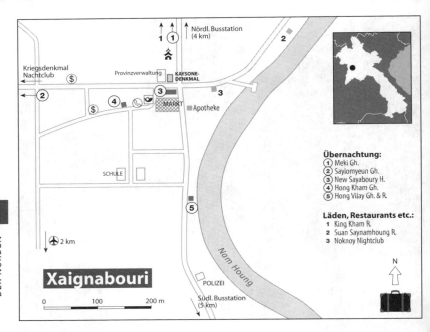

alten Vat Ban Ngai kommt man am noch vollständig aus Holz bestehenden **Vat Ha Phoun** vorbei. Man folgt der Hauptstraße in südliche Richtung und biegt auf der Höhe des Vat Ha Phoun, 1 km südlich der Polizei, links ab. Am Ende der Staubstraße befindet sich das stimmungsvolle Gelände von **Vat Ban Ngai**. Die Ruine des alten *sim* wurde nicht überbaut, sondern wird weiterhin in Ehren gehalten. Zudem ist der That interessant sowie die *sala* mit Messingglocke und davor der hölzerne *pong*, der zur Ankündigung des morgendlichen Almosengangs geschlagen wird. **Vat Taranaram** liegt im Norden der Stadt und fällt am bescheidensten aus.

Anfang Oktober beginnen in allen Klöstern die Vorbereitungen für die Bootsrennen zu *Boun Ok Phansa*. Dann werden die schmucken Pirogen draußen aufgebockt, und mit etwas Glück kann man beim Zimmern und Bemalen der Boote zuschauen oder erlebt sogar, wie sie auf dem angeschwollenen Nam Houng zum Wettkampf eingesetzt werden.

Übernachtung

Eine Hand voll Unterkünfte bieten guten Standard zu recht günstigen Preisen.

Meki Gh., 200 m südlich des King Kham Restaurant, ✆ 074-2399388. Neueste Unterkunft der Stadt mit sauberen gefliesten 2- und 3-Bett-Zimmern mit Bad. Empfehlenswert. ❷

Hong Kham Gh., neben der Telecom, ✆ 074-211381. Traditionelles, kürzlich renoviertes Holzhaus. Große Zimmer mit/ohne AC und Bad, ein 3-Bett-Zimmer, von einem gastfreundlichen älteren Ehepaar geführt. ❶–❷

Saylomyeun Gh., etwa 1 km außerhalb des Zentrums, linker Hand an der Straße zum Kriegerdenkmal, ✆ 074-211156. Neu gebautes Hotel im Motelstil, schöne saubere Bungalows mit Bad. ❷

New Sayaboury Hotel, an der Hauptkreuzung, ✆ 074-211116. Alles andere als neu sind die Zimmer des 1999 eröffneten, großen Hotels. Selbst die besten Zimmer sind abgewohnt und die Durchlauferhitzer bleiben auch bei Stromzufuhr außer Betrieb. Die Zimmer nach Süden überblicken den Markt und die Stadt. Das Personal spricht Englisch. ❶

Hong Vilay Gh., an der Hauptstraße, im Süden der Stadt, ✆ 074-211068. Das große Holzhaus ist in keinem guten Zustand, einfache 2- und 3-Bett-Zimmer. Über den Hof liegt das dazugehörige, schön am Nam Houng gelegene **Terrassenrestaurant**. ❶

Essen und Unterhaltung

RESTAURANTS – Außer Fertiggebratenem auf dem Markt oder einer Suppe in einer der Küchen im Zentrum beschränken sich die Möglichkeiten auf einige Lokale am Fluss oder entlang der Hauptstraßen.

Im *Hong Vilay Gh.*, s. o., sitzt man gut direkt am Nam Houng und es gibt ausgezeichnetes chinesisches Essen. Das Terrassenrestaurant wird auch zum Fernsehen genutzt: Für die jeweilige Kundschaft flimmern dann auf einem Bildschirm laotische, auf dem anderen chinesische Programme. Abends auch Karaoke.

Suan Saynamhoung Restaurant, großes Holzgebäude in einer Grünanlage mit Terrasse direkt am Fluss. Thai-Food, chinesisches und laotisches Essen, dazu eine ausführliche Getränkekarte inkl. Johnny Walker und Wodka. Hohe Preise, der Kundschaft aus Geschäftsleuten und dem gelegentlichen Expat angepasst. Besonders am Wochenende Biergarten-Atmosphäre. Nur abends geöffnet.

King Kham Restaurant, an der Hauptstraße, 1 km nördlich der Kreuzung. Ein einfaches laotisches Restaurant, das eine preisgünstige Alternative darstellt.

DISCOS – In Xaignabouri gibt es 2 Nachtclubs/Karaokebars, in die es einen vielleicht treibt, wenn man hier mehrere Tage verbringt. Der große bestuhlte Saal des *Noknoy Nightclub* liegt in Richtung Nam Houng-Ufer, ganz in der Nähe der Hauptkreuzung. Ein anderer Club, hier wird eher getanzt, liegt am westlichen Stadtrand, ca. 500 m vor dem Kriegsdenkmal auf der südlichen Straßenseite.

Sonstiges

GELD – *Lane Xang Bank* tauscht bare Dollar, Euro und Baht sowie American Express Travellers Cheques zu 2% Gebühren, ⊙ Mo–Fr 8.30–15 Uhr.

POST – In der gut ausgestatteten Post können Faxe verschickt und Postkarten und Bürobedarf gekauft werden, Fotokopien. ✆ 074-211488. Gleich um die Ecke ist das **Telecom Office**, ✆ 074-211254, ⊙ Mo–Fr 8–12, 13–17 Uhr.

Nahverkehrsmittel

Tuk Tuks verkehren vom Markt. Die Strecke zu den Busstationen oder zum Flughafen kostet 5000 Kip. p. P.

Transport

BUSSE UND PICK-UPS – Xaignabouri verfügt über eine nördliche und eine südliche Busstation, beide liegen 4–5 km außerhalb. Die Pick-ups fahren unregelmäßig und je nachdem wie viele Passagiere mitfahren, werden von Touristen höhere Fahrpreise verlangt.

Nördliche Busstation: Nach LUANG PRABANG (112 km) zunächst mit dem Pick-up nach THA DEUA (27 km) am Mekong, 4x tgl. in 1 Std. für ca. 20 000 Kip. Nach der Bootsüberfahrt nach PAK KHON für 10 000 Kip p. P. steigt man für 5 km in einen Pick-up bis MUANG NANE für 5000 Kip. Ab hier fahren 3x tgl. bis mittags Songtheos nach Luang Prabang in 2 Std. für 25 000 Kip. VIENTIANE (447 km) über Luang Prabang, um 14 Uhr in 20 Std. für 90 000–100 000 Kip.

Südliche Busstation: Nach PAKLAI (143 km, 4 Std.) 2–3x tgl. Pick-ups für 25 000 Kip.

FLÜGE – Der Flughafen liegt im Südwesten der Stadt, ca. 3 km vom Zentrum entfernt. Verbindungen nach VIENTIANE 2x wöchentl. für US$53.

Paklai

Paklai liegt direkt am Mekong und erstreckt sich über wenige Kilometer südlich der Mündung des Nam Lai. Als „fast schon ein Übermaß an Größe und Erhabenheit" beschreibt Henri Mouhot den beeindruckenden Anblick des an dieser Stelle 1000 m breiten Stroms vor der sehr bergigen, menschenleeren Landschaft. Auf seiner Reise im Jahre 1861 plante Mouhot hier, von seinem Elefanten in ein Boot umzusteigen. Der Dorfchef riet ihm von der Bootsfahrt ab, da der Mekongabschnitt bis Luang Prabang wegen vieler Stromschnellen nur in 15 beschwerlichen Tagen zurückzulegen war. Mouhot setzte deshalb seine Reise auf dem Rücken eines Elefanten fort.

Das heutige Paklai ist ein verschlafenes Städtchen, das aus kaum mehr als zwei Parallelstraßen und einer Reihe weitläufiger Freiflächen besteht. Auf der Höhe des Bootsanlegers befindet sich eine große Wiese, die auch als Sportplatz genutzt wird, und an deren Südecke ein winziger Stupa mit rotem Stern die Ortsmitte markiert. Weiter südlich schließt sich der Markt hinter der ersten Häuserzeile an. Rund um das Karree liegen Verwaltungsgebäude, Geschäfte, eine Apotheke sowie die Post, Telecom und Bank. Die meisten Behörden, z. B. das Finanzamt, sind in verwitterten Kolonialgebäuden untergebracht.

Die Klöster vor Ort sind der von zahlreichen Novizen bevölkerte Vat Sisavangvong im Norden und Vat Sisatsoumphone im Südwesten.

Übernachtung

Zwei Gästehäuser liegen direkt am Mekong und nah beieinander:
Seng Cha Leune Gh., ✆ 074-211995, großes modernes Gebäude mit gefliesten Böden und mehreren Balkonen; 15 Zimmer mit Bad, Warmwasser, mit/ohne AC. Angeschlossen ist ein stilvolles und empfehlenswertes Restaurant mit Blick auf den Mekong. ❷
Nördlich des Bootsanlegers liegt das nach der Tochter des Besitzers benannte
Jainh Ny Gh., ✆ 074-211733, 020-2365971.
6 einfache Zimmer mit Fan, Moskitonetzen und Gemeinschaftsbad im alten Holzhaus und 9 Zimmer mit Bad und Warmwasser im neuen Haus direkt am Ufer. Das beste Zimmer liegt direkt unterm Dach mit eigenem Balkon und fantastischem Blick auf Mekong und Bootsanleger, Gemeinschaftsterrasse. Ende 2005 war ein weiteres Holzhaus im traditionellen Stil mit 4 DZ mit Bad im Entstehen. ❶–❷

Essen

In Paklai sollte man das sehr gute Terrassenrestaurant des *Seung Cha Leung Gh.* nicht versäumen; die thailändisch beeinflusste Tom Ka Gai und alles mit Fisch ist ausnehmend lecker (Fischcurry, *laap pa)*.
Mr. Pheng Restaurant, offene Terrasse am Bootsanleger, eher eine Aussichtsplattform als an ein Restaurant, auf der sich morgens alles drängt; ebenfalls beliebtes Fischrestaurant. Zum Frühstück gibt es *café lao* mit Fettgebäck oder *khao khoua*.
Nang Noi's Restaurant, an der Wiese auf der Höhe des kleinen Stupa. Ein Lebensmittelgeschäft mit einem Schnellrestaurant kombiniert. Nur Fö oder *khao khoua*, auch zum Mitnehmen. In den Regalen stehen Chips, Kekse sowie *lau lao*, chinesischer Wein und Whisky.

Transport

PICK-UPS – ab der 3 km entfernten Busstation im Norden.
XAIGNABOURI (143 km, 4 Std.) 2–3x tgl. für 25 000 Kip.

BOOTE – Das ***Ticket Office***, ✆ 074-215924, öffnet um 8 Uhr seine Pforten. Für Touristen gibt es noch immer eine offizielle Registrierungsstelle.
Reguläre **Slow Boats**, genannt „Hurry Boat", fahren 3x wöchentl. (Mo, Mi, Sa) nach VIENTIANE. Abfahrt ist um 9 Uhr in 7–8 Std. für US$18.
Speedboote verkehren von einem Anleger wenige Kilometer südlich der Stadt; Abfahrt ist tgl. vormittags; sie werden je nach Bedarf von bis zu 8 Pers. gechartert und legen die Strecke in 4 Std. für rund US$25 zurück.
Der Bootsservice nach Luang Prabang ist aufgrund von Stromschnellen und der besser ausgebauten Straße eingestellt.

Zentrallaos

Tham Kong Lo sechs Kilometer im Boot durch den Berg S. 319
Umgebung von Thakhek Karstkegel, Höhlen und heilige Schreine S. 331
Savannakhet das koloniale Flair der zweitgrößten Stadt S. 334
That Ing Hang hoch verehrt und jahrhundertealt S. 343
Trekking in den neu erschlossenen Naturschutzgebieten Phou Khao Khouay,
Phou Hin Boun, Dong Phou Vieng oder Phou Xang He **S. 314, S. 328** und **S. 339**

Eingebettet zwischen Mekong und Annamitischer Kordillere bilden die zentralen Provinzen Borikhamxai, Khammouan und Savannakhet das schmale Verbindungsglied zwischen Nord- und Südlaos, ein schöner Landstrich, der bislang nur von wenigen Touristen besucht wird.

Ein Viertel der **Bevölkerung** lebt hier, auf einem Fünftel der Landesfläche. Die fruchtbare Mekongebene wird überwiegend von Lao, Phoutai, Phouan und Mieuy bewohnt. In den Bergen im Osten siedeln viele Angehörige der Mon-Khmer Sprachfamilie und Hmong. Sechs **Naturschutzgebiete** bieten Besuchern eine artenreiche Tierwelt und die letzten großen Waldbestände des Landes. Erst seit kurzem wurden einige davon für den Tourismus erschlossen. Die Städte **Thakhek** und **Savannakhet** zeichnen sich durch Kolonialarchitektur und eine schöne Lage am Mekong aus.

Zentrale Nord-Süd-Achse ist die geteerte Straße 13, von der die Straßen 8, 9 und 12 zur vietnamesischen Grenze abzweigen. Die Übergänge am Keo Neua Pass (Straße 8) und am Lao Bao Pass (Straße 9) werden regelmäßig von Touristen genutzt. Grenzübergänge mit Thailand bestehen in Pakxan, Thakhek und Savannakhet.

Provinz Borikhamxai

Für die meisten Reisenden ist die knapp 15 000 km² große Provinz Borikhamxai nur eine Durchgangsstation auf dem Weg in den Süden, nach Norden oder zur vietnamesischen Grenze. Manche verbringen eine Nacht im öden **Lak Xao**, um am nächsten Morgen nach Vietnam zu reisen. Andere stranden nach etlichen Busstunden aus den Südostprovinzen im beschaulichen Verwaltungszentrum **Pakxan**. Doch der Großteil lässt die weniger als 300 km in einem Stück an sich vorüberziehen – und das ist eigentlich schade. Denn auch wenn die Provinz keine großen Sehenswürdigkeiten hat: Die raue **Karstlandschaft** im Ostteil ist von bizarrer Schönheit, und die **Nam Hinboun-Region**, eigentlich schon Khammouan, definitiv einen Besuch wert.

Borikhamxai beginnt etwa 80 km östlich von Vientiane und war vor der Verwaltungsreform in den 80er Jahren Teil der Nachbarprovinzen. Dichter Wald und einer Reihe mittelhoher Gebirge (1000–1600 m) prägen die Provinz, deren zahlreiche Flüsse, darunter der Nam Kading, hier in den Mekong münden. Im Zentrum befindet sich das touristisch unerschlossene **Nam Kading NPA**, mit 1740 km² eines der größeren Naturschutzgebiete des Landes. Hier leben Elefanten, Tiger und Bären. Trekking und Tierbeobachtung sind im dicht bewaldeten **Phou Khao Khouay NPA** möglich (S. 156 und 314).

Die 225 000 **Einwohner** verteilen sich auf gut 330 Dörfer. Das ethnische Mosaik setzt sich aus mehr als 20 Gruppen zusammen, von denen die Mehrheit zur Tai-Sprachfamilie gehört. Entlang dem Mekong leben neben Lao und Mieuy auch viele Phouan, die im 19. Jh. von den Siamesen vom Xieng Khouang-Plateau in die Tiefebene umgesiedelt wurden. Weiteren Zuwachs erhielt die Region während des Zweiten Indochinakrieges, als die USA tausende Flüchtlinge aus dem Norden und dem Zentrum des Landes evakuierten. Im östlichen Teil Borikhamxais, an der Grenze zu Vietnam, leben zudem viele Hmong. Eine Besonderheit der Provinz ist die **katholische Gemeinde** in Pakxan und dem Bezirk Pakkading, ein Ergebnis französischer Missionsarbeit im 19. Jh.

Hauptverkehrsader ist die **Straße 13**, auf der täglich etliche Busse Richtung Norden und Süden unterwegs sind. In Ban Vieng Kham, knapp 90 km südöstlich von Pakxan, zweigt die **Straße 8** nach Osten zum laotisch-vietnamesischen **Grenzübergang** am Keo Neua Pass ab. Er ist auch für Ausländer geöffnet. Die Straße ist geteert, jedoch sehr kurvenreich, so dass die 135 km Fahrt bis zur Grenze etwa drei Stunden dauert.

Von Vientiane nach Süden

Bevor die Straße 13 bei Pakkading diagonal in den Süden führt, schlägt sie einen 200 km langen Bogen in nördöstlicher Richtung. Das Stück wurde Ende der 80er Jahre mit schwedischer Hilfe gebaut, war jedoch schon wenige Jahre später wieder so marode, dass ein Teil der Strecke noch einmal geteert werden musste. Kurz vor der Provinzgrenze überquert die Straße den Nam Ngum, einen der längsten Flüsse des Landes (354 km). Er mündet nur wenige Kilometer südöstlich bei **Pak Ngum** in den Mekong. Der Ort, etwa 75 km von Vientiane entfernt, ist jährlicher Schauplatz des mysteriösen Feuer-Spektakels *Bang Fai Phaya Nak*, das fast alle

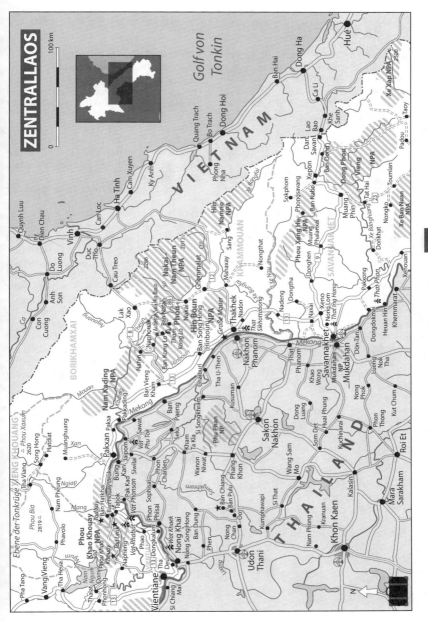

Der Atem des Naga-Königs

Jedes Jahr zum Vollmond am Ende der buddhistischen Regenzeiteinkehr *(phansa)* steigt der mächtige Naga-König aus den Tiefen des Mekong empor und bläst zu Ehren Buddhas leuchtende Feuerbälle in den Himmel. So lautet die jahrhundertealte Legende zu einem Phänomen, das sich jährlich im Oktober nahe Pak Ngum ereignet und unter Laoten als *Bang Fai Phaya Nak*, „Feuerbälle des Naga-Königs", bekannt ist.

Augenzeugen zufolge beginnt das Spektakel kurz nach Sonnenuntergang. Am Zusammenfluss von Nam Ngum und Mekong erscheinen blass schimmernde Blasen auf der Wasseroberfläche, die nach Sekundenbruchteilen geräuschlos in den Himmel steigen. Zehntausende Menschen versammeln sich jedes Jahr an beiden Ufern, um das Ereignis zu bestaunen.

Der Glaube an den Atem einer Naga, jenes mythischen Schlangenwesens, ist unter Laoten und Thais fest verwurzelt. Als die thailändische Fernsehstation iTV einmal in einem Bericht behauptete, es handele sich dabei nur um Leuchtgeschosse, waren die Proteste so groß, dass sich die Produzenten öffentlich entschuldigten.

Aber auch viele Wissenschaftler glauben nicht an ein übernatürliches Phänomen. Einem neueren Ansatz zufolge herrschen auf dem Grund des Flusses günstige Bedingungen für die Entstehung von Methan-Nitrofen-Gas mit 19-prozentigem Reinheitsgrad. Im Zusammenspiel mit Bakterien, Sauerstoff, UV-Strahlung und hohen Temperaturen steigt es zu bestimmten Zeiten an die Oberfläche und erzeugt einen rötlichen Schein.

Viele Schaulustige, die sich jedes Jahr im Oktober nach Pak Ngum aufmachen, können sich jedoch weder von der einen noch der anderen Theorie überzeugen: Sie bleiben in dem kilometerlangen Stau stecken, der die Zufahrtsstraßen wegen des großen Andrangs verstopft.

Laoten kennen, aber nur wenige wirklich gesehen haben (s. Kasten).

Vat Phrabat und Vat Phonsan

81 km östlich von Vientiane erreicht die Straße 13 Vat Phrabat, eine der wichtigsten Pilgerstätten der Provinz. Der Tempel wird vor allem wegen des **Fußabdrucks von Buddha** *(phra bat)* verehrt, der sich im *sim* hinter dem Stupa befindet. Der Abdruck stammt vom rechten Fuß und weist in Richtung Mekong. In seiner Mitte befinden sich die Glückssymbole, darunter das Rad der Lehre, die der Erleuchtete auf Handflächen und Fußsohlen gehabt haben soll.

Der hoch aufragende **Stupa**, der bereits von der Straße aus zu sehen ist, wurde Anfang der 30er Jahre errichtet. Er besteht aus drei reich verzierten Stufen, deren oberste von einem Flammenbaum geschmückt wird. Der nahe gelegene **Trommelturm** beherbergt eine der größten Trommeln des Landes. Im Gebäude nordöstlich des *sim* befindet sich ein **liegender Buddha**. Jedes Jahr zum Vollmond im Juli wird im Vat Phrabat ein großes Fest gefeiert.

Südlich der Straße 13, gegenüber Vat Phrabat, führt ein 3 km langer Weg zum stimmungsvollen Vat Phonsan. Auf dem Hügel, wo heute der Tempel steht, soll Buddha einst gerastet haben, bevor er auf dem Gelände des Vat Phrabat seinen Fußabdruck hinterließ. Vom *sim*, den man über mehr als 70 Stufen erreicht, hat man einen schönen Blick auf den Mekong.

Busse und Songtheos aus Vientiane in Richtung Süden (1–2 Std.) oder von Pakxan nach Norden (1 Std.) halten auf Wunsch am Vat Phrabat.

Phou Khao Khouay NPA

Das 2000 km² große Phou Khao Khouay NPA nordöstlich von Vientiane ist eines der ältesten **Naturschutzgebiete** in Laos. Für viele ist es auch eines der schönsten. Kiefern und Mischwald bedecken das durchschnittlich 700 m hohe Sandsteingebirge, das von den Flüssen Nam Mang, Nam Leuk und Nam Gnong durchzogen wird. Höchster Berg ist der Phou Ho (1671 m) im Nordosten. Neben Elefanten, Bären und Gibbons leben hier auch die seltenen Ährenträgerpfauen. Zu den Highlights zählen die **Wasserfälle** Tad Xay und Tad Leuk und der **Stausee** Ang Nam Leuk.

Der Name *phou khao khouay* bedeutet „Berg des Wasserbüffelhorns". Die Nähe zu Vientiane macht das Naturschutzgebiet zu einem idealen Tagesausflugsziel. Seit einiger Zeit werden hier **Trekkingtouren** angeboten (auch von Ban Na, s. S. 156).

Ban Hatkhai

Bester **Ausgangspunkt** für Trekking ist das Dorf Ban Hatkhai am Rand des Naturschutzgebietes. Die Vorfahren der knapp 600 Bewohner wanderten vor 200 Jahren aus der Provinz Huaphan ein, etwa ein Drittel gehört zum Volk der Khmu. Die Menschen bauen Reis und Gemüse an, hauptsächlich für den Eigenbedarf. Die Touren, die in enger Abstimmung mit dem Dorf unternommen werden, sind eine neue, zusätzliche Einnahmequelle.

Alle Treks von Ban Hatkhai beginnen mit einer 45-minütigen Bootsfahrt auf dem Nam Mang. Der leichteste endet nach einer weiteren Stunde Fußmarsch am **Tad Xay**, dem schönsten Wasserfall des Parks. Ganz in der Nähe liegt der 50 m hohe Wasserfall **Pha Xay**. Wer möchte, kann auch 3–4 Stunden bis zur 100 m hohen Felswand **Pha Luang** trekken. Von hier reicht der Blick bis nach Thailand. Die anstrengende Tour ist auch als Zwei-Tagestrip möglich. Weitere, auch mehrtägige Treks führen zum **Houay Ki Ling**, wo es Affen gibt (*ki ling* = Affenkot), und ins Tal **Long Xan**.

Tad Leuk (15 km) und **Ang Nam Leuk** (50 km) sind am besten per Auto oder Motorrad zu erreichen. Ein Besucherzentrum am Tad Leuk mit angeschlossenem, sehr schönem Naturlehrpfad informiert über Pflanzen und Tiere. Wer mag, kann dort auch zelten.

Übernachtung und Essen

Einige Familien in Ban Hatkhai bieten Touristen für US$2 eine Übernachtung in ihrem Haus an (**Homestay**) und kochen auch gern für ihre Gäste (um US$1,50 pro Gericht). Auf mehrtägigen Trekkingtouren wird im Wald geschlafen, auf dem Boden oder im Zelt (mitbringen).

In **Tabok**, 93 km östlich von Vientiane an der Straße 13, 1 km hinter dem Abzweig zum NPA, gibt es das gute ***T&M Gh.***, ✆ 054-530087. Die sauberen Zimmer haben Ventilator oder AC. Die freundlichen Besitzer sprechen Englisch. ❷ Im Ort gibt es auch mehrere kleine Restaurants.

Touren

Viele Reisebüros in Vientiane organisieren Touren ins Phou Khao Khouay NPA, darunter Green Discovery, Lao Youth Travel und Tavanh Travel. Es ist auch möglich, Treks zu kombinieren – etwa mit einem Besuch des Elefantenturms in Ban Na (S. 156).

Wer auf eigene Faust anreist, sollte sich einen Tag vorher **in Ban Hatkhai anmelden**. Mr. Khammouane, ✆ 020-2240303, spricht nur Laotisch – Hilfe gibt's in der Touristeninformation oder in den Gästehäusern.

Ein Trek ab Ban Hatkhai kostet:
US$12 pro Tag für zwei Guides (zwei zur eigenen Sicherheit)
US$5 p. P. pro Besuch für den Dorf-Fonds
US$4 p. P. pro Besuch für das Trekking Permit
US$7 für das Boot (max. 4–5 Pers.)
Leider sprechen die Guides bislang kein Englisch. Wer einen längeren Trek unternimmt, sollte auf jeden Fall genügend Wasser und Proviant dabei haben. Weitere Infos unter 🖥 www.trekkingcentrallaos.com.

Transport

SELBSTFAHRER – Das Phou Khao Khouay NPA ist nur 1–2 Autostunden von Vientiane entfernt (Karte S. 155): 90 km auf der Straße 13 Richtung Osten fahren, dann am großen Schild links auf eine Allwetterstraße abbiegen; von hier sind es 5 km bis nach Ban Houay Leuk, dort den Schildern „National Park" bis über eine Eisenbrücke folgen; einige hundert Meter dahinter am Schild „Tad Xay" geht es rechts ab. Die Brücke über den Houay Huakham, die wenig später erreicht wird, ist nur notdürftig repariert. Sollte sie nicht passierbar sein, einfach das Auto parken: Ban Hatkhai ist nur 500 m entfernt.

Wer mit einem Motorrad kommt (4–5 Std. hin und zurück), sollte eine Übernachtung in Ban Hatkhai oder Tabok einplanen.

BUSSE UND SONGTHEOS – Jeden Morgen zwischen 7 und 8 Uhr startet in Ban Hatkhai ein Songtheo zum Talat That Luang in Vientiane. Etwa 2 Std. später, wenn alle Einkäufe erledigt sind, fährt es wieder zurück (15 000 Kip).

Ansonsten kann einen auch jeder Bus zwischen Vientiane und Pakxan in Tabok absetzen, wo sich mit Glück ein Songtheo für die 7 km nach Ban Hatkhai chartern lässt.

Pakxan

Die Provinzhauptstadt Pakxan, 143 km östlich von Vientiane, ist ein weitläufiger Flecken an der Mündung des Nam Xan in den Mekong. Seit die Straße 13 vollständig geteert ist, sieht der Ort fast keine Touristen mehr, da die Strecke zwischen der Hauptstadt und dem Süden nun in einem Tag zurückgelegt werden kann.

Pakxan wurde Ende des 19. Jhs gegründet und gehörte schon vor der Kolonialzeit zum Wirkungskreis französischer Missionare. Sie haben dem Ort eine beachtliche **katholische Gemeinde** hinterlassen. Unter den ersten Konvertiten waren vor allem Vietnamesen, Phouan und Mieuy, denen der Glaubensübertritt den Schutz vor Versklavung, Besteuerung oder Zwangsarbeit sicherte. Heute gibt es außer in Pakxan noch im Bezirk Pakkading eine Reihe christlicher Dörfer.

Kommerzielles Zentrum der Stadt ist die staubige Straße 13, die Pakxan am Nordrand flankiert. Der ursprüngliche **Markt** liegt an einer der vielen Nebenstraßen. Über den kleinen **Hafen** am Westende, gegenüber dem thailändischen Bung Kan, wird der Im- und Export abgewickelt. Hier befindet sich auch ein **Grenzübergang**, der seit kurzem für Touristen geöffnet ist.

Übernachtung

Pakxan hat inzwischen eine Reihe von Gästehäusern. Beste Unterkunft ist das
B.K. Gh., erste Teerstraße hinter der Nam Xan-Brücke, nach 500 m rechts, ✆ 054-212638. Der schöne Neubau bietet saubere Zimmer mit Ventilator oder AC, einem eigenen Bad und warmer Dusche; liebevoll angelegter Garten.
Manolom Hotel, Straße 13, 800 m westlich der Busstation am Abzweig zum Fähranleger, ✆ 054-212353. Einfache Zimmer mit/ohne AC, Bad und kalter Dusche in einem 2-stöckigen Gebäude mit motelähnlichem Anbau. ❶

Essen

Neben den üblichen Reis- und Nudellokalen gibt es in Pakxan ein paar gute **Restaurants** am Fluss. Die ersten drei liegen in derselben Straße wie das B.K. Gh., 2–3 km südlich der Straße 13, das letzte direkt an der Brücke.
Tavendang Saysane Restaurant, am Ufer des Nam Xan. Das gediegenste, ein Ziegelbau mit Veranda. Hier gibt es *laap*, Grillfisch und gedünsteten Tintenfisch mit Zitronengras.
Namsongsea Restaurant, 50 m daneben. Große Veranda mit Flussblick; hier gibts Tom Yam, *koi pa* (Fischsalat) und *sindat;* auch klimatisiert in einem Gebäude gegenüber; kleine Weinauswahl.
Paknamsane Restaurant, an der Mündung des Nam Xan in den Mekong. Gute laotische Gerichte auf einer kleinen Veranda mit Blick auf den Nam Xan.
Saynamxan Restaurant, Straße 13, an der Nam Xan-Brücke. Großes Lokal mit Holzmöbeln, für die ein ganzer Wald dran glauben musste; Bratgerichte, *laap* und *tam mak hung* (Papaya-Salat).

Sonstiges

GELD – Die ***Lao Development Bank***, neben der Busstation, ✆ 054-212022, tauscht Dollar, Euro und Baht in Kip. Geldtransfer mit Western Union. ⏰ Mo–Fr 8.30–15.30 Uhr.

MARKT – Das Angebot auf Pakxans Markt, zweite Teerstraße hinter der Nam Xan-Brücke, nach 1 km rechts, ist relativ groß. Es umfasst neben Lebensmitteln auch Textilien, Schuhe, Gold- und Silberschmuck sowie alle möglichen Gegenstände des täglichen Bedarfs. Darüber hinaus gibt es hier günstige Fö; ⏰ ganztägig.

POST / TELEFON – Internationale Ferngespräche und Telefonkarten im ***Telecom Office***, 50 m öst-

Feste

Das jährliche **Bootsrennen** im Oktober zieht wesentlich weniger Touristen an als sein Pendant in Vientiane. Laoten und Expats preisen es daher als besonders ursprünglich.

lich der Nam Xan-Brücke. Die **Post** befindet sich nur wenige Meter dahinter.

Transport

SELBSTFAHRER – Laut Travellerberichten ist die Straße 6 zwischen Muang Khoun und Pakxan in der Trockenzeit mit Gelände-Motorrädern zu befahren (5–7 Std.). Allerdings gilt die Strecke schon länger als unsicher – Situation vor Ort checken.

BUSSE UND SONGTHEOS – Pakxans Busstation liegt westlich der Nam Xan-Brücke an der Straße 13. Von dort besteht Anschluss nach LAK XAO (184 km, 4–5 Std.) 3x tgl. zwischen 5 und 6 Uhr, anschließend 3 Busse aus Vientiane, 40 000 Kip.
VIENTIANE (143 km, 2–3 Std.) 6x tgl. zwischen 6 und 11 Uhr, danach Busse aus dem Süden, 20 000 Kip.
Busse nach BAN VIENG KHAM (90 km), THAKHEK (192 km), SAVANNAKHET (325 km) und PAKXE (527 km) halten in Pakxan etwa 2–3 Std., nachdem sie in Vientiane gestartet sind.

Grenzübergang nach Thailand

Der Grenzübergang nach **Bung Kan**, 1,5 km südwestlich des Zentrums Pakxans, ist seit kurzem offiziell für Touristen geöffnet, ⌚ tgl. 8–16.30 Uhr. Zwar wussten die Grenzbeamten zur Zeit der Recherche noch nichts davon, aber es gibt eine Chance, dass sie es inzwischen tun – zur Sicherheit nochmal bei Travellern erkundigen.
Fähren über den Mekong pendeln während der Grenzöffnungszeiten für 50 Baht (mind. 10 Pers.). In Bung Kan starten regelmäßig Busse nach Nong Khai, Nakhon Phanom, Udon Thani und Bangkok. Einreiseformalitäten für Laos s. S. 10.

Von Pakxan nach Ban Vieng Kham

Hinter Pakxan ebnet sich die Landschaft wieder. Die Straße führt an Stelzenhäusern und Reisfeldern vorbei, bis sie kurz hinter **Pakxa** (30 km) erneut auf eine Bergkette stößt (Say Phou Ngou). Der gesamte Abschnitt bis Savannakhet war während des Zweiten Indochinakrieges Zufluchtsort tausender Laoten. Zwischen 1960 und 1973 verließen etliche ihre Dörfer im Landesinneren – entweder um den amerikanischen Bomben zu entkommen oder als Resultat von Evakuierungen. Viele kamen in den Flüchtlingslagern entlang der Straße unter, wo sie von der königlichen Regierung und den USA mit dem Nötigsten versorgt wurden. Nach dem Waffenstillstandsabkommen von 1973 kehrten die meisten in ihre Heimatregionen zurück oder flohen über den Mekong nach Thailand.

Pakkading

Knapp 40 km südöstlich von Pakxan erreicht die Straße 13 Pakkading, eine bedeutende Marktstadt in der Region. Bis zur Mitte des 19. Jhs. kreuzten sich in diesem Bezirk die historischen Handelswege zwischen dem Xieng Khouang-Plateau, Vientiane und der vietnamesischen Küste. Heute haben Diesellaster und Reisebusse die Ochsenkarren und Barken ersetzt und transportieren vietnamesische Güter in die Hauptstadt, Holz nach Thailand und Touristen in den Norden oder Süden.

Pakkading liegt an der Mündung des Nam Kading in den Mekong. Das Becken wird von der mächtigen Pakkading-**Brücke** überspannt, die einen schönen Blick auf dicht bewaldete Hügel freigibt. Das Betonkonstrukt wurde 1985 als Juri Gagarin-Brücke von den Russen gebaut und ist mautpflichtig.

Viele Laoten bezeichneten die Gegend lange Zeit als *khet* („lebensgefährlich"), da sie in den Fluten und Wäldern einen Geist vermuteten, der Besuchern nach dem Leben trachtete. Eine reale Gefahr bestand in der Tat Mitte der 70er Jahre, als hier die Front zwischen Regierungssoldaten und Pathet Lao verlief. Heute dient der Ort vor allem Lkw- und Busfahrern als willkommener Stopp, um in den renommierten **Fischrestaurants** zu Mittag zu essen.

Ban Vieng Kham

Von Pakkading führt die Straße 13 diagonal in den Süden, zur Linken vom Nam Kading und den Phapet-Bergen begleitet, deren namensgebender Gipfel 1588 m in den Himmel ragt. Nach etwa 50 km erreicht sie Ban Vieng Kham, auch Ban Lao genannt, eine Ansammlung von Hütten und Läden an der Kreuzung der Straßen 13 und 8. Viele Busfahrer, die nicht schon in Pakkading einen Stopp eingelegt haben, halten hier für einen kurzen Snack. Wer keine Lust auf etwas Warmes hat, kann sich in den kleinen Straßenläden mit Getränken und Süßigkeiten eindecken. Davon abgesehen ist das Dorf nur als **Verkehrsknotenpunkt** interessant: Alle Busse von und zur vietnamesischen Grenze müssen hier durch, Pick-ups und Busse von Nord nach Süd und in umgekehrter Richtung halten hier, und man wartet in der Regel nicht länger als eine Stunde auf einen Anschluss. Die Fahrtzeit von Ban Vieng Kham nach Vientiane beträgt vier bis fünf Stunden, nach Pakxan zwei Stunden, nach Lak Xao drei Stunden und nach Thakhek zwei Stunden. Wer dennoch nicht rechtzeitig weiterkommt, findet im *Vieng Thone Gh.* am südlichen Ortseingang relativ neue Zimmer in Bungalows.

Straße 8 nach Osten: Nahin

Nach dem Abzweig von der Straße 13 beginnt die Straße 8 ihren kurvenreichen Anstieg zur vietnamesischen Grenze. Über mehr als 130 km schlängelt sie sich an Pfahlbauten und schroffen Karstbergen vorbei und folgt in ihrem Verlauf der historischen Handelsroute, die die Mekongebene einst wie heute mit Vietnam verbindet.

Wenige Kilometer vor Nahin (3/4 Std.) weist ein Schild zu einem **Aussichtspunkt**, von dem der Blick weit über die Berglandschaft des 1580 km² großen Phou Hin Boun NPA reicht. Das unspektakuläre Dorf selbst wird im Osten von einem Höhenzug begrenzt, der im Zweiten Indochinakrieg zeitweilig als Demarkationslinie zwischen königlicher und kommunistischer Einflusssphäre diente. Seine heutige Größe verdankt der Ort dem nahe gelegenen **Theun-Hinboun-Wasserkraftwerk**, dessen Bau Ende der 90er Jahre mehr als 1000 Laoten in die Region zog.

Für Touristen hat Nahin, offiziell Khoun Kham genannt, nicht viel zu bieten. Es ist jedoch ein guter Ausgangspunkt für Trips in die traumhaft schöne Nam Hinboun-Region (Provinz Khammouan).

Tad Namsanam

Der Wasserfall Tad Namsanam ergießt sich 4 km nördlich des Dorfes über zwei Ebenen und ist vor allem während der Regenzeit ein schöner Anblick. Die strapaziöse, zweistündige Wanderung führt durch dichten Dschungel, in dem es Elefanten, Affen und Pythons gibt.

Der Trampelpfad beginnt links der Hauptstraße, gegenüber der Dorfeinfahrt. Er passiert zunächst einen kleinen Vat und später zwei Bäche, bevor er mit einer anstrengenden Kletterpartie über rutschiges Gestein abschließt. Der Weg ist über weite Teile ausgeschildert, allerdings ist es keine schlechte Idee, für ein paar tausend Kip einen Guide anzuheuern. Die Tour dauert hin und zurück drei bis vier Stunden.

Übernachtung und Essen

Xokxay Gh., 500 m westlich der Dorfeinfahrt an der Straße 8. Saubere DZ mit Holzböden, Moskitonetzen, Gemeinschafts-WC und Waschtrog; einige Zimmer mit eigenem Bad. ❶–❷

Sisoupanh Gh., 150 m östlich des Marktes an der Schotterstraße nach Naphouak. 8 DZ mit PVC-Böden in einem älteren Gebäude an der Straße, nicht ganz so gut. Weitere gefliesste Zimmer mit Bad in einem Steinhaus dahinter, ohne Moskitogitter oder -netze. ❶–❷

D.K. Restaurant, schräg gegenüber dem Sisoupanh Gh. Das einzige Restaurant im Ort. Hier werden in einem offenen Lokal einfache Gerichte wie Bratreis und Fö serviert.

Transport

Als **Busstation** dient der Platz vor der Markteinfahrt, ein paar Meter südlich der Straße 8. Drei Busse aus Vientiane (5–6 Std.) passieren das Dorf jeden Vormittag auf dem Weg nach Lak Xao, ebenso zwei Busse aus Thakhek (3 Std.). Songtheos aus Ban Vieng Kham (Straße 13) fahren die Strecke regelmäßig in 1 Std.
Von Nahin selbst besteht Anschluss nach
LAK XAO regelmäßig bis abends in 1 1/2 Std. für 20 000 Kip.
NAPHOUAK 2x tgl. morgens, am Nachmittag je nach Nachfrage, 1 Std., 10 000 Kip, Charter US$10.
BAN VIENG KHAM etwa stdl. bis spätnachmittags in 1 Std. für 7000 Kip, dort Anschluss nach Norden oder Süden.

Busse nach THAKHEK und VIENTIANE passieren Nahin 2–3 Std. nach ihrer Abfahrt in Lak Xao. In der Trockenzeit nach der Reisernte (Nov/Dez) fahren manchmal Pick-ups nach BAN PHON NGIENG (Auberge Sala Hine Boun) oder sogar bis nach BAN KONG LO.

Nam Hinboun-Region

Auch wenn Nahin selbst keinen Abstecher lohnt: Die Umgebung ist auf jeden Fall einen Stopp wert – vorausgesetzt man hat ein bisschen Zeit und Geld, denn die Anreise ist umständlich und nicht ganz billig.

Nahin bietet Zugang zum Oberlauf des Nam Hinboun, eines Nebenflusses des Mekong, der in den Bergen des **Phou Hin Boun NPA** (Provinz Khammouan) entspringt und durch eine tolle Karstlandschaft mit Höhlen, unterirdischen Flüssen und traditionellen Dörfern mäandert. Hauptattraktion ist die 6,3 km lange Höhle **Tham Kong Lo**, 45 km südöstlich von Nahin. Dabei handelt es sich um eine Kette riesiger Hallen, durch die der Nam Hinboun fließt und die nur in einem Boot erkundet werden kann.

Beste Ausgangspunkte für einen Besuch sind die Auberge Sala Hine Boun und das Dorf Ban Kong Lo, beide am Nam Hinboun. Wenn die geplante Schotterstraße nach Ban Kong Lo fertig ist, kann die Höhle auch in einem Tagesausflug von Nahin besucht werden. Derzeit ist es sinnvoll, in der Auberge oder in Ban Kong Lo zu übernachten.

Tham Kong Lo

Tham Kong Lo liegt etwa 35 km südöstlich von Naphouak, 12 km stromaufwärts der Auberge Sala Hine Boun. Wer den Trip auf eigene Faust organisiert, kann in Naphouak, 10 km südlich von Nahin, eine Piroge für 4–6 Pers. nach Ban Kong Lo chartern (3 Std., US$20; hin und zurück US$40) und dort ein weiteres Boot für die Rundfahrt durch die Höhle nehmen (US$10, 2–3 Std.). Ansonsten organisiert auch die Auberge die Tour.

Das Massiv, in das sich der Fluss über Jahrhunderte hinweg seinen Weg gegraben hat, ragt bis zu 700 m in den Himmel. Geologen gehen davon aus, dass die Verbindung einst nur aus einem kleinen Kanal bestanden hat. Im Laufe der Zeit schuf der Nam Hinboun ein Labyrinth unterirdischer Spalten, die sich irgendwann zu einer einzigen Passage verbanden.

Der Eingangsbereich täuscht mit seinen 5 m Höhe und 25 m Breite ein wenig über das Ausmaß der Höhle hinweg: Etliche **Hallen**, teilweise bis zu 100 m hoch und 60 m breit, reihen sich hier auf 6,3 km aneinander. Die meisten Bootsführer stoppen kurz am Eingang, um die Augen an die Dunkelheit zu gewöhnen (Taschenlampe mitbringen!). Nach etwa 15–20 Minuten Fahrt gelangt man zur Hauptattraktion, dem so genannten **Tempelkomplex** – keine Sakralbauten, sondern bizarre Tropfsteine. Um den kleinen Tempel zu sehen, muss man das Boot auf der linken Seite verlassen und ein paar Meter über Geröllhaufen klettern. Der große Tempel, ein paar Meter weiter gegenüber, ist auch vom Boot aus zu erkennen.

Die Rundfahrt durch die Höhle dauert ungefähr zwei Stunden. Da man an mehreren Stellen aus dem Boot steigen muss, um es über Stromschnellen und Kieselbänke zu schieben, sind Gummisandalen unerlässlich. Eintritt 3000 Kip.

Hinter dem Ausgang befindet sich nach der ersten Biegung rechts eine kleine Hütte mit Feuerstelle. Etwas weiter in Ban Natan lässt sich bei Familien übernachten (Homestay).

Bootsfahrt zur Straße 13

Eine schöne Bootsfahrt führt von Naphouak den Nam Hinboun hinab bis nach **Ban Song Hong** (auch Ban Hinboun genannt) an der Straße 13, etwa 50 km nördlich von Thakhek. Die Fahrt ist vor allem für diejenigen eine Alternative, die auf dem Rückweg von Tham Kong Lo nicht noch einmal das Stück zwischen Naphouak und Ban Vieng Kham fahren möchten.

Auf seinem rund 60 km langen Weg windet sich der Fluss durch den Nordzipfel des Phou Hin Boun NPA, vorbei an windschiefen Pfahlbauten, badenden Wasserbüffeln und 300–500 m hohen, steil abfallenden Karstbergen. Nach halber Strecke ebnet sich die Landschaft, die Dichte der Dörfer und Ufergärten nimmt zu, bis der Nam Hinboun nach insgesamt 4–5 Std. die Mekongebene erreicht.

Boote nach Ban Song Hong lassen sich mit etwas Hartnäckigkeit für US$40 in Naphouak chartern (früh aufbrechen, viele Bootsführer wollen noch am gleichen Tag zurück). In Ban Song Hong an der Straße 13 besteht den ganzen Tag lang Anschluss nach Norden und Süden. Die Bushaltestelle ist nur wenige hundert Meter vom Anleger entfernt.

Übernachtung und Essen

BAN PHON NGIENG – Traumhaft schön am Ufer des Nam Hinboun liegt die *Auberge Sala Hine Boun*, ✆ 051-214315 (Radiophone). Die 10 DZ, 8 davon mit Balkon, haben Twin Beds, warme Dusche/WC, Moskitonetze und seit 2005 auch Strom. Fahrradverleih; Bootstrip zur Tham Kong Lo mit Picknick US$15; auch Ausflüge zu anderen Höhlen in der Gegend. Preis inkl. Frühstück. Auf der Veranda wird laotisches **Essen** serviert (teuer), Bestellung bis 17 Uhr. Wegen der geringen Zimmerzahl unbedingt reservieren; die Zentrale der Sala Lao-Kette ist in Pakxe: ✆ 031-212725 ✆ 213110, ✉ salalao@laotel.com, 🖥 www.salalao.com. ❹

BAN KONG LO – Authentisch ist ein **Homestay** (US$5) in Ban Kong Lo, 1 km vor der Höhle – einfach die Leute im Dorf fragen. Auf Wunsch bereiten die Gastgeber kleine Gerichte zu (um US$1,50). Es ist aber keine schlechte Idee, zusätzlich etwas zu essen und zu trinken mitzubringen. In Ban Natan, auf der anderen Seite der Höhle, ist ebenfalls Homestay möglich. In Ban Tiou, 1,5 km vor Tham Kong Lo, gibt es seit kurzem die *Sala Kong Lor Lodge* mit Zeltplatz (US$2 p. P.), einfachen Hütten (US$4) und DZ (US$6–12). Reservierung über die Auberge Sala Hine Boun.

Touren

Eine Reihe von Touranbietern haben Trips zur Höhle im Programm. Adressen s. Vientiane „Touren".
Das *Provincial Tourism Office* in Thakhek organisiert eine 3-tägige Tour mit lokalen Guides und öffentlichen Verkehrsmitteln. Im Preis enthalten sind Homestays in Ban Kong Lo und/oder Ban Natan, die Bus- und Bootstransfers zur Höhle (zurück nur bis Nahin), alle Mahlzeiten und eine *baci*-Zeremonie. Auf dem Programm stehen auch Treks zu den Wasserfällen Namsanam und Mouang. Preis: US$60 p. P. bei 3 Pers., US$55 p. P. bei 4–8 Pers. Ein Großteil der Einnahmen fließt direkt an die Guides, Bootsleute und Gastgeber. Einen Tag vorher buchen.

Transport

Die 46 km lange Straße von Nahin nach Ban Kong Lo soll in den kommenden Jahren ausgebaut werden. Bis es so weit ist, bleibt die Fahrt zur Höhle etwas umständlich:
Mit dem **Songtheo** geht's von Nahin nach NAPHOUAK (2x tgl. morgens, 1 Std., 10 000 Kip), und von dort per **Boot** nach BAN KONG LO (3 Std., US$20). Hier nehmen Bootsleute für die 2-stündige **Höhlenrundfahrt** US$10.
Wer in der Auberge Sala Hine Boun übernachtet, fährt mit dem Boot nur bis BAN PHON NGIENG (US$15, 1 1/2 Std.). Auf Wunsch holen die Mitarbeiter Gäste auch in Naphouak ab (US$20–25, max. 3 Pers.). Von der Auberge kosten Tagestrips zur Höhle US$15 inkl. Picknick.
In der Regenzeit kann die Straße zwischen Nahin und Naphouak unpassierbar sein. Dann fährt das Boot schon an der Stelle ab, wo die Straße den Nam Hai kreuzt. Nach der Reisernte in der Trockenzeit fahren Pick-ups bis nach Ban Phon Ngieng und manchmal auch bis nach Ban Kong Lo – aber die Bootsfahrt ist ein Highlight, nicht verpassen.

Lak Xao

Lak Xao, 100 km östlich von Ban Vieng Kham an der Straße 8, ist eine weitläufige Stadt am Südostrand des Loyang-Gebirges. Vor 25 Jahren standen hier lediglich eine Hand voll Hütten mit kaum mehr als 30 Einwohnern. Dann ließ sich die Armee-eigene **Bolisat Phatthana Khet Phoudoi** („Firma zur Entwicklung der Bergregionen") in der Region nieder und stampfte die Stadt binnen kurzer Zeit aus dem Boden. Heute leben hier knapp 30 000 Menschen, darunter viele Vietnamesen, wie an den Schildern in vietnamesischer Sprache zu erkennen ist. Der Name *Lak Xao* bedeutet übersetzt „Kilometer 20" und rührt von der Lage der Stadt her, 20 km westlich des ehemaligen französischen Militärstützpunktes in Ban Nape.

Kolonialarchitektur in Savannakhet

Vat Phou; Champasak

Haus der chinesischen Gesellschaft; Paxke

Talat Daoheuang; Pakxe

Fischer in Champasak

Laotische Süßspeisen

Laotisch-vietnamesisches Freundschaftsdenkmal; Attapeu

Für Touristen ist der Ort nur als Zwischenstopp auf dem Weg von oder nach Vietnam interessant. Die Grenze am Keo Neua Pass befindet sich 35 km östlich. Songtheos lassen sich für US$5–10 an der Busstation chartern (1/2–1 Std.). Wegen der Höhe ist es in Lak Xao deutlich kühler als am Mekong.

Wirtschaftlich dominiert in der Region der **Holzeinschlag**. Das Monopol hat die Firma Bolisat Phatthana Khet Phoudoi, die neben großen russischen Hubschraubern, die das Holz aus den Bergregionen fliegen, auch eine Reihe von Sägemühlen besitzt. Seit 2005 laufen auf dem südlich gelegenen Nakai-Plateau die Arbeiten am **Nam Theun II-Staudamm**. Das umstrittene 1070-MW-Kraftwerk, dessen Stausee rund 450 km² Land überfluten wird, soll 2009 in Betrieb gehen. Der größte Teil der Energie fließt anschließend nach Thailand.

Der **Markt** von Lak Xao war einst für sein großes Angebot an exotischen Tieren berüchtigt, die von hier nach Vietnam und Thailand verkauft wurden. Infolge des Handelsverbots von 1995 sind inzwischen keine bedrohten Tiere mehr in den Auslagen zu sehen (anders als auf den Karten der Restaurants). Neben Gemüse und anderen Lebensmitteln dominieren heute an den Ständen Textilien, Schuhe, Kosmetika, Reisetaschen und Elektronik. Wer nach einer günstigen Mahlzeit sucht, findet im Markt eine Reihe Fö-Lokale. Auf dem Platz hinter der Lao Development Bank, vor dem unfertigen Rondell, verkaufen Händler in Bretterbuden Gold- und Silberschmuck, alte Kip-Noten, Silberbarren und Piaster aus der Franzosenzeit.

Ein Blick vom **Pa Nang Hong** im Nordwesten zeigt, dass Lak Xao auch von oben ziemlich langweilig ist. Der Weg zum Fuß des Berges führt an einer Schule vorbei.

19 km östlich von Lak Xao an der Straße 8 befinden sich **heiße Quellen** *(bo nam hon)*.

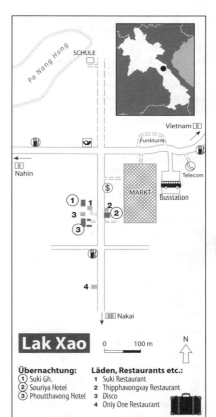

Übernachtung

Die Zeiten, als es in Lak Xao nur ein Hotel gab, sind glücklicherweise vorbei. Inzwischen wirbt ein halbes Dutzend Unterkünfte um Gäste. Die beiden besten liegen an der Straße 8B.

Souriya Hotel, ✆ 054-341111. Das 3-stöckige Gebäude hat 30 saubere Zimmer mit Ventilator oder AC, Bad und Warmwasser (einige mit Wanne und TV). 8 Zimmer zur Front haben Balkone. Der Manager spricht Französisch und etwas Englisch. Gute Wahl. ❶–❷

Phoutthavong Hotel, etwas von der Straße versetzt, ✆ 054-341074. Im Motel-Stil und ebenfalls gut: Zimmer mit AC, Bad und Warmwasser, manche auch TV. Einige Matratzen sind steinhart – vorher checken. Im Anbau neben der Rezeption gibt es 2 günstige Räume mit Gemeinschaftsbad und kalter Dusche; Restaurant. ❶–❷

Suki Gh. & Rest., gegenüber dem Souriya Hotel, ✆ 054-341333. Geflieste Zimmer in einem Flachbau mit Ventilator, Bad und Warmwasser. Die gegenüberliegende Disco sollte als Lärmfaktor einkalkuliert werden. Die vielen Stundengäste auch. ❶

Essen

Kulinarisch bildet Lak Xao sicher nicht den Höhepunkt der Reise. Günstige Fö gibt es im Markt. An der Straße 8B servieren 3 Restaurants die üblichen Travellergerichte.

Das freundliche *Thipphavongxay Restaurant*, neben dem Souriya Hotel, hat mit seinem Holzmobilar auf kleiner überdachter Terrasse die netteste Atmosphäre. Außer Bratgerichten und Tom Yam gibt es auch guten Kaffee.

Only One Restaurant, südlich des Phoutthavong Hotels. Guter Laden mit anständiger Küche: Neben Fisch auch *laap* und *tam mak hung*. 2 Tische draußen. Der Besitzer Mr. Kouanphet spricht Englisch und gibt Tipps zu Ausflügen.

Suki Restaurant, auf dem Gelände des Suki Gh. Thai-laotische Küche und Sukiyaki.

Grenzübergang nach Vietnam

Der einsame Grenzübergang am Keo Neua Pass verbindet die laotische Provinz Borikhamxai mit der vietnamesischen Provinz Ha Tinh. Direktbusse zwischen Vientiane und Hanoi befahren die Route inzwischen täglich. Der Grenzposten, ⓘ tgl. 8–17 Uhr, liegt 35 km nordöstlich von Lak Xao in den Bergen. Die Beamten erheben nach 17 Uhr und am Wochenende eine Überstundengebühr von US$1. Songtheos von Lak Xao zur Grenze starten an der Busstation (10 000 Kip, Charter US$5–10, 1/2–1 Std.). Auf vietnamesischer Seite wartet die Transport-Mafia schon darauf, Reisende übers Ohr zu hauen. Ein gecharterter Wagen oder Minibus nach Vinh sollte nicht mehr als US$30 kosten, ein Platz darin entsprechend weniger.

Täglich gegen 12 Uhr fährt auch ein Direktbus von Lak Xao nach Vinh (140 km, US$3). Dort besteht Anschluss nach Hanoi per Bus (6 Std.) und Bahn (6x tgl., 6 Std.) und nach Ho-Chi-Minh-Stadt mit dem Flieger (5x wöchentl., 2 3/4 Std.).

Für die Einreise nach Vietnam ist ein Visum nötig, das die Vertretungen in Vientiane, Savannakhet und Pakxe ausstellen. Einreiseformalitäten für Laos s. S. 10.

Sonstiges

GELD – *Lao Development Bank*, Straße 8B, ✆/✉ 054-341042. Tauscht bare Euro, Dollar, Baht und Dong in Kip, außerdem Travellers Cheques (auch Euro). Keine Auszahlung auf Visacard. Geldtransfer mit Western Union. ⓘ Mo–Fr 8.30–15.30 Uhr.

POST / TELEFON – Die **Post** liegt linker Hand an der Straße 8, direkt an der zentralen Kreuzung, ⓘ Mo–Fr 8–11.30, 13–16 Uhr; Telefonate nach Deutschland: *Telecom Office*, Straße 8, östlich des Marktes, vor der Shell-Tankstelle. ⓘ Mo–Fr 8–11.30, 13–16.30 Uhr.

Transport

SELBSTFAHRER – Die Straße 8B, die bei Lak Xao nach Süden abzweigt und über Nakai (72 km) und Gnommalat (86 km) bis zur Straße 12 führt, befand sich zur Zeit der Recherche in einem schlechten Zustand. Ein Teil davon wird in den kommenden Jahren vom Stausee des Nam Theun II-Damms überflutet. Bis es so weit ist, können abenteuerlustige Traveller in der Trockenzeit noch einen Motorrad-Rundtrip von Thakhek über Lak Xao zurück nach Thakhek machen (Straßen 12, 8B, 8, 13). Dauer: 4 Tage, 355 km. Mehr dazu S. 330.

BUSSE – Busse, Songtheos und Pick-ups starten von einem sandigen Platz südlich der Straße 8, gleich östlich des Marktes.
Es bestehen Verbindungen nach
BAN VIENG KHAM (100 km, 3 Std.) 5x tgl. zwischen 9 und 15 Uhr für 27 000 Kip.
VIENTIANE (327 km, 8 Std.) 3x tgl. frühmorgens für 50 000 Kip.
THAKHEK (197 km, 5 Std.) 7.30 Uhr für 45 000 Kip.

Provinz Khammouan

Die 16 315 km² große Provinz Khammouan ähnelt in Topografie und Ausdehnung ihren Nachbarprovinzen. Mit drei **Naturschutzgebieten** und einem spektakulären Karstgürtel, der sich über 200 km von der Straße 8 bis nach Vietnam erstreckt, hat

Franko-vietnamesische Architektur in Thakhek

sie jedoch ein wesentlich größeres touristisches Potenzial.

Verwaltungszentrum ist **Thakhek**, ein unaufgeregter Ort am Mekong, der über eine Reihe hübscher Kolonialbauten verfügt, aber vor allem wegen seines Umlandes einen Besuch wert ist: Nur wenige Kilometer östlich der Stadt flankiert die Straße 12 die Südgrenze des **Phou Hin Boun NPA** (1580 km^2), das mit seinen Karstbergen ein Eldorado für Trekker ist.

Entlang der Strecke Richtung **Mahaxai** befinden sich zahlreiche **Höhlen**, die leicht in einem Tagesausflug zu besichtigen sind. Nur 6 km südlich der Provinzhauptstadt ragt **That Sikhottabong**, einer der heiligsten Stupas der Provinz, in den Himmel. Größtes und vermeintlich artenreichstes Naturschutzgebiet des Landes ist das **Nakai-Nam Theun NPA** (3700 km^2). Es erstreckt sich im Osten der Provinz entlang der vietnamesischen Grenze, ist jedoch für Touristen nur schwer zugänglich.

Historisch gehörte das Gebiet der Provinz Khammouan zum Reich Sikhottabong, dessen religiöses Zentrum sich im 1. Jt. bei That Phanom im heutigen Thailand befand. Nach 1353 war die Region Teil der Königreiche Lane Xang und Vientiane, bis sie nach der Niederlage von König Anouvong Anfang des 19. Jhs. gegenüber Siam tributpflichtig wurde. Die siamesische Entvölkerungspolitik führte dazu, dass sich viele laotische Oberhäupter mit Schutzgesuchen an den vietnamesischen Hof wandten. Das machten sich wenige Jahrzehnte später die Franzosen zunutze, als sie im Namen Vietnams Anspruch auf diese Gebiete erhoben. Unter der Grande Nation wurde in den 20er Jahren nördlich von Thakhek Zinn abgebaut und eine Eisenbahntrasse über die Annamitische Kordillere geplant. Im Zweiten Indochinakrieg gehörte die Mekongebene zum Einflussbereich der königlichen Regierung, während der Osten Pathet Lao-Gebiet war. Ihre größte Ausdehnung hatte die Provinz nach der kommunistischen Machtübernahme in den 70er Jahren, als sie fast bis nach Pakxan reichte. Mit der Gründung der Provinz Borikhamxai wurde sie schließlich auf ihre heutigen Grenzen reduziert.

Die **Bevölkerung** Khammouans zählt rund 340 000 Menschen, die sich in mindestens zwölf Gruppen unterteilen, darunter Makong, Kali, Kaleun, Phoutai und Weiße Hmong. In Thakhek leben neben Lao auch etliche Vietnamesen, allerdings längst nicht mehr so viele wie zur französischen Kolonialzeit, als ihre Zahl die der Lao um das siebenfache überstieg. **Wirtschaftlich** sind Holzverarbeitung, Handel, Reisanbau und ab 2009 der Nam Theun II-Damm von Bedeutung. Im Bezirk Hinboun wird Zinn gefördert. Zu den großen **Flüssen** der Provinz gehören neben dem Mekong der Nam Theun und der Xe Bangfai.

Der größte Teil des **Verkehrs** fließt über die asphaltierte Straße 13. Östlich von Thakhek führt die ungeteerte Straße 12 bis zur vietnamesischen Grenze. Pick-ups und Songtheos passieren die Strecke regelmäßig bis Gnommalat und Mahaxai. Die Straße 8B zwischen Nakai und Lak Xao war zur Zeit der Recherche in einem schlechtem Zustand.

Thakhek (Muang Khammouan)

Die kleinste der großen laotischen Mekongstädte, 335 km südlich von Vientiane, bekommt nur wenige Touristen zu Gesicht. Das mag zum einen daran liegen, dass das zwei Stunden entfernte Savannakhet mit seinem französischen Viertel einen attraktiveren Stopp auf dem Weg in den Norden oder Süden darstellt; zum anderen auch daran, dass viele Reisende gar nicht wissen, wie schön das Umland von Thakhek eigentlich ist.

Mit seinen 50 000 Einwohnern macht das Verwaltungszentrum der Provinz Khammouan einen verschlafenen Eindruck. Am internationalen Grenzübergang, vis-à-vis dem thailändischen Nakhon Phanom, kommen mehr Güter als Besucher an, obwohl der Name der Stadt eigentlich etwas anderes nahe legt (*tha khek* = „Gäste-Hafen"). Die kleine Innenstadt **Ban Thakhek Kang** spiegelt mit seinem rechtwinkligen Straßennetz, dem Springbrunnen und einer Reihe franko-vietnamesischer Geschäftshäuser vor allem die jüngere Geschichte wider. In den zweistöckigen **Villen**, die vereinzelt entlang der Chao Anou Rd. stehen, wohnten einst die französischen Kolonialbeamten. Heute dehnt sich die Stadt nach Südosten aus, wo sich die neue Elite mit pompösen **Palästen** zu übertrumpfen versucht.

Thakheks Geschichte reicht mehr als 1500 Jahre zurück, als die Region Teil des indisierten Reiches **Sikhottabong** (oder Sri Gotapura) war. Im 14. Jh. wurde Sikhottabong von Fa Ngum ins Königreich der eine Million Elefanten integriert, wo es sich bis ins 18. Jh. als einflussreiches Fürstentum behaupten konnte. Das Stadtzentrum erhielt sein Gesicht zu Beginn des 20. Jhs., als die Franzosen hier die **Provinzverwaltung** etablierten. Die Bevölkerung bestand damals zu 85% aus Vietnamesen. Die meisten flohen 1946 nach der blutigen **Schlacht um Thakhek**, als Frankreich im Kampf um die Rückeroberung des Landes mit den Lao Issara- und Vietminh-Kämpfern kurzen Prozess machte (s. Kasten). Unter der königlichen Regierung war die Stadt als Paradies für spielbegeisterte Thais bekannt, die sich im örtlichen Kasino vergnügten. Heute lebt die Bevölkerung vor allem vom Kleinhandel, der Landwirtschaft und den Sägewerken in der Umgebung.

Für Touristen hat die Stadt außer einer entspannten Atmosphäre nicht viel zu bieten. Ein paar schöne Beispiele französischer **Kolonialarchitektur** stehen entlang der Chao Anou Rd., zwischen dem Southida Guesthouse und dem Krankenhaus. Am östlichen Ende der Kouvoravang Rd., ein paar hundert Meter hinter dem Kreisverkehr rechts, befindet sich ein **christlicher Friedhof**, auf dem neben farbenfrohen vietnamesischen und chinesischen Gräbern auch Gruften aus der Franzosenzeit zu sehen sind.

That Sikhottabong

Thakheks berühmteste Sehenswürdigkeit, That Sikotthabong, auch That Muang Kao genannt, liegt 5 km südlich der Stadt am Ufer des Mekong und ist ein schöner Ort für den Sonnenuntergang. Experten gehen davon aus, dass der Stupa zur gleichen Zeit wie That Phanom (Thailand) und That Phon (Savannakhet), zwischen dem 6. und dem 10. Jh., gebaut wurde. Die Könige Phothisarat (reg. 1520–47) und Setthathirat (reg. 1548–71) ließen ihn im 16. Jh. im Lane Xang-Stil umgestalten, bis er unter König Anouvong (reg. 1804–1828) zu Beginn des 19. Jhs. seine heutige Form

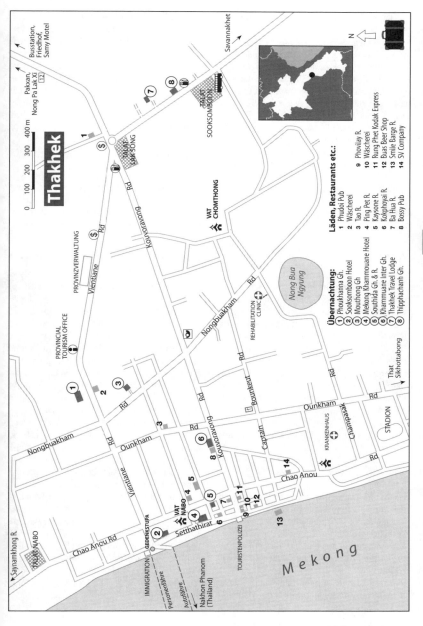

erhielt. Seitdem wurde der That mehrere Male restauriert.

Vom Boden bis zur Spitze misst er fast 30 m. Die Mauern, die die Ebenen umlaufen, sind mit lotusförmigen Zinnen geschmückt. An der Ostseite befindet sich ein kleiner Altar, an dem die Gläubigen Räucherstäbchen und andere Opfergaben darbringen. Der That selbst ruht auf einem 1,50 m hohen Sockel. Die vergoldete Spitze hat die Form einer geschlossenen Bananenblüte, ein charakteristisches Merkmal laotischer Thats. Der *sim* an der Nordseite wurde Anfang des 20. Jhs. hinzugefügt. Jedes Jahr im Januar/Februar zieht das 3-tägige *That Sikhottabong Fest* zahlreiche Gläubige aus der Provinz und dem benachbarten Thailand an.

Um zum That zu gelangen, folgt man einfach der Oungkham Rd., bis die Anlage nach 5 km rechts zu sehen ist (Tuk Tuk US$2).

Die Große Mauer (Kampaeng Yak)

Im Norden Thakheks, parallel zur Straße 13, verläuft die „Große Mauer". Die bis zu 15 m hohe Felswand besteht aus mehreren Gesteinschichten, die je nach Quelle von der Natur, den Arbeitern des Sikhottabong-Reiches oder einem Volk mythischer Riesen errichtet wurde. Wer Thakhek mit dem Bus passiert, kann die „Große Mauer" westlich der Straße 13, am KM 8 und kurz hinter KM 4, sehen. Ansonsten: Tuk Tuk hin und zurück US$4.

Übernachtung

Obwohl Thakhek die ruhigste der laotischen Mekongstädte ist, gibt es eine Reihe von Hotels und Gästerhäusern. Viele befinden sich im Dreieck Vientiane Rd., Kouvoravong Rd. und Setthathirat Rd., günstig zum Zentrum mit seinen Kolonial-

Die Schlacht um Thakhek

Wer heute durch das Mekongstädtchen Thakhek schlendert, wird sich kaum vorstellen können, dass es einst Schauplatz der blutigsten Schlacht in Frankreichs Kampf um die Rückeroberung des Landes war.

Damals, im März 1946, hatten die Franzosen gerade ihren Laos-Feldzug begonnen und die südlaotischen Städte Champasak, Pakxe, Saravan und Attapeu von den Briten zurückerhalten. Mitte des Monats fiel auch Savannakhet in ihre Hände, woraufhin sich die laotisch-vietnamesischen Truppen nach Thakhek zurückzogen. Die kleine Stadt am Mekong war schon seit längerem ein Zentrum des antifranzösischen Widerstandes: Hier hatte die Kommunistische Partei Indochinas Fuß gefasst, und hier wollten sich die Kämpfer der Lao Issara und ihre vietnamesischen Verbündeten der Entscheidungsschlacht stellen. Oberbefehlshaber der laotisch-vietnamesischen Verbände war kein geringer als Prinz Souphanouvong, Außenminister des Pathet Lao und Organisator der nationalen laotischen Streitkräfte.

Der französische Angriff erfolgte am 21. März. Binnen weniger Stunden wurde die Stadt von den zahlenmäßig überlegenen und besser ausgerüsteten Franzosen überrannt. Spitfires bombadierten den Marktplatz, Artilleriefeuer und erbitterte Straßenkämpfe taten ein Übriges. Laotische Soldaten und Zivilisten, die sich in Booten über den Mekong zu retten versuchten, wurden aus der Luft angegriffen. Prinz Souphanouvong, der sich in einem dieser Boote befand, erlitt dabei schwere Verletzungen.

Nach der Übernahme der Stadt zerstörten die Franzosen aus Rache das vietnamesische Viertel, wobei weitere Zivilisten ums Leben kamen. Insgesamt starben bei den Kämpfen mehr als 1000 Laoten und Vietnamesen, darunter viele Frauen und Kinder. Auf französischer Seite gab es etwas mehr als zwei Dutzend Tote. Das brutale Vorgehen der Franzosen bestärkte viele Lao Issara-Mitglieder in ihrer Überzeugung, den Kampf gegen die Kolonialmacht fortzusetzen.

Vorerst hatte jedoch Frankreich gesiegt: Im April rückten die französischen Truppen in Vientiane ein, und einen Monate später erreichten sie Luang Prabang, wo sie von König Sisavangvong freudig empfangen wurden.

bauten gelegen. In den vergangenen Jahren sind ein paar neue Unterkünfte an der Straße zwischen Kreisverkehr und südlichem Ortseingang entstanden.

Thakhek Travel Lodge, 300 m nördlich des Sooksomboon Marktes, über einen kleinen Weg zu erreichen, ✆ 030-5300145, ℻ 051-212931, ✉ aaoffice@laotel.com, 🖳 www.ede.ch/laos/thakhek_travel_lodge.html. Freundliche Traveller-Unterkunft auf dem Gelände einer Möbelfabrik. Das 3-stöckige Haus bietet 18 saubere DZ mit Ventilator oder AC, 6 davon mit Bad, die teuersten auch mit TV (BBC, HBO); 1 Familienzimmer; Dormbett US$2,20 p. P. Moskitonetze an der Rezeption. Vor der Lodge kann man in der Sonne frühstücken oder am Lagerfeuer den Tag ausklingen lassen. Das dänisch-laotische Management gibt Auskunft zu Ausflügen in die Umgebung; hilfreiches Gästebuch für Leute, die den Motorradtrip Thakhek – Lak Xao – Thakhek machen wollen (S. 330); Motorradverleih; Internet-Zugang; empfehlenswert. ❶–❷

Phoukhanna Gh., Vientiane Rd., ein paar Meter westlich der BCLE, ✆ 051-212092. Nettes Gästehaus, dessen 18 saubere Zimmer über AC oder Ventilator, Bad und Warmwasser verfügen. Schöne Holzböden, kleiner Garten. Die großen Zimmer im hinteren Haus mit Terrasse sind am besten. Das angeschlossene Restaurant hat eine große Frühstückskarte. ❶–❷

Khammuane Hotel, Setthathirat Rd., gleich neben dem Sooksomboon Hotel, ✆ 051-212216, ℻ 212370. 4-stöckiger Koloss am Mekong, vor kurzem renoviert und nun himmelblau; saubere, gefliese Zimmer mit Bad, AC und TV in den Größen Standard, Superior und VIP. Gut für den Preis. Ein Rätsel ist allerdings, warum die Fenster nach hinten rausgehen und nicht zum Fluss. Im Mekong Restaurant gibt's Frühstück und asiatische Gerichte. ❷–❹

Southida Gh., 200 m südlich des Grenzübergangs, in einer Seitenstraße der Setthathirat Rd., ✆ 051-212568. Ruhiges Gästehaus, das viel von Thais frequentiert wird; gefliese Zimmer mit Bad, warmer Dusche und Satelliten-TV (CNN); einige mit Balkon. Freundliches Management; das gute Restaurant im Erdgeschoss serviert Frühstück, Seafood und *sindat;* Auto-, Motorrad- und Fahrradverleih. Nicht schlecht. ❷

Mouthong Gh., Nongbuakham Rd., ✆ 051-212387. 11 DZ mit AC, Bad und Fernseher; das Haus ist etwas vernachlässigt, aber die Zimmer sind noch o. k. ❷

Sooksomboon Hotel, Setthathirat Rd., 100 m südlich des Grenzübergangs, ✆ 051-212225. Gebäude aus der Kolonialzeit; die Zimmer im Haupthaus sind überraschend schräg im 70er Jahre-Stil eingerichtet und muffig (AC/Bad); die Zimmer im Flachbau nebenan sind besser und günstiger (Ventilator/Bad). Allein reisende Männer sollten sich darauf einstellen, dass es abends an der Tür klopfen kann. ❷–❸

Thipphachanh Gh., nahe dem Sooksomboon Markt, ✆ 051-212762. Unterkunft im Motelstil, deren Säuleneinfahrt ein wenig an die Southfork-Ranch erinnert; die sauberen gefliesten DZ mit Ventilator oder AC, Bad und Warmwasser, viele auch mit TV, sind keine schlechte Wahl. Die VIP-Zimmer lohnen nicht. ❷

Khammuane Inter Gh., Kouvoravong Rd., zwischen Ounkham und Nongbuakham Rd., ✆ 051-212171. Es steht zwar „inter(national)" drauf, ist aber leider nicht drin. Immerhin wurden die Zimmer dieses Armeehotels vor kurzem renoviert; im angrenzenden Bossy Pup gibt es abends Karaoke, laut! ❷

Samy Motel, neue Busstation. Sehr einfache Zimmer für diejenigen, die spät ankommen oder früh abfahren. ❶

Essen und Unterhaltung

Gemessen an der Größe der Stadt ist Thakheks Restaurantlandschaft beeindruckend öde. Immerhin sichert ihr die vietnamesische Gemeinde den Ruf, hervorragende **Fö** zu kredenzen. Schön ist es am Abend in den **kleinen Lokalen** am Ende der Kouvoravong Rd., wo man bei einem Beerlao die Sonne über dem Mekong versinken sehen kann. Am Morgen verkaufen Händler in der Nähe des Springbrunnens **Baguettes** mit Paté.

RESTAURANTS – Die offenen Restaurants in der Sooksomboon Pick-up-Station sind für ihre gute **vietnamesische Küche** bekannt. Den Ruf, eine der besten Fö der Stadt zu servieren, genießt das

Ba Hua Restaurant, am Springbrunnen (kein Schild). Hier kann es morgens so voll sein kann, dass es keinen Platz mehr gibt.
Phavilay Restaurant, an der Südwestecke am Springbrunnen. Kleine Garküche, gut für eine Suppe oder einen laotischen Snack direkt aus dem Alu-Topf; starker *café lao*.
Kokphoyai Restaurant, Setthathirat Rd. Nettes Lokal am Mekong, das eine große Auswahl an chinesischen und thailändischen Gerichten anbietet. Einige westliche Klassiker wie Spaghetti und Hamburger runden das Angebot ab; gutes Frühstück.
Kaysone Restaurant, östlich des Southida Gh. Bekannt für seine große Eiskarte, aber es gibt auch Fisch und Frittiertes. Auf dem Hof hinter der Kolonialvilla werden regelmäßig Hochzeiten gefeiert; viele Plätze draußen, die schönsten auf der Dachterrasse.

Touren

Die **Tourismusbehörde** hat 3 Touren ausgearbeitet, die mit lokalen Guides und öffentlichen Verkehrsmitteln unternommen werden. Buchung mindestens einen Tag im Voraus im Tourism Office.
Buddha-Höhle (1 Tag): Tuk Tuk nach Ban Nakansang, unterwegs Stopp an der französischen Eisenbahnbrücke; Trek zur Buddha-Höhle (S. 332). Transport, Guides, Eintritte, Mittagessen und Wasser sind inkl.; US$17 p. P. bei 2–3 Pers., US$13 p. P. ab 4 Pers.
Phou Hin Boun NPA (2 Tage, nur Okt–Juni): Tuk Tuk nach Ban Na, Trek entlang dem Nam Don, unterwegs Halt an mehreren Höhlen, darunter Tham Pha Chanh (S. 332), Homestay; nächster Tag Trek nach Ban Na Kue, Fahrt zum See Kuhn Kong Leng, Trek entlang dem Fluss Khon Keo bis zu den Khon Keo Stromschnellen; Rückfahrt nach Thakhek. Alles inkl.; US$46 p. P. bei 2–3 Pers., US$33 p. P. ab 4 Pers.
Tham Kong Lo (3 Tage): Bootsfahrt durch die Kong Lo Höhle (S. 319), 2 Homestays, *baci*-Zeremonie; alles inkl., Rückfahrt nur bis Nahin (Khoun Kham). US$60 p. P. bei 3 Pers., US$55 p. P. ab 4 Pers.

Tao Restaurant (ohne Schild), Ounkham Rd. Offenes Lokal mit Plastikstühlen, *der* Ort für frische Frühlingsrollen *(nem neuang)*.
Ping Pet Restaurant (ohne Schild), nahe Vat Nabo. Zu Deutsch „Grillente", außerdem gibt es vom Rost Schwein, Huhn und manchmal auch Insekten. ☾ nur abends
Smile Barge, schwimmendes Restaurant auf dem Mekong. Wenn sich die Nacht über Thakhek senkt, gehen die Lichter der „lächelnden Barke" an – und die Karaoke-Anlage. Gesungen wird ab 20.30 Uhr, also mit dem Essen sputen. Wer ein Auto oder Motorrad hat, kann sich zum *Nong Pa Lak Xi*, Straße 12, KM 4, aufmachen, wo es auf 3 überdachten Terrassen an einem Teich thai-laotische Küche gibt; guter Fisch.
Saynamkhong Restaurant, Chao Anou Rd., 3,5 km nördlich des Zentrums. Laotisches Lokal mit Blick auf den Mekong, das vor allem von laotischen Offiziellen besucht wird. Das Gästehaus daneben ist etwas zwielichtig.

BARS UND DISCOS – Thakheks Nachtleben ist ziemlich langweilig.
Phudoi Pub, nahe dem Kreisverkehr, hinter dem Phudoi Gh. Seit langem der angesagteste Laden; früher regelmäßig Live-Musik, inzwischen Thai- und Lao-Pop.
Buas Beer Shop, Setthathirat Rd., am Mekong. Wenn Friseur Bua (Rosa) nachmittags seinen letzten Kunden bedient hat, stellt er häufig Plastiktische und -stühle auf die Promenade und serviert Beerlao. Gegrilltes gibt's nebenan. After-Work-Treff für Expats und Laoten; super zum Sonnenuntergang.
Kaysone Rest., *Bossy Pup* und *Smile Barge* sind der Beweis dafür, dass Karaoke in Laos mindestens so beliebt ist wie in Thailand.

Sonstiges

APOTHEKEN – gibt es zahlreiche in der Kouvoravong Rd. (etwa Ecke Chao Anou Rd.).

AUTOVERMIETUNGEN – *SV Company*, Chao Anou Rd., ✆ 051-212129, ✆ 214213. Touren und Autoverleih, bedient vor allem den asiatischen Markt. Allradwagen mit Fahrer und Benzin US$120–150/Tag; auch Stadtführungen.

FAHRRAD- UND MOTORRADVERLEIH – Im Southida Gh.: Fahrräder US$2/Tag, Motorräder US$10/Tag. Thakhek Travel Lodge: Motorräder US$10/Tag.

FESTE – Januar/Februar: *That Sikhottabong Fest;* Jedes Jahr zum Vollmond im 3. Monat des laotischen Kalenders herrscht am That Sikhottabong 3–4 Tage lang Volksfeststimmung mit Buden, Bands und Tänzerinnen.
Oktober: Am Ende der buddhistischen Fastenzeit findet auf dem Mekong ein **Bootsrennen** statt.

FILME, FOTOARBEITEN UND KOPIEN – Kodak-Filme und Entwicklungen unter anderem bei *Rung Phet Kodak Express*, ✆ 051-212472, am westlichen Ende der Kouvoravong Rd., gegenüber dem Springbrunnen. Hier auch Lithium-Batterien.
Fotokopieren kann man für ein paar hundert Kip in vielen Läden entlang der Kouvoravong Rd.

GELD – *BCLE*, Vientiane Rd., neben der Provinzverwaltung, 1 km westlich des Kreisverkehrs, ✆ 051-212686, ✆ 212685. Tauscht bare Euro, Dollar, Baht und Travellers Cheques (Gebühr); Auszahlungen auf Visa und Mastercard, ☉ Mo–Fr 8.30–15.30 Uhr.
Lao Development Bank, direkt am Kreisverkehr, ✆ 051-212089, ✆ 212256. Ähnlicher Service; Western Union; ☉ Mo–Fr 8.30–15.30 Uhr; die Zweigstelle in der Immigration tauscht nur Bargeld, ☉ Mo–Fr 8–15 Uhr.
Im Sooksomboon Markt gibt es einen **Wechselschalter** der Lao Development Bank, ☉ Mo–Fr 8–16 Uhr; Am **Wochenende** tauscht das Sooksomboon Hotel zu schlechten Kursen.

INFORMATIONEN – Thakheks neues *Provincial Tourism Office*, ✆ 051-212512, befindet sich etwas ab vom Schuss in einem hübschen Holzhaus in der Vientiane Rd. Hier gibt es neben Broschüren und Karten auch Schautafeln mit Infos über Trekking in der Provinz Khammouan. Außerdem lassen sich hier die Ecotreks der Tourism Authority buchen (s. Kasten).

INTERNET – Surfen für 500 Kip/Min. in der *Thakhek Travel Lodge*.

Grenzübergang nach Thailand

Nur eine kurze Bootsfahrt über den an dieser Stelle 1 km breiten Mekong verbindet Thakhek mit dem thailändischen **Nakhon Phanom**. Fähren fahren den ganzen Tag lang und kosten 60 Baht. Der Grenzübergang am nördlichen Ende der Setthathirat Rd. ist tgl. von 8–18 Uhr geöffnet, Sa, So und feiertags Überstundengebühr 10 000 Kip.
Geldwechsel (nur Bares) ist auf laotischer Seite in einer Zweigstelle der *Lao Development Bank* möglich, ☉ Mo–Fr 8–15 Uhr. Wer noch Kip loswerden muss, kann versuchen, sie in den beiden Duty Free-Shops auf dem Gelände auszugeben.
Zwischen Nakhon Phanom und Bangkok (727 km, 10–11 Std.) pendeln tgl. mehr als 25 Busse von non-AC bis VIP. *P.B. Air*, 🖥 www.pbair.com, fliegt tgl. von/nach Bangkok für 2195 Baht. Einreiseformalitäten für Laos s. S. 10.

MÄRKTE – Thakhek hat 3 Märkte:
Am spannendsten ist der *Talat Lak Song* am Kreisverkehr. Hier wird alles gehandelt, was für ein laotisches Essen nötig ist. Im vorderen Teil, nahe der Kouvoravong Rd., befinden sich einige Gold- und Silberschmiede; auch gut für Textilien.
Talat Sooksomboon, auch Talat Lak Sam genannt, 3 km südöstlich des Kreisverkehrs. Größter Markt der Stadt, auf dem neben lokalen auch viele importierte Güter den Besitzer wechseln, darunter Elektronik und Textilien; Besuch am besten frühmorgens.
Talat Nabo, Chao Anou Rd., nördlich der Immigration. Lokaler Markt mit Waren für den täglichen Bedarf und einigen Importartikeln.

MASSAGE – *Rehabilitation Clinic*, nahe dem Nong Bua Ngyng, ✆ 051-250661, ☉ Mo–Fr 8–11.15, 14–16 Uhr. Entspannende Thai-Massage US$3/Std.

MEDIZINISCHE HILFE – Das **Provinzkrankenhaus** von Thakhek, Chao Anou Rd., empfiehlt sich nur bei leichten Erkrankungen; in schlimmeren Fällen nach Nakhon Phanom übersetzen.

POST / TELEFON – Die **Post** liegt in der Kouvoravong Rd., Ecke Nongbuakham Rd., ⊙ Mo–Fr 8–12, 13–17 Uhr. Sie bietet die üblichen Dienste an; wer mehr als einen Brief nach Hause schicken möchte, kann im Service-Bereich Päckchen in verschiedenen Größen kaufen; der Schalter für **internationale Ferngespräche** befindet sich hinter der Post; hier auch **Faxe** nach Europa.

WÄSCHEREIEN – In der Vientiane Rd., hinter der Kurve Richtung Mekong, und am Springbrunnen befinden sich Wäschereien.

Nahverkehrsmittel

Tuk Tuks kreuzen Thakheks Straßen von morgens bis abends. Viele warten auch vor dem Springbrunnen, am Fährterminal und am Talat Sooksomboon auf Kunden. Die Fahrt vom Busbahnhof zum Mekong kostet etwa 5000 Kip p. P., mehr bei Charter.
Wer sehr früh morgens zur Busstation gefahren werden möchte, sollte den Termin am Abend vorher mit einem Tuk Tuk-Fahrer absprechen, da die Straßen am Morgen gähnend leer sind (Preisaufschlag).

Transport

SELBSTFAHRER – Seit kurzem fahren hin und wieder Traveller mit dem Motorrad in 4–5 Tagen eine **Rundtour** von Thakhek (Straßen 12 und 8B) über Lak Xao und Nahin (Straße 8) zurück nach Thakhek (Straße 13). Wer sich genug Zeit nimmt, kann so die Sehenswürdigkeiten entlang der Straße 12 (s. rechts) und Tham Kong Lo (S. 319) abklappern. Der 355-km-Trip ist nur in der Trockenzeit möglich und auch dann nicht ohne. Ein Teil der Strecke zwischen Nakai und Lak Xao wird ab Mitte 2008 vom Stausee des Nam Theun II-Damms überflutet – vor der Fahrt auf den neuesten Stand bringen lassen.
Ins Gepäck gehören Wasser, Regenjacke, Sonnenbrille, Staubtuch und Sonnenschutz. Das wichtigste ist ein gutes Motorrad (gründlich checken). Außerdem unbedingt ins Logbook der Thakhek Travel Lodge schauen: Dort stehen die jüngsten Erfahrungen anderer Traveller.

Benzin gibt es am Abzweig nach Mahaxai, in Nakai und an kleinen Buden entlang der Straße.
Gute **Etappen** sind:
Thakhek – Nakai (Ban Oudomsouk): 80 km, 3 Std., Sandstraße, ab Gnommalat schlecht.
Nakai – Lak Xao: 72 km, 5 Std., schlechte Sandstraße, in der Regenzeit oft unpassierbar.
Lak Xao – Nahin (Khoun Kham): knapp 60 km, 2–3 Std., gute Asphaltstraße.
Nahin – Thakhek: 140 km, 4–5 Std., gute Asphaltstraße.
Die Zeitangaben sind reine Fahrzeiten. Wer Sehenswürdigkeiten besucht, muss entsprechend Zeit aufschlagen. Wegen einiger steiler Abschnitte, etwa vor Nakai und zwischen Lak Xao und Ban Vieng Kham, ist es besser, ohne schwerem Sozius zu fahren (bei Geländemaschinen kein Problem).

BUSSE UND PICK-UPS – Thakheks **Busstation** befindet sich 3,5 km östlich des Zentrums an der Straße 13. Hier halten alle Busse zwischen Norden und Süden. Pick-ups und Songtheos zu Zielen innerhalb der Provinz und nach Savannakhet fahren von der **Pick-up-Station** neben dem Sooksomboon Markt ab. Von beiden Busstationen besteht auch regelmäßig Anschluss nach Vinh/Hanoi und Hué/Danang.
Verbindungen von der **Busstation**:
SAVANNAKHET (133 km, 2 Std.) alle 30–60 Min. ab 11 Uhr bis abends für 20 000 Kip.
PAKXE (395 km, 6–7 Std.) Busse aus Vientiane stdl. von 11 Uhr bis Mitternacht für 45 000 Kip (staatlich) oder 80 000 Kip (AC).
VIENTIANE (335 km, 5–6 Std.) 4x tgl. zwischen 4 und 8.30 Uhr, anschließend stdl. von mittags bis abends Busse aus dem Süden für 40 000 Kip; die privaten AC-Busse aus Pakxe stoppen in Thakhek zwischen 24 und 1 Uhr (50 000 Kip).
Busse von Vientiane nach ATTAPEU, DON KHONG und VEUN KHAM (Grenze Kambodscha) passieren Thakhek am Nachmittag.
Von der **Pick-up-Station**:
LAK XAO (197 km, 5 Std.) 2x tgl. am Morgen über NAHIN für 45 000 Kip.
MAHAXAI (50 km, 1–2 Std.) regelmäßig von 7–17 Uhr für 15 000 Kip.
SAVANNAKHET (133 km, 2–3 Std.) etwa stdl. von 7.30–17 Uhr für 25 000 Kip.

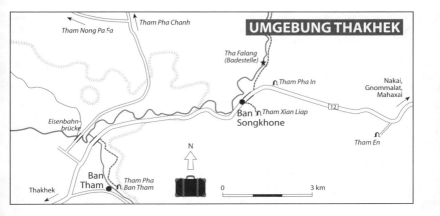

Die Umgebung von Thakhek

Nur wenige Kilometer östlich von Thakhek beginnt die Berglandschaft des Phou Hin Boun NPA mit Karstkegeln, verwinkelten Höhlen und malerischen Flüssen. Ein schöner Tagesausflug auf der passablen Straße 12 Richtung Mahaxai führt am Südostrand des Naturschutzgebietes entlang und passiert vier leicht erreichbare **Höhlen**, eine **Badesstelle** und eine **Eisenbahnbrücke** aus der französischen Kolonialzeit. Die 20 km lange Strecke ist am besten mit dem Motorrad zurückzulegen, allerdings donnern seit Baubeginn am Nam Theun II immer wieder Laster die Sandstraße entlang – Mundschutz mitnehmen (außerdem Taschenlampe, Wasser und feste Schuhe). Eine Alternative ist eine der Trekkingtouren durch das NPA, die vom Provincial Tourism Office organisiert werden (s. S. 328).

Höhlen entlang der Straße 12

Eine Tour in die Umgebung Thakheks beginnt 1 km östlich des Kreisverkehrs an der Kreuzung der Straßen 12 und 13. Die Strecke führt zunächst nach Osten auf die dicht bewachsenen Sägezahnformationen zu. Nach 4 km zweigt links am Schild „B. Tha Khe" ein 600 m langer Sandweg ab, an dessen Ende man rechts abbiegen muss. Die **Betonbrücke**, die wenig später erreicht wird, wurde in der französischen Kolonialzeit gebaut. Sie ist das Relikt eines ehrgeizigen Projektes, das die Franzosen in den 20er Jahren entwickelten: den Anschluss von Laos an das indochinesische Eisenbahnnetz. Die 188-km-Strecke von Thakhek über den Mu Gia Pass bis nach Tan Ap wurde jedoch nie realisiert. Die Weltwirtschaftskrise und der Zweite Weltkrieg forderten ihren Tribut, und der Plan geriet in Vergessenheit.

Zurück auf der Straße 12 sind es nur ein paar Kilometer, bis hinter einer Brücke rechts ein 2,5 km langer Weg zur **Tham Pha Ban Tham** abzweigt (teilweise Sand). Der Eingang befindet sich etwas erhöht, gegenüber dem Dorf Ban Tham. Auf der kurzen Treppe hinauf, die von Frangipani gesäumt wird, passiert man zunächst eine stehende Buddhastatue mit Almosenschale, bevor sich nach wenigen Metern die Haupthöhle öffnet. Größtes Heiligtum ist ein kleiner Tropfstein in Form eines Elefantenkopfes (Ganesh), der in einem dunklen Gang rechts hinter den zentralen Buddhastatuen steht (oberste Ebene).

Wieder auf der Straße 12 geht die Reise durch die Karstkegel weiter, bis nach 5 km Ban Songkhone erreicht ist. Hier führt ein 300 m langer Pfad rechts vor der Brücke zum Eingang der **Tham Xian Liap**, einem imposanten Stalaktitenschlund, durch den sich der Houay Xian Liap windet. Das Innere der Höhle ist nur in der Trockenzeit begehbar, jedoch bietet sich der idyllische Ort fürs eine Pause.

Knapp 500 m hinter dem Abzweig zur Tham Xian Liap führt links von der Straße 12 ein Sandweg zum 1 km entfernten **Tha Falang**, einer kleinen Badestelle am Nam Don. Der Platz war in der Kolonialzeit ein beliebter Ausflugsort der Franzosen, um sich im Schatten der Hügel von den Strapazen der

Kolonialverwaltung zu erholen (in der Regenzeit Boot von der Brücke in Ban Songkhone nehmen).

Nur wenige hundert Meter weiter auf der Straße 12 ragen beiderseits des Weges Felsen auf, die beim Näherkommen wie ein Tor anmuten. Unmittelbar dahinter zweigt linker Hand ein Pfad zur **Tham Pha In** ab (350 m, durch einen Ziegelsteinbogen). Ein kurzer Aufstieg führt zum Eingang der Höhle, deren Decke mit Stalaktiten übersät ist. Folgt man dem Pfad nach links, gelangt man zu einer Terrasse, die einen schönen Blick auf einen natürlich beleuchteten Pool freigibt. Im Wasser soll sich einst das Konterfei des Hindugottes Indra gespiegelt haben, daher der Name „Pha In". Das Wasser gilt als heilig und darf nicht berührt werden. An der Rückseite der Terrasse schmiegt sich ein kleiner Schrein mit schönen, verwitterten Buddhastatuen an die Felswand, der zur magischen Atmosphäre des Ortes beiträgt.

Weit weniger magisch geht es in **Tham En** zu, die erreicht ist, wenn einem nach weiteren 4,5 km auf der Straße 12 an einer Schranke 2000 Kip abgeknöpft werden. Die Höhle ist für ihren ganzjährigen Luftzug bekannt. Neonlicht und Treppen erleichtern das Erkunden der großen Halle. Insgesamt windet sich Tham En 1,3 km in den Berg. Reisende, die ohnehin auf dem Weg nach Mahaxai oder Nakai sind, können einen kurzen Blick auf die gut ausgeleuchteten Tropfsteine werfen. Ansonsten lohnt sich die Fahrt dorthin nicht. Eintritt 10 000 Kip

Tham Nong Pa Fa (Buddha-Höhle)

Eine knusprige Fledermaus zum Abendessen schwebte Mr. Boun Nong vor, als er im April 2004 nahe Ban Nakansang eine Felswand zu einer Höhle hinaufkletterte. Doch statt eines Nachtmahls fand er darin 229 Buddhastatuen – vor Jahrhunderten hier versteckt und vergessen.

Eine Woche lang behielt Mr. Boun Nong die Entdeckung für sich, dann kehrte er mit Nachbarn zurück. Im Mai wurden schließlich die Behörden informiert. Seitdem pilgern täglich mehr als 100 Gläubige zur Tham Nong Pa Fa, heute eine der wichtigsten religiösen Stätten der Provinz.

Die Figuren sind zwischen 15 cm und 1 m groß. Die meisten wurden aus Bronze gegossen und mit Blattgold überzogen. 16 sind aus massivem Gold. Experten schätzen ihr Alter auf 300–500 Jahre. Denkbar ist, dass die Statuen einst vor anrückenden Feinden versteckt wurden. Diejenigen, die davon wussten, müssen verschleppt oder getötet worden sein. Ban Nakansang selbst ist keine 40 Jahre alt. In den 80er Jahren erforschte eine französische Expedition die Höhle unterhalb Tham Nong Pa Fas, übersah dabei aber den 1,50 m großen Eingang.

Wer keine Trekkingtour zur Höhle machen möchte (S. 328), kann die 15 km auch mit dem Motorrad oder Tuk Tuk fahren. Der Weg ist zunächst derselbe wie zur französischen Eisenbahnbrücke. Von dort sind es 2,5 km bis zu einer Linkskurve, dann weitere 3 km geradeaus. Eine Stichstraße führt die letzten 2 km zur Höhle. Mittlerweile wird der Andrang recht gut bewältigt: Es gibt einen Parkplatz, mehrere Essensstände und einen passablen Weg samt Betontreppe. In der Regenzeit müssen Besucher die letzten Meter im Boot zurücklegen. ⏰ tgl. 8–12, 13–17 Uhr. Eintritt 2000 Kip. Fotografieren verboten.

Tham Pha Chanh

Tham Pha Chanh ist vermutlich die größte Höhle, die von Thakhek aus besucht werden kann – und die abgelegenste. Sie befindet sich rund 30 km nordöstlich der Provinzhauptstadt nahe Ban Doy und führt 700 m durch ein Karstmassiv hindurch. Gleich links des riesigen Eingangs befindet sich ein kleiner Vat mit vielen Buddhafiguren, der über eine steile Treppe zu erreichen ist. Der abenteuerliche Weg zur Höhle über Trampelpfade, Reisfelder und Flüsse ist selbst mit Karte schwer zu finden. Infos gibt es in der Thakhek Travel Lodge. Für die Fahrt empfiehlt sich ein Motorrad. Man sollte einen ganzen Tag einplanen (genügend Wasser und Benzin mitnehmen!). Eine Alternative dazu ist eine organisierte Trekkingtour ins Phou Hin Boun NPA (S. 328).

Mahaxai

Das kleine Dorf Mahaxai, rund 50 km östlich von Thakhek, liegt idyllisch von Karstbergen umgeben an einer Biegung des Xe Bangfai. Die Vorstellung, dass die Region im 19. Jh. ein Zentrum des Widerstandes gegen die Siamesen war, passt kaum zum lieblichen Anblick am Abend, wenn sich die zahlreichen Kokospalmen sanft im Wind wiegen und die Novizen der beiden Vats ihre Roben im Fluss waschen. Leider hat Mahaxai auch ein ausgemachtes Müllproblem.

Wie ein riesiger Schlund: der Eingang zur Tham Pha Chanh

Am Ufer nahe dem Gästehaus lässt sich eine Bootsfahrt 8 km flussabwärts zur **Tham Pha Nang** organisieren (um US$15, handeln). Die Höhle wurde während des Zweiten Indochinakrieges als Bunker genutzt. Vor dem Eingang ist noch immer ein tiefer Bombenkrater zu sehen. Eine Bootsfahrt flussaufwärts führt durch die Karstberge der Mahaxai-Schlucht.

Übernachtung und Essen

Das *Saynamse Gh.*, in der Dorfmitte, ist bislang die einzige Unterkunft. Das 2-stöckige Gebäude aus den 60er/70er Jahren hat 10 einfache DZ mit Bad und kalter Dusche; ziemlich schmuddelig. ❶ Im Dorf gibt es ein paar Lokale, die **Fö** und **einfache laotische Gerichte** zubereiten.

Transport

Mit dem **Motorrad** dauert der Trip von Thakhek nach Mahaxai rund 1–1 1/2 Std. Songtheos fahren die 50 km regelmäßig bis 17 Uhr vom Talat Sooksomboon in 1–2 Std. für 15 000 Kip. Verbindungen von Mahaxai nach THAKHEK bestehen tgl. am Morgen.

Die Straße 8B nach Norden

Die Straße 8B zwischen Gnommalat und Lak Xao ist eine Rumpelpiste in üppiger Landschaft. Wenn ab Mitte 2008 der Stausee des Nam Theun II-Damms voll läuft, werden einige Abschnitte im Wasser versinken. Eine neue Umgehungsstraße ist zwar geplant, aber wer die Motorrad-Rundtour fahren will (S. 330), sollte unbedingt noch mal nach der aktuellen Situation fragen.

Busse und Songtheos verkehren auf der Strecke nicht. Biker aus Richtung Thakhek können am Abzweig nach Mahaxai noch mal tanken, bevor es links auf der Hauptstraße weiter nach Gnommalat geht (23 km). Der laotisch-vietnamesische Grenzübergang, der nach 17 km ausgeschildert ist, dient nur dem lokalen Grenzverkehr.

Gnommalat

Ein lang gezogenes Straßendorf mit mehreren Restaurants und einer Kaysone-Büste – viel mehr ist Gnommalat, 68 km östlich von Thakhek, nicht. Noch gibt es hier kein Gästehaus. Hinter dem Ort windet sich die Straße 8B in die Berge und der nackte Karst geht langsam in Dschungel über. Vor allem das letzte Stück vor Nakai ist äußerst steil.

Nakai (Ban Oudomsouk)

Nakai, 16 km nördlich von Gnommalat, wirkt wie eine Westernstadt auf dem Nakai-Plateau: staubige Straßen, zweistöckige Holzbaracken, fehlt nur noch Yul Brynner und das Bild wäre perfekt. An der T-Kreuzung kurz hinter dem Dorfeingang geht es rechts zum Gästehaus, ✆ 051-214381, ❶. Die Zimmer mit Ventilator, Bad und kalter Dusche sind o. k. Nach links führt die Straße weiter nach Lak Xao, vermutlich das schwierigste Stück. In der Trockenzeit sind die 72 km in fünf Stunden zu schaffen. Und noch ein Hinweis: Auf der Suche nach einer Abkürzung zur Tham Kong Lo haben sich schon einige Traveller verfahren. Besser auf dem Hauptweg bleiben.

Provinz Savannakhet

Die meistbesuchte der zentralen Provinzen erstreckt sich über 21 774 km² von der Annamitischen Kordillere bis zum Mekong, im Norden von Khammouan und im Süden von Saravan begrenzt. Savannakhet ist die größte und mit 825 000 Einwohnern **bevölkerungsreichste Provinz** des Landes. Ihre ausgedehnte Mekongebene macht sie zum Reisproduzenten Nr. 1, aber auch Rohstoffe und Bodenschätze wie Kupfer, Gold, Kalkstein, Gips und Holz sind hier zu finden.

Zwei Naturschutzgebiete liegen innerhalb der Provinzgrenzen: das 1060 km² große **Phou Xang He NPA**, das von zwei dicht bewaldeten Höhenzügen geprägt ist und fünf Primatenspezies, Großkatzen, Elefanten und sieben bedrohten Vogelarten Lebensraum bietet; und das 2200 km² große **Dong Phou Vieng NPA**, dessen Berglandschaft von einem Netz von Flüssen durchzogen wird und Kleideraffen, Gaur und drei Hornvogelarten beheimatet. In beiden NPA ist seit kurzem Trekking möglich (S. 339).

Die **Bevölkerung** der Provinz setzt sich zu zwei Dritteln aus Lao Loum, vor allem Lao und Phoutai, und zu einem Drittel aus Lao Theung zusammen, darunter Katang, Makong, Tri, Souay und Ta-Oy.

Zwei **Grenzübergänge** – im Westen mit Thailand, im Osten mit Vietnam – machen Savannakhet zu einem wichtigen Verkehrsknotenpunkt, nicht nur für Touristen. Seit Ende der 90er Jahre genießt der Ausbau des Trans-Asia Highways, der Thailand über die Straße 9 mit der vietnamesischen Küste verbindet, unter den Mekong-Anrainern höchste Priorität. Östlich der Stadt und bei Dan Savan entstehen zudem **Wirtschaftssonderzonen**, die mit Zoll- und Steuerprivilegien ausländisches Kapital anlocken sollen.

Wie ihre nördliche Nachbarin war auch Savannakhet früher Teil des Sikhottabong-Reiches, bevor es 1449 von Fa Ngum erobert und wenig später ins Reich der eine Million Elefanten integriert wurde. Die Franzosen machten die Stadt Ende des 19. Jhs. zum **Verwaltungszentrum für Südlaos**, bis Vientiane 1900 diese Funktion übernahm. 1960 diente sie dem rechten General Phoumi Nosavan als Basis, um von hier aus, unterstützt durch die CIA und das thailändische Militär, gegen den Putschisten Kong Le zu ziehen. Im Zweiten Indochinakrieg befand sich im Osten der Provinz ein wichtiger Knotenpunkt des Ho-Chi-Minh-Pfades. Berühmtester Sohn der Provinz ist Kaysone Phomvihane. Kein Wunder, dass die Partei die Stadt Chanthabouri im Dezember 2005, anlässlich des 30. Jahrestages der Volksrepublik, in Kaysone-Phomvihane-Stadt umbenannte.

Touristen besuchen meist nur die Provinzhauptstadt und den 15 km entfernten **That Ing Hang**, einen der heiligsten Stupas des Landes. Nahe Xepon lässt sich ein Blick auf den **Ho-Chi-Minh-Pfad** werfen, allerdings lohnt sich die Anreise kaum ohne Guide. Die Wege und Pfade allein sind nicht sehr aussagekräftig.

Savannakhet (Chanthabouri)

Die zweitgrößte Stadt des Landes, gegenüber dem thailändischen Mukdahan, ist die wichtigste Kreuzung in Zentrallaos, ein Transitpunkt für Warentransporter, Geschäftsleute und Touristen. Hier beginnt die Ost-West-Route zwischen Thailand

Giganten im Land der Elefanten

Der französische Geologe Josué Heillman Hoffet (1901–1945) war der erste, der in Laos Dinosaurierfossilien entdeckte. In Tangvay, 30 km südöstlich von Phalanxai in der Provinz Savannakhet, stieß er 1936 auf den Oberschenkelknochen eines Sauropoden, wenig später fand er noch Beckenteile eines Ornithopoden. Die Funde waren eine Sensation, handelte es sich doch um die ersten in Südostasien. Doch die Neuigkeit ging in den Wirren des Zweiten Weltkrieges unter. Hoffet selbst kam 1945 im Kampf gegen die Japaner ums Leben.

Es dauerte fast 50 Jahre, bis Hoffets Aufzeichnungen dem Paläontologen Philip Taquet vom Muséum national d'Histoire naturelle de Paris in die Hände fielen. Gemeinsam mit laotischen Forschern folgte Taquet in den 90er Jahren den Spuren seines Landsmannes. Dabei stieß die Gruppe in Tangvay auf weitere Fossilien. Ein Teil der Funde wies Ähnlichkeiten mit denen Hoffets auf und ging als **Tangvayosaurus hoffeti** in die Wissenschaft ein (benannt nach Ort und Entdecker). Aus den Überresten ergab sich, dass der Tangvayosaurus etwa 15 m lang gewesen sein musste. Er hatte in der Kreidezeit gelebt (140–65 Mill. Jahre v. Chr), sich auf allen Vieren fortbewegt und von Pflanzen ernährt.

Mitte der 90er Jahre wurden weitere Fossilien entdeckt, darunter einige Zähne. Sie deuten darauf hin, dass es in Laos Fleisch fressende Theropoden gegeben haben könnte, zu denen auch der *T-Rex* gehörte. Viele der Funde bereiten Experten jedoch bis heute Kopfzerbrechen. Einige sind im Dinosauriermuseum in Savannakhet zu sehen. In Muang Phalanxai (s. S. 344) zeugt außerdem ein Fußabdruck von der Existenz der einstigen Giganten.

---

und Vietnam. 27 km östlich verläuft die Straße 13, und wenn Ende 2006 die zweite thai-laotische Freundschaftsbrücke den Mekong überspannt, ist die Funktion als regionaler **Dreh- und Angelpunkt** perfekt.

Aber noch geht es in Savannakhet, auch kurz Savan genannt, gemächlich zu. Trotz ihrer mehr als 110 000 Einwohner verbreitet die Stadt alles andere als Hektik. Schachbrettartig um einen begrünten Platz angelegt, mit katholischer Kirche und pastellfarbenen Ladenhäusern wirkt sie wie die Kulisse für einen Indochinafilm.

Historiker haben jüngst analysiert, dass allen französischen Verwaltungszentren in Laos ein ähnliches Muster zugrunde liegt. Danach wurde das Flussufer von Regierungsgebäuden und Villen gesäumt, dazwischen nur die bescheideneren Ladenhäuser der Chinesen und Vietnamesen. Im äußeren Ring, von der Kolonialmacht weitgehend unbehelligt, wohnten die Laoten in hölzernen Pfahlbauten. In einem weiteren Viertel lebten die mittellosen vietnamesischen Kulis, meist in einfachen Bambushütten. Wer auf den **Spuren der Franzosen** durch Savannakhet flaniert, sollte einen Blick auf das Haus des thailändischen Konsulats aus dem Jahr 1926, das Mekong Hotel und die kleine Seitenstraße nördlich der Singthong Rd. werfen, in der sich einst eine Unterhaltungsmeile mit Varieté und Bars befand.

Die Stadtbevölkerung setzt sich noch heute überwiegend aus Lao, Vietnamesen und Chinesen zusammen, allerdings längst nicht mehr in dem Verhältnis wie in den 30er Jahren, als die Vietnamesen zwei Drittel der Bewohner ausmachten. Wirtschaftlich dominiert der Handel (und Schmuggel) mit Thailand und Vietnam. Entlang der Straße nach Xeno gibt es ein paar Fabriken, darunter Textilien, Fahrzeugteile und Holzverarbeitung, und ein großes neues Stadion.

Die meisten Touristen bleiben nur einen Tag in Savannakhet, denn viel zu sehen gibt es nicht. Wer auf sein Visum für Vietnam oder Thailand wartet, kann sich die Zeit mit einem Besuch der **Vats**, des **Dinosauriermuseums** und des **Talat Savanxais** vertreiben.

Religiöse Stätten

Savannakhets Vats sind überwiegend jüngeren Datums. Der älteste und größte Tempel der Stadt ist **Vat Xayaphoum** in der Chanthabouri Rd., nördlich des Fährterminals. Er wurde Ende des 19. Jhs. gebaut und kürzlich renoviert. Heute leben

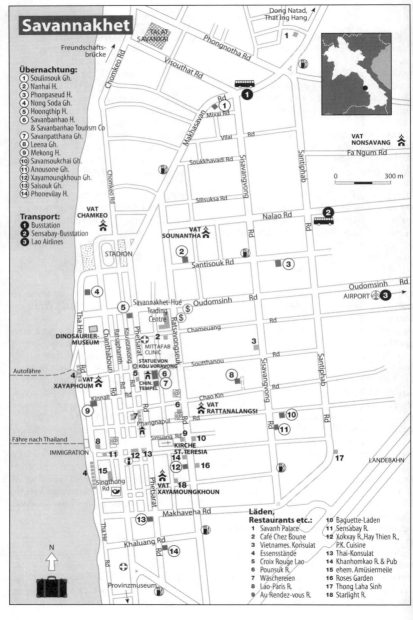

hier fast 300 Novizen, die – wie viele andere Novizen der umliegenden Vats – die angeschlossene Oberschule besuchen. In der Südwestecke des Geländes liegen die beiden Boote des Tempels, die zu Anlässen wie *Boun Ok Phansa* und dem jährlichen Bootsrennen zu Wasser gelassen werden. Savans einzige Grundschule für Novizen befindet sich im 1952 gegründeten **Vat Rattanalangsi** zwischen Chao Kin und Phangnapui Rd. **Vat Xayamoungkhoun**, Phetsarat Rd. nahe der Post, wurde ebenfalls Mitte des 20. Jhs. errichtet und beherbergt mehr als 30 Mönche und Novizen. Der leuchtende Trommelturm wurde 2002 renoviert.

Direkt im Zentrum am zentralen Platz steht die kleine katholische **Kirche St. Teresia**, ein einschiffiger Bau mit achteckigem Glockenturm, der 1930 errichtet wurde. Bilder des Kreuzweges säumen die Wände des schlichten Inneren. Rechts des Altars, den ein Bildnis des Abendmahles schmückt, befindet sich die liegende Statue der Namensgeberin, einer Heiligen aus Lisieux (Normandie). Interessant ist auch der mobile Beichtstuhl. Jeden Sonntag um 8 Uhr wird für die mehrere hundert Gläubige starke Gemeinde eine Messe abgehalten.

Museen und Monumente

In einer Kolonialvilla in der Chanthabouri Rd., südlich des Krankenhauses, befindet sich das unspektakuläre **Provinzmuseum**. Wie viele seiner Art dient es in erster Linie der Huldigung Kaysone Phomvihanes, des berühmtesten Sohns der Provinz. Im Obergeschoss hängen ein paar Fotos von der Operation Lam Son 719 (s. S. 345). Daneben steht ein kaputtes Modell, das früher einmal den Hergang der Schlacht dargestellt haben könnte. Vor der Villa rosten die Reste einer amerikanischen T-28, des wichtigsten Kampfflugzeugs der königlichen Luftwaffe, und vier Geschütze vor sich hin. Im Grunde reicht ein kostenloser Blick auf die Artillerie, es sei denn, man möchte sich einmal das Innere einer französischen Kolonialvilla ansehen. ☉ offiziell Mo–Fr 8–11.30, 13–16 Uhr, jedoch häufig geschlossen, Eintritt 5000 Kip.

Das kleine **Dinosauriermuseum**, Chanthabouri Rd., nördlich von Vat Xayaphoum, lohnt einen kurzen Besuch. Dort werden einige Fossilien der Urtiere ausgestellt, die Laos während der Kreidezeit bevölkerten (140–65 Mill. Jahre v. Chr.). Im Vorraum befindet sich die Kopie eines Saurier-Fußabdrucks, der in Phalanxai entdeckt wurde. An der Rückwand des Hauptraumes prangen die Umrisse des riesigen *Tangvayosaurus hoffetti*, die an einigen Stellen durch Fundstücke wie Schwanzwirbel, Becken- und Fußknochen ergänzt wurden (die Kopien darf man anfassen). Die Vitrine rechts an der Stirnseite zeigt Bodenschätze, Vulkangestein und einen dunklen Krümel mit der irritierenden Beschriftung „Meteorit". ☉ tgl. 8–12, 13–16 Uhr, Eintritt 5000 Kip.

In der Soutthanou Rd., schräg gegenüber dem chinesischen Tempel, steht die 1995 errichtete **Statue von Kou Voravong** (1914–1954), eines weiteren bekannten Sohnes Savannakhets. Kou Voravong war Gründer der Demokratischen Partei und im Jahr 1954 für wenige Monate Verteidigungminister in Souvanna Phoumas Kabinett, wo er sich für Verhandlungen mit den Pathet Lao aussprach. Seine Ermordung im September 1954 trug dazu bei, dass die Regierung einen Monat später zusammenbrach.

Märkte

Savannakhets ganztägiger **Talat Savanxai** liegt westlich der Busstation. In der großen Halle werden Tabak aus Vientiane und Savannakhet, Chili aus Xieng Khouang und alle möglichen Tiere verkauft. Im südöstlichen Teil reihen sich Textilienstände aneinander, die *sin* aus Pakxe und Xam Neua anbieten. ☉ ganztägig.

Interessant ist die Weberei **Thong Laha Sinh** in der Santiphap Rd. In dem Phoutai-Haus werden alle möglichen Baumwollsachen geschneidert und gefärbt. Im Ausstellungsraum gibt es Kissenbezüge, Hemden, Schals, Hüte und Taschen zu kaufen. Die Baumwolle kommt aus Pakxe, gewebt wird sie von Phoutai-Familien im Umland. ☉ tgl. 8–12, 13–17 Uhr.

Übernachtung

In Savannakhet gibt es eine stattliche Auswahl an Unterkünften. Leider liegen die wenigsten am Mekong oder im französischen Viertel. Dafür bieten sie ein gutes Preis-Leistungs-Verhältnis mit AC-Zimmern ab US$6–7. Das obere Preissegment ist nur spärlich vertreten, größtes Hotel ist das Hoongthip.

UNTERE PREISKLASSE – *Saisouk Gh.*, Phetsarat Rd., Ecke Makhaveha Rd., ✆ 041-212207. Eine der günstigsten Unterkünfte der Stadt: ein Dutzend Zimmer in einem atmosphärischen Haus mit Holzaufbau, wahlweise mit Ventilator oder AC, Bad oder Gemeinschafts-WC und kalter Dusche; EZ US$2,50; kleine Veranda, dünne Wände; in der Preisklasse empfehlenswert. ❶

Leena Gh., Chao Kin Rd., abseits der Straße, ✆ 041-212404. Der freundliche Familienbetrieb hat mehr als 20 gefliesste DZ in einem 2-stöckigen Haus aus den 80er Jahren und eine Hand voll Zimmer in einem neuen Bau gegenüber. Die Ausstattung reicht von Ventilator, Bad und kalter Dusche bis AC, Bad, Warmwasser und TV; Motorrad- und Fahrradverleih. ❶–❷

Xayamoungkhoun Gh., 84 Ratsavongseuk Rd., ✆ 041-212426. Beliebtes Gästehaus in guter Lage; saubere Zimmer mit Ventilator oder AC, Bad und Dusche, die teuersten mit Kabel-TV; 3-Bett-Zimmer mit Bad US$5; kleine Bibliothek; die Zimmer zur Front sind wegen der Straße und des Biergartens gegenüber recht laut. Der Besitzer spricht gut Französisch; Fahrradverleih; empfehlenswert. ❷

Nong Soda Gh., Tha He Rd., nordwestlich des Dinosauriermuseums, ✆ 041-212522. Saubere und geräumige Zimmer in einem Flachbau am Mekong, alle mit AC, Bad, Warmwasser, TV und Kühlschrank. Großer Balkon fürs Bier zum Sonnenuntergang. Fahrrad- und Motorradverleih. ❷

Savanbanhao Hotel, Senna Rd., auf dem Gelände des gleichnamigen Touranbieters, ✆ 041-212202. Ehemaliger Wohnort des Generals Phoumi Nosavan und seiner Sicherheitsleute (S. 85). Heute kommen in den knapp 40 Zimmern, die sich in 4 Häusern um einen großen Parkplatz gruppieren, Touristen unter. Die teureren DZ im 2. Stock haben Holzböden und sind größer und schöner als die gefliesten Zimmer unten; zur Ausstattung gehören AC, Bad und Warmwasser, wahlweise auch TV und Kühlschrank. ❶–❷

Savanpatthana Gh., Senna Rd., daneben, ✆ 041-214242. Mehr als 20 einfache DZ in einer alten US-Kaserne mit Ventilator oder AC, Bad und zum Teil Warmwasser – Träume von Fahnenappell und Zapfenstreich sind inklusive; VIP-Zimmer mit TV US$7,50. ❶

Soulinsouk Gh., Makhasavan Rd., wenige hundert Meter südwestlich der Busstation, ✆ 041-213436. Gute Wahl für diejenigen, die nahe der Busstation übernachten wollen; 30 DZ mit Ventilator oder AC, Bad und warmer oder kalter Dusche. ❶–❷

Anousone Gh., 262 Sisavangvong Rd., ✆ 041-212339. 20 Zimmer mit Ventilator oder AC in 3 Häusern auf Palmen bestandenem Gelände; alle mit Bad und Warmwasser. Für den Preis nicht schlecht, allerdings abgelegen. ❶

Savansoukchai Gh., Phangnapoui Rd., nahe dem Anousone Gh., ✆ 041-212905. Schlichte Zimmer in einem Neubau, viele klein und muffig; die AC-Räume haben Warmwasser. ❶–❷

Phonevilay Hotel, Phetsarat Rd., ✆ 041-212284. Etwas verlassen wirkendes Hotel im Resort-Stil mit DZ in allen Varianten; sehr günstige Zimmer mit Ventilator. Das dazugehörige *Savan Saikhong Resort*, 2 km südlich des Zentrums, versorgt vor allem amüsierwillige Thais und Laoten. ❶–❷

MITTLERE PREISKLASSE – *Hoongthip Hotel*, 682 Phetsarat Rd., Ecke Oudomsinh Rd., ✆ 041-212262, ✉ 213230. Mit seinen fast 60 Zimmern ist das Hoongthip eines der größten Hotels der Stadt. Die DZ im 12 Jahre alten Haupthaus haben alle AC, Bad und TV, sind jedoch für das Gebotene zu teuer. Die Räume im neuen Anbau sind besser, aber häufig ohne Fenster – vorher anschauen. Mit Restaurant und Disco. Preis inkl. Frühstück. ❸–❹

Nanhai Hotel, Santisouk Rd., Ecke Ratsvongseuk, ✆ 041-212371, ✉ 212380. Teurer, 6-stöckiger Koloss etwas ab vom Schuss; allerdings saubere DZ mit allen Annehmlichkeiten wie AC, TV, Minibar, Telefon und Badewanne; VIP-Zimmer mit riesigem Bett und Couch-Garnitur US$44; Minibusverleih; Preis inkl. Frühstück; im Pool werden Fische gezüchtet. ❹

Phonpaseud Hotel, am östlichen Ende der Santisouk Rd., ✆ 041-212916. Mehr als 50 DZ auf Motel-ähnlicher Anlage mit AC, Bad und TV; VIP-Zimmer US$35; noch weiter weg von der Altstadt als das Nanhai. Preis inkl. Frühstück. ❹

Mekong Hotel, Tha He Rd., Ecke Kinnali, ✆ 041-212249, ✉ 212824. Die Lage der Kolonialvilla am Mekong verspricht schöne Sonnenuntergänge, allerdings werden die DZ mit Ventilator oder AC

Trekking in Savannakhet

Bisher erschwerten die schlechten Straßen den Zugang zu den Nationalparks Dong Phou Vieng und Phou Xang He. Seit kurzem bietet Savannakhets **Eco-Guide Unit** Trekkingtouren in die Naturschutzgebiete an. Mit sanftem Tourismus sollen die beteiligten Dörfer unterstützt und für den Umweltschutz gewonnen werden.

Dong Phou Vieng NPA

(3 Tage, moderat, nur in der Trockenzeit)
Die Katang, ein Mon-Khmer Volk, stehen im Mittelpunkt der 3-tägigen Tour durch das Gebiet südöstlich von Muang Phin. Der Trek führt durch den heiligen Wald Dong Sa Ki, schließt eine *baci*-Zeremonie und zwei Homestays in Katang-Dörfern ein; außerdem eine Bootsfahrt auf dem Xe Banghiang. Wer Glück hat, sieht Hornvögel und Kleideraffen. US$150 p. P. bei 2–3 Pers., US$110 p. P. ab 4 Pers., US$65 p. P. ab 8 Pers., alles inkl.

Phou Xang He NPA

(5 Tage, schwer, nur in der Trockenzeit)
Nach einem Homestay in einem Phoutai-Dorf beginnt der anstrengende Dschungeltrek auf den Phou Xang He (Berg der wilden Elefanten), vorbei an Felsen und Höhlen voller Mythen und Geschichten; geschlafen wird zweimal im Zelt und zum Schluss wieder in einem Phoutai-Dorf. US$300 p. P. bei 2–3 Pers., US$175 p. P. ab 4 Pers., US$120 p. P. ab 8 Pers., alles inkl.

Dong Natad

(1–2 Tage, leicht, ganzjährig)
Der 8000 ha große Wald liegt vor den Toren der Stadt, nahe dem That Ing Hang (S. 343). Der Tagestrip führt zu Honigsammlern (Dez–März), dem Nong Lom See und dem That Ing Hang; (US$20/15/12 p. P.), der Zweitagestrip zum That Ing Hang, Nong Lom, Schildkröten-See und den Ruinen der alten Stadt Muang Kao; Homestay in Ban That oder Ban Phonsim, der Wiege Savannakhets (US$45/35/30 p. P.).

Alle Treks müssen einen Tag im Voraus im Tourism Office gebucht werden. Dort gibt es auch ein Liste der Dinge, die in den Dörfern zu beachten sind.

---

auch pro Stunde vermietet; auf dem Gelände befindet sich eine Karaoke-Bar. ❷–❸

Essen und Unterhaltung

Savannakhets Restaurants sind unspektakulär. Ein gutes Dutzend **Lokale** serviert laotische, europäische, chinesische und vietnamesische Küche, darunter auch die örtliche Spezialität *Xin Savan* (getrocknetes Rind- oder Büffelfleisch). **Essensstände** reihen sich nördlich und südlich der Immigration aneinander und bieten bei Grillgerichten, *khao niau* und *tam mak hung* ein hübsches Plätzchen für den Sonnenuntergang. **Baguettes** gibt es am Morgen in den Cafés, am Markt, an der Busstation und an einigen Ständen entlang der zentralen Nord-Süd-Straßen.

RESTAURANTS – *Au Rendez-vous Restaurant*, 179 Ratsavongseuk Rd. Unaufgeregtes Traveller-Lokal mit Plastikstühlen und einer Hand voll westlicher und laotischer Gerichte; morgens Kaffee und Baguette. ⏲ tgl. 7.30–22 Uhr.
Café Chez Boune, Chameuang Rd., gegenüber dem Savannakhet-Hué Trading Centre. Leckere Pizzen und Crêpes zum Schwachwerden (nicht auf der Karte); kein Wunder – der Besitzer hat 20 Jahre in Frankreich gelebt. Außerdem gibt's gutes Frühstück, Kaffee und Büchertausch. Moderate Preise. ⏲ tgl. 8–22 Uhr
Lao-Paris Restaurant, 30 Chaleumong Rd., nahe dem Mekong. Beliebter Traveller-Treff mit französisch-laotischer Küche; auch einige vietnamesische und kantonesische Gerichte; guter *café lao*; das freundliche Personal versorgt die Gäste mit Reiseinfos. ⏲ tgl. 8–23 Uhr.
Sensabay Restaurant, Chaleunmong Rd., wenige Meter westlich des Lao-Paris. Gute Sandwiches, Pfannkuchen und die übliche Asia-Küche; große Frühstückskarte. ⏲ tgl. 8–22 Uhr.

Starlight Restaurant, in einer kleinen Seitenstraße südwestlich des Xayamoungkhoun Gh., rechte Seite. Vietnamesisch-chinesischer Familienbetrieb, guter Ort für *sindat*. ⏲ tgl. 16.30–22.30 Uhr.

Pounsuk Restaurant, Ratsvongseuk Rd. Die kleine Garküche brutzelt Reis- und Nudelgerichte; günstig und gut. ⏲ bis abends.

Xokxay Restaurant, südlich des zentralen Platzes. Preiswerte China-Küche, passables Süß-Sauer, Fruchtshakes und Eis.

Hay Thien Restaurant, daneben, ebenfalls chinesische Küche.

P.K. Cuisine, daneben, Ecke Kouvoravon Rd. Lust auf Frühlingsrollen? Frisch oder frittiert, hier schmecken sie besonders gut.

BARS UND DISCOS – Wer glaubt, in der zweitgrößten Stadt des Landes ginge es richtig ab, wird enttäuscht sein: Außer ein paar Hotelclubs gibt es kaum Läden zum Ausgehen. Allerdings entwickeln sich die Nebenstraßen im Ban Xayamoungkhoun langsam zur Karaoke-Meile.

Roses Garden, Ratsavongseuk Rd., direkt gegenüber dem Xayamoungkhoun Gh. Disco trifft Biergarten, mit Bänken und Bar draußen. Das Haus erinnert an den Titty Twister, ist aber harmloser.

Khanhomkao Rest. & Pub, Ratsavongseuk Rd., nördlich des Xayamoungkhoun Gh. An den Holztischen und der gemauerten Theke fließt Beerlao bis Mitternacht.

Savanh Palace, einige hundert Meter nördlich der Busstation, augeschildert. Größter Club der Stadt. Auf der Tanzfläche drängelt sich Savans Jugend jedes Wochenende.

Sonstiges

DIPLOMATISCHE VERTRETUNGEN – **Thailand**, Kouvoravong Rd., nahe dem zentralen Platz, in einer schönen Kolonialvilla, ✆ 041-212373. Das Konsulat stellt Transitvisa für 800 Baht, Touristenvisa für 1000 Baht und Non-Immigrant Visa für 2000 Baht aus. ⏲ Mo–Fr 8.30–12 Uhr (Beantragung) und 13–16.30 Uhr (Abholung).
Vietnam, 418 Sisavanvong Rd., ✆ 041-212418. Visa für 14 Tage (US$35) und 30 Tage (3 Arbeitstage US$45, Express US$55); 1 Foto. ⏲ Mo–Fr 7.30–11, 13.30–16.30 Uhr.

FAHRRAD- UND MOTORRADVERLEIH – Fahrräder (US$1) und Motorräder (US$6–8) im Leena Gh., Xayamoungkhoun Gh. und Nong Soda Gh.

GELD – ***BCLE***, Ratsavongseuk Rd., Ecke Oudomsinh Rd., ✆ 041-212686, ✆ 212685. Wechselt Travellers Cheques und Bargeld (Euro, Dollar, Baht); außerdem Auszahlungen auf Visa und Mastercard; Money Transfer. ⏲ Mo–Fr 8.30–15.30 Uhr.
Lao Development Bank, Oudomsinh Rd., um die Ecke, ✆ 041-212226, ✆ 041-212856. Gleicher Service; ⏲ Mo–Fr 8–16 Uhr. Eine **Zweigstelle** befindet sich in der Immigration, ⏲ Mo–Fr 9–15 Uhr; nur Bargeld.

INFORMATIONEN – Das ***Provincial Tourism Office***, Ratsaphanith Rd., nahe dem zentralen Platz, ✆ 041-214203, ✉ savannakhetguides2@yahoo.com, hat einige Broschüren und gute Englisch sprechende Guides (Savannakhet Eco-Guide Unit). Diese organisieren Touren in die beiden Nationalparks der Provinz und ein nahe gelegenes Naturschutzgebiet (s. Kasten). ⏲ tgl. 8–12, 13.30–17 Uhr.

INTERNET – Internet-Cafés gibt es entlang der Ratsavongseuk Rd. und am zentralen Platz. Die meisten haben Windows XP, Webcam und Kopfhörer. Kosten: um 200 Kip/Min. oder 5000–6000 Kip pro Stunde. ⏲ bis 22 oder 23 Uhr.

MEDIZINISCHE HILFE – Das **Provinzkrankenhaus** liegt in der Chanthabouri Rd., südlich der Post, ✆ 041-212231 (Notfall). Einen recht guten Ruf hat die private ***Mittafab Clinic***, 273/7 Phetsarat Rd., ✆ 041-212393 oder 020–540495. Dr. Bunta spricht Englisch und verkauft **Medikamente**. ⏲ Mo–Fr 7–11.30, 14–17 Uhr, Sa 7.30–11.30 Uhr.

POST / TELEFON – Die **Post** liegt in der Chanthabouri Rd. **Internationale Ferngespräche** im Gebäude tgl. von 8–20 Uhr.

SAUNA UND MASSAGE – Das ***Croix Rouge Lao***, Phetsarat Rd., bietet traditionelle Massage (30 000 Kip/Std.) und Sauna (15 000 Kip/Std.) an.

TOURANBIETER – *Savanbanhao Tourism Co.*, 644 Senna Rd., ✆/@ 041-212944. Stadtführungen und Trips in die Umgebung, etwa zum That Phon, Heuan Hin oder Ho-Chi-Minh-Pfad an. Außerdem unterhält Savanbanhao eine Busverbindung nach Vietnam (s. „Transport"). ◑ Mo–Sa 8–12, 14–17 Uhr.

WÄSCHEREIEN – Wer günstig waschen lassen möchte, sollte zum nördlichen Ende der Kouvoravong Rd. gehen: Hier befinden sich mehrere Wäschereien Seite an Seite.

ZEITUNGEN – Im Café Chez Boune liegt die *Vientiane Times* aus.

Nahverkehrsmittel

Savannakhets Zentrum ist fast ein bisschen zu groß, um es zu erlaufen. Ideal sind **Fahrräder** und **Motorräder**.

Tuk Tuks warten vor der Immigration. Eine Fahrt zwischen dem Busbahnhof und dem Zentrum kosten etwa 5000–10 000 Kip p. P., je nach Anzahl der Passagiere.

Transport

BUSSE – Savannakhets **zentrale Busstation** liegt 4 km nördlich des Zentrums an der Makhasavan Rd. Es besteht Anschluss nach:
DAN SAVAN/LAO BAO (Grenze Vietnam, 232 km, 5 Std.) 3x tgl. bis mittags für 35 000 Kip.
PAKXE (262 km, 4–5 Std.) 3x tgl. zwischen 7 und 12 Uhr, manchmal fährt noch ein weiterer Bus am Nachmittag, 30 000 Kip.
THAKHEK (133 km, 2 Std.) alle 40 Min. bis 11 Uhr, danach Busse aus dem Süden bis 22 Uhr, 20 000–25 000 Kip.
VIENTIANE (468 km, 8 Std.) alle 40 Min. von 6–11 Uhr, im Anschluss von 13–22 Uhr Busse aus dem Süden, 55 000 Kip.
XEPON (187 km, 3–4 Std.) 4x tgl. für 30 000 Kip.
Einige AC-Busse auf dem Weg nach Pakxe (45 000 Kip) oder Vientiane (75 000 Kip) halten an der **privaten Sensabay-Busstation** in der Santiphab Rd., meist zwischen spätem Vor- und frühem Nachmittag.

Grenzübergang nach Thailand

Noch pendelt nur die Fähre zwischen Savannakhet und **Mukdahan**, allerdings ist die zweite thai-laotische Freundschaftsbrücke über den Mekong fast fertig. Sie befindet sich 5,5 km nördlich des Zentrums. Nach der Eröffnung Ende 2006 ist es nur eine Frage der Zeit, bis ein grenzüberschreitender Busverkehr eingerichtet wird.
Derzeit müssen Touristen noch den Grenzübergang am Fähranleger nutzen, ◑ Mo–Fr 8–16 Uhr, Sa und So bis 15 Uhr; Überstundengebühr 10 000 Kip. Fähren fahren 4–6x tgl. während der Öffnungszeiten für 50 Baht.
Etliche Busse (Non-AC/AC/VIP) pendeln tgl. in 10–11 Std. zwischen Mukdahan und Bangkok (671 km). Der erste fährt gegen 8 Uhr, der letzte um 21.45 Uhr. Einreiseformalitäten für Laos s. S. 10.

Busse nach Vietnam fahren von der zentralen Busstation:
HUÉ tgl. um 22 Uhr in 14–16 Std. für US$11.
DANANG 2–4x wöchentl. um 22 Uhr in 16–18 Std. für US$14.
HANOI So gegen 18 Uhr in 24 Std. für US$20 über VINH.
Viele Leser raten von der Nachtfahrt nach Hue/Danang ab. Die Grenze wird zwar noch in der Nacht erreicht, aber der Übergang öffnet erst am Morgen. Schneller ist die Tagesverbindung nach DONG HA (dort in der Regel Anschluss nach Hué), buchbar bei **Savanbanhao Tourism Co.** im Savanbanhao Hotel. Kosten: US$12 (Minibus oder 30-Sitzer); der Bus fährt jeden 2. Tag, bei großer Nachfrage auch tgl.; Abfahrt 8 Uhr, Ankunft zwischen 15.30 und 16.30 Uhr.

FLÜGE – Savannakhets verwaister Flughafen liegt 2 km südöstlich der Stadt. Der Passagierterminal befindet sich am östlichen Ende der Rollbahn, zu erreichen über die Oudomsinh Rd.; mangels Nachfrage hat Lao Airlines alle Flüge von/nach Vientiane ausgesetzt. Sollten mal wieder Maschinen starten, lassen sich Tickets bei *Lao Airlines*, ✆ 041-212140, im Terminal buchen.

That Ing Hang

Die Umgebung von Savannakhet
That Ing Hang

12 km östlich von Savannakhet, 3 km südlich der Straße nach Xeno, ragt der That Ing Hang in den Himmel, eine der bedeutendsten Pilgerstätten des Landes. Seine heutige Form erhielt der Stupa vermutlich im 16. Jh. unter König Setthathirat. Experten gehen jedoch davon aus, dass sich an dieser Stelle schon zu Zeiten des Sikhottabong-Reiches eine religiöse Stätte befunden hat. Eine Legende bringt den Bau sogar mit einem Besuch Buddhas in Verbindung, der hier einst müde von seiner langen Reise an einem *Hang*-Baum gelehnt haben soll (*ing* = lehnen).

Besucher betreten die Anlage traditionell von Osten. Im **Wandelgang**, der das Areal umgibt, thronen mehr als 200 goldene Buddhastatuen, überwiegend in der *bhumisparsa*-Mudra („Erdberührung"). Der Stupa selbst besteht aus drei **Stufen**, die mit einer geschwungenen Spitze in der klassischen Form einer Bananenblüte abschließen. Die tonfarbenen Skulpturen, die an den vier Seiten schmücken, sind *dvarapala*, **Wächterfiguren** der Khmer, die inzwischen mehrfach restauriert wurden. Kunsthistoriker sehen in ihnen einen Beweis dafür, dass der That ursprünglich ein Khmer-Heiligtum war, womöglich aus der präangkorianischen Epoche (6.–9. Jh.). Im Innern des Stupas befindet sich eine **Kammer** mit zahlreichen Buddhafiguren, die von einer bläulich schimmernden und mit Gold verzierten Statue überthront werden. Frauen dürfen den inneren Kreis des Stupas und die Kammer traditionell nicht betreten. Jedes Jahr im Februar/März findet um den That Ing Hang ein mehrtägiges **Fest** statt, zu dem die Kammer geöffnet wird.

Busse in Richtung Xeno können einen am Abzweig zum That Ing Hang absetzen (12 km). Von hier sind es noch einmal 3 km zu Fuß. Tuk Tuks vom Zentrum kosten US$5 hin und zurück. Man kann die Strecke auch problemlos mit dem Fahrrad oder Motorrad zurücklegen, allerdings ist die Straße 9 stark befahren.

Dong Natad und Nong Lom

Kristallklar und schilfbewachsen erstreckt sich der Lom-**See** inmitten des 8000 ha großen Schutzgebietes Dong Natad nordöstlich des That Ing Hang. Der See gilt als heilig und darf nicht mit dem Boot befahren werden. Im **Wald** soll es Pythons und Makaken geben. Einige der alten Bäume sind beschildert.

Die Strecke ist zunächst dieselbe wie zum That. 300 m vor dem Stupa von der Straße nach Xeno kommend zweigt links ein Sandweg ab, der nach 3 km zum See führt (an der T-Kreuzung rechts halten). Der Trip ist leicht auf eigene Faust zu unternehmen. Wer jedoch einen der **Treks** des Provincial Tourism Office bucht, erfährt nicht nur mehr, sondern unterstützt auch die Dörfer und Guides, die in das Ökotourismus-Projekt eingebunden sind (s. S. 339).

That Phon und Heuan Hin

That Phon und Heuan Hin befinden sich rund 70 km südlich von Savannakhet, westlich der Straße 13, und sind derzeit wegen ihrer Abgelegenheit nur etwas für ausgemachte Kunstliebhaber.

That Phon ist ein weiterer, hoch verehrter **Stupa**, der vermutlich schon zur Sikhottabong-Zeit angelegt wurde, jedoch in seiner heutigen Gestalt aus dem 16. Jh. datiert. Jedes Jahr im Februar findet hier ein großes Fest statt. Beim Heuan Hin (**Steinhaus**), wenige Kilometer südwestlich am Mekong, handelt es sich um eine Stätte der Khmer aus dem 6./7. Jh., die inzwischen stark verfallen ist. Savanbanhao Tourism Co. in Savannakhet organisiert Touren mit Minibus, Fahrer und Guide für US$125.

Straße 9 nach Xepon

Östlich von Xeno windet sich die Straße 9 über 200 km bis zum Fuß der Annamitischen Kordillere, wo sie auf 200 m ansteigt, um über den **Lao Bao Pass** nach Vietnam hinüberzuführen. Der Grenzübergang ist auch für Touristen geöffnet.

Seit Jahrhunderten schon wird diese Route von den Völkern zwischen Südchinesischem Meer und Mekong als Handelsweg genutzt. Die Franzosen ließen sie in den 20er Jahren ausbauen, um die Kolonie an das indochinesische Verkehrsnetz anzubinden. Nordvietnam integrierte sie Ende der 50er Jahre in das Geflecht des Ho-Chi-Minh-Pfades, und im Februar 1971 rückten südvietnamesische Truppen auf der Straße 9 erfolglos Richtung Xepon vor. Die Bomben der USA legten die Straße schließlich in Schutt und Asche, bevor sie von den kommunistischen Bruderländern nach 1975 wieder aufgebaut wurde, um Laos Zugang zum Meer zu verschaffen.

Seit den 90er Jahren steht die Straße 9 erneut im Mittelpunkt des Interesses: Als wichtigster **Ost-West-Korridor** zwischen Thailand und der vietnamesischen Küste wurde sie in den vergangenen Jahren geteert. Nun soll sie die ehemaligen „Schlachtfelder in Marktplätze" verwandeln.

Sehenswürdigkeiten entlang der Strecke gibt es nur wenige. Im östlichen Teil nahe **Xepon** lässt sich ein Blick auf den **Ho-Chi-Minh-Pfad** werfen und in **Ban Dong** zeugt Kriegsschrott von der schrecklichen Geschichte der Region. Mit der Erschließung der Naturschutzgebiete **Dong Phou Vieng** und **Phou Xang He** ist die Straße seit kurzem auch Sprungbrett für Trekker (s. S. 339).

Xeno

Im unspektakulären Xeno, 30 km östlich von Savannakhet, kreuzen sich die Straßen 9 und 13. Der Ort ist seit je her eine **Militärbasis** – erst der Franzosen, dann der königlichen Armee und zwischendurch kurz der rechten Kräfte. Heute kann man die Kasernen der Laotischen Volksarmee entlang der Straße nach Osten sehen. Westliche Militärexperten sagen, dass nur das Volleyballfeld wirklich gut in Schuss sei.

Wer in Xeno übernachten muss, findet im *Sonexay Gh.,* ❶ – ❷, Straße 9, hinter dem Abzweig von der Straße 13, ✆ 041-431276, 33 saubere gefliese Zimmer mit Ventilator oder AC, Bad und warmer oder kalter Dusche; mit Restaurant. Das *Thong Phaxay Gh.,* ❷, Straße 13, nördlicher Ortseingang, ✆ 041-431325, bietet 10 saubere Zimmer mit AC, Bad und Kabel-TV. Beide werden viel von Fernfahrern frequentiert.

Muang Phalanxai

Der Fußabdruck eines Dinosauriers katapultierte Muang Phalanxai in den 90er Jahren auf die Landkarte der Paläontologen. Er soll bei niedrigem Wasserstand noch heute im Flussbett des Xe Xangxoy bewundert werden können (ausgeschildert). Abgesehen davon ist das Dorf, 100 km östlich von Savanankhet, nur ein weiterer uninteressanter Ort auf der Ost-West-Route.

Muang Phin

Ein klotziges laotisch-vietnamesisches **Freundschaftsmonument** grüßt Besucher des vietnamesisch geprägten Muang Phin, 154 km östlich von Savannakhet. Mitte der 80er Jahre gebaut, erinnert es an die Kooperation von Pathet Lao und Nordvietnamesen im Zweiten Indochinakrieg. Südlich des Denkmals zweigt die **Straße 23** nach Saravan durch das Dong Phou Vieng NPA ab. Zur Zeit der Recherche war sie nicht befahrbar, da noch immer Brücken fehlen (allenfalls mit Motorrädern). Zwei Gästehäuser an der Straße 9 bieten Zimmer mit Ventilator oder AC: das *Sikham Gh.,* westlicher Ortseingang, und das *Sysomphone Gh.,* 300 m weiter östlich, beide ❷. Schräg gegenüber dem Denkmal steht außerdem seit kurzem das *Meuang Phine Hotel.* Anständige Reisgerichte serviert das *Fanta Restaurant* neben dem Sikham Gh.

Bei **Ban Nabo**, 5 km vor Xepon, zweigt die unbefestigte Straße 28 nach Norden ab. 43 km nördlich des Abzweigs baut das australische Unternehmen Oxiana Resources gemeinsam mit Lane Xang Minerals im Rahmen des Xepon Projects Gold und Kupfer ab. Auf dem Areal gibt es fünf separate Gold- und ein Kupferlager, in denen 3,5 Mill. Unzen Gold und 1,2 Mill. Tonnen Kupfer vermutet werden.

Xepon (Tchepone)

Inmitten bewaldeter Hügel, 190 km östlich von Savannakhet, liegt Xepon, eine winzige Bezirksstadt am Ufer des Xe Banghiang. Die Geschichte der Stadt ist untrennbar mit dem **Ho-Chi-Minh-Pfad** verbunden (s. S. 86). Bis 1975 lief hier das Geflecht aus Straßen, Flüssen und Pfaden zusammen, über das die Nordvietnamesen ihren Nachschub in den Süden transportierten. Die strategische Bedeutung Xepons war so groß, dass die Demokratische Republik Vietnam schon Ende der 50er Jahre zwei Bataillone abstellte, um die Region gegen Angriffe der königlichen Armee zu sichern. Ab Mitte der 60er Jahre flogen US-Bomber täglich 100 Einsätze auf den Pfad, eine Zahl, die sich ab 1969 vervielfachte. Im Februar 1971, nach der US-Invasion in Kambodscha, unternahmen südvietnamesische Truppen in einem **Himmelfahrtskommando** den Versuch, die Versorgungsroute bei Xepon zu unterbrechen (s. Kasten). Das Unternehmen wurde ein Fiasko, doch das rettete die Stadt nicht vor der Zerstörung. Am Ende des Zweiten Indochinakrieges stand hier kein Stein mehr auf dem anderen, und die Strecke bis zur vietnamesischen Grenze war nur noch ein Streifen verbrannter Erde.

Alle Gebäude, die heute in Xepon zu sehen sind, stammen aus dem letzten Viertel des 20. Jhs.: das Postamt, die Bezirksverwaltung, der Markt. Die russische **Brücke**, die den Xe Banghiang im Osten überspannt, wurde 1987 gebaut. Wie zur Mahnung ragen noch die Reste der alten französischen Brücke aus dem Fluss. Mittlerweile ist Xepon vor allem ein Zwischenstopp für Holztransporter, Güterlaster, Straßenbauer und Touristen auf dem Weg nach Savannakhet oder Vietnam. Extra aus Savannakhet anzureisen lohnt sich nur für diejenigen, die stark an der Geschichte des Zweiten Indochinakrieges interessiert sind.

Ban Dong

Bei Ban Dong, 20 km östlich von Xepon, befindet sich ein ehemaliges **Schlachtfeld** der Operation Lam Son 719, auf dem heute zahlreiche Kriegsrelikte vor sich hinrosten. Am leichtesten zu erreichen sind die Überreste eines **amerikanischen**

Lam Son 719

Am 7. April 1971 wandte sich US-Präsident Richard Nixon in einer Fernsehansprache an seine Nation und erklärte: „Ich kann Ihnen heute mitteilen, dass die Vietnamisierung erfolgreich verlaufen ist." Was Nixon seinen Landsleuten verklausuliert als „erfolgreiche Vietnamisierung" verkaufte, war in Wirklichkeit in einer militärischen Katastrophe geendet: der Versuch der südvietnamesischen Armee, Teile des Ho-Chi-Minh-Pfades in Laos zu zerstören. Mehr als 20 000 Menschen – Laoten, Vietnamesen und Amerikaner – hatten dabei ihr Leben lassen müssen.

Lam Son 719, so der Codename der Operation, war am 8. Februar 1971 gestartet. Nixon und sein Sonderberater Henry Kissinger hatten die Militäraktion angeregt, da sie im folgenden Jahr eine Offensive der Nordvietnamesen befürchteten. Durch einen Angriff auf den Ho-Chi-Minh-Pfad bei Xepon sollte die Infiltration des Südens mit nordvietnamesischen Truppen und Kriegsgerät blockiert werden. Zugleich stellte die Operation einen Testfall für die so genannte „Vietnamisierung" des Krieges dar, also den selbstständigen Einsatz der südvietnamesischen Armee ohne die Hilfe amerikanischer Bodentruppen.

Anfang Februar rückten 17 000 südvietnamesische Soldaten auf der Straße 9 nach Laos vor. Entgegen Informationen der Geheimdienste, wonach die Nordvietnamesen mindestens einen Monat gebraucht hätten, um die südvietnamesischen Truppen zu erreichen, kam es bereits nach zwei Wochen zu ersten Gefechten. Schlechtes Wetter verhinderte den frühen Einsatz amerikanischer Bomber (dennoch warfen die Luftstreitkräfte im Laufe der 6-wöchigen Kämpfe rund 32 000 t Bomben auf die Region). Doch was noch verheerender war: Die Nordvietnamesen hatten von dem Angriff schon vorher erfahren und waren entsprechend vorbereitet. Als sich die Südvietnamesen Anfang März der Stadt näherten, standen ihnen mehr als 40 000 feindliche Soldaten gegenüber. Was nun folgte, beschrieb der deutsche Journalist Winfried Scharlau als „Hölle, in der es Feuer zu regnen schien, in der Konfusion, ja Panik ausbrachen und in der die südvietnamesischen Führer die Übersicht und die Kontrolle verloren". Der angeordnete Rückzug der Südvietnamesen entwickelte sich zur Flucht. Nur die Hälfte der Truppen erreichte die Grenze. Bei anschließenden Gegenangriffen auf südvietnamesisches Gebiet kamen weitere Menschen ums Leben, darunter zahlreiche Amerikaner.

Erstaunlicherweise wurde die Operation von beiden Seiten als Sieg gefeiert. Für Beobachter gab es jedoch am Ergebnis nichts zu rütteln: Die Nordvietnamesen waren trotz schwerer Verluste nur bedingt getroffen, während die Moral der Südvietnamesen einen schweren Schlag erlitten hatte. Hinzu kam, dass der nordvietnamesische Nachschub weiterhin über den Ho-Chi-Minh-Pfad nach Südvietnam sickerte. Das zeigte sich spätestens im März 1972, als die Nordvietnamesen ihre befürchtete Großoffensive starteten.

Grenzübergang nach Vietnam

Der geschäftigste der laotisch-vietnamesischen Grenzübergänge, ⏲ tgl. 7.30–19 Uhr, verbindet die Provinz Savannakhet mit der vietnamesischen Provinz Quang Tri. Zwischen Savannakhet und Hué pendeln inzwischen täglich Direktbusse (S. 341).

Wer individuell anreist, muss in Dan Savan für ein paar tausend Kip ein Motorradtaxi zur Immigration nehmen und nach der Einreise nach Vietnam ein weiteres für die kurze Fahrt nach **Lao Bao**. Von hier fahren regelmäßig Busse oder Minibusse nach Dong Ha, dem vietnamesischen Kreuzungspunkt der Straßen 1 und 9 (80 km, 2 Std., 30 000–45 000 Dong).

Für die Einreise nach Vietnam wird ein gültiges Visum verlangt, das die Vertretungen in Vientiane, Savannakhet und Pakxe ausstellen. Einreiseformalitäten für Laos s. S. 10.

Panzers: einfach der Sandstraße folgen, die am östlichen Ortseingang nach Süden abzweigt, und nach 100 m links auf einen kleinen Weg abbiegen. Dieser führt nach wenigen Metern zum Panzer. Wer unsicher ist, kann vor Ort auch einen Guide engagieren (*lot thang* = Panzer). Dieser kann einen dann noch zu einem weiteren Panzer ein paar hundert Meter weiter führen.

Die Gegend wurde Ende der 90er Jahre von UXO Lao geräumt. Am späteren Nachmittag passieren den Ort keine Busse Richtung Xepon mehr, also früh aufbrechen.

Übernachtung und Essen

Mit den Geschäftsleuten und Fernfahrern haben in Xepon auch die Unterkünfte zugenommen. Die meisten bieten Zimmer für wenig Geld an (und manche für etwas mehr Geld auch andere Dienste).

Viengxay Gh., Straße 9, schräg gegenüber dem Markt, ✆ 041-214895. Günstige Zimmer im Haupthaus mit Ventilator und Gemeinschaftsbad und etwas teurere mit AC, Bad, Warmwasser und wahlweise TV in einem Flachbau daneben; beste Wahl. ❶–❷

Sanya Gh., Straße 9, westlicher Ortseingang. Verschlagähnliche Zimmer mit Ventilator, Gemeinschaftsbad und warmer Dusche; einige ohne Fenster. ❶

Wer etwas zu essen sucht, erhält im Markt eine dampfende Schüssel **Fö** und im

Buaphan Restaurant, Seitenstraße des Marktes, gute Bratgerichte und zum Frühstück Baguette. Die Gerichte sind in Englisch auf einer Tafel gelistet. ⏲ von morgens bis abends.

Transport

Songtheos und Busse starten an der Hauptstraße gegenüber dem Markt. Bis mittags bestehen Verbindungen zum 45 km entfernten Grenzort DAN SAVAN (1–2 Std., 15 000 Kip) über BAN DONG; am Nachmittag passieren noch 1–2 Busse aus Savannakhet die Stadt.

Ein Songtheo nach SAVANNAKHET verlässt Xepon jeden Morgen gegen 7 oder 8 Uhr (3–4 Std., 30 000 Kip); wie viele im Anschluss fahren, hängt von der Nachfrage ab. Bis mittags passieren auf jeden Fall 2–3 Busse aus Dan Savan die Stadt Richtung Westen.

Dan Savan

Das letzte Dorf vor der Grenze, 2 km westlich der Immigration und 235 km östlich von Savannakhet, besteht aus einer lang gezogenen Straße mit zahlreichen Holzhäusern. Zwei preiswerte **Unterkünfte**, das schmuddelige *Nha Tri Gh.* an der alten Busstation und das etwas bessere *Linda Gh.* gegenüber, bieten spät Ankommenden einfache Zimmer. Das *Friendly Restaurant* serviert laotische Gerichte und eine Filiale der *Lao Development Bank* erledigt den Geldwechsel (⏲ Mo–Fr 8–15.30 Uhr). Von der staubigen Busstation kurz vor der Grenze starten 2–3x tgl. bis 12 Uhr **Busse** nach Savannakhet (5 Std., 30 000 Kip) und hin und wieder **Songtheos** nach Xepon (1–2 Std., 15 000 Kip).

Der Süden

Vat Phou und die Khmer-Tempel Spuren einer frühen Hochkultur **S. 366**
Si Phan Don Inselparadies im Mekong **S. 373**
Irrawaddy-Delphine ein Blick auf die seltenen Flussflipper **S. 382**
Tad Lo ein paar Tage ausspannen und Bergvölker besuchen **S. 386**
Bolaven-Plateau fruchtbare Hochebene mit Kaffeeplantagen und den Wasserfällen Tad Fan, Tad Yeuang und Tad Katamtok **S. 362** und **S. 396**
Trekking im Phou Xieng Thong NPA oder durch das artenreiche Xe Pian NPA **S. 359** und **S. 360**

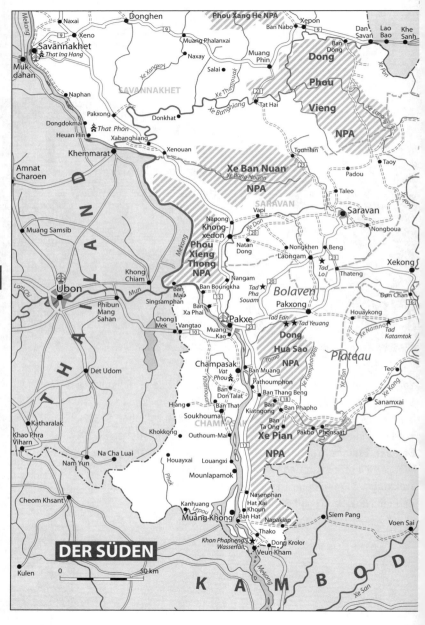

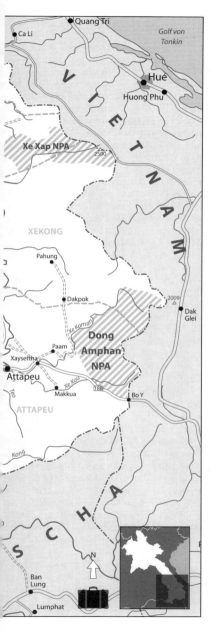

Mehr besucht als Zentrallaos, aber noch weit vom Massentourismus entfernt, bietet der Süden Reisenden beides: touristische Highlights und die Möglichkeit, die ausgetretenen Pfade zu verlassen.

Die Provinz Champasak besitzt mit dem Khmer-Tempel **Vat Phou** sicher eine der größten Attraktionen des Landes. Im Mekong nahe der kambodschanischen Grenze erstrecken sich zudem die **Si Phan Don**, zu Deutsch „Viertausend Inseln". Sie sind seit kurzem Ziel einer eingeschworenen Backpacker-Gemeinde. Geografisches Merkmal im Süden ist das **Bolaven-Plateau**. Die kühle Hochebene ist Heimat vieler Mon-Khmer-Völker und für ihre **Wasserfälle** und Kaffeeplantagen bekannt. Landschaftlich wild und ungebändigt sind die **entlegenen Südostprovinzen** Saravan, Xekong und Attapeu. Sie tragen noch immer die Narben des Zweiten Indochinakrieges.

Der meiste **Verkehr** fließt über die geteerte Straße 13, die von Nord nach Süd durch Champasak verläuft und am Grenzübergang mit Kambodscha endet. 44 km westlich von Pakxe besteht auch ein Grenzübergang mit Thailand. Die Hauptstraßen auf dem Bolaven-Plateau sind mittlerweile ebenfalls geteert, ein Trip ins Hinterland der Südostprovinzen kann dagegen in der Regenzeit unmöglich sein. Von Pakxes Flughafen starten mehrmals wöchentlich Maschinen nach Siem Reap und es gibt Visa on Arrival. Kurz vor Drucklegung öffnete östlich von Attapeu ein neuer Grenzübergang nach Vietnam (S. 394).

Provinz Champasak

Champasak, knapp 15 500 km² groß, ist das Zentrum von Südlaos, ein historischer Kreuzungspunkt der Handelsrouten nach Bangkok und Phnom Penh. Als eine der wenigen Provinzen erstreckt es sich über beide Ufer des Mekong, als einzige hat es einen Grenzübergang mit Kambodscha.

Champasak ist Heimat von mehr als 600 000 Menschen. Die Tiefebene im Westen wird von Lao, Phoutai und anderen Mitgliedern der Tai-Sprachfamilie bewohnt. Auf dem Bolaven-Plateau im Osten leben überwiegend Mon-Khmer Völker, darunter Souay, Katu, Nge, Laven, Nya Heun und Katang.

Als historischer Siedlungsraum der Khmer und späteres laotisches Königreich hat die Provinz ein reiches kulturelles Erbe. Bedeutendstes Kulturdenkmal ist **Vat Phou**, eines der frühesten Bergheiligtümer der Khmer außerhalb Kambodschas. Zu den Naturschönheiten zählen das fruchtbare **Bolaven-Plateau** (1200 m) und die Mekonginseln **Si Phan Don**. Hier leben auch die seltenen **Irrawaddy-Delphine**. Die drei relativ leicht zugänglichen Naturschutzgebiete Dong Hua Sao (910 km^2), Xe Pian (2400 km^2) und Phou Xieng Thong (1200 km^2) stellen eine weitere Attraktion dar.

Wirtschaftlich sind in Champasak Reisanbau, Viehzucht, Holz, Kardamom und Tee von Bedeutung. Exportschlager ist der schmackhafte Kaffee (Robusta und Arabica), der auf dem Bolaven-Plateau angebaut wird. In der Umgebung Pakxes gibt es außerdem einige Fabriken.

Die **Straße 13**, die Champasak von Nord nach Süd durchzieht, ist seit 2002 geteert. Östlich von Pakxe führt die geteerte **Straße 23** auf das Bolaven-Plateau. Nach 20 km zweigt links die **Straße 20** nach Tad Lo und Saravan ab. Kurz hinter Pakxong führt eine Sandstraße zur Route Xekong – Attapeu. Die **Straße 18** zwischen Ban Thang Beng und Attapeu (116 km) war zur Zeit der Recherche in einem schlechten Zustand und wurde nicht durchgängig von Bussen befahren. Travellerberichten zufolge ist sie aber mit Motorrädern passierbar (in Pakxe oder Attapeu nachfragen).

Geschichte

Die Siedlungsgeschichte Champasaks reicht fast 2000 Jahre zurück. Viele archäologische Stätten, darunter die Khmer-Heiligtümer Vat Phou und Um Tomo, zeugen davon, dass Südlaos einst Teil der großen indisierten Reiche war, die im 1. Jahrtausend auf dem Gebiet des heutigen Kambodscha und Vietnam existierten.

Schon das frühe Reich **Funan** soll sich chinesischen Quellen zufolge in den ersten Jahrhunderten n. Chr. vom Mekongdelta bis nach Zentrallaos erstreckt haben. Die **Cham** unterhielten vermutlich im 4./5. Jh. am Fuß des Phou Kao ein religiöses Zentrum, bis sie im 6. Jh. von den Khmer verdrängt wurden. Eine Steleninschrift und Ausgrabungen legen nah, dass eine der ersten Hauptstädte des Khmer-Reiches **Zhenla**, Shrestapura, nur wenige Kilometer südlich von Champasak befunden hat. Die ältesten Bauten Vat Phous stammen ebenfalls aus dieser Zeit, der überwiegende Teil datiert jedoch aus dem 11.–13. Jh., als die Region zu **Angkor** gehörte.

Die Lao wanderten wahrscheinlich erst nach dem Niedergang Angkors ein und verdrängten die Mon-Khmer-Gruppen langsam aus der Tiefebene. Als der holländische Handelsreisende Gerrit van Wuysthoff Champasak im Sommer 1641 besuchte, war es schon lange Teil Lane Xangs.

Die kurze Episode des **unabhängigen Königreiches Champasak** begann 1713, sechs Jahre nach der Teilung Lane Xangs, als ein Enkel Sourigna Vongsas den örtlichen Thron bestieg. Soisisamout (reg. 1713–1737) sagte sich vom Königreich Vientiane los, errichtete seine Hauptstadt auf der Insel Khong und reorganisierte die Verwaltung. Sein Sohn Xayakoummane (reg. 1738–1791) setzte die Reformen fort und verlegte seinen Sitz in die Nähe der heutigen Bezirkstadt Champasak. Zwar gilt Xayakoummane gemeinhin als Mitbegründer des Reiches, doch verlor Champasak am Ende seiner 53-jährigen Regierungszeit schon wieder die Unabhängigkeit. Als überzeugter Buddhist verfolgte er eine streng pazifistische Politik, die es **Siam** 1778 leicht machte, das Königreich zu unterwerfen. Der Versuch seines Nachfolgers Fay Na (reg. 1791–1811), Champasak zu neuer Größe zu führen, scheiterte ebenso wie der Feldzug König Yohs (reg. 1819–1827), eines Sohnes Anouvongs, der Vientiane 1827 gegen Siam unterstützte.

Als die **Franzosen** 1893 in Laos einzogen, blieben die Gebiete westlich des Mekong mitsamt der königlichen Hauptstadt vorerst unter siamesischer Oberherrschaft (1904 trat Siam weitere Teile an Frankreich ab). Anders als Luang Prabang wurde Champasak daher direkt verwaltet. Dem Prinzen Nyuy (Raxadanai), Sohn des letzten Königs Khamsouk (reg. 1861–1899), blieb nur das Amt des Gouverneurs übrig. Sein Sohn Prinz Boun Oum beendete schließlich das Kapitel des Königreiches, als er 1946 in einem Geheimprotokoll zum frankolaotischen Modus Vivendi auf alle Thronansprüche verzichtete und im Gegenzug Inspector-General des Königreiches von Laos wurde.

Unter der königlichen Regierung wurde Champasak in die drei Provinzen Xedon, Champasak und Sithandon unterteilt und erst nach dem Machtwechsel 1975 wiedervereinigt.

Pakxe

Champasaks Verwaltungszentrum liegt von Bergen umgeben an der Mündung des Xe Don in den Mekong. Pakxe, gesprochen „Paksee", ist die drittgrößte Stadt des Landes, ein bedeutender Handelsplatz für Waren vom Bolaven-Plateau, den Viertausend Inseln und Thailand. Fast 80 000 Menschen leben hier, überwiegend Lao, Chinesen und Vietnamesen.

Pakxe ist eine der jüngsten laotischen Mekongstädte. Anfang des 20. Jhs. von den Franzosen zum Verwaltungszentrum gemacht, hatte es 1930 gerade einmal 3400 Einwohner. Im Zweiten Indochinakrieg war es die südliche Basis der amerikanischen Piloten, das Tor zum Bolaven-Plateau. Nach dem Machtwechsel 1975 wurde Pakxe Hauptstadt der wiedervereinigten Provinz Champasak.

Auch wenn's auf den ersten Blick nicht so wirkt: Heute ist die Stadt ein aufstrebendes Zentrum im Vierländereck. Allein in die Infrastruktur wurden etliche Millionen Dollar investiert. Seit 1999 überspannt die Lao-Nippon-Brücke den Mekong. Drei Jahre später wurde das letzte Stück der Straße 13 dem Verkehr übergeben, und im März 2002 erlangte schließlich der Flughafen internationalen Status. Auch in der Innenstadt bereitet man sich darauf vor, einmal der südliche Handels- und Verkehrsknotenpunkt zwischen Thailand, Vietnam und Kambodscha zu werden. Einen Eindruck davon vermittelt das 3-stöckige **Champasak Shopping Centre**, das allerdings noch immer auf mehr Pächter wartet. Auch die riesige **Provinzverwaltung** an der Road 1, von einigen als „Gouverneurstraum" bespöttelt, zeugt von einem neuen Selbstverständnis.

Sehenswürdigkeiten bietet die Stadt indes nur wenige. In erster Linie dient sie als Sprungbrett nach Vat Phou, auf das Bolaven-Plateau oder zu den Viertausend Inseln (Si Phan Don). Bei Vangtao (44 km) besteht ein Grenzübergang mit Thailand.

Im Zentrum zeugen das schöne **Chinese Society House**, Rd. 10, und eine Reihe Ladenhäuser von der einstigen Präsenz der Franzosen. Wer einen Platz für den **Sonnenuntergang** sucht, sollte die Essensstände am Mekong ansteuern.

Religiöse Stätten

Pakxes viele Vats sind nur mäßig interessant. **Vat Luang**, Road 11, ist der älteste und größte Tempel der Stadt. Der alte *sim* stammt aus den 30er Jahren und hat kunstvoll gearbeitete Treppengeländer. Im Gebäude sind heute das Buddhist Office of Champasak, die Bibliothek und Schulräume untergebracht. Die geschnitzten Türen und Fensterläden des neuen *sim* lohnen ebenfalls einen Blick. Der weiße glockenförmige Stupa gegenüber dem *ho check* enthält die Asche von Katay Don Sasorit (1904–1959), einem führenden Lao Issara-Mitglied, Minister und Regierungschef. 1904 in Ban Muang geboren, gründete er in den 40er Jahren die Nationale Erneuerungsbewegung. Als Verfechter eines laotischen Nationalismus' verfasste Katay zahlreiche Schriften zur Sprache, Kultur und Geschichte des Landes.

Vat Tham Fai, wegen eines Fußabdrucks von Buddha auch Vat Phrabat genannt, nimmt ein weitläufiges Gelände am Xe Don ein. Hier leben außer Mönchen auch einige Nonnen *(mae si)*. Der Name des Tempels bezieht sich auf eine große Naga-Höhle, die sich im Erdreich darunter befinden soll (*tham fai* = „Feuerhöhle").

An der Kreuzung von Road 1 und Road 10 steht die hübsche katholische **Kirche Sacré-Coeur de Jésus**, ein gelber Bau mit grünen Türen, auf dessen Glockenturm ein farbenfrohes Jesusbild prangt. Der laotische Satz bedeutet so viel wie „Jesus, wir vertrauen dir".

Museen und Monumente

Das **Historische Museum**, Road 13, schräg gegenüber dem Heldendenkmal, widmet sich überwiegend der Provinzgeschichte. Gleich rechts des Eingangs werden Körbe und Webarbeiten der südlaotischen Minderheiten und Palmblattmanuskripte des Nationalepos' Sinxay ausgestellt. Der nächste Blickfang sind drei Bronzetrommeln, von denen eine älter als 2000 Jahre ist. Der anschließende Raum steht ganz im Zeichen der Khmer-Kunst: Ein Teil der Türstürze, die hier zu sehen sind, stammen vom Tempel Um Tomo (s. S. 371) und einige Ziegelsteine aus der legendären Zhenla-Stadt Shrestapura. Wer es nicht zum Vat Phou geschafft hat, kann außerdem einen Blick auf das Modell des nördlichen Palastes werfen. Das Obergeschoss ist weitgehend der politischen Geschichte vorbehalten und bis auf ein paar historische Buddhafiguren und Waffen uninteressant. In einer Vitrine gibt es Banknoten aus der Königszeit, Piaster und alte Silbergewichte zu sehen. Viele Exponate sind Englisch beschriftet. ⏱ 8–11.30, 13.30–16.00 Uhr. Eintritt 5000 Kip

Das **Champassak Palace Hotel**, Rd. 13, ist die sichtbarste Hinterlassenschaft von Prinz Boun Oum na Champasak (1911–1980), dem mächtigsten Nachkommen des alten Königsgeschlechts. Obwohl er von sich selbst behauptete, das süße Leben lieber zu mögen als Politik, war er von 1947–62 hinter und zum Teil auch vor den Kulissen politisch aktiv. Ende der 60er Jahre steckte Boun Oum einen Großteil seines Vermögens in den Bau des protzigen Palastes. Sein Engagement für die politische Rechte machte ihn zum Hassobjekt der Kommunisten, die sogar ein Lied auf seine Entmachtung komponiert hatten. 1975 emigrierte Boun Oum nach Frankreich, wo er 1980 starb. Der unfertige Palast wurde in den 90er Jahren von thailändischen Investoren zu einem Hotel ausgebaut. Seit kurzem ist es in laotischer Hand. Von oben reicht der Blick weit über die Stadt.

Märkte

Auf dem Platz, den heute das **Champasak Shopping Centre** einnimmt, befand sich bis 1998 der zentrale Markt. Dann zerstörte ein Brand das Gebäude, und die Händler zogen zum **Talat Daoheuang** um. Der neue Markt ist inzwischen einer der größten des Landes. Beste Besuchszeit ist morgens. Auf dem lokalen **Talat Lak Song**, Rd. 13, ist dagegen nachmittags am meisten los. Hier werden außer 1 m langen Mekongfischen, Fröschen aller Gewichtsklassen und Schildkröten auch Schlangen und Leguane verkauft.

Übernachtung

Im Zentrum Pakxes gibt es mehr Hotels als Gästehäuser, passable Zimmer für weniger als US$5 sind schwer zu finden. Viel für's Geld bieten die Hotels im mittleren Segment, allen voran das Pakse Hotel und das Sang Aroun Hotel.

UNTERE PREISKLASSE – *Sabaidy 2 Gh.*, Rd. 24, gegenüber dem Thaluang Gh., ☎/✉ 031-212992. Beste Traveller-Option im Zentrum; freundliches Gästehaus mit familiärer Atmosphäre in einem schönen Kolonialbau; Zimmer mit Ventilator oder AC, einige mit Bad und Warmwasser; Dormbett knapp US$2; 3-Bett-Zimmer US$5,70. Fahrrad- und Motorradverleih; Visaservice; Restaurant. Günstige Touren auf das Bolaven-Plateau. ❶

Phonsavanh Hotel, Rd. 13, ☎ 031-212842. Eine der billigsten Herbergen der Stadt mit schmuddeligen Zimmern und kriminell versifften Sanitäranlagen, nur kaltes Wasser. Ableger der Nazim-Kette im Erdgeschoss. ❶

Phonsavanh Gh., Rd. 12, ☎/✉ 031-212842. Gehört zum gleichnamigen Hotel, ist aber besser, ruhiger und teurer: mehr als ein Dutzend Zimmer in 5 Varianten – von Ventilator/Bad/Kaltwasser bis AC/Bad/Warmwasser und TV (Deutsche Welle). Fahrrad- und Motorradverleih. ❶–❸

Sedone River Gh., Rd. 11, ☎ 031-212158, ✉ knhouyvanisvong@yahoo.com. Die Lage am Xe Don ist gut, aber die Zimmer (Ventilator/AC) sind recht einfach; alle mit Bad, die günstigen nur mit Kaltwasser. Nicht schlecht. ❶–❷

Nalin Thachaleun Gh., Parallelstraße der Rd. 13, östlich des Thaluang Gh., ☎ 031-212927. 10 AC-Zimmer in einem 2-stöckigen Gebäude in ruhiger Seitenstraße; mit Warmwasser, TV und Kühlschrank, aber ohne Moskitogitter oder -netze. Die großen sauberen Räume zur Front haben Zugang zum Gemeinschaftsbalkon. ❷

Vannapha Gh., Rd. 9, hinter der neuen Provinzverwaltung, ☎ 031-212502. Das Vannapha hat schlichte, relativ saubere AC-Zimmer mit Bad und warmer Dusche; mit Holzboden; kleines Café-Restaurant. ❷

Lankham Hotel, Rd. 13, schräg gegenüber dem Phonsavanh Hotel, ☎ 031-251888 oder 213314. 4-stöckiges Haus mit relativ einfachen DZ mit Ventilator oder AC und Bad. Die Zimmer zur Straße sind laut, dafür ist der Blick von oben ganz gut; viele Zimmer mit Fenster zum Gang. Fahrrad- und Motorradverleih. Visaservice. ❶–❷

Thaluang Gh., Rd. 24, gegenüber Diethelm Travel, ☎ 031-251399, ✉ 212206. Bei Thais beliebtes Gästehaus aus den 60er Jahren; AC-Zimmer mit Bad, Warmwasser und TV; Räume im Anbau preiswerter. ❷

Souksamlane Hotel, Rd. 10, ☎ 020-5632077. Zentrales Hotel, das bessere Tage gesehen hat. Die gefliesten Zimmer haben Ventilator oder AC und Bad, die teureren auch Warmwasser. ❷

MITTLERE UND OBERE PREISKLASSE – *Pakse Hotel*, 112/3 Rd. 5, ☎ 031-212131, ✉ info@paksehotel.com, 🖥 www.hotelpakse.com.

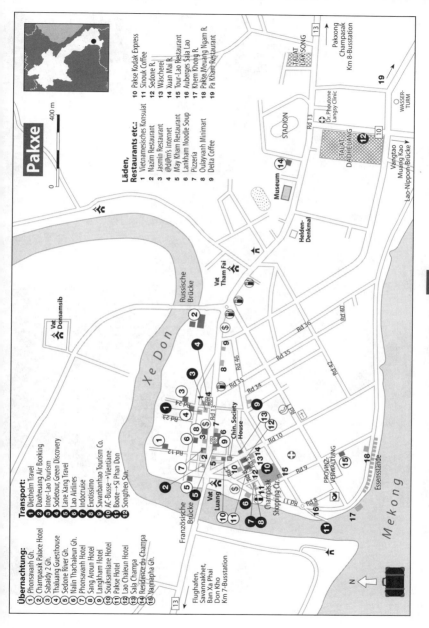

Gutes Mitbringsel: Kaffee vom Bolaven-Plateau

Beste Wahl in der Preisklasse. Das französisch geführte Hotel, im früheren Kino, wurde 2003 komplettsaniert. Die mehr als 60 Zimmer sind mit Rosenholzmöbeln eingerichtet. Alle haben AC, Bad, Kabel-TV, Telefon und Minibar, einige auch eine tolle Aussicht, die günstigsten haben Fenster zum Gang. Im Erdgeschoss gibt es ein Café und ein Restaurant; klasse ist der Rundumblick vom Restaurant auf der Dachterrasse (das Essen übrigens auch); zentral; Fahrstuhl. Der freundliche Manager spricht Französisch, Englisch und etwas Deutsch. ❸–❺

Sang Aroun Hotel, Rd. 13, ✆ 031-252111, ✉ 252555. Das 4-stöckige Chinesenhotel sieht zwar aus wie Onkel Dagoberts Geldspeicher, aber die Zimmer sind ihr Geld wert: Alle haben AC, Bad, Kabel-TV und Kühlschrank. Im Restaurant gibt's Frühstück. Fahrstuhl. ❹

Sala Champa, Rd. 10, ✆ 031-212273, ✉ 212646. Wer koloniales Flair sucht, ist im zentralen Sala Champa richtig. Die 14 AC-Zimmer mit Holzböden und Bad liegen um eine hübsche Villa. Besonders viel Atmosphäre haben die oberen Räume im Haupthaus (mit Balkon); Frühstück auf der begrünten Terrasse. ❷–❸

Residence du Champa, Rd. 13, westlich des Stadions, ✆ 031-212120, ✉ 212765. 45 saubere Zimmer in 5 Gebäuden; mit AC, Bad, Kabel-TV und Kühlschrank. Das Stabparkett verleiht den Zimmern etwas Warmes; Preis inkl. Frühstück. Flughafentransfer US$5; Touren zu den Viertausend Inseln und auf das Bolaven-Plateau. ❹

Lao Chaleun Hotel, Ecke Rd. 5 und Rd. 10, gegenüber dem Sala Champa, ✆ 031-251333 oder -137, ✉ 251138. Zentrales Hotel mit 45 gefliesten Zimmern, die über AC, Bad, TV und Kühlschrank verfügen; EZ mit Ventilator und Kaltwasser US$5; manche Zimmer haben Zugang zum Gemeinschaftsbalkon, einige nur Fenster zum Gang; Motorradverleih. ❷–❸

Champasak Palace Hotel, Rd. 13, ✆ 031-212263, ✉ 212781. Im kürzlich renovierten Palast von Prinz Boun Oum stehen heute mehr als 70 AC-Zimmer in 6 Kategorien zur Auswahl. Die Standard- und Superiorräume (US$30/35) haben Teppich, stuckverzierte Fensterrahmen, Mamorbad und nahezu alle Balkon; die wenigen Suiten, 7 VIP (US$50), 2 Queen (US$100) und 1 King (US$150), haben Holzböden; ein Familienzimmer mit 6 Betten (US$75); auch preiswertere Zimmer im Neubau; Fahrstuhl; Fitnessraum und Massage; Restaurant. Preis inkl. Frühstück. ❹–❻

Essen und Unterhaltung

Pakxes Restaurants spiegeln den Völkermix der Stadt wieder. Gourmettempel sind sie alle nicht. Die meisten Lokale befinden sich zwischen Rd. 13 und Rd. 9. Am Mekong reihen sich abends **Essensstände** aneinander, am Morgen verkaufen Händler entlang der Rd. 13 *khao ji* mit Paté. Kurz vor Drucklegung des Buches eröffnete nebem dem Lankham Hotel, Rd. 13, ein neue Pizzeria.

CAFÉS – *Sinouk Coffee*, Rd. 11, Ecke Rd. 6 und Rd. 9. Unterkoffeiniert? Hier gibt's starken Espresso, Cappuccino und leckeren Eiskaffee. Der freundliche Besitzer Eric Sisombat betreibt bei Thateng eine Kaffeeplantage (s. S. 390). Er verkauft seinen Sinouk-Kaffee auch abgepackt im Laden; ein paar thailändische und westliche Gerichte und ein kleines Frühstück stehen auch auf der Karte; entspanntes Ambiente.

RESTAURANTS – *Delta Coffee*, Rd. 13. Groß und gut, vor allem die Auswahl: 40 Pizzen, 20 Pastavarianten und fast ebenso viele Thai-Gerichte. Außerdem Burger, Steaks, Sandwiches, Frühstück und Kaffee von der eigenen Plantage (flüssig und abgepackt). ⏱ 7–22 Uhr.

Jasmin Restaurant, Rd. 13, schräg gegenüber dem Lankham Hotel. Abgemilderte indische und malaiische Küche und einige laotische Gerichte. ⏱ 8–22 Uhr.

Nazim Restaurant, Rd. 13, im Phonsavanh Hotel. Filiale der indischen Nazim-Kette; beliebt, da bekannt, aber nicht so gut wie Jasmin.

Xuan Mai Restaurant, Rd. 5, Ecke Rd. 10. Vietnamesisches Lokal, durch das ständig der Wind pfeift. Die kleine Karte umfasst *nem neuang*, Kokossuppe und Huhn mit Ingwer, morgens gibt es anständige Bananenpfannkuchen und Baguettes mit *Kiri*-Käse. ⏱ bis Mitternacht.

Sedone Restaurant, Rd. 5, schräg gegenüber dem Champasak Shopping Centre. Solide Auswahl an Asia-Gerichten, darunter leckere Frühlingsrollen und passable Zitronengras-Suppe; einige westliche Klassiker. ⏱ 6–22 Uhr.

Mekongtour de Luxe

Indocruise bietet 3-tägige Mekongtouren auf einer umgebauten, 34 m langen Reisbarke zwischen Pakxe und den Si Phan Don an. Die *Vat Phou* hat 12 Doppelkabinen mit AC, Bad und Dusche, ein Restaurant, ein Sonnendeck und eine Bar. Auf dem Programm stehen Vat Phou, Um Tomo, Don Khong, Don Khon und der Khon Phapheng Wasserfall (mit Englisch und Deutsch sprechenden Guides). Abfahrt 3x wöchentl., keine Touren im Juni, Twin US$488 p. P., EZ US$661; alle Mahlzeiten inkl., auch Kaffee und Tee, andere Getränke extra; Buchung in Pakxe: *Indocruise*, Rd. 6, ✆ 031-251446, ✉ bounnao@ewsiam.com. In Deutschland z. B. bei *Geoplan Touristik*, Amalienstr. 14, 12247 Berlin, ✆ 030-7954021, ✆ 030-7954080, 💻 www.geoplan.net.
Der Anleger befindet sich in Ban Muang gegenüber Champasak. Zurück geht's mit dem Bus.

Tour-Lao Restaurant, Rd. 9, Ecke Rd. 49. Im Thai-Stil für Thai-Touristen mit Plätzen drinnen und draußen. „Scharf" ist hier wirklich scharf. Leckerer Snack: das halb-getrocknete Schweinefleisch mit Sesam. Einer der wenigen Läden, die Fassbier ausschenken; kleine Portionen; teuer. ⏱ bis spät abends.

Lankham Noodle Soup, Rd. 13, im Lankham Hotel. Für einige das beste Fö-Lokal der Stadt, für andere nur eines von vielen. Auf jeden Fall immer voll.

May Kham Restaurant, Rd. 13, schräg gegenüber dem Phonsavanh Hotel. Gutes, aber recht teures China-Restaurant mit Süß-Sauer-Gerichten und einer gerösteten Ente, die locker für zwei reicht. ⏱ 7.30–23 Uhr.

Pakse Meuang Ngam Restaurant, Rd. 11, an der Promenade. Gutes *sindat*.

Khem Khong Restaurant, Floß-Restaurant an der Mündung des Xe Don in den Mekong. Tom Yam, *laap pa*, Fisch, Bratgerichte. Und wenn sich zu viele bewegen, kann's schwanken.

Pa Kham Restaurant, vor der Mekong-Brücke links, 1 km eine 4-spurige Asphaltstraße entlang, dann rechts weitere 300 m Richtung Mekong. Fischrestaurant mit Blick auf den Fluss, die Berge und die Lao-Nippon-Brücke; kleine Terrasse, gutes *koi pa* (Fischsalat). ⏱ 9–22 Uhr.

Sonstiges

APOTHEKEN – in der Nähe des Krankenhauses.

BÜCHER UND LANDKARTEN – *@d@ms Internet* führt Stadtpläne und manchmal auch Karten der Provinz; einige Reiseführer zum Blättern.

FAHRRAD- UND MOTORRADVERLEIH – Fahrräder (US$2/Tag) im Phonsavan Gh. und Lankham Hotel; Motorräder (US$8–10/Tag) im Sabaidy 2 Gh., Lao Chaleun Hotel, Phonsavan Gh. und Lankham Hotel. Letzteres verleiht auch 250ccm-Geländebikes (US$20/Tag).

FILME UND FOTOARBEITEN – *Pakse Kodak Express*, Rd. 6. Papier- und Dia-Filme (100/200 ASA), Entwicklungen und Lithium-Batterien; klimatisiert.

DIPLOMATISCHE VERTRETUNGEN – Vietnam, Rd. 24, ✆ 031-212058 oder 212827, ✆ 212827. 30-Tage-Visa für Vietnam (einmalige Einreise, 1 Foto); ⏱ Mo–Fr 7.30–11.30, 14–16.30 Uhr.

EINKAUFEN – *Oulayvanh Minimart*, Rd. 13., einige westliche Lebensmittel wie Pringles, Corned Beef und Käse; auch Toilettenartikel.

GELD – Pakxes Banken wechseln alle großen Währungen, außerdem Euro- und Dollar-Travellers Cheques; die ersten beiden zahlen auch Bargeld auf Visa und Mastercard aus; alle ⏱ Mo–Fr 8–15.30 Uhr.

BCLE, Rd. 11, südlich Vat Luang, ✆ 031-212770, ✆ 212974. Auch Dollar auf Kreditkarte;

Lao Development Bank, Rd. 13, schräg gegenüber dem Lankham Hotel, ✆ 031-212168, ✆ 212173. Gebühr auf Euro-Travellers Cheques; Western Union Geldtransfer. Der Wechselschalter hat Sa und So bis 15 Uhr geöffnet

Lao Viet Bank, Rd. 13, gegenüber dem Champasak Palace Hotel, ✆/✆ 031-251470. Tauscht Dong und Dollar.

INFORMATIONEN – *Provincial Tourism Office*, Rd.11, 031-212021. Gute, Englisch sprechende Guides, Broschüren und mit Glück Stadtpläne. Außerdem **Trekkingtouren** in die Nationalparks Phou Xieng Thong und Xe Pian. ⏱ Mo–Fr 8–12, 13–16.30 Uhr.

INTERNET – Pakxes Internet-Cafés liegen an der Rd. 13; um 200 Kip/Min. ⏱ tgl. bis 21 oder 22 Uhr.
@d@m's Internet, Rd. 13, ✉ adamnet@pakse. info. Schnelle DSL-Verbindung, Windows XP, Webcam, Headset; Druck und Brennen von Digitalfotos; günstige Telefonate nach Europa.
Lankham Internet, Rd. 13, im Lankham Hotel.

MEDIZINISCHE HILFE – Das **Provinzkrankenhaus** befindet sich in der Rd. 46, ☎ 031-212018 oder 212188 (Notfall). Nahe dem Talat Daoheuang unterhält Dr. Phoutone Langsy eine gute **Privatklinik**. Die Allgemeinmedizinerin hat in Vientiane studiert und spricht etwas Englisch; ⏱ tgl. 5.30–7.45, 12–13.30, 17–21 Uhr.

POST / TELEFON – Die **Post** befindet sich am südlichen Ende der Rd. 8, schräg gegenüber der protzigen Provinzverwaltung; außer den üblichen Diensten und Poste restante auch internationale Ferngespräche (⏱ tgl. bis 21 Uhr). Telefonate und Faxe auch im *Telecom Office*, Rd. 1, schräg gegenüber der Kirche. ⏱ Mo–Fr 8–12, 13–16 Uhr. Am günstigsten sind **Telefonate über das Internet** in den Internet-Cafés.

TOURANBIETER – Trips auf das Bolaven-Plateau, nach Si Phan Don oder zum Vat Phou:
Diethelm Travel, gegenüber dem Thaluang Gh., ☎/✆ 031-212596;
Exotissimo, Rd. 6, ☎/✆ 031-212518;
Green Discovery Laos, Rd. 13, nahe @d@ms Internet.
Inter-Lao Tourism, Rd. 24, Nähe vietnamesische Botschaft, ☎ 031-212778, ✆ 212226;
Lane Xang Travel, Rd. 13, neben dem Langkham Hotel, ☎ 031-212893. Fährt tgl. mit dem Minibus von/nach Don Det über Ban Muang und Hat Xay Khoun (US$6).
Savanbanhao Tourism Co., Rd. 46, ☎/✆ 031-213418;

Auberge Sala Lao, Rd. 8, ☎ 031-212725 ✆ 213110, ✉ salalao@laotel.com, 🖥 www.salalao.com. Zentrale der Auberges. Zimmerreservierung und Autovermietung, etwa nach Champasak/Vat Phou (US$45, bis 6 Pers.), Ban Kiatngong (US$50, bis 6 Pers.) oder Chong Mek (US$40, bis 6 Pers.).

VISASERVICE – Das *Sabaidy 2 Gh.* organisiert Visumsverlängerungen: Minimum 7 Tage, Maximum 14 Tage, US$3,50/Tag; außerdem Visa für Kambodscha.

Nahverkehrsmittel

Pakxes Sehenswürdigkeiten lassen sich ideal mit dem **Fahrrad** oder **Motorrad** erkunden. Auch zu Fuß hat man an einem halben Tag das Meiste gesehen.
Tuk Tuks zu den Busbahnhöfen lassen sich problemlos an der Rd. 13 anhalten. Fahrten innerhalb des Zentrums kosten 5000 Kip, mit dem **Samlor** 3000 Kip.

Transport

BUSSE UND SONGTHEOS – Pakxe hat **vier Busstationen**: Busse und Pick-ups nach Norden fahren 7 km nordwestlich der Stadt an der Straße 13 ab. Verbindungen in den Süden und nach Osten bestehen vom Sandplatz 8 km östlich an der Straße 13. Songtheos und Taxis zur Thai-Grenze (Vangtao) und zu einigen anderen Zielen in der Provinz starten am Talat Daoheuang. Die privaten AC-Busse nach Vientiane fahren vor dem Champasak Shopping Centre ab.
KM 7-Busstation (Ziele im Norden):
VIENTIANE (670 km, 12–13 Std.) alle 30–50 Min. zwischen 7 und 16.45 Uhr für 85 000 Kip über THAKHEK (6–7 Std.) und PAKXAN (10 Std.); AC-Bus um 5.30 Uhr für US$11.
SAVANNAKHET (262 km, 4–5 Std.) Direktbus um 6.20 Uhr, im Anschluss Busse nach Vientiane, 30 000 Kip.
Jeden Abend bestehen außerdem Verbindungen nach HUÉ/DANANG (US$15/18) und 1x wöchentl. nach SAIGON (US$25).
KM 8-Busstation (Ziele im Süden und Osten): ATTAPEU (206 km, 5 Std.) 4x tgl., der letzte um 14.30 Uhr für 35 000 Kip.

CHAMPASAK (38 km, 1–2 Std.) um 10 und 12.30 Uhr für 10 000 Kip.
DON KHONG (138 km, 2–3 Std.) stdl. von 7–13 Uhr, um 16 und 17 Uhr für 40 000 Kip; alternativ: Bus nach Hat Xai Khoun nehmen und mit der Fähre übersetzen.
NAKASANG (gegenüber Don Det, 3–4 Std.) stdl. bis 16 Uhr für 40 000 Kip.
PAKXONG (52 km, 1–2 Std.) stdl. von 8–13 Uhr für 15 000 Kip.
SARAVAN (116 km, 3 Std.) etwa alle 90 Min. von 7.30–14 Uhr für 20 000 Kip über TAD LO (2 Std.);
VEUN KHAM (Grenze Kambodscha, 160 km, 4 Std.) 2x tgl. frühmorgens für 40 000 Kip.
XEKONG (133 km 3–4 Std.) 4x tgl. bis mittags für 25 000 Kip.
Wer den letzten Bus nach Champasak verpasst hat, kann auch ein Tuk Tuk nach BAN MUANG chartern (1 1/2 Std., 35 km) und dort mit der Fähre nach Ban Phapin, 2 km nördlich von Champasak, übersetzen. Oder einen Bus Richtung Süden nehmen, am Ban Lak Samsip aussteigen und die 4,5 km nach Ban Muang laufen (in praller Sonne kein Spaß).

Pick-up-Station am Talat Dao Heuang (Ziele in der Umgebung):
BAN XAPHAI (18 km, 45 Min.) 2x tgl. morgens für 15 000 Kip.
CHAMPASAK (38 km, 1–2 Std.) 1x tgl. vormittags für 15 000 Kip.
VANGTAO (Grenze Thailand, 44 km, 1 Std.) stdl. bis 17 Uhr für 10 000 Kip; die klapprigen Taxis kosten 1 000 Kip p. P., Charter US$6–7.

Champasak Shopping Centre (private Busse): Ein halbes Dutzend privater AC-Busse startet tgl. vom Champasak Shopping Centre nach VIENTIANE (10 Std., US$11–16.). Die meisten fahren gegen 20 oder 20.30 Uhr ab und halten nur in THAKHEK (US$8–9). Die beiden Frühbusse stoppen auch in SAVANNAKHET.
Die Ticketbüros der Gesellschaften befinden sich an der Ostseite des Centres. Wer tagsüber noch was unternehmen will, kann sein Gepäck dort lassen.
Die Busse unterscheiden sich nur wenig. Die meisten haben Toilette, manche servieren Dinner. Am besten und teuersten sind die Busse von *Kraing Krai*, ✆ 031-212228: Sie bieten mehr Beinfreiheit, 2 Fahrer und werden regelmäßig gewartet.

BOOTE – Leider hat der Ausbau der Straße 13 inzwischen zum Stopp der tgl. Bootsverbindung Pakxe – Don Khong geführt. Kaum ein Laote versteht den Spaß vieler Traveller daran, 10 Std. lang eingezwängt zwischen Hühnern und Reissäcken zu sitzen, wenn dieselbe Strecke ruck, zuck mit dem Bus zurückzulegen ist. 1–2x wöchentl. bekommt ein Bootsmann noch genügend Passagiere von den entlegenen Inseln zusammen, um von Si Phan Don nach Pakxe zu schippern. Die anschließende Rückfahrt ist die einzige Chance, ein lokales Boot in den Süden zu erwischen. Informationen dazu gibt's am **Pier**, südliches Ende der Rd. 11. Die Fahrt kostet um 70 000 Kip. Ähnlich könnte es auch der Verbindung Pakxe – Champasak ergehen, die zur Zeit der Recherche noch täglich betrieben wurde (Abfahrt morgens, 2 Std., um 50 000 Kip, Infos am Pier).
Wer das Geld hat oder genug Mitreisende findet, kann auch bei Mr. Bounmi, ✆ 031-251430 oder 020-5631008, am Pier ein **Boot chartern**: nach Champasak für US$40, nach Don Kong für US$130 (1–6 Pers., auch größere Boote vorhanden).
In der späten Trockenzeit kann die Fahrt zu den Viertausend Inseln wegen des niedrigen Wasserstandes länger dauern oder nicht ganz bis nach Don Khong führen – checken.

FLÜGE – Anfang 2002 wurde Pakxes Flughafen, 2 km nordwestlich an der Straße 13, in den Status eines „international airports" erhoben. Für Touristen bedeutet das, dass es nun auch Flüge von/nach Kambodscha und Visa on Arrival gibt. Eine Verbindung Pakxe – Bangkok ist im Gespräch. Bis 2008 soll die Rollbahn ausgebaut werden, so dass auch Boing 737 und Airbus 320 starten und landen können.
Derzeit fliegt Lao Airlines tgl. von/nach VIENTIANE (US$95, 1 1/4 Std.) und 2–4x wöchtl. nach SIEM REAP (US$80, 1 Std.).
Lao Airlines, Rd. 11, ✆ 212252, 🖷 212751, Bezahlung der Flüge ausschließlich in Dollar. ⏲ Mo–Fr 8–11.30, 14–16 Uhr, Sa 8–11 Uhr.
Daoheuang Air Booking, Rd. 13, kurz vor der Brücke, ✆ 212250, 🖷 212803. Nationale und

internationale Flüge mit Lao Airlines und Thai Airways, zahlbar auch in Kip, mit Visa oder Mastercard. ⊙ Mo–Fr 8–12,13.30–17, Sa 8–12 Uhr.

Die Umgebung von Pakxe

Wer auf sein Vietnam-Visum wartet oder aus anderen Gründen in Pakxe hängen bleibt, kann ein paar Ausflüge in die Umgebung unternehmen. Auch Vat Phou (s. S. 366) und Tad Lo (s. S. 386) sind jeweils an einem Tag zu besuchen, aber beide Ziele lohnen einen längeren Aufenthalt. Am schönsten ist ein Trip auf das Bolaven-Plateau, etwa zum Tad Fan, oder in einen der Nationalparks Phou Xieng Thong oder Xe Pian (s. S. 360).

Ban Xa Phai und Don Kho

15 km nordöstlich von Pakxe zweigt links der Straße 13 ein 3 km langer Weg nach Ban Xa Phai ab. Das wohlhabende Dorf war früher für seine **Webarbeiten** bekannt, heute steht der Handel damit im Vordergrund. Die Bewohner der gegenüberliegenden **Insel** Don Kho weben noch selbst.

Es ist schwer vorstellbar, aber auf dem winzigen Eiland richteten die Franzosen im 19 Jh. den ersten Verwaltungsposten der Provinz ein – vermutlich weil die Patrouillenboote dort am besten andocken konnten. Aus diesen Tagen ist leider nichts mehr zu sehen. Dafür stehen noch zwei alte südlaotische Stelzenhäuser und in der Dorfmitte an der Ostseite ein hübscher Vat. Einige Familien auf Don Kho bieten **Homestay** an, ein geführter Insel-Rundgang ist ebenfalls möglich (im Tourism Office in Pakxe fragen).

Songtheos nach Ban Xa Phai starten stdl. bis nachmittags am Talat Daoheuang (1/2–1 Std., 15 000 Kip). Fähren von Ban Xa Phai nach Don Kho kosten wenige tausend Kip.

Phou Xieng Thong NPA

Nur zwei Stunden mit Bus und Boot von Pakxe entfernt liegt **Ban Mai Singsamphan**, das Eingangstor zum Phou Xieng Thong NPA. Das 1200 km^2 große Naturschutzgebiet ist das einzige am Mekong. In seinen halbimmergrünen Wäldern leben Banteng, Leoparden und Ährenträgerpfauen. Außerdem gedeihen hier eine Reihe seltener Orchideenarten.

Grenzübergang nach Thailand

Seit dem Bau der Lao-Nippon-Brücke dauert die Fahrt von Pakxe nach Ubon Ratchathani nur noch drei Stunden. Der Grenzübergang befindet sich 44 km westlich der Stadt bei **Vangtao** (Songtheo oder Taxi vom Talat Daoheuang), ⊙ tgl. 8–16 Uhr. Außerhalb der Öffnungszeiten und am Wochenende fällt eine Überstundengebühr von 15 000 Kip an.

In **Chong Mek** auf thailändischer Seite gibt es eine Bank mit Geldautomaten. Von der Busstation am Westende der Stadt bestehen um 8, 17.30 und 18 Uhr Verbindungen nach Bangkok (10–11 Std.), außerdem alle 30 Min. nach Phibun (1 Std.) und von dort alle 20 Min. nach Ubon/Warin (1 Std.). Seit März 2006 fahren von Pakxes Talat Lak Song auch 2x tgl. Busse direkt nach Ubon (um 7 und 15 Uhr, 200 Baht).

Von Ubon starten tgl. mehr als 50 Busse nach Bangkok (8–10 Std.), 7x tgl. fahren Züge dorthin (Bahnhof in Warin) und mehrmals tgl. fliegen Thai Airways und Air Asia in die thailändische Hauptstadt. Buchung der Zugtickets in Pakxe bei Lane Xang Travel, Flugtickets bei Daoheuang Air Booking oder im Internet unter 🖳 www.airasia.com.

In Abstimmung mit den Bewohnern Ban Mai Singsamphans hat die Tourismusbehörde eine **Trekkingtour** durch den Südzipfel des Schutzgebietes entwickelt. Der schöne Trek (4–5 Std.) führt über den **Phou Khong**, vorbei an sonderbaren Felsen, Steilwänden und einer behauenen Stele, die aus der Zeit Vat Phous stammen könnte. Früher gab's am Phou Khong sogar Elefanten, aber sie verließen die Gegend in den 70er Jahren, nachdem sich hier das Militär breit gemacht hatte.

Ban Mai Singsamphan wurde vor knapp 40 Jahren gegründet. Der Markt ist für seine *sin* und den günstigen Whiskey bekannt, für den sogar Thais über den Mekong kommen.

Da der Trek bis abends dauert, übernachten die Teilnehmer in Ban Mai (**Homestay**). Zu buchen ist die Tour unter anderem im Tourism Office in Pakxe: US$45 p. P. bei 4–8 Pers., inkl. Transport, zweier Guides, Homestay, Verpflegung und Trekking Permit. Wer allein anreist, kommt kaum günstiger weg: Schon die notwendige Bootsfahrt von Ban Boungkha (Songtheo morgens ab Talat Daoheuang) nach Ban Mai kostet hin und zurück US$30. Mit allen weiteren Kosten ist schnell dieselbe Summe erreicht.

Tad Pha Souam

Ökolodge mit Urwaldtouch: Das hat sich das *Pa Suam Waterfall Resort*, ✆ 020-5767678, 33 km nordöstlich von Pakxe am gleichnamigen **Wasserfall**, auf die Fahnen geschrieben. Und in der Tat, die Holzbungalows und das Baumhaus liegen toll inmitten des Dschungels an einer Biegung des Houay Champy. Das große Restaurant am künstlich verbreiterten Wasserfall, die vielen Stege durch Gehege und das Ethnodorf mit Handwerks-Schau zielen vermutlich eher auf den Geschmack regionaler Touristen.

Die Zimmer kosten US$26 (Ventilator/Bad/Kaltwasser). Das Restaurant serviert gute Thai-Gerichte. Die Anfahrt ist am einfachsten mit dem Motorrad: erst 20 km auf der Straße 23, dann 11 km auf der Straße 20 bis zur Brücke über den Houay Champy, kurz dahinter geht es links ab (2 km). Songtheos nach Saravan setzen einen auf Wunsch am Abzweig ab. Eintritt 5000 Kip

Ban Kiatngong und Xe Pian NPA

Am Nordrand des Xe Pian NPA, 55 km südlich von Pakxe, liegt Ban Kiatngong, ein Lao Loum-Dorf, das für seine **Arbeitselefanten** bekannt ist. Seit einigen Jahren können Touristen auf den Dickhäutern auch Ausritte unternehmen (US$10 für 2 Pers., 2–3 Std. hin und zurück).

Die schaukelige Tour führt zum **Phou Asa**, einem Sandsteinhügel, auf dessen Spitze eine mystische Ruine steht, die von 108 Stupas umgeben ist. Die Säulen wurden aus flachen Steinen aufgeschichtet, viele Frangipani säumen die Anlage. Alter und Funktion des so genannten Vat Phou Asa sind noch immer ein Rätsel. Manche glauben, es handele sich dabei um ein buddhistisches Kloster aus dem 19. Jh., andere schreiben es den Khmer zu. Einer Legende zufolge wurde die Anlage 1817 von einem Lao Theung-Prinzen als Festung gegen die Siamesen gebaut. Diese Version deckt sich mit laotischen Chroniken, in denen von einem Mönch namens Sa berichtet wird, der 1815 einen Aufstand gegen Champasak anzettelte (das damals siamesischer Vasall war). Von oben reicht der Blick kilometerweit über Feuchtgebiete und Dschungel.

Am Fuß des Phou Asa beginnt ein 7 km langer Rundweg (Guide US$2,50) durch das **Xe Pian NPA** (2400 km^2), eines der zehn wichtigsten Naturschutzgebiete Indochinas. Studien haben ergeben, dass hier insgesamt 62 Säugetierarten, 334 Vogelspezies, 44 Reptilien-, 21 Amphibien- und 176 Fischarten vorkommen. Bekannt ist es vor allem wegen der vielen Wasservögel im östlich gelegenen Pha Pho-Feuchtgebiet, darunter Weißschulteribis, Saruskranich und Kleiner Adjutant. In der Trockenzeit kann auch ein zweistündiger Spaziergang bis zur Insel Don Lay unternommen werden. Der Weg führt weiter bis nach **Ban Phapho**, 15 km östlich von Ban Kiatngong. Dort befand sich früher ein Trainingszentrum für Elefanten. Heute werden ebenfalls Ausritte organisiert (US$10), außerdem gibt es ein Gästehaus.

Übernachtung und Essen

Einige Familien in Ban Kiatngong bieten **Homestay** an (US$2). Ein Essen bei den Gastgebern kostet um US$1,50. Anmeldung im Tourist Office in Pakxe oder Champasak.

Kiatngong Gh., am Dorfende, etwa 250 m vom letzten Haus entfernt. 5 fensterlose Bambushütten mit Gemeinschafts-WC und Moskitonetzen (keine Dusche). ❶

Kingfisher Ecolodge, Ban Kiatngong, ✆ 030-5345016 oder 020-5726315, 🖷 5345046, 🖥 www.kingfisherecolodge.com. Die neue Lodge verspricht ein besonderes Naturerlebnis: Die 4 schönen Holzbungalows (Ventilator/Bad/Balkon) stehen am Rand des Feuchtgebietes. Eine große Fensterfront gibt den Blick frei auf Wiesen und Wasservögel, und es kann sogar sein, dass einen morgens das Trompeten der Elefanten weckt. Solarenergie, Wasserspar-Toiletten und Müllrecycling beweisen, dass „eco" hier nicht bloß ein Wort ist. Im Restaurant gibt es gute laotische Küche – unbedingt den lokalen Fisch *pa kho* probieren. Freundliche italienisch-laotische Besitzer. Preis inkl. Frühstück. Visa wird akzeptiert. ❺

Schaukelig, aber schön: ein Elefantenritt zum Phou Asa

Touren

Das Xe Pian NPA gehört wegen seines Artenreichtums zu den drei bedeutendsten Naturschutzgebieten in Laos. Mit sanftem Tourismus wird seit kurzem versucht, den Dörfern eine zusätzliche Einnahmequelle zu verschaffen und so zum Erhalt von Natur und Kultur beizutragen.

Das **Tourism Office** in Pakxe hilft bei der Buchung von Elefantenritten, geführten Treks oder Homestays. Es ist auch möglich, selbst zu reservieren, ✆ 020-5731207 oder 030-5345896 (nur Laotisch). Egal wie: Die Leute im Dorf wüssten gern einen Tag vor Ankunft Bescheid. In Pakxes Tourism Office lässt sich auch ein **2-tägiger Trek** durch das Xe Pian NPA buchen. Der Trip startet östlich von Ban Kiatngong in einer entlegenen Ecke des Naturschutzgebiets und führt zum kleinen Bru-Dorf Ban Ta Ong. Dort wird bei Familien übernachtet. Am nächsten Tag geht's frühmorgens in den Wald, um den Vögeln und mit Glück dem Gesang der Weißwangengibbons zu lauschen. Der Tag schließt mit einer Kanufahrt. Kosten: US$45 bei 4–8 Pers. inkl. Transport, Guides, Homestay, Verpflegung, Kanufahrt und Parkeintritt. Wer möchte, kann auf dem Rückweg in Ban Kiatngong halten oder sich nach Don Deng bei Champasak (s. S. 364) bringen lassen. Der Trek ist auch in der Kingfisher Ecolodge und bei einigen Touranbietern zu buchen.

Treks von Attapeu ins Xe Pian NPA s. S. 394.

Transport

Mit dem **Auto oder Motorrad** ist Ban Kiatngong leicht in 1–2 Std. von Pakxe zu erreichen: 48 km auf der Straße 13 nach Süden, dann in Ban Thang Beng links ab auf die ungeteerte Straße 18 und nach weiteren 7,5 km am Schild rechts ab. Von hier sind es noch 2 km. Touranbieter in

Pakxe nehmen für die Fahrt etwa US$50, Tuk Tuks sollten für US$20 zu chartern sein (am besten am Talat Daoheuang fragen).
Am billigsten ist die Anfahrt mit öffentlichen Verkehrsmitteln: Jeden Morgen startet in Ban Kiatngong ein **Songtheo** zum Talat Daoheuang in Pakxe. Von dort fährt es anschließend über die KM 8-Busstation wieder zurück. Songtheos nach Ban Phapho halten auf Wunsch am Abzweig nach Ban Kiatngong.

Das Bolaven-Plateau

Östlich von Pakxe beginnt die Straße 23 ihren gemächlichen Anstieg auf das Bolaven-Plateau (Ø 1200 m). Das fruchtbare Hochland streift alle vier Südprovinzen und ist besonders für sein **mildes Klima**, seine Mon-Khmer-Völker und die vielen Kaffeeplantagen bekannt. Der zahlenmäßig stärksten Ethnie verdankt die Region sogar ihren Namen: *bo laven* = „Ort der Laven". Zu den weiteren **Bergvölkern**, die hier leben, gehören Katang, Nya Heun, Alak, Ta-Oy, Souay, Nge und Katu.

Der nährstoffreiche Boden, moderate Temperaturen und viel Regen bieten seit jeher ideale Bedingungen für den Anbau von Obst, Gemüse und Gewürzen, darunter Zimt, Tee, Kardamom, Pfeffer und Durian. Die bekannteste und einträglichste Pflanze des Plateaus ist der **Kaffee**. Schon auf der Fahrt von Pakxe nach Paxong sieht man die weißen und roten Bohnen beiderseits der Straße zum Trocknen ausliegen.

Französische Unternehmer führten das Krappgewächs in den 20er Jahren aus Vietnam ein, produzierten aber nie mehr als 300–400 t. In den 60er und 70er Jahren wurden die Plantagen von den USA zerbombt. Fachkräfte aus der DDR gaben der Produktion ein Jahrzent später wieder neuen Schwung. Seit den 90er Jahren erlebt die „grüne Hoffnung", inzwischen die wichtigste Exportfrucht, eine Renaissance. Im Erntejahr 2004/05 wurden 12 000 t produziert, der Großteil für die Ausfuhr nach Polen, Frankreich, Deutschland und Vietnam. Mehr als drei Viertel des angebauten Kaffees entfällt auf die Sorte Robusta, der Rest auf Arabica. Neben den Plantagen der großen Unternehmen wie Lacomex (Sinouk), Daoheuang und Pacifica Delta gibt es eine Reihe Familienbetriebe (viele Laven). Wegen der zahlreichen Stationen zwischen Ernte und Verbraucher bleibt für die Farmer jedoch nur wenig Geld übrig.

Politisch war das Bolaven-Plateau schon immer schwer zu regieren. Der Grad der Kontrolle schwankte mit der Stärke des Herrschers in Vientiane oder Champasak. Die meiste Zeit wurden die ethnischen Minderheiten sich selbst überlassen. Entsprechend heftig waren die Reaktionen, als Frankreich Ende des 19. Jhs. die Zügel anzog. Zwischen 1901 und 1936 musste sich die Grande Nation wiederholt mit **Revolten** der verschiedenen Völker auseinander setzen, die ihrem Unmut über Steuererhöhungen, Frondienste und das Verbot des Sklavenhandels Luft machten. Angeführt wurden diese Bewegungen von *Phou Mi Boun,* heiligen Männern, die in dem Ruf standen, übernatürliche Kräfte zu besitzen. Der wichtigste Führer, der Alak Ong Keo, galt sogar als zukünftiger Buddha *(metteyya).* Er wurde 1907 oder 1908 von den Franzosen getötet, sein Mitstreiter Ong Kommadam, ein Oberhaupt der Laven, konnte sich bis 1936 behaupten. Sithon, der Sohn Ong Kommadams, kämpfte nach 1946 weiter gegen die Franzosen und wurde später Vize-Präsident der Neo Lao Haksat (Patriotische Front Laos).

Auch im **Zweiten Indochinakrieg** fanden auf dem Bolaven-Plateau heftige Schlachten statt, da es als „Tor zum Süden" (vor allem zum weiter östlich verlaufenden Ho-Chi-Minh-Pfad) eine wichtige strategische Bedeutung besaß. 1971, nach der Zerstörung des Sihanouk-Pfades in Kambodscha, wurde es von Pathet Lao-Einheiten erobert und mehr oder minder bis zum Ende des Krieges kontrolliert.

Am einfachsten ist die Hochebene von Pakxe aus zu erreichen. Busse und Songtheos pendeln stündlich nach **Pakxong**, dem unattraktiven Hauptort des Plateaus. Ein Tagesausflug lässt sich zum **Tad Fan** unternehmen, einem der höchsten Wasserfälle von Laos. **Tad Lo** (s. S. 386), schon in der Provinz Saravan, ist zwar weniger spektakulär, aber schön, um ein paar Tage auszuspannen und die Dörfer der **Bergvölker** zu besuchen. Wer mit dem Motorrad unterwegs ist und nach Attapeu möchte, kann das Plateau von West nach Ost zur Straße 16 überqueren, und den 100 m tiefen **Tad Katamtok** (s. S. 396) besuchen.

Tad Fan und Tad Yeuang

38 km östlich von Pakxe, am Nordzipfel des Dong Hua Sao NPAs, stürzt der Houay Bangliang über eine steile Klippe mehr als 150 m in die Tiefe. Der tolle Anblick, das kühle Klima und die gute Erreichbarkeit machen den **Zwillingswasserfall Tad Fan** zu einem schönen Ausflugsziel von der Provinzhauptstadt. Der einzige Aussichtspunkt befindet sich auf dem Gelände des Tad Fane Resorts, etwa 1 km südlich der Straße 23 am KM 38 (ausgeschildert). Der Weg zur ersten Ebene führt rechts am Resort vorbei. Der Pfad hinunter zur zweiten ist sehr steil und ohne Geländer. Eintritt 2000 Kip plus Parkgebühr. Wer möchte, kann auch zur Fallstufe Tad Fans trekken (3 Std. hin und zurück). Guide im Resort US$5.

Der kleinere, ebenfalls hübsche **Tad Yeuang** (auch Tad Ngiang) ist nur einen Katzensprung von Tad Fan entfernt. Die Sandstraße zum Aussichtspunkt zweigt 2 km östlich in Ban Lak Sisip (KM 40) von der Straße 23 ab. An der Fallstufe stehen Picknick-Schirmchen und etliche Buden. Ein Pfad führt zum Fuß des Wasserfalls. Eintritt 2000 Kip plus Parkgebühr.

Dan Sin Say

Ein 3-stündiger Spaziergang führt nördlich der Straße 23 am KM 38 zum Dan Sin Say, einem mit Kiefern bewachsenen Sansteinplateau, auf dem seltsame Felsen in den Himmel ragen. Außerdem gibt es hier wilde Orchideen, Fleisch fressende Pflanzen und ein Wasser speicherndes Gewächs names *nam tao*, dessen Vorräte sich die Einheimischen zu Nutze machen, um unterwegs ihren Durst zu löschen. Guide im Tad Fane Resort US$5.

Übernachtung und Essen

Tad Fane Resort, am KM 38 der Straße 23 rechts ab (1 km), Reservierungen in Bangkok, ✆ 0066-02-9686830, ✉ 9535717, 🖥 www.tadfane.com. Schön gelegene, aber teure Unterkunft direkt am Tad Fan. 14 DZ in 7 Bungalows mit Bad und 2 Triple-Bungalows (US$35) mit größeren Räumen und Blick auf Tad Fan und das Dong Hua Sao NPA. Preis inkl. Frühstück. ❹
Das **Restaurant** auf der Veranda im 1. Stock serviert thai-laotische und europäische Küche. In der Trockenzeit ist es abends recht kühl.

Transport

Busse und **Songtheos** zwischen Pakxes KM 8-Busstation und Pakxong pendeln etwa stdl. bis nachmittags und halten auf Wunsch am KM 38 *(lak sam sip phet)* oder KM 40 *(lak si sip)*.

Pakxong

Die unattraktive Kaffeehauptstadt des Bolaven-Plateaus liegt 50 km östlich von Pakxe. Zwischen 1968 und 1973 war Pakxong heftig umkämpft, bis die Kommunisten die Stadt schließlich einnahmen. Heute verfügt der überwiegend von Laven bewohnte Ort über einen großen Markt, eine Post, eine Lao Development Bank (nur Bares) und eine Lagerhalle aus der Zeit, als DDR-Fachkräfte die laotische Kaffeeproduktion wieder in Schwung bringen sollten (nach *saang café jeleman* fragen). In der Umgebung gibt es wie zu erwarten viele Kaffeeplantagen.

Das *Pakxong Gh.,* ✆ 020-9804018, einige hundert Meter nordöstlich des Marktes, bietet 18 Zimmer in vier Gebäuden, wahlweise mit Ventilator/AC, Bad und Warmwasser. ❶–❷

Busse und **Songtheos** verlassen Pakxongs Markt stdl. bis nachmittags nach Pakxe (1 1/2 Std.). Auch die Busse aus Pakxe nach Thateng, Xekong und Attapeu halten hier. Wer zurück nach Pakxe fährt, sollte sich einen Platz am Fenster sichern (linke Seite), da die Strecke gute Blicke auf die Mekongebene bietet.

Champasak und Umgebung

Champasak ist wohl die einzige alte Königsstadt, in der man über die Straße gehen kann, ohne nach links und rechts zu schauen. Über 5 km zieht sich am rechten Mekongufer entlang, kaum mehr als eine einsame Teerpiste mit hölzernen Ladenhäusern und einigen Kolonialbauten. Autos stören nur selten die Ruhe, hin und wieder kurvt ein Tuk Tuk um den Kreisverkehr, ansonsten prägen Fahrräder und Fußgänger das Straßenbild. Berge begrenzen den verträumten Ort im Westen.

Die meisten Reisenden nutzen Champasak als Basis für Ausflüge zu den 8 km südwestlich gelegenen Ruinen des Khmer-Tempels Vat Phou. Nur wenig erinnert daran, dass die Stadt selbst einmal Zentrum eines laotischen Königreichs war. Bereits im 18. Jh. errichtete König Xayakoummane seine

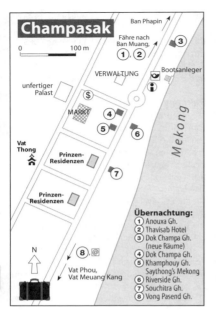

Übernachtung:
1. Anouxa Gh.
2. Thavisab Hotel
3. Dok Champa Gh. (neue Räume)
4. Dok Champa Gh.
5. Khamphouy Gh.
6. Saythong's Mekong Riverside Gh.
7. Souchitra Gh.
8. Vong Pasend Gh.

Kapitale nahe der heutigen Bezirksstadt. Danach wurde sie mehrfach verlegt und gebrandschatzt, bevor sich König Khamsouk 1863 endgültig hier niederließ. Als die französische Expedition unter Doudart de Lagrée drei Jahre später in Champasak eintraf, war es bereits ein bedeutendes wirtschaftliches und politisches Zentrum.

Heute zeugen nur noch zwei hübsche **Kolonialvillen** der Familie na Champasak von der königlichen Vergangenheit. Die nördliche stammt aus dem Jahr 1926 und hat einen schönen Garten. Sie soll einst Raxadanai gehört haben und später von Prinz Boun Hom, einem Bruder Boun Oums, bewohnt worden sein. In der südlichen Villa von 1952 wohnte Prinz Boun Orm. Westlich der Bank steht die Bauruine eines weiteren, 1969 begonnenen Palastes von Prinz Boun Oum.

Vat Thong, wenige hundert Meter südlich, war einst der königliche Tempel. Er wurde Ende des 19. Jhs. gebaut und diente auch als Ausgangspunkt für Zeremonien. Auf dem weitläufigen Gelände, das von Palmyrapalmen beschattet wird, befinden sich viele Gräber von Mitgliedern der Königsfamilie, darunter das von Raxadanai (?–1945) und das seines Sohnes Boun Orm (1911–1975). Wer den *sim* betritt, wird sich vermutlich über die **Statue** eines Mannes in Uniform rechts des Altars wundern. Dabei handelt es sich um König Khamsouk (reg. 1863-1899), dessen Standbild die Dorfbewohner 1975 vor einem Bad im Mekong retteten. Der zentnerschwere Sockel steht noch immer auf dem Grundstück südlich des Souchitra Gh.

Auf halber Strecke nach Vat Phou zweigt links in Ban Vat Luang Kao ein 300 m langer Uferpfad zur katholischen **Kirche St. Nom de Jesus** ab. Das Gotteshaus wurde Ende des 19. Jhs. gebaut und hat einen frei stehenden Glockenturm – ein schöner Platz für eine Pause auf dem Weg von oder nach Vat Phou. In der Nähe der Kirche wurde eine präangkorianische Stele gefunden, die Experten auf das 5. Jh. datieren. Sie ist heute im Vat Phou Museum zu sehen (s. S. 370).

Ein paar Kilometer südlich steht **Vat Meuang Kang**, der älteste Vat der Gegend. Seine Architektur ist unübersehbar französisch beeinflusst. Weiß getünchte Säulen tragen das ausladende Staffeldach des *sim*, das Relief im Giebelfeld zeigt Vishnu auf Garuda. Nördlich des *sim* stehen die Bibliothek *(ho tai)* und die Versammlungshalle *(ho check)*. Bootstouren nach Um Tomo stoppen meist auch hier.

Ban Don Talat, 20 km südwestlich von Champasak, ist für seinen großen Wochenendmarkt bekannt.

Don Deng

Wer glaubt, es ginge nicht entspannter, liegt falsch. Es geht und zwar gleich gegenüber. Don Deng, die große **Mekonginsel** mit dem breiten Sandstrand in der Trockenzeit, besitzt seit kurzem ein kommunales Gästehaus. Es liegt an der Nordspitze, am Rand von Ban Don Deng. Ein Bett in einem der beiden einfachen Schlafsäle kostet US$2. Wem die Lage zu einsam ist, der kann auch bei einer Familie im Dorf übernachten (Homestay US$2). Anmeldung in beiden Fällen in den Tourism Offices Pakxe oder Champasak. Wirklich toll ist der Blick auf die Bergkulisse hinter Champasak. Wer will, kann die Insel mit dem Leihfahrrad umrunden oder sich einen lokalen Guide nehmen. Boote von hier nach Um Tomo kosten um die US$10, Fähren von/nach Champasak US$3 (4 Pers.), von/nach Ban Muang 5000–10 000 Kip p. P.

Etwa 20 Minuten zu Fuß vom Gästehaus entfernt entsteht derzeit ein neues Resort mit Bungalows und Restaurant. Die Zimmer (Bad/Warmwasser) sollen zwischen US$25 und US$50 kosten.

Übernachtung

Champasak ist der Touristenrummel bislang erspart geblieben. Eine Hand voll günstiger Gästehäuser bietet einfache Zimmer an. Die meisten liegen am Kreisverkehr, 2 km südlich des Fähranlegers von Ban Muang.

Vong Paseud Gh. & Rest, 600 m südlich des Kreisverkehrs, am Mekong. Der nette Mr. Viangkham fängt Touristen gewöhnlich schon am Fähranleger ab, um sie mit seinem Tuk Tuk kostenlos ins Gästehaus zu bringen. Damit hat er sich im Ort nicht nur Freunde gemacht. Die Zimmer sind überwiegend einfach, mit Ventilator, Bad und Kaltwasser. Die wenigen DZ mit Warmwasser haben Fenster zum Restaurant (laut). Mr. Viangkham spricht Englisch und Französisch. Wegen seines Shuttle-Services ist das Gästehaus meist gut besucht. ❶

Kamphouy Gh., neben dem alten Dok Champa. Renovierte Zimmer im Haupthaus (Gemeinschaftsbad/Warmwasser), schlichtere Zimmer in einem Flachbau dahinter (Bad/Warmwasser geplant) und noch schlichtere in Bungalows daneben (Bad/Kaltwasser); Raum Nr. 5 im Haupthaus hat einen Balkon; sympathischer Besitzer; gut für den Preis; Fahrradverleih. ❶

Saythong's Mekong Riverside Gh. & Rest., gegenüber, am Mekong. 10 spartanische DZ mit Bad und Kaltwasser, die 3 oben haben einen Balkon zur Straße, aber kein Bad. Die Terrasse des Restaurants schwebt fast über dem Mekong. ❶

Souchitra Gh., ein Stück südlich, am Mekong. Die Zimmer im Haupthaus haben schon bessere Zeiten gesehen. Einen Blick lohnen die beiden sauberen Bungalows mit Bad und Warmwasser. Auch die Zimmer im Nebengebäude (AC/Bad/Warmwasser) sind keine schlechte Wahl, aber teurer. Motorradverleih. ❶–❸

Dok Champa Gh. & Rest. hat kürzlich expandiert und nun ein paar neue Zimmer am Mekong und wenige alte nahe dem Kreisverkehr; alle sehr einfach, mit Ventilator, Bad und Kaltwasser. ❶

Anouxa Gh. & Rest., 1,1 km nördlich des Kreisverkehrs, am Mekong, ✆ 031-213272. Neue Unterkunft im Motelstil, die beste im Ort, aber auch eine der teuersten. Mehr als ein Dutzend Zimmer, die meisten mit AC, Bad und Warmwasser, alle sauber, gefliest, mit Badewanne. Am schönsten sind die Zimmer mit Terrasse zum Mekong, auch günstigere Bambusbungalows (US$5); weit weg vom Ortskern. ❷–❸

Thavisab Hotel, 500 m nördlich des Bootsanlegers. Um eine Art Parkplatz liegen die 22 Zimmer des Thavisab. Zum Standard gehören AC, Bad und Warmwasser, teurer wird's mit TV und Frühstück. Die besten (und teuersten) Räume befinden sich im Obergeschoss des Haupthauses, mit Holzboden; kein Englisch. Restaurant. ❷–❹

Essen

Fast alle Gästehäuser haben angeschlossene Restaurants, in denen Baguettes, laotische Gerichte und Travellerkost auf den Tisch kommen. Das *Dok Champa* serviert einige leckere Spezialitäten wie *laap* oder flambierte Banane. Das Restaurant im *Souchitra Gh.* erhält gemischte Kritiken, das Essen im *Saythong's Mekong Riverside Gh.* eher schlechte. Beide haben aber schöne Terrassen. Das Essen im *Anouxa Gh.* ist gut, aber die Karte sehr klein. Das *Vong Paseud* kocht leckere Süß-Sauer-Gerichte, das *laap* ist dafür etwas verwässert. Kurz vor Drucklegung eröffnete neben dem Tourism Office ein neues Restaurant am Mekong.

Sonstiges

FAHRRADVERLEIH – Fast alle Gästehäuser verleihen Fahrräder für US$2/Tag, Motorräder vermietet das Souchitra Gh. für US$10/Tag.

GELD – *Lao Development Bank,* nahe dem unfertigen Palast, wechselt außer baren Euro, Dollar und Baht auch Travellers Cheques (Gebühr auf Euro-Reiseschecks); ⓧ Mo–Fr 8–15.30 Uhr.

INFORMATIONEN – Im neuen *Tourism Office* nahe dem Kreisverkehr gibt es einige Infotafeln zu Champasak und dem Tempelkomplex Vat Phou.

Außerdem können Boote nach Pakxe, Um Tomo oder Don Khong, Tuk Tuks für die Fahrt zum Vat Phou, Guides und einiges mehr gebucht werden. ⊙ Mo–Fr 8–12, 13.30–16.30 Uhr.
Es auch sind **Tagestouren** im Angebot: Ein Trek führt in die Berge hinter Vat Phou und zu den nahe gelegenen Khmer-Ruinen Ho Nang Sida und Hong Thao Tao. US$18 p. P. bei 2–3 Pers, US$14 p. P. bei 4–8 Pers. Eine andere Tour konzentriert sich auf das gesamte Welterbe-Areal, darunter Um Tomo und die alte Khmer-Stadt Shrestapura. US$27 p. P. bei 2 Pers, US$23 p. P. bei 3–4 Pers., US$17 p. P. bei 5–8 Pers. Beide Touren schließen eine Besichtigung Vat Phous ein.

INTERNET – *Internet Nam Ohy*, 700 m südlich des Kreisverkehrs, hat zwei neue Macs mit OS X; Kosten: 300 Kip/Min.

POST / TELEFON – 100 m nördlich des Kreisverkehrs rechts gibt es eine Post; Ferngespräche und Faxservice. ⊙ Mo–Fr 8–12, 13–17 Uhr.

Transport

BUSSE UND SONGTHEOS – 5–7 Busse nach PAKXE halten morgens am Kreisverkehr und am Fähranleger (1 1/2 Std, 10 000–15 000 Kip; je später, desto voller). Wer verschläft, kann immer noch nach Ban Muang übersetzen, ein Tuk Tuk zur Straße 13 nehmen und einen der Busse anhalten, die bis nachmittags zwischen SI PHAN DON und PAKXE pendeln. Oder man chartert das Tuk Tuk gleich bis Pakxe (35 km von Ban Muang).
Die Busse aus Pakxe nach MUANG KHONG, HAT XAI KHOUN, NAKASANG oder zur kambodschanischen GRENZE halten auf der gegenüberliegenden Seite des Mekong bei Ban Lak Samsip.

BOOTE – Fähren über den Mekong pendeln alle 30 Min. zwischen Ban Phapin, 2 km nördlich des Kreisverkehrs, und Ban Muang, 4,5 km westlich der Straße 13, für 1000–2000 Kip.
Private Bootsleute bieten Fahrten nach PAKXE (US$25) und DON KHONG (US$100–150) an. Kontakte vermitteln das Tourism Office und einige Gästehäuser.

Vat Phou

Der Tempelkomplex Vat Phou, 8 km südwestlich von Champasak am Fuß des Phou Kao (1416 m), gehört zu den frühesten und stimmungsvollsten Heiligtümern der **Khmer** außerhalb Kambodschas. Die ältesten Ruinen stammen vermutlich aus dem 6. Jh. und gehen Angkor zeitlich voraus. Die meisten Bauten wurden zwischen dem 11. und 13. Jh. errichtet, als die Anlage über eine Straße mit dem 250 km südwestlich gelegenen Machtzentrum verbunden war.

Ursprünglich hinduistischen Göttern geweiht, wird im Bergtempel *(vat phou)* seit dem 14. Jh. Buddha verehrt. Noch immer spielt Vat Phou im religiösen Leben der Region eine bedeutende Rolle. Jährlich zum *Makha Bousa* am Vollmondtag des dritten Mondmonats (meist Februar) feiern hier tausende Gläubige das 4-tägige **Vat Phou Fest**.

Schon bei der Anfahrt lässt die symbolträchtige Landschaft erahnen, weshalb die Khmer ausgerechnet am Phou Kao eine religiöse Stätte errichteten: Der Gipfel des Berges wird von einem 60 m hohen Felsen gekrönt, den die frühen Völker als *lingam* verehrten, das phallische Symbol Shivas. In alten Inschriften wird der Berg entsprechend **Lingaparvata** genannt („Berg des Lingam"). Eine Quelle am Fuße des Massivs gab vermutlich den Ausschlag für den Bau des Heiligtums.

Experten sind sich uneinig darüber, ob hier bereits unter den **Cham** in den ersten Jahrhunderten n. Chr. eine religiöse Stätte bestanden hat. Die Inschrift einer undatierten Stele, die im nahe gelegenen Ban Vat Luang Kao gefunden wurde und heute in der Vat Phou Exhibition Hall zu sehen ist, nennt den Namen König Devanikas, den manche Historiker als Cham-Herrscher identifizieren. Chinesische Chroniken aus dem 5. Jh. erwähnen außerdem einen Tempel auf dem Lingaparvata, der dem Gott P'o-to-li, der chinesischen Bezeichnung für Shiva, geweiht war. P'o-to-li könnte auch für Bhadreshvara stehen („Herr des Glücks"), einen Namen Shivas, unter dem der Hindugott in My Son (Zentralvietnam), dem spirituellen Zentrum der Cham, verehrt wurde.

Im 6. Jh. breitete sich das frühe Khmer-Reich **Zhenla** in der Region aus. Bis heute ist unklar, ob es sich aus mehreren Machtzentren zusammensetzte oder zentral regiert wurde. Ausgrabungen

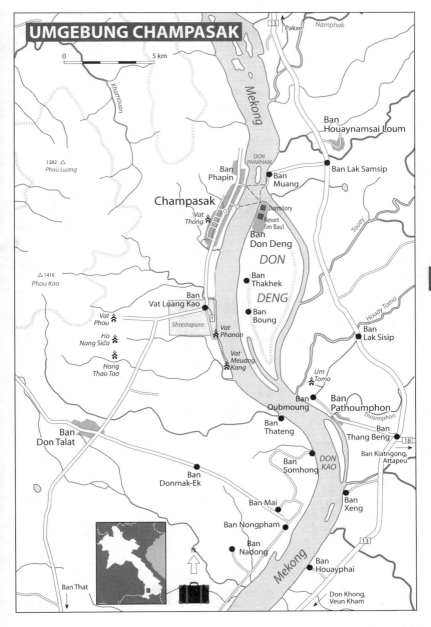

und Steleninschriften lassen darauf schließen, dass Vat Phou bereits wenig später Teil einer Kulturlandschaft war, zu der auch eine Stadt gehörte. Experten der Unesco gehen inzwischen davon aus, dass es sich dabei um die erste Hauptstadt Zhenlas, **Shrestapura**, handelt. Auf Luftaufnahmen ist nur wenige Kilometer östlich von Vat Phou eine 2,4 x 1,8 km große Siedlung zu erkennen, von der Archäologen des *Projet de Recherches en Archéologie Lao* Anfang der 90er Jahre einige Überreste freilegten. Obwohl sich der Herrschaftsbereich Zhenlas unter den Königen Mahendravarman und Isanavarman im 7. Jh. nach Sambor Prei Kuk (Kambodscha) verlagerte, wurde der Bergtempel bis zum 13. oder 14. Jh. wiederholt restauriert und erweitert.

Seit Februar 2001 steht das Areal, das außer Vat Phou noch weitere Tempel, die alte Khmer-Straße und die Ruinen zweier Siedlungen umfasst, auf der Unesco-Liste des Weltkulturerbes. Das **Museum** links des Haupteingangs zeigt Fundstücke aus der archäologischen Zone (S. 370).

Von Champasak nimmt man am besten das Fahrrad, Tuk Tuks kosten US$6–8. Wer die Stätte in einem Tagesausflug von Pakxe (46 km) besuchen möchte, benötigt ein eigenes Fahrzeug, da abends keine Verbindungen mehr zurück bestehen. Der Trip mit dem Motorrad über Ban Muang dauert pro Strecke etwa 1 1/2 Std. ⏰ tgl. 8–16.30 Uhr, Eintritt inkl. Museum 30 000 Kip.

Die Stätte

Vat Phou besteht aus drei Ebenen, die sich über eine 1,4 km lange Achse von Ost nach West erstrecken und mit einem Heiligtum auf einer Terrasse in 100 m Höhe abschließen.

Besucher betreten die Anlage traditionell von Osten. Noch bevor die zentrale Prozessionsstraße beginnt, breitet sich rechts ein 200 m x 600 m großes **Wasserbecken** aus, das im Norden und Süden von je einem weiteren Bassin flankiert wird (das südliche ist ausgetrocknet). Diese Becken, in Khmer *baray* genannt, hatten häufig sowohl eine religiöse als auch eine praktische Funktion. In der auf den hinduistischen Kosmos bezogenen Architektur vieler Khmer-Tempel symbolisierten sie die Ozeane, die den Berg Meru, Sitz der obersten Gottheiten, umgaben. Gleichzeitig dienten sie als Wasserspeicher. Auf der Sandsteinterrasse, die das zentrale Becken am Westende begrenzt, stand bis 2002 die baufällige Residenz von Boun Oum na Champasak, in der der Prinz alljährlich zum Vat Phou Fest Quartier bezog.

Von hier führt der 250 m lange **Prozessionsweg** an zwei weiteren, nahezu ausgetrockneten Barays vorbei zu den ersten Ruinen. Der Weg, der unter König Jayavarman VI. (reg. 1080–1107) vollendet worden sein soll, wurde einst von Stelen und Nagas gesäumt. Die beiden symmetrisch angeordneten Gebäude, die sich ihm anschließen, werden gemeinhin **Paläste** genannt. Archäologen datieren

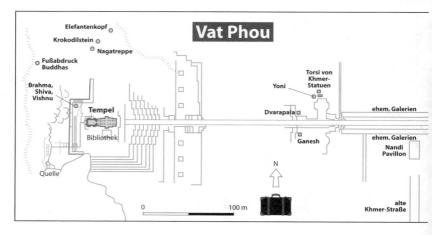

sie auf das 11. Jh. Ihre Funktion ist nicht vollständig geklärt, jedoch dienten sie wahrscheinlich religiösen Zwecken. Für die These, wonach der nördliche Palast Männern *(ho thao)*, der südliche Frauen *(ho nang)* vorbehalten war, gibt es keine Beweise.

Die Portale der Paläste sind einander zugewandt. Schöne Steinmetzarbeiten schmücken die Türstürze und Giebelfelder. Das besterhaltene Relief befindet sich über der Scheintür an der Ostseite des nördlichen Palastes: Shiva mit seiner Frau Parvati auf dem Bullen Nandi. Darunter thront eine Gottheit auf Kala, einem Dämon, dem Shiva befahl, über den Tempeleingängen zu wachen. Er ist ein häufiges Motiv auf Stürzen und Giebeln. Die Front und die Galerien der Paläste sind mit Fenstern versehen, die von steinernen Balustern geziert werden. Auffällig ist, dass der nördliche Palast überwiegend aus rötlichem Laterit, der südliche aus solidem Sandstein errichtet wurde.

Von den Palästen führt der Weg weiter zur ersten Treppe. Die Galerien, die ihn einst an beiden Seiten flankierten, sind nicht erhalten. Auf halber Strecke erhebt sich links ein verfallenes Gebäude (vermtl. 11. Jh.), dass in Anlehnung an Shivas Reittier **Nandi Pavillon** genannt wird. Luftaufnahmen zeigen, dass hier früher die alte Straße endete, die Vat Phou mit Angkor verband. Lange Zeit glaubten Forscher, der Pavillon könnte ankommenden Pilgern als Ruhestätte oder Kapelle gedient haben. Seit aber auf der gegenüberliegenden Seite des Weges Reste eines ähnlichen Gebäudes gefunden wurden, ist die Frage nach der Funktion wieder offen.

Frangipani (laot. *dok champa*) säumen die anschließende Treppe, die zu einer kleinen Terrasse hinaufführt. Hier liegen ein paar Meter nach rechts eine *yoni*, das weibliche Symbol, und zwei kopflose Statuen im Gras. Wen sie dargestellt haben, ist ungeklärt. Am Fuß der zweiten Treppe steht ein **Dvarapala** (Torwächter), der mit einer orangenen Schärpe und einem Schirm versehen ist. Viele Gläubige verehren ihn als König Kammatha, den legendären Gründer Vat Phous. Eine weitere Wächterfigur und zwei kleine Gebäude (13. Jh.), die hier ebenfalls gestanden haben sollen, sind zerstört.

Der Weg steigt nun allmählich an und führt, von Frangipani beschattet, zur zweiten Ebene. Hier ragten einst auf jeder Seite drei **Ziegelsteintürme** (11. Jh.) auf, in denen *lingam* standen. Heute sind nur noch überwucherte Hügel zu sehen.

Sieben, von Lateritmauern begrenzte Terrassen unterstützen die dritte Ebene, die über eine letzte, steile Treppe zu erreichen ist. Hier steht das **zentrale Heiligtum**. Es war ursprünglich Shiva geweiht und enthält nun vier Buddhastatuen. Der Hauptbau hat drei Portale (Osten, Norden, Süden) und zwei Vorräume und stammt aus dem 11. oder 12. Jh. Im Westen schließt sich ein Ziegelsteinprasat an (Tempelturm), den Forscher auf das 6. Jh. datieren. In diesem mutmaßlich ältesten Gebäude Vat Phous befand sich früher ein *lingam*, der per-

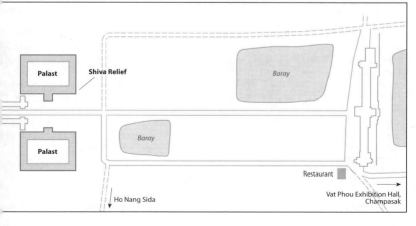

manent mit Wasser aus der heiligen Quelle übergossen wurde. Die kleine Öffnung für die Leitung ist noch an der Rückwand zu sehen.

Am Hauptbau lohnen die Tänzerinnen *(apsara)* und Wächterfiguren *(dvarapala)* am Ostportal und die Steinreliefs auf den Türstürzen einen Blick. Die Mehrzahl zeigt eine Gottheit auf Kala. Über den Eingängen des Ostportals prangen der tanzende Shiva (l.) und Vishnu auf seinem Tragetier Garuda (r.). Die Stürze des anschließenden Vorraumes werden von Indra auf dem dreiköpfigen Elefanten Airavata und Kala geschmückt (v.l.). Im Durchgang des Südportals ist Krishna, die achte Inkarnation Vishnus, abgebildet, wie er König Kamsa tötet. Ein in den Fels gemeißeltes Flachrelief westlich des Heiligtums stellt die drei zentralen Gottheiten des Hinduismus dar (**Trimurti**): Brahma, den Schöpfer; Shiva, den Zerstörer und Erneuerer; und Vishnu, den Erhalter (v.l.).

Von der so genannten **Bibliothek**, die dem Haupttheiligtum im Süden beigeordnet war, sind nur noch ein paar Sandsteinquader erhalten. Trotz der anderslautenden Bezeichnung lagerten hier vermutlich keine Schriften, sondern möglicherweise religiöse Gegenstände. Wenige Meter westlich entspringt die **heilige Quelle**. Ihr Wasser wurde in Sandstein- und Ziegelbassins gesammelt und über eine säulengestützte Leitung zum Heiligtum befördert. Noch heute gilt es unter Laoten als glücksbringend.

Nördlich des Sanktuariums, hinter einigen modernen Bauten, sind mehrere bearbeitete Felsen zu sehen. Der älteste ist vermutlich der **Krokodilstein**. Der Legende zufolge wurden hier in präangkorianischer Zeit Menschen geopfert. Obwohl es dafür keine Beweise gibt, hält sich die Geschichte hartnäckig und wird bei Führungen gern mit blutrünstigen Details ausgeschmückt. Die **Nagatreppe** vis-à-vis und ein **Elefantenkopf** ein paar Meter weiter nordöstlich sind jüngeren Datums (vermutlich nach dem 13. Jh.).

Weitere Khmer-Tempel

Südlich des Nandi Pavillons entlang der Route, die Vat Phou vermutlich ab dem 11./12. Jh. mit Angkor verband, befinden sich die Ruinen dreier weiterer Khmer-Tempel. Die ersten beiden, Ho Nang Sida und Hong Thao Tao, sind stark verfallen und gut im Rahmen einer Tour zu besuchen (S. 366). Die drei Prasats in Ban That haben mehr Atmosphäre, liegen aber weitab vom Schuss (30 km).

Ho Nang Sida und Hong Thao Tao

Der Tempel Ho Nang Sida, 1,5 km südlich des Nandi Pavillons, wurde vermutlich Anfang des 12. Jhs. errichtet. Die Säulen des Sandsteingebäudes sind am Kapitell mit floralen Motiven verziert. Möglicherweise diente es einst als Raststätte *(dharmasala)*. Experten der Unesco vermuten, dass sich hier das Zentrum der Stadt **Lingapura** befunden hat, einer im 12. Jh. gegründeten Siedlung nahe Vat Phou.

Erst Ende der 80er Jahre entdeckten Archäologen die Reste des 1 km südlich gelegenen Hong Thao Tao, eines unvollendeten Sandsteintempels, der unter Jayavarman VII. (reg. 1181–1220?) angelegt worden sein soll. Der Gopura ist stark verfallen, die umlaufende Lateritmauer überwuchert. Steinarbeiten sind nicht erhalten. Thao Tao könnte ebenso wie Nang Sida eine Raststätte gewesen sein. Eine Steleninschrift aus dem 12. Jh. berichtet von 121 *dharmasala* entlang der alten Khmer-Straße.

Ban That

Die drei Sandsteinprasats von Ban That, 30 km südlich von Vat Phou, sind ein ungewöhnlicher

---

Vat Phou Exhibition Hall

Wie gut die alten Steinmetze und Bildhauer ihr Handwerk verstanden, ist neuerdings im japanisch finanzierten Vat Phou **Museum** zu sehen. Skulpturen und Reliefs von Hindugöttern, Buddhas und Fabelwesen füllen die kleine Halle links des Haupteingangs. Die Exponate sind in Englisch beschriftet. Höhepunkt ist die mannshohe **Stele** in der Mitte des Raumes. Sie wurde in Ban Vat Luang Kao gefunden und soll 1500 Jahre alt sein. Auf allen vier Seiten ist ein Text in Sanskrit eingemeißelt, der von der Gründung einer Stadt am Fuß des Lingaparvata durch König Devanika erzählt – ein wichtiger Stein im Geschichtspuzzle der Region.
Im Vorraum läuft ein Video zur Kulturlandschaft Vat Phous. ◷ tgl. 8–16.30 Uhr.

Sandsteinprasats in Ban That

Anblick inmitten eines Lao Loum-Dorfes. Die grünlich schimmernden Türme sollen im 12. Jh. von dem Brahmanen Subhadra errichtet worden sein. Manche Wissenschaftler identifizieren Subhadra als Divakarapandita, den *guru* (Lehrer) König Jayavarman VI. Die Stele vor den Türmen ist auf allen vier Seiten beschriftet und eine wichtige Quelle für die Regierungszeit Suryavarmans II. (reg. 1112–1150?), den Erbauer Angkor Wats. Der nördliche Prasat ist eingestürzt.

Am besten gelangt man mit dem Motorrad nach Ban That. 17 km hinter Ban Don Talat zweigt rechts ein Sandpfad ab. Von hier sind es noch 5 km. Während der Regenzeit kann der Pfad unpassierbar sein.

Um Tomo (Oubmoung)

11 km südöstlich von Vat Phou, auf der linken Seite des Mekong am Ufer des Houay Tomo, liegen die Ruinen des Khmer-Tempels Um Tomo, auch Um Muang oder Oubmoung genannt. Ende des 9. Jhs. Rudrani geweiht, Shivas Gefährtin in ihrer destruktiven Form, wurde das Heiligtum in der Blütezeit Angkors restauriert, später vergessen und erst zu Beginn des 20. Jhs. von dem Franzosen Etienne Edmond Lunet de Lajonquière wiederentdeckt.

Ein großer Teil der Anlage ist verfallen. Das besterhaltene Gebäude ist der Gopura aus dem 12. Jh. gegenüber der alten Anlegestelle. Verwitterte Steinmetzarbeiten schmücken die Südwesttür, deren Umrandung ebenso wie die der Fenster aus Sandstein besteht. Ansonsten ist das Gebäude aus Laterit. Im Innern steht ein *mukhalingam,* eine Stele mit dem eingravierten Konterfei Shivas auf allen vier Seiten. Die Lateritmauer, die den Tempel einst umgab, ist nur noch an wenigen Stellen auszumachen. Entlang dem ehemaligen Prozessionsweg liegen viele verzierte Stürze und Steinfiguren. In der Nähe befinden sich auch zwei *barays.* Eintritt 3000 Kip.

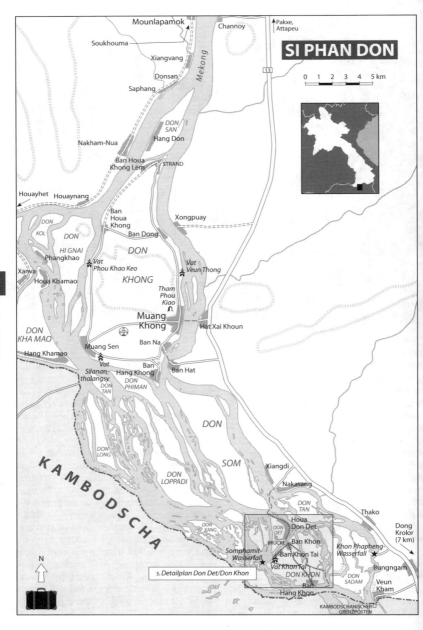

Transport

Von Champasak ist Um Tomo am leichtesten mit dem Boot zu erreichen. Private Bootleute organisieren die 1-stündige Fahrt für US$15–20 hin und zurück (4–6 Pers.), meist steht dabei auch ein Besuch Vat Meuang Kaos auf dem Programm. Infos gibt es im Tourism Office, ebenso eine Tour, die Um Tomo einschließt. In der Trockenzeit können die Boote wegen des niedrigen Wasserstandes nicht ganz bis zum Tempel hinauffahren.
Für die Anfahrt **von Pakxe** ist ein Motorrad am besten. 40 km südlich der Provinzhauptstadt hinter Ban Lak Sisip zweigt rechts von der Straße 13 ein Sandweg ab, der nach 5 km zum Tempel führt.

Si Phan Don

Vor 140 Jahren machten sich sechs Franzosen auf, den Wasserweg von Vietnam nach China zu erkunden. In ihren Köpfen geisterte die Vision von beladenen Barken, die edle Güter zwischen dem Südchinesischen Meer und dem Reich der Mitte transportierten. Der Traum platzte im Jahr 1866, als die Expedition die unschiffbaren Wasserfälle Somphamit und Khon Phapheng nahe der heutigen laotisch-kambodschanischen Grenze erreichte.

Diese Fälle, knapp 160 km südlich von Pakxe, bilden die Südgrenze eines einzigartigen Feuchtgebietes, das von Laoten *si phan don*, „Viertausend Inseln", genannt wird. Hier, im Bezirk Khong der Provinz Champasak, erreicht der Mekong seine größte Ausdehnung. Auf einer Länge von 50 km und einer Breite von bis zu 14 km gliedert sich der Fluss in etliche Kanäle und gibt hunderte kleiner Inseln frei (eine Zahl, die sich in der Trockenzeit noch erhöht).

Mehr als 70 000 Menschen, überwiegend Lao, leben in dieser Wasserwelt. Fast alle sind Buddhisten, jedoch spielt der Geisterglaube *(phi)* nach wie vor eine große Rolle. Fisch ist seit Jahrhunderten das Hauptnahrungsmittel. Studien haben ergeben, dass sich fast 200 Arten in diesen Gewässern tummeln, außerdem die seltenen **Irrawaddy-Delphine**.

Das traditionelle Flussleben und die einmalige Landschaft machen die Si Phan Don zu einem der schönsten Reiseziele in Südlaos. Die Hauptinsel **Don Khong** hat die beste Infrastruktur mit komfortablen Unterkünften, vielen Restaurants und 24 Stunden Elektrizität. Exotischer sind die kleinen Inseln **Don Det** und **Don Khon**, die näher an den **Wasserfällen** liegen, aber auch von Don Khong aus besucht werden können.

Don Khong

Die größte Insel des Binnenarchipels, 138 km südlich von Pakxe, hat die Form eines gigantischen Wassertropfens. Mit 18 km Länge und 8 km Breite, geteerten Hauptstraßen und einer alten Rollbahn ist sie nicht ganz so idyllisch wie Don Khon oder Don Det. Dennoch lohnt sie wegen ihrer entspannten Atmosphäre und den ältesten Vats der Inselwelt einen Besuch.

Die **Geschichte** Don Khongs reicht bis in die ersten nachchristlichen Jahrhunderte zurück, als die Region Teil Zhenlas war. Die Lao stellten vermutlich ab dem 15. Jh. die Bevölkerungsmehrheit, bevor die Insel im 18. Jh. Geburtsstätte des Königreiches Champasak wurde. Unter den Franzosen war Don Khong kurzzeitig Sitz des Commandant Supérieur für Südlaos, während der Königszeit diente es als Verwaltungszentrum der kleinen Provinz Sithandon. Heute gibt die Insel immerhin noch dem Bezirk ihren Namen.

Don Khong hat etwa 25 000 Einwohner. Die meisten leben in den beiden größten Siedlungen Muang Khong (Ostseite) und Muang Sen (Westseite).

Muang Khong

Selbst der am dichtesten besiedelte Ort der weitläufigsten Insel bietet das, was Traveller schon seit mehr als fünf Jahren nach Si Phan Don zieht: saftig grüne Palmen, ein tropisches Inselgefühl und absolut nichts zu tun.

Eingebettet zwischen Mekong und Reisfeldern zieht sich Muang Khong an zwei Teerstraßen am Ostufer entlang: eine Ansammlung weniger Häuser, zweier Vats und einem Dutzend Unterkünften. Zwar behaupten Einheimische, das Leben habe sich hier seit Jahrhunderten nicht verändert, doch spricht die Allgegenwärtigkeit von Bananapancakes und Fruitshakes eine andere Sprache. Abgesehen davon hat sich der Ort sein gemächliches Tempo bewahrt.

Die einzige wirkliche Sehenswürdigkeit Muang Khongs ist **Vat Chom Thong** am nördlichen Ende der Uferstraße. Der Tempel stammt vom Beginn des 19. Jhs. und hat einen ungewöhnlichen kreuzförmigen Grundriss. Die Rundbogenfenster und verzierten Holzläden kommen besonders in der Abendsonne zur Geltung. Leider hat die jüngste Renovierung dem Tempel viel von seinem Charme genommen. **Tham Phou Kiao** (Höhle des grünen Berges), in den Hügeln nordöstlich der Stadt, enthält ein paar Buddhafiguren und ist zu *Boun Pi Mai* Ziel örtlicher Pilger. Sie ist allerdings ohne Guide nicht zu finden. Südlich von Vat Phouang Keo erinnert eine alte **Kolonialvilla** daran, dass die Franzosen auch in dieser Ecke des Landes präsent waren.

Muang Sen

Seit das Boot aus Pakxe nicht mehr in Muang Sen anlegt, ist der Ort noch ruhiger geworden. Mit seinen vielen Geschäften und den wellblechgedeckten Häusern versprüht er eine wesentlich laotischere Atmosphäre als Muang Khong. Größter Pluspunkt ist der freie Blick auf den Sonnenuntergang.

Tuk Tuks zwischen Muang Khong und Muang Sen kosten 30 000 Kip oder 10 000 Kip p. P. bei mehreren Leuten. Mit dem Fahrrad ist das Stück in einer knappen Stunde zu schaffen (8,5 km), allerdings ist es tagsüber brütend heiß und nach Sonnenuntergang stockfinster.

Inseltour

Die Größe und das Straßennetz von Don Khong sind ideal, um die Insel mit dem Motorrad oder Fahrrad zu umrunden. Die Strecke beträgt etwas mehr als 45 km und kann in Muang Sen abgekürzt werden (20 km). Startpunkt ist Muang Khong, beste Richtung ist im Uhrzeigersinn, da die Sonne dann die meiste Zeit über im Rücken steht. Entlang der Straße gibt es kaum Schatten (Wasser und Basecap mitnehmen). Für einen Snack bietet sich Muang Sen an.

Der Rundweg beginnt an der großen, nagabeschützten Buddhastatue von **Vat Phouang Keo**. Nach 1,5 km auf der Teerstraße nach Süden biegt man vor dem Krankenhaus links auf einen schmalen Uferpfad ab. Vorbei von windschiefen Holzhäusern erreicht der Weg nach 2,5 km **Ban Na**, den Anleger für Autofähren. Hier gelangt man wieder auf die Teerstraße, die sich nach 1 km gabelt.

Die beiden Wege führen nach **Ban Hang Khong** (6 km hin und zurück, der Uferweg ist der schönere). Wer Kräfte sparen möchte, sollte das unspektakuläre Örtchen auslassen und der Straße gleich bis **Vat Silananthalangsy** (3,3 km) folgen,

Muang Khong

Übernachtung:
1. Souksan Hotel
2. Bounma Gh.
3. Souksabay Gh.
4. Mr. Pon's Gh.
5. Phoukhong Gh.
6. Don Khong Gh.
7. Kang Khong Villa
8. Phoxai Done Khong Gh.
9. Don Khong 2 Gh.
10. Auberge Sala Done Khong
11. Mekong Gh.
12. Villa Muang Khong

Läden, Restaurants etc.:
1. Souksan Internet
2. Souksan Restaurant
3. Pon's Restaurant
4. Phoukhong Restaurant

einem kleinen Tempel auf schattigem Gelände, dessen in die Jahre gekommenes Schulgebäude mit Staffeldach und Säulenumgang einen Blick lohnt.

Bis **Muang Sen** ist es nicht mehr weit, wenn die Straße nach 4 km auf eine Kreuzung trifft. Links geht es zum Ort, rechts zurück nach Muang Khong (wo man auf halber Strecke eine alte **Rollbahn** passiert, die im Zweiten Indochinakrieg von den USA genutzt wurde).

Geradeaus führt die Straße landeinwärts an Reisfeldern, grasenden Wasserbüffeln und bewaldeten Hügeln vorbei. Nach 7 km rückt links ein Sandsteinplateau ins Blickfeld (nach Teak- und Frangipani-Bäumen Ausschau halten). Auf dem Plateau, 200 m Richtung Mekong, steht der *sim* von **Vat Phou Khao Keo**. Von den Stufen hat man einen schönen Blick auf den Mekong. Hinter dem *sim* ragen die Ruinen eines mehrere Meter hohen Ziegelsteinprasats aus der Khmer-Zeit in die Höhe (vermutlich präangkorianisch). Am Boden liegen behauene Stürze. Vielleicht ist dies die Stätte, die Doudart de Lagrée 1866 als „nicht im geringsten unbemerkenswert" beschrieb. Der dunkle Sandstein und die knorrigen Frangipani verleihen dem Ort etwas Mystisches.

Bananenplantagen und Kokospalmen begleiten die Straße über weitere 6 km nach **Ban Houa Khong**, dem Geburtsort des früheren Staatschefs Khamtay Siphandone, der die Insel regelmäßig zu Angelausflügen besucht. Die Renovierung des bunten Vats, der einem schon von der Straße ins Auge sticht, geht auf sein Konto. Von hier führt die Teerstraße östlich über **Ban Dong** zurück nach Muang Khong (13 km).

Wer noch fit ist, kann den Uferpfad westlich des Vats Richtung **Ban Houa Khong Lem** nehmen. Nach 4,8 km geht es ein kurzes Stück auf der neuen Teerstraße zurück und dann links 700 m bis zur Nordspitze der Insel: In der Trockenzeit gibt der Mekong hier einen kleinen **Sandstrand** frei, auf dem man herrlich den Tag ausklingen lassen kann (das meiste davon wird als Ufergarten für Mais und Bohnen genutzt). Von Houa Khong Lem sind es auf der breiten befestigten Straße 15 km zurück nach Muang Khong. Nach 7 km lohnt sich noch ein Blick auf **Vat Veun Thong**, dessen drei ungewöhnliche *kuti* an deutsche Fachwerkhäuser erinnern.

Übernachtung

Don Khongs Unterkünfte liegen alle in **Muang Khong**. Die meisten Gästehausbesitzer haben in den vergangenen Jahren aufgerüstet, um von den vielen Tourgruppen zu profitieren. Damit sind leider auch die Preise gestiegen.

In der Hochsaison (Dez–Feb) ist auf der Insel ziemlich viel los – also früh einchecken. Schwierig kann die Unterkunftssuche zum Bootsfestival *Boun Souang Heua* Anfang Dezember werden.

Kang Khong Villa, gleich westlich des Don Khong Gh., ✆ 031-213539. 10 Zimmer in einem schönen Teakhaus mit Seitenflügeln, oben mit Holzboden, Rattanstühlen und Tischen, unten gefliest; alle DZ mit Bad, die meisten mit Ventilator, die Hälfte mit Warmwasser. Der größte Pluspunkt ist die schöne Terrasse, auf der auch Frühstück serviert wird. Motorradverleih; Bootservice; empfehlenswert. ❷–❸

Mr. Pon's Gh., nebem dem Phoukhong Gh., ✆ 031-214037. Seit dem Umbau gibt es in der beliebten Unterkunft nur noch relativ teure AC-Zimmer mit Bad und Warmwasser. Die Räume sind sauber, gefliest und haben Moskitonetze. Zimmer Nr. 1 hat sogar eine Badewanne und Zugang zum Gemeinschaftsbalkon. Mr. Pon spricht Englisch und Französisch und ist eine gute Infoquelle; Motorradverleih, Bootservice, Restaurant; empfehlenswert. ❸–❹

Souksabay Gh., dahinter, über einen kleinen Weg zu erreichen. Mr. Pons Tante bekommt die Traveller ab, denen sein Gästehaus zu teuer ist. Entsprechend schnell sind die sauberen Zimmer belegt (Ventilator/Bad/Warmwasser). Um Steuern zu sparen, soll die Unterkunft irgendwann in Mr. Pon's Gästehaus aufgehen. ❷

Bounma Gh., erste Straße links hinter Pon's Gh. Freundlicher Familienbetrieb mit einigen einfachen Zimmern ohne AC in einer ruhigen Seitenstraße. Die Räume oben sind die besseren, rattanverkleidet, mit Holzboden; einige Zimmer haben Bad (Kaltwasser); kleine gemütliche Veranda; von den Billigen ist hier eine der besten. ❶

Mekong Gh., südlich der Auberge Sala Don Khong, ✆ 031-213668. Drei Häuser auf einem kleinen Grundstück am Mekong: ein neues mit teuren AC-Zimmern und Flussblick (1. Stock) und zwei ältere mit günstigeren Räumen und

sauberen Gemeinschaftsbädern (Kaltwasser); Restaurant. Ventilator ❸, AC ❹
Phoxai Done Khong Gh., hinter der Villa Kang Khong. Holzhaus mit sehr einfachen Zimmern, Gemeinschaftsbad und Kaltwasser; sehr günstig. ❶
Phoukhong Gh., erstes Gästehaus nördlich der Brücke, ✆ 031-213673. Schlichte gefliesete Zimmer mit Bad und kalter Dusche schräg hinter dem Restaurant. Fahrrad- und Motorradverleih. Bootservice; günstig. ❶
Don Khong Gh., gegenüber dem Fähranleger, ✆ 031-214010. 20 DZ mit Bad: Die Zimmer im alten Gebäudeteil haben Kaltwasser, dünne Wände und Holzböden, die gefliesten AC-Räume im neuen Warmwasser und Zugang zum Gemeinschaftsbalkon. Die Besitzerin spricht Französisch. Fahrrad- und Motorradverleih; Bootservice; Restaurant. ❷-❸
Don Khong 2 Gh., an der Straße nach Muang Sen. Einfache Zimmer ohne AC abseits des Trubels in einem hölzernen Pfahlbau, die Hälfte mit Bad und kalter Dusche. ❶
Souksan Hotel, Seitenstraße nördlich des Fähranlegers, ✆/✉ 031-212071. Die 5 Gebäude des Souksan Hotels wirken etwas zusammengewürfelt, die Zimmer sind aber makellos sauber, mit Ventilator oder AC, Bad und Warmwasser. Preis inkl. Frühstück. Bungalows ❷, AC-Zimmer ❹
Auberge Sala Done Khong, 150 m südlich des Anlegers, ✆/✉ 031-212077, 🖳 www.salalao.com. Teil der *Sala Lao*-Kette mit 12 AC-Zimmern in einem Haus im Fachwerkstil; alle mit Bad. Eine Veranda und der Palmengarten laden zum Entspannen ein. Zimmer Nr. 1 hat einen umlaufenden Balkon; Restaurant; Preis inkl. Frühstück. ❹
Villa Muang Khong, südlich des Mekong Gh., ✆ 031-213011, 🖳 www.laonatural-vlmkhotel.laopdr.com. 40 komfortable Zimmer auf Resortähnlicher Anlage, etwas dicht gebaut und mit weniger Atmosphäre als die Auberge Sala Done Khong; Restaurant. Preis inkl. Frühstück. ❺

Essen

Kulinarisch hat Muang Khong die Nase vorn. Die meisten Unterkünfte haben angeschlossene Restaurants, einige auch Terrassen über dem Mekong. Eine hiesige Spezialität ist **mokpa**, gedämpfter Fisch im Bananenblatt mit Kokosmilch. Darüber hinaus hat der örtliche **lau lao** den Ruf, der beste des Landes zu sein.

MUANG KHONG – *Auberge Sala Don Khong Restaurant*, Mekongfisch dominiert die Speisekarte dieses Hotelrestaurants – ob mit Knoblauch, Zitrone, Kokosmilch oder als *laap*; neben Softdrinks gibt es auch Martini, Cognac, Weiß- und Rotwein; gehobene Preise.
Mekong Restaurant, gute laotisch-westliche Küche in lockerem Ambiente; einige Gerichte wie kanadischer Bananenpfannkuchen und Canadian Coffee spiegeln wider, dass die Betreiber jenseits des Pazifiks eine zweite Heimat gefunden haben; preiswert.
Phoukhong Restaurant, schöne Terrasse mit Schatten spendenden Bäumen am Mekong – ideal für ein Frühstück in der Morgensonne – auch gutes Süß-Sauer; günstig.
Pon's Restaurant, beliebtes Lokal mit schöner Terrasse über dem Fluss, soliden Traveller-Gerichten und laotischen Klassikern wie *mokpa* und milden Fischcurrys.
Souksan Restaurant, gegenüber dem Souksan Hotel. Einziges Restaurant am Mekong mit überdachter Terrasse; chinesische Küche und einige laotische und vietnamesische Gerichte. Spezialitäten wie *mokpa* sind einige Std. im Voraus zu bestellen.
Villa Muong Khong Restaurant, *laap*, *mokpa* und leckere, aber milde Kokoscurrys in Landhaus-Ambiente; sogar Roastbeef. Und zum Nachtisch flambierte Banane; gehobene Preise.

MUANG SEN – Fischgerichte und Bierstimmung gibt es in mehreren schwimmenden Restaurants am ehemaligen Fähranleger.

Sonstiges

Die folgenden Einrichtungen befinden sich alle in Muang Khong.

FAHRRAD- UND MOTORRADVERLEIH – Viele Gästehäuser verleihen Fahrräder (US$1) und Motorräder (US$10).

GELD – Die *Agricultural Promotion Bank* tauscht Baht und Dollar zu schlechten Kursen. Gebühr auf Travellers Cheques. ⊙ Mo–Fr 8–12, 13–16 Uhr.

INTERNET – *Souksan Internet*, gegenüber dem Souksan Hotel, 1000 Kip/Min., Minimum 10 Min.

MARKT – Auf dem kleinen Morgenmarkt südlich des Souksan Hotels, in der Parallelstraße der Uferstraße, warten die üblichen Lebensmittel und Gebrauchswaren auf ihre Käufer; hier gibt es auch eine Reihe günstiger Lokale. Beste Besuchszeit ist gegen 6 Uhr.

MEDIZINISCHE HILFE – Im **Bezirkskrankenhaus** soll es einen Arzt geben, der in Frankreich weitergebildet wurde. Dr. Souban spricht Englisch und Französisch. In Notfällen organisieren die Gästehäuser Krankentransporte nach Pakxe oder zur Thai-Grenze.

POST / TELEFON – Die kleine **Post** befindet sich am Fähranleger neben dem Don Khong Gh., ⊙ Mo–Fr 8–12, 13–16 Uhr; das *Lao Telecom*-Büro liegt an der Straße nach Muang Sen, hier Ferngespräche und Faxservice, ⊙ Mo–Fr 8–11.30, 13.30–16 Uhr.

TOUREN – Einige Gästehäuser, darunter Mr. Pon's, organisieren Tagesausflüge nach **Don Det** und **Don Khon**, zu den **Irrawaddy-Delphinen** (s. S. 382) und den **Wasserfällen** Somphamit und Khon Phapheng. Ab 6 Teilnehmern liegen die Preise bei US$10 p. P. plus Eintritte.
Die Auberge Sala Don Khong und Mr. Pon's Gh. organisieren **Minivans mit Fahrer** nach Pakxe (US$60), Chong Mek (US$80) oder zur kambodschanischen Grenze (US$30).
Mehrtägige **Mekongtouren** auf der luxuriösen *Vat Phou* zwischen Pakxe und Si Phan Don s. S. 356.

Transport

BUSSE – 2–3x tgl. zwischen 6 und 7 Uhr starten Songtheos von Muang Sen über Muang Khong nach PAKXE (2–3 Std., 40 000 Kip). Um 8 Uhr fährt ein Bus bis nach VIENTIANE (130 000 Kip). Haltestelle ist die Ecke Vat Phouang Keo/Straße nach Muang Sen.
Viele Gästehäuser, darunter Mr. Pon's, organisieren Fahrten zur kambodschanischen GRENZE (um US$30 oder US$5 p. P. bei genügend Leuten). Alternativ kann man morgens nach Hat Xai Khoun übersetzen, zur Straße 13 laufen (800 m) und einen der Busse nehmen, die tgl. zwischen Norden und Süden pendeln. Ein Tuk Tuk zur Grenze sollte nicht mehr als US$10–15 kosten.

BOOTE / FÄHREN – Wer auf einem der seltenen regulären **Boote** von Pakxe/Champasak nach Don Khong reist, wird in Ban Houa Khong im Nordwesten der Insel abgesetzt. Tuk Tuks von hier nach Muang Khong kosten 10 000 Kip p. P. bei 3–4 Pers. Charterboote aus Pakxe halten zum Teil auch in Ban Veun Thong nahe dem gleichnamigen Vat. Infos zu den wenigen Booten in Gegenrichtung können am ehesten die Gästehäuser geben. Der geschäftige Mr. Pon plant eine Bootsverbindung Don Det – Don Khong – Pakxe, aber das ist Zukunftsmusik.
Viele Gästehäuser organisieren die Fahrt nach DON DET und DON KHON (US$15/Boot für 5–6 Pers., 1 1/2 Std.). Die Boote des Don Khong Gh. und Mr. Pon's Gh. starten tgl. gegen 8 oder

Boun Souang Heua

Jedes Jahr nach dem Nationalfeiertag (2.12.) verwandelt sich Muang Khong für eine knappe Woche in einen Jahrmarkt: Buden mit Grillfisch, Dartspielen und Krimskrams säumen die Uferstraße, und die Wiesen vor Vat Phouang Keo und der Kang Khong Villa werden kurzerhand zum Rummelplatz umfunktioniert. Höhepunkt des Festes ist das **Bootsrennen**, bei dem die umliegenden Dörfer und Inseln gegeneinander antreten. Richtige Paddelraketen waren in den vergangenen Jahren die Boote von Don Tan und Don San.
Leider sieht Muang Khong nach *Boun Souang Heua* noch tagelang aus wie eine Sammelstelle für Altplastik – bis Schulklassen ausrücken, den Müll zusammenkehren, anzünden und das Dorf in dichte Rauchschwaden hüllen.

8.30 Uhr vom Fähranleger für US$3 p. P., Buchung einen Tag im Voraus.
Die **Fähren** zwischen Muang Khong und HAT XAI KHOUN kosten pauschal 15 000 Kip, ab 3 Pers. 5000 Kip p. P. Die Autofähre pendelt zwischen Ban Hat und Ban Na, wenige Kilometer südlich von Hat Xai Khoun (Autos 25 000 Kip, Motorräder 2000 Kip, Fahrrad 1000 Kip).
Gerüchten zufolge soll die Nord-Süd-Straße auf **Don Som**, der Insel zwischen Don Khong und Don Det, ausgebaut werden. Wäre das der Fall, könnte die Strecke zwischen beiden Inseln künftig auch mit Fähre und Zweirad zurückgelegt werden.

Don Det und Don Khon

Kokospalmen und Bambushütten säumen die Ufer von Don Det und Don Khon, 15 km südlich von Don Khong nahe der kambodschanischen Grenze. Seit einigen Jahren ziehen die beiden Inseln einen steten Strom von Backpackern an, die die Idylle dieses entlegenen Winkels genießen. Bislang gibt es hier weder Elektrizität noch ein Wassersystem, dafür etliche Gästehäuser mit Hängematten. 2007 sollten die Inseln allerdings ans Netz gehen.

Don Khon ist die größere der beiden und im Süden für ihre Kokosnüsse bekannt (auch Reis, Kapok und Tabak werden angebaut). Im Hauptort **Ban Khon** stehen noch einige Bauten aus der französischen Kolonialzeit, darunter das alte Krankenhaus und die Zollstation. Eine Betonbrücke, die die Inseln seit 1920 verbindet, erinnert an die Zeit, als die Franzosen Güter und Passagiere in einer Schmalspurbahn an den Mekongfällen vorbeileiteten. Zwei Verladerampen auf Don Det und in Ban Hang Khon sind ebenfalls erhalten. Die Schienen der einzigen Bahn, die jemals auf laotischem Boden fuhr, dienen inzwischen als Brücken. Man kann aber noch der Trasse folgen. Im Nordosten bei Ban Sentho brechen Betonmauern die Fluten des Mekong. Mit diesem Leitsystem schifften die Franzosen Tropenhölzer den Fluss hinab.

Der Nordzipfel Don Dets ist der beste Ort für den **Sonnenuntergang**.

Sehenswertes

Die Sehenswürdigkeiten konzentrieren sich auf Don Khon und können in einer schönen Tagestour besichtigt werden. Zu Fuß ist der Trip recht anstrengend, allerdings sorgt die dichte Vegetation für Schatten. Wasser gibt es unterwegs nur am Tad Somphamit und in Ban Hang Khon zu kaufen. Ein Rad ist auf dem ersten Stück von Vorteil, sobald die alte Eisenbahntrasse erreicht ist, wird es wegen des Schotters schwierig.

Die Tour beginnt in Ban Khon, am Südende der **Eisenbahnbrücke**, etwa 2,5 km südwestlich von Houa Don Det. Sie führt zunächst in Richtung Vat Khon Tai, bevor nach 50 m links ein Schild den Weg zu einer Lokomotive weist. Hier rostet das Skelett einer alten **Dampflok** vor sich hin, die in der ersten Hälfte des 20. Jhs. Güter von Ban Hang Khon am Südende der Insel über die Brücke bis zur Verladerampe auf Don Det und zurück transportierte. Mit dem Bau der 7 km langen Trasse wurde bereits 1897 begonnen. 20 Jahre später folgte die Brücke. Angriffe der Japaner setzten der Verbindung in den 40er Jahren ein Ende. Nur 100 m südlich der Lok, inmitten von Reisfeldern, befindet sich ein überwucherter **christlicher Friedhof**, auf dem auch der Grabstein der Familie Xavier steht („unter tragischen Umständen verschieden am 3. Oktober 1922"). Gerüchten zufolge sollen das Paar und die 11-jährige Tochter von ihren Angestellten umgebracht worden sein.

Zurück auf dem Hauptweg gelangt man nach 200 m zu **Vat Khon Tai**. Der Tempel wäre zu vernachlässigen, stünde er nicht auf dem Gelände eines alten Khmer-Heiligtums – ein Indiz für die frühe Besiedlung der Region. Hinter dem Vat befinden sich ein *lingam* und eine *yoni*. Der Stupa datiert aus dem frühen 20. Jh.

Folgt man dem Pfad links hinter dem Vat 600 m am Fluss entlang, gelangt man zu zwei kleinen Holzbrücken, die man überqueren muss, um nach weiteren 400 m den imposanten **Somphamit-Wasserfall** zu erreichen, auch Tad Liphi genannt („Geisterversteck"). Hier donnert der Mekong über mehrere Felsstufen in eine 10 m tiefe Schlucht. Der Pfad entlang der Klippe führt nach wenigen hundert Metern zu einer kleinen **Bucht mit Sandstrand** (Vorsicht: starke Strömung).

Vom Wasserfall bis Ban Hang Khon sind es noch etwa 3 km. Zurück an den beiden Holzbrücken folgt man dem Hauptweg, biegt an der T-Kreuzung rechts ab und nimmt nach 150 m den ersten Abzweig nach links. Nach einer weiteren

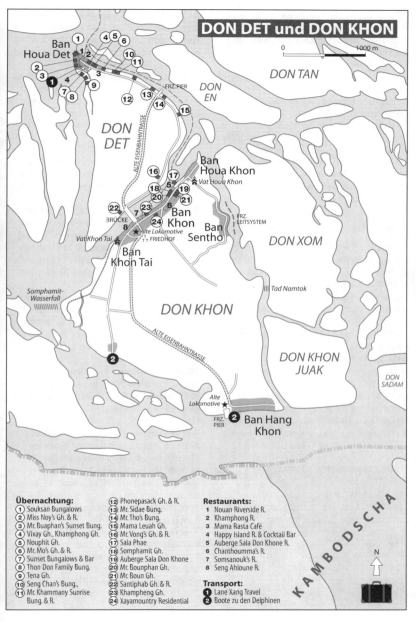

T-Kreuzung, an der man rechts abbiegen muss, erreicht man die alte **Eisenbahntrasse**, die nach 2,3 km nach **Ban Hang Khong** führt. Im Schatten eines bewaldeten Hügels stehen hier die gewaltige **Verladerampe** aus der Franzosenzeit (vom Wasser ein toller Anblick) und eine weitere, schlecht erhaltene Lokomotive.

Ban Hang Khon ist ein guter Ort, um die seltenen **Irrawaddy-Delphine** (s. Kasten S. 382) zu beobachten, die sich in der Trockenzeit in einem tiefen Pool südlich der Insel aufhalten. Manchmal ist es sogar möglich, sie vom Ufer aus zu sehen. Am besten chartert man aber vor Ort ein Boot (US$4–5). Westlich von Ban Hang Khon, knapp 1 km südlich von Ban Khon, starten ebenfalls Delphintouren (US$7–8).

Übernachtung

Don Det und Don Khon sind inzwischen so beliebt wie Vang Vieng, nur ruhiger und entspannter. Die meisten der rund 40 Gästehäuser bieten für US$1–2 den gleichen einfachen Standard: Bambushütte mit Matratze, Moskitonetz, Gemeinschaftsbad und kalter Dusche, häufig auch Balkon und Hängematte.

Viele Hütten sind auf Pfählen in den Mekong gebaut, und es gibt sogar ein schwimmendes Hotel. Leider gefiel genau das dem damaligen Präsidenten Khamtay Siphandone gar nicht, als er Mitte 2005 die Inseln besuchte. Nur wenig später beschloss die Nationalversammlung, dass Gästehäuser einen Mindestabstand von 5 m zum Mekong haben müssen. Ob abgerissen wird oder die Regelung nur für neue Gästehäuser gilt, war zur Zeit der Drucklegung noch unklar.

Entfernungen

Don Det (Uferpfad)
Ban Houa Det – Frz. Pier: 0,9 km
Ban Houa Det – Brücke: 2,5 km

Don Khon
Brücke – Tad Somphamit: 1,2 km
Brücke – Ban Hang Khon: 3 km
Brücke – Ban Houa Khon: 0,8 km
Brücke – Ban Sentho: 1,5 km

Die Inseln sind noch nicht elektrifiziert. Wenn überhaupt, gibt's Strom aus dem Generator (Sonnenuntergang bis 21 oder 22 Uhr). Elektrizität rund um die Uhr soll es 2007 geben.

DON DET – Boote und Fähren nach Don Det docken an der lebhaften Nordspitze an. Von hier bis zur 2,5 km südlich gelegenen Eisenbahnbrücke nach Don Khon reihen sich etliche Gästehäuser aneinander. Am ruhigsten ist es am Westufer und im Süden.

Westufer: Die Bungalows am Westufer haben einen großen Vorteil: den Blick auf den Sonnenuntergang. Die folgende Auswahl ist von Nord nach Süd gelistet:

Souksan Bungalows, ✆ 030-5345154, an der Spitze der Insel. Vergleichsweise komfortable Unterkunft mit 20 DZ in 11 Holzbungalows und 3 Steinhäusern, die meisten mit Bad (Kaltwasser); etwas festungsähnlich; kleiner Garten; Terrasse für den Sonnenuntergang. Bootservice, Geldwechsel. ❷

Miss Noy's Gh. & Rest., südöstlich von Souksan Bungalows. Hübsche Bambusbungalows mit Balkon um einen kleinen Garten. Außenbad, westliche Toiletten, sauber. Das große Restaurant ist ein beliebter Treff zum Sonnenuntergang. ❶

Mr. Buaphan's Sunset Bungalows, daneben, etwas abseits des Wegs. Holzhütten ohne/mit Bad (US$2/4), alle Balkon. Die neue Restaurant-Terrasse versperrt einigen die Sicht auf den Fluss. ❶

Sunset Bungalows & Bar, etwas weiter südlich. Anständige Hütten aus Holz und Rattan am Mekong; Balkon, Hängematten, schöner Blick; auch die angeschlossene Sunset Bar trägt ihren Namen zu Recht. Außenbad, asiatische Toiletten. Gute Wahl. ❶

Thon Don Bungalows, daneben. 7 Holzhütten, 3 am Fluss; Restaurant. ❶

Tena Gh., daneben. 3 Bungalows mit Gemeinschaftsbalkon am Fluss, 5 weitere neben dem Restaurant. Zur Zeit der Recherche wurde angebaut. ❶

Mr. Sisavath Bungalows, südlich des Tena Gh. 2 Doppelbungalows am Fluss mit Balkon, Hängematte und Außenbad; guter Blick. Restaurant. ❶

Eine Eisenbahnbrücke aus der Kolonialzeit verbindet Don Det und Don Khon

Ostufer: Mit den relativ lauten Bungalows des Vixay Gh. und des Khamphong Gh. gleich südlich des Fähranlegers beginnt ein 1,5 km langer Abschnitt, auf dem mehr als 25 ähnliche Unterkünfte liegen. Je weiter man nach Süden vordringt, desto ruhiger wird es. Hier eine Auswahl:

Nouphit Gh., 100 m südlich des Khamphong Gh. Kleiner Garten mit Holzhütten am Fluss. Einige wenige haben Bad (westliche Toiletten, US$4), der Rest Gemeinschaftsanlagen; alle mit Balkon und Hängematte. Tubeverleih. ❶

Mr. Mo's Gh. & Rest., neben Mama Rasta Café. Nur 2 Zimmer in einem Bungalow neben dem Restaurant; dafür sauber, mit Balkon und Bad. ❶

Seng Chan's Bungalows, ein Stück südlich des Phouvang Gh. 4 Hütten am Fluss; die Gemeinschaftsanlagen sind einmal über den Weg. Ruhig, günstig. ❶

Mr. Khammany Sunrise Bungalows & Rest., daneben. 5 Bungalows rund ums Restaurant, 3 am Fluss, 2 mit Blick auf die Reisfelder. Westliche Toiletten. ❶

Phonepasack Gh. & Rest., ein paar hundert Meter weiter südlich. 5 Zimmer (oben offen) am Fluss gelegen; Pluspunkt ist der kleine Buchladen mit einer Auswahl an (kopierten) Reiseführern. ❶

Mr. Sidae Bungalows, nicht weit des französischen Piers. Bambusbungalows mit Blick auf den Vat von Don En; Balkon und Hängematten; Außenbad einmal über den Weg. Ruhig, freundlicher Besitzer; Billardtisch. ❶

Mr. Tho's Bungalows & Rest., gleich südlich des Piers. Die Hütten sind nichts Besonderes, aber zur Zeit der Recherche war das Restaurant der einzige Ort, an dem der Handy-Empfang mit Tango Lao klappte. Bücherregal mit Lesestoff für die Gäste. ❶

Mama Leuah Gh., ein paar hundert Meter südlich. 5 einfache Hütten am Mekong, die meisten mit Bad und kalter Dusche; ruhig. ❶

Wer in den folgenden beiden Unterkünften übernachten möchte, sollte sich an der **alten Eisenbahnbrücke** absetzen lassen:
Mr. Vong's Gh., 500 m nördlich der Brücke. Einfache Bungalows aus Bambus, nicht direkt am Fluss. Einige haben Bad mit westlicher Toilette (US$4). Gut für Leute, die beide Inseln erlaufen wollen; Restaurant. ❸

Santiphab Gh., direkt an der Brücke. Das freundliche Santiphab ist ideal, wenn man abseits des Trubels und nah an den Sehenswürdigkeiten wohnen möchte; 7 separate Bambushütten mit Balkon, Hängematte und Blick auf die Brücke; 2 Holzbungalows mit Bad und Kaltwasser. (US$4). Das gute Restaurant serviert laotische und westliche Gerichte, Schnitzel, Frikadellen

Irrawaddy-Delphine

Name: Irrawaddy-Delphin, lat. *Orcaella brevirostris*, laot. *pa kha*
Länge: 2–2,70 m (Neugeborene 1 m)
Gewicht: 90–150 kg (Neugeborene 12 kg)
Nahrung: Fisch, Schalentiere und Tintenfisch
Lebensdauer: etwa 30 Jahre

Ein Highlight in Südlaos ist die kleine Population von Irrawaddy-Delphinen, die in den Gewässern der Viertausend Inseln lebt. Die Tiere sind am besten während der Trockenzeit im Dreieck Don Khon – Don Sadam – kambodschanische Grenze zu beobachten.
Über das Leben der Delphine ist nur wenig bekannt. Zu ihrem **Habitat** gehören sowohl die warmen Küstengewässer vor Nordaustralien, Indonesien und dem südostasiatischen Festland als auch die Flusssysteme des Ganges, Mekong und Irrawaddy (der für ihren Namen Pate stand). Obwohl sie zur Familie der *Delphinidae* gehören, ähneln sie den Belugawalen: Sie haben einen rundlichen Kopf ohne Schnabel, eine leicht geschwungene, kleine Finne und lange Seitenflossen. Ihr Körper verjüngt sich nach hinten und ist auf dem Rücken dunkelgrau, am Bauch hellgrau gefärbt.
Anders als ihre maritimen Verwandten sind die Irrawaddy-Delphine scheu. Sie zeigen sich nur selten an der Wasseroberfläche, setzen aber manchmal zu kleinen Sprüngen an oder schauen aus dem Wasser. Die meisten Touristen werden kaum mehr als eine Finne sehen.
Irrawaddy-Delphine sind tagaktiv und leben in kleinen Gruppen von bis zu sechs Tieren. So können soziale Beziehungen leichter geknüpft und Beutefische effektiver gejagt werden

(denn die Delphine sind langsame Schwimmer). Laut einer Studie über ihr **Migrationsverhalten** halten sich die Tiere während der Trockenzeit in den tiefen Becken des Flusses auf. Mit dem Anstieg der Pegel in der Regenzeit erweitert sich ihr Lebensraum, und sie folgen den Beutefischen in die Nebenflüsse.
Erstaunlicherweise stehen die Irrawaddy-Delphine nicht auf dem Speiseplan der Laoten, sondern werden von ihnen schon seit Jahrhunderten verehrt. Ein Grund dafür sind die vielen **Legenden**, die sich um die Tiere ranken: So soll es sich bei ihnen um wiedergeborene Ahnen handeln; darüber hinaus wird ihnen zugeschrieben, Menschen vor dem Ertrinken gerettet und Fischern den Fang ins Netz getrieben zu haben.
Dennoch könnte es sein, dass nachfolgende Generationen die Flussflipper bald nur noch aus Legenden kennen, denn ihr **Bestand** im Mekong ist stark gefährdet. Laut Schätzungen leben nur noch sechs bis acht Tiere im laotischen Teil und etwa 90 im gesamten Fluss. Allein zwischen 1990 und 1998 verendeten knapp 30 Delphine in den Gewässern um Si Phan Don, die meisten davon in Fischernetzen. Anfang 2006 wurden zehn tote Tiere im kambodschanischen Teil des Flusses gefunden.
Aber nicht nur Netze, auch das so genannte „Dynamitfischen", das vor allem in Kambodscha praktiziert wird, trägt zur Dezimierung der Tiere bei. Die jüngste Bedrohung stellen die vielen Staudamm-Projekte dar, die den Lebensraum und das Fischvorkommen im Mekong und den Nebenflüssen massiv verändern können.

und ein Kokoscurry, das locker für zwei reicht; Fahrradverleih. ❶

DON KHON – Don Khon ist ruhiger als Don Det. Hier gibt es nur ein knappes Dutzend Gästehäuser, darunter die einzigen Mittelklasse-Unterkünfte. Der Anleger befindet sich ein Stück östlich der alten Eisenbahnbrücke. Die folgenden Unterkünfte sind von der Brücke nach Nordosten gelistet:

Khampheng Gh., 100 m nordöstlich der Brücke. 3 einfache Zimmer in einem Bungalow am Fluss gelegen; guter Blick auf die Brücke; Gemeinschaftsbad. ❶

Xaymountry Residential, 150 m nordöstlich. Relativ neues Gästehaus in einem klotzigen Pfahlbau mit großer Terrasse; 9 Zimmer, einige mit Bad; nicht direkt am Fluss, viele Thai-Gruppen. ❶

Mr. Bounphan Gh., ein paar hundert Meter nördlich. 3 Bambushütten am Mekong, einige ganz schön windschief. 2 neue Hütten etwas zurückversetzt; Restaurant. ❶

Somphamith Gh., daneben. 3 Bungalows mit je 2 Zimmern, die beiden neuen mit Bad (US$5), kleine Wiese zum Draußensitzen; Bootservice. Nicht schlecht. ❶

Mr. Boun Gh., schräg gegenüber. Gleiches Management wie Mr. Bounphan Gh., 3 Hütten mit 6 Zimmern auf einem kleinen Gartengelände; eigenes Bad (US$5); nicht direkt am Fluss. ❶

Auberge Sala Ban Khone, daneben, ✆ 031-212 077, 🖥 www.salalao.com. Feudalste Unterkunft der Insel in einem schönen Kolonialbau (dem ehemaligen Krankenhaus) und 3 Bungalows. Obwohl alle Zimmer den gleichen Standard bieten – gefliese Bäder, westliche Toiletten, Warmwasser –, haben die Räume im Altbau mit Flügeltüren, hohen Decken und Rattanmobiliar die meiste Atmosphäre; gepflegter Garten; nicht direkt am Fluss. Elektrizität von 18–22 Uhr. Preis inkl. Frühstück. ❹

Sala Phae, schräg gegenüber. Ein laotisches „Tahiti" (Eigenwerbung) ist die Sala Phae zwar nicht, aber als schwimmendes Hotel schon etwas Besonderes: Die 6 Räume verteilen sich auf 3 Flöße (*phae* = Floß), sie haben schöne Holzböden, zwei Betten, Sitzpodeste am Fenster und Bäder. Die kleinen Balkone liegen förmlich auf dem Wasser. Leider ist die Unterkunft ein Abriss-Kandidat, sollte der Beschluss der Nationalversammlung rückwirkend umgesetzt werden. Elektrizität von 18–22 Uhr. Preis inkl. Frühstück. ❹

Essen und Unterhaltung

Viele Gästehäuser haben angeschlossene Restaurants, in denen die übliche Traveller-Kost und einige regionale Spezialitäten serviert werden.

DON DET – *Souksan Restaurant*, am Nordzipfel der Insel. Gute chinesische Küche, außerdem leckere Sandwiches und Cocktails; gut für den Sonnenuntergang; etwas teurer.

Miss Noy's Restaurant, ein Stück südöstlich, im gleichnamigen Gästehaus. Belgian Fries, Hühnchen à la KFC und verwestlichte asiatische Küche. Zum Sonnenuntergang gibt's kaum einen schöneren Platz, aber das bezahlt man auch mit.

Sunset Bar, Westufer, im gleichnamigen Gästehaus. Weiterer Top-Ort für den Sonnenuntergang, dazu gibt es Frühlingsrollen (frisch und frittiert), Currys oder Sandwiches.

Nouan Riverside und *Khamphong Restaurant*, am Fähranleger. Beliebte Travellerlokale mit den entsprechenden Gerichten.

Happy Island Restaurant & Cocktail Bar (*Nouphit Rest.*), Ostufer, ein paar Meter südlich des Fähranlegers. Das Happy Island mixt süffige Cocktails, etwa den „4000 Island Punch" mit Ananassaft oder „Don Det Pinacolada" mit Kokosmilch, beide natürlich mit Rum. Wer noch eine Grundlage braucht: Auch der Fisch ist gut.

Mama Rasta Café, Ostufer, 200–300 m südlich des Fähranlegers. Frühlingsrollen, *mokpa* und Obstsalat in Kokosmilch, dazu Bob Marley-Musik und die quirlige Gastgeberin Mama Tan – Laos goes Karibik.

Happy Shakes

Manche Restaurants servieren Gerichte und Shakes auf Wunsch mit **Drogen**. Auf der Karte steht nur der Zusatz „Special" oder „Happy". Schon einige Gäste haben sich so ungewollt in den Orbit geschossen und waren gar nicht mehr happy.

DON KHON – *Seng Ahloune Restaurant*, südlich der Brücke. Großes Terrassen-Lokal über dem Mekong mit fast ebenso großer Karte; Frühlingsrollen, *pad thai* und „the best fries". Schöner Blick auf die Brücke. Seltsamerweise kommen und gehen die Restaurant an dieser Stelle wie die Regenzeiten.

Somsanouk's Restaurant, nördlich der Brücke. Mr. Somsanouk ist zu Recht stolz auf seine Bananenpfannkuchen. Es gibt aber auch gute laotische Gerichte; Terrasse.

Chanthoumma's Family Restaurant, am Dorfplatz. Gewinnt keinen Preis für Gemütlichkeit, ist aber freundlich und günstig; gute Fö, Fisch und Schoko-Bananen-Reispudding.

Auberge Sala Ban Khone, am Fluss. Fraglos die schönste Terrasse auf Don Khon mit Holzmobiliar, Bambusverkleidung und Blick auf die Eisenbahnbrücke. Seit der Bruder des Auberge-Besitzers das Restaurant übernommen hat, wurden die Preise gesenkt und mehr Salate auf die Karte gesetzt. Außerdem gibt es gebratenen Fisch mit Knoblauch, *mokpa*, Currys, Rot- und Weißwein. Wenn das Lokal richtig voll ist, dauert's in der Küche länger. Der nette Manager hat 15 Jahre in Australien gelebt und ist eine gute Infoquelle.

Sala Phae, auf dem Mekong. Das schwimmende Restaurant zum Hotel. Laotische und thailändische Gerichte plus eine kleine Auswahl europäischer Klassiker, darunter Salate und Steaks. Der Ort ist auch einfach nur schön für ein Bier am Abend.

Sonstiges

FAHRRADVERLEIH – Die meisten Sehenswürdigkeiten auf den Inseln sind relativ gut zu Fuß zu erreichen. Viele Gästehäuser verleihen Fahrräder für US$1–2/Tag.

Inselgebühr

Besucher müssen an der imposanten Eisenbahnbrücke auf Don Khon 9000 Kip für den Aufenthalt auf den Inseln zahlen. Das Ticket gilt auch als Eintrittskarte für die Somphamit-Wasserfälle.

SICHERHEIT – Die Wege der Inseln sind nachts stockfinster. Eine Taschenlampe ist unerlässlich.

TOUREN – Das Outdoor-Potenzial der Si Phan Don wird gerade erst entdeckt: Einige Gästehäuser bieten inzwischen BBQ auf entlegenen Inseln an, viele vermieten Lkw-Schläuche, manche gehen mit ihren Gästen fischen.

Fast überall können Touren zu den **Irrawaddy-Delphinen** und/oder dem **Khon Phapheng-Wasserfall** gebucht werden. Die Preise liegen bei US$3–8 p. P., je nach Gruppengröße. Die beste Jahreszeit für eine Delphintour ist zwischen Nov/Dez und Mai. Dann ist der Wasserstand niedrig, und die Tiere halten sich in einem kleinen Dreieck südlich von Don Khon auf. Sie sind am ehesten morgens und spätnachmittags zu sehen. Man kann auch in Ban Hang Khon, 3 km südlich von Ban Khon, ein Boot chartern (US$4–5) oder an der kleinen Bucht knapp 800 m südlich von Ban Khon Tai (US$7–8).

Lane Xang Travel, an der Nordspitze von Don Det, organisiert außer dem Transfer nach Pakxe oder Kambodscha auch **Kajaktouren** zum Tad Somphamit und den Delphinen (US$20 p. P., 2–11 Pers.) und **Rafting** (US$20 p. P., 2–7 Pers., Grad 3–4, in der Regenzeit 4–5). Das Material kommt aus den USA.

Transport

Stdl. bis nachmittags fahren Busse und Songtheos von Pakxe nach Nakasang, gegenüber von Don Det. Hier setzen Fähren für 15 000 Kip p. P. nach Don Det oder Don Khon über. Die Fährfahrt zurück nach Nakasang organisieren die Gästehäuser (um US$2 p. P.), ebenso Boote nach DON KHONG (US$15/Boot für 5–6 Pers.).

Von Nakasang starten stdl. zwischen 6 und 10 Uhr Pick-ups und Busse nach PAKXE (3–4 Std., 30 000 Kip). Gästehäuser organisieren die Fährfahrt und das Busticket für US$4–5 p. P., Lane Xang Travel unterhält eine schnelle Verbindung mit dem Kleinbus nach Pakxe. Kosten inkl. Fährfahrt US$7, ohne US$6. Abfahrt ist um 12 Uhr am Fähranleger oder um 12.15 Uhr in Nakasang.

Transfer zur kambodschanischen Grenze siehe Kasten rechts.

Khon Phapheng-Wasserfall

15 km südlich von Nakasang begruben die Franzosen im 19. Jh. ihre Hoffnung, den Mekong jemals als Handelsweg zwischen Vietnam und China zu nutzen. Über Felsen und Geröll tosen hier bis zu 9,5 Millionen Liter Wasser pro Sekunde in die Tiefe. Louis Delaporte schrieb 1866 über das Naturschauspiel: „Alles in dieser gigantischen Landschaft atmet Kraft".

Während sich die Franzosen dieser Kraft beugten, gelang es dem Norweger Peter Hauff 1902, den Wasserfall mit einer 16 m langen Barke von Süden nach Norden zu passieren. Auch sein späterer Versuch, eine Holzfracht auf dem Wasserweg von Luang Prabang in das Mekong-Delta zu schiffen, war erfolgreich. Die landläufige Meinung, der Fluss könne nicht als Transportroute genutzt werden, änderte sich dadurch aber nicht.

Obwohl Khon Phapheng mit bis zu 15 m Tiefe und einigen hundert Metern Breite als größter Wasserfall Südostasiens gilt, ist es kein „Niagara des Ostens" (Werbeslogan). Der beste Blick bietet sich von der Aussichtsplattform. Getränkestände und Restaurants verkaufen Snacks und Erfrischungen. Eintritt 10 000 Kip.

Transport

Die meisten Gästehäuser auf Don Det/Don Khon oder Don Khong organisieren den Trip zum Khon Phapheng-Wasserfall. Tuk Tuks von Nakasang kosten US$6, Motorradtaxis US$3–4. Man kann die 15 km von Nakasang auch radeln, allerdings ist die Strecke ziemlich öde (ausgeschildert).

Die Südostprovinzen

Der Südosten von Laos gehört zu den am wenigsten entwickelten und besuchten Regionen des Landes. Abgelegen und schwer zu bereisen, formen die Provinzen Saravan (10 691 km^2), Xekong (7665 km^2) und Attapeu (10 320 km^2) einen Halbkreis zwischen Annamitischer Kordillere und dem Bolaven-Plateau. Einzig die Provinz Saravan besitzt Zugang zum Mekong, aber auch ihr Verwaltungszentrum liegt weit im Landesinneren.

Neben der zerklüfteten Landschaft und einer Hand voll sehr schwer zugänglicher Naturschutz-

Grenzübergang nach Kambodscha

Touristen mit gültigem Visum können in **Veun Kham** die Grenze zwischen Laos und Kambodscha überqueren. Der laotische Grenzposten befindet sich 21 km südlich von Nakasang am Ufer des Mekong, der kambodschanische liegt auf einer Insel gegenüber; ⏱ Mo–Fr 8–16 Uhr. 2x tgl. frühmorgens fahren Busse von Pakxe zur Grenze. Von Nakasang lassen sich Tuk Tuks für US$8, Motorradtaxis für US$3 chartern. Auf laotischer Seite warten Speedboote für die 1-stündige Fahrt ins 60 km entfernte Stung Treng (US$30, 4–5 Pers.)

Seit dem Ausbau der kambodschanischen Nationalstraße 7 bis zur laotischen Grenze können Reisende auch wieder den Landübergang **Dong Krolor**, 11 km östlich von Veun Kham, nutzen; ⏱ Mo–Fr 8–16 Uhr. Hier gibt es seit kurzem sogar Visa on Arrival für Kambodscha (30 Tage, US$20, 1 Foto). Diese Regelung ist aber ziemlich neu, also nicht darauf verlassen. Öffentliche Busse fuhren Dong Krolor zur Zeit der Recherche noch nicht an, auch weil die letzten 7 km zur Grenze ziemlich holprig sind. In Nakasang gibt es aber Motorradtaxis für US$5. Die kambodschanischen Grenzbeamten helfen bei der Fahrt nach Stung Treng weiter. Minibusse kosten um US$5 p. P., Taxis US$20 (4 Pers.).

Am einfachsten ist es, den gesamten Trip von Lane Xang Travel oder einem der Gästehäuser auf Don Det organisieren zu lassen – egal über welchen Grenzübergang: Die Fahrt per Boot und/oder Bus nach Stung Treng kostet US$10–13, nach Kratie US$20–23, nach Kompong Cham US$25–28, nach Phnom Penh US$30–33 und nach Siem Reap US$35–38. Einige Traveller haben allerdings schlechte Erfahrungen bei Zielen weiter als Stung Treng gemacht. Der Anschluss klappte nicht und sie mussten für die Weiterfahrt nochmal bezahlen.

Übrigens: Die Grenzbeamten knöpfen Reisenden an jedem Posten der beiden Übergänge eine Stempelgebühr von US$1–2 ab. Manchmal haben Verhandlungen Erfolg.

> ### Sicherheit
>
> Wegen der strategischen Lage zum Ho-Chi-Minh-Pfad wurden die Südostprovinzen im Zweiten Indochinakrieg heftig umkämpft. Die Folge davon sind Tonnen **nicht-detonierter Sprengkörper**, die bis heute in der Landschaft herumliegen. Zwar müssen sich Touristen generell kaum Sorgen machen, doch sie sollten ein paar einfache Regeln beachten: außerhalb der Städte auf den ausgetretenen Pfaden bleiben; niemals metallene Gegenstände auf dem Boden berühren oder gar danach treten; Hände weg von vermeintlich sicherem Kriegsschrott, der einem zum Kauf oder Anschauen angeboten wird.
>
> Als wäre das tödliche Erbe des Indochinakonflikts nicht genug, ist der Südosten auch noch für das hohe Vorkommen an **Malaria tropica** berüchtigt. Moskitonetze und Mückenschutz sind unerlässlich, eine Stand-by Therapie eine gute Idee. Über eine chemische Prophylaxe sollte nach Rücksprache mit dem Arzt entschieden werden.

gebiete sind es vor allem die **Mon-Khmer-Völker**, die diese Region besonders machen. In allen drei Provinzen stellen sie die Bevölkerungmehrheit, allerdings haben sich einige schon an die Lebensweise der Lao angepasst. Zu den zahlenmäßig stärksten gehören die Katang, Souay, Laven, Ta-Oy, Taliang, Katu, Alak, Oy und Nge. Die Mon-Khmer-Völker sind die ältesten Bewohner von Laos. Allen gemein ist der animistische Glaube, manche praktizieren noch rituelle Tieropfer. Einige dieser Minderheiten, darunter Taliang und Katang, sind für den Bau von Langhäusern bekannt.

Historisch spielten Saravan, Xekong und Attapeu schon immer eine Nebenrolle. Ende des 16. Jhs. soll König Setthathirat an der heutigen Grenze zu Kambodscha im Kampf mit Aufständischen gefallen sein, aber es ist ebenso möglich, dass er auf einem Feldzug gegen Angkor den Tod fand. Im 18. Jh. war die Region Teil des Königreiches Champasak und geriet wie dieses ein halbes Jahrhundert später unter siamesische Oberhoheit. Die Franzosen lösten Attapeu und Saravan Ende des 19. Jhs. aus Champasak heraus und verwalteten beide erstmals als eigenständige Provinzen. In den 60er/70er Jahren verlief der Ho-Chi-Minh-Pfad durch den Osten der Region, was die USA zu den schwersten Bombardierungen des Zweiten Indochinakrieg veranlasste.

Die **wirtschaftliche Bedeutung** des Südostens ist gering. Außer Holz, das in allen drei Provinzen geschlagen wird, sind der Anbau von Reis, Kardamom, Kaffee und Zuckerrohr erwähnenswert.

Einige **Straßen** zu den Provinzhauptstädten sind inzwischen asphaltiert. Die entlegenen Bezirke, vor allem an der vietnamesischen und kambodschanischen Grenze, sind aber nach wie vor schwer zugänglich. Am einfachsten ist **Tad Lo** zu erreichen, ein entspannter Ort auf dem Bolaven-Plateau mit Wasserfällen, Mon-Khmer-Bevölkerung und viel Ruhe. **Saravan** eignet sich als Sprungbrett für Ausflüge zu den Ta-Oy und Katang, jedoch kann die Fahrt dorthin schwer zu organisieren sein. **Xekong** dient nur als Zwischenstopp auf dem Weg nach **Attapeu**, der hübschesten der drei Provinzhauptstädte. Wer mit dem eigenen Fahrzeug unterwegs ist, kann von Attapeu über das Bolaven-Plateau zurück nach Pakxe fahren und sich den **Tad Katamtok** ansehen, einen der höchsten Wasserfälle in Südlaos. Für den Besuch aller oben genannten Ziele sollte man eine Woche einplanen.

Tad Lo

Der meistbesuchte Ort der Provinz Saravan liegt 86 km nördöstlich von Pakxe auf dem Bolaven-Plateau. Tad Lo besteht aus **drei Wasserfällen**: Tad Hang, dem unteren nahe den Gästehäusern; Tad Lo, dem mittleren; und Tad Soung, dem oberen hinter dem Damm des Xe Set-Wasserkraftwerks. Zwar gibt es spektakulärere Wasserfälle, aber die Lage des Ortes ist ideal, um ein paar Tage auszuspannen und die Dörfer der Bergvölker zu besuchen (Nge, Katu, Ta-Oy).

Ein leichter 1-stündiger Spaziergang führt zum Nge-Dorf **Ban Khieng Tangle**. Dazu überquert man die Xe Set-Brücke Richtung Saise Gh. und folgt dem Weg an der Tad Lo Lodge vorbei zu einer Sandstraße, der Fluss liegt immer zur Linken. An ihrem Ende führt ein Pfad zum Fuß des Tad Lo. Kurz davor zweigt ein weiterer Pfad rechts ab, der einen nach 10–20 Min. durch dichten Busch nach

Ban Khieng Tangle bringt. Die Hütten sind, typisch für die **Nge**, um ein kleines Geisterhaus gruppiert. Die Angehörigen dieser Mon-Khmer-Gruppe sind Animisten und praktizieren Wechselfelderwirtschaft. Jährlich zum Vollmond im März opfern sie einen Büffel. Wer den richtigen Pfad findet, kann von hier weiter bis zum Tad Soung laufen, dem höchsten der drei Fälle.

Ban Nanong, im Süden von Tad Lo, wird von Katu, Ta-Oy und Souay bewohnt.

In den Becken am Fuß Tad Hangs kann man baden und sich in der Trockenzeit auf den Wiesen sonnen. In **Ban Senvang Gnai**, wo sich auch die Gästehäuser befinden, entsteht derzeit in einem laotisch-deutschen Gemeinschaftsprojekt ein Bildungszentrum mit Rechnerpool, Bibliothek und Internet-Café. Informationen gibt es auf der Website 🖳 www.tadlo.net.

Übernachtung

Tim Gh. & Rest.,100 m östlich des Xe Set, ✆ 034-211885, ✉ soulideth@laopdr.com, 🖳 www.tadlo.laopdr.com. Gute Budget-Option, aber schnell belegt; saubere Zimmer in 3 Bambushütten mit Ventilator, Moskitogittern, -netzen, Gemeinschaftsbad und warmer Dusche; außerdem 2 Bungalows mit Bad; Buchtausch, Wäsche-, Telefon- und Internet-Service. Der freundliche Besitzer fährt Gäste für 5000 Kip nach Ban Khoua Set und holt sie dort auch ab. Er spricht gut Englisch und Französisch. Vor dem Restaurant gibt es ein Schwarzes Brett mit Reiseinfos. Ruhig ❶

Samly Gh., neben Tim Gh. 8 einfache Zimmer in 4 Bambushütten; Ventilator, Gemeinschaftsbad, kalte Duschen; PVC-Böden; günstig. ❶

Sipaseuth Bungalows, an der Brücke, ✆ 034-211890. Zimmer in mehreren Gebäuden, darunter ein klotziges Steinhaus am Ufer; einige gefliste DZ mit Bad, Warmwasser und Flussblick. Auch günstige Zimmer ohne Bad. Fahrrad- und Motorradverleih. ❶–❷

Saylomyen Gh., wenige Meter hinter dem Sipaseuth Bungalows. Schlichte saubere Bambushütten mit Balkon, Gemeinschaftsbad und kalter Dusche direkt am Fluss; Liegewiese am Ufer. Nicht schlecht, kann allerdings wegen des Fernsehers im Sipaseuth laut sein. Fahrrad- und Motorradverleih. ❶

Wechselnder Wasserstand

Abends gegen 19 oder 20 Uhr erhöht das Xe Set-Kraftwerk manchmal die Wasserzufuhr, so dass der Flusspegel deutlich ansteigt.

Saise Gh. & Resort, hinter der Brücke, ✆/📠 034-211886. Seit der Privatisierung wieder gut in Schuss. Großes Gelände mit Zimmern in allen Varianten: von großen Zimmern im Greenhouse mit Holzboden und Balkon über saubere DZ im Red House mit Bad und Warmwasser bis hin zu gefliesten Räumen im modernisierten Blue House am Tad Lo. Außerdem günstige Bungalows im Souay-Stil (US$6); Restaurant. ❷–❹

Tad Lo Lodge, direkt am Tad Hang, ✆ 034-211889. Zur Zeit der Recherche gab es nur eine Hand voll schöner, aber teurer Bungalows an der Fallstufe Tad Hangs mit Holzböden, Rattaninterieur und tollem Blick; alle mit Bad. Am gegenüberliegenden Ufer sollen ähnliche Bungalows und günstigere für Backpacker entstehen (US$6); Restaurant. Preis inkl. Frühstück. ❹

Essen

Die größeren Gästehäuser haben Restaurants.
Tad Lo Lodge Restaurant, großer Saal mit Stabparkett und Veranda; laotische Küche und eine Reihe von Grillgerichten, Steak und Spaghetti Bolognese; etwas teurer.

Saise Restaurant, liegt idyllisch unter Bäumen; Bratgerichte, Sandwiches und Pfannkuchen mit Blick auf Tad Hang.

Sipaseuth Bungalows Restaurant, überdachte Terrasse mit Blick auf die Xe Set-Brücke; Fisch, *mokpa*, *laap* und westliche Gerichte, auf den Geschmack der Traveller abgestimmt.

Tim Restaurant serviert unter einem Reetdach *tam mak hung*, *pad thai*, *laap* und eine stattliche Auswahl an Pfannkuchen.

Aktivitäten

ELEFANTENRITTE – Die ***Tad Lo Lodge*** bietet Ausritte auf 2 Dickhäutern an (US$5, 1 1/2 Std.). In der Trockenzeit führt der Trip über den Fluss und in die Wälder bis zu einem Nge-Dorf, in der Regenzeit am rechten Xe Set-Ufer entlang.

TREKKING – *Tim Rest. & Gh.* organisiert mehrstündige Trekkingtouren mit lizenzierten Guides zu den Bergvölkern der Region (Ta-Oy, Souay, Nge und Katu). Derzeit werden eine 4-stündige Wanderung (10 km, US$3,50) und eine 6-stündige Wanderung (18 km, US$6) angeboten.
Sipaseuth Bungalows unternehmen ebenfalls Wanderungen, darunter zu den Wasserfällen von Tad Lo (US$4) und zum Phou Malo (US$6), sowie einen 2-Tagestrek mit Camping.

Transport

Alle Busse von Pakxe nach Saravan können einen in Ban Khoua Set absetzen, dem Abzweig nach Tad Lo an der Straße 20. Es genügt, den Busfahrern „Tad Lo" als Ziel mitzuteilen. Von hier sind es noch einmal 1,5 km zu laufen (ausgeschildert).
In Ban Khoua Set besteht 5x tgl. bis 14 oder 15 Uhr Anschluss nach PAKXE (2 Std., 20 000 Kip). Busse nach SAVANNAKHET und VIENTIANE passieren den Ort etwa eine Stunde nach ihrer Abfahrt in Saravan.
Regelmäßig bis 15 Uhr kommen außerdem Busse aus Pakxe nach SARAVAN vorbei (1 Std., 10 000 Kip).

Saravan (Salavan)

Das kleine Verwaltungszentrum der gleichnamigen Provinz schmiegt sich 116 km nordöstlich von Pakxe an eine Biegung des Xe Don. Holzhäuser und eine Hand voll moderner Regierungsbauten prägen das Bild der Stadt, über die manche Bewohner sagen, sie würde nur von Touristen besucht, die in Tad Lo den falschen Bus genommen hätten.

Zwar sieht die Realität nicht ganz so düster aus, doch gibt es wenig, was einen Aufenthalt in Saravan lohnt – leider, denn das war einmal anders. Als Doudart de Lagrée den Ort 1866 als erster Europäer besuchte, fand er eine große, schön gelegene Marktstadt vor, die als Umschlagplatz für Waren der vielen Mon-Khmer-Völker diente. Beeindruckt berichtete er seinen Gefährten in Champasak von den imposanten Gebäuden und reich verzierten Pagoden.

Diese Pracht interessierte die amerikanischen Bomberpiloten gut 100 Jahre später relativ wenig, als sie im Kampf um die Region die ganze Stadt in Schutt und Asche legten. Wer von den Einwohnern überlebte, floh und suchte sich in Pakxe oder Khongxedon ein neues Zuhause. Saravan selbst wurde erst zehn Jahre später wieder aufgebaut.

Heute deutet kaum noch etwas auf die schreckliche Geschichte hin. Die Ausnahme bilden zwei Bomben auf dem Gelände von UXO Lao, nördlich des alten Flugplatzes, und eine verrostete Flak auf dem Kasernenareal. Vom **Vat Phon Keo** im Osten der Stadt ist nur noch ein Haufen Steine übrig. **Vat Khang**, nahe dem Saise Gh., wurde zur Hälfte wieder aufgebaut, die provisorische *kuti* ist noch immer von den bröckelnden Mauern des alten *sim* umgeben.

Übernachtung und Essen

Silsamay Gh., 300 m nördlich der Busstation, knapp 3 km vom Zentrum entfernt. Beste Wahl, aber nur was für Leute mit Auto. Mehr als 30 saubere gefliese Zimmer in 2 neuen Gebäuden, auf Wunsch mit AC; alle Bad und Warmwasser. ❶–❷
Thipphaphone Gh., einige Meter weiter südlich, ✆ 034-211063. Freundlicher Familienbetrieb; saubere Zimmer mit/ohne Bad (Kaltwasser), oberen sind die schöneren; das Erdgeschoss wurde zur Zeit der Recherche ausgebaut; kein Englisch. ❶
Chindavone Gh., daneben, ✆ 034-211065. Motelähnliches Gästehaus; die AC-Zimmer mit Bad und TV sind sauber und gefliest, die günstigen Räume so einfach, dass es nicht mal ein Bettgestell gibt. Der Besitzer spricht etwas Englisch und Französisch. ❶–❷
Saise Hotel, nahe dem Xe Don, ✆ 031–211054. Schön gelegen, aber ab vom Schuss. Ein Dutzend Zimmer in 2 Gebäuden, mit Ventilator/AC, Bad und Warm- oder Kaltwasser. ❶–❷
Vilayvone Restaurant, nördlich des Thipphaphone Gh. Kleines Restaurant mit englischer Karte, das außer Bratreis auch Fisch, Frühlingsrollen und Pommes frites serviert; gut zum Frühstücken.
Asime Restaurant, nahe dem Markt. Quasi im Wohnzimmer von Miss Asime kommt eine kleine

Auswahl laotischer Gerichte auf den Tisch. Das Huhn mit Ingwer ist nicht schlecht. Einen guten Ruf hat das namenlose **laotische Restaurant** schräg gegenüber dem Thipphaphone Gh. In der angrenzenden Seitenstraße befindet sich außerdem ein gutes **Fó-Lokal**.

Sonstiges

EINKAUFEN – Auf dem **Markt** gibt es Textilien verschiedener Bergvölker, darunter Katang, und Importware aus Thailand zu kaufen. Eine weitere Option ist das *Handicraft Promotion Center*, östlich des Marktes, das eine kleine Auswahl an Webarbeiten der Ta-Oy *(sin* und *phadong)*, Rattanprodukte (Körbe, Teetische) und einige Holzschnitzereien anbietet.

GELD – *Lao Development Bank*, nordöstlich des Marktes. Tauscht Bares, auch Euro, und Travellers Cheques (Gebühr); Geldtransfer mit Western Union. ⓒ Mo–Fr 8.30–15.30 Uhr.

POST / TELEFON – Das **Postamt** befindet sich schräg gegenüber dem Markt; Ferngespräche hier oder im *Telecom Office* daneben. Beide ⓒ Mo–Fr 8–12, 13–17, Sa 8–12 Uhr.

Transport

BUSSE UND SONGTHEOS – Saravans staubige Busstation liegt 2,5 km westlich des Zentrums an der Straße 23. Tuk Tuks zum Markt kosten etwa 3000 Kip.
Verbindungen bestehen nach
PAKXE 5x tgl. zwischen 6.30 und 13.30 Uhr, 3 Std., 20 000 Kip, über TAD LO (1 Std.); der Bus um 6.30 Uhr fährt bis SAVANNAKHET (45 000 Kip), der um 8.30 bis nach VIENTIANE (100 000 Kip) THATENG 2x tgl., 1 Std., 10 000 Kip.
XEKONG 2x tgl. morgens und mittags, 2–3 Std., 18 000 Kip.
Wenn es der Zustand der Straßen erlaubt, gibt es 1x tgl. Busse nach TOUMLAN (4 Std.) und TAOY (6 Std.), ansonsten evtl. Charter möglich.

Die Umgebung von Saravan

In der Provinz Saravan leben zahlreiche Mon-Khmer-Völker, die aber wegen der schlechten Straßen nur schwer zu besuchen sind. Gleich südlich der Stadt, auf der rechten Seite des Xe Don, leben einige **Katu**. Ihre Dörfer sind meist konzentrisch um ein Gemeinschaftshaus angelegt. Die Katu verehren Ahnen- und Naturgeister, viele Zeremonien werden von Tieropfern begleitet. Ältere Männer tragen häufig noch die typischen Tätowierungen. Katu haben eine lange Tradition als Jäger, praktizieren aber auch Brandrodungsfeldbau. Ihre schönen Flechtarbeiten aus Rattan werden gelegentlich in Saravan verkauft.

Toumlan, rund 50 km nördlich von Saravan, wird von den **Katang** bewohnt, einer der zahlenmäßig stärksten Ethnien in Laos (2% der Gesamtbevölkerung). Ihr Siedlungsraum erstreckt sich vom Bolaven-Plateau in Champasak bis nach Savannakhet. Die Katang sind Animisten, betreiben Wechselfelderwirtschaft und bauen Nassreis an. Ihre Dörfer zeichnen sich durch Langhäuser aus.

Nordöstlich von Saravan, in den Bezirken Taoy und Samuoy, leben die Ta-Oy. Sie teilen sich ihre Siedlungen nicht selten mit anderen Ethnien. Früher genossen die Ta-Oy den Ruf, kampflustig zu sein, so dass sie sogar von den Franzosen in Ruhe gelassen wurden. Heute sind sie vor allem für ihre Webarbeiten bekannt. Im Dorf **Taoy**, 84 km nordöstlich von Saravan, kann man Weberinnen bei der Arbeit zusehen. Vorsicht: Samuoy und Taoy sind mit nicht-detonierten Sprengkörpern übersät (s. S. 386, Sicherheit).

Nordöstlich des Dorfes Taoy führt die Straße weiter zum Nordostrand des **Xe Xap NPA**. Das 1335 km² große Naturschutzgebiet erstreckt sich über Teile der Annamitischen Kordillere, höchster Gipfel ist der Phou Dong Be (2066 m). Neben Bären, Tigern und Riesenmuntjaks kommt hier die Kiefernart *Pinus dalatensis* vor, von der Botaniker bislang glaubten, dass sie in Vietnam endemisch sei. Im Zweiten Indochinakrieg schlängelte sich der Ho-Chi-Minh-Pfad durch das heutige NPA.

Thateng

37 km nördlich von Pakxong und 1 1/2 Stunden über eine sehr schlechte Sandstraße von Saravan entfernt liegt Thateng, das nördliche Tor zum Bolaven-Plateau. Hier zweigt die Straße 16 nach Osten in Richtung Attapeu ab. In den 60er Jahren befand sich auf einer Anhöhe im Osten ein Verteidigungsposten der Kommunisten, der den Ort zur Zielscheibe für amerikanische Piloten machte. Heute wird das Stadtbild vom lebhaften **Markt** geprägt, auf dem die Bewohner der umliegenden Dörfer, darunter Katang und Souay, ihre Waren verkaufen.

6 km südlich von Thateng erstreckt sich beiderseits der Straße 23 **Sinouks Coffee Plantation & Garden**. Auf der 50 ha großen Plantage wächst feinster Arabica-Kaffee, der nach der Ernte in Vientiane geröstet und anschließend nach Europa exportiert wird. Der Besitzer Eric Sisombat betreibt in Pakxe auch das Café Sinouk Coffee.

Im Bezirk Thateng leben viele **Alak**, eine Mon-Khmer-Minorität, die vor allem für ihre Webarbeiten bekannt ist. Im Zweiten Indochinakrieg standen sie auf Seiten der Pathet-Lao-Kämpfer und halfen dabei, den Nachschub über den Ho-Chi-Minh-Pfad zu sichern.

Wer in Thateng hängen bleibt, kann im neuen *Viphavanh Gh.*, Richtung Xekong hinter der Brücke rechts, absteigen. Die schön gelegenen Bungalows des *Saynamxay Gh.*, 2,5 km südlich von Thateng an der Straße 23, machen den Eindruck, als würden sie stundenweise vermietet.

Vom Markt besteht Anschluss nach Saravan, Pakxe, Pakxong, Xekong und Attapeu.

Xekong (Muang Lamam)

Wäre die Erde eine Scheibe, läge Xekong sicherlich am Rand. So befindet sich die kleine Provinzhauptstadt lediglich am Ausläufer des Bolaven-Plateaus, 48 km östlich von Thateng. Im Süden und Osten wird sie vom namensgebenden Xe Kong begrenzt, dem mit 320 km sechstlängsten Fluss des Landes.

Die Stadt wurde 1984 aus dem Boden gestampft, als Teile Attapeus und Saravans zur neuen Provinz gleichen Namens verschmolzen. Sie wirkt wie der Prototyp eines Verwaltungszentrums: rechtwinklig, zweckmäßig, ohne Sehenswürdigkeiten. Ein Großteil der knapp 20 000 Einwohner sind Staatsbedienstete. Dabei könnte Xekong gut als Ausgangspunkt für Touren ins bergige, bewaldete Hinterland dienen. Doch die Straßen sind schlecht und große Mengen nicht-detonierter Sprengkörper machen Ausflüge in den Osten zu einem Risiko.

Im Zweiten Indochinakrieg schlängelte sich der Ho-Chi-Minh-Pfad durch die gesamte Provinz. Amerikanische Bomber flogen häufig eine Kurve über die Distrike Kaleum, Lamam und Dakcheung, wo sie neben der üblichen explosiven Ladung auch das berüchtigte Entlaubungsmittel Agent Orange abwarfen. Ab 1970, nachdem die USA den Sihanouk-Pfad in Kambodscha zerstört hatten, nutzten die Nordvietnamesen den Xe Kong verstärkt als Nachschubroute in den Süden. In den vergangenen Jahren schipperten ab und zu Traveller den malerischen Fluss bis nach Attapeu hinab. Inzwischen ist es schwierig geworden, einen Bootsmann für die 4- bis 7-stündige Tour zu finden.

Übernachtung

Sackda Gh., Seitenstraße östlich des Wasserturms, ℡ 038-211086. Saubere DZ in Flachbauten, wahlweise AC oder Ventilator, alle mit Bad, die teuersten mit Warmwasser und TV; relativ große Fenster. Gute Wahl. ❶–❷

Koky Gh., Seitenstraße nahe der Post, ℡ 038-211401. Kleines Steinhaus mit wenigen Zimmern (AC/Bad) und familiärer Atmosphäre; freundlich; kein Englisch. ❷

Sekong Hotel, nahe Vat Luang, ℡ 038-211039. Hotel im sozialistischen Stil; Zimmer mit Ventilator oder AC und Bad. ❷

Somchay Gh., ℡ 038-211316, und *Phong Paseuth Gh.*, ℡ 038-211085, nördlich des Wasserturms. Beide haben recht einfache Zimmer – zur Not, wenn alle anderen voll sind. Das Somchay ist etwas besser. ❶

Essen

Die Restaurants in Xekong haben selten alles vorrätig, was auf der Karte steht.

Sarnya Restaurant, nahe dem Telecom Office. Kleine Karte, guter Ruf; *laap*, *mokpa* und ein paar andere laotische Gerichte; die freundliche Besitzerin spricht Englisch; nur Plätze drinnen.

Phatip Restaurant, gegenüber dem Sekong Hotel. Viele Klassiker aus der Asia-Küche, das Highlight auf der Speisekarte sind aber die Landesinfos.

Khamting Restaurant, daneben. Größer als das Phatip; der Besitzer ist Vietnamese, was sich auch in den Gerichten widerspiegelt; es gibt Nudeln, einige Suppen und zum Frühstück Baguette mit Spiegeleiern.

Wer es auf **Fö** abgesehen hat, findet gleich neben dem Sackda Gh. ein gutes Lokal.

Sonstiges

EINKAUFEN – In Xekongs **Markt** gibt es Stoffe der Nge zu kaufen. Besser für Webarbeiten sind der *Handicraft Shop* neben dem Sekong Hotel, der nur unregelmäßig geöffnet ist (im Hotel fragen), und der *Ethnic Minority Laden* im 1. Stock des Hotels. Aber auch die beiden haben nur eine kleine Auswahl.

FESTE – Jedes Jahr am Nationalfeiertag (2.12.) findet auf dem Xe Kong ein **Bootsrennen** statt. Es wird regelmäßig von Ban Don Chan, 12 km südlich von Xekong, gewonnen.

GELD – Die *Lao Development Bank,* nördlich der Post, tauscht nur Baht und Dollar. Das Gleiche gilt für die *Agricultural Promotion Bank,* die aber meist ein bisschen länger geöffnet hat (bis 16 Uhr).

INFORMATIONEN – Die beste Infoquelle ist vermutlich die Speisekarte des Phatip Restaurants. Im Anhang, 1997 vom UNDP zusammengestellt, gibt es Wissenswertes über die Provinz und die dort lebenden Ethnien zu lesen. Die Abfahrtszeiten der Busse und Boote sind überholt.

POST / TELEFON – Die **Post** hat Mo–Fr 8–11.30, 13–16 Uhr geöffnet; Ferngespräche, Faxservice und Telefonkarten im *Telecom Office* nebenan. ⓘ Mo–Fr 8–12, 13–16.30 Uhr.

Transport

BUSSE UND SONGTHEOS – Xekongs Busstation liegt 2,5 km nördlich der Stadt. Tuk Tuks ins Zentrum kosten 5000 Kip. Viele Busfahrer setzen Reisende auf Wunsch an der Straße 16 nahe dem Wasserturm ab.
Tgl. gegen 8 Uhr fährt ein Direktbus oder Songtheo nach ATTAPEU (2 Std., 20 000 Kip), im Anschluss passieren 4 überfüllte Busse aus Pakxe die Stadt. Verbindungen nach SARAVAN (2–3 Std., 18 000 Kip) bestehen am frühen Morgen. 5x tgl. bis mittags halten Busse aus Attapeu auf dem Weg nach PAKXE an der Straße 16 (3–4 Std., 30 000 Kip).

BOOTE – Früher gab es eine schöne Alternative zur Busfahrt nach Attapeu: einen Bootstrip auf dem Xe Kong. Seit die Straße 16 vollständig asphaltiert ist, lassen sich nur noch selten Bootsleute zur der 4- bis 7-stündigen Fahrt überreden. Wer kein Glück am Fähranleger hat, kann im Gästehaus oder Phatip Restaurant fragen. Ein Boot sollte nicht mehr als US$60 kosten (bis 5 Pers.).

Die Umgebung von Xekong
Ban Phon

Davon träumt wohl jedes Kind: gemeinsam mit Freunden eine schäbige Kiste auszubuddeln und einen Schatz zu finden. Genau das ist sechs Kindern in Ban Phon, 9 km nördlich von Xekong, passiert. Im Mai 2003 stießen sie beim Spielen auf eine Schatulle, in der sich 40 Buddhafiguren befanden. Alter unbekannt. Die Figuren sind zwischen 5 und 15 cm groß und aus Silber, Marmor, Kupfer oder Holz. Eigentlich hatten die Kinder sie behalten wollen, aber ihre Eltern stifteten sie dem örtlichen Tempel Vat Ban Phon. Dort stehen sie nun nahe dem zentralen Buddhabildnis. Die meisten nehmen die Haltung der Erdberührung (*bhumisparsa*-Mudra) oder der Meditation ein (*sasana*-Mudra). Vermutlich ist ihr ideeller Wert höher als der Materielle. Auch die kleine Kiste ist ausgestellt.

Ein Tuk Tuk nach Ban Phon kostet US$3 hin und zurück.

Tad Fek und Tad Hia

Wer Zeit totschlagen muss, kann den Wasserfall **Tad Fek**, 17 km südöstlich von Xekong, besuchen. Am sandigen Ufer des Xe Namnoy, der hier über eine 4 m hohe und 100 m breite Klippe rauscht, lässt sich picknicken. Tuk Tuks von Xekong kosten US$8 (Charter). Selbstfahrer folgen der Straße 16 für 15 km, biegen am Schild „Tatfek" links ab und anschließend zweimal rechts, um an der folgenden T-Kreuzung wieder links abzubiegen.

Auf dem Rückweg kann man am **Tad Hia**, kurz vor dem KM 3-Stein links (2 km), vorbeischauen. Der Ort, mehr eine Stromschnelle als ein Wasserfall, wird viel von laotischen Jugendlichen besucht.

Attapeu (Samakhixai)

Die abgelegenste der drei südöstlichen Provinzhauptstädte ist zugleich die schönste: Attapeu, knapp 80 km südlich von Xekong, besticht durch Palmen beschattete Straßen und die Lage an der Mündung des Xe Kaman in den Xe Kong.

Unter Laoten als „Gartenstadt" bekannt, ist der ursprüngliche Ortsname nicht ganz so schmeichelhaft: Angeblich leitet sich *Attapeu* vom Khmer-Wort *Idkabeu* her, was so viel wie „Büffeldung" heißt. Das spielt auf die zahlreichen Wiederkäuer an, die einst durch die Provinz zogen. Immerhin

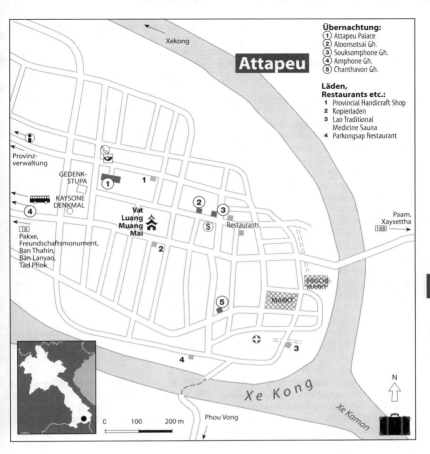

war Attapeu im 17. Jh. auch für sein Gold bekannt, das es als Tribut an den König von Lane Xang zahlte. Noch im 19. Jh. galt es als Zentrum des Sklavenhandels. Im Zweiten Indochinakrieg verlief nahe der Stadt der Ho-Chi-Minh-Pfad, weshalb Pathet-Lao-Truppen hier bereits 1970 einrückten. Einen unrühmlichen Ruf erlangte die Provinz nach der Machtübernahme 1975, als im Osten mehrere Umerziehungslager eingerichtet wurden. Seit wenigen Jahren ist Attapeu Teil des „laotisch-vietnamesisch-kambodschanischen Entwicklungsdreiecks", dass sich dem Ausbau der Infrastruktur in den unterentwickelten Grenzregionen widmet.

Mit viel ursprünglicher Atmosphäre, aber kaum Sehenswürdigkeiten ist Attapeu an einem Tag erkundet. Einen kurzen Besuch lohnt **Vat Luang Muang Mai** aus den 30er Jahren, auf dessen Areal sich eine schöne *kuti* im französischen Stil mit Wandelgang und stuckverzierten Säulen befindet. Auf der Westseite des Vats steht das Rennboot, das jährlich im November zum Einsatz kommt. Der *sim* wurde 2005 renoviert.

Am Ortseingang, nahe der Busstation, steht die steingewordene Demonstration laotisch-vietnamesischer Zusammenarbeit im Zweiten Indochinakrieg. Ähnlich dem **Denkmal** in Muang Phin halten sich zwei überlebensgroße Soldaten im Arm, rechts ein Laote, links ein Vietnamese, und recken siegesbewusst ihre AK-47 in den Himmel. Zwei flankierende Steinreliefs stellen Kampfszenen und Heimatfront dar.

Übernachtung

Chanthavon Gh., westlich des Marktes, ✆ 036-211044. Neu und derzeit die beste Wahl: saubere geflieste Zimmer mit Ventilator oder AC im 1. und 2. Stock über einem Schreibwaren- und Motorradladen; alle Zimmer mit Bad und Warmwasser, einige mit TV; gute Lage. ❶–❷

Aloonsotsai Gh., schräg gegenüber der Lao Development Bank, ✆ 036-211250. Quietschtürkises Gästehaus; Zimmer mit Ventilator oder AC; die billigsten haben hauchdünne Wände, die teureren sind o. k., aber mit PVC-Böden; zentral. ❶–❷

Souksomphone Gh., daneben, ✆ 036-211046. Viele Zimmer, alle Varianten, einige recht schmuddelig. Die verzierte Holztreppe an der Front verspricht mehr, als die Unterkunft hält; gute Lage; Motorradverleih. ❶–❷

Amphone Gh., an der Straße 18 Richtung Busstation, ✆ 036-211069. 26 Zimmer mit Ventilator oder AC in einem etwas zurückgesetzten Haus; sauber, aber ab vom Schuss. ❶–❷

Attapeu Palace, gegenüber der Post, ✆ 036-211204, ✉ atppalace@yahoo.de. Neuer Besitzer, neue Pläne: Aus dem nüchternen Kasten soll ein gutes Mittelklassehotel werden – mit Fitnessraum und Biergarten. Es gibt Zimmer von Standard (US$12) bis VIP (US$25), alle mit AC und Bad; auch günstigere DZ mit Ventilator oder AC, Bad und kalter Dusche. Fahrrad- und Motorradverleih, Internet-Service, Wagen mit Fahrer. ❷–❹

Essen

Die meisten Restaurants in Attapeu kommen und gehen recht schnell.
Parkongsap Restaurant, am Ufer des Xe Kong. Offene Terrasse mit Blick auf den Fluss; außer *laap* und Fischgerichten auch Steak; die Besitzerin spricht Englisch, ist aber nicht immer da; bester Platz für den Sonnenuntergang.

Attapeu Palace Restaurant, im gleichnamigen Hotel. Rundtische auf Terrazzoböden; Bratgerichte, Tom Yam und das übliche Eier-mit-Brot-Frühstück. ⏰ 7–22 Uhr.
Die beiden **Restaurants** nahe dem Souksomphone Gh. brühen starken *café lao*. Im und um den **Markt** gibt es eine Reihe kleiner Garküchen, auf dem Frischmarkt morgens knusprige Baguettes.

Sonstiges

FAHRRAD- UND MOTORRADVERLEIH – Motorräder im Souksomphone Gh. und im Attapeu Palace (US$10/Tag), bei Letzterem auch Fahrräder (5000 Kip/Tag)

EINKAUFEN – Im *Provincial Handicraft Shop* gibt es ein paar Rattanprodukte und *sin* der Taliang; nur sehr kleine Auswahl. ⏰ 8–16 Uhr.

GELD – Die **Lao Development Bank** tauscht Baht, Dollar und Euro. Gebühr auf Travellers Cheques.

INTERNET – im Attapeu Palace, 1000 Kip/Min.

SAUNA – *Lao Traditional Medicine Sauna*, südlich des Marktes. Traditionelle Kräutersauna; Sarong und Handtuch mitbringen. ⏰ 15–19 Uhr.

TOUREN – Das *Provincial Tourism Office* in der Provinzverwaltung, 1,5 km nordwestlich des Zentrums, ✆ 036-211056, organisiert Trekkingtouren zu den Wasserfällen in der Umgebung. Ein **Tagestrek** startet in Sanamxai, auch Ban Mai genannt, 48 km westlich von Attapeu. Anfahrt mit öffentlichen Verkehrsmitteln, unterwegs Stopp am See Nonglom. Von Sanamxai geht's per Boot auf dem Xe Pian zum Tad Samongphak und von dort zu Fuß zum Tad Saepha; am Nachmittag Rückfahrt nach Attapeu. Die **2-Tages-Variante** schließt Homestay in Sanamxai oder einen weiteren Trek zum Tad Saeponglai ein, dem schönsten Wasserfall der drei. Kosten: US$12/Tag für 2 Guides (obligatorisch), US$6 pro Boot (bis 4 Pers.), US$1 p. P. für den Dorf-Fonds, Homestay mit Frühstück US$3 p. P.; Buchung ein oder zwei Tage vorher.
⏰ Mo–Fr 8–11.30, 13–16.30 Uhr.
Attapeu Tours & Travel, im Attapeu Palace, ✆/✉ 036-211204. Ausflüge in die Umgebung,

Englisch sprechende Guides und Wagen mit Fahrer.

POST / TELEFON – Die **Post** hat Mo–Fr 8–11.30, 13–17 Uhr geöffnet. Ferngespräche im *Telecom Office* um die Ecke; hier auch Telefonkarten; gleiche Öffnungszeiten.

Transport

SELBSTFAHRER – Die **Straße 18** zwischen Attapeu und Ban Thang Beng (Straße 13) ist in der Trockenzeit mit Fahr- und Motorrädern befahrbar. Allradfahrzeuge bekommen auf der zerfurchten Straße Probleme.
Eine Alternative für die Fahrt von oder nach Pakxe ist die **Sandstraße über das Bolaven-Plateau**, geeignet für Autos mit Allradantrieb und Motorräder (S. 396).

BUSSE UND SONGTHEOS – Die Busstation liegt 3 km nordwestlich der Stadt (Tuk Tuk 6000 Kip). Von hier bestehen 5x tgl. zwischen 6 und 11.30 Uhr Verbindungen nach PAKXE (5 Std., 35 000 Kip). Songtheos nach SANAMXAI starten alle 90 Min. bis nachmittags (2 Std., 17 000 Kip).

Die Umgebung von Attapeu
Ban Tahin und Ban Lanyao

Töpferwaren sind die Einnahmequelle **Ban Tahins**, 6 km nördlich von Attapeu an der Straße 18. Die großen Krüge und Vasen werden entlang der Straße verkauft. Wer die Töpfer bei der Arbeit sehen will, muss nur zum Dorfkern Richtung Xe Kong abbiegen: Dort werden die Gefäße nicht nur geformt, sondern auch in unterirdischen Öfen gebrannt. Die Schornsteine sehen aus wie Mini-Vulkane.

Hinter dem Nordende Ban Tahins führt in einer Rechtskurve eine Sandstraße geradeaus nach **Ban Lanyao** (4 km). Das Oy-Dorf besteht aus drei separaten Ortsteilen. Die Oy, ein Mon-Khmer-Volk, haben sich schon ziemlich an die Lao angepasst. In den Bergen hinter dem letzten Ortsteil stürzt **Tad Phok** in die Tiefe. Der Wasserfall ist schwer zu finden – besser einen Guide nehmen.

Die Fahrt zu beiden Orten ist am einfachsten mit dem Motorrad. Ein Tuk Tuk nach Ban Tahin kostet um 7000 Kip.

Grenzübergang nach Vietnam

2006 wurde das letzte Stück der Straße 18B bis zur vietnamesischen Grenze asphaltiert und ein internationaler Grenzübergang bei **Bo Y** errichtet. Er liegt etwa 90 km östlich von Attapeu und 80 km nordwestlich von Kon Tum, der nächstgrößeren Stadt in Vietnam. Busse von Attapeu zur Grenze gab es zur Zeit der Recherche noch nicht. Mitte 2006 wurde jedoch ein Grenzüberschreitender Busverkehr zwischen Pakxe und der vietnamesischen Stadt Qui Nhon eingerichtet (2x wöchentlich, 12 Std., US$16); da der Grenzübergang sehr neu ist, sollte man unbedingt voher aktuelle Informationen einholen.

Xaysettha

Schon der Name deutet auf die Besonderheit des Ortes hin: Hier soll der große König Setthathirat (reg. 1548–71) seine letzte Ruhe gefunden haben.

Xaysettha erstreckt sich 12 km östlich von Attapeu über beide Ufer des Xe Kaman. Angeblich befinden sich die Überreste des Herrschers am Südufer unter einem Stupa auf dem Gelände des **Vat Pha Xaysettha**. Der König selbst soll den Bau des Vats, heute kurz Vat That genannt, im 16. Jh. in Auftrag gegeben haben. Der Überlieferung zufolge wurde der Stupa von seinem Sohn errichtet, im Krieg zerstört und 1995 wieder aufgebaut. Er steht, von vier Thats umgeben, direkt neben dem *sim*. Die mittlere Ebene ist mit Lotusblättern geschmückt. Die Verzierungen am Fundament erinnern entfernt an Elefantenköpfe, einem bedeutenden Symbol des Königreiches Lane Xang.

300 m südlich des Vat Pha Xaysettha ächzt der *sim* von **Vat Luang** unter der Last seines neuen Wellblechdachs. Das rissige, verputzte Ziegelsteingebäude soll ebenfalls aus dem 16. Jh. stammen. Im Innern befindet sich eine 5 m hohe moderne Buddhastatue in der *bhumisparsa*-Mudra.

Paam

Paam ist neben Attapeu vermutlich der meistbesuchte Ort der Provinz, seit sich herumgesprochen hat, dass es hier eine 11 m lange **russische Rakete** (11 DPM 912) aus dem Zweiten Indochinakrieg zu sehen gibt. In der Nähe soll sich noch eine zweite

> **Warnung**
>
> Laut UXO Lao Attapeu ist der Bezirk **Phou Vong** im Süden der Provinz mit nicht-detonierten Sprengkörpern übersät. Eine Erkundung auf eigene Faust ist keine gute Idee. Die Strecke Attapeu–Paam gilt dagegen als sicher, solange man auf den ausgetretenen Pfaden bleibt.

befunden haben, sie fiel jedoch Metallsammlern zum Opfer. Der Ho-Chi-Minh-Pfad verlief direkt durch den Ort. Um zur Rakete zu gelangen, muss in Paam der Nam Pa überquert werden: in der Trockenzeit zu Fuß, in der Regenzeit für ein paar hundert Kip per Fähre.

Wer dem Pfad links der Rakete folgt und nach 1 km erneut links abbiegt (bevor sich der Weg in die Hügel windet), gelangt zum **Tad Nampa**. Der kleine Wasserfall ist vor allem in der Regenzeit ein schöner Anblick. Etwas zu essen serviert das **kleine Lokal** gegenüber der Rakete.

Transport

Am besten sind Xaysettha und Paam mit dem **Motorrad** zu erreichen: Zuerst geht es auf der neuen Teerstraße 12 km nach Xaysettha. Der Ort besteht aus mehreren *ban* (Dörfern) und hat kein Ortsschild. Zu den Vats folgt man der Teerstraße bis zur Rechtkurve in Ban Oudomxay – links zweigt die Sandstraße nach Paam ab –, überquert die Brücke über den Xe Kaman und biegt am Schild „Phameuang" rechts ab. Nach 3 km erreicht die Straße das Südufer, hier nach den Tempeln fragen.
Nach Paam sind es von Xaysettha 18 km auf schlechter Sandstraße, Abzweig ein Stück vor der Xe Kaman-Brücke.
Ein **Tuk Tuk** von Attapeu nach Paam kostet US$15.

Von Attapeu nach Pakxe: Tad Katamtok

Verkehrstechnisch ist in Attapeu Endstation. Wer mit dem Bus zurück nach Pakxe muss, fährt die gleiche Strecke wie auf dem Hinweg.

Eine abenteuerliche Alternative für Selbstfahrer stellt die Route Attapeu – Pakxong über das Bolaven-Plateau dar (~125 km). Die Sandstraße wurde zur Versorgung des Houay Ho-Wasserkraftwerks angelegt und ist für Autos mit Allradantrieb und Motorräder passierbar (in der Regenzeit schwierig). Sie zweigt in Ban Phoukham, 52 km nördlich von Attapeu, links der Straße 16 ab. Nach etwa 20 km führt links ein kleiner Pfad zu einer natürlichen Aussichtsplattform. Von hier hat man einen tollen Blick auf den 100 m tiefen Tad Katamtok, einen der imposantesten **Wasserfälle** des Bolaven-Plateaus. Hinter Tad Katamtok wird der Weg deutlich besser und breiter. Nach 15 km überquert er die Provinzgrenze nach Champasak und ab Pakxong ist die Straße wieder geteert. Es ist auch möglich, in Attapeu ein Songtheo nach Pakxe zu chartern, allerdings muss dafür tief in die Tasche gegriffen werden (um US$80, 7 Std.)

Anhang

Bücherliste S. 398
Sprache S. 401
Glossar S. 406
Index S. 408
Die Autoren S. 415
Kartenverzeichnis S. 416
Bildnachweis S. 416

Bücherliste

Über Laos gibt es bislang nur wenig auf Deutsch zu lesen. Die meisten Bücher sind in Englisch oder Französisch. Die Titel der größeren englischen Verlage lassen sich leicht über das Internet bestellen. Spezielle Monografien kauft man am besten in Thailand, etwa bei Asia Books, White Lotus oder im DK Bookstore.

Reise- und Erlebnisberichte

Another Quiet American: Stories of Life in Laos (Dakin, Brett, 2003). Einfach zu lesender, lustiger Bericht eines jungen Amerikaners über seine Zeit als Berater in der Tourismusbehörde in Vientiane.

10 Months in Laos: A Vast Web of Intrigue, Missing Millions and Murder (Conroy, Paul; 2002). Der Journalist Paul Conroy rollt die Geschichte der Australier Kerry und Kay Danes auf, die im Jahr 2000 wegen des Verdachts des Saphir-Diebstahls von den laotischen Behörden verhaftet und zehn Monate lang im Phonthong-Gefängnis festgehalten wurden.

Der Tod im Reisfeld (Scholl-Latour, Peter; 2000). Peter Scholl-Latour berichtet von seinen Erlebnissen als Kriegsberichterstatter während des Zweiten Indochinakrieges. Die Exkurse zu Laos sind relativ knapp gehalten.

Fliegen ohne Flügel (Terzani, Tiziano; 1998). Obwohl Laos nur 20 Seiten gewidmet sind, lesen sie sich wie eine Liebeserklärung an das Land. Der Autor, ein Spiegel-Korrespondent, bereiste Südostasien ein Jahr lang ausschließlich per Bus, Bahn und Schiff, weil ihm ein chinesischer Weissager prophezeit hatte, er würde bei einem Flugzeugabsturz ums Leben kommen. Die ideale Lektüre auf einem Asien-Trip.

Lost over Laos: A True Story of Tragedy, Mystery and Friendship (Pyle, Richard; Faas, Horst; 2003). 27 Jahre nach dem Tod ihrer vier Kollegen bei einem Hubschrauberabsturz in Laos begeben sich der deutsche Fotojournalist Horst Faas und der AP-Journalist Richard Pyle auf Spurensuche.

Sixteen Years in the Land of Death: Revolution and Reeducation in Laos (Bouphanouvong, Nakhonkham; Bangkok 2003). Erlebnisbericht eines ranghohen Polizisten der königlichen Regierung, der nach der Machtübernahme der Pathet Lao 16 Jahre in Umerziehungslagern gefangen gehalten wurde.

Stalking the Elephant Kings. In Search of Laos (Kremmer, Christopher; 1997). Kremmer schildert in seinem spannend zu lesenden Buch die Spurensuche nach dem Verbleib des letzten laotischen Königs Savang Vatthana und dessen Familie.

Tragedy in Paradise. A Country Doctor at War in Laos (Weldon, Charles; Bangkok 1999). Bewegende Geschichte des erst kürzlich verstorbenen Mediziners über seine Zeit als Kriegsarzt in Laos.

Travels in Cambodia and Parts of Laos und **Further Travels in Laos and in Yunnan** (Garnier, Francis; 1996). Detaillierter Bericht der französischen Mekong Exploration Commission, die sich von 1866–68 aufmachte, den Mekong bis nach China hinaufzufahren, um neue Handelswege zu erschließen.

Travels in Siam, Cambodia and Laos 1858–1860 (Mouhot, Henri; 1992). Henri Mouhot, der „Entdecker" Angkor Wats und Schwiegersohn des britischen Forschers Mungo Park, besuchte Laos auf seiner vierten Reise durch Südostasien im Jahr 1861. Er verbrachte mehrere Monate damit, die Umgebung Luang Prabangs zu erkunden, bis er schließlich an Malaria erkrankte und dort starb. Sein Tagebuch wurde später von seiner Familie veröffentlicht.

Vier Drachen am Mekong. Asien im Umbruch (Scharlau, Winfried; 1989). Spannend zu lesender Bericht des deutschen Journalisten über die Zeit des Zweiten Indochinakrieges. Laos, einem der vier Drachen (neben Kambodscha, Thailand und Vietnam), sind in seinem Buch etwa 50 Seiten gewidmet.

War in Shangri-La. A Memoir of Civil War in Laos (Brown, Mervyn; 2001). Herrlich geschriebene Erinnerungen des britischen Diplomaten an seine Zeit in Laos in den frühen 60er Jahren. Massive Kritik an der amerikanischen Indochinapolitik.

Geschichte, Politik und Wirtschaft

A History of Laos (Stuart-Fox, Martin; 1997). Detaillierte und gut recherchierte Geschichte des Landes von der Gründung Lane Xangs bis in die 90er Jahre.

A Short History of Laos. The Land in Between (Evans, Grant; Crows Nest 2002). Aktuellste historische Überblickdarstellung mit Schwerpunkt auf dem 20. Jh. Unterhaltsam geschrieben; empfehlenswert als Einstieg.

Breaking new Ground in Lao History. Essays on the 7th to 20th Centuries (Ngaosrivathana, Mayoury; Breazeale, Kennon (Hg.); 2002). Zehn Essays mit einem neuen Blick auf Quellen und Schlüsselereignisse. Für Spezialisten.

Buddhist Kingdom, Marxist State: The Making of Modern Laos (Stuart-Fox, Martin; Bangkok 1996). Lesenswerte Essaysammlung des bekannten Laos-Experten.

Die Geschichte von Laos (Schultze, Michael; Hamburg 1995). Einzige Nationalgeschichte von Laos in deutscher Sprache; sehr detailliert und informativ.

Early Cultures of Mainland Southeast Asia (Higham, Charles; 2002). Hervorragende, schön bebilderte archäologische Studie über die frühen Kulturen in Südostasien, darunter Funan, Champa, Zhenla, Dvaravati und Angkor.

Historical Dictionary of Laos (Stuart-Fox, Martin; 2001). Ereignisse, Personen und Daten, alphabetisch geordnet, mit zahlreichen Statistiken und einer ausführlichen Bibliografie. Gutes Referenzmaterial, aber sehr teuer.

Indochina: Vietnam, Kambodscha, Laos (Weggel, Oskar, 1990). Gut zu lesende Länderkunde, die leider nur den Zeitraum bis 1989 abdeckt.

Laos – Aufbruch am Mekong (Kotte, Heinz; Siebert, Rüdiger; 2002). Analyse der historischen, politischen und gesellschaftlichen Zusammenhänge bis in die jüngste Zeit.

Laos: Politics, Economy and Society (Stuart-Fox, Martin; 1986). Die beste Überblicksdarstellung der ersten zehn Jahre nach der Revolution in Laos.

Post-war Laos: The Politics of Culture, History and Identity (Pholsena, Vatthana; 2006). Neuer Beitrag zum Thema Kultur und Identität der multi-ethnischen Nation.

Shooting at the Moon. The Story of America's Clandestine War in Laos (Warner, Roger; 1997). Amerikas Rolle im *secret war* und der Guerillakrieg der Hmong gegen die laotisch-vietnamesichen Verbände.

Socialism in a Subsistence Economy. The Laotian Way (Luther, Hans U., 1983). Vom selben Autor sind außerdem auf Englisch/Laotisch erschienen: *Learning from the Asian Crisis,* Vientiane 2003, *Niche Markets,* Vientiane 2000, *Markets and Development,* Vientiane 2002 und *Niche Products,* Vientiane 2003. Der Entwicklungssoziologe und Ökonom Hans U. Luther war zehn Jahre lang als Senior Economic Advisor an der National School of Administration in Vientiane tätig.

Südostasien vor der Kolonialzeit (Villiers, John; 2001; Erstauflage 1965). Der 18. Band der Fischer Weltgeschichte behandelt die Entwicklung der Region von der Frühzeit bis zur Errichtung der europäischen Kolonialherrschaft.

The Kingdoms of Laos (Simms, Peter und Sanda; 1999). Geschichte der laotischen Königreiche bis zur französischen Kolonialzeit; populär geschrieben, mit Fotos und Karten.

The Mekong. Turbulent past, uncertain future (Osborne, Milton; 2000). Monografie über den längsten Fluss Südostasiens, von den frühen Reichen bis zu den Staudamm-Projekten unserer Zeit. Lesenswert als Einstieg in die Region.

The Politics of Ritual and Remembrance: Laos since 1975 (Evans, Grant; 1998). Ob Kult um Kaysone oder Mandala Memories: Der Autor geht dem Wandel der politischen Rituale und Symbole auf den Grund. Sehr lesenswert.

The Ravens. The Men who flew in America's Secret War in Laos (Robbins, Christopher; 1987). Detailliert recherchiertes Buch über die amerikanischen Piloten im „other theatre" des Zweiten Indochinakrieges; unkritisch gegenüber der US-Intervention und mit etwas zu viel Heldentum gewürzt.

Kunst und Kultur

Ant Egg Soup: Adventures of a Food Tourist in Laos (Natacha DuPont De Bie; 2004). Die Autorin entdeckt auf ihrer Reise durch Laos nicht nur Land und Leute, sondern auch zahlreiche exotische Rezepte.

Art et Archéologie du Laos (Giteau, Madeleine; 2001). Die Kambodscha-Spezialistin zog es in den Jahren 1964–88 mehrmals nach Laos, wo sie sich besonders mit den Schätzen des Ho Phra Keo und den Tempeln von Luang Prabang beschäftigte. Für Laos-begeisterte Kunsthistoriker unerlässlich.

Culture Shock! Laos (Mansfield, Stephen; Singapore 2000). Amüsant geschriebener Band mit vielen guten Hinweisen für Expats und angehende Auswanderer nach Laos.

Lao Hill Tribes. Traditions and Patterns of Existence (Mansfield Stephen; New York/Kuala Lumpur 2000). Kleines, informatives Buch, das einen guten Überblick über die Völkervielfalt in Laos vermittelt.

Lao Mien Embroidery. Migration and Change (Goldman, Ann Yarwood; 1995). Das großformatige Buch enthält eine fundierte und ansprechende Darstellung der kunstvollen Stickereien der Mien (= Yao). Die Autorin arbeitet auch mit in den USA lebenden Mien-Frauen zusammen.

Lao Textiles and Traditions (Connors, Mary F.; 1996). Neben den Fakten zu Herstellung und Merkmalen der charakteristischen Textilien verschiedener Volksgruppen, streut dieses Buch zahlreiche weitere interessante Informationen ein.

Laos: Culture and Society (Evans, Grant (Hg.); 1999). Elf Beiträge zu verschiedenen Aspekten laotischer Identität und Kultur; sehr interessant, aber auch sehr akademisch.

Legends in the Weaving (Kanlagna, Dara et al.; 2001). Eine detaillierte und spezialisierte Darstellung der in Laos angewandten Web- und Färbetechniken, regional und nach Ethnien geordnet und vor allem an alten Stücken verdeutlicht. Traditionelle Motive werden mithilfe zahlreicher Illustrationen erläutert. Laotisch/Englisch.

Luang Prabang. Capital of Legends (Engelmann, Francis; Renaut, Thomas; 1997). Viele Fotos und interessante Texte zu allen Aspekten der Stadt. Ausführungen zu Geschichte, Architektur, zur Arbeit der Unesco und Details zu Religion und Bräuchen.

Old Luang Prabang (Gosling, Betty; 1996). Alles Wissenswerte zu Geschichte und Architektur der „Perle am Mekong", in handlichem Format und obendrein mit einer sehr guten Bebilderung.

Peoples of Laos. Rural and Ethnic Diversities (Chazée, Laurent; 2002). Großformatiges Werk, empfehlenswert für diejenigen, die sich umfassend über die in Laos lebenden Ethnien informieren möchten. Am Beispiel eines Volkes aus jeder Sprachfamilie werden die wichtigsten Lebensbereiche dargestellt. Ein Klassiker zu diesem Thema.

Symbol of the Nation. The That Luang of Vientiane (Engelmann, Francis (Hg.); 1998). Geschichte des laotischen Nationalheiligtums mit zahlreichen Illustrationen und Exkursen, unter anderem zum That Luang Festival.

Traditional Recipies of Laos. Übersetzung der Rezeptsammlung Phia Sings, königlicher Hofkoch (Davidson, Alan und Jennifer; repro. 2006). Die vom Hof Luang Prabangs stammenden Rezeptmanuskripte wurden durch Zufall entdeckt, nachdem der Autor den Kronprinzen zu laotischen Fischen befragte und dabei auf Phia Sings Kochkünste zu sprechen kam.

Treasures of Luang Prabang (Edition Route de la Soie; 2000). Laotisch-Englisch oder Laotisch-Französisch. Eine faszinierende Sammlung historischer Fotografien und Grafiken, die das alte Luang Prabang, seine Architektur und Traditionen eindrucksvoll dokumentieren.

Lao Buddha. The Image and its History (Lopetcharat, Somkiart; 2000). Hochwertiger Bildband mit detaillierten Texten zur Geschichte der laotischen Kunst. Exkurse zum Phra Bang und Phra Keo; leider sehr teuer.

Buddhismus

Das ist Buddhismus (Sayagi U Ba Khin; 1999). Die hier zusammengetragenen Vorträge beleuchten die buddhistische Lehre in ihrer Ausrichtung auf die Meditation. Der Meditationslehrer U Ba Khin genoss weltweites Ansehen und war hoher Regierungsbeamter in Myanmar.

Der Buddhismus (Bechert, Heinz; Gombrich, Richard (Hrsg.); 1995). Thema dieses Buches ist der Buddhismus in all seinen Ausformungen von Indien bis Japan. Mehrere Autoren geben Einblick in die verschiedenen Schulen, u. a. Theravada. Ein fundierter Überblick über den gesamten Buddhismus.

Der historische Buddha (Schuhmann, Hans-Wolfgang; 1999). Frei von religiöser Interpretation steht die Person Siddhattha Gotama und sein Wirken in seiner Zeit im Mittelpunkt. Dieses lesenswerte Buch stützt sich vor allem auf Quellen des Theravada.

Der Theravada-Buddhismus (Gombrich, Richard; 1997). Sehr lesenswerte und ausführliche Sozialgeschichte des Theravada von den Anfängen bis heute. Zentraler Betrachtungsgegenstand ist die Insel Sri Lanka, die sich in der Religion nicht von Laos unterscheidet.

Der Weg zur Erlösung: In den Worten der buddhistischen Urschriften (Nyanatiloka; 1998). Der deutsche Mönch Nyantiloka gehört zu den Pionieren des abendländischen Theravada-Verständnisses. Anhand von Übersetzungen aus dem Pali-Kanon werden die prägnantesten Lehren des Buddha zusammengefasst. Eine Einführung mit Anspruch.

Die Fährte der Wahrheit (Bodhesako, Samanera; 2001). In drei philosophisch anspruchsvollen Essays werden buddhistische Inhalte unter Einbeziehung westlichen Denkens erläutert. Bemerkenswerte Aufsätze, die einer kritischen Vertiefung des Theravada dienen.

Het Bun Dai Bun. Luang Prabang – Rituale einer glücklichen Stadt (Berger, Hans Georg; München 2000). Einmalig schöner Schwarzweiß-Fotoband, der im Rahmen eines mehrjährigen deutsch-laotischen Projekts zur Wiederbelebung der Glaubenstraditionen und Rituale in der alten Königsstadt entstanden ist. Einblicke, die so schnell niemand erhält.

Was der Buddha lehrte (Rahula, Walpola; 1990). Die Lehre des Buddha von einem singhalesischen Mönch erklärt. Das Buch ist mittlerweile ein Klassiker, der zudem Erläuterungen zur Meditation im Theravada enthält.

Märchen, Mythen und Belletristik

Als die Fische die Sterne schluckten. Märchen und Legenden aus Vietnam, Laos und Kambodscha (Claudius, Eduard; 1976). Zahlreiche Geschichten aus der indochinesischen Märchenwelt, leider ohne Zuordnung zum jeweiligen Land.

Mother's Beloved. Stories from Laos (Bounyavong, Outhine; 1999). Kurzgeschichten in englischer und laotischer Sprache, die überwiegend soziale Themen aufgreifen; schlicht und herzzerreißend erzählt; mit einer ausführlichen Geschichte der laotischen Literatur.

Treasures of Lao Literature (Mixay, Somsanouk; 2000). Sieben der bekanntesten Legenden der laotischen Literatur, darunter *Sinxay* und *Sithon und Manola*, gekürzt und mit Zeichnungen illustriert.

Villa Incognito (Robbins, Tom; 2005). Eine turbulente Geschichte über amerikanische Aussteiger, Opiumschmuggel und ein Paradies in den Baumkronen des laotischen Dschungels. Wenn man das bemühte erste Kapitel hinter sich hat, macht dieses Buch richtig Spaß.

Xieng Mieng: The Cleverest Man in the Kingdom (Epstein, Steve; 1998). In Laos und Thailand erhältliche Geschichtensammlung über den laotischen Til Eulenspiegel, eine der populärsten Figuren der laotischen Folklore.

Sprache

Laotisch ist die offizielle Landessprache der Demokratischen Volksrepublik Laos. Es ist die Sprache der Lao, die etwas mehr als die Hälfte der Bevölkerung ausmachen. Unter den Ethnien anderer Sprachfamilien wird Laotisch häufig als Zweitsprache oder als Lingua Franca gesprochen. Wie das Thai gehört Laotisch zur Tai-Sprachfamilie. Die beiden Sprachen sind so eng miteinander verwandt, dass Laoten und Thais sich in ihrer eigenen Sprache miteinander verständigen können. Im Laotischen gibt es mindestens drei Töne. Sie schreiben eine bestimmte Tonhöhe vor, die entweder gleichbleibend, ansteigend oder abfallend intoniert wird. Je nach Ton kann eine bestimmte Silbe bis zu sechs verschiedene Bedeutungen haben. Das **Tonsystem** wird im Wörterbuch nicht berücksichtigt, denn jeder, der sich die Mühe macht, ein paar Ausdrücke und Sätze Laotisch zu lernen, wird mit seinen Sprachbrocken Bewunderung ernten und aus dem Kontext verstanden werden.

Ausspracheregeln

Die folgenden Vokabeln und Sätze sollten langsam, Silbe für Silbe, mit einer möglichst gleichbleibenden Betonung ausgesprochen werden. Pausen zwischen den Silben/Wörtern verbessern die Verständlichkeit und sind im Laotischen üblich.

Vokale

o	offenes „o", wie in *Orgel*
oo	langes, geschlossenes „o", wie in *Mode*
ü	Laut zwischen ü und u, ähnlich zu dem Laut, der während des Sprechens häufig als unbewusste Denkpause eingestreut wird, jedoch gepresster.
ö	offenes „ö", wie der englische Laut in *learn, burn*
ii	langes „i"
j	„j" wie in *Jäger*
ä	„ä" wie in *träge*
aa	langes offenes „a"
ai	wie „ei" gedehnt
ao	wie „au" gedehnt
oi	wie „eu" gedehnt

Konsonanten

kh	das „k" wird aspiriert und ganz leicht, ähnlich zu „ch" in *Buch,* im Rachen ausgesprochen
k, g, p, b	werden insbesondere am Wortende sehr weich gesprochen
ph	aspiriertes „p"
s	„s" wird etwas schärfer und länger ausgesprochen als im Deutschen
th	aspiriertes „t"
dh	dentaler Laut zwischen dem englischen „th" und „d"
ng	„n" und „g" aneinandergereiht, wie in *Zange,* am Wortanfang sind die Laute deutlicher voneinander zu unterscheiden als am Wortende
nj	wie im Englischen *news*

Gruß- und Höflichkeitsformeln

Hallo/Guten Tag!	*sabai dii*
Guten Morgen!	*sabai dii ton sao*
Guten Abend!	*sabai dii ton läng*
Tschüss	*laakon*
Auf Wiedersehen	*phob kan mai*
Wie geht es dir/Ihnen?	*tschao/thaan sabai dii bo?*
Danke, mir geht es gut.	*khoptschai, khoi sabai dii.*
Und dir/Ihnen?	*lä tschao/thaan dä?*
Vielen Dank!	*khoptschai lailai!*
Viel Glück (von Herzen)!	*sook dii (dö)!*
Bitte	*kaluna*
Entschuldigung	*kho thoot*
Das macht nichts!	*bo pen njang!*

Fragewörter

wo ist …?	*… ju sai?*
was ist das hier/dort?	*annii/annan män njang?*
wie viel kostet das?	*(annii) lakha dhao dai?*

Kurzantworten

ja	*tschao*
nein; nicht (als Präfix vor Verb oder Adjektiv)	*bo*
gut	*dii*
sehr gut	*dii lai*
nicht gut	*bo dii*

Small Talk

Es gibt …	*mii …*
Es gibt nicht …	*bo mii …*
Gibt es …	*mii … bo?*
Wie heißen Sie?	*tschao sü njang?*
Ich heiße …	*khoi sü …*
Ich mag sehr/schätze …	*khoi mak … lai*
Ich mag nicht …	*khoi bo mak …*
Ich möchte/will …	*khoi jaak …*
Ich möchte/will nicht …	*khoi bo jaak ….*
Wie alt sind Sie?	*tschao anju dhao dai?*
Woher kommen Sie?	*tschao ma tä sai?*
aus Deutschland,	*ma tschak ijalaman,*
Österreich, der Schweiz	*ostria, swiss*
Darf ich fotografieren?	*khoi kho anunjat thaihub dai bo?*
Ich lerne Laotisch.	*khoi hian phasa lao.*
Sprechen Sie Englisch?	*tschao wao phasa angkit dai bo?*
Bitte sprechen Sie langsam.	*kaluna, wao sasa.*
Ich verstehe nicht.	*khoi bo khaotschai.*
Ich bin …	*khoi män …*
Angestellter	*panak ngaan*
Reisbauer	*sao na*
Bauer mit Vieh	*kasikon*
Anbau-/Feldfrüchte	*phon palit*
Religion	*satsana*
Buddhismus	*satsana put*
Sind Sie verheiratet?	*tschao tängaan läo bo?*
Wie viele Kinder haben sie?	*thaan mii luk tschak khon*
möchten/wollen	*thong kaan/jaak*

Personen und Anrede

älterer Bruder (Anrede)	*ai*
jüngerer Bruder	*nong*
ältere Schwester	*üai*
jüngere Schwester	*nong sao*
Herr …	*tao …*
Herr … (sehr förmlich)	*thaan …*
Frau … (sehr förmlich)	*thaan nang*
Frau … (verheiratet)	*nang …*
Frau … (unverheiratet)	*sao …*
Vater	*pho*
Mutter	*mä*
Junge	*phu bao*
Mädchen	*phu sao*

Freund, guter Freund	mu, phüan
Kind	däk
Ausländer, westlicher	tangdao, sao tawentok

Pronomen

ich	khoi
du/Sie (höflich)	tschao
er/sie/es	lao
wir (mit der angesprochenen Person)	phuak hao
ihr	phuak tschao
sie	phuak khao

Nützliche Adjektive

schön, hübsch	ngaam
sauber – schmutzig	sa-aat – püan
alt – jung	thao – num
alt – neu	kao – mai
lang – kurz	njao – san
hoch – niedrig	sung – tam
groß – klein	njai – noi
oben – unten	thöng – lum
vorne – hinten	thang na – thang lang
hungrig	hiu khao
durstig	jaaknaam
müde	müai
toll	khak lai
fröhlich	muan sün
glücklich	sook dii
freundlich	pen miit
unhöflich	bo suphab
wütend, verärgert	moo hoo, na tschaihai
ärgerlich	tschaihai

Zeit und Datum

Wie spät ist es?	tschak mung läo?
Um wieviel Uhr?	wäla tschak mung?
Es ist … Uhr.	man män … mung.
Minute	nathii
Stunde	sua mung
jetzt	diaonii
gleich, etwas später	tschak noi
früh	sao
spät	suai
heute	mü nii
morgen	mü ün
gestern	mü wannii
am Morgen	ton sao
am Mittag	ton thieng
am Nachmittag	ton suai
am Abend	ton läng
Tag	mü
jeden Tag	dhukdhuk mü
den ganzen Tag	mot mü
Nacht	kang khün
Monat	düan
Jahr	pii
Wochenende	thai athit
Woche	athit
Montag	wan tschan
Dienstag	wan khaan
Mittwoch	wan phut
Donnerstag	wan phahat
Freitag	wan suk
Samstag	wan sao
Sonntag	wan thit

Zahlen

0	suun
1	nüng
2	song
3	saam
4	sii
5	haa
6	hok
7	tschät
8	pät
9	kao
10	sip
11	sip ät
12 etc.	sip song
20	sao
21 etc.	sao ät
30	saam sip
31 etc.	saam sip ät
100	nüng loi
200	song loi
500	haa loi
1000	nüng phan
2000	song phan
2003	song phan saam
2004	song phan sii
5000	haa phan
10 000	sip phan/nüng mün
100 000	nüng sän
1 Million	nüng lan

Orientierung und Transport

geradeaus	*pai sü*
(nach) links	*büang sai*
(nach) rechts	*büang khua*
nach ...	*pai thang ...*
Norden	*nüa*
Süden	*tai*
Osten	*tawenok*
Westen	*tawentok*
Stopp!	*jut!*
Motorrad	*lot tschak*
Fahrrad	*lot thiip*
Taxi	*taksi*
Tuk Tuk	*tuktuk*
Auto	*lot käng*
Benzin (Essenz)	*naam man ätsang*
Diesel (Benzin Öl)	*naam man kasuan*
Pick-up	*lot kaba*
Lastwagen	*lot khonsong, lot songthäo*
Bus	*lot mä*
Minibus	*lot mä noi*
Busstation	*sathanii lot mä*
Ticketverkäufer im Bus	*khon kai pii lot*
Haltestelle	*pai tschot lot*
Bitte hier anhalten!	*kaluna, tschotnii*
Ich möchte nach ...	*khoi jaak pai ...*
Welcher Bus fährt nach ...?	*lot mä khan dai pai ...*
Wann fährt er ab?	*wäla dai lot ok?*
Wann kommen wir in .... an?	*wäla dai pai hot ...?*
Fahrkarte	*pii lot*
Ticketschalter	*bon khai pii*
Sitzplatz	*bon nang*
Platzreservierung	*tschong pii nang*
Gepäck	*kapao*
Straße	*hon thang*
Brücke	*khua*
Grenze	*khätsaidän*
Boot	*hüa*
Hafen	*thaa hüa*
Flugplatz	*dönbin/sanambin*
Flugzeug	*njon/hüabin*

Bank, Post und Telefon

Bank	*thanakhan*
Geld	*ngön*
Währung	*ngöntaa*
Geldschein	*bai ngön (thana bat)*
Reisescheck	*travelers' check/check läg ngön*
Wechselkurs	*atta-läkpian*
Post	*paisanii*
Brief	*tschotmai*
Briefmarke	*stäm*
telefonieren	*dhorasab*
Telefonnummer	*bü dhorasab*

Polizei und Botschaft

Notfall!	*kolani suksön*
Hilfe!	*suai-dä!*
Ich habe meinen Reisepass verloren.	*khoi hät passport khoi sia.*
Ich bin bestohlen worden.	*khao lak khöang khoi*
Gepäck	*kapao dönthang*
Handtasche, Portemonnaie	*kapao ngön*
Geld	*ngön*
Papiere	*äkasan*
Polizei, Polizist	*tamluat*
Botschaft	*sathanthut*
Visum	*wisa*
Name	*sü*
Nachname	*namsakun*
Geburtsdatum	*wan-düan-pii-köt*
Unterschrift	*laisen*

Übernachten

Hotel	*hong-häm*
Gästehaus	*heuan phak*
Wo gibt es ein Gästehaus?	*mii ban habkhäk ju sai?*
Zimmer	*hong*
Einzelzimmer	*hong tiang diao*
Zimmer für 2 Personen	*hong samlab song khon*
Haben Sie ein Zimmer?	*mii hong wang bo?*
Was kostet ein Zimmer?	*kha sao hong nüng la kha dhao dai?*
Ich möchte ein billiges Zimmer.	*hoi tongkaan hong lakha thük*
Toilette, Bad	*hong naam*
Wo ist hier eine Toilette?	*hong naam ju sai?*
heißes Wasser	*naam hon*
Fan, Ventilator	*phatlom*

Klimaanlage	äjien
Schlüssel	gatschä
Moskitonetz	mung
Moskito-Coils	jaa ut njung
Toilettenpapier	tschija hong naam
Wäscheservice	haan sakkhüang

Essen

Essen, Mahlzeit	ahaan
Es schmeckt lecker.	man säblai dö.
Ohne Fleisch, bitte.	kaluna bo sai siin.
Mit ..., bitte.	kaluna sai ... haidä.
Ich hätte gern ..., bitte.	kaluna kho ... dä.
Ich esse gern ...	khoi mak kin ...
Frühstück	ahaan khaosao
Mittagessen	ahaan thiiang
lockerer Reis	khao tijao
Klebreis	khao niau
Rattankorb für Klebreis	tipkhao
Nudelsuppe	fö
Eier	khai
Omelett	khaitschün pän
Spiegelei	khaidao
Brot, Baguette	khaotschii
Kuchen	khanom

Fleisch	*siin*
Wasserbüffel	khuai
Ente	pät
Fisch	paa
Hähnchen	kai
Rind	siin-ngua
Schwein	mu

Gemüse	*phak*
Aubergine	mak-khüa
Chili	mak-phät
Wasserspinat	phak-khadna, phak bong
Kartoffel	maanfalang
Knoblauch	kathijem
Kräuter	phak-hom
Salat	phak-salat

Obst	*mak-mai*
Apfel	mak-pom
Ananas	mak-nat
Banane	mak-kuai
Limette	mak-nao
Mandarine	mak-kieng-noi
Pomelo	mak-kieng
Pomelo (Luang Prabang)	mak-som-oo
Mango	mak-muang
Papaya	mak-hung
Wassermelone	mak-moo

Getränke	**khöangdüm**
Trinken	düm
Wasser	naam
Kaffee	kafe
ohne alles	kafe dam
mit Milch	sai nom
mit Zucker	sai naamtaan
Eiskaffee	kafe olieng
Eiskaffee mit Milch	kafe nom-jen
Tee	naam-sa
Eistee	sa-naamkon/sa-jen
heiß	hon
kalt	jen
Eis	naamkon
Fruchtsaft	naammakmai
Trink-Kokosnuss	dümnaam mak-phao

Näheres im Kapitel „Essen und Trinken" s. S. 37.

Einkaufen

kaufen	sü
Markt	talat
Morgenmarkt	talatsao
Abendmarkt	talatläng
Wieviel kostet das?	anii lakha dhao dai?
Wieviel Kip?	tschak kiip?
Geld	ngön
Bezahlen	tschai-ngön
Ich möchte in Baht zahlen.	khoi jaak tschai pän ngön badh.
im Preis heruntergehen	lut-lakha
billig	thük
teuer	phääng
sehr teuer	phääng-lai
viel	lai

Einkaufsliste

Kerze	thian
Streichhölzer	kabfai
Toilettenpapier	tschija hong naam
Seife	sabu

Shampoo	samphu, jaa-sa-phom
Binden	kotäk
Batterie	thaan-faisai
Mückenspray	jaa-siid-njung
Tasche	thoong
Stoff	phaphä
Baumwolle	faai
Seide	maii

Umwelt und Natur

Natur	thaamasaad
Stadt	müang
Wald	pa-mai
See	büng
Teich, kleiner See	nong
Quelle (heiß)	bo-naam (hon)
Baum	ton-mai
Blume, Blüte	dok-mai, dok
Holz	mai
Stein	hiin
Vogel	nok
Sonne	tawen
Mond	düan
Stern	dao
Regen	fon-tok
Wind	lom

Gesundheit

Gesundheit	sukhaphaab
Apotheke	haankhai-jaa
Medizin	kaan-phät
… schmerzt	tschäp …
Ich muss ins Krankenhaus.	khoi tong pai hongmo.
Arzt	phät/mo
Zahnarzt	phät-puakäo
Ich bin krank.	khoi bo sabai.
Ich habe …	khoi …
Durchfall	tokthong
Wunde	baat-phä
Entzündung	püai aksaabe
Erbrechen	haak
Übelkeit	puat-haak
Fieber	khai-khing-hon
Kopfweh	tschäp-hua
Magenschmerzen	tschäp-kapho
Malaria	maläria
Rückenschmerzen	tschäp-lang
Zahnschmerzen	tschäp-käo

Glossar

Viele Begriffe stammen aus den altindischen Sprachen Pali oder Sanskrit. Bei der phonetischen Umschrift wurde auf die diakritischen Zeichen (z. B. für lange Vokale oder Nasalierungen) verzichtet.

Airavata – dreiköpfiger Elefant; Reittier von Indra
Apsara – himmlische Tänzerin in der buddhistischen Tradition; auch bekannt in der hinduistischen Mythologie
Asana – Körperhaltung in der buddhistischen Ikonografie
ASEAN – (Association of Southeast Asian Nations) politischer und wirtschaftlicher Verband südostasiatischer Staaten

Baray – (Khmer) Wasserreservoir, Stausee, künstliches Becken
Bodhi-Baum – *Ficus religiosa,* heiliger Baum, unter dem Buddha zur Erleuchtung gelangte
Boun – Fest; im Buddhismus auch „Verdienst"
Brahma – Schöpfergott, eine der drei zentralen Gottheiten des Hinduismus
Brahmane – Angehöriger der höchsten Kaste des Hinduismus, hinduistischer Priester
Buddha – „Der Erwachte"; einer, der zur vollkommenen Erleuchtung gelangt ist

Chao fa – Herrscherbezeichnung der Lue, Shan und Khuen
Chedi – von Sanskrit *caitya* = Heiligtum; in Myanmar und Thailand Synonym für Stupa

Dag bat – frühmorgendlicher Almosengang der buddhistischen Mönche
Dhamma – Pali-Bezeichnung für die buddhistischen Lehren; entspricht dem Sanskrit-Wort *dharma*
Dvarapala – Wächterfigur
Dvaravati – Kunststil der Mon, die ab dem 6. Jh. in Thailand und Burma siedelten

Frangipani – *Plumeria rubra;* auch: Tempel- oder Pagodenbaum, laot. *dok champa*

Garuda – mythisches Wesen, halb Mensch, halb Vogel; das Tragtier von Vishnu
Gopura – Eingangspavillon (in Khmertempeln)

Hang lin – Wasserrinne in Klöstern, die der rituellen Waschung von Buddhafiguren dient
Ho check – Unterrichts- und Versammlungsraum eines Klosters
Ho tai – Klosterbibliothek, in der die Palmblattmanuskripte und die Tipitaka aufbewahrt wurden

Indochina – Kambodscha, Laos und Vietnam

Jataka – ein Kanon von 550 Erzählungen aus den früheren Leben und Existenzen des Buddha; häufig im Innern von Tempeln bildlich dargestellt

Kala – Gott der Zeit und somit des Todes und Verfalls, meist mit vorstehenden Augen und Klauen sowie ohne Unterkiefer dargestellt
Kamma – Pali-Bezeichnung für das Verhältnis von Ursache und Wirkung; entspricht dem Sanskrit-Wort *karma*
Kinnari – Mythisches, im Himmel lebendes Wesen; in Laos wird es als halb Frau, halb Vogel oder Löwe, in Indien auch als Mensch mit Pferdekopf dargestellt
Krishna – achte Inkarnation des Hindugottes Vishnu, seine menschliche Form
Kuti – Mönchsunterkunft

Lak Muang – Stadtsäule
Laterit – rotbraunes Gestein, das in der Sonne härtet und zu widerstandsfähigem Baumaterial wird
Lau hai – Reiswein
Lau lao – Reisschnaps
Lingam – phallisch geformte Steinsäule; Symbol für den Hindugott Shiva
Lokesvara – Avalokitesvara; Bodhisattva des Mitgefühls und Erbarmens
Luang – Ehrentitel „verehrt, erhaben" für bedeutende Personen, eine Stadt oder einen Ort

Mae Si – „weiße Mutter", buddhistische Nonne
Mucalinda – Siebenköpfiger Naga-König, der sich über Buddha wölbt und ihn so vor einem Gewitterregen schützt.

Mak beng – Opfergabe; aus Bananenblatt geflochtene und mit Tagetes geschmückte Pyramide
Meru – goldener Berg als Heimat der Götter, Zentrum des Universums in der hinduistisch-buddhistischen Kosmologie
Muang – frühe soziopolitische Organisationsform; heute Distrikt, Bezirk oder deren Verwaltungszentrum
Mudra – Hand- und Fingerhaltung in der buddhistischen Ikonografie
Mukhalingam – Lingam mit ein oder mehreren Gesichtern

Naga – mythische, oft vielköpfige Schlange, ein Schutz gewährendes Symbol
Nandi – (Sanskrit) Tragtier Shivas, ein Stier
NGO – (Non-governmental Organization) Nichtregierungsorganisation
Ngot so fa – (auch *dok so fa* = „Himmelsblumen"), mittlerer Dachaufbau auf dem First eines *sim,* symbolisiert den Berg Meru und zeigt je nach Anzahl der Spitzen die Bedeutung des Klosters an
Nibbana – Pali-Bezeichnung für das oberste Ziel im Buddhismus, Zustand der Loslösung von Begierden und Befreiung aus der Abfolge der Wiedergeburten; entspricht dem Sanskrit-Wort *nirvana*
Nop – traditionelle Begrüßung mit vor dem Oberkörper gefalteten Händen

Pali – Sprache, in der die buddhistischen Texte niedergeschrieben wurden; sozusagen „das Latein" des Theravada-Buddhismus
Pancasila – die fünf buddhistischen Laienregeln
Pathet Lao – wörtlich „Land Laos"; seit den 50er Jahren Sammelbegriff für die kommunistischen Kräfte in Laos
Phra – Sanskrit *brah* = heilig; wird als Ehrentitel von wichtigen Buddhastatuen, Tempeln und Personen verwendet
Phra Lak Phra Lam – laotische Version des indischen *Ramayana*-Epos
Pa daek – fermentierte Fischsoße; Würze für jegliches laotisches Gericht
Phi – Geist
Prasat – Sanskrit *prasada;* indischer Tempelturm oder Turmheiligtum der Khmer

Rahu – Dämonisches Ungeheuer mit Monsterkopf ohne Leib, das Sonne und Mond verschlingt
Ramayana – eines der beiden bedeutendsten altindischen Epen (das zweite: Mahabharata), das etwa um 300 v. Chr. verfasst wurde. Es erzählt die Geschichte von König Rama, einer Inkarnation des Gottes Vishnu, und seiner Gemahlin Sita

Sala – Versammlungs- und Übernachtungshalle in einem Kloster

Sanskrit – alte indische Literatursprache

Sangha – der theravada-buddhistische Mönchsorden

Say Phou – Gebirgskette

Shiva – gleichzeitig Zerstörer und Erneuerer; eine der drei zentralen Gottheiten des Hinduismus

Sim – Pali *sima* = Ordinationshalle; in Laos das wichtigste Gebäude eines buddhistischen Klosters mit Heiligtum, in dem die Mönche auch ordiniert werden

Sin – traditioneller, knöchellanger Rock für Frauen; aus Baumwolle oder Seide

Stele – senkrecht stehender Stein mit Inschrift

Stupa – (Sanskrit) ursprünglich Grabhügel. Monument zur Aufbewahrung von hoch verehrten buddhistischen Reliquien; ist auch Symbol für Buddha selbst; Synonym für That

Talat – Markt; Talat sao = Morgenmarkt, Talat leng = bis abends geöffnet

That – von Sanskrit *dhatu* = Element oder Reliquie; hoch verehrtes Reliquienmonument, das in Laos sehr unterschiedliche Formen haben kann; Synonym für Stupa

That kaduk – „Knochenstupa"; Grabstupa, enthält die Asche von Mönchen oder angesehenen Persönlichkeiten

Tipitaka – (Pali) „drei Körbe"; die klassischen buddhistischen Schriften über *vinaya* (Ordensregeln), *sutta* (Lehrreden Buddhas) und *abhidhamma* (philosophische Erweiterung der Lehrreden).

Trimurti – hinduistische Göttertrinität: Shiva, Vishnu und Brahma

UXO – Unexploded Ordnance: nicht-detonierte Sprengkörper

Vat – theravada-buddhistisches Kloster

Vishnu – der Welterhalter; eine der drei zentralen Gottheiten des Hinduismus

Vihara – (Pali und Sanskrit) wichtiger Sakralbau neben dem *sim*

Vipassana – Einsichtsmeditation; Geist und Körper im gegenwärtigen Zeitpunkt klar sehen

Yoni – (Sanskrit) Symbol für die Vulva und Basis des Lingam

Index

A
Agenturen 56
Ahnenkult 102
Aids 24
Akha 73, 260, 264
Aktivitäten 49
Alak 391
Alphabetisierungsrate 68
Angkor 77, 350
Animismus 100
Annamitische Kordillere 64
Anousavari 120
Anouvong 80
Anreise 18
Antiquitäten 54
Arbeitslosigkeit 92
Architektur 103
Asanas 108
ASEAN 94, 406
Asienkrise 90
Attapeu 392
Aufstände 82, 362
Auslandskrankenversicherung 29
Ausrüstung 31, 51
Außenhandel 95
Autofahren 47

B
Baci-Zeremonie 70, 102
Bäckereien 41
Ban Chan 228
Ban Dong 345
Ban Hang Khong 374, 380
Ban Hatkhai 315
Ban Houa Khong 375
Ban Houa Khong Lem 375
Ban Houay Bo 279
Ban Houay Sene 279
Ban Khieng Tangle 386
Ban Khon 378
Ban Kiatgnong 360
Ban Lak Hasipsong 159
Ban Lanyao 395
Ban Lao 317
Ban Na 156
Ban Na Kang 279

Ban Nabo 344
Ban Nakham 198
Ban Namo 250
Ban Nanong 387
Ban Nasala 304
Ban Oudomsouk 334
Ban Pako 154
Ban Phapho 360
Ban Phon 392
Ban Senvang Gnai 387
Ban Tahin 395
Ban Thachok 304
Ban Thapene 229
Ban That 370
Ban Vieng Kham 317
Ban Xa Phai 359
Ban Xang Hai 227
Ban Xang Kong 205
Ban Xieng Lek 205
Ban Xieng Mene 197
Bang Fai Phaya Nak 314
Banken 32
Beerlao 40
Beerlao-Brauerei 153
Begrüßung 60
Besuchervisum 10
Betteln 61
Bevölkerung 68
Bewässerungsanbau 74
Bier 40
Bilharziose 24
Bodenschätze 95
Bolaven-Plateau 64, 362
Boote 43
Bootsrennen 52
Bootstouren
– Mekong 44, 225, 239, 356
– Nam Hinboun 45, 319
– Nam Ou 44, 225, 276
– Nam Tha 44, 239, 240, 258
– Xe Kong 45, 392
Botschaften 11, 147
Boun Ok Phansa 214
Boun Oum na Champasak 85
Brandrodungsanbau 74
Buddha Park 154
Buddha-Höhle 332
Buddhismus 96
Busse 46

C

Cafés 41
Cham 366
Champa 76
Champasak 363
Champassak Palace Hotel 352
Cholera 25
Christentum 103
Community-based Ecotourism 50

D

Dan Savan 346
Dan Savanh Nam Ngum Resort 161
Dan Sin Say 363
Delphine 67, 380, 382
Dengue-Fieber 25
Deutsche Welle 57
Dinosaurierfossilien 335, 344
Diplomatische Vertretungen 11, 147, 340, 356
Don Deng 364
Don Det 378
Don Dok Khoun Kham 161
Don Kho 359
Don Khon 378
Don Khong 373
Don Sai Oudom 161
Don Santiphab 161
Dong Natad 343
Dong Phou Vieng NPA 334
Dong-Dok-Universität 157
Dong-Son-Zivilisation 76, 250
Drogen 58, 92
Durchfälle 25
Dvaravati 77

E

Ebene der Tonkrüge 297
Edler Achtfacher Pfad 99
Einkaufen 53
Einreiseformalitäten 10
Einwohner 68
Eisenbahn 45
Elefanten 158, 221, 306, 360, 387
Elektrizität 61
E-Mail 55
Essen 37

F

Fa Ngum 78, 127
Fahrräder 48
Fauna 66
Fax-Service 55
Feiertage 51, 142, 214
Fernsehen 56
Feste 51, 142, 214
Fischsoße 37
Flora 65
Flüge
– international 19, 18
– national 42
– online buchen 19
Flughafensteuer 19
Flugsicherheit 43
Flugtickets 43
Flüsse 64
Fotografieren 52
Frangipani 66
Frauen allein unterwegs 59
Fruchtsäfte 40
Funan 76, 350

G

Gästehäuser 36
Geheime Armee 84
Geheimer Krieg 85
Geisterhäuschen 100
Geld 31
Geldautomaten 32, 148
Genfer Abkommen 83
Geografie 64
Gepäck 31
Geschäftsreisevisum 10
Geschichte 75
Geschlechtskrankheiten 25
Gesundheit 23
Gesundheitswesen 92
Getränke 39
Gewichte 61
Gnommalat 334
Goldenes Dreieck 234, 266
Gonorrhoe 25
Grenzbeamte 57
Grenzübergänge
China
– Boten – Mohan 22, 258

Thailand
- Freundschaftsbrücke 20, 151
- Houay Xai – Ch. Khong 20, 237
- Thakhek – N. Phanom 20, 329
- Pakxan – Bung Kan 20, 317
- Savanakhet – Mukdahan 21, 341
- Vangtao – Chong Mek 21, 359

Vietnam
- Attapeu – Bo Y 395
- Dan Savan – Lao Bao 22, 346
- Lak Xao – Cau Treo 22, 322
- Nong Het – Ky Son 21, 302
- Xam Neu –Nameo 21, 288

Kambodscha
- Veun Kham/Dong Krolor – Stung Treng 22, 385

H

Handeln 61
Handys 55, 143
Hat Sa 270
Hauterkrankungen 25
Helmpflicht 48
Hepatitis 25
Heuan Hin 343
Hin Heup 162
Hirnentzündung 26
HIV 24
Hmong 58, 72, 293
Ho 81
Ho Kham 199
Ho Nang Sida 370
Ho Phra Keo 122
Ho-Chi-Minh-Pfad 86, 344, 391, 396
Höchstgeschwindigkeit 48
Höhlentouren 50
Homosexualität 59
Hong Thao Tao 370
Hongsa 306
Hotels 36
Houay Xai 234

I/J

Impfungen 23
Indischer Einfluss 76
Industrie 95
Inflation 94

Informationen 12
Internet 12, 23, 55
Irrawaddy-Delphine 67, 380, 382
Islam 103
Japanische Encephalitis 26
Jumbos 49

K

Kaffee 39, 362
Kasi 179
Katang 390
Katu 389
Kayaking 16, 51, 177, 257, 384
Khaipen 38
Khmu Ou 71
Khon Phapheng 65, 385
Khoun Bourom 77
Kinder 34
Kinderlähmung 27
Kiou Kacham 180
Klebreis 38
Kleidung 60
Klettern 16, 50, 177
Klima 14, 24
KM 52 (Dorf) 159
Koalitionsregierungen 85
Kolonialarchitektur 129, 183, 324
Kolonialzeit 81
Kong Le 85
Kong Lo-Höhle 319
Königreich von Laos 83
Konsulate 11, 340, 356
Korruption 92
Krankenversicherung 29
Kreditkarten 33
Kriminalität 57
Kunst 53, 103
Kurierdienste 54, 150

L

Laap 38
Lak Xao 320
Lam Son 719 345
Landestracht 107
Landkarten 13
Landwirtschaft 95
Lane Xang 78
Lanten 72
Lao Issara 82

Lao 69
Lao Loum 69
Lao Soung 69
Lao Textile Museum 110
Lao Theung 69
Laotische Küche 37
Laotische Revolutionäre Volkspartei 91
Laotische Vertretungen 11
Lau hai 40
Lau lao 40
Laven 362
Leitungswasser 23
Limonaden 40
Lingapura 370
Luang Namtha 251
Luang Prabang 182
- Aktivitäten 220
- Einkaufen 219
- Essen 215
- Henri Mouhots Grab 206
- Märkte 204
- Nachtleben 217
- Nahverkehrsmittel 224
- Palastmuseum 199
- Santi Chedi 206
- Stadtbibliothek 198
- That Chomsi 191
- That Mak Mo 193
- Touren 221
- Transport 224
- Übernachtung 207
- Unterhaltung 218
- Vat Aham 193
- Vat Khili 189
- Vat Mai 192
- Vat Manorom 195
- Vat Pa Houak 191
- Vat Pa Khe 191
- Vat Pak Khan 188
- Vat Phutthabat Tai 196
- Vat Sene 189
- Vat That Luang 196
- Vat Vixounarat 192
- Vat Xieng Thong 186

Luang Prabang-Stil 105
Lue 70, 258, 261
Lue-Stil 105
Luftpost 54

Rad- und Trekkingtouren in China und Laos

Unsere Fahrrad- und Trekkingtouren bieten die einzigartige Möglichkeit, das Reiseland und seine Bevölkerung hautnah zu erleben.

Auf unserer Tour "Goldenes Dreieck" radeln wir von China über Luang Namtha, Udomxai und Muang Khua nach Luang Prabang. Die Tour "Land der Tausend Elefanten" führt von Vientiane durch die faszinierende Karstlandschaft bei Vang Vieng über Luang Prabang nach Huay Xai.

CHINA BY BIKE
Karlsgartenstr. 19, 12049 Berlin
Tel: 030-6225645, Fax: 030-62720590
Mail: info@china-by-bike.de
Internet: www.china-by-bike.de

M
Magazine 56
Mahaxai 332
Malaria 26, 386
Maße 61
Medien 56
Medikamente 27
Meditation 148, 223
Mekong 44, 65, 225
Menschenhandel 92
Miao-Yao 68, 71
Mietwagen 47
Milch 40
Militär 92
Minenräumung 295
Mobiltelefone 55, 143
Mondkalender 51
Mon-Khmer 68, 70, 362, 386
Motorräder 48
Motorradtaxis 49
Mouhot, Henri 185, 206, 306
Mountainbikes 49
Muang Houn 243
Muang Kham 304
Muang Khong 373
Muang Khoua 268
Muang Khoun 303
Muang La 244
Muang Long 265
Muang Ngeun 306
Muang Ngoi Kao 278
Muang Phalanxai 344
Muang Phin 344
Muang Phouan 293, 303
Muang Sen 374
Muang Sing 258
Muang Sing Exhibition 261
Muang Sua 184
Mudras 108
Multiple-Entry Visum 11

N
Na Keun 160
Na Ngo 192
Naga 100
Nahin 318
Nahverkehrsmittel 49
Nakai 334
Nakai-Plateau 64
Nakai-Nam Theun NPA 66, 323
Nam Bak 273
Nam Et-Phou Loei NPA 282
Nam Ha Ecotourism Project 253
Nam Ha NPA 253
Nam Hinboun 45, 319
Nam Kading NPA 312
Nam Khan 45
Nam Lik 162
Nam Lik Eco Resort 162
Nam Ming 45
Nam Neun 283
Nam Ngum-Stausee 160
Nam Ou 44, 225, 276
Nam Pa 45
Nam Suang 45
Nam Tha 44, 239, 240, 253
Nam Theun II-Staudamm 321
Nan Zhao 77
Nateuil 250
National Ethnic Cultural Garden 154

Nationalversammlung 91
Naturschutzgebiete 67
Neo Lao Haksat 85
Neo Lao Issara 83
Neues Denken 88
Neuer Ökomischer
 Mechanismus 88
Neujahr, laotisches 52, 142, 214
Neujahr, chin./viet. 142
Nge 71
Nicht-detonierte
 Sprengkörper 58, 295, 386
Nong Kiao 274
Nong Lom 343
Notfallnummern 33
NPA 67
Nudeln 39

O/Ö
Opium 266
Oubmoung 371
Oudomxai 244
Ounkham 81, 185
Öffnungszeiten 61

P
Pa daek 37
Paam 395
Päckchen 54
Pak Ngum 312
Pak Ou-Höhlen 226
Pakbeng 241
Pakete 54
Pakkading 317
Paklai 309
Pakmong 273
Pakxa 317
Pakxan 316
Pakxe 351
 – Märkte 352
 – Museen u. Monumente 351
 – Religiöse Stätten 351
Pakxong 363
Pali-Kanon 97, 118
Parteikongresse 91
Passverlust 57
Pathet Lao 82
Patuxai 120

Pavie, Auguste 81, 185
Phathao 165
Phetsarat 83, 185
Phi 101
Phomvihane, Kaysone 83, 126, 292
Phongsali 270
Phonsavan 294
Phothisarat 78
Phou Asa 360
Phou Bia 64
Phou Din Den NPA 268
Phou Fa 270
Phou Hin Boun NPA 319, 328
Phou Khao Khouay NPA 314
Phou Khoun 180
Phou Pachao 180
Phou Phati 284
Phou That 245
Phou Vong 396
Phou Xang He NPA 334
Phou Xieng Thong NPA 359
Phouma, Souvanna 83, 85
Phoumsavanh, Nouhak 292
Phousi 191
Phra Bang 194
Phra Keo 80, 122
Phra Song Lao 98
Pi Mai (Neujahr) 52, 142, 214
Pick-ups 47
Pilzinfektionen 27
Politbüro 91
Politik 91
Politische Unruhen 58
Polizei 57
Post 54
Poste restante 54
Pounoy 73
Preise 33, 43, 44, 47
Preiskategorien 36
Provinzen
 – Attapeu 385
 – Bokeo 234
 – Borikhamxai 312
 – Champasak 349
 – Houaphan 283
 – Khammouan 322
 – Luang Namtha 249
 – Luang Prabang 272

 – Oudomxai 240
 – Phongsali 267
 – Saravan 385
 – Savannakhet 334
 – Vientiane 159
 – Xaignabouri 306
 – Xekong 385
 – Xieng Khouang 293
Pu Ngo 192

R
Radio 56
Radtouren 16, 255, 257, 374
Rafting 16, 51, 177, 384
Rechtsprechung 91
Reformen 88
Regenanrufungsgeste 109, 227
Regenzeit 14
Regierung 91
Reiseapotheke 27
Reisegepäckversicherung 29
Reisekasse 32
Reisekosten 33
Reiserücktrittskosten-
 versicherung 29
Reiseschecks 32
Reisezeit 14
Reiseziele 16
Religion 96
Resorts 36
Restaurants 41, 42
Routenplanung 18
Ruhr 25

S
Sa (Papier) 220
Samsenthai 78
Sangha (Mönchsorden) 100
Sao Hintang 284
Saravan 388
Säuglingssterblichkeit 68
Savang Vatthana 89, 186
Savannakhet 334
 – Märkte 337
 – Museen u. Monumente 337
 – Religiöse Stätten 335
 – That Ing Hang 343
Sayasone, Choummaly 91
Schistosomiasis 24

Schlangen 27, 66
Schulwesen 92
Schwarzmarkt 32
Service Géographique d'Etat 142
Setthathirat 79, 115, 395
Shrestapura 368
Si Phan Don 65, 373
Siam 80
Sicherheit 57
Siddhattha Gotama 96
Sindat 41
Sino-tibetische Sprachfamilie 68
Siphandone, Khamtay 291
Sisavangvong 119, 185
Slow Boats 44
Songtheos 47
Souphanouvong 83, 291
Sourigna Vongsa 79
Speditionen 54, 150
Speedboats 44
Sprachfamilien 68
Staatspräsident 91
Stadtbusse 49
Stadtpläne 13
Strafvollzug 92
Straßennetz 45
Sukhothai 78
Suppenküchen 41
Syphilis 25

T

Tabok 315
Tad Fan 363
Tad Fek 392
Tad Hia 392
Tad Kacham 230
Tad Katamtok 396
Tad Kuang Xi 228
Tad Leuk 315
Tad Lo 386
Tad Nam Di 253
Tad Nam Noua 288
Tad Namsanam 318
Tad Pha Souam 360
Tad Phok 395
Tad Se 228
Tad Somphamit 378
Tad Xay 315
Tad Yeuang 363
Tai 69
Tai Dam 70
Tai Deng 70
Talat Sao (Vientiane) 128
Tam Mak Hung 38
Taoy 390
Ta-Oy 71
Taxis 49
Tchepone 344
Tee 40
Telefon 54
Telefonkarten 55
Tempelfeste 52
Temperaturen 14
Tetanus 28
Textilien 53, 107
Tha Falang 331
Tha Heua 164
Tha Ngon 157
Thakhek 324
– That Sikhottabong 324
– Große Mauer 326
Thalat 160
Tham Chang 166
Tham En 332
Tham Hoi 167
Tham Kang 279
Tham Khanh 167
Tham Khoua Sakkarine 198
Tham Kiao Kham 167
Tham Kong Lo 319
Tham Loub 167
Tham Nam 167
Tham None 168
Tham Nong Pa Fa 332
Tham Pha Ban Tham 331
Tham Pha Chanh 332
Tham Pha In 332
Tham Pha Nang 333
Tham Piu 304
Tham Poukham 166
Tham Than Kaysone Phomvihane 292
Tham Than Khamtay Siphandone 290
Tham Than Nouhak Phoumsavanh 292
Tham Than Phoumi Vongvichit 291
Tham Than Souphanouvong 291
Tham Thia 230
Tham Ting 226
Tham Xang 167
Tham Xian Liap 331
That Ing Hang 106, 343
That Luang 115
That Mak Mo 193
That Phon 343
That Sikotthabong 324
That Xieng Tung 261
Thateng 390
That-Stile 106
Theravada-Buddhismus 96
Thoulakhom Zoo 157
Thrombose 28
Tibeto-Birmanen 73
Tierbeobachtung 17, 156, 236, 380
Tierschutz 67
Tok Toks 49
Tollwut 28
Toumlan 390
Tourismus 95
Touristenvisum 10
Transitvisum 10
Travellers Cheques 32
Trekking 16, 49, 246, 251, 256, 263, 264, 269, 282, 315, 328, 339, 359, 361, 388, 394
Trinken 37
Trinkgeld 62
Trockenzeit 14
Tropeninstitute 24
Tubing 16, 51, 176
Tuk Tuks 49
Typhus 28

U/Ü

Um Tomo 371
Umerziehungslager 89
Unabhängigkeitskampf 83
US-Bombardierungen 86, 293
UXO 58
UXO Lao 295
Übernachtung 36
Überweisungen 33

V

Vang Pao 294
Vang Pao 84
Vang Vieng 164
– Aktivitäten 176
– Essen 173
– Fahrradrundweg 168
– Höhlen 165
– Transport 178
– Übernachtung 170
Vang Xang 159
Vat Aham 193
Vat Chom Phet 197
Vat Hat Siao 198
Vat Khili 189
Vat Long Khoun 198
Vat Mai 192
Vat Manorom 195
Vat Pa Houak 191
Vat Pa Khe 191
Vat Pak Khan 188
Vat Phia Vat 304
Vat Phonsan 314
Vat Phou 366
Vat Phrabat 314
Vat Sene 189
Vat Simuang 119
Vat Sisaket 117
Vat Tham 198
Vat Vixoun 192
Vat Xieng Mene 197
Vat Xieng Thong 186
Vat Phou Fest 366
Vat-Stile 104
Verfassung 89
Verhaltenstipps 59
Verkehrsachsen 46
Verkehrsmittel 42
Verkehrsregeln 48
Versicherungen 29
Verstopfungen 25
Verwaltung 92
Vessantara Jataka 197
Vieng Kham 282
Vieng Phouka 250
Vieng Thong 282
Vieng Xai 288

Vientiane 112
– Aktivitäten 145
– Anousavari 120
– Einkaufen 141
– Essen 135
– Fa Ngum-Statue 127
– Ho Phra Keo 121
– Kaysone-Phomvihane-
  Museum 126
– Kolonialarchitektur 129
– Kulturhalle 129
– Märkte 128
– Nachtleben 139
– Nahverkehrsmittel 150
– Nationalbibliothek 129
– Nationalmuseum 126
– That Dam 117
– That Luang 115
– Touren 146
– Transport 150
– Übernachtung 129
– Unterhaltung 140
– Vat Mixai 120
– Vat Inpeng 120
– Vat Ongteu 120
– Vat Simuang 119
– Vat Sisaket 117
– Vat Sokpaluang 120
Vientiane-Stil 104
Die vier Edlen Wahrheiten 205
Vietminh 83
Vietnamkrieg 85
Visa 10
Visa on Arrival 10
Visumsverlängerung 11, 150
Vongvichit, Phoumi 291
Vorwahlen 55

W

Wagen mit Fahrer 47
Währung 31
Wäsche waschen 62
Wasserkraftwerke 95
Wassersport 51
Wechselkurse 31
Wechselschalter 32
Wirtschaft 94

W-LAN 55
Wundinfektionen 28
Wurmerkrankungen 28
Wuysthoff, Gerrit van 116

X

Xaignabouri 306
Xaisomboun, Sonderzone 92
Xam Neua 285
Xaysettha 395
Xe Kong 45
Xe Pian NPA 360
Xe Xap NPA 390
Xekong 391
Xeno 344
Xepon 344
Xieng Dong-Xieng Thong 184
Xieng Khouan 154
Xieng Khouang-Stil 105
Xieng Kok 265
Xieng Laap 265
Xieng Ngeun 180
Xin Savan 38

Y/Z

Yao 72
Zeitungen 56, 144
Zeitunterschied 62
Zhenla 76, 350, 366
Zweiter Indochinakrieg 87, 293
Zweiter Weltkrieg 82

Die Autoren

Es muss ein Gen für Reiselust geben. Davon ist **Jan Düker** spätestens seit 1990 überzeugt, als es ihn zum ersten Mal nach Südostasien zog. Seitdem packt er jedes Jahr seinen Rucksack, um für einige Wochen oder Monate zu verschwinden. Seine Reisen führten ihn auch nach China, Japan, Taiwan, Kanada, in die USA, die Karibik, Neuseeland, Russland und ins südliche Afrika. Doch sein Lieblingsziel bleibt Südostasien, das er seit 16 Jahren regelmäßig besucht.

Laos lernte der gebürtige Hamburger nach seinem Geschichtsstudium 1998 kennen. Die Idee zu einem Reiseführer über dieses liebenswerte Land entstand nur wenige Monate später gemeinsam mit Stefan Loose.

Seit 2001 arbeitet der gelernte Journalist als Autor und Lektor für die Stefan Loose Reihe. Er ist auch Co-Autor des Travel Handbuchs *Südostasien*.

Jan Düker

In den 70er Jahren in Nigeria und Bahrain aufgewachsen, hat **Annette Monreal** ihr Faible fürs Reisen schon früh entdeckt. Nach einem halben Jahr in Indien ging sie nach Berlin und Manchester zum Linguistikstudium. In Hannover und Berlin folgten diverse Medienjobs, bevor sie sich als Lektorin beim Stefan Loose Verlag auf Übersetzungen aus dem Englischen spezialisierte.

Nach einer Recherchereise für den Loose *Malaysia* ließ sie sich schnell für das Projekt „Laos" begeistern. Die Arbeit im Land entwickelte sich zu einer Leidenschaft, die Annette bald nach Erscheinen der ersten Auflage dauerhaft nach Vientiane führte. Zunächst im Abenteuer- und Ökotourismus in Nordlaos tätig, leitet sie heute die Laos-Aktivitäten eines namhaften internationalen Reiseveranstalters.

Annette Monreal

Kartenverzeichnis

Attapeu	393
Champasak	364
– Umgebung	367
Don Det und Don Khon	379
Houay Xai	235
Lak Xao	321
Luang Namttha	252
– Umgebung	254
Muang Khong	374
Muang Khoua	268
Muang Ngoi Kao	180
Muang Sing	260
Nong Kiao (Muang Ngoi District)	274
Norden	232/233
Oudomxai	247
Pakbeng	241
Pakxe	353
Phongsali	271
Phonsavan	296
Saravan	389
Savannakhet	336
Si Phan Don	372
Süden	348/349
Thakhek	325
– Umgebung	331
That Luang	115
Vang Vieng	165
– Umgebung	169
Vat Phou	368/369
Vat Xieng Thong	187
Vieng Phouka	251
Vieng Xai	289
Vientiane, Umgebung	155
Xaignabouri	308
Xam Neua	285
Xekong	390
Zentrallaos	313

Farbkarten
in **Block I** zwischen S. 128 und S. 129:
Vientiane .... S. 2/3
– Zentrum .... S. 4/5
in **Block II** zwischen S. 192 und S. 193:
Luang Prabang .... S. 2/3
– Umgebung .... S. 1

Bildnachweis

Umschlag
vorn: **Per-Andre Hoffmann / LOOK**
innen: **Annette Monreal**

Farbblock I
Jan Düker: S. 6 (2), 7 (unten), 8
Annette Monreal: S. 1
Simone Monreal: S. 7 (oben)

Farbblock II
alle **Annette Monreal**

Farbblock III
alle **Jan Düker**, außer
S. 3 (unten) **Annette Monreal**

s/w-Fotos
Gabe Borzsei, Green Discovery: S. 35
Jan Burrows: S. 333
Jan Düker: S. 79, 109 (1), 111, 113, 117, 121, 124, 157, 163, 174, 311, 323, 342, 347, 354, 351, 361, 371, 381
Annette Monreal: S. 3, 9, 63, 73, 97, 101, 104, 105 (2), 108 (2), 109, 181, 190, 199, 229, 231, 244, 259, 262, 272, 273, 276, 305, 307, 397
Simone Monreal: S. 108 (2), 109 (1), 184, 248, 299